松江人文大辞典

公共文化卷

传播·群众文化·图书馆·文化团体·文化场馆·文化产业·档案

陆军 主编 | 欧粤 执行主编

吴纪盛 章均权 乔进礼 欧 粤 俞福星
张林琪 朱佳乐 牛立超 侯建萍 编著

上海辞书出版社

图书在版编目(CIP)数据

松江人文大辞典.公共文化卷 / 陆军主编；欧粤执行主编；吴纪盛等编著. — 上海：上海辞书出版社，2023
（人文松江创作研究院文库）
ISBN 978-7-5326-6181-7

Ⅰ.①松… Ⅱ.①陆… ②欧… ③吴… Ⅲ.①地方文化—松江区—词典 ②公共管理—文化工作—松江区—词典 Ⅳ.①G127.513-61

中国国家版本馆CIP数据核字(2023)第243840号

松江人文大辞典：公共文化卷

陆　军　主编
欧　粤　执行主编
吴纪盛等　编著

责任编辑　俞健奇
责任印制　王亭亭
装帧设计　梁业礼

出版发行　上海世纪出版集团
上海辞书出版社®（www.cishu.com.cn）
地　　址　上海市闵行区号景路159弄B座（邮编201101）
印　　刷　上海中华印刷有限公司
开　　本　720毫米×1000毫米　1/16
印　　张　28.5
字　　数　766 000
版　　次　2023年12月第1版　2023年12月第1次印刷
书　　号　ISBN 978-7-5326-6181-7/G·1136
定　　价　208.00元

《松江人文大辞典》编辑委员会

主　　任　赵　勇

副 主 任　徐界生　金冬云　陆　军

编辑委员　赵　勇　徐界生　金冬云　陆　军　欧　粤
吴纪盛　周祥波　张国强　刘　通

《松江人文大辞典》编辑部

主　　编　陆　军

执行主编　欧　粤

编辑部主任　吴纪盛

编辑部副主任　刘　通（兼）　杨雨清（兼）　陈　诚（兼）

办公室主任　俞月娥

分科主编　欧　粤（总类、民俗、戏剧）　许　平（文学）
牛立超（影视）　汤炳生（曲艺）
赵　婷（音舞）　陆春彪（非遗）
徐秋林（书法）　陈　浩（美术）
韦　海（摄影）　盛济民（方言）
费水弟（宗教）　崔淑妍（文博）
邢砚斐（建筑）　谭　畅（旅游）
徐　侠（学术）　吴纪盛（传媒）
侯建萍（档案）　乔进礼（图书馆）
章均权（群文）　俞福星（场馆）
张林琪（团体）　朱佳乐（产业）

撰 稿 人　传　播　吴纪盛
群　文　章均权
图书馆　乔进礼　侯建萍　欧　粤
场　馆　俞福星
团　体　欧　粤　张林琪
产　业　朱佳乐　牛立超
档　案　侯建萍

松江区融媒体中心、松江区文化和旅游局、松江区档案局、松江区文化馆、松江区图书馆、松江区各街镇文体服务中心提供了部分初稿或资料

图片主编　俞月娥

照片作者及提供者（按作品多少为序排列）
俞月娥　蔡　斌　周　平　李耀华　宋　俊　王　勇　吴四一　唐西林　朱　斌
陈　巳　张建钢　孙连德　岳　诚　张哲伦　张海峰　张诚卉　吴静怡　徐磐石
林雪君　徐雨明　包剑钢

松江区档案局　松江区戏剧家协会　松江区教育局　松江区文化馆
松江区文旅局　松江区地方志办公室　永丰街道　松江区书法家协会
松江区非物质文化遗产保护分中心　松江区美术家协会　松江报
新桥镇人民政府　松江区舞蹈家协会　松江区音乐家协会
松江区收藏家协会　松江区摄影家协会　上药佘天成（上海）医药有限公司
佘山镇人民政府　岳阳街道　小昆山镇人民政府　叶榭镇人民政府
车墩镇人民政府　泖港镇人民政府　九亭镇人民政府　九里亭街道

部分图照摘录于《松江县续志》《上海市志》及网络

总　序

《松江人文大辞典》出版了。在我看来，本辞典不仅是一部记录“上海之根”——历史文化名城松江人文发展轨迹的重要文献，也是一座镌刻着当代松江学人精神品格的纪里碑碣。我相信，她的问世，对松江的文化建设具有重要的现实意义，对松江的政治、经济与社会发展也能增添有力助益。

我的故乡松江，是典型的江南鱼米之乡。唐宋以降经济文化发展较快，到了明代更是盛极一时，富甲一方。松江府文物衣冠为东南之望，与苏州齐名，并称“苏松”。勤劳的松江人在丰腴的土地上不仅创造了繁荣的经济，也创造了璀璨的文化。陆机、陆云、赵孟頫、杨维桢、袁凯、陶宗仪、徐阶、董其昌、陈继儒、陈子龙、夏完淳、王鸿绪、史量才、施蛰存、赵家璧等文化巨匠，犹如群星闪耀，在中国的历史文化长廊中熠熠生辉。松江书派、松江画派、云间派文学等文艺群体，更是以其独特的艺术魅力和文化成就推进了古典文学艺术的发展。而植根于稻作生产的民间文化亦丰富多彩，民间故事《孟姜女》、长篇叙事诗《姚小二官》等影响深远，江南丝竹、花篮马灯、田山歌等民间乐舞经久不衰，顾绣、草龙、锣鼓艺术等更是被列入国家级非物质文化遗产名录。无论是脍炙人口的民歌、摇曳多姿的舞蹈、丰富多彩的民间故事，还是代代相承的民俗民风，都创造出松江人引以为豪的精神文化家园。

雄厚的历史背景，璀璨的人文景观，独特的经济优势，使《松江人文大辞典》以丰富的史料为时代留下一部恢宏的松江历史文化长卷成为一种可能。在这部长卷中，有对松江各个历史时期文化发展的概括，有对松江文化名人与传世佳作的记述，有对松江文博、胜迹、景观的介绍，有对千百年来松江百姓衣食住行、市井生活等民俗细节的记录。其收录范围求广泛，引用资料求翔实，记述内容求精细，是我们的编纂团队所共有的思路共识与行动准绳。

我们希望，这部大辞典能体现出这样几个特点：第一，词条与释文的统一。所选词条详略得当，所撰释文有源可溯，尽力做到史料翔实，剪裁有方，描述规范。第二，地方性与全国性的统一。所选“松江”词条“不越位”，通过窥一斑而知全豹。第三，学术性与实用性的统一。编纂大辞典的根本目的，一是为学者提供专业知识的参考指南，二是为普通民众接受人文教育搭建一个“大课堂”。第四，历史性与现实性的统一。词条内容不设上限，下限原则上截至2019年。其间，凡人文领域的历史和现状、人物和作品、团体和活动等皆分卷设目。

我们还希望，这部大辞典能体现出今天这个时代的新意：

其一，凸显人文学科发展之“新气象”。如在新闻传播、群文、场馆、团体，特别是文化产业方面，这些年都出现了一系列新事物、新成果，将这些具有鲜明时代印记的人文物事以词条形式记录下来，就成为了大辞典的一个亮点。

其二，关注和吸纳国内外学者研究的“新成果”，尤其倡导自主研究。如学术分科主编徐侠先生在爬梳古代学人著作时就有不少新的斩获，兹举一例。李绍文的《云间杂识》，又名《云间杂记》《云间杂志》，现代大藏书家、版本学家黄裳曾于苏州购得明抄本一册，视若拱璧，题为《云间人物杂记》。跋曰：“佚去首尾各半叶，遍检书目，无著录者，不知撰人及卷数，所失当不多也。”其实此书被《四库全书》著录，为三卷，入子部小说家类存目，亦不知作者是谁。民国时有刊印本，仅二卷，后由松江史志办重刊。近年《上海府县旧志丛书》中也有《云间杂识》三卷本。不论是二卷本还是三卷本，都已是松江地方文献中的要籍。徐侠先生在进一步研究史料时，看到了八卷本，八卷本为全帙，存世有明刻本、旧抄本，较之前两种通行本，内容丰厚很多。作者杂记明代松江府人文，几乎将二百多年间一郡人、事网罗无遗，有凭有据，多得自其经历、耳闻目睹及交游，是一部颇有价值兼具趣味的笔记体史学著作。倘予以整理重刊，即增加一部明代地方史经典原著。袖手于前，疾书于后。搞清楚了此著的来龙去脉，可以想见，徐侠先生端坐于书桌，气定神闲，欣欣然于耕读其间，称得上快事一桩！

其三，设定释文撰写的“新标准”。除了遵照“观点正确、资料翔实、结构清晰、层次分明、语言规范、文字精练”的撰写要求之外，还必须列出词条释文的依据，并配以恰当的史料图照予以佐证。我们坚信，只要坚持了这些“新”，这部被誉为“全国第一部以人文专题形式编纂出版的大型工具书”才有可能实现兼具专业性、科学性和可读性的编纂目标。

我们更希望，这部大辞典还能体现出松江学人践行“云间风度”，提升“文化自信、文化自觉、文化自强”的情怀与境界。

首先，从汗牛充栋的松江历史人文信息中爬罗剔抉出8卷本《松江人文大辞典》，为进一步强化松江人民的文化自信助力。总类、文学、书法、美术、摄影、戏剧、曲艺、音舞、非遗、学术、民俗、方言、宗教、文博、建筑、旅游、传媒、图书、档案、群文、团体、场馆、产业等23个分科及数千张图照，勾勒出松江人文历史发展的总脉络。6 000年前，我们的祖先用血和汗在茫茫荒原上开拓了崧泽文化、广富林文化等远古文化，播下了人类文明的种子。悠久的文化传统始终以一种无形的力量深刻地影响着有形的存在，它滋养着松江的风土人情，涵养着松江的社会生态，濡养着松江的经济发展，它引领着松江人民攻坚克难，激励着志士仁人前仆后继。正是这种伟大的文化传统奠定了松江人民文化自信的基石。

其次，文化自信是抵达文化自觉的基础。面对丰厚灿烂的松江历史传统文化，勤朴、睿智、进取的松江人民，不仅仅满足于盘点祖上留下的丰厚精神遗产，而是用令人的情怀、智慧与勇气去拓开新的人文疆域。无论是以"科创、人文、生态"的理念建设社会主义现代化新松江的发展定位，还是以建设"书香之域、书画之城、文博之府和影视之都"以及江南"戏剧之乡"为目标，都彰显出松江人民高度的文化自觉。

再者，文化自觉又是实现文化自强的前提。只有通过文化自觉，才能实现文化自强。对松江地区来说，文化自强主要表现为全区人民拥有共同的核心价值观和崇高的理想信念，积极投身于中国优秀传统文化的现代性转换与创新性发展，以生动的实践与优异的成果建设文化强区，在加快推进长三角G60科创走廊建设的同时，弘扬传统文化、传承红色文化、高扬海派文化、彰显江南文化和建设先进文化，充分利用辉映苍穹的"上海之根"文化资源，建设共有的现代精神家园。

一句话，我们希望，《松江人文大辞典》的编纂出版，既能为松江留存一部上对得起祖宗、下对得起子孙的高品质的历史典籍，又能为新时代松江人民以坚定的文化自信、高度的文化自觉来践习与实现文化自强提供一个可参照的生动案例。

事实上，我当初萌生编纂8卷本《松江人文大辞典》这一想法时，内心也是有顾虑的。这样一个浩大的文化建设系统工程，在缺少经验，缺少专职编纂人员，特别是缺少专门人才的情况下，要在较短的时间内将松江数千年的人文发展历史、当代文化建设的成果和经验，进行科学的、系统的、精细的爬梳、整理、研究、归纳，还必须要达到相当的学术高度，必须经得住当代和后代的检验，其复杂性、艰苦性与挑战性不言而喻。令人欣慰的是，项目上马以后，在编纂团队的共同努力下，《松江人文大辞典》编纂工作有条不紊地向着既定目标一步一步扎实推进，编纂人员同心同德，克难攻坚，取得了令人满意的成果。

取得这样的成果，主要原因如下：

第一，领导敢于担当。

近年来，全区人民按照区委提出的建设"科创、人文、生态"现代化新松江的目标，团结一致，唯实唯干，成果卓著。在这样的氛围感召下，2018年上半年，按照中共松江区委书记程向民同志关于"在人文松江建设方面，松江不仅要建设一流的文化设施，还要创造具有传世价值的一流的艺术与学术成果"的要求，我建议，松江能否及时组织力量编纂8卷本《松江人文大辞典》，能否推出10部松江历史名人题材系列戏剧，能否在条件成熟时整理出版100卷本《松江历代文史典籍总目提要》？而要完成这些高难度、跨学科、创纪录的大工程，先要在机制、体制上有所创新。由此我进一步建议能否成立一个在学术研究与创作引领方面具有示范性意义的民办公助的高端学术机构，由这个学术机构来统领这些重大艺术与学术项目的实施。这些建言获得了程向民同志的充分肯定，并要求我进一步认真运思，尽可能给出可行性方案。同年10月7日，程向民同志利用国庆长假召集区委常委、宣传部长赵勇等相关领导一起来垂听我所作的关于成立"江南题材创作研究院"、创编"一典一史"、创作"松江历史名人题材系列戏剧"的专题汇报。其中"一典"，即编纂8卷本《松江人文大辞典》；"一史"，即编写《松江简史》。2018年12月20日，在程向民同志与赵勇同志的关心下，"创立江南题材创作研究院""编纂《松江人文大辞典》"写入了中共松江区委文件。从这个时候开始，我就正式着手启动大辞典编纂工程的前期准备，同时还对研究院的机构设置、人员配备以及运行模式进行设计。在准备过程中，经反复思考，我又将编纂《松江文学史》《松江戏剧史》《松江绘画史》《松江书法史》《松江诗歌史》纳入计划，加上原有的《松江简史》，合称为"一典六史"。希望能以《松江人文大辞典》为主干，以"六史"为分支，将松江的人文资源梳理清楚，整合成一套全面、系统记录松江人文历史和现状的大部头丛书。这些项目都得到了程向民同志的热情鼓励与有效指导，并列为"人文松江建设三年行动计划"的重点项目。

在此基础上，程向民同志在2019年3月16日建议将原"江南题材创作研究院"易名为"人文松江创作研究院"，这一改，研究院的使命更清楚，目标更明确。5月23日，在区委宣传部副部长、区文旅局党委书记徐界生同志的精心安排下，人文松江创作研究院正式入驻松江区图书馆二楼办公。6月16日，《松江人文大辞典》第一次编纂工作例会在松江区图书馆会展厅召开，区政协副主席、区文旅局局长金冬云等领导出席。7月13日，人文松江创作研究院由市、区领导揭牌。在2019年松江区人民政府工作报告中，"成立人文松江创作研究院"与"启动《松江人文大辞典》编纂"成为了其中的一项重要工作内容。而在2020年政府工作报告中，不仅再次强调做实人文松江创作研究院，还在附件中对"一典六史"专门作名词解释。在《松江人文大辞典》与"松江六史"编纂工作取得突破性进展之后，2020年4月20日，中共松江区委机构编制委员会下发关于"同意成立区人文松江创作研究院作为文化旅游局下属单位"的批复。这标志着一直以民办公助方式运行的人文松江创作研究院正式转为区属事业编制单位，《松江人文大辞典》与"松江六史"的编纂工作也进入了新的历史阶段。

可以说，无论是以民办公助的项目制方式运行，还是转为正式的事业编制管理，《松江人文大辞典》、"松江六史"的编纂以及人文松江创作研究院的机构设置，都是得益于松江区委、区政府营造的倡导创新、鼓励创新、推动创新的宽松和谐的人文环境，特别是得益于区委书记程向民，区委常委、宣传部长赵勇以及区委宣传部副部长、区文旅局党委书记徐界生等领导的创新意识与担当意识。

第二,名宿善于引领。

我曾不止一次地在各种场合说过,设计《松江人文大辞典》这个编纂工程时,首先想到的是,这件事必须由欧粤先生来担任前线指挥官。一方面,欧粤先生学识渊博,文史哲兼长;耆德忠正,智善信兼具。他长期在区史志办担任编审工作,为泱泱大著《松江县志》的副主编,在地方史志研究与民俗学研究方面著作等身,具有丰沛的学术素养与丰富的史志编纂经验,是松江学术界公认的德高望重的领军人物。另一方面,欧粤先生是一位卓越的儒帅,具有很好的统筹协调能力。他曾担任松江县政协文史委员会主任,既对松江文史如数家珍,又对松江文化人的禀性、学养、能力了如指掌,由他来牵头组织编纂班底,排兵布阵,协调各方,可谓不二人选。果不其然,欧粤先生到岗后,夙兴夜寐,筚路蓝缕,全身心扑在工作上,从每个词条的选定到每段释文的增删,他都亲力亲为,可谓呕心沥血,厥功至伟。

第三,同仁甘于奉献。

作为大辞典的编纂人员,松江老中青三代学人践行"云间风度",发扬义工精神,团结协作,齐心攻关,俯以观今,仰以察古,见微知著,尝鼎一脔。用"衣带渐宽终不悔,为伊消得人憔悴"来形容,是再合适不过的。如本辞典编辑部主任、原《松江报》主编吴纪盛先生,身先士卒,恪尽职守,即使是在亲人有恙,经常在家、医院间奔波时,他也坚持认真收集整理材料,悉心撰写词条,召集"老部下"商讨编写工作,做到工作、家事两不误,无怨无悔,尽心尽力,体现了一个老报人所具有的敬业精神与学者风范。研究院及本辞典编辑部办公室主任兼图片主编俞月娥,身兼数职,事务繁杂,但她兢兢业业,每天保持着充沛的工作热情。一度时间,为赶着修复数百张旧照片,常加班到晚上九十点钟。下班时,她在空荡荡的办公楼里不敢独自下来,就请值班保安在走廊里"吆喝"为她壮胆。还有像建筑分科主编邢砚斐先生,在患病期间仍笔耕不辍,并为其他分科积极提供资料。有的分科主编为了赶进度,放弃了外出旅游的机会,有的实在忙不过来,就让自己的子女做帮手。总之,这种恪尽职守、臻于至善的工作作风,几乎是编纂团队每个成员的"标配"。而集体性的无私奉献精神正是本辞典得以顺利推进的基本保证。虽然称不上惊天动地,却也是可歌可泣。

第四,各方勇于支持。

本辞典编纂过程中得到了全区各委办局以及各街镇领导的大力支持。在涉及编纂工作中有关的人、事、物时,陆忠新、曹金华、李涛、周梓波、陆联群、梁宝山、张国强、刘通、杨雨清、王灵辉、张冬梅、陈诚、金叶、奚建治、牛立超、俞宝琴等都以各种方式给予了支持与帮助。而新华社和《人民日报》、"学习强国"平台,以及《中国艺术报》《中国文化报》《解放日报》《文汇报》《新民晚报》《劳动报》《松江报》与全国其他各大主流媒体网站，也一直对大辞典的编纂予以亲切关注与热情鼓励，多家媒体连续十余次予以跟踪报道，其情其诚，令人感动。同样令我欣慰的是，我供职的上海戏剧学院领导没有忘记现代大学的崇高使命，坚持以人才培养、科学研究、社会服务、文化传承创新为己任，对我这样一个在职的教师回家乡兼职给予了应有的理解与支持。当然，就我本人来说，教书育人是第一天职，为学校承担的教学、科研、创作以及其他任务，决不敢有丝毫的懈怠。兼职两年间，教学上曾三获国家级奖励与资助；创作上曾有多部大型剧作公演，科研上也有较多的成果问世。聊以自慰的是，践行“把别人喝咖啡的工夫用在了工作上”，力求做到无愧于事，无愧于心，无愧于上戏，无愧于家乡，也算是我几十年如一日恪守的信条，至今也没有改变吧。

我始终认为，文化建设是一个潜移默化的过程，对先贤邦彦的言行举止、丰赡业绩，需要我们沉下心来，鉴古观今，读史悟道。尤其在经济发展快速推进、社会深刻转型的当下，摒弃喧嚣与浮躁，在充满温情与敬意之中追根溯源，将会让我们不忘本来、吸收外来、面向未来。而《松江人文大辞典》的出版，便是我们编辑部全体同仁交出的一份回应时代需求的答卷。

如果说松江是一座瑰丽的文化宝库，那么，我们希望这部大辞典能为人们打开这个宝库提供一把精致便捷的钥匙。有了她，不但可以为当代，更可以为后代了解和研究松江人文历史提供方便。我们更希望这部大辞典在建设社会主义新松江的宏伟事业中发挥越来越重要的作用。

行文至此，忽然想起，26年前的一个春日上午，在为家乡松江起“上海根”别名时的一刹那，我曾种下一个愿望，总有一天，要为“上海根”的称谓做一些经得起历史推敲的学术注解。想不到过了这么多年，才由一群志同道合的松江学人乘着“天时、地利、人和”的东风，以辛勤的付出、卓越的努力帮助我圆了这一久违了的梦想。为此，我要再一次向由执行主编欧粤率领的编纂团队，以及所有支持帮助这一文化建设工程的领导与朋友们表示由衷的感谢和崇高的敬意！

愿我美丽的家乡松江——岁月静好，山高水长！龙腾虎跃，布帆无恙！

陆军

2020年12月13日

作者为《松江人文大辞典》主编、上海戏剧学院学术委员会主任，二级教授，博士生导师。兼任《中国大百科全书》(第三版)戏剧文学分支主编、中国戏剧文学学会副会长、上海戏曲学会会长、松江区文学艺术界联合会主席、上海人文松江创作研究院院长。

凡　例

一、本辞典为上海市松江区人文领域的大型工具书。全书分为“总类·民俗卷”“文学卷”“书法·美术·摄影卷”“戏曲·音乐舞蹈·非物质文化遗产卷”“方言·宗教卷”“文物博物馆·建筑·旅游卷”“学术卷”“公共文化卷”，凡八卷。

二、本辞典收录古今松江地域内的人文现象、文化活动、文化样式，松江文化艺术的流派、团体、人物、作品，与人文相关的建筑、景点、文物，以及松江人的精神文化生活的词目，凡1万余条。内容包括松江概况、民俗、文学、书法、美术、摄影、戏剧、影视、曲艺、音乐舞蹈、非物质文化遗产、方言、宗教、文博、建筑园林、旅游、学术、群众文化、传媒、文化场馆、文化团体、文化产业、图书馆、档案诸方面。词目内容突出地方特点，凡普遍性的、共性的词目一律不收。

三、本辞典关于古代、近代的词目收录范围，原则上涵盖松江府华亭县、娄县行政区域。1912年撤销松江府，华亭、娄县合并为松江县后，原则上涵盖松江县。1966年松江县与金山县行政区划调整后，原则上涵盖松江县、松江区行政区域。因人文活动不局限于行政区域，故个别词目涉及松江邻县，或苏松两府，乃至江南地区。

四、本辞典所收人物，凡人文领域的古今松江名人分别在各分卷列传。列传人物以松江籍和长期寓居松江的客籍人物为主，适当收录在松江居住时间短暂但对松江颇有影响的客籍人物和“新松江人”。凡在历代地方志书、各类工具书已有记载的古代、近现代人物中有名望者均予收录。当代人物，以中国文联、中国作协、中国社联以及其他国家级协会会员，曾获国家级大奖者，具有文化艺术学科正高级职称者为收录标准。虽无上述条件，但社会上公认成果颇丰、影响或贡献较大者也酌情收录。主要贡献不在人文领域，但在松江历史上，或在国内外有较大影响的松江籍人物则在《总类·民俗卷》予以列传。

五、本辞典对于当代作品的收录标准为刊登于国家一级刊物的作品、国家一级展览的参展作品、获省级宣传文化部门颁发的一等奖以上的作品、由国家出版机构公开出版且有一定影响的作品等。

六、本辞典释文中的自然地名、政区地名均采用当时的称谓，在第一次出现时注明今地名或所处位置。资料以中华人民共和国民政部编《中华人民共和国行政区划简册2020》为准。

七、本辞典纪年表述以1912年中华民国成立为界，之前采用帝王纪年，括注公元纪年；之后采用公元纪年。凡公历年月日用阿拉伯数字表示，夏历月日、帝王纪年用汉字数字表示。

八、本辞典各卷以分类编排，设有类目，类目下设词目。词目按事物的逻辑关系排列。

九、本辞典词目有一事数名的，将其中常见者列为正条，余为参见条。

十、本辞典词目一词多义的，用①②③……分项叙述。

十一、本辞典词目的内容不设上限，下限截至2019年底。重要内容延伸至2020年。

十二、本辞典编纂依据的文献资料，主要为历代史志、碑传、文集、报纸、期刊、家谱、族谱与档案等，同时参考了相关工具书及学术界研究成果，有异说则尽力加以考订，无从考订取舍者诸说并存。因限于篇幅，参考文献及资料来源不逐一注明。

十三、本辞典各分卷前面刊有分类词目表，卷末附有词目笔画索引，以便读者检索。

编辑说明

一、本卷为《松江人文大辞典》中的《公共文化卷》，由“传播”“群众文化”“图书馆”“文化团体”“文化场馆”“文化产业”“档案”七个分科组成。

二、“传播”分科包含新闻媒体和出版两部分，侧重介绍松江地方主流媒体，收录其业务管理、报刊的专版专栏及特刊等词目。鉴于网络时代新媒体迅猛发展，广泛收录有关新媒体的词条。同时注重属地化，凡驻松高校和部市属国企的传媒均按规定收入。

凡已见诸新闻出版类工具书的松江籍人物，2020年前评定为新闻出版或高校新闻传播教育系统高级职称者，主管新闻工作正处级以上领导干部，全国好新闻奖、上海好新闻一、二等奖获得者，新闻出版系统的上海市劳模、上海市优秀新闻工作者获得者，曾寓居松江在传播领域业绩不凡的外省市人士，均设立为词目。新闻传播人物按生年排序。

凡刊载于新华社、新华网、《人民日报》、人民网以及上海《解放日报》《文汇报》《新民晚报》头版头条或并头条（二条）的松江新闻均设立为词目。广播、电视因资料缺失，仅收录部分年份的中央电视台、上海电视台、上海人民广播电台播出的重要报道。

本分科的主要参考书目有《松江县志》《松江县续志》《松江文化广播影视志》《上海新闻志》《上海市志·报业卷》《上海广播电视志》《上海出版志》《上海新闻记者大辞典》《上海大辞典》《新闻传播学大辞典》和《近代中文第一报——申报》等。

三、“群众文化”分科的词目涉及内容广泛，为避免重复，凡已列入本辞典《戏剧·影视·曲艺·音乐舞蹈·非物质文化遗产》《书法·美术·摄影》等卷的群文创作、演出、展出、获奖作品等方面的内容，不再在本卷设立词目。本分科主要介绍松江群文“机构组织”“文艺创作”“文艺辅导”“演出活动”“期刊书籍”等方面内容。

本分科的基础资料主要由松江区文化馆和各街镇文体服务中心提供。

四、“图书馆”分科分“社会公共图书馆”“学校图书馆”“职工书屋　农家书屋”和“藏书家”四个部类。现知松江曾开设的公共图书馆均已设为词目，大致以成立时间先后排序。学校图书馆分大学、中小学图书馆两类，在松江设立的大学、部分中学的图书馆设为词目，其余中小学和幼儿园的图书馆列表记录。

为丰富企业和农村的文化生活，21世纪起松江启动职工书屋和农家书屋建设。本分科选择部分设施较完备、开放正常的职工书屋和农家书屋列为词目，其余列表记录。

凡见诸松江地方史籍文献的藏书家均列为词目。藏书家以生卒年先后排序。

本分科的基础资料主要由松江区文化和旅游局、各街镇文体服务中心、驻松各高校图书馆、松江区教育局提供。参考书目有《松江县志》《松江文化广播影视志》及《岳阳街道志》等松江各街镇新编的街镇志。

五、“文化团体”分科根据不同属性，分设“社会文化团体”“校园文化团体”“演出团体”“政治文化团体”“文化相关团体”等部类，各类团体按成立先后排序。21世纪起，松江区内各街镇的村（居）委会纷纷成立以自我管理、自娱自乐为主的各种形式的文艺团体，数量庞大。各团体人数不等，活动频次和艺术水准参差不齐，为保留历史印记，本分科根据松江区文化和旅游局提供的资料，将松江区村（居）委成立的文艺团体列表作为附录。

本分科的基础资料主要由松江区文化和旅游局、松江区教育局、松江区文联提供，部分资料来源于采访、征集。参考书目有清嘉庆《松江府志》、新编《松江县志》、《松江文化广播影视志》以及《五茸志逸》等松江地方史志、文献。

六、“文化场馆”分科设“影剧院”“书场”“礼堂”“展馆”等部类，各部类词目按场馆建立先后排序。凡向社会公众开放的场馆均列为词目，凡不对外开放的机关、学校、企事业单位的礼堂会所等不纳入收录范围。

21世纪起，各种性质的影院在松江开设多，停业也多，本分科选择其中经营稳定、开设时间较长者列为词目。

本分科的基础资料主要由松江区文化和旅游局、各街镇文体服务中心提供，部分资料来源于实地采集。参考书目有《松江县志》《松江文化广播影视志》及《岳阳街道志》等松江各街镇新编的街镇志。

七、“文化产业”分科根据松江文化产业的特点，分设“文艺工厂”“文创产业”“娱乐业印刷业书店”三个部类。文艺工厂在松江的存在时间不长，但在繁荣松江群众文化方面发挥了积极作用。本分科对曾在松江建立的各类文艺工厂，不论其影响大小均予收录。

文创产业是松江的新兴产业，在松江经济中占有重要地位。本分科收录松江区助推文创产业发展的政策、建成的文创园区和影视拍摄基地、开设的影视拍摄机构等内容，完整记录该产业的发展面貌。

娱乐业、印刷业、书店在松江开设的网点、工厂数量庞大，本分科选择其中规模较大、经营较稳定、社会影响较佳者列为词目。

本分科的基础资料由松江区文化和旅游局、松江区各街镇文体服务中心提供。文艺工厂的资料来自相关档案馆室和采访搜集。

八、“档案”分科根据管理档案的特点，分设“机构组织”“档案门类”“馆藏特色档案、实物与资料”“档案信息化”和“档案成果”等部类。各部类词目的设立以记录松江档案事业发展历史，档案更好地服务于经济建设、社会事业、人民生活，方便读者熟悉和查阅档案为基本出发点。凡反映松江档案馆馆藏档案的基本情况和管理情况，重要的馆藏档案与资料，有关民生的档案均设立词目。

本分科的参考书目主要有《松江档案志》《馆藏撷英》和馆藏资料目录等。

九、本卷共收词目1 579条，配图照593帧。

目　录

十一　电视专题片 / 90

十二　新闻传播学校及专业 / 93

群众文化

图书馆

文化团体

文化场馆

文化产业

档 案

传播

上海市松江区融媒体中心
SHANGHAI SONGJIANG MEDIA CENTER
中共上海市松江区融媒体中心委员会

一

概　述

一

上海出版业源自松江。南宋庆元六年（1200年）华亭县学刻《晋二俊文集》20卷，是上海现存最早的刻本。清乾隆年间，民间出版机构扫叶山房在松江府城开设书坊。清末民初，扫叶山房松江分号设在松江大街里馆驿西侧（今中山中路人民路口东北角），三开间门面，印书售书两旺。初为刻印，后亦用石印、铅印，印刷经史子集及字典、尺牍、字帖、中医药等线装书，行销全国。1914年夏秋季，松江分号出版发行《文艺杂志》《织云杂志》。1937年扫叶山房松江分号毁于日机轰炸。

清光绪三十年（1904年）清末秀才、邑人陈景韩在沪创办小说期刊《新新小说》，并主编《妇女时代》。光绪三十四年梁启超把在日本东京创办的《政论》月刊迁回上海，由客寓松江的马相伯主持，鼓吹君主立宪。1917年南社社员、邑人孙雪泥在沪创办生生美术公司，翌年创刊《世界画报》，自任主编兼发行人。1928年松江籍漫画家黄文农与人合作创办《上海漫画》，抨击国民党独裁统治。1933年邑人杨孝述倡导科学救国，以中国科学社名义在沪创办《科学画报》并兼任主编，风靡全国。

1922年邑人钱江春、赵祖康与好友胡山源在沪组建文学团体弥洒社，次年出版《弥洒》月刊，在国内产生较大的影响。1932年邑人施蛰存在沪创办文学期刊《现代》，鲁迅的《为了忘却的记念》、茅盾的《春蚕》、郁达夫的《迟桂花》等一批优秀新文学作品首先刊发于《现代》。1932年良友图书公司设文艺书籍出版部，聘邑人赵家璧为主编，1939年改组为良友复兴图书公司，赵任总编辑。1935年经赵筹划、组稿，《中国新文学大系》编辑出版，成为中国新文学史上的里程碑。1946年赵家璧与老舍合作创办晨光出版公司，赵任经理兼总编辑，出版《晨光文学丛书》，刊发《四世同堂》《围城》等名著，赢得“中国现代文学第一专业编辑家”美誉。

在松江本埠最早创办的杂志是清宣统二年（1910年）始创的《茸城旬刊》。主编李芑香系松江籍南社社员。翌年李又与朱叔建等11人组建松江政论会，讨论“县政辖治，发扬民主”，并创办《政论报》旬刊。1920年暑期，就读南洋大学堂（上海交通大学前身）的侯绍裘、赵祖康等8位松江学生，利用暑假创办《问题周刊》，抨击时弊，宣传社会革新、科学民主。1923年邑人侯绍裘、朱季恂等共同创办、编辑《松江评论》，在松江最早宣传马列主义。是刊曾刊发《列宁传》，宣传“联俄、联共、扶助农工”三大政策，抨击国民党右派。抗日战争全面爆发后，中共松江地下组织相继出版期刊《火光》《怒涛》及《求知》半月刊等刊物，鼓舞群众奋起抗日。

中华人民共和国成立后，松江县（区）不少单位曾编印刊物。文史期刊有1981年松江县政协创办的《松江文史》，1982年松江县地方志编撰委员会编印的《松江县志资料》，2004年松江区文物管理委员会、松江区文化广播电视管理局创刊的《云间文博》，2011年松江历史文化研究会主办的会刊《松江历史文化研究》、松江区档案局主办的《松江档案》季刊，2012年中共松江区党史研究室、松江区地方志办公室主编的《松江史志》等。文艺期刊有1981年松江县文化馆主办的《云间》（初期为小报，1986年起改为期刊），1987年松江县教师进修学校编辑的《小作家》（分小学版和中学版），2001年松江区文学艺术界联合会主办的《云间文艺》季刊。

1985年松江县商业经济学会创刊《松江商业经济》，1993年改由松江县财贸委员会、松江县商业经济学会主编，更名《松江商业》季刊。稍后，松江区经济委员会主管、松江区工业企业联合会、松江区外商投资企业协会主办的《松江企业》创刊。2008年松江工业区党委、管委会创刊《松江工业区》。此外，松江区人民法院、松江区人民检察院、公安局松江分局和松江区供销合作社、松江区水务局、方松街道等均曾创办期刊。

二

上海开埠后报业发展，松江人在沪办报者众多，尤其在史量才接办《申报》后，邑人陈景韩、张蕴和、雷瑨、马荫良、张叔通、胡旭光等竞相加盟，一时上海有“无松不成报”的说法。

《时报》初创于清光绪三十年，因业务欠佳，遂聘邑人陈景韩、雷奋襄助，陈任主笔，雷任编辑。陈景韩在《时报》首创“时评”，每天发表一篇两三百字、针对性颇强的“时评”，曾受鲁迅、胡适的好评，各报竞相仿效。光绪三十二年，续聘邑人史量才兼《时报》主笔，又有邑人顾水如、王季鲁助阵，报纸声誉日隆。

1912年由张謇、史量才等合股接办《申报》，史任总经理，后改由其独资经营。史聘陈景韩任主笔，举荐一大批松江才子进报馆，加上外埠的陶行知、黄炎培、戈公振、黄远生、邵飘萍、黎烈文等加盟，当时《申报》人才济济，报界鲜可匹敌。同时，申报馆在山东路汉口路口建起五层大楼，从美国购进了新式转轮印报机，建成集编辑业务、营业广告、排字浇铸、照相制版、机器印刷和生活设施于一体的现代化新闻大厦。直至今日，上海居民还把报纸叫作“申报纸”。1927年和1929年，史量才相继购进上海的《时事新报》和《新闻报》的大部分股权，成为当年中国最大的报业实业家。

1916年《民国日报》创刊，邑人姚鹓雏、闻宥曾任副刊编辑。1921年《社会镜》创办，南社社员、邑人杨了公任主编。1925年中共党员、邑人何公超受组织委派，同张太雷一起至《民国日报》主编《杭育》副刊。同年，何公超任中国共产党在上海创办的第一份报纸《热血日报》编辑，直至停刊。1935年何公超任《儿童日报》总编辑。上海沦陷后，邑人吴绍澍以皖南屯溪为基地，创办《正言报》，在沪租界内发行。抗日战争胜利后，《正言报》复刊，吴任社长。

民国以来，松江本埠的报纸此起彼落，林林总总不下30种。1915年起《松江报》《云间报》《九峰报》先后问世。继之有《全松江》报创刊。1923年松江耆宿杨了公筹办《夕报》，仗其名望，颇受读者欢迎。次年，工商友谊会松江支会发行半月刊《工商报》。1932年由赵松铨父子创办《大松江》报，国民党松江县党部主办日报《松报》。1933年国民党县党部又创办《松江民众日报》。此外，松江先后创办《茸报》《大光明报》《明星日报》和《新浦报》，均为民办小型日报，其中《茸报》自办印刷厂，发行量居全县之首。松江沦陷期间，汪伪政府、汪伪和平军等曾办过《新松江报》《松江明报》《松江清乡新报》，皆媚日亲日，被读者厌弃。抗日战争胜利后，形成各报复刊小高潮，《茸报》《大光明

熱血日報

發刊辭

热血日报

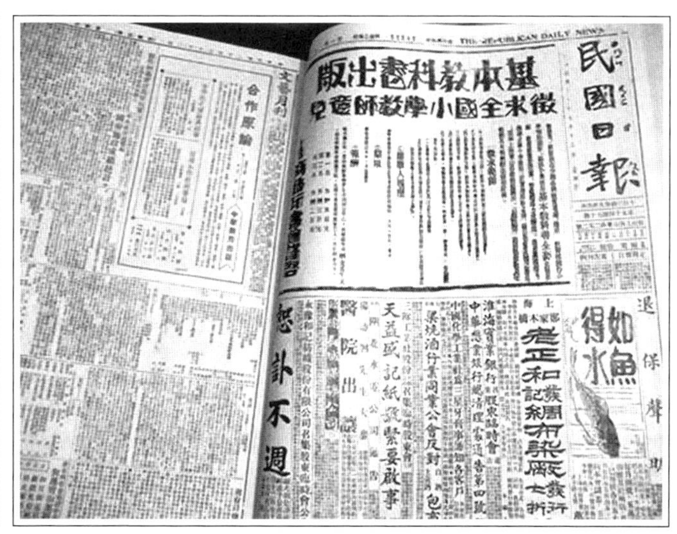
民國日報

基本教科書出版

徵求全國小學教師意見

如魚得水

民国日报

申报馆

上海申报馆大楼

松江新闻界庆祝记者节留影（1946年9月1日）

报》《生报》《松江商报》《青年日报》《前锋报》《力行日报》等先后复刊。

1949年5月13日松江解放，迅即由新华社松江分社创办《松江电讯》报。《苏南日报》出版后，《松江电讯》即停办。1956年4月1日《松江县报》创刊，属中共松江县委机关报，4开2版五日刊，后改为每周两刊。1959年1月改称《松江日报》，4开版面，每期4～8版，期发量增至2万余份。1959年6月30日停刊。20世纪五六十年代，松江编印过《松江广播》《农技通讯》《病虫简报》《农业生产快报》等实用性较强的小报。1979年初，松江县广播站编印《松广通讯》，传播较广。1980年3月，松江县医学卫生学会创办《卫生与健康》，影响较大。1983年4月，松江县科学技术协会创办《松江科技报》，每月一期，最高发行量达7.8万份，为松江历史上发行量最高的报纸。80年代至90年代初，《松江集邮》《松江个体私营经济》《松江影谭》和《松江红谭》等小报先后创刊。1993年1月21日《松江报》创刊，系中共松江县（区）委机关报，有上海市新闻出版局批号的内部报纸。初创时为4开4版周报，至2010年初增期扩版至4开12版，为当时上海区县报中唯一的周四刊报纸。2016年改版为对开8版。期发量稳定在近5万份。至2010年，松江区所有街镇、园区都编印社区报纸读物，不少委办局也曾创办报纸。

三

民国时期松江已有广播电台。1930年沈松仙设松声电台于城西秀南街。1936年县城设短波无线电台“松声社播音台”。1936年初松江县政府设无线电台，次年停办，1945年重建，1947年改称联合电台，松江解放前夕停办。1947年松江成立营业性茸城广播电台，一年后经营欠佳停办。

1956年2月筹建松江县有线广播站，同年利用电话线路传输，对县城和浦南3个区广播。1958年4月松江县有线广播站拥有广播喇叭1 592只，覆盖全县340个农业社，提前9年实现“社社通广播”任务。1960年全县17个公社均建立广播站。1964年县广播站敷设广播线路2 015千米，有用户喇叭57 438只，全县有线广播传输网建成。1966年11月22日县广播站被“造反派”占领，次年7月实行军管。1969年4月松江县有线广播站改名松江县人民广播站。1986年12月1日松江县人民广播站改称松江人民广播电台，同年在乐都路275号启建五层广播大楼。每天播音4次，共9小时5分。自办文字节目有“松广新闻”“简明新闻”“郊县新闻”“科技知识”“生活与法律”“为您服务”“星期俱乐部”等，其中影响较大的有“张阿大谈生产”等。1991年1月松江人民广播电台调频广播正式开播，每天播出时长16小时5分，新增“激光金曲”“笑口常开”“话说松江”“云间梨园”等栏目。2010年有中央级、市级、区级共21个调频广播电台覆盖松江区。

1985年底松江县在上海市郊率先筹建电视台。先期租用县招待所两间房作发射机房和播控机房，在楼顶安装32米高天线，发射10频道电视信号。1986年8月电视台迁至乐都路275号，启用新建105米拉线式桅杆，安装10频道4层蝙蝠翼天线、17频道缝隙天线。同年8月11日开始自办“松视新闻”“今日松江”“生活百事通”等节目。1994年建成松江电视发射塔，塔高158米，安装10频道、17频道电视信号和调频广播发射天线，集广播电视编制、播放、发射于一身，汇观光、娱乐、游览于一体，为当年松江的地标建筑。1995年初松江电视台在上海市郊率先开办天天新闻。1997年松江县被国家广播电影电视部命名为全国广播电视先进县。1992年6月松江有线电视网络首先在昆冈乡开通，12月在城区人乐小区建有线电视网，试播成功。1997年10月松江有线电视与上海有线电视台联网，市有线台网12个频道进入松江用户家中。至年底，全县普及有线电视，各乡镇均建立广播电视站。2010年松江区共有有线电视用户30.8万户。光缆以松江有线电视台为中心，呈星形辐射至新城区及各街镇，实现FTTP（光节点到小区）向FTTB（光节点到楼）的转变。翌年3月30日上海松江东方有线网络有限公司建立，与全市整合联网，放大了松江用户的增值服务。

四

2003年松讯信息发展有限公司开设松江区首家综合性社区论坛“茸城论坛”，下设“茸城热线”“茸城论坛”“茸城招聘”“茸城房产”等栏目，为网民提供松江的生活资讯和动态信息。嗣后，松江区人民政府办公室主办的区政府官方网站——上海松江门户网站开通，集新闻资讯与政务服务诸多内容和功能于一体，设置“政务公开”“新闻中心”“一网通办”“公共服务”“政民互动”“走进松江”等栏目。2012年12月“微松江”微信公众号开通，发布内容以民生资讯、历史文化、风土人情为主，截至2020年2月关注人数20万人，累计推送微信文章6 000多篇，总阅读量7 000万次，10万 + 阅读量文章40余篇。此后自媒体公众号纷纷涌现，2015年松江区新闻工作者协会成立松江自媒体联盟。至2019年，松江区人大、区政府、区政协，以及区委、区政府下属委办局，各街镇园区等相继创办官方微信公众号近70个。其中，松江区总工会主办的“松江工会”多年荣膺全国工会系统网站前五名；公安松江分局主办的“警民直通车松江”属公安部门翘楚。松江区地方志办公室的“松江微历史”陆续推出“松江老字号”“云间邦彦”“松江风俗”等专题，有的已结集出版。区文化和旅游局主办的“人文松江”，推出“书画之城”“书香之城”“文博之府”“影视之都”等微信栏目，读者众多。松江大学城中高校微信公众号蔚成矩阵，仅上海外国语大学就有130多个。

2017年6月26日，松江区整合松江报社、松江广播电视台、松江新闻宣传综合服务中心3家事业单位，组建松江区新闻传媒中心，形成融合报纸、广播、电视、微博、微信公众号、新闻网站等多种业态于一体的移动客户终端。2018年11月，松江区新闻传媒中心成为上海市唯一入选中宣部全国区级融媒体中心建设重点联系推进单位。2019年6月28日，松江区新闻传媒中心更名松江区融媒体中心。2020年6月，建筑面积2.16万平方米的融媒体中心大楼启用，标志着“深度融合、整体转型”改革渐入佳境。中心打造全媒体采编“三网三屏”融合发展，以移动客户端为主要对象，中心重点推出“上海松江”App，集信息发布、民生服务、沟通交流等功能于一体。至2020年2月，“上海松江”微信公众号关注用户23万，推送文章总数超过3万篇，总阅读量累计超过1亿次。

二

报 纸

外埠报纸

【申报】 商业性报纸。清同治十一年(1872年)4月30日由英商在上海创刊。宣统元年(1909年)中方经理席子佩(裕福)购进,产权始为中国人所有。1912年由张謇、赵凤昌、应德闳和松江人史量才等合股接办,后改由史量才独资经营。史量才聘请松江才子陈景韩、张蕴和、张叔通、马荫良等加盟,确立新闻立报定位。陈景韩时任总主笔,归纳新闻采写要"确""速""博",即"确切、真实""迅速、及时""广见、博闻",这一新闻"三字经"一度成为当时报界记者的守则。陈景韩与副总主笔张蕴和交替撰写时评,言简意赅,时人称"松江两支笔"。史量才先后聘黄远生、邵飘萍为《申报》驻京特派记者,打响"远生通信""飘萍通信"牌子,发行量猛增。同期《申报》在伦敦、华盛顿、巴黎、罗马、柏林、日内瓦、东京等地驻有记者、特派员,提高了国际新闻覆盖面。1918年五层报馆大楼落成。自1919年8月后,相继增设《星期增刊》《知识》《汽车增刊》《商业新闻》《本埠增刊》等,还先后兴办申报流通图书馆、申报新闻函授学校、申报妇女补习学校等多种社会公益事业。先后出版《最近之五十年》《申报年鉴》《申报月刊社丛书》《申报丛书》《申报社评选》《申报上海市民手册》等刊物,其中年鉴、丛书颇成规模。1931年九一八事变后,《申报》由之前的中立立场转为倾向反对内战、主张抗日,独家发表宋庆龄"国民党不再是一个革命集团"的重要宣言;发起对副刊《自由谈》的改革,大量发表鲁迅、茅盾、巴金等进步作家的小说与杂文。1934年11月史量才被害后,其子史咏赓继承父业,聘马荫良为总经理,负责报馆业务。1941年侵华日军进驻上海租界后,一度在日伪控制下出版。抗战胜利后被国民党接收。1949年5月上海解放后停刊。《申报》被称为"近代中文第一报",特指其出版延续时间最长,是晚清以来社会影响最大的报纸。

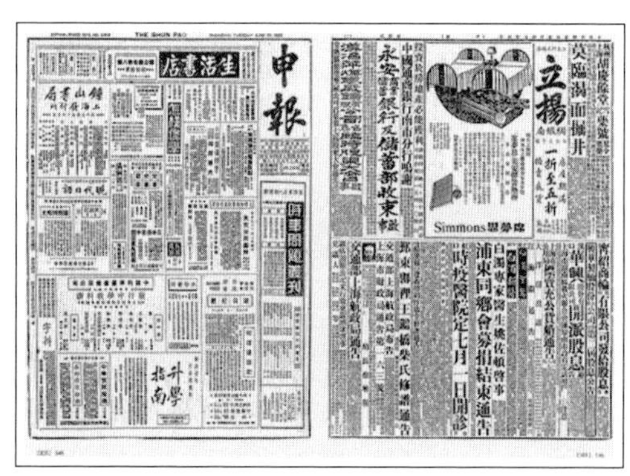
申報

申报

【益报】 清光绪元年六月十四日(1875年7月16日)在上海创刊。日报。由松江人朱逢甲创办兼任主笔,益报社发行。该报以"卷"代"张",以"页"代"版",日出一卷八页。该报版式沉闷,编排呆板、程式化,前面刊登上谕、奏折、宫门抄、疏示类,后面接登新闻,末尾登文苑诗词。言论保守,思想封闭,内容主要转录京报,转译上海有利该报立场的各报社评,每月摘登社会新闻约28条。自创刊始，与《申报》笔战不休，其中反驳《申报》提出的各种改革、改良和富国强民的观点，袒护地方官府。同年十一月初七（1875年12月4日）停刊，共出版116期。

【大陆报】 清光绪二十八年十一月初十（1902年12月9日）留日学生回国后在上海创刊。初为月报，第三年起改为半月报。由松江人雷奋、陈景韩与外埠人戢元丞、秦力山、杨荫杭、杨廷栋等创办。以刊登时事新闻为主，也经常报道留日学生和国内的爱国运动。1906年1月19日停刊，共出版47期。

【时事报】 清光绪三十三年十一月初五（1907年12月9日）在上海创刊。日刊两大张。由邵松权等集资创办，主编汪剑秋。宣统元年（1909年）春，上海道台蔡乃煌收购《时事报》，与《舆论日报》合并，改名《舆论时事报》，由孙家振和松江人雷瑨主持报务。宣统二年由茂记公司黄楚九接办，报名改回《时事报》继续出版，孙家振、雷瑨仍主持报务。宣统三年四月二十日（1911年5月18日），《时事报》转售黄溯初、张公度、张东荪等，改名《时事新报》。《时事报》宣告停刊。

【社会镜】 1921年9月2日在上海创刊。日报。由松江人杨了公任主编。4开4版。1921年11月28日停刊。

【泗泾小报】 1926年泗泾旅沪同乡会在上海创刊。月刊。主编洪丈里。主要刊载会员动态和本乡消息，后改名《泗泾月刊》。每期铅印1 000份，发送各地同乡和泗泾镇。出版18期后停刊。

【中南晚报】 1925年5月1日在上海创刊。由在国民党上海执行部主持工作的中共党员、松江人侯绍裘负责联系并提供经费，蒋光堂主办，中共党员高尔松、高尔柏兄弟先后任主笔。该报甚少涉及政治。1926年在国民革命军于广东誓师北伐、上海工人第一次武装起义之际，该报刊登短评，主张国共合作，协力北伐。1927年1月11日，该报与《市民公报》合并，不久被法租界当局查封。

【天民报图画附刊】 画报。1926年8月28日在上海创刊。周报，逢周六出刊。由客寓松江的马相伯任主笔，刘达义任主任。4开，铜版纸印刷，上海良友印刷公司代印。以唤起民众道德，劝人弃恶从善为办刊宗旨。以图为主，配有文字说明。格调高雅，题材包括时事新闻、中外名人、社会新闻、名胜风景、校园生活、名人书画、古玩文物。设“一周一名人”栏目，介绍中外著名人物。终刊时间不详，已见1927年3月19日出版至第28期。

【儿童日报】 以儿童为主要读者的报纸。1935年9月1日在上海创办。日报。由松江人何公超任总编辑。4开4版，设“国内新闻”“国外新闻”“儿童公园”“儿童创作”4个版面。为吸引小读者，该报采用双色套印。曾被天津《大公报》等推举为全国最优良的儿童刊物。1937年八一三事变后停刊。1939年2月10日起一度复刊，日军侵占上海租界后停刊。总计出版近800期。

【正言报】 国民党在上海“孤岛”时期创办的报纸。1940年9月20日，由国民党上海市党部主任委员、松江人吴绍澍创刊。日报。该报以皖南屯溪为基地，在上海租界内发行。为避免日军扰乱，吴绍澍聘请公共租界工部局原总董、美籍律师樊克令任董事长，在美国国务院登记备案，以美商联邦出版公司名义出版。对开4版，分设国际版、国内版、本埠版，各地通讯版、教育版以及副刊《草原》《大众》等。该报鼓励沦陷区青年内迁，坚持抗战，打击敌伪。报社经理冯梦云被汪伪特务杀害，后由冯志方继任。1941年12月8日太平洋战争爆发后，该报于当天发出《最后消息》后停刊。抗战胜利后，1945年8月23日复刊。吴绍澍任社长，胡道静任总编辑。1948年10月12日，该报因发表《不要再制造第二个王孝和了》社论，而被国民党当局勒令停刊。

本埠报纸

【松江早期报纸】 已知松江在1915年始有报纸，至1923年先后出版《松江旬报》《松江报》《云间报》《九峰报》《全松江》《松江县报》《夕报》等。30年代初，松江出现多家昙花一现的报纸，有1930年创办的《新松民报》，1931年张天民创办的《云间日报》，1931年5月殷石笙、蔡仲瑜创办的《松金日报》，1931年9月濮孟九、陆舒农创办的《云间导报》等。

【大松江报】 民国时期松江民办报纸。1932年由赵松铨父子在松江创刊。初为三日刊，后改为日刊。社址在县城里仁弄底。4开4版。以广告为主，加上本埠的社会新闻。至1936年，发行200余期。

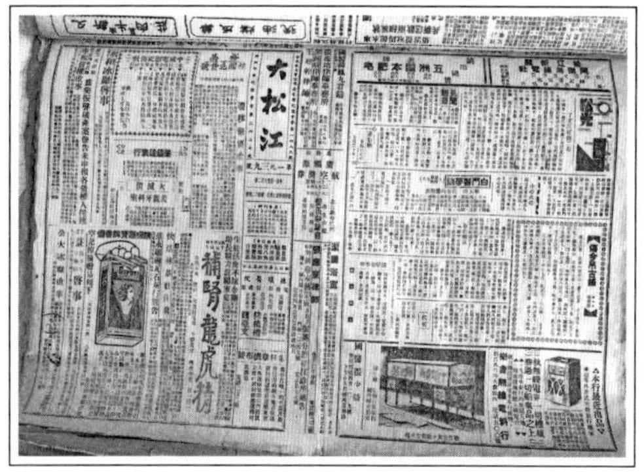
大松江
補腎龍虎精

大松江报

【松报】 国民党松江县党部创办的报纸。1932年6月8日在松江创刊。日报。发行人张杰才为国民党松江县党部执行委员。社址在县城松汇路长桥街南首。松江成章印刷所代印，4开4版，每期300份。1933年4月30日停刊。

松報
地球牌電池

松报

【松江日报】 民国时期松江民办报纸。1932年在松江创刊。日报。于右任题写报头，发行人李任元。松江大中国印书馆承印，4开4版。停刊日期不详。

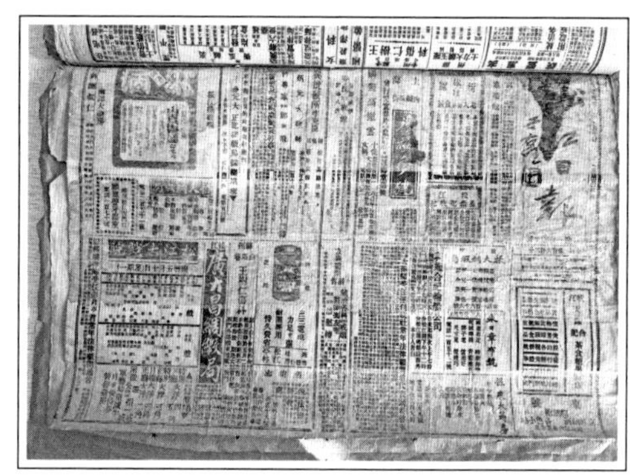

松江日报

【松江民众】 国民党松江县党部机关报。1933年在松江创刊。日报。陈立夫题写报头，总编徐力行，发行人李昌。社址在县城莫家弄。松江成章印刷所承印，4开4版，每期发行量不到200份。抗日战争全面爆发后停刊。1947年6月16日复刊，改称《松江民报》。吴国桢题写报头，社长封企曾。社址在莫家弄松江社会服务处内。改由松江云间印刷所承印，仍为4开4版。半年后停刊。

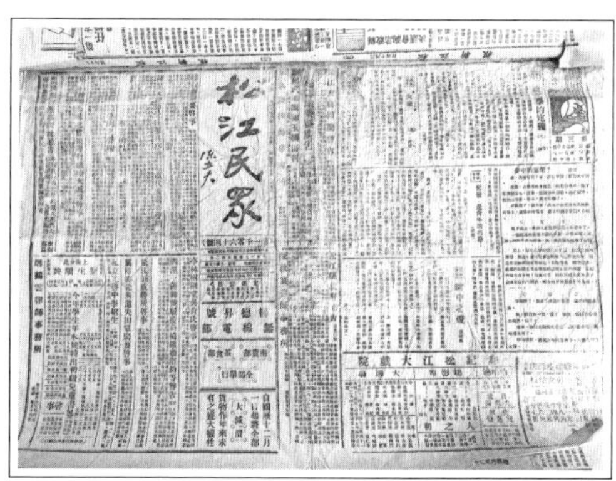
松江民众

松江民众

【茸报】 民国时期松江民办报纸。1933年初在松江创刊。日报。创办人瞿指凉，主编沈君默。社址在县城长桥街147号，有自办印刷厂。4开4版，每份售价大洋2分。抗日战争全面爆发后停刊。1945年9月复刊，社址迁至马路桥西大街。社长沈瘦狂，董事长瞿指冷，编辑许枫子、侯人知等。该报言论多偏袒当局。松江解放后即停刊。

中華民國三十六年八月四日

茸報

津浦北段滄縣得手

益都克復在即

公主嶺西側原野將展開激戰

廣告刊例

茸报

【大光明报】　民国时期松江民办报纸。1936年7月29日在松江创刊。初为三日刊，后期改为日刊。于右任题写报头，发行人王晓峰。社址在县城黑鱼弄底。松江锦文印务局承印。每期600份。抗日战争全面爆发后停刊。1946年1月7日复刊，发行人王布衣，编辑沈亚子、沈公明、顾竹虹等。社址改在县城小塔前21号。松江成章印刷所代印。1948年后改为日刊，4开4版。设有“时事摘要”“社会什景”“海派新语”“松江商情”等栏目。1949年4月改为晚报，5月停刊。

【新松江报】　松江沦陷时期松江县自治委员会创办的报纸。1938年7月1日在松江创刊。初为五日刊，次年改三日刊，后改两日刊。张受之题写报头，主办人马敬时，主编张破浪。社址在县城莫家弄底。该报政治倾向亲日绥靖。抗战胜利前夕停刊。

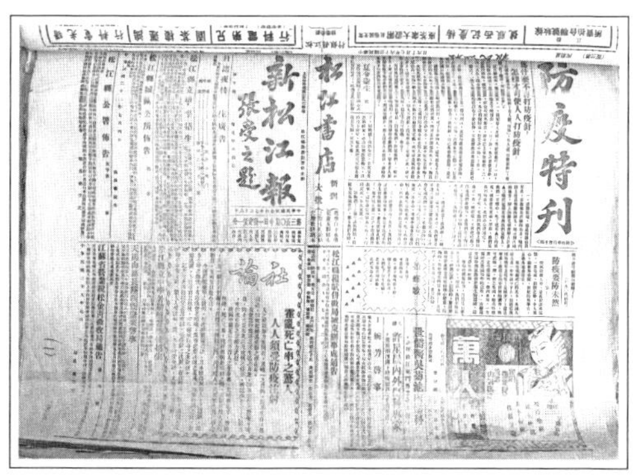
新松江報

松江書店

防疫特刊

新松江报

【松江新报】　汪伪时期松江报纸。创刊时间不详。两日刊。裘允明题写报头。社址在县城竹竿汇峰泖村18号。松江云间印刷厂代印，4开4版。一版有政务公告、社论等；二版要闻版，登江苏省及松江县新闻；三版社会新闻；四版《峰泖剪景》副刊。至1941年6月28日，计出版608期。停刊日期不详。

松江

松江新報

中華民國三十一年五月八日　星期五

第七五〇號

本報登記請領中

松江雲間印刷所代印

廣告刊例

日佔領阿恰布機場

獲攻印前進根據地

倪光鏞律師事務所

吳激覺律師事務所

誠德堂藥局陳玉麟傷科

松江新报

【松江商报】　民国时期松江县商会联合会会刊。1947年在松江创办。出报日不详。发行人朱怡庵。社址在县城莫家弄县商会内。对开2版，设有“每日商情”栏目，罗列粮食、食油、棉布、

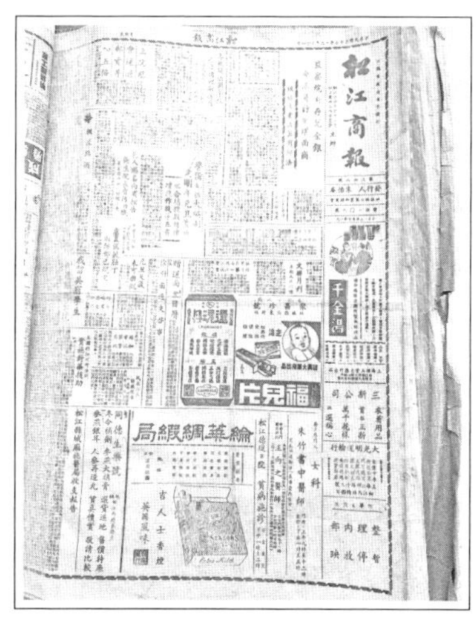
松江商報

綸華綢緞局

松江商报

百货、西药、肥皂、火油、洋烛、卷烟、肉类等售价。副刊名《市集》,有连载、杂文等。停刊日期不详。

【青年日报】 抗战胜利后三青团松江分团创办的会刊。1945年8月25日在松江创刊。日报。吴绍澍题写报头,发行人兼社长盛朗奎,经理朱凤祥,编辑陆震廷、潘昌汉。社址初在县城诸行街,后改在阔街59号。初为4开2版,后改为4开4版,每期发行量200份左右。1949年停刊。

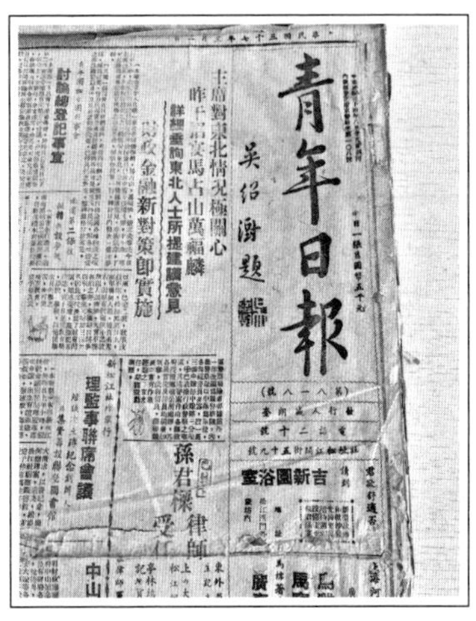
青年日報

吴绍澍題

主席對東北情況極關心

昨日接見馬占山萬福麟

詳細垂詢東北人士所提建議意見

金融新對策即實施

青年日报

【前锋报】 抗战胜利后三青团松江分团创办的报纸。1947年10月在松江创刊。出报日期不详。发行人张达诚。社址在县城阔街58号。4开4版,每期发行量200份左右。停刊日期不详。

前鋒報

迅速加强東北保衛戰

參駐會提供七項決策

前锋报

【力行日报】 国民党中统局松江调研室主办的报纸。1948年6月在松江创刊。日报。发行人张子须,社长陆正行。社址在县城莫家弄。4开4版,每期发行量200份左右。1949年春,中共党员缪鹏曾受组织委派打入该报当记者,搜集情报。

【松江电讯】 松江市军管会登记证新字第一号报纸。1949年5月松江解放后创刊。日报。新华社松江支社编印。每期4版。曾登载解放军解放上海、全国的消息,以及松江的相关情况。

【松江县报】 中共松江县委机关报。1956年4月1日创刊,为中华人民共和国成立后松江首家县级媒体。总编辑施永兴,副总编辑史岩、龚樾苏。社址设于县城中南路58号,后迁至普照路23号。1958年3月起,改由戴根渠任总编辑,谭俊升任副总编辑。初为五日刊,后改为两日刊。1959年1月1日改称《松江日报》,每日出报。4开,每期4~8版。一版为重要新闻、社论、专论;二版为农副业生产,有“松江各地”“工作意见”专栏;三版为工业、商业、教育、卫生、文化和民兵消息,设“小评论”“朝阳”等专栏;四版设“科学知识”“新闻集锦”“时事讲话”“读者来信”等专栏。报纸图文并茂,有介绍生产经验的连环画、新闻照片和漫画;每期刊出《要紧话》,用简洁的文字,揭示有关问题,颇受干部群众的欢迎。1956年末每期发行量6 241份,1958年12月达2.1万余份。1959年6月30日停办。共发行525期。

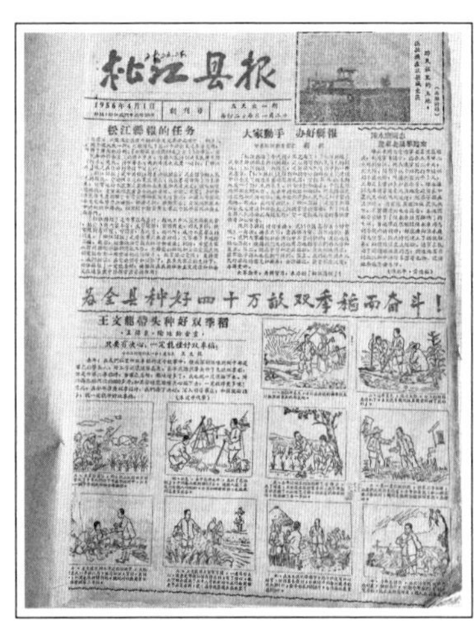
松江县报

为全县种好四十万亩双季稻而奋斗!

松江县报

【松江日报】 见“松江县报”。

松江日报

SONG JIANG RI BAO

1959.6.1.　·星期一·　第496期

团結全县青年投入生产高潮

县团代大会昨日胜利閉幕

全力以赴支援抢收抢种

数千劳动大軍浩浩蕩蕩开往“前綫”

上海市3500余人來我县支援，全县各地大批干部职工下乡劳动

加强早稻田間管理

多一粒菜子　多打一点油

猛抓油菜颗粒回家

松江日报

【松江广播】 广播节目报。1957年下半年，松江县广播站开始编印。每周1期。内容有一周报道提要、文艺节目预告、通讯员写稿业务座谈等。1960年8月14日停止印发。共编印150多期。

【农技通讯】 松江解放后第一份乡镇报纸。1959年创刊，由新浜公社科技站编印。不定期出版。主要介绍水稻、油菜、玉米、棉花等农产品高产经验、田间管理技术和病虫害防治等措施。出版20期左右停刊。

【病虫简报】 农村专业报纸。20世纪60年代起，由佘山、天马两公社科技站分别创办《病虫简报》，每年根据农作物测查，刊登病虫预报与防治时间、方法、要求、农药种类、用药剂量等。每年刊发8期，停刊时间不详。

【农业生产快报】 松江各公社指挥农业生产的报纸，故又称“战报”。20世纪60年代中期至70年代末，每逢“三夏”“三抢”“三秋”农业生产大忙季节，各公社以出快报方式指挥农业生产。通常由公社政宣组、生产组主办，报道生产进度，提出生产要求，宣传典型事例、好人好事，且作天气预报。大都为8开油印小报，每季农忙刊出7～10期。

【泗泾快报】 中共松江县泗泾镇委员会机关报。1958年8月6日创刊，8开油印。第11期起更名为《泗泾报》。主要刊登本镇农业、工业、商业、文教、卫生各条战线生产情况，以及先进集体和个人事迹。1959年6月停刊，共出版76期。

【松广通讯】 广播业务交流材料。1979年1月20日，松江县广播站编播组编印第1期。以后每月1期。以“情况交流、经验介绍、稿件分析、业务研究、写作杂谈、知识讲座”为主要任务。初期为8开刻印小报。1981年6月10日起改成16开打印成册。1984年12月停刊。1986年3月复刊，但仅出6期。

【卫生与健康】 松江县普及医疗预防知识的报纸。1980年3月由松江县医学卫生学会创办。主编陈锷，编辑张忠雷、陆柳荫、赵红梅、周玲芳等。每月1期，8开4版，每期发行量4 000～4 500份，由松江印刷厂承印。一版为本县卫生系统要闻，二版为临床医学及基础理论知识，三版为中西医药理知识，四版登载卫生科学小知识。由于作者、编辑皆为医务人员，质量较佳，1981年该报赴京参加全国卫生刊物展览；翌年参加华东六省一市卫生刊物创作研讨会，《如何办好卫生小报》收入专题论文集。1987年6月，因经费不足停刊。1989年10月复刊，主编张葆夫，美术编辑黄渊；出7期后，再度停刊。1992年重新复刊，改为双月刊，每期发行量2 500份。

【松江科技报】 松江县科普类报纸。1983年4月5日由松江县科学技术协会创办。主编石镇国。每月1期，每期发行量近7.8万份。设置栏目有“服务台”“科技简讯”“实用农技”“新品种新项目”“气象与农村”等近20个，信息多而快，实用性强。发行对象为农技人员、农民、承包户，在市郊农村有影响力。1985年被中国科学技术协会评为“中国科协农村科普工作先进集体”。1986年市农委、市科委、市科协创办《上海科技报》(农村版)，《松江科技报》于同年底停刊。

【新浜科技】 农村科普类报纸。1983年11月13日由新浜公社科普协会创办。每月1期，每期印400份，分发每个生产队以及种养专业户。主要宣传党的富民政策，传播农副业生产经验和现代农业科学技术。1988年停刊。

【松江集邮】 松江集邮协会主办的报纸。1985年12月创刊，为上海基层邮协报刊联谊会成员。主编潘安农。办报经费由松江邮政局提供。初为油印小报，第22期后改为铅印小报，双月刊,每期印600份,分发会员。

【一周专题节目内容预告】 广播节目预报小报。1984年,松江县广播站编播组将一周专题节目内容打印成16开小报,提前印发给乡镇广播站通讯员及视听之友。有“队长工作漫谈”“为您服务”“说古谈今话松江”“知心话”“农技知识”等栏目。

【桃园农事】 佘山乡(镇)科技站主办的报纸。1985年,佘山大面积推广种植桃树,配套创办该报。每年刊发8期。主要介绍桃树品种和栽培、修枝、施肥等技术,同时提供售桃信息等。

【松江个体私营经济】 松江县个体劳动者协会、松江县私营企业协会联合主办的报纸。1986年4月创刊,初名《个体经济简讯》,1991年4月改版为《松江个体私营经济》。每月1期,8开4版。设有“法规摘要”“商品信息”“价格动态”“会议报道”“经营之道”“协会工作研究”等17个栏目。每期印3 000份,分发协会会员和个体经营者。

【松江广播电视】 广播电视通联周刊。1987年春创刊。初为半月刊。内容有广播稿选登、松江广播电视节目预告、本县广播电视动态、有关广播电视知识。1994年元旦,松江广播电视台总编室主持改版,由半月刊改为周刊,16开2版,发行量增至2万份。重点介绍一周广播电视节目。

【松江影谭】 松江县电影评论协会会刊。1988年6月30日创刊。陶继文、周平、朱琪先后任主编。铅印,每月1期,每期2版。每期发行量1 000份,前后出版50余期。主要栏目有“新片点评”“七彩走廊”“热门话题”“港台佳作”“影视知识”等。该刊培养了一批影评骨干,有20余篇影评在上海市及外省市报刊上转载,并受到行家关注,电影导演谢晋、赵焕章,市影评协会秘书长钱国民等曾为其题词。1991年参加全国群众影评自办刊物展评,获优秀奖。

【17频道节目预告】 电视节目预告报。1989年1月松江电视台开始发行。铅印内部刊物,单面16开。两周发行1期,印数1.5万份。1992年底停止印发。

【松江声屏】 广电局传递工作信息报刊。1989年8月10日,松江县广播电视局办公室编印创刊号。铅印读物,16开4版。月刊,每期印发2 000份,赠送。以传递工作信息、交流声屏经验、切磋新闻业务、预告视听节目为重点。设有“茸城要闻”“新风短曲”“好稿选登”“乡镇站动态”“荧屏指南”“声屏万象”等栏目。两年后,由16开4版改为16开2版,半月刊,印量增至5.5万份。1992年起,每季出版1期增刊,以促进通联工作。

【松江红谭】 松江红楼梦学会主办的不定期铅印小报。1991年7月16日创刊。主编黄中敏,副主编张碧瑞。至1993年共出4期,后停刊。该报发表的《张祥河与红楼梦》《红学之词云间起》等论文,在红学界有一定影响。

【松江报】 中共松江县(区)委机关报。1993年1月21日创刊,为有上海市新闻出版局批号的内部报纸。以“新闻立报、文化强报、服务热报”为办报宗旨,凸显民生关注、百姓情怀,强化服务性、可读性、实用性。2010年1月5日起,由周三刊12版增至周四刊12版,成为当时上海市区县报中唯一一份周四刊的报纸。每期发行量近5万份。2016年改版后,由4开12版改为对开8版。立足松江,面向群众,服务读者,该报文章力求短小精悍,信息量大,融思想性、知识性、趣味性于一体,每年有不少新闻报道被市级报纸转载和录用,涌现了“茸城旧闻”“百姓故事”“华亭风”等读者喜爱的专版。社址设于三新北路900弄681号4楼(泰晤士小镇市政厅一号楼四层)。金杏兴、钱明光、吴纪盛、王蕴祥、周祥波先后任总编。

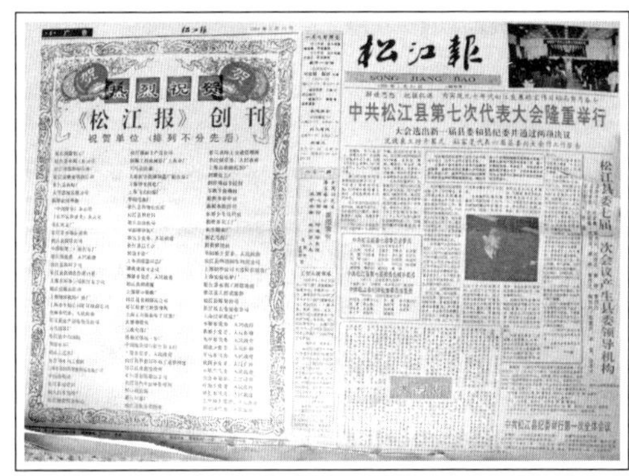
热烈祝贺
《松江报》创刊
祝贺单位(排列不分先后)

松江報
SONG JIANG BAO
中共松江县第七次代表大会隆重举行
大会选出新一届县委和县纪委并通过两项决议

松江报(1993年1月21日创刊号)

【天马信息】 松江县天马乡党委创办的报纸。1993年创刊。每月1期,16开,6~10页不等,装订成本后分发到各基层党支部。主要刊登本乡重大事件、党委政府当月中心工作、各基层单位经济动态及社会新闻。2000年底，佘山、天马山并镇后停刊。

【今日佘山】 松江首份社区报，佘山镇社区报。1997年创刊，由佘山镇党委、镇政府主办。2014年与新民晚报社合作，作为《新民晚报》社区版发行。每月1期，每期8版，每期发行量1.2万份，覆盖全镇主要住宅小区、农村、企事业单位。旨在聚焦佘山发展，讲述佘山故事，传递佘山正能量，是了解佘山新发展，塑造佘山新形象，展示新时代佘山人精神风貌和文明成果的重要窗口。

新民晚报 社区版 今日佘山

倾力打造绿色生态的现代化新佘山

佘山镇召开调研工作动员部署会议

找差距 补短板 促提升

今日佘山

【松江收藏】 松江区收藏协会的会刊。1998年4月创刊。主编成大林。初名《云间集藏》，每月1期，16开4版，铅印。2003年改今名，每年2期，8开4版，彩印。设有“协会活动”“松江府”“鹿回头”“也是园”等栏目。

【方松信息】 方松街道社区报。2002年2月创刊，由方松街道党工委、办事处主办。每月1期。设有“社区党建”“社区纵横”“法制频道”“寻常巷陌”“市民广场”“健康热线”“方松论坛”等栏目。2006年12月停刊。共出版58期。

【古镇泗泾】 泗泾镇社区报。前身是《社区动态》，2004年5月25日由泗泾镇党委、镇政府创办。2013年1月改今名，作为《新民晚报》社区版发行。每月2期，每月10日、25日发行。设有泗泾要闻、综合新闻、社会民生、副刊4个版面。办报目的是使本地居民能够全方位、综合性地了解泗泾。

新民晚报 社区版 古镇泗泾

以人为核心补短板 重机制创新惠民生

7000名滞留乘客被安全疏散

古镇泗泾

【余天成风貌】 余天成堂编辑发行的小报。2005年1月创刊。主编徐维民。每月1期，4开4版，彩印。每期印刷500份，向员工发行。设有“店长手札”“服务案例”“人物通讯”“献计献策”等栏目。2012年2月开办社区版《余天成》，双月报，内容有养生知识、疾病预防、新药介绍等，每期印2 000份，置于各店书报架供顾客自取阅读。

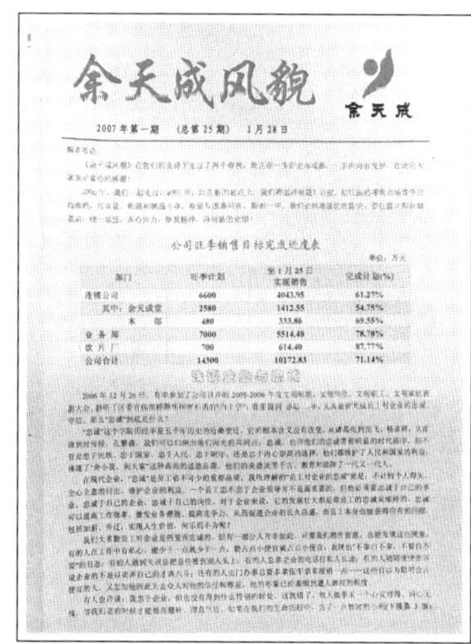

余天成风貌　余天成

2007年第一期　(总第25期)　1月28日

公司旺季销售目标完成进度表

单位：万元

部门	旺季计划	至1月25日实现销售	完成计划(%)
连锁公司	6600	4043.95	61.27%
其中：余天成堂	2580	1412.55	54.75%
本　部	480	333.86	69.55%
业务部	7000	5514.48	78.78%
饮片厂	700	614.40	87.77%
公司合计	14300	10172.83	71.14%

余天成风貌

【洞泾之窗】 洞泾镇社区报。2005年创刊，由洞泾镇党委、镇政府主办。2019年与新民晚报社合作，作为《新民晚报》社区版发行。初为月

新民晚报 社区版 洞泾之窗
献礼改革开放40周年
松江首家乡镇企业历史陈列馆成立
洞泾代表团参加区五届人大六次会议
洞泾镇召开党委中心组理论学习（扩大）会议
区委组织部领导来镇桥社区走访慰问退休党员
区人大领导调研洞泾镇企业发展情况
洞泾镇举办基层党组织书记述职报告评议会

洞泾之窗

报，后改为半月报，每期4版。该报作为宣传洞泾、放眼洞泾的有效载体，以“贴近实际、贴近生活、贴近群众”为办报宗旨，成为镇党委、镇政府与全镇百姓沟通的桥梁，也是百姓与政府相通相亲的心灵之窗。

【岳阳家园】 岳阳街道社区报。2005年7月创刊，由岳阳街道党工委、办事处主办。2015年与新民晚报社合作，作为《新民晚报》社区版发行。每月2期，每期4版。共发行350期，每期发行量4.1万份，覆盖全辖区26个社区以及企事业单位。办报目的是宣传街道的各项重点工作、先进典型、社区热点等，让社区居民与街道一起关注自身“家事”，参与建设“实事”，共筑美好家园。

新民晚报 社区版 岳阳家园
坚持党建引领 打造岳阳“三美”工程
大型情景剧《家在岳阳》再现旧街坊改造
岳阳街道“两新”党组织开展主题党日活动
健康促进专家队一行赴西新桥调研

岳阳家园

【新桥风】 新桥镇社区报。2006年3月18日创刊，由新桥镇党委、镇政府主办。每月1期，每期4版，共发行171期。办报目的是作为展示政府重大项目、民生的窗口，构建政府与群众之间沟通的桥梁，搭建推进新桥经济发展、建言献策的平台，提供居民展现自身文艺特长的舞台。

2019年1月刊 总第155期
新桥风
XINQIAO FENG
为高水平建设宜居乐业的现代化新城镇努力奋斗
新桥镇第十八届人民代表大会第五次会议胜利召开
新春献词
要不断提高入住老人的幸福感
表彰G60科创走廊新桥优秀企业
“两新”党建工作总结会召开

新桥风

【今日新浜】 新浜镇社区报。2007年创刊，由新浜镇党委、镇政府主办。设有4个版面，高

2019年 第470期 1月11日
今日新浜
JIN RI XINBANG
中共上海市松江区新浜镇委员会 上海市松江区新浜镇人民政府
新浜镇第十五次党员代表大会第五次会议胜利召开
抢抓新机遇 实现新跨越
为全面实现“一个目标、三大举措”战略而努力奋斗
2018年工作回顾

今日新浜

峰时为周报，2019年起调整为月报。办报宗旨是唱响主旋律，传播正能量，宣传党委政府的工作亮点和实时动态，发挥对内强化凝聚力、对外树立新形象的作用，让新浜镇以及关心新浜镇的人士更好、更全面地了解新浜。

【松江卫生】 松江区卫生健康委员会（原松江区卫生局）主办的报纸。2007年7月30日创刊。每月1期，每期4版，共发行195期。办报目的是宣传报道松江医疗卫生改革动态、重点工作开展和完成情况、重要政策宣传，对群众关心的焦点、热点工作进行深入挖掘，努力提高新闻传播能力和舆论引导能力。

【云燕报】 松江区文化馆主办的报纸。主编陆春彪。前身为《群文交流》，2007年7月26日改版更名《云燕报》。4开4版，铜版纸彩印，每期印800份。一版为群众文化活动新闻；二版“玄宰廊”，刊登美术、摄影、书法等门类作品，介绍具一定影响力之作者；三版“南冠草”，发表文章诗歌；四版“西乡调”，专登戏剧作品。每年不定期出特刊。

【小昆山】 小昆山镇社区报。2007年8月5日创刊，由小昆山镇党委、镇政府主办。每月1期，每期4版，共发行155期。办报目的是创建一个传递有关建设和发展信息的平台，一个深入探索、广泛讨论加速小昆山发展新路的论坛，一个具有小昆山浓郁特色的区域文化建设的舞台。

小昆山
XIAOKUNSHAN
昆山水厂开工启建
镇党委召开党风廉政建设大会
加强作风建设 完善惩防体系
镇第二届运动会胜利闭幕
新年贺词

小昆山

【叶榭】 叶榭镇社区报。2008年1月1日创刊，由叶榭镇党委、镇政府主办。每月1期，每期4版，共发行151期。自创刊以来始终坚持自主撰写、编排、发行，内容贴近实际，贴近生活，贴近群众，致力于向本镇村（居）民宣传镇域内时事热点与特色文化。

叶榭
YE XIE
镇党委中心组（扩大）学习会召开
奋发有为，锐意进取，为加快推进叶榭绿色振兴战略而努力奋斗
中共叶榭镇第四次党代会第五次会议隆重召开
副区长王玮华来叶调研
叶榭镇召开第五届人民代表大会第四次会议
会议听取审议了《政府工作报告》，审议批准了其它三个报告
副区长陈晓军来叶调研

叶榭

【永丰社情】 永丰街道社区报。2008年创刊，由永丰街道党工委、办事处主办。2014年与新民晚报社合作，作为《新民晚报》社区版发行。每月1～2期，每期4版，每期发行量4万份。该报聚焦辖区内的新鲜事、热点事，紧紧围绕“社区”两字，

新民晚報 社区版
永丰社情
永丰街道 2月
表彰先进企业 弘扬“工匠精神”
街道召开党政负责干部会议
人大代表进社区 倾听民意解民忧
扎实做好“两新”组织党建工作

永丰社情

发挥媒体作用营造“温馨、和谐、亲密、共享”的社区环境氛围，打造社区居民们情感沟通的平台。

【今日中山】 中山街道社区报。1999年创刊。由中山街道党工委、办事处主办。每月1期，每期4版。坚持“立足中山，紧贴民生，服务读者”的宗旨，坚持以正确的舆论引导人，融新闻性、指导性、知识性、服务性于一体，聚焦中山发展变化，展示中山之美，传播中山之声，贴近时代、贴近生活、贴近群众。

今日中山

百年风华耀初心 奋进中山再出发

中山街道举行庆祝中国共产党成立100周年主题集会

用心用情解民忧纾民困暖民心

区委党史学习教育第三巡回指导组来中山指导

打造一站式商事集中服务场所

中山378人获颁“光荣在党50年”纪念章

今日中山

【新车墩报】 车墩镇社区报。2011年创刊，由车墩镇党委、镇政府主办。每月1期，4开4版。自2016年改版后，与新民晚报社合作，作为《新民晚报》社区版发行，每月1期，设有8个版面，增加了乐活车墩、法制面对面、文化车墩等受众喜闻乐见的版块。办报目的是及时向生活、工作在车墩的老百姓带去最新鲜的市政新闻、生活资讯、便民服务等。

新民晚报 社区版 新车墩报

车墩镇召开扫黑除恶专项斗争推进会

推动扫黑除恶专项斗争向纵深发展

情系慈善 爱满车墩

新车墩报

【走进石湖荡】 石湖荡镇社区报。2011年3月创刊，由石湖荡镇党委、镇政府主办。每月1期，每月5日发行。旨在成为展示石湖荡经济社会发展、社区文明、自然生态以及和谐家园的平台。设有头版、社区之声、社区之桥、社区之园4个版面，免费向石湖荡地区的居民发放。

走进石湖荡

镇四届人大七次会议胜利召开

确定“十三五”时期经济社会发展总体思路

深查问题 深剖原因 深入整改

以严的精神和实的作风筑牢安全生产防线

走进石湖荡

【泖港视界】 泖港镇社区报。2011年4月25日创刊，由泖港镇党委、镇政府主办。每月2期，

泖港视界

凝心聚力谋发展 积极实践促振兴

——泖港镇第五届人民代表大会第四次会议胜利召开

泖港视界

每期4版。自创刊以来始终坚持自主撰写、编排、发行，致力于向本镇村（居）民宣传镇域内时事热点与特色文化。

【活力九亭】 九亭镇社区报。2013年1月1日创刊，由九亭镇党委、镇政府主办。每月1期，每期4版。办报目的是创建一个党务、政务公开之窗，一座沟通九亭镇与社区居民的信息传递之桥，一个社区居民共同参与、人人共享的精神家园。

活力九亭
HUO LI JIU TING
九亭镇第十八届人民代表大会第五次会议胜利召开
九亭镇召开2018年度基层党组织书记抓基层党建工作述职评议会
松江区市场监管局党委书记、局长吴国荣春节前深入九亭镇检查食品安全工作
松江区委政法委"雪亮工程"及智能安防建设推进会在九亭镇召开

活力九亭

【松江绿化市容】 松江区绿化市容局办公室主编的报纸。2013年创刊。每月1期，每期4版。创办目的旨在宣传绿化市容行业亮点特色动态，涉及园林、环卫、市容绿化等部门动态报道和党建信息。2019年停刊。

【松江交通】 松江区交通委员会主办的报纸。2016年初创刊。旨在宣传全区交通行业工作动态和党建信息。涉及交通委机关、下属执法大队、公路署、航务所、运管所和交通行业企业等部门。2016年9月停刊。共发行17期。

【九里亭】 九里亭街道社区报。2016年10月创刊，由九里亭街道党工委、办事处与新民晚报社合作，作为《新民晚报》社区版发行。每月1期，共分4版：一版社区新闻，二版亭事共治，三版亭里新风，四版亭间驿站。该报是报道九里亭街道新闻、讲述九里亭社区故事、展示社区自治成果、宣传道德榜样、抒发居民心声的重要宣传阵地。

新民晚報 社区版 九里亭
JIU LI TING
全民"创全"月月行 "创全"先锋人人当
党建带团建，校地共建谱新篇
奥林匹克花园31起违环资宿案告破
从"家"出发，提升社区"新温度"

九里亭

附表

驻松高校、国企报纸基本情况表

报 纸 名	主 办 单 位	创刊年	备 注
上海外国语大学	上海外国语大学党委	1951	
东华大学报	东华大学党委	1953	
华政报	华东政法大学党委	1953	
上海对外经贸大学报	上海对外经贸大学党委	1983	

（续表）

报　纸　名	主　办　单　位	创刊年	备　　注
上海政法学院报	上海政法学院党委	1985	
上海工程技术大学报	上海工程技术大学党委	1986	
上海立信会计金融学院报	上海立信会计金融学院党委	1990	
上农报	上海农林职业技术学院	2012	
新江报	上海新江机器厂党委宣传部	1986	1996年停刊
二冶报	上海第二冶炼厂党委宣传部	1986	1994年停刊
海鸥报	上海海鸥照相机公司、上海照相机总厂	1990	1996年改由上海海鸥照相机有限公司主办，2009年停刊

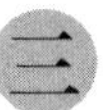

期　刊

外埠期刊

【海上奇书】 刊物名。中国第一种个人小说连载期刊。清光绪十八年二月一日(1892年2月28日)在上海创刊。邑人韩邦庆主办,上海点石斋石印,申报馆代售。前10期为半月刊,从第11期起改为月刊。是刊设"太仙漫稿""海上花列传""卧游集"三门类,分别刊载自著文言短篇、长篇小说和前人笔记小说。内附插图,图文并茂。前后8个月,出版15期后停刊。

【新新小说】 刊物名。清光绪三十年八月一日(1904年9月10日)在上海创刊。晚清重要的小说期刊之一。冷血(邑人陈景韩)任主编,且为主要作者。上海开明书店总经销。月刊。32开本。第8期后,间隔一年才出一期。1907年5月停刊,共出10期。期刊分设"政治小说""历史小说""心理小说""写情小说"和"杂录"等栏目。内容以翻译为主,实以宣传侠客主义而著称。刊载创作作品有《中国兴亡梦》《新党现形记》《京华艳史》,译作有《义勇军》《虚无党奇话》《决斗会》《秘密囊》等,杂录栏刊有明末清初吴梅村遗著《秣陵春传奇》。

【政论】 晚清宣传君主立宪的政论性刊物。清光绪三十三年(1907年)十月十七日,政闻社在日本东京成立。稍后,创办《政论》月刊。翌年春,梁启超把在东京创办的《政论》月刊迁回沪上,由马相伯主持,以"造成正当之舆论,改良中国政治"为宗旨,鼓吹君主立宪。每月1期,每期60余页。政闻社活动因受康、梁掣肘,触怒慈禧太后及清廷官僚,1908年8月谕令查禁,《政论》月刊停刊。

【文艺杂志】 刊物名。扫叶山房松江分号出版发行于上海,松江人雷瑨任主编。创刊于1914年夏,每月1期。1915年夏改为季刊。期刊栏目不固定,有文录、诗录,词录、谐文、谐诗等栏目,刊登不同作者的零篇短章。现存13期,每期刊登约8万文字。

【世界画报】 刊物名。民国初期民办画刊。1918年8月中旬由松江人孙雪泥在上海创办的生生美术公司创刊,孙雪泥任主编兼发行人。孙系画家,对画报的版式、封面、装饰等独具匠心,颇具新颖感。自第10期起,由丁悚任编辑。1927年在出版第53期后停刊。

【世界】 刊物名。1921年7月在上海创刊。横12开本,油光纸印。世界书局出版。吴虞公和松江人孙雪泥任编辑主任。是刊有美术画、表情画、时事画、历史画、风景画、寓意画、讽刺画和小说画等栏目。出版1期即停刊。

【弥洒】 文艺杂志名。1923年初,松江人钱江春、赵祖康和曾客寓松江的胡山源等在上海组建新文学团体弥洒社。同年3月出版《弥洒》月刊,刊名取拉丁文Muse(文艺之神)之音译。第一期印1 000余册,销路很好。第二期公开提出"无目的、无艺术观,不讨论、不批评,而只发表顺灵感所创造的文艺作品"的编辑主张。《弥洒》非同人刊物,钱、赵等广约松江学生写稿,出至第六期停刊。钱江春入职商务印书馆后,力主出版"弥洒丛书",由商务印书馆印行二集《弥洒社创作集》。1927年停止活动。弥洒社和《弥洒》月刊在文化界颇有影响，鲁迅、茅盾等在文章中都有提及。

【无轨电车】 文艺杂志名。1928年9月10日在上海创刊。半月刊。32开本。由松江人施蛰存与戴望舒、刘呐鸥任主编，第一线书店出版。主要撰稿人除主编外，还有冯雪峰、杜衡、徐霞村、姚蓬子等。是刊涉及多种艺术流派，内容包括对外国作家作品、文学理论的译介，原创小说、诗歌、散文和文艺理论等。1928年12月25日出版第八期后被国民党当局查封停刊。

【上海漫画】 刊物名。1928年4月21日在上海创刊。上海漫画会编辑，上海美术刊行社出版。松江人黄文农与叶浅予、张正宇主编。周刊。8开本，石印。第一期署1月20日，实际于4月21日正式出版。辟有"政治漫画""风俗漫画""漫画肖像""连环漫画""新闻照片""风情照片""名媛照片""人体照片""古今名画"等栏目。黄文农创作的《大拳在握》刊于该刊封面，尖锐抨击蒋介石的独裁统治。叶浅予的连环漫画《王先生》在该刊连载。1930年6月7日出版第110期后，与《时代画报》合并。

【新文艺】 刊物名。1929年9月15日在上海创刊。由松江人施蛰存与戴望舒、刘呐鸥、徐霞村、杜衡等创办。月刊。32开本。曾发表施蛰存、刘呐鸥、穆时英等的心理分析小说，戴望舒、李金发等的象征主义诗歌，还翻译介绍不少外国作品。1930年4月15日出版第2卷第3期（总第8期）后停刊。

【现代】 刊物名。1932年5月1日在上海创刊。松江人施蛰存任主编，现代书局发行。月刊。16开本，每半年为1卷。第3卷起杜衡（苏汶）参与编辑。1934年11月1日出至第6卷第1期后，改为政治、经济、文化及艺术的综合性刊物，由汪馥泉主编。1935年5月1日因现代书局歇业而停刊。共出版34期。是刊辟有"小说""诗歌""戏剧""散文""书评""文艺情报"等栏目，还出版数种外国文学等特辑。曾发表鲁迅的《为了忘却的记念》、茅盾的《春蚕》、郁达夫的《迟桂花》、张天翼的《仇恨》、沙汀的《土饼》、巴金的《海底梦》、欧阳予倩的《同住的三家人》等。

【申报月刊】 刊物名。为纪念《申报》创办60周年，1932年7月15日《申报月刊》创刊。松江人史量才、马荫良先后为发行人，俞颂华任主编。旨在介绍学术文艺，以裨文化的增进和申报之不足。辟设"小言""评坛""室内谭瀛""外论摘要""时事漫画""小说""海外通信"等栏目。蔡元培、金仲华、章乃器等为主要撰稿人，登载过鲁迅、茅盾、巴金、叶圣陶等的文学作品，广受读者青睐，为当时全国发行量最多的期刊之一。1936年元旦起改出《申报周刊》，迅即又改《申报每周增刊》，16开本。1938年停刊，1943年1月16日复刊，名《申报月刊》，1945年6月16日停刊。

【科学画报】 刊物名。1933年8月1日中国科学社在上海创刊。松江人杨孝述创办兼任总编，周仁、卢于道任常务编辑。月刊。16开本。用简单明白的文字和通俗易懂的图画或照片，把世界最新科学发明、自然现象等介绍给读者。秉志、竺可桢、任鸿隽、赵元任等为特约撰稿人。1953年起改由上海市科学技术普及协会主办。1958年5月起由上海科学技术出版社编辑出版。

【妇女生活】 刊物名。1935年7月1日在上海创刊。编辑兼发行人为松江女中校友沈兹九。月刊。32开本。第3卷起，改半月刊，16开本。生活书店总经销。1936年春，松江女中校友彭子冈任《妇女生活》杂志社助理编辑，负责特稿采写。是刊辟有"短评""论文""我们的讲坛""通俗演讲坛""译文""读书栏""世界女性群像""时事讲话""电影漫画"等栏目。曾出版"何香凝画作集"等多个特辑。1937年八一三事变后，与《世界知识》、《国民》周刊、《中华公论》联合出版"战时联合旬刊"4期。自第5卷第6期起，迁汉口出版。第6卷第9期起，迁重庆出版。第9卷第2期后，沈兹九离渝，改由曹孟君主编，胡耐秋发行，史良、刘清扬、胡子婴等14人任编委。1940年12月停刊。

【红茶】 刊物名。1938年6月创刊于上海。半月刊。16开本。红茶文艺社出版。松江景贤女中及松江中学校友胡山源主编。是刊以"健康的消遣"为口号，发表趣味性、知识性为主的读书札记、名画赏析、游记杂论、学术评析，以及中学生习作等。赵景深每期撰千字文《嘤鸣小记》，有影响。主要撰稿人有朱生豪、过客（胡山源）、丁丁（丁嘉树）、杨晋豪等。1939年2月出至第17期后停刊。

【大美画报】 画报名。1938年4月大美晚报社创立，该报社有美国商业控股背景，次月《大美画报》半月刊在上海创刊。美国人史带任董事长兼发行人，实际由松江人赵家璧与张旭、伍联德等主持，高尔特为编辑。在“孤岛”时期宣传抗日救国，旨在“使大众能知天下事”。第一期至第九期封面分别印有国共双方军政要员的照片，如蒋介石、李宗仁，毛泽东、朱德、周恩来等，体现拥护国共合作，一致抗日的爱国立场。1939年被迫停刊。

本埠期刊

【茸报旬刊】 刊物名。发行于清宣统二年九月初一（1910年10月3日），是松江创办最早的杂志。主编李芑香。钱佩弦、张思九等常为杂志撰稿。刊物载松江要闻、文艺小说等。1911年9月因事被勒令停刊，共出版48期。

【政论报】 刊物名。1911年12月17日松江地方名绅朱叔建、李芑香和松江府中学堂教习蒋拭、张傈元等11人组建松江政论会，讨论“县政辖治，发扬民主”，并于是日创办《政论报》旬刊。历时一年多。

【织云杂志】 刊物名。创刊于1914年9月。扫叶山房松江分号出版发行，席悟奕任发行者，顾痴遁、杜啸霞任编辑。杂志现存第一、第二期。每期分“文选”“诗词选”“谐文”“谭丛”“小说”“传奇”“杂俎”“征献”八类栏目。内容驳杂，雅言俗文一并登载，体现了扫叶山房的办刊特色。

【民国初其他松江期刊名录】

刊物名	创办日期	出版地址	停刊日期
民报旬刊	民国初	松江	1915年
松江周刊	民国初	松江	1915年
泖镜六日刊	1916年	浦南	不详
宪报月刊	1916年	浦南	不详
南声报半月刊	1916年	浦南	不详

【问题周刊】 刊物名。1920年8月，侯绍裘、赵祖康等就读于上海南洋公学（交通大学前身）的8位松江籍学生利用暑假返乡创办。杂志右上角不印刊名，只印“？”号，人称“耳朵报”。8开4版，铅印。编辑由8人轮流担任。是刊抨击时弊，宣传社会革新、科学民主，文风辛辣、通俗。当时，松江瘟疫流行，“迎神赛会”等封建迷信活动盛行，该刊予以抨击，且高举“不要迎神赛会”标语走上街头，轰动全城。现松江博物馆存有2期。

【松江医药志】 刊物名。1922年由松江县医药卫生协会创办。旨在“传播科学知识，倡导疾病防治，提倡健康生活”。共出3期。

【松江评论】 刊物名。松江最早宣传马列主义的期刊。1923年4月创刊。侯绍裘、朱季恂、张企留、黄正庵、高尔松、姜长林等人共同发起和编辑。初为周刊，同年12月1日起改为月刊，次年4月复改为旬刊，8月停刊。创办宗旨为“批评地方时事，揭露腐败，唤起革命精神，介绍新文化、新思想，提高民众科学常识”。曾刊载《列宁传》，并宣传“联俄、联共、扶助农工”三大政策，批评国民党右派。邀请共产党领导人、社会知名活动家、文学家撰稿或来松江演讲，其中有罗章龙、恽代英、萧楚女、施存统、邵力子、柳亚子、胡适、沈雁冰、陈望道、周建人、杨杏佛等，国民党中知名人物如汪精卫、于右任、吴稚晖、叶楚伧等也曾应邀来松江演讲。现松江博物馆存有28期。

【松茸月刊】 刊物名。1923年耶稣教乐恩盖德会创办。停刊日不详。今存28期。

【工商报半月刊】 刊物名。1924年8月15日创刊，由工商友谊会松江支会发行。每月逢1日、15日出版。内容主题是工商经济问题。停刊日不详。

【晨钟报旬刊】 刊物名。1925年创刊，由松江学生会发行。曾刊载五卅惨案消息。停刊日不详。

【灿烂周刊】 刊物名。1926年创刊，主办者不详。今存7期。

【火光】 刊物名。1938年春创刊于松江县天马镇。由中共地下党员蒋梯云会同天马镇上几位爱国青年共同编辑。旨在宣传人民团结抗日，揭露日本帝国主义的侵华罪行和国民党腐败及逃跑政策等。刊出8期后，被当地“忠义救国军”顽固派勒令停办。

【怒涛】 刊物名。1939年春创办。由松江城东区莘庄镇进步青年陆云红等主办,为秘密抗日刊物。1940年3月停刊,共出4期。

【满江红】 刊物名。1939年7月由松江华阳桥爱国青年陆明华等创办,为秘密抗日刊物。共出3期。

【青年月刊】 刊物名。1945年抗战胜利后,由三青团松江分团创办的《青年日报》编辑出版,随报赠送。

【求知】 刊物名。1945年9月上旬创刊。松江新桥地区中共组织的"求知读书会"会刊。读书会负责人韩鸣皋编辑、刻印,由会员撰稿。16开,装订成简易刊物。每期有十几篇文章,约七八千字。每期印刷60余份。介绍八路军、新四军在抗日战争中的事迹,控诉日军暴行,詈斥汉奸卖国贼勾当,反映群众要求和平、争取解放的心愿。9月下旬第二期出版后,鉴于国民党当局破坏"双十协定",上级党组织商定停办该刊,读书会转入地下活动。

【松江画报】 刊物名。1958年秋,松江县报社以松江人民出版社名义出版《松江画报》(1958年丰收特辑)。吴四一任摄影、编辑。仅此1期。

【松江文史】 刊物名。1981年3月,松江县五届政协创办,松江县政协文史工作委员会主编。宗旨为促进统一战线发展,推动社会主义两个文明建设,服从服务于党和国家的总任务、总目标。以"存真、实事求是为基础,征集、整理、撰编文史资料,发挥古为今用,史为今用的作用"为目的。初为16开,油印本,每期印三四百份。第六期起改铅印本,发行量1 000余份。第十二期起改为32开,每期近10万字,配有黑白照片。曾编纂"纪念辛亥革命七十周年专辑""纪念抗日战争胜利四十周年专辑""陈永康专辑"等共8个专辑。

【云间】 刊物名。松江县文化馆主办。1981年7月创刊,1985年停刊。1986年复刊,至1993年停刊共编印20期。参见第159页"云间"。

【松江县志资料】 刊物名。发表松江地方史料的内部油印刊物。松江县地方志编纂委员会办公室编印。1982年10月印行第一期,16开本,印数500本。第二期起增至1 000本。不定期出版,每期篇幅55页左右,不设栏目。1990年停刊,共编印27期,另有增刊"地名专辑""松江文物胜迹"各1期。

【松江商业】 刊物名。前身为《松江商业经济》,松江县商业经济学会秘书处编印,创刊于1985年5月15日,季刊,程十发题写刊头。初期设"改革探索""问题研究""经营之道""学会动态"等栏目。1993年3月30日总第33期起更为今名,改由松江县财贸委员会、松江县商业经济学会编印,主办单位松江区商业联合会。2012年编印总第100期,时设置"编者的话""特约访谈""专家视点""诚信之歌""美食人家""他山之石""商海钩沉""商界艺苑"等栏目。杂志有专业摄影家。今仍按季正常推出。

【小作家】 刊物名。创办于1987年,由松江县教师进修学校负责编辑。陈伯吹题写报头。首任主编沈心祖。先期为周报,16开4版。设有校园新闻、学生论坛、红领巾乐园、习作选登等栏目,分小学版和中学版。每期印1 000余份,至1992年共编印110期。1999年停刊。2001年12月复刊,由16开周报改为32开月刊,仍分小学版和中学版。小学版设有"卷首美文""精品赏析""园丁赞歌""社会写真""奇思妙写""读书有感"等栏目,并配有"家庭奏鸣曲""小眼看世界""童话世界"等小栏目。每期刊登小学生习作40篇左右,另有名家名篇和教师美文若干篇。中学版有"卷首美文""青春风铃""人间万象""想象世界""阅读影视""山月揽胜"等20多个栏目。每期登载初中生习作30多篇,另刊名家名篇及高中生习作若干篇。学生稿费统一为每篇5元。月刊每月15日推出。每期48页,约1万字。每年出精装合订本。2004年5月4日,上海《文学报》曾作《〈小作家〉:走过了十六岁花季》报道。

【思想政治工作】 刊物名。松江县思想政治工作研究会会刊。创办于1992年11月。共出2期。主编金杏兴,副主编李伯生、王肇熹。注重权威性、指导性、服务性和可读性,坚持"理性、建设性、创新性"办刊理念。刊中,由迟志刚、王勉、瞿惠元撰写的《解决农村基层思想政治工作"断层"问题的思考和探索》一文,获得中宣部、国家计委、全国总工会"中国职工思研会"第七届年会优秀论文奖;另收录获上海市、上海市农委不同等第论文奖的论文。1994年4月编发的第二期，载有年会活动、领导讲话，另收录获1993年松江县思想政治工作研究会论文优秀奖作品7篇，鼓励奖作品7篇。

【松江审判】　刊物名。松江区人民法院内部刊物。创刊于20世纪90年代。初期作为月刊，主要涉及审判动态、审判实务、审判实践、法院文化和法治宣传。随后经历几次改版发展为月刊，主要涉及法院工作、法院文化、以案说法、庭室动态、优秀文书、司法宣传。后与法院另一内刊合并，改为季刊，内容趋专业化。栏目有“精品案例”“优秀课题”“获奖论文”“优秀司法建议”“新法学习”“法治宣传”等。

【松江企业】　杂志名。双月刊。2010年8月创刊。松江区经济委员会主管，松江区工业企业联合会、松江区外商投资企业协会主办。设“政经要闻”“专题报道”“经贸信息”“街镇园区”“会员天地”“企业风采”“协会动态”“专家解读”“法律服务”等栏目。重点宣传有关工业企业的政策措施，松江企业的典型事迹和成功经验，传递相关协会团体的活动和国内外政经要闻、经贸信息，传播法律法规知识等。

【云间文艺】　刊物名。松江区文学艺术界联合会会刊。2001年1月创刊。大16开，72页。上海市郊首本纯文学艺术刊物。初为季刊，后改为不定期发行。从2010年秋季起，杂志成立编委会，刘晓辉、陆军先后兼主任，王勉、许平先后任主编，实行改版，按季刊发行。设“小说撷英”“散文荟萃”“诗歌天空”“创作动态”“光影天地”“水墨世界”“特别怀念”“画卷瑰丽”等固定栏目。重点刊载本埠作家和摄影家、书画家优秀作品。每期印数4 500本。

【茸城警苑】　刊物名。2003年创刊。公安局松江分局主办。根植公安土壤、服务公安实战、宣传公安形象，先后以纸质刊物、移动端读物等多种形式展现。2015年来保持每年4期左右的频率推出。

【云间文博】　学术性专辑刊物。2004年11月出版创刊号。由松江区文物管理委员会、松江区文化广播电视管理局主办。陈燮君题写刊名。大16开刊本。铜版纸彩印，印张不等，每期印数1 000册。初期周期偏长，2007年起按季刊每年出版4辑，装入函套，成卷馈赠。2010年9月上海古籍出版社以系列丛书形式出版第五卷第一至四辑。专辑设8个栏目：一特别报道，专题报道松江文博事业重大活动、重大发现；二急就章，系文博学术论坛；三太平清话，乃文博赏析栏目；四辍耕录，是寻根史话专栏；五云间邦彦，记载松江历史人物；六妮古录，为精品鉴赏之栏；七云间洞天，导播系列文物；八读书台，搜集区内外文博信息，宣传文物保护法相关知识。亦开设连载，第一卷第一辑起载《历代砚说》，从先秦两汉至明清砚说，总连载8期。2015年后囿于经费欠缺与人员变动，出版周期常延宕。2018年停刊，共出版11卷33辑。

【松江新城】　期刊名。2007年1月创刊。主办单位为松江区方松街道党工委、松江新城投资建设集团有限公司（2016年起增加松江区广富林街道党工委）。承办单位先后为松江区新城文化传媒发展中心、上海之根文化传媒有限公司。月刊，期发量5 000份，免费赠阅。历任主编谢召其、钱凤英，孙文，2017年后取消主编，由执行编辑负责。编排精致，图文并茂，栏目有“专题”“新城动态”“漫步泰晤士”“社区纵横”“文化长廊”“松江史话”“新城杂谈”“大学园区”“市民生活”，驻松高校学生投稿多。2020年爆发新冠疫情，杂志停刊。

【松江检察】　期刊名。2007年创刊，季刊。松江区人民检察院主办，松江区人民检察院青年检察官工作委员会承办。至2020年底已刊发52期。内容围绕松江区检察院工作的重点、亮点，青年干警业务水平建设、精神文化建设等方面展开。

【松江工业区】　刊物名。松江工业区党委、管委会于2008年3月创刊。每月1期。初期设有前沿聚焦、园区集锦、企业风采、政策导航、党群窗口等栏目。2009年1月改版，大16开，36页，铜版纸彩印。每期发行量3 000册。设12个固定栏目，分别为“本刊特稿”“专题报道”“开发导向”“招商看台”“经济动态”“企业风采”“热点追踪”“政策导航”“党群窗口”“人物纪实”“简讯略览”“企业文化”。

【松江收藏年报】　刊物名。松江收藏文化研究会会刊。2009年6月创刊。主编任建新，编审钱明光。16开，发行量1 000册。彩印，图文并茂，初期有中英文对照文字。内容包括年度工作总结、名人轶事、年度人物介绍、会员藏品拾趣和赏析、收藏研究论文等。为上海市郊唯一的年报。

【松江水务】 刊物名。松江区水务局主办。2011年3月创刊。季刊，2014年、2015年各编印增刊1期。内容涉及水务局机关、河道治理、水业公司等部门动态和亮点报道。2017年12月底停刊，共编印28期。

【松江历史文化研究】 刊物名。松江历史文化研究会会刊。2011年初创刊。主编何惠明，执行主编钱明光。每年编印1辑，汇编上年学术研究论文，共编印8辑，刊发论文455篇。论文撰稿人主要为该会会员，并特邀上海科研机构、各大院校的专家学者撰稿。创刊初研究课题各行其是，后渐集中方向，形成专辑，有“松江书法史研究”“松江‘三高士’研究”等专辑。2019年停刊。

【松江档案】 刊物名。2012年初创刊。季刊。松江区档案局（馆）主办。每期印数500册。旨在挖掘和弘扬松江人文历史，记录和宣传松江档案工作，展现和讴歌新时代档案人员风采。设有“前沿聚焦”“兰台心语”“档案之窗”“史韵回声”“风物杂谈”等栏目。注重聚焦松江历史、文化、民俗、人物的精彩故事，可读性较强。2019年改设“档案特稿”“兰台交流”“档案研究”“光影流年”“风物杂谈”等栏目。

【松江供销】 刊物名。松江区供销合作社、松江商业发展集团有限公司联办。创刊于2012年第一季度。季刊，逢每季末月推出。大16开，60页。内部刊物，每期印500册。扉页有固定的“卷首语”。先期设有管理论道、企业巡展、品牌故事、人物风采、供销相册、阅空间、品生活、热点聚焦、路上风景、家人家事、休闲园、企业动态、商发青年说等栏目。2018年起重点推出讲供销故事、党建专题、竞技场栏目。其中“讲供销故事”又分为“历史供销”和“当代供销”，以增强可读性。

【松江史志】 刊物名。中共松江区党史研究室、松江区地方志办公室主办。2012年上半年创刊。主编李宏波，副主编程志强。创刊号有龚学平题词“上海之根，松江新城”，朱佳木题词“存史资治，彰往昭来”。《松江史志》是《松江史志资料》的承袭与发展。2012年编印2期，2013年起为季刊，2019年停刊，共编印26期。设固定栏目“卷首语”和“特稿”，不固定栏目有“松江邦彦”“读志忆人”“松江老地名”“历史考述”“掌故轶事”等。通常一期一个主题，第一期为“纪念松江建县1 260周年”，第二期为“元末三高士与松江”，第三期为“一代大师闻宥”。大32开本，页数不等，创刊号192页，后调整为120页左右，每期印数不等，最少印1 000册，最多印5 000册。

四

广播电视

【松声社播音台】 1930年，沈松仙设松声电台于松江城西秀南街。1936年4月，松江县城开设短波无线电台，名松声社播音台。电台呼号“SXAC”，波长937.5，电台设在松江西门外。江苏省政府任命王思穆为电台主任，电台主要为县政府服务。抄收国内外新闻、江苏省政令等。抗日战争全面爆发后，电台停办。

【大光通讯社】 20世纪30年代中期，由国民党当局在上海创办，国民党上海市党部主办，邵虚白任社长。上海沦陷后，该社发稿多为揭发日伪的阴谋诡计，反映孤岛人民坚持抗日的新闻。邵虚白遭日伪忌恨而被杀。1945年抗战胜利后，由松江人吴绍澍分管大光通讯社，邵虚白侄子邵协华任总编辑。全社共七八人，每天编发十几篇稿件。1949年5月上海解放，通讯社被接管后解散。

【松江无线电台】 1936年1月由松江县政府设立。电台有收发报机一台，只设收音及抄报江苏省短波电台发出的政务、业务及新闻电报，不发报。1945年重建无线电台。呼号“5XK3”，波长42S，代理台长萧谷贻。电台主要与江苏省政府互通政务电报。1948年改称联合电台，主任王文麟。同年7月并入松江专用电信所，继续收发政务电报。松江解放前夕，国民党松江党政机构撤退，电台机器设备被带走。

【茸声广播电台】 1946年6月松江筹建中国业余无线电协会松江分会，位于长桥街东。翌年成立营业性茸声广播电台，理事长程志年。因上海市中波段广播频道已满，不发执照。经向江苏省政府申请，经二区电信管理局核准开业。一年后，因广告经营不善停办。

【松江学校广播】 1949年松江解放后，江苏省立中学即着手筹建学校广播室。1958年，松江一中、二中、三中和江苏省立师范学校、省师附小、永丰小学、泗泾小学等中小学，均备有25～40瓦扩大机，用于学生集会，播放广播体操、眼保健操音乐。70年代，全县城乡中小学校，均先后充实和更新学校广播室。设置单独房间，备有扩音机、录音机、电唱机、话筒等。指定教师兼职管理，播音由学生轮流担任，一天播音1～5次不等。播出内容除转播中央台、上海台新闻节目外，多数学校自办“校园之声”“点歌节目”“校内大事”“哈哈乐园”“小辣椒”“历史典故”等节目。松江二中率先建成闭路电视，每个教室有1台29寸彩电，一天播放4次。内容有中央台新闻、德育教育、学校新闻。学校广播室一直延续至今，校内的闭路电视设施也普及到全区中小学。

【松江企业广播】 20世纪50年代，松江城区松江印刷厂、第一袜厂、明昌铁工厂等规模较大企业有自办广播室、播音室。配有音频扩大机，用于召开大型会议、宣传好人好事，不定期播放上级台新闻、文艺节目。80年代，上海精美机械厂、松丰造船厂、上海精艺手套厂、上海方塔电器公司、松江工艺品厂、上海照相机总厂、上海大江肉食品公司先后建立广播室，将喇叭安装到车间、办公室、养鸡场和肉食品加工厂，每天定时广播两三次。除转播中央台、上海台新闻外，开设自办栏目，表扬本单位好人好事。

【松江县政府广播收音站】 1951年3月，松江县教育局派陆成到苏南电台（无锡）学习广播收音业务。培训结束后，带回五灯直流收音机一台。每晚定时抄收中央和地方广播电台《记录新闻》节目，时间1小时。次日摘编成油印材料，分发给县级机关各部门参阅。收音站受县政府办公室领导，1951年7月停止收音。

【松江农业合作社收音站】 1955年5月，中共松江县委宣传部派干事马仁俊，到南京出席江苏省有线广播会议。回松江时带回配发的收音机7台，用以发展农业生产合作社收音站。1956年2月，松江有8个农业社建立了广播收音站。每个站配1台交直流收音机，设1名兼职收音员。定时收听中央台、上海台农村节目和天气预报。收音站由县委宣传部管理。

【松江县有线广播站】 1955年5月11日，江苏省人委批复同意松江建立有线广播站。1957年1月3日，松江县有线广播站开始播音。利用电话线路，对县城和浦南三个区广播。播出时长为每晚2小时，节目以转播为主。1958年4月，松江340个农业社，社社通广播，全县广播喇叭1 592只。当年7月15日，县有线广播站连续三天转播县委召开的"农业夺高产放卫星"万人誓师大会。

【泖港镇广播电视站】 由原泖港镇广播电视站和五厍（新五）镇广播电视站合并组成。1956年建立泖港公社广播站（时属金山县，1966年10月划归松江县），1992年7月有线电视开通，更名泖港镇广播电视站，有线广播停止播音。1961年8月建立新五公社广播站，1995年7月有线电视开通，更名五厍镇广播电视站，有线广播停止播音。2001年7月，两镇广播电视站合并。2011年10月撤销。

【五厍镇广播电视站】 见"泖港镇广播电视站"。

【车墩镇广播电视站】 由原城东广播站和高桥广播站合并组成。城东广播站建立于1957年9月，次年10月更名城东公社广播站，1984年更名华阳桥乡广播站，1996年有线电视开通，更名华阳桥镇广播电视站。高桥广播站建立于1978年，1980年更名车墩公社广播站，1984年更名车墩乡广播站。1996年华阳桥镇撤销，原华阳桥镇广播站和车墩镇广播站合并，成立车墩镇广播站。2002年原两站有线电视并网，更名车墩镇广播电视站，有线广播停止播音。2011年10月撤销。

【松江镇广播站】 1958年建立松江城厢镇广播站，后更名松江镇广播站。1960年与县广播站合并。1969年恢复城厢镇广播站。1983年12月，镇广播站由县广播站代管，业务活动与县广播站合并。松江镇广播站有5台1 850瓦扩音机，4台L601录音机。广播线路全长25千米，遍布全镇所有街道、里弄、商店。广播喇叭3 000多只，通响率95%以上。镇广播站除转播县广播站节目外，每天下午1∶55—4∶00自办松江镇新闻、报刊文摘和文艺节目。1984年松江镇广播站由松江县广播站代管，业务由县广播站接管。

【叶榭镇广播电视站】 由原叶榭镇广播电视站和张泽镇广播电视站合并组成。1958年9月建立叶榭公社广播站，1995年1月有线电视开通，更名叶榭镇广播电视站，有线广播停止播音。1959年3月建立张泽公社广播站，1995年4月有线电视开通，更名张泽镇广播电视站，有线广播停止播音。2001年1月，两镇广播电视站合并，更为今名。2011年10月撤销。

【张泽镇广播电视站】 见"叶榭镇广播电视站"。

【新浜镇广播电视站】 1958年10月建立新浜公社广播站。1992年9月有线电视开通，更名新浜镇广播电视站，有线广播停止播音。2011年10月撤销。

【仓桥镇广播电视站】 1959年5月建立城西公社广播站。1984年12月更名仓桥乡广播站。1997年8月有线电视开通，更名仓桥镇广播电视站，有线广播停止播音。2001年仓桥镇广播电视站由区文广局接收，业务由松江区广播电视台和松江区有线电视中心分别接管。

【佘山镇广播电视站】 由原佘山镇广播电视站和天马山镇广播电视站合并组成。1959年9月建立佘山公社广播站。1994年4月有线电视开通，更名佘山镇广播电视站。1959年11月建立天马公社广播站。1995年有线电视开通，更名天马山镇广播电视站。2001年，两镇广播电视站合并，运行至2010年5月。2011年10月撤销。

【天马山镇广播电视站】 见"佘山镇广播电视站"。

【新桥镇广播电视站】 1959年12月建立新桥公社广播站。1993年有线电视开通,更名新桥镇广播电视站,有线广播停止播音。2011年10月撤销。

【泗泾镇广播电视站】 1960年分别成立泗泾镇广播站和泗联公社广播站。1962年和1991年,两广播站曾两次合并。1994年7月有线电视开通,更名泗泾镇广播电视站,有线广播停止播音。2011年10月撤销。

【泗联公社广播站】 见“泗泾镇广播电视站”。

【茸北镇广播电视站】 1960年5月建立城北公社广播站。1995年有线电视开通,更名茸北镇广播电视站,有线广播停止播音。2002年广播电视站撤销,业务分别由松江区广播电视台和松江区有线电视中心接管。

【松江县人民广播站】 1969年4月,松江县有线广播站更名为松江县人民广播站。1970年9月,松江县人民广播站迁移至县城中山中路38号县委大院内,新建五开间两层楼房作为播出业务用房。

【九亭镇广播电视站】 1978年3月建立九亭公社广播站。1994年有线电视开通,更名九亭镇广播电视站,有线广播停止播音。2011年10月撤销。

【洞泾镇广播电视站】 1978年3月建立砖桥公社广播站。1984年更名洞泾乡广播站。1995年9月有线电视开通,更名洞泾镇广播电视站,有线广播停止播音。2011年10月撤销。

【小昆山镇广播电视站】 1978年3月建立昆冈公社广播站。1992年7月有线电视开通,更名小昆山镇广播电视站,有线广播停止播音。2011年10月撤销。

【松江电视台】 1984年筹建,1986年元旦10频道对外播放,8月6日时任上海市长汪道涵为松江电视台题写台名,8月18日松江电视台正式成立,年底17频道对外播出节目。根据国家广电总局“三个合一”精神(局台合一、广播电视合一、有线无线合一),陆建华、王美新、马凌云、陈良雄先后兼任台长。2002年松江区文化广播电视管理局实施局台分离,新成立松江区广播电视台,王一平、何锋先后任台长。1994年9月30日,高148米、总建筑面积1 400平方米的广播电视新塔投入发射运行。翌年9月16日时任中宣部副部长龚心瀚登塔题词:“坚持正确导向,贴近人民群众,进一步办好松江广播电视。”松江电视台曾设新闻中心,技术部、广告部、专题部和广播节目部,先后开设“松视新闻”“党的生活”“好歌献给您”“松视600秒”“松视扫描”“百姓话题”“同舟”“今日松江”“手语新闻”“云间播报”“茸城之光”等栏目。1998年1月14日松江县获评“全国广播电视先进县”。2002年1月10日松江区广播电视台获中宣部全国星火科技下千县《星火科技30分》电视栏目先进单位,2008年6月获中国“神州瞭望”电视外宣协作网电视外宣优胜奖。2011年4月获中央电视台新闻中心授予的2010年度“全国电视新闻协作先进集体”称号。

【松江区广播电视台】 见“松江电视台”。

【松江人民广播电台】 1986年12月1日,松江县人民广播站更名松江人民广播电台。1987年9月24日,广播电台迁入松江镇乐都路275号电视台院内,新建四层广播业务用房。广播设备得到更新,备有两个播音区。技术用房和设备技术标准均达到部颁八级要求。

【松江人民广播电台调频广播】 1990年10月11日经广电部地方宣传司、技术局批准,同意松江建立调频广播电台。频率96.2兆赫,功率30瓦。由县广电局自行设计、调试。1993年1月1日,调频广播改用100.9兆赫频率。当年1月17日,调频广播节目正式播出。自此,松江广播事业进入了有线和无线共同发展、混合覆盖的新阶段。

【松江有线电视台(总站)】 1992年5月,松江县政府办公室转发县广电局关于《松江有线电视发展规划和实施意见》的报告,并成立松江县有线电视建设协调小组,倪映文任组长,王美新任副组长。同年底,松江有线电视成功首播,人乐小区2 614户居民率先开通有线电视。1997年底,松江实现市、县、镇三级有线电视光缆联网。是时开通12个镇光缆主干线46.545千米,19个镇实现有线电视覆盖,建成30个有线电视村,全县有线电视终端增至5万多户。王美新、马凌云、陈良雄先后兼任台长。

【石湖荡镇广播电视站】 2001年1月由原石

湖荡镇广播电视站、大港镇广播电视站和塔汇镇广播电视站合并组成。1959年10月建立古松公社广播站，1996年6月有线电视开通，更名石湖荡镇广播电视站。1978年3月建立大港镇广播站，1996年有线电视开通，更名大港镇广播电视站。1978年建立塔汇镇广播站。1996年有线电视开通，更名塔汇镇广播电视站。2001年1月，石湖荡镇广播电视站有线广播停止播音。2011年10月撤销。

【古松公社广播站】 见“石湖荡镇广播电视站”。

【大港镇广播电视站】 见“石湖荡镇广播电视站”。

【塔汇镇广播电视站】 见“石湖荡镇广播电视站”。

【松江区有线电视中心】 2002年8月30日成立。该中心负责全区有线电视网络规划设计、工程建设、网络维护、用户管理、功能开发等工作，为广播电视节目传输及本地新闻传播、舆论宣传做好技术保障工作。

【交互式网络电视（IPTV）】 2006年9月，松江电信局在上海市郊率先推出IPTV业务。至当年末，用户数为5 663户。IPTV即交互式网络电视，是一种利用宽带有线电视网，集互联网、多媒体、通讯等多种技术于一体，向家庭用户提供包括数字电视在内的多种交互式服务的技术。至2010年，IPTV播出106个频道，可点播回看48小时的节目。近年重点推出的天翼高清IPTV，不仅可享受直播、回看、影视点播，以及与在线娱乐、教育等互动，而且还可使用手机和智能电视的聚合投屏。至2019年底，IPTV用户数已达27.11万户。

【佘山朝圣节有线广播】 佘山天主堂是名望较高的宗教场所。为有效维护朝拜现场秩序，确保信众安全，2008年松江区有线电视中心牵头建设以佘山教堂为中心，覆盖西佘山的有线广播网。安装25瓦高音喇叭24只，架设广播线路3千米，从此，佘山每逢朝圣节都开通有线广播。2010年松江区宗教局要求建设永久性地下管线广播网。有线电视中心与佘山镇广播电视站合作，赶在朝圣节前完成山上地下广播管道网工程，使佘山朝圣活动有了一个可靠的广播宣传网络。

【上海松江东方有线网络有限公司】 2011年3月30日创建。该公司的股份由上海东方有线网络有限公司占51%，松江区国有资产投资经营管理有限公司占49%。松江有线电视中心由事业单位转为有限公司，实行独立核算，自收自支，自负盈亏。松江有线电视与全市整合成一张网，形成规划、管理、业务、标准和运行统一的新格局。

五

网络传播媒介

【茸城论坛】 松江地区综合性社区论坛，隶属于上海松讯信息发展有限公司，网址bbs.sj.net.cn/。下设茸城热线、茸城论坛、茸城招聘、茸城房产等频道及招聘求职、房产楼市、便民服务、二手市场等版块，为网民提供松江的生活资讯和动态信息。

【上海松江门户网站】 松江区人民政府官方网站。网站名称为“上海松江”。网址www.songjiang.gov.cn/。由上海市松江区人民政府办公室主办。网站设置有政务公开、新闻中心、一网通办、公众服务、政民互动、走进松江等栏目，集新闻资讯与政务服务等内容和功能于一体，是松江最具权威性的网站发布平台。

【松江手机报】 《松江报》手机版。创办于2012年。网址www.shsjb.com。内容与纸质《松江报》同步，每周二、三、四、五出版。

【微松江】 松江本地微信公众号。创建于2012年12月。由松江自媒体人陈军军主笔。微信号“vsongjiang”。发布内容以松江民生资讯、历史文化、风土人情等为主。截至2020年2月，关注人数达20万人，累计推送微信文章6 000多篇，总阅读量累计达7 000万次，10万+阅读量文章40多篇，其中单篇文章最高阅读量达140万人次，连续4年荣获松江区“云间新闻奖”新媒体影响力等奖项。

【警民直通车松江】 上海市公安局松江分局主办的官方微信公众号。创建于2013年。微信号“SongjiangPolice”。公众号以“说您想听的，听您所讲的，伴您所愿的，予您所需的”为定位，设置有服务大厅、警务报道等功能服务。

【松江工会】 松江区总工会主办的官方微信公众号。创建于2014年。微信号“songjianggonghui”。公众号以“反映职工需求，提供政策咨询，分享维权案例，推荐服务项目，探讨工会工作，说好工会故事，传播工会声音”为定位，发布松江职工相关内容。

【青春松江】 中国共产主义青年团松江区委员会主办的官方微信公众号。创建于2014年。微信号“songjiangqingnian”。公众号展现“青春、创新、锐气、包容”的松江青年新风貌，用“青春梦”共筑“中国梦”，发布松江青年相关内容，设置有青春学习（@青春松江、青春大学习、松江共青团）、文化寻根（青年中心）、青年之声（国旗下成长、Act＋）等功能服务。

【松江微历史】 中共松江区委员会党史研究室（松江区地方志办公室）主办的官方微信公众号。创建于2014年。微信号“sjwls2014”。公众号以“从这里读懂松江，从这里读懂上海”为定位，设置有党史百年（侯绍裘、松江党史微党课）、松江记忆（松江老字号、云间邦彦、松江文物、松江方言、松江风俗）、大家（口月光、张金泉、欧粤、盛济民）等功能服务。

【松江组工】 中共松江区委组织部主办的官方微信公众号。创建于2014年。微信号“songjiangzugong”。设置有新时代（十九大、十九届四中全会）、爱学习（习近平讲话数据库、主题教育、党务书库）、微服务（松江i支部、党员报到、任前公示、绩效考核）等功能服务。

【松江绿化市容】 松江区绿化和市容管理局主办的官方微信公众号。创建于2014年。微信号“sjyjwdt”。公众号主要发布行业工作信息动态、垃圾分类知识、绿色环保低碳生活知识等内容,设置有微资讯(园林绿化、市容环卫、垃圾分类、先进事迹)、微服务(认建认养、公厕导航)、微互动(垃圾分类查询)等功能服务。

【松江交警】 上海市公安局松江分局交警支队官方微信公众号。创建于2014年。由上海市公安局松江分局主办。微信号“sjjjzd”。公众号主要发布松江交通管理、交通安全教育等相关信息,设置有业务指南、安全课堂等功能服务。

【G60人才直达车】 松江区人才服务中心主办的官方微信公众号。创建于2014年。微信号“sjrcfwzdc”。公众号主要为单位和个人提供人事档案、业绩档案、出国政策、出国政审、社会化职称评定、人事委托、人才测评、人才引进、居住证积分、区域人才政策、台港澳就业证、外国人来华工作许可等服务内容,设置有区域政策(人才模拟估分、人才公寓申请、人才扶持申报、人社一网通办、人才一卡通)、微官网、招聘会(线上招聘、职介招聘、企业备案)等功能服务。

【七彩岳阳】 松江区人民政府岳阳街道主办的官方微信公众号。创建于2014年。微信号“qicaiyueyang”。公众号以“发布政务信息、街道动态”为定位,设置有岳听365(云党课、学习日历)、微心愿等功能服务。

【松江车墩】 松江区车墩镇人民政府主办的官方微信公众号。创建于2014年。微信号“songjiangchedun”。公众号以“提供最新鲜、最权威的车墩本土资讯”为定位,设置有大调研、便民服务、车墩媒体等功能。

【新桥风】 松江区新桥镇人民政府主办的官方微信公众号。创建于2014年。公众号以发布新桥镇最新政策信息、政务动态、通知公告等为主要内容,设置有文明实践(新时代文明实践、小新说、创全在行动)、爱新桥(服务市民、生活信息、融媒体)、微新桥(微信矩阵、新桥V影视)等功能服务。

【活力九亭】 松江区九亭镇人民政府主办的官方微信公众号。创建于2014年。微信号“huolijiuting”。公众号以发布九亭镇政府工作动态信息、服务信息、便民信息等为主要内容,设置有亭有用(便民窗口)、亭有料(有奖竞答、活力亭君、人文亭记)、双资平台(资源资产管理平台、九亭租赁App、九亭企信App)等功能服务。

【走进石湖荡】 松江区石湖荡镇人民政府主办的官方微信公众号。创建于2014年。微信号“danglixianfengxing”。公众号设置有荡里概况(社区报、门户网站)、文明实践(新时代文明实践、寄语专栏、家长学校、学生社区实践指导)、互动区(大调研信箱、建言献策、“点赞”榜)等功能服务。

【泖港视界】 松江区泖港镇人民政府主办的官方微信公众号。创建于2014年。微信号“maogangshijie”。公众号设置有社区报、修身打卡、便民服务等功能服务。

【今日佘山】 松江区佘山镇人民政府主办的官方微信公众号。创建于2014年。微信号“jinrisheshan”。公众号设置有直通车(大调研—听呼声)、社区通行、社区报等功能服务。

【乐活松江】 原松江区商务和旅游委员会官方微信公众号。创建于2014年。由松江区经济委员会主办。微信号“lehuosj”。公众号主要发布松江区内商业营销活动、介绍品牌商家、分享生活信息,为市民提供松江吃喝玩乐衣食住行资讯,设置有乐活优品、乐活矩阵等功能服务。

【佘山国家旅游度假区】 上海佘山国家旅游度假区官方微信公众号。创建于2014年2月。由佘山国家旅游度假区管理委员会办公室主办。微信号“sheshanlvyou”。公众号主要提供佘山旅游资讯,提供智慧佘山服务功能,设置有走进佘山(微信矩阵、移动官网、地图导览、语音导游、实时客流)、悠游佘山(人文佘山、门票信息、酒店信息、交通线路)、官方发布(高质量研讨会、大调研、投诉建议)等功能服务。

【松江两新先锋】 中共松江区社会工作委员会主办的官方微信公众号。创建于2014年5月。微信号“sjlxzz”。公众号旨在展示风采、促进交流、凝聚力量、推动发展,共同建设两新家园。

【永丰资讯】 松江区人民政府永丰街道主办的官方微信公众号。创建于2014年7月。微信号“sjyfjd”。公众号以“为居民提供上海松江永丰地区各类政务和公共服务信息的平台”为定位,设置有永丰党建(党员须知、党员学习、联系我们)、一键了解(永丰经济、仓城古韵、学区划分、实事工程)等功能服务。

【府城微中山】 松江区人民政府中山街道主办的官方微信公众号。创建于2014年11月。微信号“fczs_000”。公众号以“发现中山之美,传播中山之声”为定位,设置有中山微窗(市民直通、聚光灯、清风中山)、中山微家(微社区、微发布)、微Live(微矩阵、今日中山)等功能服务。

【茸城微治理】 松江区社区建设工作办公室主办的官方微信公众号。创建于2014年12月。微信号“rcweizhili”。公众号致力于打造松江区具有影响力的“一口受理”互联网+社会治理公众参与政民互动平台,在融入市民参与治理、调动政府资源服务和凝聚力量调解矛盾等方面发挥积极作用,促进政府真正为民办实事。公众号设置有主题活动、我要参与(我要上报、我的案卷)、个人中心(我的积分、积分兑换、我的网格)等功能服务。

【松江检察】 松江区人民检察院主办的官方微信公众号。创建于2015年。微信号“shsjjcy”。公众号运用微信新媒体开展法制宣传、法律服务等工作,设置有松检在线(以案说法、未爱茸话)、网上办事(法律问答、案件查询)等功能服务。

【松江妇联】 松江区妇女联合会主办的官方微信公众号。创建于2015年。微信号“songjiangfulian”。公众号以“携手寻找美、传递爱、践行善,共同关爱女性、关心儿童、关注家庭,一起崇尚学习提素质,平等参与促发展,共建美丽新松江”为定位,发布松江妇女儿童相关内容,设置有妇儿维权(妇儿规划、儿童友好、维权平台、维权微课、相关法规)、家庭服务(活动报名、文明家庭、视频微课、家庭生活、家政咨询)、巾帼建功(破难行动、网络矩阵、华亭芳菲、帼丰森鲜、九城联盟)等功能服务。

【宜居松江】 松江区住房保障和房屋管理局主办的官方微信公众号。创建于2015年。微信号“yijusj”。公众号以“构建公众服务平台,心系百姓安居梦想”为定位,设置行业资讯、政务公开、服务大厅等功能服务。

【松江城管】 松江区城市管理行政执法局主办的官方微信公众号。创建于2015年。公众号以“展示城管形象,加强沟通交流,倾听民生民意,为民排忧解难”为定位,发布松江城管相关动态资讯。

【松江政务服务】 松江区行政服务中心主办的官方微信公众号。创建于2015年。微信号“sjqxzfwzx”。公众号主要发布中心各项办事指南、便民服务及相关宣传信息,设置有一点资讯(中心导览、中心简介、综合讯息、微信矩阵)、一站服务(我要办、我要约、我要查、随申办)、一指互动(惠企政策、我要说说、联系我们、常见问题)等功能服务。

【生态松江】 松江区生态环境局主办的官方微信公众号。创建于2015年。公众号主要提供环保知识、监测综述、环保动态、公示通知、AQI发布、环保网站、工业固废、网上窗口等内容,设置有公告要闻(公告通知、工作动态、信息公开)、生态环境(法制宣传、实时AQI、水质月报、环保知识、经典案例)、联系我们(投诉举报、回音壁、建言献策、环保微博)等功能服务。

【松江体育】 松江区体育局主办的官方微信公众号。创建于2015年。微信号“songjiangtiyu”。公众号以“传播松江体育正能量”为定位,设置有体育场所(游泳场馆、社区公共运动场)、龙舟赛等功能服务。

【松江交通】 松江区交通委员会主办的官方微信公众号。创建于2015年3月。公众号主要提供本区公交线路规划、航道发展、港区布局、水路运输发展和公共交通枢纽站建设等规划、公共交通信息发布等内容。设置有工作动态、爱交通(公示公告、政策解读、热点回应)、便民信息(高铁信息、地铁信息、公交信息、中运量公交信息、综合信息)等功能服务。

【法制松江】 松江区司法局主办的官方微信公众号。创建于2015年7月。微信号“fazhisongjiang”。公众号以“执法、普法,我们始终在你身边”为定位,设置有服务中心(我要咨询、法治地图、法律服务、法治文化阵地、法治文化作品)、法宣中心(松江律师、谁执法谁普法、小城杯、微视频、直播松江)、活动中心(知识答题、投票活动、答题领红包、“音”为宪法)等功能服务。

【松江经委】 松江区经济委员会主办的官方微信公众号。创建于2016年。微信号“sjqjjwyh”。

公众号主要发布松江产业发展、商贸相关信息，提供办事指南、政策服务信息、部门和行业动态信息，设置有微资讯（资讯中心、通知公告、党建工作、视频展示、进口博览会）、微政务（机构联盟、科室部门、一网通办）、微政策（区域政策、中小企业政策）等功能服务。

【松江科技】 松江区科学技术委员会主办的官方微信公众号。创建于2016年。微信号"songjiangkeji"。公众号主要发布松江科技发展和信息化建设信息，服务创新创业，建设智慧松江，倡导科学生活等功能服务。

【投资松江】 松江区投资促进服务中心主办的官方微信公众号。创建于2016年。公众号为投资者提供松江区投资政策，介绍投资环境，提供投资信息等，设置有微官网、投资松江（全景松江、政策问答、项目推介、园区载体）、科创松江（产业政策、松江欢迎您）等功能服务。

【清风茸城】 中共松江区纪律检查委员会主办的官方微信公众号。创建于2016年。微信号"sjjwjcj"。公众号以宣传党风廉政建设工作动态，强化党规党纪教育，倡导廉政文化为主要发布内容。

【乐游松江】 松江区旅游公共服务中心主办的官方微信公众号。创建于2016年。微信号"leyousj"。公众号主要为市民游客提供文旅相关的各类公共信息服务，设置有玩转松江（玩处一站式、玩法各不同、活动乐不停、精彩视频秀）、乐游资讯（游玩资讯、景区客流）、工作动态（动态发布、投诉建议）等功能服务。

【悦洞泾】 松江区洞泾镇人民政府主办的官方微信公众号。创建于2016年。公众号主要发布洞泾相关动态，设置有新时代文明实践、大调研、官方矩阵等功能服务。

【绿色叶榭】 松江区叶榭镇人民政府主办的官方微信公众号。创建于2016年。公众号主要发布叶榭新闻、民生资讯，展示绿色叶榭形象，设置有主题教育、扫黑除恶、大调研（听呼声、走基层）等功能服务。

【今日新浜】 松江区新浜镇人民政府主办的官方微信公众号。创建于2016年。微信号"jrxbgzh"。公众号以"走进新浜，让您了解最新、最快、最全面的本土资讯"为定位，设置有经济动态（招商简介）、走进新浜（大调研、乡村旅游）、文明创建等功能服务。

【i九里亭】 松江区人民政府九里亭街道官方微信公众号。创建于2016年2月。微信号"ijiuliting"。公众号以"关注街道新动态，传播社区正能量"为定位，设置有街道简介、办事指南等功能服务。

【古镇新城泗泾】 松江区泗泾镇人民政府主办的官方微信公众号。创建于2016年3月。公众号设置有市民入口（泗民呼声、预约平台、体育馆预定）、五镇专栏（科创新镇、文化雅镇、生态美镇、和谐暖镇、内涵强镇）、微信矩阵等功能服务。

【美丽小昆山】 松江区小昆山镇人民政府主办的官方微信公众号。创建于2016年3月。微信号"jinrisheshan"。公众号设置有直通车（大调研—听呼声）、社区通行、社区报等功能服务。

【方松微空间】 松江区人民政府方松街道主办的官方微信公众号。创建于2016年4月。微信号"fangsongjiedao"。公众号以"了解方松、感受方松、乐活方松"为定位，设置有印象方松（社区要闻、新城光影、微信矩阵）、我爱方松（服务市民、文明修身、创全在行动、方松微讲堂）、寻美方松等功能服务。

【上海松江】 上海市松江区人民政府官方微信公众号。创建于2016年5月19日。由上海市松江区人民政府新闻办公室主办。微信号"sh_songjiang"。公众号集信息发布、民生服务、沟通交流等功能于一体，设置有松江报（手机报）、随申办、互动平台（政务公开、服务市民、微信矩阵）等功能服务，是松江区最具权威性的微信公众号发布平台。截至2020年2月，公众号总关注用户23万，推送文章总数超过3万篇，总阅读量累计超过1亿次。

【广富邻】 松江区人民政府广富林街道主办的官方微信公众号。创建于2016年5月。公众号以"提供广富林最权威、最新鲜的本土资讯，给您一个爱上广富林的理由"为定位，设置有市民呼声、公益平台等功能服务。

【上海松江教育】 上海市松江区教育局主办的官方微信公众号。创建于2016年8月。微信号"shsjedu"。公众号主要发布松江教育相关信息，设置有松教资讯（精彩活动、热点聚焦、师生风采)、便民服务(松江教育信息、松江教育党建网、民办教育培训机构、招生政策)、精彩专题(文明创建、大调研、《松江教育》杂志、云间讲坛)等功能服务。

【健康松江】 松江区卫生和计划生育委员会主办的官方微信公众号。创建于2016年11月。微信号"jiankangsongjiang"。公众号主要发布松江区卫生健康系统工作动态,以及行业资讯、政策解读、健康知识、服务信息等。

【文明松江】 松江区精神文明建设委员会办公室主办的官方微信公众号。创建于2016年11月。微信号"wenmingsongjiang"。公众号主要传播文明松江,展现茸城风貌,设置有松江创全(创全意义、文明曝光台、了解创全、成功提名)、文明实践(志愿之城、道德模范)、茸城之光等功能服务。

【松江河长】 松江区水务局主办的官方微信公众号。创建于2016年12月。微信号"shsjswj"。公众号主要发布松江区水务局资讯,提供松江水务动态等内容。

【松江市场监管】 松江区市场监督管理局主办的官方微信公众号。创建于2016年12月。公众号主要发布松江市场监督管理相关资讯,设置有综合信息(网上预约、智能客服、官方微博)、市监专栏(信用监管、亲清风尚、消费维权知识竞答)、食安松江(你点我答)等功能服务。

【1号先锋】 中共松江区区级机关工作委员会主办的官方微信公众号。创建于2017年。公众号以"围绕中心、建设队伍、服务群众"为定位,主要发布松江机关党建相关信息,设置有新思想、四史学习、党务通等功能服务。

【国家级上海松江经济技术开发区】 松江经济技术开发区官方微信公众号。创建于2017年2月。由松江经济技术开发区管理委员会(上海松江出口加工区管理委员会)主办。公众号主要发布开发区总体规划、专项规划、产业促进、招商引资、环境评估、项目推进、土地管理、企业服务、党建、群团、人才等信息资讯,设置有园区简介、招商引资、园区风采等功能服务。

【松江合作交流】 松江区人民政府合作交流办公室主办的官方微信公众号。创建于2017年2月。微信号"sjhzjlb"。公众号主要向社会宣传松江区对口支援与合作交流信息资讯,展现松江援外风采,实现关注了解松江对口支援情况,以扩大松江对口支援对外影响,设置有合作交流、西藏定日、云南版纳、茸城温商等功能服务。

【人文松江】 松江区文化和旅游局主办的官方微信公众号。创建于2017年3月。微信号"rwsj-sh"。公众号主要提供松江最鲜活的文化、旅游资讯,展示以人文松江为特质的全域旅游魅力,设置有文化松江(书画之城、书香之域、文博之府、影视之都)、乐游松江(五谷丰登、四季节庆、建筑可阅读、行业政策、景区客流)、科技影都(科技影都规划、影视政策、影视活动)等功能服务。

【松江财政】 松江区财政局主办的官方微信公众号。创建于2017年4月。微信号"sjqczj"。公众号主要发布松江财政相关信息,设置有财政要闻(财经动态)、财会业务(考试考务、继续教育、代理记账、小微企业、监督检查)、主题教育(专题党课、学习研讨)等功能服务。

【松江统计】 松江区统计局主办的官方微信公众号。创建于2017年4月。微信号"sjtj2017"。公众号以统计信息化提示数据服务水平,发布松江区统计局与调查队官方数据、分析报告和各部门综合数据,关注松江发展新动态,宣传政府统计和统计法制,科学普及统计知识,设置有统计数据(月度数据、年度数据、统计概览)、人口普查(区级动态、街镇动态、人物风采)、统计之窗(工作动态)等功能服务。

【松江规划资源】 松江区规划和自然管理局主办的官方微信公众号。创建于2017年6月。公众号主要发布工作动态信息,展示规划资源管理,设置有扫黑除恶、房产登记等功能服务。

【上海松江法院】 松江区人民法院主办的官方微信公众号。创建于2017年6月。公众号主要以司法公开、信息推送、诉讼服务等为内容,设置有便民服务、诉诉服务、立案预约等功能服务。

【松江公约数】 中共松江区委员会统战部主办的官方微信公众号。创建于2018年1月。微信号"sjgongyueshu"。公众号以"统战各界人士的温馨家园,互通有无的信息公路和建言献策的绿色通道"为定位,设置有千帆争流、统战看见

(华亭碎影、热文精选)、精彩互动(有奖知识竞答、有奖拼图、文艺汇演直播、最美统战人)等功能服务。

【松江人大】 松江区人民代表大会常务委员会官方微信公众号。创建于2018年3月。由松江区人民代表大会常务委员会办公室主办。微信号“songjiangrenda”。公众号以“公开人大履职信息,服务人大代表和基层群众”为定位,发布松江人大相关工作动态。

【松江政协】 中国人民政治协商会议上海市松江区委员会官方微信公众号。创建于2018年6月。由中国人民政治协商会议上海市松江区委员会办公室主办。微信号“sjzx99”。公众号主要发布松江政协相关工作动态,设置有走进政协(学习园地、媒体聚焦、机关建设)、政协工作(政协要闻、提案视察、协商议政、友好交流、云间文史)、委员风采等功能服务。

【长三角G60科创走廊】 长三角G60科创走廊官方微信公众号。创建于2018年8月。由松江区科创发展办公室主办。公众号主要发布长三角G60科创走廊相关信息,设置有G60动态、一网通办等功能服务。

【松江老干部】 中共松江区委员会老干部局主办的官方微信公众号。创建于2018年11月。公众号发布松江老干部工作动态,展示老干部风采,传播正能量,设置有线上展厅等功能服务。

【平安松江】 中共松江区委员会政法委员会主办的官方微信公众号。创建于2018年12月。公众号设置有平安时讯、法治在线、互动社区等功能服务。

【松江双拥】 松江区退役军人事务局主办的官方微信公众号。创建于2019年6月。公众号主要发布松江退役军人事务及双拥工作等相关内容。

附表

驻松高校新媒体基本情况表

新媒体名	主办单位	微信号	创建年
上海外国语大学	上海外国语大学	sisu1949	2013
上海农林职业技术学院	上海农林职业技术学院	shafc-sny	2014
上海对外经贸大学	上海对外经贸大学	love_SUIBE	2015
华东政法大学	华东政法大学	ecupl_wx	2015
上海工程技术大学	上海工程技术大学	mysues	2015
上海立信会计金融学院	上海立信会计金融学院	lixinweixin2015	2015
上海视觉艺术学院	上海视觉艺术学院	SIVA_2005	2015
上海立达学院	上海立达学院	SHLDUniv	2015
东华大学	东华大学	DHUers	2015
上政发布	上海政法学院	gh_f2bd2af44c41	2018

新闻传播业务

报纸业务管理

【新闻集锦】 以不同栏头将若干简讯分类组合的编排方式。如《松江报》初期版面少、周期长之时多见。利用新闻集锦，可扩大版面容量，如“外事活动”“节目新闻”“旅游旺季”“开学之日”等，将一组相同的短讯组合在一起，以增强信息量。

【公开招聘记者】 2005年10月松江报社首次公开向社会招聘记者。招聘前，在《松江报》以及复旦大学、华东师范大学、上海外国语大学、浙江大学等网站刊登招聘启事。招聘分笔试、面试，笔试有三种形式：一是提供新闻素材，由考生自拟标题，整理成消息；二是提供标题与评论要素，由考生撰写新闻评论；三是由考生定点采访，自拟标题和自写通讯。报社组成评委会，对考生的笔试打分，自高到低选出面试候选人。面试在红楼宾馆举行。录用张友明、张晋洲、王裔君等7人，当年11月1日上岗。

【新招聘记者实行劳务派遣制】 2005年10月松江区人民政府批准《松江报社实行企业化管理的方案》。按照规定，对新招聘记者实行劳务派遣制，人员关系纳入区人事局九峰人才公司，由松江报社考核管理。对新招聘记者实行多劳多得，由基本工资、稿费、好稿奖与外宣奖组成。本科生基本工资1 000元，硕士生1 200元，博士生1 400元，每满1年加50元；稿费以500字折合为一篇，每篇50元；好稿奖100～300元不等；外宣奖300～2 000元不等。企业化改革后，形成人员能进能出机制。报社曾解聘2名记者。

【记者、编辑全员脱产培训】 2008年初松江报社试行全员脱产培训。先记者后编辑。记者、编辑分期分批赴解放日报社、新民晚报社进修，每月派一人，每人为期一个月，由大报记者、编辑带教。对劳务派遣记者，给予4 000元的生活费和交通补贴，安排上海住宿。

【好稿奖评定】 《松江报》复刊起即评好稿，时断时续。2006年1月起坚持每周评好稿：评为A级稿的奖300元，B级稿奖200元，C级稿奖100元。评选方法为报社编委会成员共同提名，由主要领导拍板。

【首席记者评选】 2009年张晋洲被评为松江报社第一位首席记者。对首席记者以精神鼓励为主，在其撰写的重要稿件署名前标上“首席记者”；物质奖励为辅，一次性给予2 000元奖励。首席记者每年评定一名，可连评连署。陈孝斌曾连续两次当选首席记者，一次性奖励2.5万元。评选标准：上年度记者总发稿量＋好稿量＋外宣稿件质量，合计分数，由高到低排序，列首位者即为下年度首席记者。

【新闻策划】 松江报社对整个新闻传播过程进行系统性谋划与设计。主要考量新闻工作者的发现力，其终极目标是：第一，善于发现或捕捉到最能实现媒体融合的新举措、新方法，放大传媒的传播效应；第二，善于发现或提炼出有助于解决当前经济社会发展最突出的矛盾，发挥舆论正确的引领作用；第三，善于发现能够体现事物发展规律的新苗头、新动向，准确地预测和描绘事物发展趋势。依据充分发挥群众智慧的原则，召开策划会，启发众人奉献才智，表达各自意见。较成功的策划有：十问松江发展、寻找老照片中的人和乡村蹲点日记等。

【通讯员队伍建设】 《松江报》复刊起，由记者自行结对通讯员，逐渐形成通讯员队伍。2006年初松江报社办公室根据街镇、委办局等组织架构，要求每个单位推荐1名通讯员，全区有通讯员77名，编印了《松江报社通联通讯录》。

【岳阳评报小组】 岳阳街道非新闻专业人士组成的社区团体。初建于20世纪末。组长李维翰系退休教师，组员有退休教师、医生等知识分子10余人。评报以挑茬和发现差错为主，兼顾好新闻点评。每周活动一次，每月将评报结果反馈给松江报社领导。报社支持评报小组活动，由群工部主任为联络人。

广播电视业务管理

【松江县广播站早期播音员】 松江县有线广播站初创时无播音员，向教育系统借用王吉美担任播音工作。1957年5月录用陆佩华（女）为播音员，兼内勤日常工作。稍后，录用胡志良为播音员，有线广播站始有男女声配合播音。广播站开播时采用普通话播音。1958年松江划归上海市后，改用沪语播音。

【有线广播网】 1958年，松江县共培训架设线路的农民技工680人，由驻松部队战士帮助解决大河、铁路和公路的跨越架线工程难题，邮电局协助解决县至公社的线路。至年底，全县17个人民公社和3个县属镇都建立了广播站，可独立广播，所有大队和半数的生产队可以收听广播，全县有广播喇叭1 724只。同年6月14日松江县人民委员会发出《关于维护管理广播线路，保证广播顺利放送的通知》，规定：广播线路除由广播站进行维修和农业社收音联络员日常维护外，任何单位或个人不得自行拆移、改装和架线；有线广播线路上不准插装喇叭、听筒，搭挂任何物件；广播站已安装好的喇叭，不得擅自搬动。为彻底解决与电话线同杆分线带来的串音问题，1961年7月松江县广播站开设水泥杆工场，制作5.5米高离心式圆形水泥杆。1966年松江从县到公社（镇）全部建成独立传输系统，共立杆线117千米，入户喇叭57 438只。

【广播通讯员队伍】 有线广播创建初期，与通讯员联系主要依赖县报社。1959年县报停刊后，来稿骤降，每天只能收到一两篇稿件。县广播站重整通讯员队伍。1960年全县建有40个通讯组，有通讯员500名。20世纪80年代初期，队伍稳定在400人左右。每个月组织一次业务讲座，先后邀请上海人民广播电台、解放日报社的资深记者、编辑主讲。此后，随着记者自采稿件增加，通讯员总人数略减。

【从业资格管理】 松江区（县）广播电视台采、编、播专业人员纳入国家从业资格管理体系。广电编辑、记者证书有效期2年，有效期届满30日前提出延续申请，由所在单位向注册机关办理延续注册手续；若发生违反管理条例的，注册机关不予办理注册。新闻记者证实行年度审核制度，未通过年度审核的新闻记者，将由发证机关注销。新闻工作者如查证有虚假报道、有偿新闻等行为，情节严重者，一律吊销记者证。

【松江电视台试播】 1986年1月1日，上海市郊第一个电视台——松江县电视台10频道对外播放。电视台在松江县招待所七楼顶竖一根32米高的立杆，采用四层十字正交天线，发射10频道电视信号。1985年12月27日试机成功，次年元旦对外试播。

【松江电视台迁址】 1986年8月6日，松江县电视台从县招待所迁至乐都路43号（今乐都路275号）新址，发射塔于同日投入使用。上海市原市长汪道涵为松江电视台题写台名。电视台启用105米接线式桅杆，并在102米处安装10频道四层蝙蝠幅翼天线，在105米处安装17频道缝隙天线。同年8月11日10频道试播《松江新闻》。12月27日17频道播出节目。

【电视台播音员】 松江电视台初建时无播音员，向上海照相机总厂等单位借用播音员为《松江新闻》口播配音。1988年起，郦红霞任女播音员；次年，龚兵任男播音员并兼任记者。1987年11月，松江电视台首次向社会招聘电视播音员、主持人，时有近百人应聘，考试项目有读文章、咬字词、笔试和出镜形象。至2010年先后招聘10名电视播音员、主持人，同年新老交替，出镜主持节目的有3男2女共5名电视播音员。同年8月松江电视台建立广播部。

【职称评聘】 1987年3月，松江县广播电视局首次组织本系统专业技术职务评聘工作，设新闻、播音和工程技术三个系列，委托上海市广播电视局评审。全局评聘中级职称11名，其中编辑记者6名、一级播音员1名、工程师4名；评聘初级职称11名；暂缓评聘15名。此后职称评聘工作正常化，局先后建立新闻、播音、技术三个初评委员会，对符合评定初级专业技术职称的人员进行评审。中级、副高、正高专业技术职务仍委托市级部门评审。

【电视台通联工作】 松江电视台初创时无通讯员。随着电视事业发展，通讯员队伍逐年壮大。截至1993年底，松江电视台通讯员队伍已发展到20人，拥有摄像机14台，全年拍片110条，采用率在40%以上。

【安装新华社电视新闻专线】 2006年初松江电视台安装新华社电视新闻专用卫星接收天线，收录新华社国内国际电视新闻节目，经松江电视台编辑在《松江新闻》中播出。

附表

2013年松江区卫星电视地面接收场所情况表

序号	接收单位	接收场所	站　址	证号
1	上海视觉艺术学院	上海视觉艺术学院	文翔路2200号	18W00084
2	开元名都大酒店有限公司	开元名都大酒店	新松江路1799号	18W00131
3	优乎酒店管理有限公司	佘山高尔夫别墅	林荫路1999弄	18W00183
4	世茂庄园置业有限公司	佘山艾美酒店	林荫路3619号	18W00184
5	上海外国语大学	西外外国语学校	文翔路1000号	18W00185
6	上海对外贸易学院	松江校区	文翔路1900号	18W00190
7	上海外国语大学	松江校区	文翔路1550号	18W00751
8	银湖酒店有限公司	佘山索菲特大酒店	泗陈公路3388号	18W00776
9	莱利物业管理有限公司	天马乡村俱乐部	赵昆公路3958弄	18W00186
10	逸崇华酒店管理有限公司	逸崇华酒店	新桥镇明兴路628号	18W00950
11	平高酒店有限公司	上海平高酒店	人民北路1799号	18W00907
12	恒豪基业物业服务有限公司	恒豪基业物业	佘天昆公路333弄	18W00875
13	正洲房地产开发有限公司	正洲房地产公司	新桥新站路589弄	
14	乔谱物业服务有限公司	家天下花园	车新公路2号	
15	上海红楼宾馆	红楼宾馆	普照路1号	18W00188
16	夏洲花园物业管理有限公司	夏洲花园	沪松公路1801号	18W00191
17	八威房地产有限公司	家天下花园	车新公路2号	18W00189
18	盛桥房地产开发有限公司	盛世香樟苑	新桥新站路589弄3号	18W00121
19	新晖豪生大酒店有限公司	新晖豪生大酒店	文诚路765号	
20	上海市第一人民医院	上海市第一人民医院南院	新松江路650号	
21	中凯置业有限公司	中凯曼茶园	佘天昆公路333弄1000号	
22	上海工程技术大学	松江校区	龙腾路333号	05N00022
23	日本明和株式会社	上海代表区	九亭大街533号	18W00187

报纸专版专栏特刊

【申报星期增刊】 增刊名。仿效《纽约时报》的《星期日特刊》,《申报》于1919年8月31日出版《申报星期增刊》。每逢周日出版,每期对开8版。主要翻译、介绍世界各国政治、经济、军事、工商、学术各方面的信息,以补充国际电讯之不足。1921年,先后在华盛顿、伦敦、巴黎、柏林、罗马、日内瓦、东京等地设特派记者或通讯员。后因该刊主编夏颂莱赴北平,增刊遂废。

【汽车增刊】 增刊名。1921年11月27日起,《申报》每逢周六出版《汽车增刊》。每期对开4版。该刊主要是为汽车推销商服务的,内容有调查国内各地应用汽车状况;有介绍欧美新款汽车性能及售价;有介绍汽车工作原理、安全使用、维修保养等知识;还提供招寻汽车司机,出售旧车等服务。

【农民画】 《松江日报》专刊名。不定期出版,整版登载。作者大部分是当地农民。如1959年1月22日《松江日报》第三版登载天马公社58岁农民沈宝琴绘制的《耕牛穿上新大衣》《农业生产赛巨龙》和《劳动英雄庆祝丰收》3幅画。农民画家另有天马公社顾文明、顾金龙,叶榭公社孙仁友,泗泾公社沈颂贤,城西公社卫迪龙、王春明,新浜公社倪焕章,亭新公社唐雪良等。

【要紧话】 《松江日报》专栏名。报社记者、编辑抓住一段时间的重点工作,用简洁文字扼要揭示相关问题,有分析,含褒贬,形成富有哲理性的小评论。

【朝阳】 《松江日报》副刊名。有刊头,"朝阳"两字用毛体书写,衬以花木禽鸟。设有"小小说""杂谈""剧评""随感""诗歌""漫画"等栏目。每周一整版。

【农业知识】 《松江日报》专刊名。20世纪50年代末,农业是松江县最重要的产业,因此普及农业生产知识、倡导科学种田显得尤为重要。该专栏为常设栏目,稿件主要由农业部门领导、专家撰写。

【要闻版】 《松江报》头版版别。主要登载决定松江经济社会发展的重要会议、领导的重要活动、基层单位在改革开放中的生动实践,以及经济社会生活中发生的重大事件。设有"茸城论坛"栏目。

【经济新闻版】 《松江报》初期第二版版别。以生产建设和群众日常生活为主,刊载改革开放新思想、新经验、新人新事。设有"乡镇百业""竞争潮""经济论坛"等栏目。其中每月登载一期的"经济大看台"影响极大。

【综合新闻版】 《松江报》初期第三版版别。重点登载教育新闻、卫生新闻、体育新闻、文化新闻、社会新闻和人物新闻等。设有"时代风采""文明天地""社会广角""来鸿去雁""街谈巷议"等栏目。

【华亭风】 《松江报》副刊版别。初期设在第四版,后随着报业发展、版面增多,相继设于第八版、第十二版等。早期有书法绘画刊头,后期有"华亭风"三字书法刊头。设"小小说""散文""杂文""诗歌""戏剧"等栏目。后期,知名作家的踊跃发稿,使其知名度大大提高。

【生活茶座】 《松江报》副刊版别。《松江报》刚办时,与"华亭风"交替刊发。"生活茶座"主要登载民间故事、乡村俚语、生活杂感、种花莳草等,旨在修身养性,传承中华传统文化。

【社会新闻】 《松江报》第五版版别。自2006年1月3日起刊发,属固定版面。重点报道反映社会生活、社会问题的新闻稿件,其中包括法治新闻、教育新闻、卫生新闻等。因所反映的内容同读者生活贴近、利益相关,与人们的情趣相投,故读者喜欢阅读。初期设"短新奇,褒贬娱""消费视察""编读往来"等栏目。

【社区新闻】 《松江报》第六版版别。自2006年1月3日起刊发,属固定版面。新闻触角伸向社区居委会、农村乡村,重点反映精神文明建设、和睦社区建设、新型人际关系建设的实例,倡导移风易俗新风,树立尊老爱幼风尚。设有"社区短波""茸城新论"等栏目。

【焦点与热点】 《松江报》第七版版别。自2006年1月20日起刊发。创刊时定为"焦点",刊发数期后更名为"热点"。"焦点"与"热点"版每周一期,整版刊发一篇通讯。其余出报日,第七版另设"服务""生活"等专版。"焦点"与"热点",以大通讯报道方式,聚焦某个社会热点问题进行深入采访、认真分析、剖析问题,形成具有相当广度、深度和力度的报道。报社在报道中注重适度,追求对矛盾的化解和疏导。

【经济大看台】 《松江报》第二版专栏。自1993年5月14日刊发首期后,固定每个月刊发一期。属统计表格式,内容很少变动。由松江县(区)统计局将上月“增加值”“工业总产值”“工业利润总额”和“批准三资企业额”作为横列,统计数据对应直排的“全区、各街镇、工业区、出口加工区、科技园区、海欣集团”,表格发给《松江报》后,及时刊登。基层领导把“经济大看台”视为管辖区域经济发展的“成绩单”,每逢见报则剪下,压在办公桌台板下,经常审视,扬长避短。21世纪起,市委、市政府强调“要坚持全面、协调和可持续的科学发展观”,故2004年2月20日最后一期刊发后,不再刊登。“经济大看台”共计登载约110期。

【国内国际新闻】 《松江报》专刊名。2007年1月1日,《松江报》从周三刊8版扩版至周三刊12版,拓展了新闻发布的空间。松江报社与新华社上海分社达成协议,2006年底安装新华社报刊新闻专用线,收录新华社供稿的国内国际新闻。2007年1月1日起,在《松江报》第九版和第十版,分别刊登“国内新闻”和“国际新闻”。松江民间流传着“松江报在手,天下事尽知”。数年后,进而导入新华社供稿的文化新闻、体育新闻。2016年7月,《松江报》由周四刊4开12版改版成周四刊对开8版后,新华社供稿的新闻逐渐淡出。

【茸城旧闻】 《松江报》专刊名。2007年6月15日创刊,登载于第十一版。每周一期,固定出版。从第二期起,该专刊改由松江报社与区地方志办公室联办。松江历史上名人辈出,辉映苍穹。利用先贤邦彦的言行举止、丰赡业绩,鉴古观今,探史悟道,借此弘扬中华传统文化,增强民众文化自信,为创办此专刊的初衷。通常一版登载一人,记者挖掘先辈的前尘往事,用四五千字描绘人物梗概;配上精美插图,引领读者欣赏一个个动人的故事,以获得视觉的美感和精神的愉悦。由于该专刊具有极强的地方性,其作者又把枯燥的史料化作流畅简洁的传记和趣味盎然的故事,因此堪称上乘的乡土教材。中国记协主席邵华泽视察松江时偶见此专刊,大加赞赏。专刊获评上海区县报首届优秀品牌。2016年7月起改为两周一期。2011年由吴纪盛、何惠明主编的《茸城旧闻》一书,收录其中79篇人物传记,由山西人民出版社结集出版。

【百姓故事】 《松江报》专刊名。2008年3月26日首刊,登载于第十二版。每周一期,固定刊发。作者不固定,以报社记者为主,偶有文学爱好者撰稿。大众的生活情趣、业余爱好,往往折射出一个时代的走向。开办此专刊,报社意欲为百姓宣传,替市民写真,用整版四五千字的篇幅,展现一个个鲜活的人物,以此启迪人生。专刊获上海市区县报2010年度优秀品牌奖。2016年7月起改为两周一期。2011年由吴纪盛主编的《百姓故事》一书,收录其中59篇人物通讯,由山西人民出版社结集出版。

【视觉艺术】 《松江报》专刊名。2010年1月20日首刊,登载于第六版。先期每周一期,主要登载书法、绘画、摄影、剪纸、雕刻、篆刻等艺术作品,辅以上千字的文章,每期重点介绍一位人物。亦登载区博物馆馆藏文物或私人藏品。专刊追求艺术美、追求视觉冲击力,在版面设计上颇下功夫。2016年7月《松江报》版面调整后,该专刊改为两周一期。

【大讲坛】 《松江报》专刊名。2010年1月6日首刊,登载于第六版。每月一期,重点登载松江历史事件、文化名人的研究文章,属论文专版,有深度,有内涵。作者主要是松江历史文化研究者、文学爱好者。本着“百花齐放,百家争鸣”的精神,该专刊允许作者发表不同见解的论文,务求在相互切磋中形成共识。至2019年底停刊。

【革命的火焰】 报载连环画名。1956年10月1日《松江县报》在第二版整版推出反映枫泾暴动的连环画。杨明辉撰稿,王锦泉绘图,共计集纳15幅连环画。

【松江报特刊】 2002年4月25日至11月7日《松江报》每月登载一期。不另行刊发,每期占《松江报》三个整版,随报印发。特刊以“新城建设”“老城改造”“现代农业”“交通发展”“社会繁荣”“旅游振兴”“教育勃兴”和“科技进步”为主题,分列为8期,展现各条战线的成果与亮点。最后一期,整版以《院士、专家眼中的松江未来》访谈压轴。稿件除松江报记者采写外，还特邀上海市级媒体作家、记者沈嘉禄、刘斌、朱桂林、秦武平、崔以琳等撰写。

【特奥英文特刊】 《松江报》特刊名。2007年世界夏季特殊奥林匹克运动会在上海举行，9月28日和10月10日《松江报》分别刊发两期4开4版的英文版，铜版纸彩印。图文并茂地展示特奥会盛况和松江经济社会发展情况等。10月6日，中国特奥会主席王智钧视察特奥训练中心，在第一期英文特刊上题词：上海之根，浦江之源，沪上之巅。

【献给改革开放30周年】 《松江报》特刊名。2008年12月12日刊发。4开16版，铜版纸彩印，随《松江报》附送。2008年是中国改革开放30周年，也是松江撤县建区10周年。特刊以“跨世纪彩虹——松江撤县建区十周年巡礼”为题，作为电视纪实片脚本，全方位描述了松江从都市农村迈向现代化城市的进程。另以“新城之魅”“工业之雄”“乡村之美”“民生之乐”“精神文明”为名，以11篇精美雅致的文章，衬以79幅美丽的照片。除了报社摄影记者供稿外，松江摄影家任建新、唐西林、吴四一、马凌云、张金贵、金南强、陈巳、孙新峰等也提供了照片。

【开往松江的世博列车】 《松江报》特刊名。2010年5月1日刊发。4开24版，铜版纸彩印，随《松江报》附送。2010年5月1日至10月31日，第41届世界博览会首次在中国上海举行。盛世办大展，松江报社推出24个版的特刊，向各地游客和各国朋友介绍世博会的后花园——松江。特刊在“寻根之旅”下，登载《七大遗址》《古城园林》《古城地标》；在“文化之旅”下，登载《历史人物》《书画云间》《文化遗产》《五教俱全》；在“山水之旅”下，登载《九峰挺秀》《浦江汇流》《植物王国》《欢乐无穷》；在“新城之旅”下，登载《现在松江》《吃在松江》《购在松江》《住在松江》。

【松江时评】 《松江报》专栏名。2008年2月27日《松江报》第二版首刊，每周一期，至今仍存。为《松江报》重要的新闻评论阵地，起到引领读者正确舆论导向的作用。该专栏聚焦社会热点，尤其偏重经济社会发展重大问题，针砭时事，褒奖创新，言简意赅，直抵心扉。

【健康天地】 《松江报》专刊名。2010年1月28日《松江报》第七版首刊。此后以每周一期的频率推出。属报刊文摘专版，荟萃养老、健身、保健诸知识于一页。

【英语新闻】 《松江报》专刊名。2010年2月26日《松江报》第十一版最早呈现。每周1期，以飨驻松外国人士及在松懂英语专家。该专刊由松江报社两名上海外国语大学毕业生任记者、编辑，遴选松江一周内重要新闻刊发。2013年8月30日停刊。

【党的建设】 《松江报》专刊名。2010年1月14日《松江报》第六版启刊。每周1期，旨在加强松江各级党组织建设。重点介绍优秀党组织和先进共产党员，配以大幅照片和评论员文章，图文并茂。2019年12月19日停刊。

【松江书法】 《松江报》专刊名。为促进松江创建全国书法名城，经中共松江区委宣传部批准，《松江报》自2012年2月28日起在第七版至第十版推出“松江书法”。每月1期4版，随报赠送读者。由松江书法家协会组稿，松江报社负责编排。通常第七版介绍书法界重要活动，第八版和第九版刊登书法佳作，第十版登载书法论文。至今仍存。

【习作园地】 《松江报》专刊名。2013年9月27日《松江报》第十二版首刊。每月1期，作者全是中小学生，偶有老师、作家点评。以学生自行投稿为主，亦有编辑定向组稿，形成某校园专刊。专刊影响颇大。

【影像生活】 《松江报》专刊名。2014年5月30日《松江报》第七版首刊。以摄影作品为主，一版一个主题，配以千字文章介绍，可读可赏。从当年7月起，改为半月1期。进入读图时代后，新闻照片的影响力与日俱增，加上印刷技术的日臻完美，美工设计的日趋专业，又有精美文字的点缀，报道专题的精选，这个版面图文并茂，颇受读者喜爱。

【书海撷英】 《松江报》专刊名。2014年1月3日《松江报》第七版首刊。初期不太准时刊出，当年7月后正常刊发，每月一期。重点在于推介新人新作，以及具有轰动效应的文学佳作。设置“一介书生”“品书有味”“书评”“新书推荐”等栏目，成为读书人的“好帮手”。

【看长三角】　《松江报》专刊名。新闻转载专刊。2019年2月22日《松江报》第五版首刊，不定期刊发。遴选江苏、浙江、安徽重要报纸中社会发展要闻，展现G60科创走廊上发生的大事。

【科创G60】　《松江报》专刊名。松江报社聚焦上海、嘉兴、杭州、金华、苏州、湖州、宣城、芜湖、合肥等9个城市，集中报道在深化产业集群布局、加强基础设施互联互通、推进协同创新、推动品牌园区深度合作和产融结合、推广科创走廊“零距离”综合审批制度改革成果等方面的重要新闻。2019年3月26日《松江报》第三版推出第一期后，稳定每周一期见报。后固定在第四版见报。主要稿源来自松江融媒体中心与九城市重点报纸，设有“前沿科技”“九城新闻”“展翅G60”“九城协同”“九城新闻”等栏目。

【文明松江】　《松江报》专刊名。2019年8月14日《松江报》第五版首刊。融媒体中心记者围绕积极培育和践行社会主义核心价值观，采访先进个人和典型集体，倡导弘扬文明新风。专刊设置“文明实践大家谈”“志愿之城”等栏目。

广播电视专栏

【天气预报】　栏目名。1957年松江县有线广播站开播时设立。每天早晨、中午、晚上定时预报五六次，逢台风、暴雨、高温、寒潮等灾害性天气，增加播报频次。时属松江的金山嘴等地沿海渔民每次出海捕鱼前必收听该栏目。农民称其为“家庭气象台”。1986年起松江人民广播电台播出《一周天气展望》。

【松广新闻】　栏目名。1957年松江县有线广播站开设本地新闻报道。1967年8月4日起县广播站停办新闻节目，变成读报站。1971年松江县人民广播站恢复本地新闻节目，1978年改为《松江新闻》。1993年广播、电视两台新闻部合并，《松江新闻》改为《松广新闻》，广播新闻与电视新闻内容相同。2010年6月1日《松广新闻》恢复独立编辑播出。广播新闻应用现场采访声、同期声，语音亲切，提高了感染力和影响力。自汽车进入家庭后，早新闻受欢迎。

【张阿大谈生产】　栏目名。1963年松江县有线广播站自办节目，旨在服务农村、农民、农业生产。虚拟张阿大、小妹两个人物，编辑《张阿大谈生产》《张阿大谈家事》《张阿大论坛》栏目。两人对话，沪语播音，切合实际，紧跟形势，成为农村节目中的精品。“文化大革命”开始后停播。中共十一届三中全会后，松江县人民广播站恢复该节目。

【听众点播】　栏目名。1961年下半年松江县有线广播站开播。听众来信免费点播，以戏曲唱段为主。“文化大革命”开始后停办。1993年10月1日恢复，易名《歌迷乐园》，2003年更名《歌声传情》。来信点播每日平均超过10封，听众反映每次30分钟播出时间太短。1995年起尝试有偿点歌，点歌一首付费5元，点歌者众多。

【为您服务】　专题节目名。1978年底松江县人民广播站开设《听众服务台》节目，预报天气、当晚电视节目，介绍生活小常识等。1986年更名《为您服务》，设有市场信息、法律顾问、寻医问药、生活常识等门类，有家庭布置、装潢、家用电器维护，家庭生活、邻里关系等知识内容。1994年停办。

【上海经济区新闻联播】　栏目名。1983年上海市郊各县广播站（台）互相交换稿件，开设联播节目《郊县新闻》。一周一档，周日播出。1986年4月上海经济区部分县、市广播电台推出《上海经济区新闻联播》节目，替代原《郊县新闻》。节目以经济新闻为主，设置公共E-mail邮箱交换稿子，初期每台每月互发4篇稿，后改为每月2篇。

【青年之友】　专题节目名。由松江县人民广播站于1984年开设。主要帮助青年学政治，学文化，搞科研，丰富文化生活。辟有《知心话》《民兵阵地》《争上游》等栏目。1984年停办。

【知心话】　专题节目名。由松江县人民广播站于1984年开设。虚拟阿根伯、新嫂嫂两个人物，采用对话形式播出，一周两档，沪语播音。节目从社会生活角度出发，抓住社会、家庭典型事例，以小见大，讴歌时代新风尚，抨击不良习气，倡导社会文明。稿件深入浅出，播音以情感人。一年后停办。

【说古谈今话松江】　专题节目名。由松江县人民广播站于1984年开设。每周播一期，共播出104期，撰稿人欧粤。该节目依据松江历史地理、经济发展、社会变革、风土人情等各方面史料，讲述松江历史故事以及现当代松江人物的优秀事迹，进行爱国主义宣传教育。播出稿都是配乐通讯、散文，格调高雅，富有诗意。

【生活与法律】 广播节目名。由松江县人民广播站于1985年9月3日开播。内容有学法普法、以案讲法和政法系统法制宣传报道。撰稿人由松江县公检法司部门人员组成，每周播出3次。其中法律咨询服务专栏《"宋律师"谈法律》，聘请县人民法院法官陆云担任"宋律师"，根据现实中容易发生的违法犯罪、各种法律纠纷问题，以及听众来信关注的问题有针对性地撰稿，由女主持人发问咨询，"宋律师"逐一作法律解答。此举在全国首开由法律事务工作者在电台开设常设性法律栏目解答法律问题的先河。1987年在全县听评广播节目信息反馈中该专栏得票最高。该栏目被编入《中国广播电视年鉴》。1989年县电台新闻部评为上海市"一五"普法先进集体，"宋律师"主持人陆云评为上海市法院系统普法先进个人。1992年停办。

【大自然的语言】 广播节目名。由松江人民广播电台于1990年开播。文艺性专题节目，撰稿人吴春荣，先后播出《草》《长江》《流星》《瀑布》《红叶》《黄河》《绿叶》《水》《蚯蚓》《春雨》《大海》《落叶》《雪》等散文。后因稿源不继停办。

【金色年华】 广播节目名。由松江人民广播电台于1991年开设。该节目设有《校园信息》《百草园》《谈心亭》《点歌台》《习作园》《光荣榜》等栏目，得到团县委学校部、县教育局德育办、青保办等部门的支持。1992年停办。

【家庭广播学校】 广播节目名。由松江人民广播电台于1991年3月开设。一年一期，每年3月开学，当年11月结业。每周一课。主要学习社会主义道德修养、法律常识、科学文化、计划生育、优生优育和健康卫生常识等。讲课由有关部门负责，日常校务由县广电局主持。第一期有城乡2.4万户"新风户""五好家庭"参加。1997年底停办。

【云间梨园】 戏曲类广播节目名。由松江人民广播电台于2010年9月25日开播。节目每周播出2期，每期时长1小时；逢星期二、四首播，星期三、五重播。节目被听众誉为"戏台子"。设置《票友信箱》《梨园动态》《好戏连台》《漫话梨园》《开心一刻》等子栏目。

【话说松江】 文史类广播节目名。由松江人民广播电台于2010年10月12日开播。节目每周播出2期，每期时长1小时；逢星期二、四首播，星期三、五重播。播出时段：13：00—14：00，17：00—18：00。节目重点讲述松江人文历史知识，设《把根留住》《华亭艺苑》《云间邦彦》《茸城故事》《文化快讯》《何陋轩》等子栏目。

【百姓书声】 读书类广播节目名。由松江人民广播电台于2012年11月开播。节目逢每周二、四、六首播，另外重播3次。设置《我爱读书》《听我讲故事》《美文赏析》《松江农民书》《读书看报》等子栏目。

【理论一刻】 理论访谈类广播节目名。松江人民广播电台与区委党校合办，2016年6月开播。不定期播出。由党校专家走进播音间，与主持人互动，就"党的理论""党建引导G60科创走廊建设的意义""峥嵘岁月铸辉煌——庆祝建军节90周年"等话题进行解读和探讨。

【城市精细化管理】 民生访谈类广播节目名。松江人民广播电台开设的首个民生访谈栏目。2018年5月开播的第一季访谈播出17期节目，每期30分钟。全区17个街道、镇的主任、镇长走进播音室，现场回复市民的问题和困难。2019年进行了第二季访谈，内容、形式、技术上都有创新。

【直播松江】 访谈类广播节目名。松江区融媒体中心成立后的首档广播直播节目。每周2期，每期时长30分钟；逢周二、五上午10时开播。节目围绕市民关心的"开门七件事"、民生政策等话题，直播讨论、交流和解读情况。设置《问政案》《聊热点》《听现场》《答疑问》等子栏目。

【松视新闻】 电视新闻节目。由松江电视台于1986年4月试播，1986年8月16日正式开播。初期每周播出一档，时长不等，约10分钟。播音员不出画面。逢县党代会、县人代会则天天播报。1990年8月15日起，每周播出两档；1994年10月18日起，每周播出三档；1995年2月28日起，周一至周六每天播出，周日为《一周新闻集锦》。2006年《松视新闻》新设国内国际新闻版块，稿件由新华社提供，时长8分钟左右。至2010年，《松视新闻》每天节目量20分钟，播出10余条新闻。2011年新增《松视新闻》周日版，实现新闻“日日播”。

【录制文艺活动】 1987年起松江电视台开始录制文艺性娱乐性节目，其中有《都得利电子琴大奖赛》《七一歌会》《云间之声歌咏会》，共3小时。伴随拍摄器材的完备和录制技术的提高，实现全场实况录像。2003年，对第五届上海国际艺术节松江区活动开幕式及大型文艺节目全场录像，编辑成节目播放。

【党的生活】 电视节目名。由松江电视台于1989年7月1日开播。每月播出一期，时长10分钟。报道生产工作在一线的优秀共产党员和基层党组织。其中影响较大的有：反映泗泾居委干部的《琚主任的星期天》，介绍大港中共地下党员晚年生活的《夕阳无限好》等。2003年拍摄的党员电教片受到市委组织部党员电化教育中心表彰。

【电视剧电影节目播出】 1986年1月1日松江电视台10频道对外试播，开设《电视剧》《故事片》栏目。前期主要向浙江、江苏两省县级电视台租借电视片，其时松江电视台播出部分新电视剧比上海电视台早，观众收视率较高。2002年起松江电视台播出的电视剧向SMG上海尚世影业有限公司租借。

【好歌献给您】 电视节目名。1993年下半年由松江电视台推出的栏目。观众点播，安排播出，观众共享。初期免费点播，后期略收费用。每周一档。

【松视600秒】 专题电视节目。1994年2月18日由松江电视台开播，是电视台成立专题部后开设的第一个栏目。每周一档，时长10分钟。设“市场广角”“企业园地”“茸城万象”“喜盈门”“老兵新传”和“学烧绿野菜”等子栏目。

【松视扫描】 专题电视节目。1995年7月8日由松江电视台首播。每周一档，时长5分钟。该专题节目仿效中央电视台《焦点访谈》、上海电视台《新闻透视》，主要集中反映社会生活中群众关心的热点、难点问题，有新闻曝光，亦有反馈信息。收视率较高。

【百姓话题】 专题电视节目。1997年4月14日由松江电视台开播。每月一档，时长10分钟。节目聚焦百姓生活，讲述百姓故事，《杨杰的新画卷》《田宝琪的闲情逸趣》《盲人大学生》等颇受观众青睐。2002年12月9日停播。

【同舟】 统一战线专题电视节目。1998年10月5日松江电视台开播。两个月一档，时长10分钟。重点报道各民主党派和党外人士活动、信息。设两个栏目，《同舟曲》介绍面上的统战工作;《同舟人》宣传统战系统先进人物。2002年8月9日停播。

【星火科技30】 电视专栏节目。在全国星火科技下千县（区）活动中，松江电视台设此节目。2002年1月10日，松江区电视台获中宣部宣传教育局、广电总局颁发的《星火科技30》栏目先进单位奖牌。

【全国千县(市)电视台联播】 由《大众文化》编辑部发起联络的新闻推广节目。2002年1月，松江电视台开播全国千县（市）电视台选送的新闻；松江台选送的新闻编入全国千县（市）电视台联播节目并播放。每周播出一档。

【今日松江】 专题电视节目。松江电视台2003年开播。设置7个小栏目：有针对社会热点深度报道的《松视扫描》，有反映党建工作新经验、介绍先进人物的《党建新苑》，有全方位介绍松江籍人士事迹的《松江人》，有介绍历史文化和人文景观的《云间风物》，有反映百姓呼声解疑释惑的《热门话题》，有报道丰富多彩社会生活的《茸城万象》，还有反映松江区残疾人事业用哑语手势录制的《爱的呼唤》。

【我们松江人】 由《松江报》、松江电视台、松江人民广播电台联合推出的人物访谈类栏目。2006年5月起刊发或开播。每周一期（一档），同日见报见电视或广播。该栏目把新闻视角瞄准身边的松江人，记录生活中的真、善、美，多角度展现松江人理想信念和精神风貌。栏目播出100期之际，举办市民喜爱的“我们松江人”评选活动。2009年1月23日后停播。

【空气质量日报】 服务类电视节目。2006年6月起松江电视台《松视新闻》结束后播出区环保局发布的空气质量日报。日报内容包括污染指数（API）、空气质量级别、空气质量描述、表征颜色、首要污染物、空气质量优良率的等级。

【手语新闻】 松江区电视台、松江区残联合作开办的手语新闻栏目。2009年10月18日起开播。在周日的《松视新闻》中叠加画中画手语解说。2009年为每两周一期，2010年以后，为每周一期。播出时长初期10分钟，后增至15分钟。

【云间播报】 电视新闻节目。由松江电视台于2010年10月开播，为《松视新闻》的重要补充。2013年改版为午间新闻，周一至周五播出。播放时长20分钟。节目由民生新闻、新闻回顾、服务信息构成。

【茸城之光】 人物访谈类电视节目。2012年5月松江电视台建成高清演播室后开播。每周一档，时长30分钟。节目聚焦松江重大工作、历史文化、人文典故、民俗民风等，由主持人出镜，邀请相关领导、专家点评，并与现场观众互动。

七

新闻传播事件

【上海最早的雕版书】 南宋庆元六年(1200年)二月既望,华亭县学雕刻成《晋二俊文集》二十卷。南宋时《陆士衡文集》《陆士龙文集》已渐失传,华亭知县徐民瞻在邑人林至、秘书郎钟必万帮助下,先后从秘书省得之,合刊以行。现《陆士衡文集》十卷原刻已佚,《陆士龙文集》十卷尚存,是现存最早的上海刻本。徐民瞻叙亦已佚去。宋刻华亭本《陆士龙文集》每半叶十一行,行二十字,白口,黑鱼尾,左右双边。版心上镌字数,中镌集名,下镌刻工姓名。刻工有吕椿、高惠、高文、朱僖、高正、高聪。明正德十四年(1519年)陆元大翻刻宋本《晋二俊文集》,刊记称:"《二俊文集》,以庆元六年二月既望书成,县学职事校正。监刻者三员题名于后:县学司计进士朱奎监刊,县学直学进士孙垓校正,县学学长乡贡进士范公衮校正。"宋刻《陆士龙文集》现由中华书局收入《古逸丛书三编》之十九。卷首钤有"赵氏子昂""唐白虎""玉兰堂""梅溪精舍""项元汴印""子京所藏""天籁阁""沧苇""乾学""朱学勤印""徐乃昌读"等印。各卷首尾朱痕累累,是书曾经元赵孟頫,明唐寅、文徵明、项元汴,清徐乾学、朱学勤、朱澂、徐乃昌等人递藏,为流传有绪之善本。此书后归潘宗周宝礼堂,中华人民共和国成立后潘氏后裔捐赠给北京图书馆。

【韩应陛首刻《几何原本》后九卷】 《几何原本》是古希腊数学家欧几里得撰写的名作。明万历三十五年(1607年)春,经意大利传教士利玛窦口传,徐光启笔授,耗时四年,三易其稿,《几何原本》前六卷译毕刊刻,几何学始引入中国。《几何原本》原著十三卷,又经克拉维乌斯神父添补了两卷注释,总共十五卷。清咸丰五年(1855年)由英国传教士伟烈亚力和中国数学家李善兰合作,历时四年译毕《几何原本》后九卷。两人任职的墨海书馆系出版机构,是书属非宗教书籍,不属印刷资助范畴。松江藏书家、精通西学的韩应陛曾通读《几何原本》前六卷,又与挚友顾观光、张文虎仔细校勘了后九卷,认为译本更佳、学术性更强,遂主动提出捐资刊刻,以广流传。学者王韬闻听此言,盛赞韩氏此举功亦不在徐、李之下。首次刻印《几何原本》后九卷,韩采用自己最擅长的枣木雕版,其岳父钱熙辅金山家中守山阁,即是上海较有名的刻本机构。后九卷于咸丰七年(1857年)刊行,首印67部,时距前六卷刊行已整整250年。木刻本藏书成本高,每部售纹银四两。现藏上海图书馆的韩刻后九卷,图形绘制精良,字迹隽秀清晰;扉页上可见"几何原本,戊午初夏,王庆芝题",下有"紫眉夫作"印章;书页中见一方印,上书"顾深珍藏",此书原系顾观光家藏书。首刻本甫刊行出版,枣木雕版便尽毁于太平天国战火。湘军攻占南京后,曾国藩获悉汉译《几何原本》价值极大,遂决定:校对前六卷,并命李善兰、张文虎重校后九卷,合二为一,由金陵书局刷印100部。自此中国有了统一印制的汉译全本《几何原本》。

【席子佩诉《申报》商标侵权案】 1912年9月3日,史量才在张謇、赵凤昌、应德闳的支持下,与席子佩签订合约,以12万银元购进《申报》全部产权。时《申报》已亏损数年,发行量只有7 000份。接管《申报》后,史量才锐意改革,扩大新闻影响,吸引更多读者,发展广告业务。1915年4

月，《申报》广告版面达到总版面的60%，收入大增。席子佩由此后悔当初转让《申报》产权，于1915年聘请律师向法院起诉，称卖出的是报馆产业，《申报》报名并未转卖，史量才不得以“申报”名称出版报纸。史量才败诉，支付席子佩24.5万元作为承购商标费用。席用这笔钱另行创办《新申报》，只办了一年多，因经营亏蚀停业。

【《新闻报》股权转让风波】 1929年初，上海《新闻报》发行人福开森背着其他股东，将其拥有的股份1 300股（占总股份的65%），以70万元价格秘密转让给《申报》发行人史量才。持股后，史欲聘董显光为总经理，戈公振为总编辑，叶公超主持评论。史量才派遣董显光前去接收。《新闻报》馆内贴满大字标语，以反对垄断为理由抵制接收。同年1月13日，《新闻报》头版刊出《本馆同人紧要宣言》，以《新闻报》经理汪伯奇为代表的原股东成立股东临时干事会，宣布行使董事会职权。《新闻报》创刊于清光绪十九年（1893年），初以英国人丹福士为总董，1899年股权为美国报人福开森购得。是报以经济新闻报道为主，工商界为其目标读者。截至1928年底，发行量最高日销15万份，居全国日报之首。史氏接盘《新闻报》，报社内部抵制新股东，上海商会虞洽卿等登报声援，同时勾结国民党上海特别市党部，企图没收史氏所购股权为国民党所有。其时，反对新闻托拉斯的来电来函纷至沓来。迫于各方压力，史量才不得不转让300股股份给叶琢堂、钱新之，自持1 000股，并同意报社原班人马留任，不另行派人，不干涉报馆事务。史又将股权转让交易的实情函告时任国民革命军总司令部秘书长邵力子。邵主持公道，认为党政军机关不应插手干涉，一场风波遂告平息。

【《申报·自由谈》副刊革新】 《申报·自由谈》创刊于1911年8月24日。当时社会诟病其趣味主义办刊方向，格调不高。1932年12月1日，史量才任用刚从法国归来的青年黎烈文任《自由谈》主编。黎发表《幕前致辞》，表示要以联系实际的活泼文字，以及思想性、艺术性双高的随笔取代闲趣文章。黎联络鲁迅、茅盾、陈望道、老舍、叶圣陶、丁玲、胡愈之、林语堂、沈从文、施蛰存、赵家璧、曹聚仁、夏丏尊、谢冰莹、周扬、柯灵等成为《自由谈》的作者。鲁迅在《自由谈》上发表文章尤其多，至1935年11月《自由谈》暂停出版，先后换42个笔名，发表140多篇杂文，后来编入《伪自由书》《准风月谈》和《花边文学》杂文集。此时《自由谈》已成为左翼作家的阵地，这是《申报》副刊的全盛时期。国民党上海市党部再三要求撤换黎烈文，黎于1934年5月9日被迫辞职。继任主编张梓生继续刊登进步作家的作品。1935年10月31日，《申报》无力抵抗国民党的新闻检查，《自由谈》被迫停刊。

【史量才遇害】 1931年九一八事变后，东三省沦陷，史量才更加坚定爱国、民主立场，《申报》成为宣传抗日和进步力量的喉舌。1931年11月，蒋介石被迫下野前秘密杀害了国民党左派领袖邓演达，宋庆龄对此义愤填膺，撰写了《宋庆龄为邓演达被害宣言》，指出：“国民党已经不是一个革命的集团。”史量才得知此事，便以上海日报公会会长身份连夜召开会议。同年12月20日，除《民国日报》外，上海各日报都在显著位置发表了这篇宣言。1932年6月，蒋介石对中央苏区发动第四次“围剿”。史量才同宋庆龄、黄炎培等商榷后，于6月30日、7月2日、7月4日在《申报》上接连发表了《一论剿匪与造匪》以及二论、三论，严正指出“举国之匪，皆黑暗之政治所造成”，矛头直指蒋介石。8月，上海警备司令部受蒋介石指示，下令上海租界以外的国统区，一律禁止《申报》的邮递，后经史量才多方求助，蒋介石才解除了禁令，但要求由国民党中宣部派员指导《申报》的编辑和发行，史量才坚拒不纳。史量才和《申报》的做法引发国民党当局的强烈不满。在软硬兼施、威逼利诱均告无效的情况下，当局决定除掉史量才。1934年11月13日下午，史量才乘自备汽车由杭州返回上海途中，经

本報總理
史量才先生噩耗
汽車夫及鄧祖詢君同時遇難

《申报》刊登《史量才先生噩耗》(1934年11月14日)

过海宁县翁家埠附近，突遭军统特务的暗杀，不幸遇害。

【日机轰炸松江城】 淞沪会战期间，日寇疯狂轰炸松江城，千年古城半成焦土。1937年8月16日，日机开始轰炸松江城。嗣后，日机每日出动数架至数十架对松江和沪杭铁路线轰炸和扫射，城区居民向周围农村疏散避难。9月8日，日机轰炸松江火车站，驶向杭州方向的客车被炸毁5节，死伤700余人。10月24日下午，日机两番轰炸松江城，死伤600余人，毁屋数百幢。10月28日、29日，日机投弹百余枚，松江城繁华地段，凡机关、银行、商店、学校、医院、庙宇，大多被炸，死伤200余人。11月8日下午，数十架日机对逃难民众轮番轰炸，或低空扫射，死者逾百人，松江城几成"死市"，松江沦陷。其间，上海《申报》等以及松江本埠报纸竞相登载日寇轰炸松江城报道。

日机轰炸松江（1937年8月）

【《正言报》停刊事件】 《正言报》是国民党在上海的"准党报"。1948年9月30日，上海电力公司工会常务理事、中共党员王孝和英勇就义。翌日《正言报》在发表消息的同时，还刊发了社论《不要再制造第二个王孝和了》。社论同情中共党员王孝和，抨击国民党腐败政治，轰动了上海滩。《正言报》是抗战胜利后在上海最早复刊的国民党报纸。是时，主持该报的吴绍澍权势显赫，身兼东南特区政治特派员、军事特派员、上海市副市长、国民党上海市党部主任委员等六职，以上海的"领导者"自居。复刊后的《正言报》敢言敢说，吸引读者，最多时日销十几万份。后大批国民党权贵到上海，非蒋介石嫡系的吴绍澍之势力迅速失落，至1947年秋唯有《正言报》社长一职。吴意欲与上海《中央日报》争党报待遇。为图报社生存，《正言报》有意识接近读者。10月1日报纸出版当天，一批国民党特务在福州路正言报馆门口示威，市政当局对报馆断电断水。10月11日蒋介石召见吴绍澍，大肆辱骂，责令停刊清洗。次日，国民党市政府行文到报馆，称《正言报》立论失检，作出停刊三日处分。此后《正言报》再未复刊。

【毛泽东推广松江县各界人民代表会议经验】 1949年9月30日至10月4日，松江县各界人民代表会议在邱家湾天主教堂召开。松江各界286名代表参加了会议。中共中央华东局第一书记饶漱石到会作报告。中共松江县委书记余克、松江县人民政府县长陆恂如作报告。会议通过征粮、减租减息的决议。选举产生19名本届常务委员会委员。10月11日，饶漱石将松江会议的基本情况电告毛泽东主席。13日，毛泽东回电："松江会议成功，极为欣慰。""我已将你的来电转发各中央局负责同志，请他们通令所属，一律依照办理。华东局所属则请你通令办理，这是一件大事。请你抓住松江经验，要华东各地省委、区党委、地委负责同志，亲自出席若干县，取得经验，以利推广。"同日，毛泽东亲自拟就《转发松江县召开各界人民代表会议经验的电报》，转发给西北局、华中局、华南分局、华北局、东北局、山东分局等各中央局。毛泽东指出："如果一千几百个县都开起全县代表大会来，并能开好，那就会对于我党联系数万万人民的工作，对于使党内外广大干部获得教育，都是极重要的。务望仿照办理，抓紧去做。并请你们选择一个县，亲自出席，取得经验，指导所属。"10月6日《解放日报》头版刊发饶漱石的报告，配发了编者按。12日《解放日报》头版头条刊发《松江县各界人民代表会议在民主团结气氛中闭幕》的消息，报道了大会集中讨论的一个话题：农民是怎样穷的。同时摘要刊登余克所作报告，配发社论《从松江各界人民代表会议得到些什么经验？》。其间《苏南日报》头版刊发松江会议消息，转载《解放日报》社论，刊登或摘要选登饶漱石、余克、陆恂如报告。15日《人民日报》刊文介绍松江开会经验。16日新华社发表社论《学习松江的榜样，普遍召开市县人民代表会议》。

【错误批判电影《关连长》】 松江籍作家朱定创作的短篇小说《关连长》,发表于《人民文学》1950年1卷3期。后由上海私营文化影片公司改编成电影,改编杨柳青,石挥自导自演,主要演员有俞仲英、江山、于丁、程之等。故事发生在解放上海的战役中,关连长受命带领某连攻占敌军的一个指挥所,在接近目标时,突然发现敌军指挥所原来是一座孤儿院,有上百名孤儿被挟持在内。关连长当机决定改炮火袭击为白刃拼杀。敌人消灭了,儿童的生命保全了,而关连长牺牲了。影片于1951年4月上映后,受到电影界和观众的普遍好评,认为石挥塑造的关连长是中国银幕史上第一个具有鲜明人性的、富有立体感的解放军军人形象。在同年5月后全国掀起批判电影《武训传》的背景下,6月17日《人民日报》发表《应该正确地塑造人民解放军的英雄形象》,正式开始批判电影《关连长》。随后《文艺报》等多家报刊相继发表一系列批判文章,认为影片主要的错误是宣扬庸俗的小资产阶级人道主义,歪曲了人民解放军的革命人道主义,把关连长写成"滑稽可笑的人物",严重扭曲了中国人民解放军的形象。1952年1月27日《文汇报》也发表文章,批判《关连长》。粉碎"四人帮"后,小说《关连长》及其改编的电影重新得到公正评价。

【"种田状元"陈永康】 1951年秋收季节,松江县城东区长溇乡长岸村农民陈永康种的晚稻

豐產戶陳永康

《苏南日报》报道丰产户陈永康

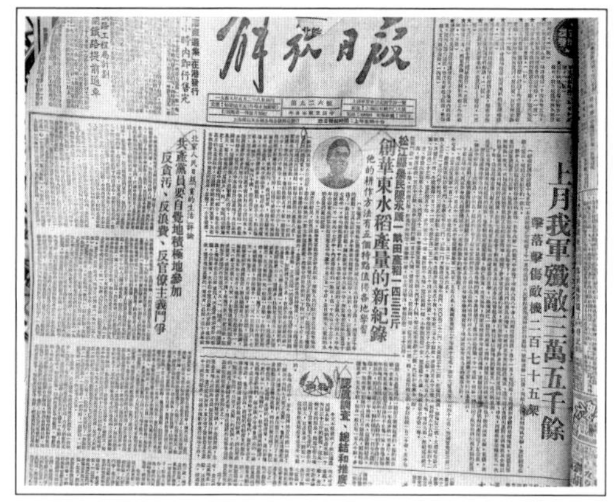
解放日報

上月我軍殲敵二萬五千餘

創華東水稻產量的新紀錄

共產黨員要自覺地積極地參加反貪污、反浪費、反官僚主義鬥爭

《解放日报》报道陈永康创华东水稻产量的新纪录

亩产716.5千克,创华东乃至全国最高纪录。12月20日《解放日报》头版头条登载这条消息,并在头版刊发短论《认真调查、总结和推广农民的丰产经验》,另有汪家千撰写的特写《一个善于开动脑筋的农民》。次日,《苏南日报》头版头条登载由蒋涵秋、王秀撰写的消息《创造水稻产量的新纪录》,头版另附通讯《种田动脑筋,产量年年增》,配发社论《普遍推广丰产经验》;同日《苏南日报》在第三版用整版篇幅登载陈永康照片。1952年1月16日《苏南日报》第二版全文发表华东军政委员会农林部撰写的《陈永康水稻丰产经验考察报告》,总结其8条丰产经验。1952年陈永康被评为全国农业劳动模范。为推广其丰产经验,中央文化部电影局和上海科学教育制片厂联合拍摄《小株方形密植》科教片。松江有谚:"看戏要看梅兰芳,种田要学陈永康。"

【松江县有线广播站开播】 1957年1月3日,松江县有线广播站开始播音。播出时间每天7:30—9:30,开始曲是广东音乐《步步高》,结束时播《圆舞曲》。节目设置由单一新闻节目和转播录播上级台节目起步,至设置新闻、文艺、广告等多种栏目。内容有开始曲、节目预报、气象报告、歌曲、新闻、戏曲、预报下日节目、结束曲。采用普通话播音。初期利用电话线架设广播线路,安装喇叭;首播时装喇叭212只,覆盖县城和浦南3个区。

【广播进大队(村)】 1958年松江成立人民公社后,生产大队(村)利用已经形成的广播网,

设立大队(村)广播室，临时需要时开机播放指挥生产。国家广播事业管理局为维护广播严肃性，对村广播站一度持否定态度。鉴于基层干部需要村广播站，群众也不反对，县广播站任其自然。1983年第十一次全国广播工作会议提倡乡(公社)、村(大队)用广播管广播，以利促进农村有线广播网的巩固、提高和发展。当年全县有村广播室124个。1988年，为有效制止部分村广播室任意中断上级电台正常广播，由县电台技术部范金龙设计，泗联广播站李建新加工自制自动切换装置，对全县131个村广播室全面进行清理、整顿。并对建立村广播室提出四项条件：队队通广播，喇叭入户率80%以上；专用房舍不少于8平方米，符合"四防"要求；具有符合技术规程和指标的广播专用设备及安全设施；明确专人负责，有切实可行的规章制度。其时对89个村广播室核发了合格证书。1995年村广播室停办。

【怎样当好小队长大讨论】　1959年6月23日，《松江日报》头版刊登《怎样才能当好小队长？》且配发编者按，由此在全县掀起"怎样当好小队长"的大讨论。新闻稿系读者来信，作者是松江城北公社(今中山街道)农益生产队第五小队小队长林武权。为正确引导这次大讨论，6月24日《松江日报》头版头条位置刊登《要紧话》栏目，登载《大家来讨论》的报社评论员文章。自25日起《松江日报》在主要版面连续刊登来自基层生产小队长的讨论稿，从不同侧面诠释当好小队长的重要意义，结合自身实践谈体会。当日头版用三分之二篇幅刊登讨论稿；27日第二版下半版发稿；28日第二版四分之三版面登载；29日头版整版刊发；30日报社编辑部用第一版、第二版整版刊登《做个出色的小队长——关于"怎样当好小队长"讨论会的总结》。编辑部文章总结三点：小队长的工作十分重要；当好家的"法宝"是群众路线；当好小队长办法有十条(赤胆忠心，为了众人；以身作则，埋头苦干；大公无私，廉洁奉公；善于计划，会用人才；作风民主，集体领导；态度和气，平等待人；体贴社员，关心生活；批评表扬，赏罚分明；认真做好政治工作；虚心学习，不断提高)。至此，为期一周的大讨论结束。

【红卫兵抢占县广播站事件】　1967年6月5日，松江一中"1026"串联会、松江二中"造反有理"、松江三中"8565"等红卫兵组织，联合组成"红卫兵炮打司令部指挥部"(简称"红炮指")，派数十人至松江县革命委员会(简称"松革会")，要县广播站广播"松革会不是革命的三结合""工松联必须平反"等为主要内容的《告全县人民书》，被拒绝后，就抢占县广播站，自行广播，并将广播站更名为"炮打司令部广播站"。其间，还上街张贴"炮打"标语，组织示威游行，砸毁"松革会"牌子。事件发生后，全县"支""轰"两派组织对立情绪更加严重，两种不同观点的大字报遍布街头。新闻广播机构的瘫痪，在社会上造成更大的混乱。

【淀浦河工地设广播站】　1976年12月，松江、青浦、上海(今闵行区)、嘉定、宝山、金山等6县14万民工联合开挖淀浦河。淀浦河西起淀山湖，东迄黄浦江，全长46千米，松江境内共15.25千米。松江动员3万民工上河塘，疏浚河段7千米。任务下达后，松江县广播站在工地现场开设广播站，沿开河工地架设高音喇叭，定时播放编排的新闻、文艺节目，驻站编播人员胡志良、陈良雄等采访报道工程进度，表扬先进事迹。1977年2月工程结束，工地广播站撤回。

【松江首创"文明村"】　改革开放初期，松江县最早提出创建"文明村"的概念。1981年3月12日，由共青团松江县委主办的《松江团的情况》第2期刊登《"文明村"里新事多》，作者钱明光、孙雷，讲述松江县大港公社(今小昆山镇)西油村建设"文明村"的故事。之后，作者压缩篇幅，改名《夜访"文明村"》，刊《上海团讯》。6月16日，上海团市委青农部在奉贤县召开建设"文明村"现场会，要求各县团委抓好一个试点，以点带面建设"文明村"。随后，松江团县委在仓桥公社(今永丰街道)周星大队里浜村召开全县"文明村"建设现场会。1982年3月13日上海团市委、市农委在松江县召开"文明村"现场会，共青团中央书记处书记陈昊苏、上海市委副书记兼宣传部部长陈沂出席现场会。中共松江县委汇报"文明村"建设情况。3月5日至31日松江县委分3批轮训全县2 713个生产队队长。松江采取由县委宣传部牵头，团县委、县妇联、县青教办、县爱卫会办、县计划生育办等“文明创建协同体制”，共同推进“文明村”建设。1983年1月2日中共中央印发《当前农村经济政策的若干问题》(即第二个中央农村一号文件)，指出：“要通过制定乡规民约，开展建立文明村、文明家庭的活动。”由此“文明村”创建推广到全国。是年3月上海郊区共建“文明村”1 367个，其中松江347个。

【创办《童话报》】 1984年底，少年报社记者、编辑王伯方向上海市作协党组书记处书记李楚成反映，当时全国无一份少年儿童最喜读的童话报纸。两人商定以作协名义向市委宣传部写申请；组成由陈伯吹、李楚城、张秋生、孙毅、郑马等参加的主编团；由李仁晓任执行主编，王伯方任编辑部主任。1985年5月7日，《童话报》创刊。冰心题写报名，巴金、叶圣陶、严文井、陈伯吹、郑渊洁等撰稿，洪汛涛撰创刊词。版面设置：第一版是短篇童话精品、专栏作家作品等；第二版是外国翻译作品、童话习作、教师园地等；第三版是连环画、卡通等；第四版是童话连载、童话诗、童话散文等。王伯方邀请松江小昆山中学青年教师范田华参加编辑部工作。王又利用母校松江二中师生资源，开设“大白兔讲故事专线电话”，并在南通师范二附小建成“童话楼”。1999年《童话报》与《好儿童》杂志合并，改名《童话故事城堡》。

【龙卷风冰雹突袭新浜乡】 1987年3月6日晚9时5分，松江县新浜乡突遭龙卷风、冰雹袭击，楼倒人伤，损失惨重。当晚9时15分，乡有线广播在第一时间播出紧急通告，连播6次，以稳定人心。深夜12时，市委常委、秘书长王力平率市有关方面领导赶赴新浜，现场指挥抢险救灾。驻守松江的上海警备区“叶挺团”火速组成先遣部队和医疗小分队支援灾区。龙卷风在松江境内肆虐了两三个小时，除新浜外，新五、泖港、张泽、叶榭、大港等乡同时受灾。灾害共造成3人死亡、18人重伤、42人轻伤；倒坍楼房16间、平房124间、厂房14间、各类棚舍94间。7日上午市委书记芮杏文、市长江泽民等领导赶往松江县，听取受灾情况汇报，看望正在县中心医院救治的伤员。随后到新浜乡察看灾情，部署抗灾救灾。其间，新浜乡组织了488名机关干部、团员、民兵，会同驻松部队官兵，一起清理已倒坍的房屋。9日，县委、县政府在新浜召开紧急会议，各乡、镇、局无偿捐献资金24万余元、砖65万块、石灰20吨、石子300吨。7日《解放日报》头版头条刊发由张唯、吴志钧撰写的消息《龙卷风冰雹昨晚突袭市郊》；8日《解放日报》头版头条刊发由臧利春、张以帆撰写的消息《市党政领导亲切探望受灾群众》，二版刊发由朱瑞华、朱桂林、马晓青撰写的通讯《暴风雨中的脚步声》；同时，《文汇报》也在头版刊发由张德宝、于沛华撰写的消息《受灾群众积极自救重建家园》。

【松江举办“上海之根”文化旅游节】 1994年9月25日，“’94松江——上海之根”文化旅游节开幕式在上海方塔园举行。旅游节历时10天，推出9大系列30多项活动，开辟两大旅游热线，近20个寻根旅游观光景点，举办广富林、汤村庙等古文化遗址的“寻根之旅”，佘山、天马山、小昆山等山林景色的“峰泖之旅”，方塔园、醉白池、清真寺、西林寺、唐经幢等城区景点的“茸城之旅”。旅游节开幕前，1994年8月，松江电视台调集精兵强将，拍摄旅游专题片《峰泖揽胜话松江》，先期接连在松江电视台播出，8月28日在上海电视台14频道播出，影响颇大。

【松江广播电视发射塔建成启用】 1994年9月30日松江广播电视发射塔建成启用。塔总高158米，塔基部分建筑面积1 613平方米，呈双层八边形，宝塔形结构。底层设置综合型多功能演播厅、播控中心和播出值班办公室；二层主要为广播电视机房，设有新闻口播室、编辑机房、发射机房和特技制作设备用房。钢结构固定在8座钢筋混凝土基柱上，与二层建筑联成一体。钢结构部分采用八边形，由镀锌无缝钢管法兰盘高强螺栓与基础柱地脚螺栓固定，分15段成自然曲线收缩。在标高88米处设置双层塔楼，下楼直径16米，上楼直径14米，总面积340平方米。塔楼为旋转观光厅。在标高106米处为电视塔电梯机房。沿电梯井道设置螺旋形结构检修登塔铁梯。广播电视发射塔钢结构总重量331.4吨。塔位于松江乐都路275号。塔于1993年10月动工。一塔多用，嗣后又相继完成电视塔立面艺术灯光工程等，电视塔集广播电视编制、播放、发射于一身，汇观光、娱乐于一体，探照灯、霓虹灯、泛光灯、镭射灯等组成艺术灯光。

【松江承办第三届全国农运会】 1994年底上海市人民政府确定第三届全国农民运动会设置10个比赛项目和3个表演项目，松江为主赛场，承办田径、篮球、自行车载重三大项目，同时设立指挥中心、竞赛中心和新闻中心。1995年3月松江县成立第三届农运会筹委会。5月起农运会三大中心启建。总投资6 500万元，以松江体育馆、松江体育场为主体的竞赛中心开工建设。新建的体育馆内设有2 200个座位，扩建的体育场可容纳5 500名观众；馆、场均设有运动员休息室。农运会指挥中心选址红楼宾馆，新闻中心选定于松江宾馆。1996年3月农运会松江筹委会与县文明办联合召开百家商业单位百日竞赛活动。6月9日松江县数千名学生、机关干部、职工参加“让农运会旗帜飘起来”的升旗仪式，100辆摩托车挂第三届农运会吉祥物和会旗绕县城主要街区一圈。7月起，《松江报》、松江电视台分别登出倒计时标志。10月2日河南省农民女子篮球队首先到达松江。至10日来自各省、市、自治区代表团、运动员、新闻记者、裁判员及全国组委会官员共2 285人云集松江。农运会期间，来松采访的新华社记者10多天中向国内外发了100多篇电文稿、传出50多张照片，专门介绍松江场馆建设、市容市貌；上海《农运快报》发表松江志愿者队伍、万民健身、人物专访等文章11篇；日本NHK电视台在黄金时段播放专门拍摄的《中国农民的奥林匹克》专题片。

【“史量才新闻奖”和“云间新闻奖”】 为进一步提高松江新闻宣传水平，加强松江新闻宣传队伍建设，强化品牌栏目效应，鼓励新闻业务创新，中共松江区委宣传部、松江区新闻办公室先后推出“史量才新闻奖”和“云间新闻奖”。2002年11月7日，松江首届“史量才新闻奖”颁奖仪式在松江区文广局多功能厅举行。第四届上海市记协主席丁锡满、上海市区（县）报顾问团顾问李伦新，区委副书记金杏兴，区委常委、宣传部部长张汝皋出席会议。《松江报》记者吴纪盛《松江，吸引外资的强磁场》和松江广播电视台记者叶伟等《世纪回眸看松江》、龚兵等《“大通关”为松江出口加工区插上翅膀》获一等奖。以“做好社会主义核心价值观的传播者、践行者，讲好松江故事，传播茸城之光”为主旨，2014年起每逢记者节，松江评选并颁发“云间新闻奖”。2014年11月7日，松江颁发了首届“云间新闻奖”。区委副书记黄冲，区委常委、宣传部部长谢巍，副区长赵勇为获奖者颁奖。“云间新闻奖”评选活动，设置了优秀新闻作品、优秀新闻工作者、新闻策划、优秀品牌栏目、新媒体影响力和新闻服务质量六大类别奖项。2016年起，增设优秀通讯员、优秀外宣影响力奖和优秀舆论引导奖。

【上海老新闻工作者协会松江分会成立】 2007年3月22日上海市老新闻工作者协会松江分会成立。成立大会在佘山镇广播电视站会议厅举行，20多位老新闻工作者出席。会员中有市级媒体离退休老记者、20世纪50年代《松江日报》的老报人、松江区广播电视台退休的新闻工作者等。协会是老新闻工作者自愿组成的专业性的非营利社会团体法人。主要任务：开展新闻传播的学术研究、培训和交流；组织老新闻工作者开展政治、时事、文化、体育、考察等活动，交流思想，增进友谊，健脑益体，有所乐有所得。2019年有会员近80名。谭俊升、盛如松、陈良雄、王一平先后任分会会长。

【松江参与承办2007年世界特奥会】 2007年第12届世界夏季特殊奥林匹克运动会在上海举办，松江区承办赛事项目中的足球和高尔夫球比赛，接待来自103个国家和地区的1 880多名特奥运动员及教练员，承担来自11个国家和地区的440多名特奥代表团成员的社区接待任务，这是松江历史上规模最大、影响最大的体育与外事活动。2007年4月15日松江区特奥会竞赛训练基地基本建成，作为全国最大的特奥中心，建有8幢单体建筑，17块七人制足球场，设有残疾人康复医疗中心、培训接待中心，铺设了总长度超过1 000米的盲道，建立一座中外残疾人名人雕塑园。6月24日起，《松江报》、松江电视台同时登出倒计时。此前，“走近特奥、支持特奥”宣传图片及智障人士艺术作品松江联展启动。至9月初完成1 500名志愿者招募工作。9月30日象征“希望之火，和谐之光”的特奥火炬——“腾龙”传抵松江，在方塔下点燃。以“当好东道主，热情迎嘉宾”为口号，松江街头设置34幅广告牌、40个游动公益广告牌和3 000多对迎国庆迎特奥的道旗，250辆出租车后窗和230个候车亭印上标语广告，2 950幅特奥招贴画亮相街头。10月2日晚7时，2007年世界夏季特奥会开幕式在上海八万人体育场举行。松江1 000余名市民作为观众或表演者亲临现场。松江区特奥执委会负责中山、方松、岳阳、永丰四个街道的社区接待工作。4个接待社区和92户接待家庭以“平等、接受、包容”的特奥理念和“爱”的精神热情接待特奥代表团成员。10日下午，世界特奥运动创始人尤尼斯·肯尼迪·施莱佛女士的汉白玉雕像在位于松江的上海特奥竞赛训练中心揭幕。11日晚，特奥“圣火”在上海缓缓熄灭。其间，《松江报》刊发特奥新闻235篇（幅），被《解放日报》《文汇报》《新民晚报》转发近70篇。松江电视台拍摄专题片《橙色·纯爱》。

【松江突发大面积停水事故】 2009年1月14日上午6时左右，松江第二水厂因泵房突发故障，造成城区大面积降压供水，停水区域之广、时间之长、影响之大，在松江历史上罕见。事故发生后，中共中央政治局委员、市委书记俞正声，市委副书记、市长韩正分别作出重要指示：要求市有关部门会同松江区组织力量全力抢修，采取各种措施保居民、保重点单位用水，社区干部广泛发动做好群众工作。副市长沈骏及市有关部门领导抵松现场指挥。身在市人代会会场的区委书记盛亚飞心系供水问题，不断通过电话询问处置情况；同为市人大代表的区长孙建平第一时间赶到松江二水厂，紧急启动保障预案。当日晚6时至10时，松江共调遣了71辆供水车集中供水，触角伸到了每个受影响小区、单位，确保居民晚高峰时段用水。当日晚，孙建平代表区政府通过松江电视台向松江城区居民公开道歉，对市民们所表现出的理解和配合表示诚挚的感谢。经抢修，至15日清晨5时左右，6台被淹电机全部完成抢修并试机运行；一小时后停水区域供水恢复正常。22日区政府召开新闻发布会，通报了松江二水厂泵房事故处置及调查情况：确定这起事故的直接原因是检修蝶阀阀芯与管壁之间卡着一把扳手，致使蝶阀门未能完成闭合。

【第五届中国国际新闻摄影比赛（华赛）在松举行】 2009年3月21—25日在松江新城举行。中国国际新闻摄影比赛（华赛）是由中国新闻摄影学会主办的大型国际新闻摄影比赛。华赛自2005年创办以来，在与荷兰国际新闻摄影比赛（荷赛）等的交流、合作中不断提高影响力，成为国际摄影文化中的重要赛事。本届华赛以“和平与发展”为主题，分日常生活类，战争、灾难类，非战争灾难类重大新闻，经济及科技类，自然及环境类，文化、艺术及娱乐类，体育类新闻单幅，新闻人物与肖像八大类别。收到来自世界五大洲70多个国家和地区3 100多位摄影记者和摄影师近3万幅作品参赛。25日在泰晤士小镇由10余名中外新闻摄影专家组成的评委会揭晓评选结果，中国摄影师邹森拍摄的《母爱·地震》获2008年度最佳新闻照片奖。

【第六届中国国际新闻摄影比赛（华赛）在松举行】 2010年3月20日在松江新城举行开评仪式。本届华赛共吸纳来自世界各地的参赛作品9 000件。为强化本届华赛的国际性和权威性，评委会中外国评委增至8位，中国评委（含港澳台评委）5位。3月25日第六届华赛评选揭晓，由盖蒂图片社选送的澳大利亚摄影师丹尼尔·贝雷胡拉克拍摄的《巴基斯坦难民营内的儿童》获2009年度最佳新闻图片奖。在9 000幅（组）图片中，评选出8大类16项金、银、铜奖和优秀奖，共有70件作品获奖。

第六届中国国际新闻摄影比赛（华赛）部分评委、组委会成员合影

【长三角市、区、县报总编等考察松江】 由中共松江区委宣传部、松江区政府新闻办、松江报社联合主办的“看松江，见证辉煌‘十一五’”长三角地区市、区、县报媒体“上海世博松江行活动”于2010年10月23日启动，活动为期两天。

来自《解放日报》《张家港日报》《今日椒江》《今日宁国》等40余家报社的总编及记者、编辑100多人参加活动。活动包括参观方松社区文化活动中心、方塔园、辰山植物园、月湖雕塑公园等地，围绕松江人文历史、旅游景点、民生工程、社会事业发展等方面实地采风，并参与互动访谈，将自己的所见、所闻、所思，通过所在媒体发布。事后，近40家报纸刊发有关松江的新闻；不少报社整版或通版重点介绍松江。

【黄浦江上漂死猪事件】 2013年3月8日上午，《松江报》记者林书建接到市民举报，称黄浦江上漂浮大量死猪。记者赶到泖港镇泖港村，看到横潦泾和竖潦泾交汇处，漂浮着大小死猪，或搁浅在岸边的石头上，或漂浮在水草丛中。记者当即撰写目击记，很快在《解放日报》《文汇报》《新民晚报》《松江报》等报纸刊登；松江电视台也拍摄新闻，在上海电视台、东方卫视、松江电视台播出。事件发生后，市政府领导迅速作出批示。9日下午，市政府召集有关部门在现场召开会议，要求迅速处置漂浮死猪。至11日，黄浦江上游水域打捞处置死猪近3 000头。经14个猪耳标显示，死猪来自黄浦江上游浙江嘉兴市。据疫病检测，猪死亡原因是猪圆环病毒病导致猪瘟。至20日上海相关水域内打捞起漂浮死猪累计达10 395头。上海市人民政府的逐日通报称，水质基本正常。经沪浙联手整治，黄浦江上漂浮死猪事件平息。

漂浮在黄浦江上的死猪被打捞上岸

水上保洁人员在打捞作业

【国轩事件平息】 2013年4月中旬，松江部分群众上街，反对国轩新能源锂电池项目落户松江。合肥国轩麾下的上海国轩新能源有限公司注册成立于2011年12月8日，此番总投资10亿元，计划建成年产2亿安时的锂离子电芯生产线与年产5亿安时的锂离子电池PACK线。该项目在松江主要生产磷酸铁锂电池，属于国家《产业结构调整指导名录》和《上海工业产业导向和布局指南》中的鼓励类产品和产业。鉴于松江部分居民对这个项目的忧虑，4月19日《松江报》第三版整版刊登《就市民质疑国轩公司项目企业和有关部门答记者问》。区环保局局长徐荣、上海化工研究院环评工程师汤宗余对该项目实施后可能造成的环境影响解疑释惑。国轩公司总经理曹深铭邀请有兴趣的松江市民，前往公司合肥本部及工厂实地考察。21日，《松江报》首席记者张晋洲随市民考察团，参观合肥国轩高科公司。4月23日《松江市民赴合肥参观国轩高科公司》通讯刊发于《松江报》头版。24日大批群众手拿国旗，在区政府前聚集，发动“绿丝带”签名活动。为此，国轩公司向松江市民公开承诺：工厂无论在建设和生产过程中，随时接受环保部门和民众以及其委托的第三方等部门的检查监督，如发现存在与公示的环境报告不符的情况，公司将立即停建、停产，因此而产生的后果由公司自负。26日《松江报》头版刊发本报评论员文章《尊重科学是我们处理问题的基本立场》。5月12日大批群众再次涌上街头，抗议国轩公司落户松江。经区政府与公司方紧急磋商，达成终止项目的决定。15日松江电视台在滚动字幕中播出：“上海国轩新能源有限公司新能源项目落户松江以来，部分松江市民对该项目存在不同观点。公司决定收回松江项目全部投资。土地退还政府，不要求任何赔偿。”至此，事态平息。

【"十问松江发展"系列报道】 2013年3月6日至4月10日,《松江报》以每周一期、每篇约4 000字的新闻述评方式推出"十问松江发展"系列报道。主标题分别为《我们离"乐业"还有多远?》《我们为什么留不住游客?》《产业转型我们还缺什么?》《我们如何增强人才吸引力?》《我们为何不在松江"逛街"?》《我们如何应对200万人口压力?》《我们如何对接"大虹桥"?》《回家路我们"堵"在哪?》《"美丽松江"我们还缺点啥?》《我们该为松江发展做些什么?》。"十问松江发展"是《松江报》深入学习、贯彻落实党的十八大精神的一次大胆实践,契合了调整结构、转型发展的经济社会新形势,从产城融合、旅游发展、吸引人才、商业布局、老城交通、思想解放等10个松江在转型发展中面临的问题入手,展开调查、研究分析,探求破解难题的良方。在报纸头版头条接连推出阻碍松江发展的十大问题,这在上海市报界尚属首次。松江区委书记盛亚飞高度肯定《松江报》的"十问松江发展",认为是全区上半年工作的一大亮点。"十问松江发展"由区委宣传部编辑成册,作为党委中心组学习内容。上海市新闻工作者协会区县报工作委员会专门召开会议,邀请松江报社总编介绍新闻策划的过程,要求17家报社总编认真学习。

【松江家庭农场写入中央一号文件】 松江是全国最早实施家庭农场的地区之一。2013年2月16日国务院办公厅发布《中共中央、国务院关于加快发展现代农业进一步增强农村发展活力的若干意见》。这份文件首次出现"家庭农场"提法,这是继"包产到户"之后又一次值得关注的农村利益格局调整。文件指出:近年来,上海松江等地积极培育家庭农场,在促进现代农业发展方面发挥了积极作用。3月20日《人民日报》刊发《家庭农场,能否缓解种田矛盾》,并配发编者按,重点介绍松江做法。松江从2007年起,探索家庭农场。区委书记盛亚飞在接受记者孙小静采访时说:"至2007年,全区非农就业农民占农村总劳动力的90%,直接从事农业的农民减少到1.25万人,仅占6.6%。种田人从开始的'386199'(妇女、儿童、老人)部队,逐渐演变成了'老外'——老人和外地人,粗放种植的现象比较普遍。农村劳动力的这种低水平置换,不可能实现农业现代化。"松江家庭农场经营规模,初期定在100~150亩。区农委主任封坚强说,确定这个规模还有收入的考量,加上农业补贴等,一个家庭至少可收入近10万元,几乎比一般的打工收入翻了一番。泖港腰泾村农民李春风种养结合家庭农场,一家年收入可达20万元。22日《人民日报》又登载松江家庭农场的工作通讯,标题为《家庭农场,能否既赚钱又公平》,并配发编者按,紧紧围绕"如何维护准入公平""流转年限多长为宜""怎么把握扶持力度"三大问题展开。至2013年初,松江机农结合的家庭农场有140户,种养结合的家庭农场有53户。3月28日《解放日报》刊登《一步步推进上海都市现代农业》,推介松江家庭农场;同期《文汇报》《新民晚报》、上海电视台、上海广播电台、东方网、《新闻晨报》、《东方早报》都有相关报道。2014年初,中央电视台《新闻联播》连续3天播出《上海松江农民抢地种的背后》系列报道,得到中央农村工作领导小组副组长陈锡文的批示和肯定。

【光影变迁——寻找老照片中人】 松江报社、松江区档案局为庆祝松江解放65周年策划的一项系列活动。利用老摄影家吴四一60多年来拍摄的影像资料,开展大规模寻访老照片中的人物活动,挖掘老照片背后的故事。同时,松江报社记者通过今昔对比,图文并茂地诠释松江解放以来的巨变。2014年4月22日《松江报》头版刊发活动启事,第九版刊登一组7幅老照片,其中最早的摄于1950年夏,最迟的摄于1964年。24日《松江报》第九版再次刊发一组8幅老照片,时间在1958年夏至1980年春。老照片人物众多,形象清晰,可供辨认,刊发半个多月后,不断有热心读者致电报社,向记者提供了诸多极富价值的线索。通过前期的策划、梳理、采访、撰稿,从5月13日起《松江报》陆续推出"光影变迁"专题栏目,每期聚焦一张老照片,通过老照片主人公或后人的叙述,为读者还原历史、折射变迁,重温走过的风雨历程。这组新闻策划活动,强调读者与记者互动,属上海市早期的传统媒体与新媒体融合运行活动之一。

“光影变迁——寻找老照片中人”图照

【松江新闻工作者协会成立】 2015年7月6日松江区新闻工作者协会成立。协会宗旨："贯彻党和政府的方针、政策，坚持正确的舆论导向；加强新闻理论和新闻实践的学习活动；倡导并鼓励新闻工作者反映群众的意见和呼声，宣传人民群众的实践经验和创造的业绩；建立和完善各种新闻奖励机制；维护新闻工作者的合法权益。"吴纪盛、王蕴祥先后任主席。协会参与"云间新闻奖"评选，评定2015年度优秀新闻作品奖八大类，分别为报纸新闻奖、报纸专题奖、图片新闻奖、报纸版面奖、电视新闻奖、电视专题奖、广播新闻奖、广播专题奖，同时评定新闻策划类、优秀品牌栏目类、新媒体影响力、新闻服务质量、优秀新闻工作者及优秀通讯员若干名。协会还成立了松江自媒体联盟。

【G60科创走廊建设】 2016年松江区提出沿G60高速公路构建产城融合的科创走廊，是为1.0版本。2017年，上海松江区与浙江杭州市、嘉兴市合作建设沪嘉杭G60科创走廊，签订《沪嘉杭G60科创走廊建设战略合作协议》，迈入2.0时代。2018年G60科创走廊第一次联席会议召开，金华、苏州、湖州、宣城、芜湖、合肥6座城市同时加入，迈向3.0版本。2017年作为国务院供给侧结构性改革典型案例被通报表彰。2019年5月

13日纳入《长江三角洲区域一体化发展规划纲要》，科创走廊从城市战略上升为长三角一体化国家战略重要平台。

【大力推进融媒体中心建设】 为加强传播力、引导力、影响力、公信力“四力”建设，深化新闻改革，推进媒体融合发展，2017年6月26日松江区整合松江报社、松江广播电视台、松江新闻宣传综合服务中心3家事业单位，组建松江区新闻传媒中心，打造全媒体采编“中央厨房”平台，形成融合报纸、广播、电视、微博、微信、新闻网站等多种形态于一体的移动客户终端。王蕴祥任中心主任。2018年4月12日松江新闻传媒中心开始实质性运作，11月成为上海市唯一入选中宣部全国区级融媒体中心建设重点联系推进单位。《松江报》、电视台、广播电台等传统媒体的发稿数量和稿件质量在全市各区中始终处于前列。2019年6月28日松江区新闻传媒中心更名松江区融媒体中心，融媒体客户端“上海松江”App同步上线。区委宣传部副部长陆忠新兼任中心党委书记，何锋任中心主任，周样波任中心总编，下设13个部室，其中总编室、采访部、融媒体部、报纸部、广播部、电视部、专题栏目部、视觉部、舆情部和广告部为业务部室。客户端以“新闻＋政务＋服务”为定位，融合电视、报刊、新媒体等资源，成为新闻资讯的集散地，整合区域内各类公共服务资源，为市民们提供生活、教育、交通等便利服务，形成“分众传播、分类覆盖”的格局。2020年松江区融媒体中心迁至九峰路2号1—14楼集中办公。

【启动编纂松江人文大辞典】 2018年10月7日中共松江区委主要领导听取区文联主席陆军关于汇集松江学术人才编纂《松江人文大辞典》的专题汇报。12月20日“编纂《松江人文大辞典》”写入中共松江区委文件，列为“人文松江建设三年行动计划”重点项目。2019年5月23日《松江人文大辞典》编辑部入驻松江区图书馆。6月16日第一次编纂工作例会在图书馆会展厅召开，编纂工作全面启动。要求辞典编写工作要凸显人文学科发展之“新气象”；关注和吸纳国内外学者研究的“新成果”；倡导自主研究，设定释文撰写的“新标准”。词目撰写必须“观点正确、资料翔实、结构清晰、层次分明、语言规范、文字精练”，做到词目释文有依据，史料图照作佐证。明确陆军为主编，欧粤为执行主编。全书共分8卷，设总类、文学、书法、美术、摄影、戏剧、影视、曲艺、音舞、非遗、学术、民俗、方言、宗教、文博、建筑、旅游、传媒、图书、档案、群文、文化团体、文化场馆、文化产业等24个分科。各分科主编均为松江各专业的业务精英，业余兼职。该辞典是全方位介绍松江人文知识的工具书，按事物的逻辑关系排列词目，以翔实的资料勾勒松江人文历史发展脉络，全面系统梳理松江人文领域的历史和现状。计划至2023年全面完成《松江人文大辞典》8卷的撰写任务并送交出版。2020年起已陆续出版《总类·民俗卷》等3卷。

《松江人文大辞典》第一次编纂工作会议

【松江区融媒体中心大楼启用】 2020年6月位于松江九峰路2号松江区融媒体中心大楼启用。大楼共18层，建筑面积2.16万平方米，其中一至十三层是融媒体中心工作区域，十四层辟为中心与上海外国语大学新闻传播学院共建的全球传播实训基地。新大楼的启用改变了以往分散办公的局面，集采编播发诸功能于一体，形成“一次采集、多种生成、全媒传播”的格局。其中

松江区融媒体中心大楼

二楼辟建有展厅，展陈相关实物，展览松江新闻传媒的发展变化；八楼是融媒体中心指挥大厅，通过数百平方米的大屏幕，可以及时了解每天采编的工作量、任务安排和进度，稿件的回收、审核，网络的重要新闻，还可检索报纸和App的推进情况等。

【松江全球传播实训基地】　全称“上海外国语大学新闻传播学院松江全球传播实训基地”。上海外国语大学与松江区人民政府共建、带动人才培养模式创新的双创孵化器，是上外“多语种+”卓越国际化人才培养战略的实训基地，2020年10月14日启用。下设1个众创空间，以及多语种国际舆情实验室、创新上海与产业实验室、跨国企业传播实验室、未来全球媒体与教育实验室、全球影视传播实验室等8个实验室。基地的启用有益于学科发展、人才培养、社会服务诸方面，体现了项目专业化、培养职业化、视野全球化三大特征。实训基地已与新华社、中国日报社、外文局、CGTN、解放日报社、第一财经、东方网、东方广播中心、上海日报社、第六声和中国报道网等主流媒体搭建了战略合作框架，还将与联合国教科文组织等国际组织合作，开展国别外宣研究、媒体内容生产、智库成果开发、国内外活动和海外论坛等一系列合作项目。

八

新闻传播民谚格言

【无松不成报】 民谚。民国初年，史量才等盘下《申报》资产后，广泛罗致松江人才，总主笔陈景韩、副总主笔张蕴和、总主笔协理张叔通，以及雷君曜、姚鹓雏等笔杆为羽翼，助推《申报》成为上海最有影响的报纸。史量才被暗杀后，接任其位的是邑人马荫良。由于《申报》主力干将大多为松江人，遂流行此民谚。

【看申报】 民谚。史量才主持的《申报》事业如日中天，俯视上海滩百报，影响无可比拟。于是，上海民间流传着“看申报”的说法，这里的“申报”已引申为报纸通称。

【人有人格，报有报格，国有国格】 格言。九一八事变爆发后，史量才办报思想发生巨大变化。他曾告诫《申报》同仁：“人有人格，报有报格，国有国格。三格不存，人将非人，报将非报，国将不国！”由此，《申报》的风格转向“传达公正舆论，诉说民众痛苦”。

【报纸要“确”“速”“博”】 格言。陈景韩任《申报》总主笔后，主张以爱国爱民、独立不偏为立场，确立“确”“速”“博”三字为办报方针。“确”即准确无误，不偏不倚；“速”即快速采写，立即传播；“博”即内容广博，以飨受众。

【广播喇叭响，社员出工忙】 民谚。20世纪六七十年代，松江县有线广播站及各公社广播站，利用有线广播覆盖田间的高音大喇叭和家庭小喇叭，配合“三夏”“三抢”“三秋”三个农忙，提早开始早晨广播。1963年农忙时期县有线广播站第一次播音提前到早上5点。70年代松江部分公社广播站在“三抢”农忙时，第一次播音提前到凌晨2点50分。广播喇叭声成为农民的起床号、出工号。

【广播一停，睏觉关灯】 民谚。20世纪80年代前，农村中尚未普及钟表，大部分农民听到有线广播停了，便上床睡觉关灯。广播结束的时间在晚上9点左右。有线广播结束，成为农民的熄灯信号。

【欲知松江事，请看松江报】 广告语。1993年《松江报》复刊时，群策群力，拟定这句广告语，不时在《松江报》报眼位置刊出。

【新闻立报，文化强报，服务热报】 格言。为《松江报》办报方针。《松江报》主张：报纸首先是新闻纸，要坚持新闻立报；报纸是文化传播的重要阵地，当强调文化强报；报纸又是党和政府联系群众的桥梁，服务热报自在情理之中。

【不要捞浮萍，要挖藕】 格言。2005年后，《松江报》大量招聘记者，对他们实行“多劳多得，奖优罚劣”的考核机制。为避免记者专写表面文章、赚省力人工的弊端，报社倡导“不要捞浮萍，要捉鱼挖藕”，激励记者采写有深度的文章。

【通讯员是记者的耳目】 格言。进入21世纪，伴随广播、电视、报纸的迅猛发展，加上新媒体的层出不穷，媒体的用稿量成倍增长。由此新闻单位高度重视通联工作，组成数以百计的通讯员队伍，在基层一线捕捉新闻线索，及时向媒体供稿或提供采访线索。

【学会讲松江话】 格言。随着新媒体的快速发展，松江业已形成“人人都有麦克风”的新时代。面对新老媒体激烈碰撞，中共松江区委宣传部要求新闻工作者学会讲松江话，接地气，用生动形象的故事感染人，扩大新闻的影响力。

九

新闻传播影响

报纸获奖新闻

【松江顾绣薪烬火传】 消息名。纪盛撰。获上海市区县报2002年度好新闻评选消息类一等奖。发表于2002年3月21日。全文讲述25名松江姑娘走进新中国成立以来首届顾绣特色班学艺的故事，并介绍顾绣这一中国工艺美术奇葩的历史沿革和发展现状。

【松江招商"日进斗金"】 消息名。吴纪盛撰。获2003年《解放日报》通讯员好新闻评比唯一的一等奖。发表于2003年10月19日《解放日报》。消息称：2003年1—9月，松江月均招商引资9 700多万元。松江把构建"商务盆地"作为招商引资的突破口，出口通关速度继续保持全国第一。又率先实现外资企业注册网上审批，审批时间由原来的40天缩短到5天。

【松江大力整治绿洲比华利违建行为】 消息名。文松撰。获上海市区县报2004年度好新闻评选消息类一等奖。发表于2004年6月18日。全文讲述松江依法强制拆除绿洲比华利首批14幢别墅1 000多平方米违建的故事，介绍该小区的违建现状以及政府的前期举措和拆违计划，充分展现松江依法拆违的坚定决心。

【五库园区用好第二资源】 消息名。纪盛撰。获上海市区县报2005年度好新闻评选消息类一等奖。发表于2005年8月30日。全文讲述五库园区积极修复生态链开发第二资源的做法，实现养猪场猪粪猪尿"零排放"的同时，又肥了农田、甜了葡萄，以实际行动响应建设节约型社会的号召。

【你是谁，为了谁；你是谁，为谁累】 通讯名。文松撰。获上海市区县报2005年度好新闻评选通讯类一等奖。发表于2005年3月18日。全文讲述松江区建筑管理所民工工资清欠办工作人员在春节前的36个日夜里，以自己的不懈努力成功解决409.07万元拖欠民工工资款的故事，通过案例和细节的描写，生动展现了政府工作人员的人民公仆形象。

【九亭农民变股民，喜分红利过春节】 消息名。陈亚利撰。获上海市区县报2006年度好新闻评选消息类一等奖。发表于2006年2月7日。全文讲述九亭镇19 724名由农民转成的居民春节前分得1 923万元红利的故事，介绍九亭镇通过成立实业公司经营集体资产让农民成为股民的惠民之举。

【昨日我区突遇雷电袭击】 照片名。朱琳摄。获上海市区县报2006年度好新闻评选摄影作品类一等奖。发表于2006年8月23日。作品以组图的形式记录一场突如其来的雷电天气，不仅捕捉到了闪电划破天空的震撼一刻，同时展现了雷雨致多处电路线路跳闸后电力部门紧急抢修的场景。

【700元假钞是如何出笼的】 专副刊名。魏勇、严军撰。获上海市区县报2006年度好新闻评选专副刊类一等奖。发表于2006年8月21日。全文讲述某市媒报道"农行松江中山支行ATM机吐出700元假钞"一事后引发的一连串故事，通过涉事多方的讲述，抽丝剥茧一步步还原了这一令人啼笑皆非又引人深思的"乌龙"事件。

【超级水稻亩产可达800公斤】 消息名。王小娟、陈亚利撰。获上海市区县报2007年度好新闻评选消息类一等奖。发表于2006年9月25日。全文讲述袁隆平偕国内农业专家来松现场验收超级水稻并得出亩产可达800公斤这一结论的利好消息，并介绍超级水稻的主要特性以及在松江的试播情况和推广计划。

【烈日下可爱的人】 照片名。朱琳摄。获上海市区县报2007年度好新闻评选摄影作品类一等奖。发表于2007年8月1日。作品定格了一名“全副武装”的消防战士利用挂钩梯攀爬训练塔的场景，展现松江消防战士在高温天里仍坚持训练的刻苦精神。

【Centre还是Middle】 言论名。许萍撰。获上海市区县报2007年度好新闻评选言论类一等奖。发表于2007年7月25日。全文从同一路公交车对“中路”一词的不同英语翻译说起，探讨公交车报站不规范带来的负面影响，在特奥会即将召开、松江将迎接众多国际友人之际尤其具有现实意义。

【百尾“四鳃鲈”游归故里】 消息名。唐卉庆撰。获上海市区县报2008年度好新闻评选消息类一等奖。发表于2008年6月2日。全文讲述“松江鲈鱼人工养殖与病害控制技术应用”项目取得突破，并让绝迹沪上20多年的松江鲈鱼“游”进松江水产良种场的故事，详细介绍了项目的实施过程以及松江鲈鱼的特性和历史故事。

【奇联妙对显高才】 文艺副刊作品。陈佳欣撰。获上海市区县报2008年度好新闻评选文艺副刊类一等奖。发表于2008年3月14日。全文讲述明代状元钱福作为楹联高手的一系列故事，通过多个有趣的逸闻，生动展示了一生致力于诗文创作的钱福不为人熟知的另一面。

【茸城旧闻】 版面名。魏勇编辑。获上海市区县报2009年度好新闻评选优秀品牌奖。该专版每周一期，通过挖掘枯燥的史料，以流畅简洁的文字，趣味盎然地讲述了大量松江历史文化名人的故事，以其连续性和地方性打造出了一部上乘的乡土教材。

【改革开放30周年暨撤县建区10周年特刊】 策划名。获上海市区县报2009年度好新闻评选新闻策划类一等奖。发表于2008年12月12日。共16个版面，包含“新城之魅”“工业之雄”“乡村之美”“民生之乐”等版块，在改革开放30周年暨撤县建区10周年之际，全方位展示松江从都市农村迈向现代化城市进程中，经济社会全面发展取得的一系列辉煌成就。

【华亭风】 副刊版面名。许平编辑。获上海市区县报2010年度、2011年度好新闻评选副刊类一等奖，2013年度好新闻评选优秀品牌奖。该副刊既有上海滩一批名人大家撰稿，又有一大批松江乡村诗人、小巷作家投稿，版式传统，小标题、中照片加上书法家的题头，衬出一股浓浓的儒雅淡泊之气，不仅在松江读者中有很好的口碑，在上海市文人圈中也形成了一定影响。

【原是违法混凝土拌和站粉尘惹祸】 通讯名。许萍撰。获上海市区县报2010年度好新闻评选通讯类一等奖。发表于2009年10月26日。全文讲述石湖荡镇一果园内梨树10月开花结果的异象，通过实地观察和多方采访，锁定异象原因为附近一处违法混凝土拌和站，并就事件的解决达成了初步方案。

【“绿邮田园”项目惠及城乡居民】 消息名。王小娟撰。获上海市区县报2010年度好新闻评选消息类一等奖。发表于2010年6月18日。全文讲述旨在服务“三农”的“绿邮田园”项目实施一年多以来取得的一系列成果，介绍该项目作为农民销售农副产品和增收新平台的运营模式、取得成效以及后续效应等。

【“开往松江的世博列车”特刊】 策划名。获上海市区县报2010年度好新闻评选新闻策划类一等奖。发表于2010年5月1日。共24个版面，包括“寻根之旅”“文化之旅”“山水之旅”“新城之旅”等版块，在世博会开幕之际，以中英双语的形式，全面展示松江深厚的文化底蕴、优美的生态环境和宜居的城市风貌。

【百姓故事】 专副刊名。张友明编辑。获上海市区县报2011年度好新闻评选优秀品牌奖。创办于2008年初，每两周一期，通过聚焦小人物，为百姓立传、替市民写真，以普通百姓的人生命运和生活变迁反映松江区日新月异的发展变化，从新的层面诠释新闻“三贴近”原则，填补了松江新闻史上的一段空白。

【两千亿元代工巨头转型上“云端”】 消息

名。张晋洲撰。获上海市区县报2011年度好新闻评选消息类一等奖。发表于2011年8月30日。全文讲述年产值2 000亿元的代工巨头广达集团的“云计算”转型之路，说明了作为松江制造业的一张名片，以广达集团为首的笔记本电脑加工产业链要做强就必须走自主创新道路的硬道理。

【51级台阶的200余次重复】 通讯名。许萍撰。获上海市区县报2011年度好新闻评选通讯类一等奖。发表于2011年5月20日。全文讲述松江一位家住四楼的尿毒症重症患者每周三次要前往医院做血透却苦于下楼不便，几名社区干部为她抬轮椅搭起“人工电梯”的感人事迹，生动形象地展现了松江基层干部一心为民、服务群众的良好形象。

【老来青开始收割】 照片名。蔡斌摄。获上海市区县报2011年度好新闻评选摄影作品类一等奖。发表于2010年9月14日。作品记录叶榭镇“老来青”大米收割的场景。照片中云如怒涛卷浪，稻随秋风跳舞，农民驾收割机狂奔，组成了一幅唯美而又动感十足的乡村丰收画卷。

【“十二五”规划宣传策划】 策划名。获上海市区县报2011年度好新闻评选新闻策划类一等奖。通过头版“展望十二五”栏目、三版“凝心聚力抓开局”专版、五版“漫说十二五”栏目，“三管齐下”全面开展了松江在“十二五”开局之年如何搞好“十二五”规划的宣传。自2011年2月起，先后发表25个头版头条和25个专版，刊登漫画50幅。

【抗倭女将瓦氏夫人】 副刊名。乔进礼撰。获上海市区县报2012年度好新闻评选副刊类一等奖。发表于2012年6月8日。全文讲述抗倭女将瓦氏夫人的传奇故事，通过“假传巨人，夫人妙计”“遍种山花，以色诱敌”等篇章，既道出了瓦氏夫人奋勇杀敌荡气回肠的动人故事，又写出了其受权奸迫害忧郁病逝的无奈。

【种菜不用土像养鱼　蔬果既好看又好吃】 消息名。王颖斐撰。获上海市区县报2012年度好新闻评选消息类一等奖。发表于2012年3月31日。全文讲述浦江源温泉农庄利用无土栽培技术生产无公害蔬果的故事，通过鲜活的描写和翔实的数据展示了这一生产模式高品质、无公害的特点。

【“二房东”管起了群租当起了家】 通讯名。贾佳撰。获上海市区县报2013年度好新闻评选通讯类一等奖。发表于2012年12月14日。全文讲述方松街道紫东新苑小区通过建立“二房东”会议制度扎实推进群租整治的故事，通过几名从“被管理”到主动参与治理的“二房东”的现身说法，展现了该制度在整治群租中的积极作用。

【近三千头死猪漂入黄浦江】 消息名。任书建撰。获上海市区县报2013年度好新闻评选消息类一等奖。发表于2013年3月12日。全文讲述泖港镇黄浦江水域出现大量死猪的事件，全方位介绍了现场情况、有关部门应对措施以及事件原因的调查结果及后续处置方案，展示了政府部门在突发事件处置中的及时、准确、全面和公开。

【“十问松江发展”系列报道】 策划名。获上海市区县报2013年度好新闻评选新闻策划类一等奖。发表于2013年3—4月。该策划通过十篇头版头条重点稿件，分别从产城融合、旅游发展、吸引人才、商业布局、老城交通、思想解放等10个松江在转型发展中面临的问题入手，展开调查、分析，寻找不足并探求破解的良方。

【视觉艺术】 版面名。获上海市区县报2013年度好新闻评选专刊类一等奖。该专版每两周一期，其主打版块为“艺术人生”，通过对活跃在松江的书法、绘画等艺术创作者的人物专访和作品展示，展现他们的个人风采和创作成果，同时辅以“画说松江”“艺术档案”等版块，体现松江“书画之城”的深厚底蕴。

【光影变迁系列报道】 策划名。获上海市区县报2014年度好新闻评选新闻策划类一等奖。系列报道在松江迎来解放65周年纪念日之际，利用老摄影家吴四一解放后拍摄的新闻照片，采取原地、原人、原物、原景和新旧对比的方式，配以散文笔调的文章，图文并茂地诠释一个甲子多来松江的沧桑巨变。

【今冬初雪姗姗来迟】 照片名。蔡斌摄。获上海市区县报2014年度好新闻评选摄影作品类一等奖。发表于2014年2月11日。作品记录了在2月9日松江第一场降雪中，一位小男孩用舌尖尝雪的场景，其欣喜之状溢于言表，展露了无限童趣，画面极其简单却意蕴深厚。

今冬初雪姗姗来迟

【160家污染企业名册出炉】 消息名。孙皓撰。获上海市区县报2014年度好新闻评选消息类一等奖。发表于2014年4月23日。全文讲述松江区党政负责干部大会上曝光环境污染问题一事，通过对会议情景的再现，点出了松江首次大规模公开曝光污染企业的现实意义，体现了松江整治污染企业的坚定决心。

【生活茶室副刊】 版面名。许平编辑。获上海市区县报2014年度好新闻评选副刊类一等奖。该专刊每半月一期，连续多年，着力培养有个性、地方化的品牌栏目，主题深深切入松江文脉，文风则犹如街谈巷议般朴实，在“闲聊”中揭示云间深厚的文化底蕴，传承华亭地域文化特色，具有浓郁的地方特色和独特的乡土风情。

【黄浦江上最后的渔民】 影像生活版名。岳诚摄，臧志明编辑。获2014年度中国县市传媒新闻奖摄影专版三等奖。发表于2014年7月1日《松江报》第11版。整版由贾佳撰写的千字通讯和岳诚拍摄的6幅照片组成。版面以将近半版的渔民在黄浦江上撒网的照片为主图，衬以其他大小不一的照片，显得虚实相间。

顾阿塔和同伴郭凤宝在江面上撒网

【竹蒲传承草龙技艺】 摄影作品名。蔡斌摄。获上海市区县报2015年度好新闻评选摄影作品类一等奖。发表于2014年10月14日。作品以组图的形式，展示了国家级非物质文化遗产叶榭舞草龙从选材到制作完成的全过程，通过细节的特写和成品的展示，直观展现了舞草龙的独特魅力。

竹蒲传承草龙技艺

【ICU病房的一场特殊告别】 消息名。黄蕾宇撰。获上海市区县报2015年度好新闻评选消息类一等奖。发表于2015年4月30日。全文讲述松江大学城一位女大学生突发疾病去世后其父母决定捐献器官的感人故事，从医生、老师等人的角度回顾了女大学生的生平和发病及救治过程，同时讲述了父母悲痛之下作出这一决定的心路历程。

【心中有秤又有情】 评论名。裴麟麟撰。获上海市区县报2015年度好新闻评选评论类一等奖。发表于2014年12月16日。全文围绕“秤”和“情”两个关键字，点评了石湖荡镇洙桥村党支部书记、村委会主任殳火明开展群众工作的方式方法，深层次地剖析了其能在村民中做到“立威、立信、立德”的关键原因。

【松江报社微信公众号】 微信公众号名。获上海市区县报2016年度好新闻评选微信公众号类一等奖。该微信公众号于2014年1月1日上线，始终秉持着《松江报》“新闻立报、文化强报、服务热报”的办报理念，一步一个脚印，坚持做好自己，全心全意为松江市民打造一个通过手机移动终端获取新鲜、权威的松江本土资讯的渠道。

【有一丝生命迹象就不放弃救援】 消息名。孙皓、黄蕾宇、杨逸飞撰。获上海市区县报2016年度好新闻评选消息类一等奖。发表于2016年4月12日。全文讲述前一天佘山镇突发一起房屋倒塌事故的始末，从救援现场、区领导现场指挥，到医院救治伤员情况等，及时客观地报道了这一引发广泛关注的突发事件。

【焦点关注】 专刊名。张友明编辑。获上海市区县报2016年度好新闻评选专刊类一等奖。该专刊创办于2006年1月，每周一期，始终围绕社会热点，关注市民难点，聚焦时事问题，凸显了新闻的及时、鲜活、深度和广度，为政府分忧，帮群众解难，架起了一座政府与市民沟通、理解的桥梁。

【国家新型城镇化综合试点：乡村蹲点日记】 策划名。获上海市区县报2016年度好新闻评选新闻策划类一等奖。该策划以松江区正式推进国家新型城镇化综合试点之机，从全区11个涉农街镇中遴选出11个各具特色的村居开展蹲点，并于7月26日起，每周两期逐一刊登整版聚焦报道，不仅让读者通过文字走进农村、读懂农村，也在某种程度上为这些已消失或正在消失的乡村树碑立传。

【深坑酒店地下结构顺利封顶】 照片名。张哲伦摄。获上海市区县报2016年度好新闻评选摄影作品类一等奖。发表于2018年8月11日。该作品在备受瞩目的深坑酒店实现地下结构封顶之际，选取最佳角度，采用侧逆光角度，展现这一世界建筑奇观层次分明的主体结构雏形。

深坑酒店地下结构顺利封顶

【黄浦江松江段浮吊整治】 摄影作品名。张哲伦摄。获上海市区报2017年度好新闻评选新闻摄影类一等奖。发表于2017年3月16日。作品展示两座近300吨的浮吊被拖离黄浦江松江水域的场景，以航拍镜头记录了黄浦江松江段浮吊作业全部停止的标志性一刻，画面大气，令人震撼。

【全市首张“一窗通”营业执照在松发出】 消息名。陆怡怡撰。获上海市区报2018年度好新闻评选消息类一等奖。发表于2018年4月3日。全文讲述上海市企业注册“一窗通”平台上线首日松江即发出全市首张“一窗通”营业执照的故事，通过企业对上海深入落实“放管服”改革获得感的描述，生动展示了上海大力优化营商环境的一个缩影。

【广富林郊野公园今开园，一起去阡陌乡野品读千年根脉吧】 微信公众号作品名。沈莉娜、陆怡怡撰文，岳诚摄影。获上海市区报2018年度好新闻评选微信公众号作品类一等奖。发表于2017年12月28日。全文对全新亮相的广富林郊野公园的布局、开闭园时间、门票定价等进行了详细介绍，并通过大量实景图片全天候、全景式地展示了公园的风貌。

广富林郊野公园航拍

【还了30年也没能还上的80元】 通讯名。陈燕撰。获上海市区报2019年度好新闻评选通讯类一等奖。发表于2019年6月27日。全文讲述了古稀之年的河南人王林华拄着拐杖千里迢迢来到松江，寻找30多年前素昧平生却借他80

元渡过难关的松江恩人费肇铨的故事，通过这跨越30多年的“一助一报”反映了热心助人和知恩图报的中华传统美德，传播了满满的正能量。

【全球海拔最低的星级酒店昨开业】 消息名。王颖斐、俞惠昌撰。获上海市区报2019年度好新闻评选消息类一等奖。发表于2018年11月16日。全文讲述深坑酒店历经十年建设迎来开业的故事，立体式介绍了这家由废弃采矿坑改造而成的星级酒店的主体建筑结构、客房特色、建设中克服的技术难题、具有特色的体验类项目等。

广播电视获奖新闻

【种田人打官司】 生活与法律节目名。作者王一平、陈良雄。获1989年上海市广播电视学会市广播节目一等奖。节目讲述松江县华阳桥乡（今车墩镇）官绍村党支部书记与村办企业上海华绍电机厂负责人通过学法、用法，在短短两年半时间里连续打赢了27场官司，无一件败诉，共计追回欠款37万多元。

【玉宇飞舞松江衣】 广播通讯名。作者陈良雄。获1989年上海市人民广播电台庆祝上海解放40周年郊区专题节目一等奖。通讯讲述松江自古称衣被天下，解放以后尤其自改革开放以来，松江县乡镇工业迅速崛起，加上国企外企联袂起舞，一批服装企业蓬勃发展。“霓裳羽衣”在扮靓百姓的同时，还获得可观的经济效益。

【老裁缝和小裁缝】 广播剧名。作者张碧瑞、徐洁。1989年获上海市广播电视局郊县电台文艺节目二等奖。

【车墩乡创办育才农场培养跨世纪农民】 广播消息名。作者王一平。获1991年上海市广播电视学会优秀广播电视节目三等奖。针对年轻人纷纷离开土地，农业生产“青黄不接”现状，松江县车墩乡毅然办起育才农场，召集四五十名青年学农业科技知识，并由“老把式”手把手教田间活计，旨在培养新世纪农民。

【梨园雏音栏目】 文艺栏目名。作者王虹、陈洁萍。获2011年度上海文广局区县广播文艺评比二等奖。松江人民广播电台播出。栏目讲述戏曲要从娃娃抓起，松江区开设少儿戏曲班，普及和传承国粹。节目围绕这些梨园里的“雏音”来展现松江在传承传统文化中所作的努力，收到良好效果。

【松江红色档案里的全国第一】 广播录音专题名。作者王虹、孙邦宁、李文明。获中国广播电视协会主办的2011年度全国县级广播电视作品评比广播社教类一等奖、全国第二届历史题材广播电视节目创优评比二等奖。松江人民广播电台播出。本期节目是为庆祝建党90周年而制作。节目围绕松江县第一届各界人民代表会议史实、作用、地位等，进行一系列的探究、解密。通过权威人士的披露、会议亲历者的讲述、详尽的党史资料等，还原再现了中国共产党党史上极其珍贵的一个事件。此次会议的许多情节、数字、人员、影响等都是最新研究成果，并首次在获奖节目中披露。

【话说松江栏目】 广播栏目名。作者王虹、孙邦宁、张碧瑞。获中国广播电视协会主办的2011年度全国县级广播电视作品评比广播优秀栏目类二等奖。松江人民广播电台播出。《话说松江》是一个围绕地方史脉、文脉、人脉，展示人文特色、传播优秀文化的文史类节目。栏目旨在梳理、挖掘松江厚重的文化积淀，唤起更多的人来保护。

【歌声传情——历史的音符在黄浦江畔跳跃】 广播特别节目名。作者王虹、李文明。获2011年中国广播电视协会上海经济区委员会举办的龙年新春节目评比一等奖。松江人民广播电台播出。节目以一百多年前的地方童谣以及一些原创歌曲为主线，穿插歌曲背景、历史文化、人物介绍等，邀请民间艺人讲民俗故事，并邀请上海文史专家陈燮君、王琪森等介绍松江“上海之根”的定位。

【“小匣子”里的“大书屋”】 广播专题名。作者王虹、孙邦宁。获中国广播电视协会主办的2012年度全国县级广播电视节目创优二等奖。松江人民广播电台播出。节目围绕松江区开展的“百姓书声”文化资源配送行动，特别是为60岁以上老人免费配送特制收音机而展开报道，展现了“小匣子”里也有“大乾坤”。

【竞聘上岗的农场主】 广播社教专题名。作者王虹、樊佳琪。获2014年度上海广播电视政府三等奖、第24届上海新闻奖三等奖，这是松江广播首次获得上海新闻奖。松江区在家庭农场发展、推广现代农业、提高农民收入等方面都走在全国的前列，真正解决了习总书记所说的“谁来种地”的问题。松江新型家庭农场主要持证上岗，参与竞争，通过演说竞聘产生。节目围绕这个主题策划制作，选取多个样本和实例进行跟踪采访。

【猴年马月闹新春】 文艺联播节目名。作者胡健尧、王虹。获2016年中国广播电视协会城市台（上海经济区）猴年广播文艺联播节目评比一等奖。松江人民广播电台播出。

【三十七年母子情细水长流传家风】 广播公益节目名。作者王虹、樊佳琪。获2017年中国广播电视协会、上海东方广播中心联合举办的全球华语广播“第十三届东方畅想公益宣传节目创新大赛”优胜奖。公益节目以2015年荣登中国好人榜的洪照生为典型，记者深入其家族采访，记录他与“母亲”沈老太之间的感人事迹，并运用同期声采访，生动、鲜活、真实、细腻地展现了“母子之间”不是亲人、胜似亲人。

【神勇大黑蜂圆农场主梦】 广播节目名。作者王虹、樊佳琪。获2017年全国县级广播电视播音主持作品二等奖。

【精神的坚守——从云间书派到“松江现象”】 广播节目名。作者孙邦宁、樊佳琪。获2017年全国县级广播电视播音主体作品二等奖。作品讲述松江区在创建“全国书法名城”进程中，大力发掘“云间书派”艺术，涌现了一大批国家级、市级书法家。书法进校园，呈现从幼儿园到小学、中学的“松江现象”。

【春风十里不如你　半生相助赋予卿】 广播专题名。作者王虹、孙邦宁、樊佳琪。获2017年中国广播电视联合会上海经济区委员会广播专题三等奖。专题报道叶榭镇社区事务受理服务中心工作人员朱永林，32年无偿照料残疾“大哥”不离不弃、无怨无悔的事迹。朱永林荣登2017年7月中国好人榜。

【全国首创耕地质量保护险】 广播专题名。作者王虹、孙邦宁、胡健尧、樊佳琪。获第28届上海市新闻奖三等奖、2018年上海广播电视奖三等奖。2018年松江区推出全国首个“耕地地力指数保险”。报道以此为线索，深入田间地头，与农民和专业人士交流、探讨，通过政策解读、专家介绍，宣传这项惠民利民政策。

【忙前忙后“店小二”“零距离”服务企业】 广播专题名。作者王虹、孙邦宁、樊佳琪、胡健尧。获2018年中国广播电影电视联合会城市台上海经济区委员会年度广播作品三等奖。专题通过跟踪报道松江代办员张磊服务企业全过程，运用现场同期声和实地采访，展现了“店小二”服务精神，做到政府与企业“零距离”。

【2019年松江区城市精细化管理　听民意、集民智——民生访谈】 融媒体创新作品名。区融媒体中心创作。获2019年度上海市区报“融合创新类”一等奖。作品以访谈形式，用“绣花精神”对城市精细化管理各抒己见。

【农民书要从娃娃抓起——莫让方言演绎沦为失落艺术】 广播作品名。作者王虹、胡健尧、瞿志军、刘竑吁昱。获2019年度上海广播电视奖（地区）广播文艺二等奖。方言是地方文化的积淀，亦为地方的名片。作品从这一角度出发，要求让娃娃听农民书，让孩子讲松江话。

【松江人的手鞠情节】 广播作品名。作者孙邦宁。获2019年度上海广播电视奖（地区）广播电视播音三等奖。

【以农为本搞好副业生产】 电视新闻名。作者王一平。获1989年上海电视二台好片二等奖。新闻讲述松江县农业局为了更好地服务农民，除了按时、足量、平价向农民销售农药外，还委派农技人员下乡，在田头指导农民用药，提供一条龙服务。

【港商陈冠生动乱期间坚持松江办企业】 电视消息名。作者张贵云等。1990年7月24日获上海市广播电视学会1989年度电视新闻一等奖。

【北干山地区的候鸟受到严重伤害】 电视消息名。作者张贵云等。1991年12月获上海市广播电视学会1990年度广播电视优秀节目评选一等奖。

【红领巾小银行】 电视消息名。作者李保芳、何卫中。1990年获上海市广播电视局新闻评比二等奖。消息讲述松江农行与团县委合作，利用暑期，在泖港支行设“小小银行家”进暑托班活动，邀请37名小朋友参与。

【爱之歌】 电视短片名。作者何卫中、黄成、李保芳。1992年在全国20个省市、自治区电视短片大赛中获电视短片三等奖。

【九一元宵节目】 电视文艺节目名。何卫中、张贵云、郦红霞、龚兵主创。1991年3月刊播。时长30分钟。获上海电视台二台二等奖。

【冲出低谷】 电视专题片名。作者龚兵。1993年8月刊播。获1993年度上海市广播电视学会区县电视专题二等奖。

【峰泖揽胜话松江】 电视专题片名。松江电视台专题部创作。1994年获上海市广播电视学会电视专题片三等奖。

【松视600秒栏目】 电视播音员奖。作者徐洁。1994年获上海市广播电视学会电视播音作品三等奖。

【龙卷风昨袭击松江】 电视消息名。作者王一平、张贵云。获1995年上海电视台新闻中心"凯托杯"市郊新闻大赛一等奖。1995年秋松江县泖港乡发生一场特大龙卷风,大批树木倒伏,少数农房被毁,所幸无人员伤亡。当晚记者赶往泖港乡,拍摄了真实感人的生产生活自救场景。

【松江区残联产业扶贫见成效】 电视消息名。张贵云、代启应主创。2002年1月22日,获2001年度上海市有线电视协会"好新闻、好专题"评比新闻类二等奖。消息介绍松江区残联在新浜镇组织残疾人养殖肉牛致富的做法。残疾人是弱势群体,松江残联"不抛弃、不放弃",组织他们通过劳动改善生活品质。

【农民讲诚信　致富路上走得欢】 电视消息名。松江广播电视台创作。获2003年度上海区县广播电视创优节目评比二等奖,2003年12月上海市文广局广电处颁奖。消息介绍叶榭镇金家村搞"农民诚信建设",农民不再为发展资金发愁。金家村是全市第一个信用村,村民在3天之内就能拿到贷款,当年这种信用贷款在金家村已发放150多万元。

【周龙珍二迁厂房】 电视专题片名。作者龚兵、徐洁、赵健、叶勤龙。获2003年度上海市有线电视协会奖二等奖。20世纪80年代初周龙珍在泗泾创办"结花站",至1990年发展成上海丽美编结厂,成为泗泾第一家私营企业。1997年东南亚金融危机爆发,周陷入债务纠纷,工厂倒闭。在党和政府关心下,周龙珍另起炉灶,将企业搬迁至永丰街道,企业迎来新的发展。

【农业标准厂房供不应求】 电视消息名。代启应、张伟主创。获2003年度上海市有线电视协会"好新闻、好专题"新闻二等奖。

【一名铁路工人的业余爱好】 电视专题片名。作者龚兵。2003年12月刊播。获2003年上海市区县精品大赛电视社教二等奖。

【在那桃花盛开的地方】 电视专题片名。作者龚兵。获2004年度上海市有线电视协会石化杯"好新闻、好专题"的专题类二等奖。讲述佘山桃业合作社当家人沈慈声带领周边农户共同致富的故事。佘山镇大力发展种桃业,水蜜桃丰产却遇售桃难。沈慈声挑头组建专业合作社,多次在全市水蜜桃质量评比中摘得桂冠,销路顿时拓宽。

【天冷路滑,今天学校不上课】 电视消息名。作者何锋、叶琴龙、宋苏伟。获2005年度上海市有线电视协会消息类一等奖。2005年初大寒,上海地区连降大雪,路面严重结冰。为保障师生人身安全,松江区教育局发出临时停课停学通知,此通知比市教委相关通知提前了一天。

【前夫患病瘫在床　照料六载无怨言】 电视长新闻名。代启应、宋苏伟主创。2008年5月被中国广播电视协会评为二等创优电视长消息,此前获上海市有线电视协会2006年度"好新闻、好专题"评比新闻类一等奖。松江区叶榭镇同建村一村妇把瘫痪在床的前夫接回家中,六年如一日悉心照顾。众乡亲从嘲讽到理解、感动。东方卫视在主新闻时段以小专题的形式详加报道,《解放日报》以大幅版面刊登。

【不带薪的书记】 电视专题片名。耿慧、龚兵主创。2006年8月刊播。获上海市第八届党员教育电视片观摩评比二等奖。

【女子落水　热心人上演生命接力】 电视新闻名。代启应、宋苏伟主创。2007年获上海市文化广播电视局电视新闻三等奖。记者接到电话,称中央公园附近的河道里有人落水,火速赶到现场,成功拍摄到众人勇救落水女子的现场画面,新闻感染力强。

【地增产人增收　家族农场有"钱途"】 电视新闻名。代启应主创。获上海市有线电视协会奖2008年度滴水湖杯新闻二等奖，稍后又获上海市广播电视学会区县电视新闻二等奖。新闻介绍松江通过有组织开办家庭农场，破解农民增收难、土地抛荒、粮食生产安全等难题。松江实施粮食家庭农场，通过生产方式的改变和经营主体的培育，较好地解决了这几个问题，某种程度上代表着现代粮食生产的发展方向。

【松江电视台获《神州瞭望》电视外宣优胜奖】 《神州瞭望》是中国黄河电视台在美国斯科拉电视网播出的面向全美华人、大专院校学生的电视栏目，截至2010年已进入美国40多个城市。2004年松江电视台加入外宣协作网，至2007年已有100多部纪录片经由《神州瞭望》栏目在美国播出。2008年6月，松江电视台获《神州瞭望》电视外宣协作网外宣优胜奖。

【"一纸证书"获担保　资金到位助发展】 电视新闻名。代启应、赵健主创。获2009年度上海市有线电视协会"好新闻、好专题"新闻二等奖。中小企业融资难，是多年来制约其发展的重要原因。在金融危机的大背景下，泗泾镇玉丹药业利用企业的无形资产作质押物，松江区则成立专门的担保中心，为中小企业解决信誉资质问题，使中小企业能度过"寒冬"。

【薛家五姐妹】 电视专题片名。作者龚兵。2009年初刊播。2009年获上海市有线电视协会奖二等奖。

【松江电视台获上海电视台《新闻坊》年度集体金奖】 2008年底，松江电视台组建青年突击组，再造新闻流程。2009年1—10月，积极向上海电视台《新闻坊》栏目发稿，录用536条，名列上海18家区县台之首。同年松江电视台获上海电视台《新闻坊》年度集体金奖称号，何锋、宋苏伟、胡思远分获《新闻坊》十佳站长、十佳记者和十佳摄像称号，两则新闻获年度优秀新闻奖。

【梦追黄桥】 电视专题片名。朱少石、陈燕、张倩、王岩生主创。2013年年中刊播。获上海市第十一届党员教育电视片观摩交流活动党建工作纪实片优秀作品奖。记者实地采访村民，了解新农村建设以来泖港黄桥村的发展变化，涉及经济发展、村容村貌、百姓生活、党的建设以及文化素质提高诸多方面。

【茸城之光节目】 电视访谈节目名。朱少石、陈燕、张倩、王岩生、李晶主创。2014年2月16日刊播。获上海市第十一届党员教育电视片观摩交流党建工作纪实片优秀作品奖。节目聚焦松江党建，从叶榭镇、区中心医院、岳阳街道长桥居民区项目化管理入手，邀请吴浩波、赵庆寺、李鸿渊等专家畅谈松江党建项目化经验。

【飞机零件砸落　所幸无人伤亡】 电视消息名。作者陈盛、刘青。获中国广播电影电视社会组织联合会2015年评优活动电视长消息类三等奖。消息被中央电视台、上海卫视、上海新闻综合频道、凤凰网等媒体采用。此消息采制于2015年7月15日，作者通过实地走访、网络求助，并采访法律人士，真实、及时、有效报道事件。

【茸城之光——开播一周年特别节目】 综艺节目名。作者朱少石等。2015年3月8日刊播。获2014年度上海广播电视奖（电视文艺）区县奖——电视综艺节目二等奖。节目回顾《茸城之光》开播一周年中发生的感人故事，把曾经参与过节目的嘉宾代表、专家学者、社区百姓请到现场，一起来"刻写温暖符号"。

【有你】 微电影名。作者朱少石等。2015年11月刊播。获首届上海新视角微电影大赛三等奖。全篇以电视栏目为线索，将电视台工作人员、消防员、厨师助理、皮影戏班组、中药师、公路养护员6种看似毫无关联的职业相互串联。用人物表现城市，又用城市将人物刻画得更为鲜活，每个人身上都蕴含着松江精神。

【松江区党建项目化特期】 电视栏目名。朱少石、陈燕、张倩、王岩生、李晶主创。2016年6月26日刊播。获上海市第十二届党员教育电视片观摩交流活动党建电视栏目最佳作品奖。重点介绍广富林街道党工委启动党建项目，与大学城七所高校联盟，地校合作坚持以"优势互补、资源共享、共同提高、共建和谐"为原则，围绕"党建促共建，共建促发展"这一主题，整合高校和社区内各类资源，实现信息、阵地、文化、服务的共有共享。

附表

松江历年重要文化新闻一览表

标　题	作　者	媒　体
业余文工团的一个榜样	社论	1960年2月12日《解放日报》
松江兴修云间第一楼	吴纪盛、秦武平	1999年4月24日《新民晚报》
绿叶红花逢春发	纪盛	1999年6月2日《松江报》
农村文化园地繁花似锦	纪盛	1999年8月11日《松江报》
陈化成祠迁至方塔园	吴纪盛	2000年8月19日《新民晚报》
史量才故居修缮一新	朱民权、吴纪盛	2000年12月17日《解放日报》
800场名家好戏送到农民家门口	薄小波、陈军康	2007年10月9日《文汇报》
上海：交响乐朗诵会歌颂祖国	沈文敏	2007年10月16日人民网
顾绣传世作集中亮相	彭骥	2007年12月28日《新闻晨报》
两夏墓月底前修葺完工	沈轶伦	2008年3月28日《解放日报》
让每幢文物建筑“活过来”	朱全弟	2008年5月4日《新民晚报》
“发掘到了上海先民的东西”	朱全弟、陈亚利	2008年6月18日《新民晚报》
上海第九届国际摄影艺术展览明天开幕	/	2008年7月1日《新民晚报》
“中华四绝”瓷艺集于一瓶	张晋洲	2008年2月22日东方网
程十发艺术馆在松江开馆	李婷	2009年4月11日《文汇报》
世博墙上画海宝　百米长卷传心愿	蔡桑	2009年5月1日东方网
全国青少年业余器乐大赛在上海举办	李荣	2010年7月20日新华网
用微雕再现红军长征	朱全弟	2011年7月6日《新民晚报》
第五届国际新闻摄影比赛（华赛）在沪颁奖	沈文敏	2009年8月23日人民网
“平复帖”杯国际书法大赛昨颁奖	李婷	2009年10月29日《文汇报》
秀才出田头　春联挂门口	沈轶伦、陈佳欣	2010年2月13日《解放日报》
沪最早地方志将重新面世	沈轶伦、陈佳欣	2010年7月22日《解放日报》
明代朱舜水书法作品入藏故里	顾咪咪	2010年8月31日《解放日报》
江南曲圣俞粟庐尺牍现松江	沈轶伦、陈佳欣	2010年10月15日《解放日报》
松江石湖荡现百年铁路桥遗址	沈轶伦、陈佳欣	2010年12月16日《解放日报》
上海书画院成立松江分院	李君娜	2010年12月23日《解放日报》
存世最早书法真迹成国家名片　陆机“平复帖”邮票在沪首发	沈文敏	2011年4月16日人民网
地方志与松江历史文化讲坛开讲	姜小玲	2011年5月19日《解放日报》
解放诗社松江创作基地揭牌	温怡	2011年7月6日《解放日报》
“上海之根”文化系列丛书出版	李婷	2011年9月29日《文汇报》
“钟书”：销售码洋十六年增千倍	陈熙涵	2011年10月13日《文汇报》
小区广场挂银幕　居委会里摆戏台	诸葛漪、居嘉	2011年11月6日《解放日报》
第五届上海朗诵艺术节在松江举行	姜小玲	2011年11月9日《解放日报》
松江“非遗”身边新时尚	沈轶伦	2011年11月20日《解放日报》
车墩老上海风貌韵味渐浓	王楠	2011年12月1日《新闻晚报》
松江添两个市级非遗	朱斌、居嘉	2011年12月13日《文汇报》

（续表）

标　　题	作　　者	媒　　体
松江打造“百姓明星”耄耋老人、80后接力文化传承	陈洁	2011年12月15日东方网
老将军松江办书画展	朱斌	2012年11月21日《文汇报》
松江获“中国书法城”称号	诸葛漪	2012年11月21日《解放日报》
松江顾绣展在一大会址纪念馆揭幕	朱斌、居嘉	2012年1月29日《文汇报》
明代大儒朱舜水墨宝东瀛归来	诸葛漪	2012年3月28日《解放日报》
为642岁明代古照壁做“体检”	沈轶伦、丁艺婕	2012年5月3日《解放日报》
旧镇鉴藏馆落户松江	诸葛漪	2012年7月23日《解放日报》
马相伯故居免费开放　当年捐出家产办学救国	王楠	2012年9月19日《新闻晚报》
沪剧《家园的春秋》改后复演	季峥	2012年10月16日《解放日报》
顾绣《平复帖》出炉	居嘉、诸葛漪	2012年12月7日《解放日报》
“陈云与松江区农民武装暴动史料展”开展	孙皓、诸葛漪	2012年12月17日《解放日报》
表演几近失传曲目　拯救沪剧滩簧老段	沈轶伦、周诗旻	2013年1月8日《解放日报》
陆军：醉心记录农民“心灵档案”	史博臻	2013年1月10日《文汇报》
百年串马灯　年轻村民成“粉丝”	沈轶伦、居嘉	2013年2月6日《解放日报》
村口“土色土香”唱年戏	孙皓、杨丁玮、沈轶伦	2013年2月13日《解放日报》
一个人的松江皮影戏	余梦	2013年2月22日《东方早报》
将“木作故事”讲给更多人听	沈轶伦、孙皓	2013年3月16日《解放日报》
妈祖文化浦江上演	任翀	2013年4月28日《解放日报》
松江新增两处全国文保单位：广富林遗址和佘山天文台	王楠	2013年5月8日《新闻晚报》
“找的老帅和他的书”	李君如	2013年5月28日《光明日报》
古宅“入住”方塔园	王颖斐	2013年9月15日《解放日报》
月映浦江首诗词寄祝福　松江举行中秋诗会	孙皓、周平	2013年9月19日东方网
松江顾绣赴卢浮宫参展	黄勇娣、居嘉	2013年11月3日《解放日报》
中国会计博物馆在松江开馆	徐瑞哲	2013年11月24日《解放日报》
传承非遗丝网版画	孙云	2013年11月26日《新民晚报》
广富林遗址公园英姿	张海峰	2014年1月17日《解放日报》
天马山东麓建三高士纪念园	李君娜、居嘉	2014年1月21日《解放日报》
“叶榭软糕”新春生意火	沈轶伦、贾佳	2014年2月1日《解放日报》
松江发现一方宋代碑刻	居嘉、沈轶伦	2014年2月20日《解放日报》
“松江邦彦画像”77年后重归故里	居嘉	2014年5月9日《解放日报》
“对顾绣文化传承发扬有信心”	张昱欣	2014年5月23日《新闻晨报》
老农的“艺术工作室”	贾佳	2014年5月24日《解放日报》
日军遗留照片还原侵华暴行	孙皓、沈轶伦	2014年8月12日《解放日报》
国际名人松江亮墨宝	李君娜、居嘉	2013年10月21日《解放日报》

（续表）

标　　题	作　　者	媒　　体
20多位书画大师真迹汇集松江	黄勇娣、刘琳	2013年10月29日《解放日报》
华亭诗社：都有颗爱诗的心	陆静宜	2015年1月6日《解放日报》
广富林文化遗址公园项目加速推进	王颖斐	2015年1月22日《新民晚报》
董其昌书画博物馆7月松江动工	居嘉	2015年2月12日《解放日报》
松江摄影师获索尼世界摄影奖	居嘉	2015年3月19日《解放日报》
松江张泽清明习俗：包青龙饺	贾佳、朱全弟	2015年4月4日《新民晚报》
顾忠春汇编20万字乡野传说	彭薇、陆静宜	2015年5月27日《解放日报》
民间摄影师拍摄松江绣娘	彭薇、陆静宜	2015年7月3日《解放日报》
松江农历七月十四喝豆浆	彭薇、陆静宜	2015年8月28日《解放日报》
在平凡人的世界过把艺术瘾	彭薇、贾佳	2015年9月7日《解放日报》
草庐“肉番烧”上海老味道	彭薇、许梅	2015年9月26日《解放日报》
仓城影视园，引得大咖齐“筑巢”	周祥波、彭薇	2015年10月4日《解放日报》
上海当代艺术展免费开放	黄勇娣、秦天	2015年11月23日《解放日报》
“最美书店”钟书阁开进市中心	黄勇娣、居嘉	2016年8月19日《解放日报》
佘山大境界，问根广富林	张晋洲、王颖斐	2016年9月8日《解放日报》
阿六汤圆：松江人的元宵记忆	居嘉、江跃中	2017年2月11日《新民晚报》
保护院落增一倍　新建建筑减七成	黄勇娣、周祥波、乔进礼	2017年5月24日《解放日报》
十锦细锣鼓传承人张洪生　“一脉单传”两度陷失传险境	范洁、乔进礼	2017年6月10日《新民晚报》
唐明星　守护传承竹器工艺	范洁、乔进礼	2017年11月11日《新民晚报》
“时空之旅”带你揽尽千年历史	范洁、王颖斐	2018年6月22日《新民晚报》
松江这只非遗粽子“126岁”啦	杨洁、徐程、张哲伦	2019年6月8日《新民晚报》
上海科技影都出台措施　不拼土地发力影视产业集聚	李成东、张熠、牛立超	2019年6月20日《解放日报》
在乡愁中延续文脉	杨洁、牛立超	2019年7月6日《新民晚报》
千年古镇邂逅“南村映雪”	杨洁、牛立超、张小小	2019年7月27日《新民晚报》

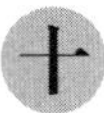

重要新闻

本埠微信10万+新闻及中央新媒体要闻

【从松江开车去德国】 消息名。张宁撰，陈军军编。发布于2014年10月30日微松江（微信公众号）。文章记录了在松江大学城经营咖啡店的王小姐一行，从松江开车到德国，行程1.8万千米，历时2个多月，穿越欧亚大陆，经过14个国家、60多个城市的超长途自驾旅行。阅读量达100万人次。文章链接：https://mp.weixin.qq.com/s/Qf8SqdBIClR3x5uAyQlWNA。

【阿里巴巴为何选择松江】 消息名。作者周样波、陈燕。发布于2014年11月3日松江报（微信公众号）。2014年10月31日阿里巴巴（中国）有限公司、松江区人民政府、上海基森仓储有限公司三方代表在《跨境电子商务战略合作协议书》上签字。松江具有国际航运优势，是上海自贸区政策复制推广地区，具有制造业产业和具备辐射长三角乃至华东地区的区位优势，拥有发达的交通网络，所以阿里巴巴选择在跨境电子商务领域与松江合作。文章链接：https://mp.weixin.qq.com/s/vC24X4ytY7NpJzlRrpHXug。

【松江有轨电车42站线路详解，看看经过你家门口吗？】 消息名。作者陈军军。发布于2014年11月7日微松江（微信公众号）。文章报道最新公示的有轨电车线路规划，引起网友极大关注。根据规划，T1、T2线共42站，串联起松江城区、松江工业区、新桥3大板块。未来，松江将成为全国现代有轨电车示范区。文章链接：https://mp.weixin.qq.com/s/zniAZgSgX8RH4Pdp-jCiLw。

【松江那么大，我想去看看】 消息名。作者陈军军。发布于2015年4月19日微松江（微信公众号）。"世界那么大，我想去看看"为网络流行语。文章借用该流行语，盘点了松江的世界之最、上海之最，以及松江独有的旅游资源，登上上海境内最高峰（西佘山），住到世界最深处（深坑酒店），向读者介绍松江的文化资源和旅游资源。文章链接：https://mp.weixin.qq.com/s/KDUfHXYXhHuzPL3qPbnrzw。

【松江"蚕宝宝"今日通电试车啦！计划2018年试运营】 消息名。松江区新闻办供稿。发布于2016年12月10日上海发布（微信公众号）。2016年12月10日，松江有轨电车实训段人民路段通电试车。文章报道了松江有轨电车车站的设置情况、正线段的铺设情况，并通过航拍视频从空中俯瞰有轨电车的运行实况。松江有轨电车示范线T1、T2线计划年底实现轨通，2018年试运营。文章链接：https://mp.weixin.qq.com/s/LlJ0bY-AWoBtEDPN0YH04Q。

【广富林遗址雪景大片首次曝光！错过再等一年！】 消息名。作者陈军军。发布于2018年2月4日微松江（微信公众号）。2018年的第一场雪落下，作者清晨赶往广富林文化遗址，拍摄下唯美壮观的雪景大片，广富林雪后美景让读者惊艳。文章链接：https://mp.weixin.qq.com/s/svp8tzmTQO0mmo-KtqY0SQ。

【佘山世茂深坑酒店即将开业！入住价格曝光】 消息名。作者陈军军。发布于2018年11月1日微松江（微信公众号）。被美国《国家地理》杂志誉为"世界十大建筑奇迹"的深坑酒店(上海佘山世茂洲际酒店)即将开业,文章发布深坑酒店现场实景图和酒店介绍,让读者第一时间了解到这座建筑奇迹的现况。文章链接:https://mp.weixin.qq.com/s/MSI5O0qPPXHkYgGzcd8W5g。

【最新出炉!松江自己的原创歌曲《松江》,太好听了!】 消息名。作者右眼。发布于2019年1月13日微松江(微信公众号)。由新松江人右眼作词,歌手符禹迅作曲并演唱的松江本土原创民谣《松江》,在微松江公众号上首发。文章通过松江美景美图展示,配以民谣质朴的歌词和深情的吟唱,引起松江人共鸣。文章链接:https://mp.weixin.qq.com/s/YMtUWC6pO19bXXAPlY-zzw。

【《亲爱的,热爱的》松江取景地全揭秘,你们的"现男友"在这里!】 消息名。作者周雨薇。发布于2019年7月26日上海松江(微信公众号)。电视剧《亲爱的,热爱的》热播,其大部分取景地在松江。文章盘点了该剧在松江的拍摄取景地,包含上海视觉艺术学院、上海欢乐谷、中央公园、文汇路商铺、松江的小区等,结合影视热点介绍松江旅游资源,展现松江"影视之都"的魅力。文章链接:https://mp.weixin.qq.com/s/GR4M9cOYM3Zy707avFxpXw。

【厉害了!今天,来自松江的他们在天安门广场参加了阅兵和群众游行!】 消息名。魏叶、陈燕、丁艺捷撰,周正豪编。发布于2019年10月1日上海松江(微信公众号)。当日上午,庆祝中华人民共和国成立70周年大会在北京天安门广场隆重举行。在阅兵式和群众游行中,多位松江人接受了祖国和人民的检阅。加入阅兵方阵的有来自松江车墩镇的军人张豪、泗泾镇的退伍军人陈涛、松江七中毕业生王一帆、泖港镇的退伍军人顾宇庆;参加群众游行队伍的有松江家庭农场主李春风,还有来自东华大学服装与艺术设计学院服装设计与表演专业的七名学子。文章链接:https://mp.weixin.qq.com/s/eB6mljNsHdClSg2rdlstmA。

【松江,空城】 消息名。作者陈军军。发布于2020年1月27日微松江(微信公众号)。大年初三,疫情之下的松江街头宛如空城。文章通过实地拍摄松江空空荡荡的街景,记录下罕见的历史画面。在空城画面背后是无数抗疫工作者的守护。文章通过空与紧、静与动形成强烈对比,让市民感受到这个寒冬不是空城,而是暖城。文章链接:https://mp.weixin.qq.com/s/OeQJcjnTEuA8gpwb2g6pIg。

【疫情就是命令!松江19名医护人员出征驰援武汉】 消息名。王梅、王颖斐撰,秦天、张哲伦摄,秦天视频,韩佳怡、沈莉娜编辑。发布于2020年1月28日上海松江(微信公众号)。当日(正月初四),来自松江区中心医院、方塔中医医院、泗泾医院、九亭医院和上海市第五康复医院的19名医务人员组成松江医疗队奔赴"武汉防疫一线"。作为上海市援鄂第二批第五组普通患者救治医疗队成员,均为医院呼吸科、感染性疾病科等科室的骨干力量。区委书记程向民,区委副书记、区长李谦等前来送行。文章链接:https://mp.weixin.qq.com/s/9wklggNcGHZPW9xFdGlwJQ。

【松江家庭农场主的欢快除夕】 消息名。黄勇娣撰,张海峰摄。2014年1月31日发表于中国共产党新闻网,消息来源于同日《解放日报》头版。松江新浜镇林建村46岁的郎永正一早忙开了,杀鸡宰鹅,准备过年。老郎是三峡移民,去年承包了82亩粮田,亩均产量650千克,毛收入16万元。今年承包面积增至106亩,老郎制订了新目标:毛收入要努力达到19万～20万元。同是从重庆迁来的江诗安,今年刚成为家庭农场主,借喝茶聊天机会,不断向老郎讨经验。

【松江把群众工作做到网上】 消息名。沈铁伦、徐敏撰。2014年3月20日发布于中国共产党新闻网,消息来源于同日《解放日报》头版。在第二批群众路线教育实践活动中,松江把群众工作做到网上去:当年将利用各委办局、街镇的政务网站和微博积极与群众互动,解决民生需求。鼓励机关干部、媒体工作者和法律工作者,运用专业知识为群众解疑释惑。松江区将邀请第三方机构来评估各个政务网站和政务微博。

【"我们在做一件脚踏实地的事"】 通讯名。沈铁伦、王晓慧撰。2013年6月29日发布于人民网,通讯来源于同日《解放日报》,中央电视台、上海电视台亦有报道。"八戒烤蹄"店铺在松江大学城文汇路上,经营者是三位知名高校的学生赖章平、李洪临、李功福。获大学生创业基金要通过评审。第一次复审未通过，第二次复审通过，获10万元创业基金。店铺每天下午4时开张，卖完收摊。工作日每天卖250个，双休日每天卖350个，一个月收益可达3万元。

【拆违：党员干部带头，群众服气】 消息名。黄勇娣撰。2014年7月10日发布于中国共产党新闻网，消息来源于同日《解放日报》头版。经年初排摸，松江泗泾镇15个农民自建小区，总住户1 674户，其中涉及违法建筑的1 439户。党员干部必须带头拆违，镇党委、政府出台了《关于"公"字头人员拆除违法建筑相关处理规定的会议纪要》，并将481户"公"字头涉违人员一一公示，接受群众监督。同年3月1日至6月30日，该镇展开一场拆违"旋风行动"，农民自建小区里违法建筑基本拆除，拆违率达99.93%。

【"小姆妈"和她的"孩子们"】 通讯名。沈铁伦撰。2014年7月28日发布于中国共产党新闻网，通讯来源于《解放日报》头版。在松江区岳阳街道景德路居民区，居委干部跟着居民区党总支书记钱蕊蓉称黑色塑料文件夹为"我们的孩子"。钱对2 500多名居民的信息情况信手拈来，故由此获得了工作人员和居民一致的称呼："小姆妈"。打动人的，往往就是细节。仅在景德路首批40多户居民动迁过程中，钱就为33户居民争取到了250多平方米的补偿面积，至少为居民带来了250万元的经济利益。

【松江下狠心清拆污染企业】 消息名。黄勇娣、周祥波、张晋洲撰。2014年10月14日发布于中国共产党新闻网，消息来源于同日《解放日报》头版。年初，松江区把161家污染企业纳入清拆整治计划，由于各街镇积极作为，把2015年清拆计划提前到2014年完成，实现关停或完成清拆231家企业，16家企业尚在整治中。松江采取严苛的环保考核标准，各街镇不敢有丝毫懈怠。其中新浜镇力度大动作快，清拆污染企业42家，腾出土地510亩。

【攻克"卡脖短板"　G60科创走廊串起"智造"长三角】 消息名。姚玉洁、龚雯撰。发表于2018年6月2日新华网。消息导语称：6月1日，上海西南门户松江与嘉兴、杭州、金华、苏州、湖州、宣城、芜湖、合肥九地宣布共建共享面向长三角的G60科创走廊，聚焦规划对接，推动长三角区域产业链、创新链、价值链布局一体化。

【松江：G60科创走廊成长三角一体化发展的重要引擎】 消息名。唐小丽、汪双申撰。发表于2019年3月11日人民网。消息报道2018年松江经济平稳增长，居民人均可支配收入52 195元，增幅位居郊区第一。松江先进制造业能级强劲提升，吸引海尔智谷、超硅半导体、国能新能源汽车等百亿级项目开工建设，全年新开工102个，竣工投产106个。

【G60科创走廊，推动区域合作高质量发展】 消息名。巨云鹏、邱超奕撰。发表于2019年4月12日人民网。消息报道2018年工信部赛迪研究院发布的"中国先进制造业发展指数"中，当时面世不久的G60科创走廊综合排名位列先进制造业十大代表性集群第一。以上海松江为例，2018年完成外资新设及变更备案事项1 530份。2019年一季度，合同外资以新投资项目为主，新批准项目137个，同比上升167%。

【3.0版长三角G60科创走廊一周年成员单位最新表态】 消息名。汪瑞华撰。发表于2019年6月25日人民网。消息报道6月24日，在安徽芜湖召开的2019长三角G60科创走廊联席会议上，九城市悉数亮相。此次会议距2018年6月1日3.0版长三角G60科创走廊诞生刚刚过去一年。松江区委书记程向民、苏州市市长李亚平、嘉兴市委书记张兵及安徽省委常委、合肥市委书记宋国权等先后发言。

【G60科创走廊实现个税纳税记录跨省异地打印】 消息名。桑彤撰。发表于2019年9月11日新华网。消息导语称："没想到在上海松江能打印出在安徽宣城缴纳的个税纳税记录，一下子节省了不少来回跑的成本。"上海保隆汽车科技股份有限公司财务经理刘虎拿着刚出炉的一张个税纳税记录单欣喜地说。

【风筝能手齐聚松江　近千鹞鸢上演"空中芭蕾"】 通讯名。唐小丽、轩召强撰。发表于2019年10月14日人民网。10月12日，以"科创领航、逐梦云间"为主题，长三角G60科创走廊风筝大赛正式启幕。江苏省、安徽省两支风筝队精英与长三角市区级风筝能手同场竞技，一较高下，在松江新城国际生态商务区天空上演近千鹞子的"空中芭蕾"。计有27支风筝队135名运动员参与运动类、传统类、特色类三大类13个项目竞赛。

【金融支持长三角G60科创走廊先进制造业高质量发展政策发布会举行】 消息名。严远、韩庆撰。发表于2019年11月8日人民网。当日下午，金融支持长三角G60科创走廊先进制造业高质量发展政策发布会在第二届中国国际进口博览会期间举行。会上，中国人民银行上海总部发布《金融支持长三角G60科创走廊先进制造业高质量发展综合服务方案》，明确了15条政策举措，重点支持人工智能、集成电路、生物医药、高端装备、新能源、新材料、新能源汽车等七大产业的先进制造业企业发展。

报纸重要新闻及新华社图片

【张泽公社成为"科技之乡"】 消息名。毛秀宝、张贻复、方远撰。刊于1960年1月18日《解放日报》头版头条。记述上海市科学技术协会在松江县张泽公社（今叶榭镇境内）召开现场会，推广张泽群众学科学、用科学的经验。该社设农业科学研究所，成立工艺、园艺、农艺、畜牧兽医4个组，按作物、工种组成78个学组，565名有经验的农民、工人参加。1959年三麦、油菜、水稻均增产，社办工业产值陡增。全文配图3幅，毕品富摄。同版另发消息《学习张泽先进经验》，配发社论《让更多的公社成为"科学之乡"》。

【市郊掀起"学新五、赶新五、超新五"热潮】 消息名。综合各县通讯员来稿。刊于1960年4月7日《解放日报》头版二条通栏标题。记述上海市郊各县掀起声势浩大的"学、赶、超"群众运动。松江县新五公社（今泖港镇境内）党组织好当家，做好勤务员，大搞水利建设，改造泖田的事迹引起上海市和全国农业部门重视。同版配发社论《发挥党组织的战斗堡垒作用》。同日第三版配发《飘扬在"泖滩"上的大红旗》通讯，由姚天珍、马人俊、郁惟刚撰。消息和通讯共配发照片5幅，其中赵立群摄3幅，郭仁仪摄2幅。

【佘山公社加强集镇文化活动领导】 消息名。刘椿、郁惟刚撰。刊于1964年1月26日《解放日报》头版二条。记述松江县佘山公社重视集镇阵地的舆论宣传，让社会主义思想占领农村文化阵地。佘山共有5个小镇、6爿茶馆，经常进行宣传活动。业余故事员逢农闲、晚上进茶馆，讲《创业史》《红灯记》《雷锋》等故事，受到听众的欢迎。公社业余文工团贯彻自愿、业余、小型、多样的原则和勤俭节约的精神，自制布景道具，自排自演沪剧《血泪恨》《逼打手印》等小戏。头版头条位置通栏配发社论《让社会主义思想占领集镇的文化阵地》。消息配图1幅，由赵立群摄。

【松江叶榭镇茶馆成为兴无灭资阵地】 消息名。作者未署名。刊于1965年3月10日《文汇报》头版头条。记述松江县叶榭公社党委书记亲自下茶馆讲故事，鼓励故事员坚持大讲革命故事。茶馆故事会建立制度，按月落实故事会内容，定人定时挂牌讲故事。消息配图1幅，由陈根宝摄。另配短评《茶馆宣传要坚持》。

【松江县城北公社初步建成普及教育】 消息名。作者未署名。刊于1965年10月15日《文汇报》头版头条。记述松江县城北人民公社（今中山街道）从群众的实际出发，以革命精神办学校，千方百计为贫下中农服务，初步建成了适合农村特点的普及教育网。全公社4 100多名学龄儿童，95%以上都上了学。消息配图2幅，由钟志仁撰。同版配发见闻《办好耕读小学的一个重要因素》，张煦棠、周兴美撰。

【毛主席教育革命的光辉思想　照耀佘山公社教育革命前进道路】 消息名。作者未署名。刊于1967年12月24日《文汇报》头版头条通栏。记述松江县佘山公社掀起大学习、大批判、大改革的教育革命风暴，贫下中农、革命师生、革命干部边教学，边改革旧教育制度和旧教育内容。通篇把之前17年的教育称为修正主义教育路线。头版配发社论《佘山脚下起风暴》，称这是农村学校教育革命的风暴。同版配发图片1幅。同日二版整版配发调查报告《农村教育革命的初步探索》，署名上海市松江县佘山人民公社革命委员会。

【一百个贫下中农教育一个知识分子　难道还不能把他们改变过来吗？】 调查报告名。署名本报记者。刊于1969年2月28日《文汇报》头版头条。记述松江县泖港公社共有知识分子169人，其中教师139人、医生24人、兽医和农业技术员6人。从1967年10月起，贫下中农先后把知识分子成堆的地方管了起来。该公社对知识分子再教育的主要经验是：一、“管脑袋，抓灵魂”；二、再教育和使用相结合；三、还要有一个好的工作方法。同版配发评论员文章《一百比一的启示》。

【教学内容上的一场革命】 调查报告名。署名驻松江县工宣队、军宣队，松江县革命委员会调查组、佘山公社教育革命小组。刊于1969年4月12日《解放日报》头版头条通栏。记述松江县佘山公社成立了以贫下中农为主体，吸收革命干部、教师参加的“三结合”教材编写小组，从1967年9月到1968年12月，编出政治教材、农业生产知识、农业机械知识、农业水利和制图等10册，约20万字。报告说：“新教材‘新’就‘新’在突出了毛泽东思想，有‘乡土’味。写的是本地阶级斗争、生产斗争知识，通俗易懂，学了就能用。”同版配发社论《编写更多更好革命的新教材》。同日第三版配发特写《贫下中农上农业水利课》和乡土教材节录两则。

【以阶级斗争为纲展开三个“怎么办”的大讨论】 消息名。刊于1970年6月24日《解放日报》头版。通栏大标题报道：工业战线上去了，农业战线怎么办？兄弟单位上去了，我们怎么办？群众起来了，党员、干部怎么办？松江县城东公社（今车墩镇境内）长溇大队首先提出三个“怎么办”。头版头条消息眉题“长溇大队的先进经验在全市各条战线引起强烈的反应”。当天《解放日报》第一、二版登载多篇消息，报道各条线学习体会。学员、干部、群众形成共识：发动群众，联系实际，揭露矛盾，解决矛盾，跟上形势，促进革命和生产。

【用一个很大的干劲治水改土广积粮】 消息名。署名复旦大学新闻系工农兵学员。刊于1972年12月7日《解放日报》头版头条。记述在“农业学大寨”群众运动中，松江县古松公社（今石湖荡镇）干部和群众，脚踏实地地改造全公社4万多亩低洼地。经过两个冬春的奋斗，填掉了138条老河，新开39条新河，开挖总长340多千米的总渠、支渠和排水沟。平整土地，能排能灌，该公社1972年早稻每亩增产76.5千克，增幅居全县之首。同版配发通讯《昔日烂泖荡　今日新水乡》和短评《学习古松公社的艰苦奋斗精神》。另有通讯员所摄配图1幅。

【农业生产要上去　极左流毒要肃清】 消息名。杨明辉撰。刊于1979年4月12日《解放日报》头版二条。报道松江县三级干部会议敞开思想，联系实际，总结经验教训。列举极“左”路线的表现和危害：一、运动一个接一个，七斗八斗，把干部的积极性斗掉了；二、“大批还要大批”，七批八批，批得集体穷了“人家”；三、“卡死资本主义”，七卡八卡，卡掉了社员正当的家庭副业。县委当众宣布贯彻落实干部政策、经济政策、奖励政策的几条具体措施。

【徐富生的致富道路走得对不对】 通讯名。张志远撰。刊于1979年8月29日《解放日报》头版头条。讲述松江县佘山公社辰山大队范家生产队社员徐富生，当年3月父子俩向国家交售了8头肥猪，收入1 170余元，超过上年全家大田生产收入的总和。不久徐家又饲养了24头肥猪。公社党委发动干部群众对此事展开“怎样使农民富起来”大讨论，加深对中共十一届三中全会政策的理解，提高群众落实党的政策的自觉性。

【松江打破农业徘徊局面大幅度增产】 消息名。作者未署名。据新华社上海电，刊于1979年8月30日《人民日报》二版头条。记述松江县因地制宜采用两熟制和三熟制两种耕作制度，打破了农业生产长期徘徊不前的局面。1978年全县粮食平均亩产超过800千克，农业成本比上年下降8.4%；1979年夏粮总产又比去年增长三成以上，成为上海郊区增长幅度最大的一个县。

【解放思想明是非　轻装前进抓农业】 消息名。杨明辉撰。刊于1979年9月27日《解放日报》头版头条。消息以“松江县委引导党员干部以三中全会精神为锐利武器”为眉题，报道了1979年8月28日至9月3日松江县召开党员干部会议，进行“实践是检验真理的唯一标准”问题讨论的补课。会后，自上而下深入开展真理标准问题的讨论，分清了真假高举的界限，实事求是地制订了翌年生产规划。

【科学种田果然甜　松江灾年大丰收】 消息名。张志远撰。刊于1980年6月27日《解放日报》头版头条。记述松江县1980年夏熟作物在冬春遭到罕见的冻害和连绵阴雨之后仍获得大丰收。松江县委采取领导干部、专业技术人员和群众三结合，开展科学种田，要求县社干部做到“四懂”：一懂农业政策，二懂经营管理，三懂生产知识，四懂各社队不同特点。同版配发短评《农业增产靠科学》。

【松江镇一批干部搬出所占新楼】 消息名。1982年1月2日《人民日报》转载《解放日报》报道。1981年12月28日《解放日报》登载这条消息，并配发短评《不能“下不为例”了事》，由马仁俊、石镇国撰。消息称：上海松江县松江镇（今岳阳街道）党委、镇政府的11名领导成员和29名机关干部，已搬出了所占新楼。全部退出后的40套新房，将由镇所属企业民主评定，分配给居住条件确实困难的职工群众。当年10月29日《解放日报》发表了批评松江镇一些党政领导成员和某些干部把一幢新楼占为已有的报道后，松江镇党委、政府知错就改，不以“下不为例”了事。

【松江筹建两个新工业区】 消息名。胡国强撰。刊于1984年7月19日《解放日报》头版头条。记述松江县确定在县城东部和西部建立两个新工业区。上海市有关部门审议批准这两个工业区分期分批征用土地1 300亩。为加快筹建，松江县成立开发投资公司和联合建筑工程公司，采用依托老城的方式，节省开发建设费用。引领市郊工业发展，松江开拓城乡结合、工农结合、联合投资建设新路。

【松江县稳定农业发展各业】 消息名。钱明光、张以帆撰。刊于1987年1月27日《解放日报》头版二条。记述松江县委、县政府根据本县的实际情况，提出了“稳定农业，发展副业，主攻乡镇工业，开拓第三产业”的指导思想，1986年全县交售商品粮和农工副产值增速均居市郊之首。乡镇工业比1985年增长近四成，首次涌现出新桥、九亭、泗联、佘山四个亿元产值乡。

【新桥乡适度规模经营创高效益】 消息名。胡国强撰。刊于1987年7月27日《解放日报》头版头条。松江县新桥乡是上海市郊当时经济发展最快的乡之一，其经验是：面向效益，求实创新，深化农村改革。至发稿时，全乡已有631位农民自愿组合，办起74个家庭合作农场，经营土地1万多亩。加上705家户均承包12亩的粮食专业户，全乡73%的粮田已实现适度规模经营。同版配发评论员文章《深化农村改革要求实创新》。

【有感于“政策女婿”】 评论名。郑国辉撰。刊于1987年9月9日《人民日报》第一版。作者观看陆军创作的《瓜园曲》后有感而发。剧中讲西瓜专业户田老大，为保住致富的好势头，准备为两个女儿找两个女婿，一个是“力气女婿”，另一个是“政策女婿”。短评认为，“政策女婿”即便找得到，也只能解决一家一户的问题，要使党的政策得到全面落实，还有待于农村各级干部都懂政策。

【公司＋农户：新的生长点】 通讯名。蒋亚平、吕网大撰。刊于1988年8月7日《人民日报》。讲述上海大江有限公司的故事。松江是“大江鸡”主产区，县长要求大江公司当年提供700万至1 000万只大江鸡苗。在上海市郊流传着“大江公司成批培养万元户”的说法。洞泾乡1987年养“大江鸡”50万只，利润近百万元。大江公司仅在一个乡就“培养”出100个万元户。大江鸡种是从国外引进的名种，饲料是从泰国正大集团引进的科学配方，鸡发病率低，成长快。“大江”的实践证实：公司＋农户，是实现农村现代化过程中一条很值得探索的重要渠道。

【深情寄沃土】 调查报告名。林流、许新海、徐秉治、郭关明、黄志雄、吴纪盛撰。刊于1995年6月26日《解放日报》头版二条。按照中共上海市委的部署，市委组织部、市农村工作党委、松江县委组建联合调查组，对市郊农村“凝聚力工程”试点单位松江县新桥镇春申村展开调研。该调查报告采集众多小故事，全方位勾画了春申村党支部认真践行全心全意为人民服务的宗旨，用事实回答了当年农村基层党组织建设存在的带有共性的深层次的问题。《解放日报》评论员文章：“为人民群众服务的实践，其实也就是让党的理想、信念在广大党员和群众心中深深扎根的过程。”

【靠什么凝聚人】 通讯名。朱民权、吴纪盛撰。刊于2000年7月30日《解放日报》头版头条。记述新桥镇春申村党总支大力实施强村富民，通过发展经济凝聚人的故事。5年前春申村就被市委组织部认定为“凝聚力工程”市郊唯一典型，此通讯是回访。

【闸开涌湍流　佘山出月湖】 消息名。昌山、吴纪盛撰。刊于2000年8月18日《新民晚报》头版头条。记述佘山国家旅游度假区辟建水面积456亩的月湖，改变了佘山有山缺水的面貌。佘山月湖除了美化环境、净化空气、调节温度外，兼有“旱季排灌、雨季蓄水”的功能。

【“远程会诊”保障显神通】 消息名。李荣、吴纪盛撰。据新华社上海11月7日电，刊于2000年11月8日《新民晚报》综合新闻版。消息讲述了上海永大机电工业公司投资1 000多万元，装置了国内第一套电梯远隔监视系统，与用户电梯电脑联网，监控其运行情况。云南弥勒烟草公司的电梯出现故障，在松江九亭镇的永大公司测知其病，即通知在滇电梯维修工前去维修。

【松江农业为何连续7年增幅9%】 通讯名。朱桂林、吴纪盛、邬晶晶撰。刊于2001年3月31日《解放日报》头版头条。讲述松江区大力调整农业结构，不放任自流，积极指导，有序推进；不天女散花，规模经营，形成优势；不闭门造车，开放门户，广泛招商。经3年持续调整，松江告别单一传统农业，形成稻菜花果多种种植业新结构。

【松江大学城初显经济效应】 消息名。刘斌、吴纪盛撰。刊于2001年10月18日《解放日报》头版二条。记述由5所高校加盟的松江大学城，其建设为松江带来巨大经济效应，从新城建设步伐加大、土地价格上涨加快、产业发展势头增速等多个方面，阐述松江大学城建设为松江发展带来的各种利好。

【松江：打造“一城三片”】 消息名。张伟光、吴纪盛撰。刊于2002年6月17日《解放日报》头版二条。记述松江打造“一城三片”（松江新城和松江工业区片、佘山国家旅游度假区片、现代农业园区片）故事，从松江新城一期工程启动、松江工业区二期建设、佘山地区一批旅游休闲项目上马、浦江南岸现代农业园区开发等多方面，展现松江发展新篇章。

【让百姓进一门办百事】 消息名。李圆圆、纪盛、朱全弟撰。刊于2005年12月13日《新民晚报》头版头条。记述上海市首家区级市民服务中心在松江“试营业”以来取得的一系列成效，通过翔实的数据和生动的市民体验，展现“政务大超市”的便捷高效。

【松江新城三看点】 通讯名。沈文敏撰。刊于2006年10月18日《人民日报》。讲述上海“一城九镇”规划的“一城”——松江新城核心特色风貌区全面建成，标志着上海新城镇体系建设取得阶段性进展。记者用三个小标题串联全篇：一维：“一城九镇”率先建成的实验区；二维：城乡统筹发展的示范区；三维：“世博之旅”永久的展示区。

【上海松江“三医联动”为医改探路】 消息名。田泓、沈文敏撰。刊于2006年12月26日《人民日报》。报道2005年10月松江区启动“三医（医保、医疗、医药）联动综合改革”试点。2006年1—9月，松江区公立医疗机构完成门急诊量193.12万人次，同比增长8.04%；门急诊均次费用122.15元，同比下降5.37%；平均住院日费用217.59元，同比下降4.6%。“三医联动”改革，强调政府在公共医疗体系中的职能归位，确保公共卫生体系建设、预防保健经费、社区卫生运行经费等“五个到位”；对公立医院全面实行收支两条线预算管理，提高医院运行质量和效率；进一步明确区域医疗中心、区级医院和社区卫生服务中心的功能定位。

【松江减排植绿呵护申城饮用水源】 消息名。李圆圆、刘红、朱全弟撰。刊于2007年6月14日《新民晚报》头版头条。记述地处黄浦江上游的松江区，为保护水源地所作出的种种努力，包括关闭大批畜禽养殖场、否决一批对水源不利的项目落户、建设涵养林、推进污水治理系统工程等。

【上海先民聚居地广富林墓葬面世】 消息名。朱全弟、陈亚利撰。刊于2008年6月18日《新民晚报》头版头条。记述经抢救性发掘和考古挖掘的广富林文化墓葬面世的过程，通过对挖掘现场的描写和权威专家的采访，点明了墓葬面世为复原松江区乃至上海市古代历史提供丰富翔实实物材料的重大意义。

【狠抓落地把“三关”】 消息名。刘斌、张晋洲撰。刊于2008年11月13日《解放日报》头版二条。记述在确保经济平稳健康发展成为对冲2008年金融危机影响的重要抓手的背景下，松江从加快推进产业项目落地入手，筛选出38个符合产业导向项目在年内上马。

【正泰电气“创新棉袄”不惧“寒”】 消息名。黄勇娣、张晋洲撰。刊于2008年12月14日《解放日报》头版头条。记述松江企业正泰电气实现外贸订单同比增加两倍的过程，通过层层解析，说明企业只有依靠创新打造“创新棉袄”才能在经济寒冬中逆势而上的道理。

【企业张嘴　政府跑腿】 通讯名。张晋洲、沈轶伦撰。刊于2009年5月8日《解放日报》头版头条。记述松江在全市率先推出“政企互通平台”，实现“7×24小时”不下线服务企业，以解决一家仅有11名员工的小企业的需求为例，描写了政府职能部门甘当“勤务员”为企业“跑腿”的良好形象。

【荣心丸“一纸证书”获贷500万元】 消息名。黄勇娣、张晋洲撰。刊于2009年6月10日《解放日报》头版头条。记述松江区勇于突破常规，不用固定资产抵押，凭借着一纸证书就为一家医药企业提供500万元融资担保的案例，以此展现松江优良的营商环境和周到的企业服务。

【企业努力“爬坡”　政府全力“助推”】 消息名。黄勇娣、张晋洲撰。刊于2009年8月23日《解放日报》头版头条。记述松江在金融危机下助力企业“爬坡过坎”，帮助松江出口加工区连续两个月实现利润同比倍增的故事，从企业的一封感谢信开始，描述了海关临时为企业加班两个小时、检验检疫出台8项措施等政府部门主动靠前服务的细节。

【放宽进库门　严把进仓关】 消息名。刘斌、黄勇娣、唐卉庆撰。刊于2009年12月27日《解放日报》头版头条。记述松江粮食部门根据粮食生产方式变化及时调整粮食收购方式，把粮农要做却越来越难于做好的事情揽过来的故事，详述了松江通过推出“放宽进库门，严把进仓关”政策，一方面减少粮农损失，另一方面确保粮食品质的做法。

【松江3年拆违300万平方米】 消息名。朱全弟、陈芳撰。刊于2010年2月23日《新民晚报》头版头条。记述松江在迎世博行动计划中，将拆除违法建筑作为重中之重，三年拆违300.1万平方米的故事，通过多个典型案例体现了松江对依法拆违态度坚决、工作细致。

【凝聚力就是生产力】 消息名。黄勇娣、张晋洲撰。刊于2010年8月8日《解放日报》头版头条。记述松江企业美维电子公司以环境留人、以文化留人、以感情留人的故事，该企业通过把凝聚力转化为生产力，实现2010年上半年利润同比猛增379%，并实现管理方式的转变。

【“空巢”9个月　等来“金凤凰”】 消息名。黄勇娣、张晋洲撰。刊于2010年9月5日《解放日报》头版头条。记述漕河泾开发区松江高科技园转变发展方式，舍弃近200万元租金收入、用9个月时间“空巢”等待一家企业落户的案例，展现坚持以产业导向、结构导向为先，牺牲短期利益换来长期效益的产业园区转变发展方式的典型案例。

【真诚的服务　有效的管理】 消息名。黄勇娣、肖宾撰。刊于2010年12月17日《解放日报》头版头条。记述松江积极探索创新外来流动人口服务管理机制的故事，通过探索新模式，让外来务工人员在居住、就业、教育等领域逐步享受到市民化的基本公共服务，进而和谐融入当地社会。

【上海整治最大规模“城中村”】 消息名。孙小静、刘维光撰。刊于2011年2月14日《人民日报》。松江区岳阳街道戴家浜的盐仓一村，共67户人家，其中58户存在私搭乱建，最多的一户建起20多间违法建筑。2月10日起松江开展上海迄今最大规模的“城中城”拆违整治行动，涉及58户546间7 600平方米违建。

【农民家门口拍片　大医院远程诊断】 消息名。黄勇娣、王裔君撰。刊于2011年5月7日《解放日报》头版头条。记述一名患者的就诊经历和全区层面的运作方式，由点及面，介绍松江在国内首创的“区域临床影像诊断中心”的建设历程和建设成果，展示松江区为切实解决农民“看病难”作出的探索和努力。

【松江七年婉拒136个项目】 消息名。黄勇娣、张晋洲撰。刊于2011年5月18日《解放日报》头版头条。记述松江婉拒一个高产出但科技含量不高的项目的案例，介绍了松江严把招商引资关、严把土地关的做法，工业项目不仅要通过核土地、核环保、核能耗等严格的项目评估，还要符合“3个50万”的落户要求，体现了“大项目吸引力”逐步让位给“科学冷静的筛选”的理念。

【松江新城大幅扩容】 消息名。黄勇娣、孙皓撰。刊于2011年5月23日《解放日报》头版头条。记述松江新城第一轮建设十年以来的主要成果，根据经市规划委员会全会审议通过的《松江新城总体规划修改方案（2010—2020）》，展望了松江新城第二轮建设的发展蓝图，为读者描绘了一个产城融合、拥有超百万人口的现代化新城。

【2 000亿元代工巨头转型上“云端”】 消息名。黄勇娣、张晋洲撰。刊于2011年8月28日《解放日报》头版头条。记述年产值2 000亿元的代工巨头广达集团的“云计算”转型之路，说明了作为松江制造业的一张名片，以广达集团为首的笔记本电脑加工产业链要做强就必须走自主创新道路的硬道理。

【离婚了我也守你一辈子】 通讯名。江跃中、王裔君撰。刊于2011年8月28日《新民晚报》头版头条。记述松江市民金月英十一年如一日照顾瘫痪前夫陈健的故事，分别从金月英、陈健和女儿欣欣的角度描写了陈健意外瘫痪后，各自经受的种种考验，展现了一位妻子和母亲的坚韧和担当。报道刊发后，获时任中共中央政治局委员、上海市委书记俞正声批示。

【造厂房的速度赶不上招商速度】 通讯名。何洛先、黄勇娣、张晋洲撰。刊于2011年12月28日《解放日报》头版头条。记述松江区和漕河泾开发区“区区合作”取得的成就，从园区造厂房的速度赶不上招商速度的细节切入，再分别从远见、合作、创新三个维度，分析总结了漕河泾松江园区如何获得成功的园区建设和发展经验。

【我们做你的“人工电梯”】 通讯名。作者沈轶伦、许萍。刊于2012年2月23日《解放日报》头版头条。记述松江一位住在四楼的尿毒症重症患者，每周要三次去医院做血透但下楼困难。几名社区干部连续25个月为她抬轮椅搭起“人工电梯”，展现了松江基层干部一心为民、服务群众的良好形象。

【绝不让企业“耽误”在审批】 消息名。黄勇娣、沈轶伦、张晋洲撰。刊于2012年4月3日《解放日报》头版二条。记述企业在项目审批中遇到卡点问题后，行政审批部门如何帮助企业打通堵点的故事，从而引出松江试行网上、网下并联审批的创新做法。

【松江产业项目行政审批缩时68%】 消息名。何洛先、黄勇娣、张晋洲撰。刊于2012年7月9日《解放日报》头版头条。记述松江通过实施产业项目行政审批改革，将法定所需的587个工作日压缩到了186个工作日的故事，从依法依规、流程再造、破解堵点等三个方面层层递进，展现了改革的具体成效。

【古老村落变身文化遗址公园】 通讯名。黄勇娣、张晋洲撰。刊于2012年10月21日《解放日报》头版头条。从一个古老村落到一个文化遗址公园，广富林古文化遗址的沧桑巨变，印证了上海市郊城市化演进、松江新城“内涵式成长”的轨迹。通讯抓住这一变化，挖掘出广富林文化遗址开发过程中不为人知的故事，讲述了当地村民命运改变的点点滴滴。

【审批提速创造“松江速度”】 消息名。黄勇娣、张晋洲撰。刊于2012年12月20日《解放日报》头版头条。记述两个体现新“松江速度”项目的建设过程，包括2004年以来首个实现当年拿地、当年开工的工业项目和1月土地摘牌、11月结构封顶的松江万达广场项目，展现了松江政府部门对于“问需于企、按需服务”新理念的全力实践。

【家庭农场：找到“体面”，让农业后继有人】 人物采访名。李荣撰。刊于2013年2月21日《新华每日电讯》，中央电视台、中央广播电台等亦有报道。“如何让农业摆脱后继乏人的担忧，关键是要找到现代农业的体面。”松江区农委主任封坚强接受采访时说。松江1 206户家庭农场经营面积达13.66万亩，占全区粮田面积的80%。其中50多户既种粮又养猪，年上市生猪6万头，家庭农场的户均年收入在10万元左右。“从农民的角度来说，这可以说是较为体面的收入水平。”封坚强认为。

【一个园艺场　圆梦知多少】 通讯名。左妍、王晓慧撰。刊于2013年5月26日《新民晚报》头版头条。记述时年42岁的石凤英从小肢残，离不开拐杖，用顽强不屈的干劲实现了三个梦：创业梦，办起园艺场；阳光梦，身兼辅导学校分站长；公益梦，让更多孩子能圆大学梦。5月28日，中共上海市委宣传部新闻阅评督查组以《新民晚报真情讴歌普通“百姓梦”》为题，评点该通讯，并把全文附于《上海新闻评点精选（2013）》。

【“网民沟通会”创新社区管理】 通讯名。孙小静撰。刊于2013年7月10日《人民日报》，《解放日报》《新民晚报》亦有报道。“网民沟通会”是松江区九亭镇政府在实践中探索出的“镇管社区”创新做法之一，通过沟通会平台，形成政府与社区居民线上线下全方位交流，共同为九亭镇的社区发展，尤其是解决民生问题出谋划策。通讯以三个小标题贯穿全篇：开会“纳谏”，社区管理听网民意见；没有“硝烟”，感受居民参政能量；九亭模式，网民参政有了长效机制。

【浦江之首：捂住松江水文化宝地】 消息名。史博臻、居嘉撰。刊于2013年10月14日《文汇报》头版头条。记述在松江中秋诗会上首次揭开神秘面纱的“浦江之首”水文化展示馆的建设进展，并借由诗会上相关人员的交流发言，阐述了松江源远流长的水文化，展望了历史文化和旅游资源“珠联璧合”，做大做强水上旅游产业的蓝图。

【电子监管“地沟油”】 消息名。孙小静、张晋洲撰。刊于2013年11月8日《人民日报》。记述松江区运用信息化手段管好“地沟油”的去向的做法，全面介绍松江在全市率先试点实施餐厨废弃油脂、收运全程电子化监管，有效防控餐厨废弃油脂流入非法渠道。

【幸福素描班，老人笑圆儿时梦】 通讯名。左妍、贾佳撰。刊于2014年1月26日《新民晚报》头版头条。记述自幼热爱绘画的退休老人吴伊林从市区搬到叶榭后重拾画笔，与老伴周菊明一起在社区开办免费素描班的故事，展现了一名市区老人在宜居的松江浦南老有所养、老有所乐、老有所为的幸福晚年。

【“百姓红娘”义务助人觅真爱】 通讯名。王蔚、丁艺婕撰。刊于2014年2月9日《新民晚报》头版头条。记述大学生创业者孙雅萍利用业余时间创办“百姓红娘”公益项目，组建起包括其母亲在内的数十名志愿者组成的“红娘团队”的故事，通过主人公和相亲者的生动讲述，展现了一名新时代青年的社会担当。

【集体资产：让农民看得见摸得着】 通讯名。孙小静、张晋洲撰。刊于2014年2月9日《人民日报》。讲述了松江通过完成农村集体经济组织产权制度改革，让“洗脚上楼”的离土农民成为社员，继续享受改革发展带来的红利的故事。

【叫一声“嫂嫂” 担一肩金诺】 通讯名。左妍、贾佳撰。刊于2014年3月16日《新民晚报》头版头条。记述洞泾镇90岁老人蒋瑜华不负婆婆和丈夫离世前所托，多年不离不弃、悉心照料三个病残小叔子的故事，通过点滴故事和暖心细节展现了蒋瑜华的善良、乐观、朴实，诠释了人间真情。

【为了大写的“人”】 通讯名。李泓冰、王斌来、郝洪、禹伟良撰。刊于2014年3月21日《人民日报》。社会治理的核心是人。自2010年起，松江区泖港镇把18个村（居）划为108个片区，经过笔试、面试，择优选出“一百单八将”做片长，片长的报酬福利和考核严格挂钩。网络化治理让乡村更美丽，泖港镇连续17个季度位居全上海乡镇的市容环境卫生质量测评第一名。

【离家的游子她当“宝”】 通讯名。左妍、王晓慧撰。刊于2014年5月11日《新民晚报》头版头条。记述“失独”老人邓廷兰像母亲一样关爱陆续租住自家房屋的7名房客“儿女”的故事，展现了一位失去女儿的伤心母亲与7名独自在沪打拼的年轻人之间相互关爱、相互扶持的温情故事。

【松江盘集体家底明农民份额】 通讯名。黄勇娣、张晋洲撰。刊于2014年10月22日《解放日报》头版头条。记述松江摸清农村集体资产家底、量化明晰份额、做大集体资产蛋糕等方面的经验和做法，从松江离土10多年的居民还能拿到分红入手，介绍了这项历时5年的改革创举。

【广场舞，可否为高考调“静音”】 通讯名。左妍、李光撰。刊于2015年5月19日《新民晚报》头版头条。记者通过实地调查和走访，记述松江二中学子高考前备受附近广场舞噪声困扰。聚焦广场舞扰民话题，发起文明倡议。

【5 000亩建设地调回农林地】 消息名。黄勇娣、张晋洲、王颖斐撰。刊于2015年9月18日《解放日报》头版头条。记述佘山国家旅游度假区近5 000亩已储备好的建设用地被调整为农林用地的案例，介绍度假区将发展理念由“功能支撑”调整为“生态、文化支撑”后，在生态建设方面令人瞩目的速度、力度和成果。

【大学生该先富“钱袋”还是“脑袋”】 通讯名。左妍、朱晓靓撰。刊于2015年12月21日《新民晚报》头版头条。记述松江大学城4名在校大学生的创业故事，以学生面临学业和创业的现实矛盾时的应对和选择为重点，从各个角度分析探讨“大学生该先富‘钱袋’还是先富‘脑袋’”的话题。

【既能拿“笔杆子”又能拿“枪杆子”】 通讯名。江跃中、居嘉、陈超撰。刊于2016年7月31日《新民晚报》头版头条。记述武警部队第十九届“中国武警十大忠诚卫士”、武警上海总队五支队特勤中队指导员李峰的先进事迹，通过生动的事例和战友的叙述，描摹了一位忠诚于党、能文能武、善谋打仗的新时期优秀政工干部的形象。

【松江优化“两个供给”发展实体经济】 通讯名。黄勇娣、张晋洲、李成东撰。刊于2016年12月7日《解放日报》头版头条。记述松江如何留住一家世界工业机器人巨头的案例。松江全面落实供给侧结构性改革，通过建设G60科创走廊实现经济突破性增长，通讯突出松江明确科创是经济转型升级的第一动力，在改善要素供给和创新制度供给方面的实践和探索。

【拆违啃下硬骨头，松江九亭大变样】 通讯名。黄勇娣、朱晓靓撰。刊于2017年2月20日《解放日报》头版头条。记述九亭镇计划打造26.62平方千米的“九科绿洲”的故事，介绍九亭镇十年来尤其是近一年大刀阔斧拆除违法建筑和无证建筑的成果，展现松江敢破善立、唯实唯干的风采。

【政府部门当好服务企业“店小二”】 通讯名。黄勇娣、周样波撰。刊于2017年12月3日《解放日报》头版头条。记述九亭镇全方位营造亲商安商环境，当好服务企业的“店小二”，探索一条地区产业转型升级新路的故事，展现松江区以规划建设“九科绿洲”为抓手，在九亭打造产城深度融合示范区、城市有机更新实践区的成效。

【百亿级项目纷纷落户G60科创走廊】 通讯名。黄勇娣、梁锋撰。刊于2018年5月2日《解放日报》头版头条。记述松江在一年内吸引了海尔智谷、正泰启迪智电港等七八个百亿级大项目落户的过程，通过层层剖析，全景式展现了松江聚焦“上海制造”品牌，打造面向长三角一体化的G60科创走廊的阶段性成就。

【促进区域经济协调发展】 调研报告名。冯学知撰。刊于2018年6月6日《人民日报》。就长三角一体化加速发展主题，全国人大常委会副委员长、民盟中央主席丁仲礼率调研组先后到上海、安徽实地考察调研。调研报告提出三点：一、念好“融”字诀，推动发展优势互补；二、打通“断头路”，破除行政壁垒；三、着眼“整盘棋”，做好顶层设计。

【长三角一体化笃实前行】 消息名。刘士安、郭舒然、孙超撰。刊于2018年8月15日《人民日报》头版二条。消息介绍2018年6月，G60科创走廊九城市在松江区签署战略合作协议，一批总投资1 467亿元的新兴产业项目落地。长三角一体化发展三年行动计划，已被细化分解为10多个专题300多项具体工作。在科技领域，“长三角大仪网”已集聚2 000多家单位的2.8万台（套）大型科学仪器设施，总价值近300亿元。

【经济指标攀新高，“店小二”功不可没】 消息名。梁锋、黄勇娣撰。刊于2018年8月22日《解放日报》头版头条。记述松江经济技术开发区的“店小二”团队的案例，讲述落实G60科创走廊“零距离”审批制度和“简政放权+互联网+店小二”服务，助力开发区实现经济指标攀新高的故事。

【长三角G60科创走廊：冲破“堵点”找“融点”】 消息名。徐海涛、姚玉洁、朱涵撰。2019年3月28日新华社统发稿。消息报道长三角G60科创走廊与上交所联合设立“上证G60指数”，为长三角一体化和科创板两大国家战略找到“融合点”；打破行政区划对经济要素的“阻隔”，实现企业证照跨省“一网通办”。九城市间抱团发展，取代无序竞争，松江一些利税大户转移到长三角其他省市。依托“思想破壁”，实现更深层次、更大范围的“机制破壁”“要素破壁”。

【长三角九城一体化规划发展七大战略新兴产业】 消息名。徐海涛、龚雯撰。2019年6月26日新华社统发稿。消息报道2019长三角G60科创走廊联席会议6月24日在安徽芜湖召开，九城市联合提出立足人工智能、集成电路、生物医药、高端装备、新能源、新材料、新能源汽车七大战略性新兴产业，目标建成国际一流的先进制造业集聚区。

【披襟向洋奋楫先】 特稿名。李泓冰、江南、王伟健、巨云鹏撰。刊于2019年10月30日《人民日报》。特稿以三个小标题串联全文。一、得天时，沪苏浙皖四省市以占全国1/26的地域面积、1/6的常住人口，创造了占全国近1/4的经济总量。以上海为中心、27个城市组成的长三角城市群，也是世界经济版图中公认的六大城市群之一。二、拥地利，从上海松江区出发的G60科创走廊，横贯长三角，被定位为“科技和制度创新双轮驱动、产业和城市一体化发展的先行先试走廊”，带头“破篱”。三、强化高效协同，合力深化跨区域合作。

【国家推进G60科创走廊建设领导工作机制正式启动】 消息名。杜康撰。2019年12月6日新华社统发稿。当月5日下午，国家推进G60科创走廊建设专责小组在上海松江召开第一次全体会议，标志着国家推进G60科创走廊建设领导工作机制正式启动。会议审议通过了《推进G60科创走廊建设专责小组工作规则》和《专责小组办公室工作规则》，并讨论了有关文件。

【上海松江遭遇强风突袭】 新闻图片名。蔡斌摄。新华社2013年7月21日发。图片记录了一股强风突袭松江田村二村造成30余户房屋不同程度受损后，一名老人从受损严重的房屋前走过的画面。

上海松江遭遇强风突袭

【“菲特”袭击上海】 新闻图片名。蔡斌摄。新华社2013年10月8日发。图片记录了黄浦江松江区叶榭镇东勤村千步泾河段出现约20米防汛墙垮塌后，上海警备区武警官兵和松江区防汛部门组织紧急抢修的场景。

“菲特”袭击上海

【上海电动车主扎堆上牌】 新闻图片名。蔡斌摄。新华社2014年2月27日发。图片记录了在《上海市非机动车管理办法》实施前夕，松江区非机动车管理所内电动车主扎堆为车辆上牌的热闹场景。

上海电动车主扎堆上牌

【2014中国第一届机器人旅游大赛上海举行】 新闻图片名。蔡斌摄。新华社2014年5月10日发。图片记录了在全国各省市共308支大中学生队伍参赛的2014中国第一届机器人旅游大赛中，参赛代表在松江区立达中学赛场展示机器人作品的情景。

2014中国第一届机器人旅游大赛上海举行

【上海市放流40余万尾鱼苗】 新闻图片名。蔡斌摄。新华社2016年4月22日发。图片记录了世界地球日当天，上海市农委组织社会各界代表在松江区石湖荡镇“浦江之首”水域放流40余万尾各色鱼苗的画面。

上海市放流40余万尾鱼苗

【全国首批异地办理营业执照诞生】 新闻组图名。蔡斌摄。新华社2018年9月28日发。图片记录了全国首批异地办理的11张营业执照和1张工业产品生产许可证在长三角G60科创走廊诞生，一家企业的工作人员在G60科创走廊九城市“一网通办”综合服务窗口咨询和查询信息的一幕。

全国首批异地办理营业执照诞生

中央和市级广电媒体对松播报

【开河之前】 电视戏剧小品名。该剧系松江县新五公社农民自编、自演的沪剧小戏。沈孝慈编剧，倪惊鸣导演，何柏林、吴雅英、陆亚芳饰演。1972年获上海市群众文艺调演优秀创作演出奖。由上海电视台、上海人民广播电台多次播出。该剧讲述公社开挖向阳河，要通过河道测绘员芳芳家。奶奶要芳芳修改图纸，让河道避开自家小竹园。通过爷爷和芳芳的开导，奶奶明白了自家小利益要服从集体大利益的道理。

解放日报　·6·　1972年5月20日

☆ 松江县新五公社党委十分重视开展群众业余文艺活动，用马列主义、毛泽东思想占领农村文化阵地。这是公社的业余文艺活动积极分子正在排练《开河之前》。这个反映农村斗争生活的小沪剧，已经过十余次修改，深受贫下中农的喜爱。

《解放日报》1972年5月20日刊登正在排练的《开河之前》剧照

【抗灾救灾、恢复生产、重建家园】 电视新闻名。松江电视台拍摄、制作、选送。1987年3月20日在中央电视台新闻节目中播出。当年3月6日晚9时许，松江县新浜乡遭受龙卷风、冰雹袭击，屋坍人亡，损失惨重。松江电视台连夜派记者现场采访，且跟踪报道抗灾救灾、重建家园事迹。后经剪辑，选送中央电视台。

【松江县奶牛场微波鲜奶消毒法获得成功】 电视新闻名。松江电视台拍摄、制作、选送。1988年3月3日在中央电视台午间新闻中播出。传统的鲜奶消毒通常采用巴氏消毒法，耗时约需半小时。松江奶牛场改进技术，在国内首先尝试微波鲜奶消毒法，耗时仅需3分钟，便于鲜奶上市。微波杀菌后，牛奶的色、香、味性状不变，营养成分、风味、色泽等都不会产生显著影响。

【太阳照常升起】 电视专题片名。1992年8月12日，中央电视台外宣中心《今天的中国人》拍摄组至松江县张泽乡（今叶榭镇境内）斜泾村，拍摄身残志坚的口画家杨杰专题片《太阳照常升起》。杨杰七岁那年，因触电失去双臂。凭着坚韧不拔的意志，学会用嘴咬笔作画。1981年十岁那年，其作品《大公鸡》在日本东京国际残疾人画展中获银奖。1986年，上海人民出版社为其出版画册《杨杰的画》。1992年杨杰被瑞士国际口与足艺术家协会吸纳为会员，入职松江文化馆，从事群文工作。

【峰泖揽胜话松江】 电视风光片名。松江电视台拍摄、制作、选送。1994年8月28日在上海电视台14频道黄金时间播出。是片描绘松江自然胜景和千年古城，拍摄重点是醉白池、方塔园。

【捣浆糊】 电视戏剧小品名。欧粤编剧，严顺开、谢德君、王红卫表演。1995年获第四届华东地区戏剧小品大赛特等奖。1996年2月19日（农历大年初一）在华东六省一市电视台春节联欢晚会播出。该剧讲述大为和小芳到民政局闹离婚。民政局干事老赵诙谐幽默，让双方互揭对方短处，因势利导，让其分别认识到各自沉湎赌博、待人冷漠的毛病，使小两口重归于好。

《捣浆糊》剧照

【美丽奔腾·欢乐中国行】 大型综艺晚会名。为迎接上海世博会倒计时600天，2008年9月8日晚中央电视台《欢乐中国行》大型综艺栏目组和上海奔腾集团联手在松江大学城体育场举办《美丽奔腾·欢乐中国行》大型综艺晚会。是晚灯光璀璨，上万名观众群情激昂，松江大学城盛况空前。

【上海松江农民抢地种的背后】 电视系列报道名。作者不详。2014年3月14日、15日、16日中央电视台《新闻联播》播出。报道分三辑，每晚播出一辑。主题是上海市松江区叶榭镇井凌桥村新一轮家庭农场主的竞争上岗。第一辑讲述早春三月是农闲日子，但井凌桥村因有6个农场主今年要退休，村里有60人报名参选新的农

美丽奔腾·欢乐中国行

场主竞争上岗。上岗者由村民代表投票决定，规定了竞选者的基本要求，经第一轮筛选，有19人入围。第二辑讲述37岁的桂万清，以前在企业开车。两年前辞职回家在父亲承包的家庭农场干活，可算是半个农场主。47岁的徐大姐，原承包了乡镇玩具厂车间。丈夫突然去世，留下她和家中一老一小。为了照顾家庭，徐大姐选择种田，并聘请曾任家庭农场主的姐夫当技术指导。第三辑讲述在村民代表大会上，19名竞选村民依次上台自我介绍，主题是怎样经营好家庭农场。经过一个小时的投票计票，井凌桥村新一轮家庭农场主诞生了。桂万清、徐大姐均当选。桂万清跟父亲种地，选中并不意外；村民代表把票投给徐大姐，一是同情她家庭困难，二是看中她的吃苦耐劳，三是其姐夫懂技术当指导，相信她能种好地。

【国画大师程十发】 电视采访集名。上海电视台新闻综合频道播出。2019年12月18日程十发美术馆在上海虹桥路1398号开馆。当月23日、30日，上海电视台以上、下两集先后播出此片。程十发，1921年4月10日生于松江，曾任上海中国画院院长，系中国海派书画大师。

十一

电视专题片

【风华正茂】 专题片名。时长15分22秒。松江电视台拍摄的第一部专题片。共青团松江县委、松江电视台摄制于1987年5月。片头题字陈士杰，编辑于宁、董菁，摄像朱世业、李保芳，录像诸一民，照明寿菊明，美术张贵云，特技张建平，解说张大瑾。该片以全国劳动模范朱秋云、朱兴龙等为主线，反映求知、求富、求美、求乐的松江青年在改革开放岁月的青春年华，颇具时代气息。

【今日仓桥】 专题片名。时长32分34秒。松江电视台拍摄的第一部乡镇专题片。仓桥乡人民政府、松江电视台摄制于1987年8月。记录松江县仓桥乡(今永丰街道)1983年至1987年的巨大变化。以上海丙纶厂为代表的乡镇企业迅速崛起，以仓桥水晶梨为代表的农业生产稳步发展，以上海大江公司仓桥养殖场为代表的副业生产日益兴旺，仓桥乡三业繁荣。此片纪实性较强，从大仓桥说起最终回到大仓桥。

【改革春风绿松江】 专题片名。时长45分51秒。松江电视台摄制于1988年11月。记录1978—1987年松江县改革开放第一个十年发生的巨大变化。县委、县政府按照“稳定农业、发展副业、主攻工业、大力开拓第三产业”的思路，积极推进家庭联产承包制、大力发展乡镇企业、创新发展多种所有制经济，六大统计数据实现翻两番，彩电、冰箱、洗衣机逐渐进入寻常百姓家。该片点面结合，凸显亮点，尤其是大江有限公司的异军突起，科技创新的大力推进，1987年联合国科技中心来松江拍摄星火计划，松江影响力大增。

【新路】 专题片名。时长14分48秒。松江电视台、干山村民委员会摄制于1988年12月。佘山镇干山村原是个纯农村，经济改革中采用母鸡孵小鸡法发展工业。因陋就简、就地取材，扩大工业规模，注重产品质量，讲究经济效益，做强实业。以工补农、发展农业，坚持两个文明一起抓，农民生活改变。该片语言朴实，内涵较深。

【古城名校】 专题片名。时长22分56秒。撰稿吴钟麟，摄制卢念慈、逄焕一，制片李德时，监制朱献成、金杏兴。松江电视台摄制于1989年9月。松江二中为纪念建校85周年而摄制。85年来松江二中培养了2.5万名各类人才。该片以“过去、现在、未来”为时间轴，扼要介绍校园及知名老师、校友、学生。以时任中共中央政治局委员、上海市委书记江泽民的题词“发扬优良传统，提高教学质量，为培养四化建设的合格人才奠定坚实基础——祝贺松江县第二中学建校八十五周年”压轴。

【一个女性的追求】 专题片名。时长9分9秒。松江电视台摄制。摄制年月不详。该片以字幕开始：“陆根兄，1963年从上海到佘山镇河泾村插队的知识青年，她的丈夫是上海下放的工人。1983年，他们家成了松江县第一批万元户，被当地人称为‘淘铜大王’。”记者通过采访村民、子女，获得了陆根兄是“慷慨的企业家”“吝啬的母亲”的最初印象。通过层层铺垫，对陆根兄的事迹作了深入的描绘。

【开放中的松江】 专题片名。时长18分59秒。中共松江县委宣传部、松江电视台摄制于1993年3月。松江县重要的招商片。片头题字杜家毫，策划王勉、夏东洪，撰稿吴纪盛，解说吴晓年、吕小越，剧务陆洪宝，摄编李保芳、叶伟，监制金杏兴、王美新。全片围绕“开放”，点明主旨：“当改革开放的浪潮拍打浦江两岸时，当历史正深情地凝视这片土地时，松江人民作出睿智抉择：依托上海，面向中国，走向世界，振兴松江。”该片除详细介绍招商政策外，重点聚焦大江公司、海欣公司和佘山等自然环境。

【明珠耀东方】 专题片名。时长13分44秒。松江电视台摄制的松江工业区招商片。策划王勉，撰稿阎秋祥、吴纪盛，摄编叶伟、王一平、李保芳，录像徐洁、邱蓉，解说吴晓年，翻译桂虹、王旭。介绍松江工业区的交通、航运、基础设施，突出落户工业区的大项目，讲述松江工业区发展史，对投资商传递诚意。以时任中共中央政治局委员、上海市委书记吴邦国的题词“一流基础设施、一流工业企业、一流生活设施、一流管理水平”，把该片推向高潮。末尾跳出字幕：“到1994年7月底，松江工业区外资企业已达60家，总投资逾6亿美元。”

【洞泾镇】 专题片名。时长10分8秒。洞泾镇人民政府、洞泾经济联合总公司、松江电视台专题部摄制于1995年5月。该片纪实性较强，语言朴实，用事实说话。1994年洞泾镇完成国内生产总值2.8亿元、社会总产值14.2亿元，实现工业利润1.47亿元，成为全国乡镇百颗星之一。突出了海欣有限公司在洞泾镇外资企业中的地位。

【这里的太阳每天都是新的】 专题片名。时长13分50秒。松江工业区管理委员会摄制于1996年8月。松江工业区自升格为市级工业区后，呈现投资项目多、企业回报高、追回投资多、服务态度佳的大好局面，成为上海西南最著名的投资区域。三年间，累计引进外资项目167项、内资项目70多项，项目总投资12亿美元，拥有世界500强企业投资项目26项。

【再创辉煌】 专题片名。时长9分11秒。松江县委宣传部、松江电视台摄制于1996年。策划钱明光，撰稿陈良雄，摄编李保芳、叶伟，解说吴晓年，音乐徐洁，监制金杏兴、马凌云。此片突出描述松江工业区的投资软环境，围绕“待客情为重，招商诚为先”的理念，以一个个动人细节，展现工业区的“精、气、神”。

【故乡松江行】 专题片名。时长24分42秒。松江电视台摄制于1997年。策划周浩，编导卫中，撰稿秋祥，摄像叶伟、保芳，监制金杏兴。该片创意新，采取艺术演绎手法，以松江籍台胞身份的主角走访松江，了解仓桥镇的金宝山、金腾山，车墩镇的味丹、爱之味等台资企业，参观松江工业区、佘山国家旅游度假区，并采访县委书记。由“我”出镜走访，拍摄点可自由选择，画面因我之所见而更具有真实性。

【古城春深】 专题片名。时长9分37秒。松江电视台摄制于1997年5月。策划夏东洪、陈良雄，撰稿吴纪盛，编导李保芳、徐洁，摄像叶伟、庄佳，解说徐洁，制片陈军康，监制金杏兴、马凌云。该片主题是松江县净化、绿化、美化成果巡礼，以“人类创造优美环境，环境又潜移默化改变人类”为贯穿全片的内核。由出镜记者捕捉亮点，丰满画面，颇具美感。

【冲出低谷】 专题片名。时长13分30秒。由中共松江县委组织部、松江广播电视专题部摄制于1997年9月。《党的生活》是松江电视台有影响力的专栏，重点展现各级优秀党组织、先进共产党员的形象，当其满100期之际，推出此专题片。该片从第一期《党的生活》专栏片《水上卫士》说起，讲述一个个感人的事迹。中共中央组织部曾专题介绍松江《党的生活》专栏。

【农村现代化的典范】 专题片名。时长9分7秒。松江县小昆山镇人民政府摄制于1998年2月。小昆山镇曾被国家建设部确定为全国小城镇试点单位，被国家体改委确认为国家改革试点单位之一。1997年小昆山集镇居住人口1.1万人，占全镇总人口的60%。该镇大力发展私营经济，创建了小昆山模式。该片务求真实、朴素，遵循唯一性、简洁性。

【上海之珠】 专题片名。时长8分18秒。日文翻译片。由松江县李塔汇镇（今属石湖荡镇）人民政府摄制于1998年3月。李塔是李塔汇镇的地标，又是该片的轴心。此片首先露出李塔的雄姿，末尾又见李塔，首尾呼应，形成一个闭环。此片摄制讲究，光影选择极佳，画面优美，经济社会发展“亮点”尽呈，而且注重贴近民生。

【新城边的新镇】 专题片名。时长4分15秒。松江电视台摄制于1998年。该片以记者出镜采访形式，讲述松江茸北镇(今中山街道)的变迁。5年间茸北镇投入3亿多元，建起六纵六横城市道路，18万平方米建筑，形成一个新集镇。

【立体交通构筑的新兴城镇】 专题片名。时长3分3秒。松江电视台摄制。摄制时间不详。介绍松江大港镇(今小昆山镇)大交通格局。从大港出发，上沪杭高速公路，东接沪闵高架35千米，西到杭州市区120千米；上5120国道南可达海南岛三亚，北可抵黑龙江同江。

【天马行空　志在千里】 专题片名。时长8分1秒。松江电视台摄制。摄制时间不详。该片介绍天马山镇(今属佘山镇)工业、农业和旅游业。这个镇工业迅猛发展，大江肉食品四厂、上海德隆胶带有限公司等颇具规模；农副业五谷丰登、六畜兴旺；旅游业异军突起，总投资3 000万美元的上海国际天马高尔夫球场正抓紧规划设计。

【发展中的仓桥】 专题片名。时长17分42秒。松江区仓桥镇(今永丰街道)人民政府摄制于2000年3月拍摄。此片分为工业篇、农业篇、市政篇、精神文明篇。工业有上海汽车地毯总厂，规模为全国之最；农业要实施“五个一”工程，前程似锦；市政建设方兴未艾，仓城四、五、六村拔地而起；精神文明建设力度大，形象工程、净化工程、绿化工程、亮化工程、实事工程，无一不造福民众。

【醉白池】 风光片名。时长5分17秒。松江电视台摄制于2000年6月。该片介绍了松江醉白池公园的前世今生，摄录了园内的主要景观，文字优美，配乐雅致，画面清幽，有一波三折、曲径通幽之妙。

【古镇风流数今朝】 专题片名。副题为松江镇2000年两个文明建设巡礼。时长7分48秒。松江电视台摄制于21世纪初。摄录了松江电子仪器厂技术创新，1 300多家企业在新辟的申田经济园区内筑巢，出租车行业蔚成龙头企业。精神文明建设相映生辉，康佳托老所、社区学院等五项实事工程实施，丰富居民的精神文化生活。

【新桥】 专题片名。时长10分3秒。松江区新桥镇人民政府摄制于2001年8月。是时全镇共有外资企业158家，吸引外资6.5亿美元。2000年完成社会总产值50多亿元，实现工业利润3亿元。仅凯虹电子一家，当年创利达亿元，生产的二极管全部出口。中国“龙工”落户使新桥新增一家创利亿元大企业。新桥房地产业投资15亿元建成上海规模最大的别墅区。种植业建起全国最早的绿色蔬菜生产基地——崇本堂，辟建占地5 000多亩、上海最大的花卉苗木基地。

十二

新闻传播学校及专业

【申报新闻函授学校】 1933年1月申报馆创办申报新闻函授学校。史量才兼任校长，张蕴和任副校长主持校务，聘请谢六逸、章先梅、汪馥泉、伍蠡甫、孙怀仁、郭步陶、赵君豪等教授、报人编写讲义并执教。3月向全国招生并开始授课。校址初设在南京路大陆商场，10月迁申报馆。至1935年共招函授学员466人（其中5名国外学员）。1935年10月首届学生经考试合格毕业的共183人。1936年停办。1940年申报馆编辑出版《申报新闻函授学校讲义丛书》，有《新闻学概论》《实用新闻学》《通讯练习》《评论作法》《记者常识》《本国新闻事业》《国外新闻事业》等凡16种。

【上海外国语大学新闻传播学院】 前身是上外创办于1983年的国际新闻专业。学院以"国际化""厚基础""实践型"为人才培养特色，在国际新闻传播领域名列前茅。设有新闻学（国际新闻）、国际新闻与传播、广告学、广播电视学和网络与新媒体等5个本科专业。在新闻传播学科一级硕士点下设新闻学、传播学、广告学3个二级学术硕士点，新闻与传播1个专业硕士点；在外国语言文学一级博士点下设全球传播二级博士点和二级学术硕士点。学院现已建成完整的"本科—硕士—博士"新闻传播人才培养体系。有在校本科生480名（含来华留学生4名），研究生280名（含来华留学生16名、博士24名、专硕83名）。有教授11人、副教授14人、讲师22人，其中博士生导师8名、硕士生导师21名；具有博士学位者35名，95%以上专业老师拥有海外留学和访学经历。2010年，新闻学本科专业入选教育部特色专业。2011年，学院与新华社联合开设了"多语种国际新闻特色班"，旨在培养多语种国际新闻传播人才。2012年，学院新闻传播学学科入选"上海高校一流学科（B类）"。2014年，学院获准设立上海市卓越新闻传播人才教育培养基地（国际型）。2018年，学院与中国日报社联合创立"新时代国际传播理论研究中心"。学院实验中心包括2个国家级实验室（"国家级实验示范中心"、教育部"网络与新媒体实训基地"）和1个教育部教育融媒体试点单位。此外，与国家外宣媒体和上海市传媒业界保持长期密切合作。近期，学院与松江区委宣传部合作建立"上外—松江全球传播实训基地"（占地1 700平方米），探索产、学、研及创新育人全面结合的创新路径。

【上外新闻传播学院新闻学（国际新闻）专业】 始建于1983年，中国最早的国际新闻专业之一。学制四年，学生140人。主要课程设置有马克思主义新闻学、国际新闻报道、新闻传播学研究基础、国际传播、高级英语新闻采访与写作、新闻编译、英语新闻评论、英语商业新闻写作、英语特写采访与写作、数据新闻、新闻英语文体学等。是专业跻身国家级一流本科专业建设点。本专业从"英语＋国际新闻"出发，依托上外多语种优势，创新"多语种＋新闻"人才培养，紧密对接国家需求。毕业生去向：北京大学、清华大学、复旦大学、上海交通大学、华东师范大学，哥伦比亚大学、纽约大学、南加州大学、早稻田大学等海内外学府攻读硕士；媒体和文化传播等单位、政府部门、跨国公司、知名国企以及教育行业就业。

【上外新闻传播学院国际新闻与传播专业】 2020年版教育部普通高校本科专业目录设置该专业后，国内首批新增的五个专业点之一。依托上外30余年国际新闻传播办学积累和优势，秉承“国际化、宽视野、跨领域、强创新”的培养理念，推进全英语教学模式，对接新时代中国全方位对外开放发展的人才需求。学制四年。此专业围绕“新闻叙事”“国际传播”“新媒体传播”三个核心能力培养模块打造课程群，主干课程包括全球传播、高级英语新闻采访与写作、融合新闻报道、英语深度报道、英语视频报道、数字媒体与社交网络、新媒体素养、国际组织与公共外交、区域国别国际传播研究、全球营销传播等。毕业生主要面向国内各大新闻媒体、新媒体公司及政府、事业单位、跨国企业的国际传播与沟通部门。

【上外新闻传播学院广告学专业】 1998年设置。学生约100人。专业课程设置：国际广告、整合营销传播、广告创意与设计、广告调查与效果评估、数字媒体广告、社交媒体与大数据营销、程序化广告、传播策略与策划、消费心理学等。学制四年，重点培养良好的沟通能力和客户管理能力，对产品、市场、消费者有深入的洞察并能提出有效的整合营销传播策略的复合型人才。毕业生就业口径宽，签约率高。部分学生出国(境)留学，部分学生在国内院校读研。就业学生主要供职于500强企业的营销部门、外资及本土广告公司、营销传播公司、公关公司、互联网公司、市场咨询机构、媒介机构等。

【上外新闻传播学院广播电视学专业】 2001年设置，2014年入选上海市卓越新闻传播人才培养基地(国际型)。2017年依托本专业，中国高等院校影视学会影视国际传播分会在上外成立。学制四年，有学生3届74人。主要课程设置有视听语言、广播电视写作、世界广播电视事业、英语播音与表达、英语视频新闻制作、非虚构短视频制作、数字音频与广播创新、纪实电视理论与实务等。是专业特色培养方向有三：精通英语的记者型主播；具有国际视野的纪录片编导；具备互联网思维的精英节目制作人。此专业与业界机构紧密合作，已形成“一平台一中心一计划”的教学特色：SISUMEDIA平台开展产学研用协同创新；全球节目模式研究中心关注模式研发与产业前沿；国际影视传播实训计划制作高端访谈并登陆主流媒体。本科毕业生去向：国内读研比例6%，出国读研比例36%，参加工作比例58%。

【上外新闻传播学院网络与新媒体专业】 始建于2014年，是上外为适应互联网与数字媒体的发展趋势而设置。学制四年，有学生76人。主要课程设置有数据分析编程、数字界面设计、融合新闻报道等专业核心课程、英语数字媒体写作、数字视频制作、数据新闻、数字化营销、新媒体产品设计与开发等。在本专业内，学生通过学习运用网络与新媒体技术，开展全球范围内的内容生产、创意策划、产品运营以及新媒体创业活动，成为“懂内容、懂技术、会分析、能沟通”的全球化互联网传播人才。该专业首届学生于2018年毕业，就业方向包括互联网公司、知名外企，另有一部分学生进入美国哥伦比亚大学、南加州大学，英国伦敦国王学院、利兹大学，上海交通大学等海内外学府攻读硕士。

【上海对外经贸大学国际商务外语学院】 前身是1960年建校之初成立的外贸外语系。1995年撤系建院，成立国际商务外语学院。是上海对外经贸大学专业设置历史最长、教学涵盖面最广、教师人数最多的二级学院。该院现有英语、商务英语、英语(国际商务英语方向，中英合作)、日语(商务日语方向)、法语(商务法语方向)、新闻学(经济新闻报道方向)、汉语国际教育(商务汉语方向)7个本科专业。

【上贸大国际商务外语学院新闻学专业】 2004年经教育部批准设置。本专业属全国最早以中外合作模式开办的经济新闻本科专业之一。学制四年。每届招生30名左右，小班化教育。专业课程设置有新闻学概论、传播学原理、广播电视概论、新闻采访与写作、媒介经营与管理、广告策划与创意、新闻法规与新闻道德、网络传播基础、新闻编辑与评论、新闻英语视听、外国英文报刊选读、中英新闻写作比较、当代财经新闻报道、媒介经济学、经济学原理、国际贸易等。该专业充分整合了上海对外经贸大学国际经贸学科的优势资源，依托国际商务外语学院雄厚的师资和影响力，旨在为新闻、出版、企业公关和宣传部门培育专门人才。2014年，上海市教委确定该专业为上海市卓越新闻传播人才教育培养基地。已初步形成交叉融合、朴素渗透，特点较为突出的新闻专业人才培养模式。

【上海工程技术大学艺术设计学院】 上海工程技术大学创建于1978年，建校伊始已有设计专业，1998年命名为艺术设计学院，有视觉传达设计、数字媒体设计和广告学等8个本科专业。设计专业硕士点下有视觉传达设计等研究方向。有学生约1 300人，硕士在校生约300人，均就读于松江校区。有教职员工100人，其中专任教师82人，教授5人，副教授26人；博士36人，博士在读9人；有海外留学背景的教师占35%。作为中国包装联合会教育委员会副主任单位、中国印刷技术协会创意设计委员会副主任单位和中国会展经济研究会副会长单位，学院依托国家级和省级研究创新平台，孵化出5个大师工作室引领下的78个艺工坊。并与英国利物浦约翰摩尔大学、英国爱丁堡大学、日本九州产业大学等海外高校建立合作办学项目。

【工程大艺术设计学院广告学专业】 始建于1978年，前身是广告与影像技术系。学制四年，本科学历，每年招生20人左右。该专业是上海广播电视台（SMG）东方广播中心校企合作单位。主修课程设置有传播学概论、广告学概论、整合营销传播、广告调查、广告策划、广告创意、广告媒介、广告效果测评、广告设计、影视广告制作、广告摄影基础、新媒体广告创作、广告法规、实效促销、广告经营与管理和网络营销等。专任教师6名，其中高级职称1名，博士1名，硕士5名。该专业学生参加“全国大学生广告艺术大赛”“上海大学生公益广告大赛”等，获国家级及省市级奖项300多项；由学生主创并由SMG执行的广告作品获“中国广告长城奖”2项、“中国公益广告黄河奖”7项。广告学专业毕业生去向：媒介机构广告部门、广告公司、市场调查及信息咨询公司、政府部门、企事业单位、艺术服务与文化创意产业等。

【工程大艺术设计学院数字媒体艺术专业】 该专业培养整合声音、影像与装置的能力，结合空间环境，运用新媒介的最新成果，完成数字艺术的概念策划、设计深化及作品制作。每年招生25人左右。现有专任教师10名，其中高级职称3名，博士6名，海外背景5名。主修课程设置：数字影像创作（一）（二）、UI设计、交互艺术设计、影像后期特效创作、非线性编辑软件应用、数字影像技术基础和影视声音艺术等。该专业学生每年获“全国大学生广告艺术大赛”等省部级以上奖项。毕业生主要面向电视台、传媒机构、影视公司、新闻出版业、数字影视制作公司、广告公司、高校和其他企事业单位。

【工程大艺术设计学院视觉传达设计专业】 该专业培养具有创新能力的复合型、交叉型艺术与设计应用型视觉传达设计人才。每年招生约50人。有教师16名，其中高级职称8名，博士3名，海外背景6名。主修课程设置有图形创意、字体设计、标志设计、包装设计、印刷材料与工艺、书籍装帧设计、广告设计、信息交互图形设计、空间导视设计、动态视觉设计、区域文化与创意和视觉设计认知等。本专业学生曾获“IKEA可持续LED灯泡包装设计”国家级一等奖，获米兰设计周、大广赛、学院奖、金犊奖等专业比赛数百项奖。毕业生就业方向：企事业单位及专业机构从事设计、研究等工作，能够开设个人设计工作室或进一步深造。

【华东政法大学传播学院】 始建于2017年5月，是在整合原人文学院师资和学科资源的基础上，以新闻与法律交叉学科研究实践为主打特色，不仅培养法制新闻传播专业人才，还依托雄厚的法学资源，培养与文化研究、文化传播相关联的复合型人才。设新闻学、文化产业管理和汉语言文学3个专业方向。设“法制新闻研究中心”“传播法研究中心”“文化产业法律研究中心”“文化产业研究中心”和“中国廉政与法治文学研究中心”等学术机构。学院重视学生实践实训，成立以“自我管理、版主经营、自负盈亏”为原则的全真模拟校内实际平台——“新视传媒集团”。集团每年组织一次沪上高校“校园媒体峰会”，研讨学生媒体发展中存在的问题，寻找问题解决的对策。学院现有多功能演播室、广播电视数字采编实验室、文化创意人才实训中心、新闻演播室4个实验室。实验室配备摄影摄像专业设备、采编软件、校园演播系统、专业拍摄轨道、音响话筒等专业设备，主要承担新闻专业、文化产业管理专业等课程教学，以及学生课后实践等功能。

【华政传播学院新闻学专业】 2004年始招新闻学（法制新闻方向）本科生，以“法制新闻”为特色，以职业需求为导向，对学生进行新闻传播实务技能的系统培训，培养具有较高法学素养、宽广的国际视野、良好的新闻职业精神，具有扎实系统的新闻知识、良好的外语沟通能力，以及解决实际问题的能力，具有全媒体业务技能的应用型、复合型、高层次新闻传播人才。2019年，该专业获批首批上海市级一流本科专业建设点，2020年获批国家级一流本科专业建设点。拥有新闻传播学一级学科硕士点、新闻与传播专业学位硕士点，以及传媒法制二级学科硕士点，设有法制新闻研究中心、传播法研究中心等学术机构。

【上海视觉艺术学院新媒体艺术学院】 始建于2006年7月。学院下设广播电视编导（含影视编导、文学策划与创作、主播工程3个方向）、动画（含动画、创意动画、数字互动娱乐美术3个方向）、艺术与科技（含数字媒体技术、演出空间设计、交互媒体艺术、数字互动娱乐策划、数字互动娱乐电竞5个方向）和摄影4个专业。学院成立以来，逐步建立了“着重艺术创新，具有一专多能的应用型复合型中、高级人才培养”体系，旨在从艺术、技术、创意、策划、制作以及学术研究多方面培养社会急需、市场覆盖面大的影视特效、网络媒体、动漫游戏、数字交互等业界具有国际视野和开创精神的数字媒体技术与设计专业的高素质复合型人才，以及具有宽阔的文化视野、广泛的艺术素养，集采编播于一体的全媒体应用型人才。所有专业课程的开设重在计算机技术和视觉、听觉等艺术的融合，在不同专业之间进行交叉、复合，适应数字媒体、网络娱乐对文化娱乐产品和创作、制作人才的变化与要求。在教学理念上，学院坚持在完成各专业必备的基础课程教学后，以工作室制教学为主体，以项目包引领教学、结合以行业为背景的校外实习为手段，确保人才培养的市场合格率。学院根据人才市场的需求，发挥上海人才高地优势，与业界共建学生校外实习基地；同时基于学院下设的工作室的整体优势建立校内学生实践基地，以形成多样化的学生实习模式。

【上视新媒体艺术学院电视编导专业】 该专业下设影视编导、网络文学与主播工程3个方向，依托上海文化广播影视集团有限公司、上海报业集团、阅文集团、上海市作协等机构支持，拥有广播电视传统媒体和新媒体资源。该专业培养适应融媒体发展趋势，具备国际视野、拥有复合型知识结构和创新创意能力的影视与文学创作高级应用型专门人才。基于“厚基础、重创新、强实践”的专业特色，着力培养学生良好的政治素养和社会责任感，广泛的人文、艺术功底，扎实的影视作品采编创作能力，顺应时代的策划、写作、文化项目运营管理能力，创新的融媒体视频内容生产能力，能在传媒行业中从事编导、记者、策划、主持、评论、编剧、制片等工作的应用型、创新型人才。

【上视新媒体艺术学院动画专业】 该专业下设动画、创意动画、数字互动娱乐美术3个方向，旨在培养具备电影、电视动画创作及游戏和数码媒体艺术所需要的基本理论和知识，能在影视动画、数字娱乐、网络媒体等业界从事动画原画、动画创意及编导、游戏美术、数码媒体应用等方面创作、设计、制作以及学术研究的高素质复合型人才。学生毕业后主要从事包括影视动画创作与制作、影视合成与特效、游戏美术设计、教学和科研工作。主要就业方向有动画设计公司、游戏设计公司、多媒体动画制作、影视公司的动画设计与制作、网络公司的动画师等。

【上视新媒体艺术学院艺术与科技专业】 该专业下设数字媒体技术、多媒体展演空间设计、交互媒体艺术、数字互动娱乐策划、数字互动娱乐电竞5个方向。该专业以当代艺术与技术的深度融合为主导思想，充分依托计算机虚拟影像设计与技术、多媒体制作设计方法和理念，开展面向数字媒体未来发展方向的交互媒体设计、数字虚拟作品创作、多媒体空间设计、数字互动娱乐等应用领域的前沿性研发和创作，与此同时培养专注于该领域的技术创意与制作设计的高端应用型人才。

【上视新媒体艺术学院摄影专业】 该专业以数码图像与影视创作为技术基础，摄影史和艺术哲学为理论指导，在传承传统影像艺术的前提下，以培养实践操作能力强、具有国际视野和较强摄影管理能力的专门人才为目标，为数字全媒体提供复合型、应用型人才。上海广播电视台、上海电影集团、上海报业集团作为股东单位，为该专业提供了资源支持和技术保障。学生主要就业方向为电视台、电影制片厂、广告公司、网络媒体等影视制作机构，报刊杂志、音像出版、影楼、大型企业、影视教育等机构从事影视和图片拍摄与制作、图文设计、图片编辑、视频编辑等工作。

【上海政法学院上海纪录片学院】　前身是改建于1986年的上海政法学院社会科学系。2007年起招收新闻学本科专业。2014年上海政法学院在国内高校率先设立纪录片学院，同年获准设立上海市卓越新闻人才教育培养基地。2017年改今名。次年获得上海市紧缺人才工作室建设项目。学院现设有新闻学、广播电视学、广播电视编导（纪录片方向、摄影摄像方向）和网络与新媒体5个本科专业，另设有新闻传播学一级学科硕士点和新闻与传播专业学位硕士点。有在校生包括研究生近800人。有专职教师33名，客座教授10名，实验师4名，专职辅导员4名，行政人员4名。专职教师中，80%具有博士学位，50%具有行业工作背景，60%具有海外学习背景。学院秉承“建设国际化特色的应用型专业，培养创新型、应用型人才”的办学宗旨，近年投入近1 400万元，建设纪录片实验实训中心。该中心由电视演播、纪录片创作分中心，以及纪录片非编、新闻摄影、数字录音等实验室和航拍训练基地等组成。学院先后在甘肃、东北、广东、山东等地区建实训基地，在建的还有上海普陀、松江纪录片创业园区、美国ICN实习基地，已与上海广播电视台、澎湃新闻等多家媒体机构签署实习实训协议，打造从大一到大四各年级覆盖的实习实训基地。2017年以来，学院一批优秀学生应邀先后赴俄罗斯、哈萨克斯坦、塔吉克斯坦、乌兹别克斯坦等“一带一路”国家拍摄纪录片。

【上政纪录片学院新闻学专业】　系上海卓越新闻传播人才培养基地项目，致力于培养法制新闻交叉型复合型人才。学制四年，文学学士。主要课程设置有新闻学概论、传播学概论、新闻业务、中外新闻传播史、电视摄像与编辑制作、网络与新媒体、西方新闻写作与分析、新闻传播研究方法、大众文化与大众社会、广告学、国际传播与跨文化交流等。毕业生可在广播、电视、报社、网络、出版等媒体从事法制新闻报道，以及在司法、劳教、监狱等政府部门从事法制新闻的制作、发布、宣传、舆情监督等相关工作。

【上政纪录片学院新闻学专业（融媒体方向）】　系上海卓越新闻传播人才培养基地项目，致力于培养具有一定网络与融媒体实践能力的应用型、复合型人才。学制四年，文学学士。主要课程设置有新闻学概论、融合媒介导论、新闻传播伦理与法规、融合新闻报道、新媒体运营与管理、数据新闻、多媒体仿真技术、新媒体数据分析与应用、网络舆情监测与研判等。毕业生能在政府机构、媒体集团、企事业单位、社会组织等从事网络传播与融媒体实务工作。

【上政纪录片学院广播电视学专业】　系上海卓越新闻传播人才培养基地项目，致力于培养具备新闻传播专业基础、视听传播理论技术的应用型广播电视学专业人才。学制四年，文学学士。主要课程设置有传播学概论、马克思主义新闻思想、新闻传播学研究方法、电视节目筹划、新闻传播伦理与法规、电视摄像、电视新闻节目制作、影视语言、电视专题片制作等。毕业生主要面向新闻媒体、政府机构、企业团体中的新闻与信息传播岗位，可在影视系统、文化部门从事策划、撰稿、创意、创作、制作等工作。

【上政纪录片学院广播电视编导专业（纪录片方向）】　该专业是中国高校中唯一从事纪录片本科教育的特色专业，致力于培养具备国际视野、高水平复合型影视创作人才。学制四年，艺术学士。主要课程设置有视听语言、影视编导基础、纪录片摄像、影视录音基础、摄像基础、电视编辑、纪录片导演、纪录片创作、纪录片叙事、纪录片发展史、纪录片国际传播策略、影视人类学、微电影工作坊等。毕业生面向影视传媒、互联网和移动终端等新媒体、影视制作公司、文化传播机构以及各类企事业单位，从事影视采编、影视策划、影视创作及后期制作。

【上政纪录片学院广播电视编导专业（摄影摄像方向）】　致力于培育胜任纪录片、故事片、新闻、电视广告以及图片摄影的摄影摄像专业人才。学制四年，艺术学士。主要课程设置有视听语言、影视导演基础、纪录片摄像、故事片摄像、视觉艺术、影视照明与布光、影视录音基础、影视画面编辑、影视航拍语言与特殊摄影、三维制作、影视后期调色工作坊等。毕业生面向影视传媒、互联网等新媒体、广告传媒公司以及其他各类出版与文化传播机构,从事电视采编、影视制作、影视摄像、图片摄影等工作。

【上海立达学院传媒学院】 始建于2018年7月,设播音与主持艺术、摄影、广播电视编导4个本科专业,另设传播与策划专科。现有专任教师40人。2020年计划全国招生300人。学院拥有播音演播室、播音训练实验室、非线性编辑实验室、录音实验室、音视频编辑室、高清演播室、虚拟演播厅等现代化传媒实验室。学院自成立以来,充分利用互联网+云端教学形式,强化实践教学,大力培养“政治素质高,专业技能强”的新闻传播优秀人才。

【上海立达传媒学院播音与主持艺术专业】 2019年起招生。学制四年,本科学历。设有艺术概论、普通话语音与播音发展、形体基础、表演基础、口语传播学基础、语言表达基础、播音主持艺术概论、新闻传播学概论等核心课程。毕业生除胜任传统新闻播报、配音、场馆解说等工作外,还具备专业财经主播、电子竞技解说、体育评论解说、深度新闻采访、带货直播和英汉、法汉双语主持等播音主持能力。

【上海立达传媒学院摄影专业】 2018年起招生。学制四年,本科学历。核心课程设置有视觉传达、摄影构图、新闻纪实摄影、影视摄影技巧、人像摄影、广播摄影、影视导演创作、纪录片创作等。毕业生主要去向:中小型影视传媒公司、电视台、广告公司、小微型企业宣传企划部门、电商公司,可从事影视制作和图片推广工作。

【上海立达传媒学院广播电视编导专业】 学制四年,本科学历。核心课程设置有艺术概论、传播学概论、广播电视导论、视听语言、经典影视作品分析、影视写作基础、影视导演基础、电视节目策划、纪录片创作和电视编辑等。毕业生具媒体融合思维,适合在广播电视系统从事各频道栏目的策划、编导、制作诸工作。成绩优秀者,可报考艺术类相关专业研究生,亦可在入学时申请进入海外本硕直通班学习。

【上海立达传媒学院传播与策划专科】 学制三年,专科学历。主要课程设置有新闻写作、新媒体营销、视频制作与处理、广告策划、新闻采编与制作、新媒体影视制作、新闻专题策划实训等。该专科经多年建设凝练,形成了“一个基本点、两个立足点、三种传播方式、四大就业方向”的培养模式。毕业生适合从事记者、编辑、文案、新媒体运营、影像编辑与制作等工作。

十三

新闻传播人物

【韩应陛】(1815—1860)　清代学者、藏书家、出版家。字绿卿,又字对虞,号鸣堂。娄县(今上海松江)人,改归华亭(今上海松江)籍,居府城西门外南埭。幼承庭训,喜读周秦诸子,又工算术、物理等新学。曾拜乡贤姚椿为师,得桐城派古文义法,重实学。清道光二十四年(1844年)中举人,官至内阁中书舍人。嗜藏书,命其斋为"读有用书斋",著录的406部书中,有宋刻本21部、元刻本9部、明抄本190余部。富藏历代名砚,著《砚铭》。咸丰五年(1855年),中国数学家李善兰与英国传教士伟烈亚力完成合译《几何原本》后九卷,韩应陛遂偕顾观光、张文虎反复校刊,且慨然承诺:捐资刊刻,以广流传。中国首次刻印的《几何原本》后九卷,采用枣木雕版,图形务求精湛,字迹但求清晰,校对唯求精准。首印67部甫完成,枣木雕版全毁于太平天国战火。咸丰七年初,伟烈亚力在沪创办《六合丛谈》,韩氏被聘为中国撰稿人,审稿校订重学、气学、光学、声学等论著。撰《用强说》,讨论变法图强,是近代中国知识分子最早在杂志上发表的时论文章之一。殁后,遗稿藏书多散佚,其友张文虎辑为《读有用书斋存稿》,邑人封文权编纂《韩氏读有用书斋书目》。

【朱逢甲】(1817—?)　清代学者、报人。字莲生,号持平叟、执权居士、公道老人等。华亭(今上海松江)人。饱读经书,国学底蕴深厚。科考屡不第。道光晚期赴贵州,在学政鲍华潭门下当幕僚,助修《兴义府志》。清咸丰四年(1854年)苗兵起义,朱设计活捉苗兵军师,功绩为官员冒领。欲回乡,因太平天国军已占领南京,归途受阻,闲居黔。翌年编纂《间书》。同治七年(1868年)英国传教士林乐知在沪创办《中国教会新报》,聘朱氏为"秉笔华士"(即编辑),其在报上发表文章几十篇,其中同治十一年在《申报》上发表的《附论西教兴废来书》一文,首次运用"心理(学)"现代学科意义上的名称。光绪元年六月十四日(1875年7月16日)在沪出资创办《益报》,兼主笔。是报以"卷"代"张",以"页"代"版",日出一卷八页。因观点保守,内容陈旧,出116卷后停刊。主要著作有《间书》,为间谍史话,介绍中国古代使用间谍的各种方法。另著有《平黔策》《沿海形势论》若干卷。

【马相伯】(1840—1939)　教育家、报刊主笔。原名志德,圣名若瑟,又名钦善、建常、绍良,字斯藏,又字相伯、湘伯、芗伯,晚号华封老人,以字行。祖籍江苏丹阳,定居上海,在松江有田亩、府邸。因父母信奉天主教,他幼年即受洗礼。12岁抵沪,入法国耶稣会圣依纳爵公学(徐汇公学,今徐汇中学),攻读多国语言及哲学、神学等。清同治九年(1870年)获神学博士衔,授司铎神职。光绪二年(1876年)因自筹白银2 000两救济灾民,遭教会幽禁,愤而还俗,从事外交和洋务活动。提倡实业救国,上书朝廷石沉大海,遂于光绪二十五年辞官,隐居佘山,潜心研究天文

马相伯

学，助弟马建忠著《马氏文通》。自光绪二十六年（1900年）至光绪三十二年，毁家兴学，把在松江、青浦的3 000亩田产以及在上海公共租界、法租界的地基8处，全部捐献用于创建震旦学院、复旦公学、复旦中学、向明中学，兼首任校长。光绪三十三年在日本会晤梁启超，被推举为政闻社总务员。旋在上海主持《政论》月刊，鼓吹君主立宪。辛亥革命后，被孙中山聘为南京第一任市长，后转任江苏都督府内务司长兼代理都督。嗣后一度代理北平大学校长，曾协助英敛之创办辅仁大学。1926年8月在上海创办《天民报图画附刊》，任总主笔。九一八事变后，为共御外侮，挥毫作榜书、对联义卖，共得10万元，如数支援抗日义勇军。1937年任国民政府委员。1939年是他百岁诞辰，国民政府向其颁发褒奖令，中共中央特致"国家之光，人类之瑞"贺电。病逝于越南谅山。2003年马相伯故居经修缮后在松江泗泾开江中路358号开放。著述收入《马相伯先生文集》。

【韩邦庆】（1856—1894） 清末小说家、报人。字子云，号太仙，别署大一山人、花也怜侬、三庆。娄县（今上海松江）人。自幼随父居北京。清光绪年间考中秀才，被推选入国子监读书。南归后，多次应乡试不第，一度在河南官署做幕僚。迁居上海，染有鸦片烟癖，致使家道中落。担任过《申报》撰述，偶尔为报纸撰写论说。与《申报》编辑钱忻伯、何桂笙等友善，时相唱和。后任申报馆编辑，所得稿酬，全部花在妓院，对狎邪生活阅历既深，洞悉此中伎俩。光绪十八年（1892年）初，自办《海上奇书》杂志，初为半月刊，后改为月刊，由上海点石斋石印，为图文并茂的早期文学杂志。由其创作的中国第一部苏州方言长篇小说《海上花列传》，首先发表在《海上奇书》上，开创了报刊连载长篇章回小说先河。《海上花列传》于光绪二十年出单行本，鲁迅评称："记载如实，绝少夸张""书中人物，亦多实有"。另著有文言小说集《太仙漫稿》等。

【雷奋】（1871—1919） 近代政治活动家、报人。字继兴。娄县（今上海松江）人，家住西门外西渡南小街。清诸生，初在上海南洋公学（上海交通大学前身）学习。清光绪二十五年（1899年）留学日本，研习政法，毕业于早稻田大学。归国后，任上海《时报》编辑，主编本埠新闻，并在城东女学、务本女塾等校任教。旋任江苏省谘议局议员，资政院民选议员。善演讲，常在宪政期成会、资政院等处慷慨陈词，对形势条分缕析，听者无不动容。曾主编《法政杂志》，发表文章，被袁世凯目为"立宪派"。民国成立，袁世凯任总统，许多法律规章由雷奋起草。留京任咨政院议员。及袁图谋称帝，雷即退出政界。南归后，松江市成立自治公所，公推雷奋为总董。1913年国民党人发动讨袁战争，钮永建在松江成立临时军政分府，起兵攻上海制造局失利，浙江都督朱瑞乘机发兵进窥松江，局势紧张。雷奋与朱瑞为早稻田同学，于是从中斡旋，松江守军水师沈葆义部让出防地，由浙军进驻，战祸得以消弭。后被任命为财政部参事，又被任命为湖北省高等检察厅厅长，均因肺病未赴。不久，卒于家。

雷奋

【雷瑨】（1871—1941） 近代报人、地方史学家。字君曜，别号娱萱室主，笔名云间颠公、缩庵老人等。娄县（今上海松江）人，家住城西秀南桥堍。清光绪十四年（1888年）举人。初任扫叶山房编辑，编有《清人说荟》初集、二集各20种，《娱萱室小品》60种等。继任《申报》编辑多年，熟谙掌故，勤于著述。家藏乡邦文献颇多，熟稔地方史料。1917年续修华娄县志时，曾纂有《艺文志》稿，辑有《松乘》初稿。另辑录晚清至抗战前松江大事，名《松江志料节钞》。留笔记手稿《我生七十年》《五十年之回顾》及日记61册，皆有文史价值。工诗词，善文章。著有《萱荫室集句诗》《闺秀诗话》《闺秀词话》《青楼诗话》和《近人词录》等；编选《古今诗论大观》；笺注《评注林和靖诗集》《笺评剑南诗钞》《笺注随园诗话》《评注唐宋八大家》《详注郑板桥集》《注释小仓山房文集》《评注春在堂尺牍》等。还著有轶事小说《清代官场百怪录》及《历代史事政治论》《报馆文章》等多部；辑录《砚话》《印话》《谜话》《茶话》《酒话》等。

【李苣香】（？—1923） 近代报人，政治活动家。名维翰，又名芑，以字行。华亭（今上海松江）人，家住松江城内。早年留学日本，攻读法学。清光绪三十一年（1905年）在东京加入中国同盟会，为松江第一个同盟会会员。回国后，任松江府中学堂教员，宣传革命，发展会员。清宣统二年（1910年）九月，发起创办松江最早的杂志《茸报》（旬刊），担任主编。辛亥革命爆发，佐钮永建光复松江，任军政分府编核科长。曾主持松江地方自治筹备会。与蒋轼、朱叔建等发起成立松江政论会，创办《政论报》，任主编。撰文反映民众意见，促进政治改革。南京光复后，与陈陶遗等到南京参加同盟会临时大会。后随孙中山、黄兴入北京，参与同盟会改组为国民党的工作。1913年前后，出任浙江杭县地方审判厅厅长。稍后，升任浙江省高等审判厅推事。因积劳成疾，中风逝世。噩耗传来，松江各界人士集会追悼。为早期南社社员，工诗词古文，所作诗文散佚无存。

【张蕴和】（1872—1940）　近代报人。名葆元，笔名默，以字行。娄县（今上海松江）人，家住松江城西门外阔街。16岁中秀才，入江阴南菁书院，以学行兼优任斋长，旋保送至京师大学堂。因科场失意，转求新学。清光绪二十八年（1902年）曾赴日本考察教育，回国后将所得资料，悉数提供给松江府中学堂作为创办参考。1912年松江名绅李芑香、朱叔建创办《政论报》，张蕴和任编辑。同年由《申报》编辑金剑华、雷君曜推荐任《申报》编辑。长期担任该报副总主笔，与总主笔陈景韩轮流撰写“时评”，署名“默”，时称“松江两支笔”。1930年陈景韩辞去总主笔，由张继任。张为文谨慎，以稳健著称。九一八事变后，所写时评站在抗日立场表达民众的意志。1937年冬上海沦为“孤岛”后，日伪方提出要作新闻检查，张与《申报》其他主持人宁可停刊，坚拒检查。1938年10月《申报》改挂美商哥伦比亚公司招牌复刊，张改任副总主笔。生平别无嗜好，唯爱端溪古砚，收藏百余方，著有《砚说》。

张蕴和

【张叔通】（1877—1967）　近代报人、书画家。原名蕴芳，又名葆良，别名九峰樵子、九峰樵叟，以字行。娄县（今上海松江）人，家住蒋泾桥西。张蕴和之弟。清末秀才。早年肄业于南京高等学堂、上海英华书馆、复旦公学。曾著《徐锡麟》一书，鼓吹革命，被清廷所禁。后曾任《南方报》《新闻报》记者，沪江大学、浦东中学教师等职。应聘任《申报》编辑达数十年，与其兄共襄笔政，每月撰论文六七篇，每篇千余字，揭露时弊，持论公正。1940年7月，因发表抗日文章和参与抗日爱国活动，被列入汪伪政府公开通缉的上海83名爱国人士之一。著有《余之记者生涯》，辑有《佘山小志》。工书法，擅行、草；山水画自成一家，晚年辞去报务，鬻字画为生。1953年任江苏省文史研究馆馆员，1959年转为上海文史研究馆馆员。1960年任上海中国画院画师。为上海中国书法篆刻研究会会员，中国美术家协会上海分会会员。深于画理，著有《九峰樵子谈画》。

张叔通

【陈景韩】（1878—1965）　近代报人。又名陈冷，笔名冷、冷血、不冷、华生、无名等。华亭（今上海松江）人，家住西城门内。清末秀才。清光绪二十六年（1900年）经钮永建介绍，进武昌武备学校。后因加入中国同盟会，被清政府侦知并饬松江府捉拿，乃赴日本暂避。回国后，初任上海《大陆报》记者。光绪三十年任上海《时报》主笔。锐意进行业务革新，除创设“专电”“特约通讯”等专栏外，还开辟“时评”专栏，每日写一短评，短小精悍，令人耳目一新，各报纷纷仿效。在史量才接办《申报》后，于1913年聘其为总

陈景韩

主笔。其主张以爱国爱民、独立不偏为立场，以“确”“速”“博”三字为办报方针，慎选记者，鼓励用眼睛采访，发布真实可靠的新闻，遂成舆论界权威人士之一，并使当时《申报》成为经济独立、业务发达的全国著名报纸。1920年因与史量才产生意见分歧而辞职，就任中兴煤矿公司董事等职。抗日战争胜利后，《申报》由国民党CC系掌握，请他续主报事，坚拒。中华人民共和国成立后，任上海市政协委员。善写小说，曾与人合编《小说时报》(月刊)。著有小说《新中国之豪杰》《商界鬼域记》《凄风苦雨录》《白云塔》等；译作有《明日之战争》《新蝶梦》《赛雪儿》《卖解女儿》等。

【史量才】(1880—1934) 报业家。名家修，以字行。生于江苏江宁(今南京)，长于松江。曾以娄县籍考中秀才，后考入杭州蚕学馆攻读理化、蚕业、日文。毕业后于清光绪三十年(1904年)创办女子蚕桑学堂。又先后在上海南洋中学、育才学堂、江南制造局兵工学堂、务本女校任教，与黄炎培等参与发起江苏学务总会，参加江浙绅商光绪三十三年保路运动，被选为江苏铁路公司董事，曾亲至石湖荡桥梁工地现场擘画。辛亥革命前夕，常与立宪派、同盟会人士聚议，一度兼任《时报》主笔。上海光复后，受陈其美委派，主持清理上海海关和松江盐局账务。1912年10月同张謇等四人购买《申报》产权，出任总经理。后收买其他人股权独资经营，更新设备，建造馆舍，使《申报》成为拥有资本数百万，日发行量近15万份的大报。以“言论自由，不偏不倚，人民喉舌”为宗旨，苦心经营《申报》22年。1927年买下《时事新报》部分产权，1929年收买《新闻报》大部分股权，成为当时中国最大的报业资本家。其间参与创办中南银行、民生纱厂帮助扩大五洲大药房，协助复兴中华书局，实施实业救国。1931年九一八事变后，《申报》如实报道蒋介石的不抵抗政策致使沈阳失陷的情况，先后刊登80余条电讯，呼吁人民起来抗战。1932年积极支持一·二八淞沪抗战，捐资出力，四处奔走声援十九路军，为稳定上海商业金融、救济难民做出贡献。同年，先后任上海市民地方维持会会长、上海市临时参议会议长。支持中国民权保障同盟的活动。主持《申报》不断改革，创设申报流动图书馆、申报业余补习学校等进步文化事业；坚持媒体的公正独立地位，拒绝为党派收买。1934年11月13日，在离开杭州休养地返沪途中，被国民党军统特务枪杀于浙江海宁温家埠。

史量才

【平海澜】(1885—1960) 英语教育家、杂志主编。华亭(今上海松江)人，家住叶榭东市街(后水月庵处)。家贫好学，无钱读书，常去私塾门外“听课”。塾师奇之，允许免费就读。清光绪二十五年(1899年)考入南洋学堂。毕业后由亭林施端生提携，同赴日本，考取早稻田大学医科，因学费昂贵，改入东京英语专科学校，勤工俭学。其间，曾面见孙中山，孙中山希望他学好英语，为振兴中华做贡献。回国后，先后任广西梧州中学、江苏无锡中学、上海浦东中学英文教师。1912年曾和几位学者在上海创办立达学社。稍后与胡敦复、关在渊、曹惠群等在上海南市区(今黄浦区)创办大同学院(后改名大同大学)，负责教务并兼任英语教师。1918年应商务印书馆之聘，主编《英文杂志》。1927年鉴于社会迫切需要，乃在南市蓬莱路创办海澜英文专门学校，亲授文学课，一时轰动大、中学校。后因经费短绌及南京国民政府教育部刁难，于1930年停办。上海解放前夕，大同大学校长胡刚复离职，由平海澜接任。中华人民共和国成立后，仍任大同大学校长。先后当选上海市人大代表、上海市政协常委、上海哲学社会科学联合会副主席、上海市外文学会主席。1960年调任上海文史研究馆馆长。主要著作有《英语语法规范》《科学观之英文法》《英语文法》《高级英语读本》《国际音标发音字典》《英语教师手册》等。

平海澜

【孙雪泥】(1889—1965)　出版家、印刷家、诗人、画家。原名鸿,字杰生,又字翠章,号枕流,别署枕流居士。华亭(今上海松江)人,家住亭林镇(今属金山)。5岁能剪纸,旋就读私塾,16岁到上海当学徒,能诗能书能画。1917年创办上海生生美术公司,早期聘徐卓呆为编辑主任,后自任编辑主任。1918年8月创办《世界画报》,任主编兼发行人。后曾主编《笑画》《滑稽》《俱乐部杂志》等画刊。1928年采用新制版工艺印刷《良友画报》,十分精美,享有盛誉。1931年赴日本考察,回国后创办图画书局,出版儿童读物;同时首创绢扇面彩色胶印工艺,为印制国内名画家和自绘的国画团扇,特在松江建团扇制造厂。1932年与贺天健、钱瘦铁、郑午昌等创办中国画会,任常务理事兼总务。全面抗战前,在漕溪北路置地自建新厂房,引进半自动胶印机,1948年又引进哈立斯自动胶印机。后因市政建设动迁,该厂并入中华印刷厂。曾任上海市彩印工业同业会理事长,中联印刷公司和冠生园食品公司董事。1950年出席第一届全国出版工作会议。1953年任上海画片出版社编辑室主任。历任上海中国画院画师、中国美术家协会会员、上海文史研究馆馆员。工旧体诗,著有《雪泥诗集》。擅长风景和蔬果绘画,其中《富春江上木排多》《蔬菜梅花》和《西郊农事好》等佳作入选全国国画展、全国美术作品展。

【杨孝述】(1889—1974)　近代科普奠基人、杂志总编。字允中。华亭(今上海松江)人,家住叶榭镇。清光绪三十一年(1905年)考入松江府中学堂。宣统三年(1911年)赴清华学堂学习,长于数、理、化诸学科。半年后考取第三批庚子赔款留美生,在美国康奈尔大学攻读机械工程。1914年毕业后任职美孚洋行。1915年春由张謇创办的河海工程专门学校在南京开学,杨孝述辞去洋行高薪职务,任该校基础课教授。1925年春由教务主任升任河海工科大学校长。1927年6月国民政府教育部仿法国大学区制,将原大学师生编入第四中山大学工学院土木工程系,杨任秘书长。因不满国民党政府白色恐怖,愤而辞职,转任上海交通大学电机系教授。1929年2月任中国科学社总干事。早在留美期间为提倡科学、振兴中华,便同好友杨杏佛、竺可桢、胡明复、赵元任、任鸿隽等发起组织中国科学社。该社早在1915年初就创刊《科学》杂志。在上海成立总社后,《科学》杂志发行量猛增。杨为总编辑,以发现人才为己任,华罗庚的第一篇论文《苏家驹之代数的五次方程式解法不能成立的理由》由杨推荐,发表在《科学》杂志。1933年由其主编的《科学画报》创刊,通俗易懂,编排有趣,为国内第一本图文并茂的综合性科普期刊,发行遍及全国和南洋群岛。此外,还创办明复科学图书馆、中国科学图书仪器公司,任常务董事兼总经理。中华人民共和国成立后,任上海杨浦区政协副主席、九三学社上海分社常委、上海电机工程学会理事、上海市科协委员等。曾组织出版"土木工程丛书""电工技术丛书"等大量科技书刊。

杨孝述

【王昌祉】(1889—1959)　神学传播者。名宝廉,字叔若,教名若瑟。松江人。10岁就读于徐汇公学(今徐汇中学)。1918年入徐家汇修道院。1921年入耶稣会。在耶稣会文学院专攻中西文学。1928年赴英国泽西岛、法国里昂神学院学习。1932年晋升司铎。翌年到巴黎大学攻读博士,以《王阳明的道德哲学》论文取得博士学位。1935年获巴黎天主教大学神学博士,为中国司铎获此学位第一人。1937年初回沪,历任光启社副社长兼主笔、《圣心报》副主编、耶稣会文学院和神学院中文主任,震旦大学公教青年会指导司铎等职。1945年任耶稣会会长咨议员。1947年在震旦大学文学院中文系执教。1949年赴菲律宾,致力于"中国文化传教工作"。著有《人生的意义》《天主教教义词汇》《中国文学史讲义》《庄子的神秘主义》《诸子的我见》等专著36部,遗著有7本。

【张尔泰】(1890—1938)　民国报人。字思九,号痴鸠。松江人。南开大学肄业。善诗书画,为南社社员。1919年赴新加坡主持《新国民日报》笔政,兼任华侨公会会长及华侨公学名誉校长。1923年被孙中山任命为广东大本营咨议,兼任驻新加坡海外文化宣传部主任。1938年初辗转抵沪，病故。

【顾水如】（1890—1971） 围棋国手、围棋专栏主编。名思浩，小名寄龙。娄县枫泾镇（1966年前属上海松江，今属金山）人，家住西下塘街米筛桥堍。9岁随父兄学棋，16岁独步乡里。清宣统元年（1909年）就职上海时报馆。报馆多善弈者，馆主遂聘顾任围棋专栏主编。1914年赴北平，多次战胜汪云峰、金亚贤、过惕生等围棋高手，时誉“圣手”，遂为段祺瑞门客。1917年东游日本学棋，棋艺大进。回国后定居天津，与南方刘棣怀合称“南刘北顾”。1922年在北平收吴清源为弟子。曾在北平、天津《时事新报》及《商报》任围棋专栏主编。1933年迁居沪上，创办上海棋社。1952年在沪收陈祖德为徒。翌年被聘为上海市文史研究馆馆员，是上海市首届政协特邀委员。1960年任《围棋》月刊副主编。其评棋说理清晰，能启迪后学思路。晚年患病思归故土，乃移居松江。著有《围棋对局解说》。

顾水如

【姚鹓雏】（1892—1954） 近代报人、作家。原名锡钧，字雄伯，笔名龙公，以号行。松江人，家住西门外祭江亭西。十三四岁即下笔千言立就，应童子试，得第一名。嗜读梁启超主编的《新民丛报》，装订成册，重要文章烂熟于胸。松江府中学堂毕业后入京师大学堂学习，师事林纾，诗文练达，为文婉约风华；落拓不羁，有魏晋风度。善诗词，与同学林庚白齐名，刊有《太学二子集》。辛亥革命后学堂解散，南归。加入南社，为该社“四才子”之一。参与编辑《国学丛刊》。经陈陶遗介绍，任上海《太平洋报》编辑，旋改任《国民日报》编辑。1918年春应聘赴新加坡国民日报馆任职。半年后因纵酒得失眠症转剧，回国。此后，历任上海《申报》及《江东》《春声》等杂志编辑，经常发表小说、诗、词，蜚声沪上。1925年任江苏省省长陈陶遗秘书。嗣后，历任江苏省教育厅秘书、南京市政府秘书长、江苏省政府秘书等职。从政之余，先后在东南大学、河海工程学院、南京美专、江苏医政学院等校兼课，主讲国文。中华人民共和国成立后，受聘为上海文史研究馆馆员。曾任松江县副县长。著述甚多，有《榆眉室文存》《鹓雏杂著》《江左十年目睹记》等。又与邑人朱鸳雏合著《二雏余墨》。

姚鹓雏

【侯绍裘】（1896—1927） 中共早期活动家、马列主义传播人。字墨樵，曾用名秋、少秋、何少秋、苏绍裘，一度化名王永田。松江人，家住城内丰乐桥堍。10岁丧父。14岁入华娄高等小学学习。17岁考入江苏省立第三中学（今松江二中）。1918年考入上海南洋公学（时名交通部上海工业专门学校）土木系，各科成绩为全班之冠。五四运动爆发，带领同学参加上海“国民大会”，组织“救国十人团”，到闹市演讲，批发零售《新青年》《星期》等进步书刊。曾被学校学生会公推为上海学联教育科书记兼全国学联文牍，常废寝忘食，起草宣言、口号、文电等。回松度假期间，与同乡赵祖康等创办《问题周刊》，宣传科学民主，反对封建迷信。1920年，校方勒令其退学。1921年夏回松，与朱叔建、钱江春等接办景贤女子中学，任校务主任。1923年5月，与朱季恂等创办并主编《松江评论》，这是松江最早宣传马列主义的期刊。《松江评论》宣传社会主义，介绍俄国十月革命和孙中山提出的三民主义。其间，以刊物出面或由侯绍裘邀请，一大批爱国进步人士、社会活动家纷纷撰稿或来松演讲，其中有罗章龙、恽代英、萧楚女、施存统、邵力子、柳亚子、沈雁冰、陈望道、周建人、杨杏佛，以及于右任、吴稚晖、叶楚伧等。1921年，由朱季恂介绍，加入中

侯绍裘

国国民党；1923年，经邓中夏介绍，加入中国共产党，为松江第一个中共党员。1924年5月，陪同毛泽东、罗章龙到松开展建党工作。大革命时期，曾担任国民党江苏省党部常委兼宣传部副部长、国民党江苏省党部中共党团书记、上海特别市政府委员。在与国民党右派的斗争中始终站在最前列，曾两度被殴伤。1927年4月10日，国民党右派在南京逮捕和杀害革命者。他在召集有关人员商量对策时被捕，旋被反动派秘密用乱刀戳死，投入秦淮河。

【胡山源】(1897—1988) 出版家、翻译家、作家。原名胡三元。江苏江阴人，出身佃农家庭，在江阴励实中学毕业后留校教书两年。1920年肄业于杭州之江大学，曾客寓松江，先后任教于景贤女子中学、松江中学(松江一中前身)。1923年在上海参与组建弥洒社，创办并主编《弥洒》月刊，积极从事创作和翻译。同时任上海基督教青年会出版部翻译。曾任教于开封大学、之江大学。1931年至1937年，在上海世界书局任编辑，1938年10月10日《申报》复刊，同年11月1日至次年12月31日，继王任叔后主编《自由谈》副刊。1938年6月，在沪创办《红茶》半月刊。其以挚友钱江春、侯绍裘为原型，创作了长篇小说《散花寺》，连载于《万象》月刊。同时在东吴大学、沪江大学、大夏大学任教。抗战胜利后，曾到上海《中央日报》编辑《文综》副刊，在中国新闻专科学校任教。1949年10月后，任福建师范学院中文系主任。后在扬州苏北师范专科学校、上海师范学院任教。1984年加入中国作家协会，著有长篇小说《南明演义》《魍魉》《散花寺》，短篇小说集《虹》，回忆录《文坛管窥》，剧本《风尘三侠》；译著有《欧·亨利短篇小说集》《卡本德游记》《莎士比亚评传》等。

【沈兹九】(1898—1989) 报人、社会活动家。女。名慕兰，字滋九，以字行。浙江德清人。出版家胡愈之之妻。1919年毕业于浙江女子师范学校。旋赴日本留学，同年底毕业于日本女子高等师范艺术科。回国后在杭州高中艺术科任教。1932年到江苏省立松江女中(松江二中前身)任教，主教图画和手工。作为社会活动家，其思想进步，性格开朗，文笔又佳，与彭子冈、季洪等品学兼优学生私交甚笃。1932年一·二八事变后，为申报馆主持《妇女园地》。1935年创刊《妇女生活》。二十多年的编辑生涯，使其成为颇有声望的女主编，培养了彭子冈、季洪、罗琼等名记者、名编辑。1935年上海妇女界救国会成立，被选为上海各界救国联合会执委会委员。沈钧儒、邹韬奋等爱国“七君子”被捕后，和宋庆龄、何香凝、胡子婴等16人发起救国入狱运动，且陪同宋庆龄前往苏州，要求法院羁押。抗日战争全面爆发后，曾在宋美龄领导的全国新生活运动指导委员会任领导职务。1939年加入中国共产党，秘密离开重庆。1941年，受委派赴新加坡，协助胡愈之开拓工作。胡、沈结缡后，胡主编《南洋商报》，沈主编《妇女》副刊。抗战胜利后，夫妇一起创办《新侨日报》、风下出版社，出版《风下周刊》和《新妇女》月刊。1946年参加中国民主同盟，后任民盟中央委员。1949年9月底出席中国人民政治协商会议第一届全体会议。担任全国妇联常委兼任《新中国妇女》第一任主编，并担任全国人大代表、全国政协委员。与胡愈之合著有《流亡在赤道线上》等。

钱江春

【钱江春】(1900—1927) 近代进步学者。松江人，家住华阳桥。1916年，毕业于江苏省立第三中学(今松江二中)，入杭州之江大学预科学习。毕业后，经同乡朱叔建介绍，在江苏省议会任文书。与松江籍清华女校学生吴佩璋自由恋爱而结婚，开本埠婚姻自由风气之先。次年，由之江同学胡山源介绍，进中华基督教青年会全国协会书报部任编译，为该会出版的《青年进步》月刊翻译稿件。同时，翻译美国人吴惠津(W. R. Wheeler)所著的《世界战争与中国》一书，自费出版。业余时间，入东吴大学法学院夜校部进修法学。受五四新文化运动影响，乃于1922年与胡山源、赵祖康创设新闻学团体弥洒社，并于次年3月出版第一期《弥洒》月刊，以后陆续出版共6期。曾进商务印书馆编译所工作，编辑出版

《少年百科全书》《苏维埃俄罗斯》等。并与沈联璧等发起组织“新松江社”。1925年在上海景贤女中兼课。同年7月，受侯绍裘办学思想影响，劝其父出资8 000元，创办私立松江初级中学，任校长。是时，钱江春仍在编译所工作，上海、松江两地奔波。1927年春，北伐军将到上海，钱江春与侯绍裘等一起，为革命多方奔走。积劳成疾，患伤寒症逝世。

赵祖康

【赵祖康】（1900—1995） 新文化运动先驱、中国公路建设泰斗。字静侯，笔名与昵称赵康。松江人，家住三公街口。幼年失怙，与寡母相依为命。14岁那年以全校第一名考入江苏省立第三中学（今松江二中）。1918年8月，与侯绍裘一同考入南洋公学（上海交通大学前身），共同攻读土木工程专业，同窗数载，情逾手足。1920年8月，侯绍裘、赵祖康联络8位就读南洋公学的松江籍同学趁暑假回乡之际，在松江联合编辑出版《问题周刊》。赵发表新诗《为什么》《是什么？》和《地狱》。1922年，编写独幕话剧《李超群的终身大事》，反映新女性追求婚姻自由，主张经济独立，向往光明的心愿。1922年刚从交通大学唐山学校毕业，便就职上海苏生洋行任制图员。其间，与钱江春、胡山源同住闸北宝山路保兴西里楼房里，并共同组建弥洒社。次年3月《弥洒》月刊创刊，由上海古今书店出版发行。《弥洒》问世时，赵已赴青岛工作，遂创作一首新诗《碧海》，刊发在第二期《弥洒》上。《弥洒》在中国新文化运动中颇有影响，茅盾称赞《碧海》为“极为可观”的诗章。1930年留学美国康奈尔大学研究院，研究道路和市政工程。抗战期间，主持修建后方三条主要公路干线，开辟战时重要国际通道滇缅公路。抗战胜利后，先后任上海市工务局局长、代理上海市市长。中华人民共和国成立后，历任上海市工务局局长、市规划建筑管理局局长，上海市副市长。曾当选上海市政协副主席、上海市人大常委会副主任，民革中央第五、六届副主席，民革上海市委第三至七届主任委员。是第一至七届全国人大代表。

闻宥

【闻宥】（1901—1985） 民族语言学家、教育家、出版家。字在宥，号野鹤。松江人，家住泗泾镇。父为晚清秀才。13岁小学毕业后到上海申报馆工作。14岁考入松江府中学堂。16岁加入南社。1919年考入上海震旦大学。1920年前后任职于《民国日报》。1921年起主编《礼拜花》小说周刊。1925年主编《中国画报》和《新文学丛书》。1926年入商务印书馆编辑部，经常为各报副刊撰文，同时在私立持志大学、民国大学、正风文学院任教。1929年至1936年，先后任广州中山大学文学院副教授、教授，青岛山东大学文学院、北平燕京大学、北平女子大学文理学院等校教授。1937年春任国立四川大学文学院教授、中文系主任。次年，任云南大学文学院教授、文史系主任，西南联大名誉讲师。1940年改任成都私立华西协合大学中文系教授兼主任，同时兼中国文化研究所所长。善提携奖掖后辈，瑞典学者马悦然即其高足。曾被评为法国远东博古学院通讯院士、联邦德国东方学会会员、土耳其国际东方研究学会会员。1952年院系调整，改任四川大学中文系教授兼西南民族学院教授和博物馆馆长。1954年起，调任中央民族学院教授30年，撰写各种学术论著百余篇。1957年被错划为右派，惨遭迫害。身处逆境之际，正值中印边境冲突，将家藏的西藏地图捐献给国家，成为中印谈判的中方依据和我军作战的参考。通晓法、德、日、俄、拉丁等多国语言，毕生致力于汉藏语系语言文字及古文物的探究。有《闻宥论文集》。

【黄文农】（1903—1934） 近代漫画家。松江人，家住松江城内。家境清寒，16岁进上海中华书局，当石印描样学徒。不久，调至《小朋友》杂志任美术编辑，开始对漫画产生兴趣。1925年初，首先在《晶报》上发表漫画后成为该报特约漫画作者。嗣后，又成为《东方杂志》特约漫画作者。其漫画锋芒所指，针砭帝国主义和军阀。五卅惨案发生后，发表作品《最大的胜利》和《公理、亲善、和平、人道》，揭露帝国主义的血腥罪行，曾被群众复制放大，张贴通衢，殖民主义者对此十分恼怒，向租界法庭提出“控诉”，此即著名的“东方漫画事件”。群众称他为“政治漫画家”。曾与叶浅予等编辑《时代漫画》。1927年北伐军进驻上海后，曾一度在上海淞沪警察厅政治部从事宣传工作。1928年4月，与丁悚、张正宇、张光宇、叶浅予、鲁少飞创刊《上海漫画》。创作《大拳在握》刊于《上海漫画》封面，抨击蒋介石独裁统治。1927年秋出版《文农讽刺画集》。叶浅予评说：“我称他为二十年代的漫画大师，他是无愧于这个称号的。”传世著作有《初一之画集》。为中国早期动画片发展做出过贡献。

黄文农

【西门宗华】（1905—1984） 中苏文化交流者、翻译家，杂志主编。松江人，家住张泽镇。1916年，考入上海龙门书院（后改称江苏省立第二师范学校）。思想进步，倾向革命，于1925年国共第一次合作时期，经同乡朱季恂推荐，被选送莫斯科中山大学学习。在苏联加入共产主义青年团，并任中山大学团委宣传部部长。因得罪王明，1929年被开除团籍，遣送回国。在白色恐怖下，翻译了马季亚尔的《中国农村经济之特色》和考茨基的《近代农村经济的趋向》。1933年在南京创办《中国与苏俄》杂志，被鲁迅誉为“我国有权威的苏联研究者，俄文亦好”。1936年，任驻苏大使馆官员，再度赴苏，参观许多城市、新兴工业基地和集体农庄，对苏联的政治、经济问题进行了广泛的研究。1939年回国后，先后著有7部有关苏联的作品，影响较大。1942年至1949年先后担任中苏文化协会常务理事兼编译委员会主任委员，编撰和出版了《苏联》（上下册）及《俄国革命史概论》《苏联建国史》《苏联经济发展》等。中华人民共和国成立后，在沪江大学和复旦大学外文系任教，培养了新中国第一批俄语人才。1957年被错划为右派。1959年又被戴上“反革命”帽子，判处3年管制。“文化大革命”中，身陷囹圄。1979年获得平反。主要译作有《论儿童新教育》《列宁夫人的一生及教育事业》《俄国伟大思想家别林斯基论教育》《苏联社会主义的建成》等。

西门宗华

【何公超】（1905—1986） 现当代作家、出版家。原名福良，后改名味辛、公超，又名王鍼生，笔名慧心、王立、王歧、于贞一。松江人，家住钱泾桥堍。14岁毕业于松江县立第二高等小学，到上海晋德钱庄当学徒。1921年进商务印书馆，开始儿童文学创作。处女作《牛的悲哀》发表于《小说世界》。1923年加入中国社会主义青年团，翌年转为中共党员，党组织派其与张太雷在上海《民国日报》编辑《杭育》副刊。五卅运动爆发后，被调到中共主办的《热血日报》当编辑，与瞿秋白等一起从事宣传工作。旋任国民通讯社主任。1929年任春潮书局营业主任，从事《春潮月刊》翻译，尤以翻译《震天动地的十天》最有影响。1935年与王一德创办《儿童日报》和《儿童创造》月刊，次年任《儿童日报》总编辑。抗日战争时期编辑出版《小国民》杂志，编写《拆穿日本纸老虎》《抗战国语》等抗日书籍。1945年起先后在重庆、上海任《儿童世界》主编。1949年1月重新被认定为中共党员。曾参加在北京召开的全国第一届文代会、全国第一届出版工作会议。1952年少年儿童出版社建立，先后任编辑部副主任、副总编辑。为上海市文联委员、作协上海分会理事、上海市政协委员。1980年少年儿童出版社出版《何公超童话寓言选》。

何公超

施蛰存

【施蛰存】(1905—2003) 现当代学者、作家、翻译家。名舍，学名德普，字蛰存，号北山，笔名青萍、柳安、安华、薛惠、李万鹤、曾敏达、陈蔚、舍之、刍尼等。祖籍浙江杭州。8岁时随家迁居松江，原住府前街金氏宅，后搬至西司弄前俞氏宅。1918年9月考入江苏省立第三中学(今松江二中)。1922年考进杭州之江大学，次年转入上海大学，开始文学创作。1925年转入大同大学专攻英国文学。1926年再转震旦大学法文特别班，与同学戴望舒、刘呐鸥等创办《璎珞》旬刊。同年夏加入共产主义青年团。四一二反革命政变后，施蛰存、戴望舒、杜衡被点名为"共产党嫌疑"，一起到松江避难，施蛰存任县立中学语文教员。三人在施家小厢楼从事著译，创办文学刊物《文艺工场》。1928年9月赴上海协助戴望舒、杜衡编辑文艺半月刊《无轨电车》。次年三人创办《新文艺》月刊。1932年春辞去松江中学教职，到上海主编大型文学月刊《现代》，发表鲁迅《为了忘却的记念》一文。1935年主编《文饭小品》。后与阿英合编"中国文学珍本丛刊"，出版70多种。1940年至1941年，任福建中学师资养成所副教授。1942年任厦门大学副教授。1944年任江苏学院副教授，与周煦良合编"活时代"丛书。1947年夏回上海任暨南大学中文系教授。1950年转任大同大学、光华大学、沪江大学教授。1952年起任教于华东师范大学，加入中国作家协会。1957年被错划为右派。1980年创办《词学》，任主编。1993年获第二届上海市文化艺术"杰出贡献奖"及"亚洲华文作家文艺基金会敬慰奖"。

余冠英

【余冠英】(1906—1995) 现当代学者、杂志主编。字绍生，笔名灌婴、白眼，乳名松寿。松江人。6岁时，随父迁居扬州。11岁丧父。15岁考入江苏省立第八中学。在校期间曾当选扬州市学生联合会首任委员长。1926年考入清华大学历史系，后转中文系，常在《清华周刊》发表小品、散文。1931年毕业后留校任教。抗日战争期间任昆明西南联合大学讲师、副教授、教授，主编《国文月刊》。参与组织闻一多公祭，整理闻一多遗著，冒险掩护中共地下党员。1946年起任清华大学中文系教授。1948年与朱自清、吴晗、钱伟长等在《抗议美国扶日政策并拒绝领取美援面粉宣言》上签名。1952年院系调整后，历任北京大学文学研究所研究员，中国社会科学院文学研究所研究员、副所长、所学术委员会主任，《文学遗产》主编。1956年出席亚非作家会议。20世纪60年代担任《中国文学史》(三卷本)课题总负责人和《上古至隋代文学史》主编。70年代主持编选《唐诗选》。80年代任《中国文学通史》(14卷本)主编，后改任顾问。为中国作家协会理事，第三届全国人大代表，第五、第六届全国政协委员，国务院古籍整理出版规划小组顾问。

【孙明心】(1906—1986) 出版发行家。松江人。1932年1月到邹韬奋主办的《生活》周刊工作。同年7月生活书店成立，先后从事书店的发行、进货及秘书工作。1936年调任广州分店经理。抗日战争全面爆发后，赴重庆，任生活书店总管理处营业部主任。皖南事变后受派遣去香港，创立星群书店，任经理。日军侵占香港后，赴桂林，创立乐群书店。回重庆不久，旋受派遣转任联营书店成都分店经理。抗战胜利后回重庆出任联营书店总管理处经理。不久回上海，受徐伯昕之托出面创立致用书店。中华人民共和国成立后，历任中央人民政府出版总署专业司秘书，印刷局纸张管理处副处长，文化部出版局纸张供应处经理，中国印刷器材公司经理，文化部物资局综合处处长、办公室主任等职。1977年后在国家出版局计划财务室工作。

【马荫良】(1906—1995) 报人、新闻教育家。原名骅，字一民。松江人，生于泗泾镇。1929年毕业于上海同济大学，进申报馆工作，任总经理史量才秘书。翌年任申报馆经理，与陶行知、黄炎培、戈公振协助史量才革新《申报》，创办《申报月刊》《申报年鉴》和申报流通图书馆、申报新闻函授学校，支持《申报》副刊《自由谈》刊登左翼作家文章。1934年史量才被国民党特务暗杀后，马荫良接任申报馆代总经理。1937年初任申报馆总经理。当年12月因拒绝日军对《申报》的新闻检查，宣布自动停刊。次年初，赴汉口创办《申报》汉口版。3月赴香港创办《申报》香港版。10月返沪用美商名义使《申报》复刊。1940年因宣传抗日遭汪伪政府通缉，其移住报馆内继续办报。太平洋战争爆发后，日军进入租界占领申报馆，马被迫离馆，停止报业生涯。1942年冬起，会同孙恩霖等收集、补齐《申报》残缺部分，经两年努力，使创刊70年的《申报》齐备无缺，集中秘藏于徐家汇天主堂藏书楼。1943年被聘为上海大同大学教授。抗日战争胜利后，离沪去苏州从事新闻教育工作，任国立社会教育学院新闻系教师、主任。上海解放前夕，中共上海地下组织决定创办《上海人民》报，马荫良为参与者。稍后任《申报》整理委员、《新闻日报》管理委员、上海新闻图书馆馆长等。1958年起，先后任中国人民解放军外语学院教授、上海科技大学教授。曾任上海市人大代表、上海市政协委员、上海市新闻学会理事等。著有《德华标准大辞典》、《中国报纸简史》(英文)、《老子新诂》等。

马荫良

【吴绍澍】(1906—1976)　民国报人。字雨生。松江人，家住枫泾(今属金山)。1922年就读于上海法政大学时加入国民党。毕业后先后就职于国民党南京市党部、汉口市党部。1939年夏受国民党中央指派从重庆回沦陷区上海，筹建国民党上海市党部和三青团上海支团部，随后被任命为国民党上海市党部主任委员、三青团上海支团部干事长，主要从事国民党地下活动，搜集日伪情报，制裁日伪汉奸。抗战胜利后，任上海市副市长，一度兼任国民党上海市政治、军事特派员，市党部主任委员，三青团上海支团部干事长等要职，权势显赫。在接收日伪敌产中，与军统的矛盾激化而失宠。1946年在上海复刊《正言报》，自任社长。后分为《正言日报》和《正言晚报》，是两报的发行人。1948年春与徐铸成同游台湾时，向徐吐露了弃暗投明的愿望。10月1日借王孝和被害事件，请范锡品撰写社论《不要再制造第二个王孝和了》，抨击国民党政治制度。国民党当局于12日查封《正言报》。这时，他已与中共上海地下组织领导人吴克坚取得联系，决定追随共产党。1949年3月得悉军统头目毛森已下密令搜捕史良，设法接应史良脱险。上海解放前夕，秘密策动沪西和南市两个独立旅起义。上海解放后，协助军管会办理敌产及各类档案材料的接收工作，并将《正言报》的机器设备全部献给人民政府。1950年1月到北京，在交通部参事室工作。1957年反右派斗争中受到不公正待遇，“文化大革命”中又遭迫害。1978年获得平反，骨灰安葬在八宝山革命公墓。

【高良佐】(1907—1968)　民国报人。字梦弼。松江人，家住石湖荡泧桥村。15岁入江苏省立第三中学(今松江二中)文科班，毕业后考入上海中山学院。学成后辗转杭州、广州、上海、南京等地，跟随邵元冲工作10年。1927年在国民党浙江省党部宣传部工作。次年任黄埔军校政治部编辑股股长兼《建国周刊》编辑。曾襄助邵元冲在上海建立建国周刊社。1928年底随建国周刊社迁往南京，兼任国民党中央党史史料编纂委员会编辑处处长。1935年随国民党政府赴陕西祭谒黄陵，到陕西、甘肃、青海、宁夏、内蒙古和山西等省考察。1937年在重庆期间，先后任三青团筹备时期中央宣传处副处长、国民党中央党政工作考核委员会委员。1945年12月到台湾，任台湾省行政长官公署民政处副处长、台湾省合作事业管理委员会主任委员。1947年任上海民用粮油调配处处长。次年任浙江省新闻处处长。1950年起，因陈仪案被关押6年。释放后在台湾孔孟学会任秘书。主要著作有《中山先生年谱》《孙中山先生传》等。由其后裔搜集、整理、出版《高良佐文选》。

【赵家璧】(1908—1997)　现当代编辑家、出版家。松江人，生于城内石幢巷。1914年入俞氏私塾。1920年进松江第一高等小学读书，1925年考入上海圣约翰大学附中，后转入光华大学附中高中部。1928年转入光华大学文学院就读。1932年毕业于该大学英国文学系，任良友图书印刷公司文艺部编辑、出版部主任。曾编辑、出版“良友文学丛书”共54种，收录当时中国第一流作家作品，被《现代》杂志评论为“1933年中国文坛上最大的贡献。”1935年5月编辑完成中国新文学开局十年的十集丛书《中国新文学大系》，成为中国新文学史上的一个里程碑。1939年出任良友复兴图书公司副总经理兼总编辑。1946年起在上海创办并主持晨光出版公司，先后编辑出版包括《四世同堂》《围城》等名著的“晨光文学丛书”和宣传美国文化的“美国文学丛书”，由此被誉为“中国现代文学第一专业编辑家”和“中美文化交流的开创者”。1954年任上海人民美术出版社副总编辑兼摄影编辑室主任。1959年调任上海文艺出版社副总编辑。历任中国出版工作者协会第一届理事、第二届副主席、第三届顾问，上海市出版工作者协会第一、二届副主席和第三届顾问，上海市第一届人大代表，上海市政协第二至五届委员，第六、七届常务委员，中国作家协会上海分会顾问。曾荣获中国韬奋出版奖。著有《编辑忆旧》《编辑生涯忆鲁迅》《书比人长寿》《文坛故旧录》《回顾与展望》等。

赵家璧

【周永生】（1908—1984） 出版印刷专家。松江人。家贫，12岁当童工，进上海大众印刷厂做排字工。1936年参加上海青年救国会，次年5月赴延安参加革命，同年加入中国共产党。曾任延安中央印刷厂排字车间主任、工务处处长。1939年2月在太行山区的《新华日报》华北版任印刷部主任、印刷厂厂长，兼太行新华日报社副社长、经理部部长。当时设施简陋，仅有一套铅字，使用3个月后字迹模糊，读者来信批评。周永生等印刷工土法上马，研究创造了“半铅模”，发明了用土纸版的简易方法。中华人民共和国成立后，任北京新华印刷厂厂长、北京美术印刷厂党委书记兼厂长。1966年任印刷技术研究所所长、中国印刷公司顾问、中国出版工作者协会副主席。1980年3月当选中国印刷技术协会副理事长。

【罗洪】（1910—2017） 作家、文艺编辑。女。原名姚自珍，又名姚罗洪，以笔名行。松江人。受留日学医的父亲影响，特别喜爱罗曼·罗兰的小说，欣赏松江籍画家洪野的画。1929年毕业于苏州女子师范学校，旋任松江第一高级小学教师，开始文学创作。次年，写就随笔《在无聊的时候》，经朱雯推荐发表于《真善美》月刊；不久，第一篇小说《不等边》发表在同一杂志。朱、罗互为砥砺，遂成伉俪。抗日战争全面爆发后，经浙、赣、湘三省到达桂林，1939年初回沪。1944年春赴安徽屯溪，抗日战争胜利才重返上海。曾为《正言报》编辑副刊《草原》与《读书生活》，1947年辞职，任中国新闻专科学校教师。1950年在南洋模范中学及徐汇女中任教。1953年秋调上海作家协会主办的《文艺月报》《上海文学》《收获》任编辑，直至退休。1949年加入中国作家协会。小说大多描写社会众生相，笔触细腻，性格鲜明。先后出版《腐鼠集》《儿童节》《这时代》《践踏的喜悦》等12部小说集，《春王正月》《孤岛时代》《孤岛岁月》3部长篇小说，散文集1种。2006年出版《罗洪文集》。

罗洪

【朱雯】（1911—1994） 作家、翻译家。原名世霖，后改名雯，曾用笔名王坟、蒙夫、司马圣等。松江人，生于小昆山。幼年就读于白龙潭小学，毕业后考入江苏省立第三中学（今松江二中），后转入苏州东吴大学附中，毕业后升入东吴大学文科。1929年10月与好友在苏州创办白华文艺研

朱雯

究社，出版文艺旬刊《白华》。1932年大学毕业后回省立第三中学任国文教员。其间曾为上海中学生书局编写《当代文法》《当代应用文》《中国文人日记抄》。抗日战争全面爆发后，全家先搬至青浦练塘暂住，后辗转至浙江桐庐、湖南长沙。1938年到桂林，在高级中学任教。在浙江桐庐开始翻译德国长篇报告文学《地下火》；在长沙投入《抗日战报》的创刊，隔天写一篇文章，宣传抗日。1939年从桂林返回已成"孤岛"的上海，与友人一起创办《天下事》月刊、《国际间》半月刊，受聘在英国驻华大使馆新闻处民主广播电台工作，传播抗战动态。1943年5月以"抗日罪"被日本宪兵队逮捕，两个月后获释，潜赴安徽屯溪，任上海法学院教授，业余从事文学翻译。抗战胜利后，随校回沪继续任教，开始翻译苏联作家阿·托尔斯泰的长篇小说《苦难的历程》以及德国作家雷马克的《凯旋门》《流亡曲》。中华人民共和国成立初，在上海财经学院（上海法学院与原国立商学院合并）、震旦大学文学院任教。高校院系调整后，在上海师范学院教世界文学。1985年上海师范大学成立文学研究所，任首任所长。为中国作家协会会员，中国作家协会上海分会理事。曾任全国高等学校外国文学教学研究会副会长、上海市比较文学研究会副会长。

【朱谱萱】（1911—？）　翻译家、辞书出版家。笔名伊信、萱草。松江人，家住华阳桥（今车墩镇）。1925年至1927年就读上海震旦大学预科，1932年毕业于中国公学大学部数理系。曾任国民政府交通部公路总局工程师、中华书局编辑所编审。通晓法、俄、英、西、日诸国文字，兼职从事翻译工作。中华人民共和国成立后，创办《中华俄语》月刊，历任财政经济出版社、时代出版社编辑室副主任。后任商务印书馆外语编辑室主任、副总编辑、顾问，系中国外语辞书出版的开拓者，陆续策划出版了一大批高质量的外文工具书和教学读本。曾任中国翻译工作者协会第一、二届理事。1997年11月获第五届"中国韬奋出版奖"；享受国务院政府特殊津贴及老艺术家补贴；2006年获首届"辞书事业终身成就奖"。主要编译有《俄文读本》《中级俄文读本》；译著有高尔基《三人》、陀思妥耶夫斯基《地下室手记》、司各特《撒克逊劫后英雄传》等。

张一萍

【张一萍】（1911—1987）　影评家、副刊编辑。笔名三郎、姜恕、史迁、企华、白华、如华等。松江人，生于蒋泾桥堍祖宅。先后在松江中学（今松江一中）和上海民立中学就读，酷爱文学。1932年入职新声电台。1934年入《申报》，先后为《本埠增刊》、《春秋》副刊编辑。1936年10月19日鲁迅在沪逝世，10月20日他冲破新闻封锁，在《申报》第十一版刊出柯灵撰写的《文坛巨星的殒落》。在中共地下党领导下参加艺社，合编《电星》周刊，并任《明星电影周刊》《大美早报》《神州日报》《影迷周报》等编辑。是影刊《新华周报》、《沪光》旬刊、《电影世界》月刊等撰稿人。1938年12月8日化名姜恕，与陈浮（柯灵）、洛蚀文（王元化）等文化界51人联署发表阻止影业界与日伪勾结的《敬告上海影业界》。1940年7月因发表抗日文章和参与抗日爱国活动，被列入汪伪政府公开通缉的上海83名爱国人士之一。1941年4月28日被汪伪特务绑架，关入汪伪特工总部"76号"，因拒绝为汪伪办《国民新闻》而惨遭酷刑，坚贞不屈，经《申报》多方营救出狱，后养病数年。1945年回《申报》任报刊设计委员，先后在新华影业公司、文华影业公司、中华电影联合公司、共舞台广告科工作。是20世纪三四十年代影评家之一。1949年5月上海解放后，任接收国民党军统电台为公私合营大沪电台的公方代表兼经理，兼任《亦报》《大报》记者，是上海市第一届文代会代表。1956年起任上海文艺出版社影剧曲艺编辑。为编辑《滑稽论丛》而撰写《滑稽发展二十年》等3篇文章。曾发表《76号魔窟》（连载）。

【陆印泉】（1911—1994）　报人、记者。曾用名印泉。松江人，出生于仓桥一地主家庭。15岁起先后就读于江苏省立第三中学（今松江二中）、松江县立中学、私立上海惠灵中学。1931年考入南京国立中央大学社会学系，在校期间投身爱国抗日运动。1936年毕业后任国民政府军事委员会政治部北战线《阵中日报》代理社长兼总编辑。次年任同盟军中国陆军总司令部政治部少将秘书。所撰抗战文章，先后在上海、南京、武汉、成都、重庆的多家报刊上发表。第二次世界大战爆发后，侧重撰写国际政治文章，先后发表于《中央日报》《商务日报》《中国青年》《国际周刊》以及地方性报纸杂志。后任中国警政出版社编审兼副社长。1949年初经衡阳返回上海弃暗投明，从事策动警局起义等秘密革命活动。中华人民共和国成立后，曾任民革上海市委常委、文史资料委员会副主任等职。1958年错划为右派，1979年平反。此后，在国内外及地方的报刊上发表600多篇计140余万字的文章，其中有20余篇被《中国新闻》和《对台宣传稿选》选载。《地主还乡记》一文获中国新闻社好稿奖。

【彭子冈】（1914—1988） 新闻记者、新闻家。女。原名雪珍，笔名子冈，以笔名行。江苏苏州人。自幼酷爱文学，十二三岁开始写作。1928年8月随父到松江，就读江苏省立松江女子中学（今松江二中）初中部，写作月进，受叶圣陶赏识。读初三时，作文《我的燕子》获《中学生》杂志命题的文艺竞赛第二名。三个月后，又以《学校生活日记一则》获该杂志文艺竞赛第一名。女中校长江学珠赠送一柄团扇，亲书“为校争光”四字。1936年从北平中国大学英语系肄业后，先后在上海《妇女生活》和《大公报》工作。1938年加入中国共产党。抗日战争时期，以《大公报》记者名义在大后方采访，发表新闻通讯百余篇，揭露日本侵略罪行，表彰大后方抗战业绩。在重庆采访重庆和谈中的毛泽东，仅用一个半小时，完成1 500字的《毛泽东先生到重庆》新闻特写，影响甚大。1945年任北平《大公报》办事处记者。中华人民共和国成立后，先后任天津《进步日报》和《人民日报》记者，出访苏联、印度等国。1954年后主编《旅行家》杂志，“文化大革命”期间受到了冲击。粉碎“四人帮”后，《旅行家》复刊，任主任编委，发表《人之初》《汽笛》《姐弟情上的疤痕》等抒情散文。1983年任中华全国新闻工作者协会理事。1984年病重期间，由其口述、其子徐运北整理的30篇文章10万多字，结集成《记者六题》一书，总结其从事新闻事业的经验，主张记者要有“棱角”。还著有《官厅少年》《老邮工》《苏匈短简》等。

彭子冈

【贺宜】（1915—1987） 作家、文学理论家。原名朱蕖园。松江亭林镇（今属金山区）人。早年当过小学教师。1933年发表《蛟先生和他的联盟者》，翌年加入中国左翼作家联盟。1935年主编上海《先生》月刊。1936年出版第一本童话集《小草》，1937年发表长篇童话《两个花园》及《地狱》。抗日战争全面爆发后，到上海难民救济协会第一难童学校工作，同时为宣传抗日救亡写作。1939—1940年少年儿童出版社先后出版其童话集《真实的故事》《隐士的胡须》及中篇童话《凯旋门》、长篇童话《木头人》等。1940年到江西泰和实验幼稚师范学校任教。1946年在上海第一师范学校任教，加入中国共产党。组织中国少年剧团，任团长。在上海与陈伯吹、金近等发起组织中国儿童读物作者联谊会。1947年任华华书店《童话连丛》主编。曾任生生美术公司编辑、上海幼稚师范专科学校教员。中华人民共和国成立后，历任共青团上海市委少年儿童部副部长兼新少年报社社长、总编辑，《中国少年报》副总编辑，上海文艺出版社副社长兼副总编、上海少年儿童出版社副社长。为第一届上海政协委员、第七届上海人大代表、作协上海分会理事。著有儿童长篇小说《野小鬼》，长篇童话《儿童园》《小公鸡历险记》，童话诗《树林的故事》《仙乐》，童话集《野旋的童话》《小神风和小平安》《星星小玛瑙》等。儿童文学论著有《散论儿童文学》《童话的特征、要素及其它》《小白花园丁杂说》。

贺宜

【费恺】(1918—1987) 新闻工作者。女。原名渠华。松江人。早年就读于松江恒德小学、上海务本女子中学。1937年肄业于杭州浙江大学。抗日战争全面爆发后，前往浙西参加中共地下党领导的浙江政治工作队，翌年加入中国共产党。旋在浙江遂昌、丽水、缙云、青田、龙泉一带从事抗日救亡群众工作。历任县委妇女部长、县工作委员会主席等。1943年转入新四军苏皖抗日根据地，先后任新华社华中总分社、苏南分社、淮南分社、苏北分社编辑。解放战争期间，改任新华社华东前线分社、渤海分社和济南《新民主报》编辑。上海解放后，参加《解放日报》组建工作，任报社农村组组长。1956年调任中共上海市委宣传部教育处副处长。1958年调上海人民广播电台，任新闻部副主任，兼任上海广播事业局政治处副主任。主管主编的节目《阿富根谈生产》《阿富根谈家常》在郊县影响很大，被评为全国优秀广播节目。为办好这档节目，常带领编辑住在农民家里，挖掘新选题。"文化大革命"期间受冲击。改革开放初期，调中共上海市委宣传部参加清查工作，为受害者平反冤假错案。

【陈善政】(1919—?) 新闻记者。又名瑞骏，字维策。松江人。1946年参加周恩来在上海创办的地下党报《联合晚报》，任该报《股票座谈》周刊主编。1947年《联合晚报》被国民党当局查封，改任上海《商报》采访部副主任，兼任中国经济通讯社采访部主任。中华人民共和国成立后，任上海市财政局税务局科长。1957年被错划为右派，1980年平反后，任上海社会科学院世界经济研究所特约研究员兼《世界经济导报》编辑、记者，直至该报1989年停刊。

【骆基】(1920—2000) 杂志主笔、作家。原名陆坚，学名陆大棣，笔名马其。松江人，家住叶榭镇。1936年毕业于松江县立初级中学(今松江一中)，考入江苏省立上海中学，高一肄业。抗日战争全面爆发后避难上海，失业，常与印刷工人为伍，曾入第四职业补习夜校读书。因受鲁迅、郭沫若、茅盾等人作品影响，从事文学创作，1940年起发表作品。1941年参加新四军，历任战士、学员、译电员、记者、敌工站组长及武装宣传队长、师政治部副主任。中华人民共和国成立后，任浙江电影制片厂副厂长。抗美援朝战争爆发后，赴朝鲜战地采访，1953年底在松江创作抗美援朝题材的长篇小说《怒涛》，四改其稿，1957年6月由新文艺出版社出版。1962年调任浙江省文联专业创作员，《俱乐部》《浙江文艺》等刊物主笔，省文化局创评组组长。1980年加入中国作家协会。曾任中国作家协会浙江分会理事。著有中篇小说《米夫子》《石莲与石强》，短篇小说《炮兵的故事》《换枪》《突围》，特写《硝烟中的爱》等。

【杜云之】(1923—?) 报人、影视剧作家。笔名文亦奇。松江人。父杜诗庭是文史书画鉴赏专家。从松江白龙潭小学毕业时适逢抗日战争全面爆发，避居沪上，就读大经中学。抗日战争胜利后，赴台湾进《新生报》任编辑。两年后转入《台湾公论报》任主编。以"文亦奇"笔名发表传奇小说，其中民初侠义系列"江南浪子"最出名。在台湾《民族晚报》写"台湾怪谈"系列和"东瀛怪谈"系列。自创良友出版社，出版3种杂志和单行本小说。后入电影界任制片、编剧，编制影片30多部。受聘于台湾艺术专科学校任教授。台北电视台创设后聘为电视编剧，写剧本360多本。1966年受邵氏兄弟公司特聘赴港，专职写作电影剧本。和名导演张彻、严俊、岳枫等合作，拍摄武侠影片，名震影坛。三年后返台，于写小说、编剧、教书之余，研究中国电影史，出版多种学术著作。1979年迁居加拿大渥太华，出任中文《加华侨报》副社长兼总编辑，为华侨服务。业余研究与写作北美华侨史。1985年当选加拿大大上海同乡会会长。主要作品有《七罗刹》《四凤》《神龙甲》《恐怖怪病》《幽灵谷》《七支妖烛》《催命符》《银狐》《血手观音》《白面狼》《夺命牡丹》《微笑的丽莎》等。其小说多被搬上银幕或荧屏。

唐因

【唐因】(1925—1997) 文学评论家。原名何庄，笔名于晴。松江人。1937年在江苏省立松江高级职业学校读完初中二年级后，随父赴江苏扬州中学读书，旋辗转贵阳、昆明等地读完高中。1945年毕业于云南大学文史系，开始发表作品。历任昆明文学刊物《诗与散文》《高原文艺》编辑，誓雄中学国文教员。1947年在华北大学文艺研究室任研究员。1949年奉调北京，参加全国文代会筹委会工作，任全国文联干事。8月调至文艺报，历任编辑、组长、总编室主任。1951年赴朝鲜慰问志愿军。1956年加入中国作家协会，曾任中国作家协会第四届理事。1957年被错划为右派，1961年摘帽后，去哈尔滨《北方文学》任编辑室主任。“文化大革命”期间全家遭受残酷迫害，其妻姚莹澄含冤而死。1979年12月调回北京，参与全国第四次文代会报告起草工作。1980年任《文艺报》副主编，先后创作撰写《论〈苦恋〉的错误倾向》《一个必须摈弃的荒诞公式》《题材杂议》《引导国民精神的火光》《批评和量文的尺》等。1981年被评为编审。曾任中宣部职称评定委员会主任委员、第二届茅盾文学奖评委会委员。1985年任鲁迅文学院院长，直至离休。著有《谈民歌创作》《生活与创作》等专集。

【万瑞章】（1927—2020）　新闻记者。笔名方少一、拾千。松江人。1949年毕业于上海中华工商专科学校。1955年从工厂调至上海市总工会工作。1953年至1966年，在上海的各种报刊发表百余篇报道，其中1959年蹲点上钢六厂采写的《突破原料关，优质又高产》长篇报道，在《解放日报》《新闻日报》同时刊登。1979年受命复刊《劳动报》，任编辑。1982年主编《职工文化补课辅导专版》随《劳动报》发行，在三年时间里，共完成全市140万青工补课考试任务。1985年起任言论部主任，发表言论百余篇。1989年任《上海工运志》编辑、副主编。1994年至1997年任《浦东新区周报》编辑。

【干城】（1927—2018）　新闻记者。曾用名伯鸿，笔名耿实、干谷。浙江平湖人。家境贫苦，自小设摊补贴家用。抗日战争全面爆发后失学，仅读了五年夜校。1943年到松江林森木行当学徒、店员。1953年被聘为南京《新华日报》特约通讯员。1959年至1966年任《解放日报》松江通讯组组长，曾为该报农村部撰写“本报评论员”文章十多篇。同期，被聘为上海人民广播电台《阿富根谈生产》《阿富根谈家常》特约撰稿人。1960年起任松江县委秘书。“精通农业、熟悉政策，擅长速记、文思敏捷”为其主要特征。因谙熟香港某报社一女记者而受“文化大革命”冲击，被诬为“美蒋特务”，其妻熬不住精神折磨，含冤去世。旋进“五七干校”务农。1972年任县委党校理论教员，稍后调入上海市委写作组。1979年任文汇报社理论部副主任兼评论组组长。两年后调任群工部副主任兼《读者的话》专刊主编。1983年调《文汇报》要闻部。为上海杂文家协会会员。

【黄德裕】（1927—1999）　报社通讯员，陈永康水稻丰产经验推广者。浙江奉化人。1949年7月毕业于江苏教育学院畜牧系，10月进无锡苏南公学学习。1950年初参加松江县社教、土改工作。翌年秋，在长溇乡长岸村群众性良种评选中发现了“老来青”，并用两年多时间与陈永康同劳动同生活，把陈永康选种经验总结为“一穗传”，把陈永康种稻技术概括成“三黑三黄”，并利用其身兼《新华日报》《解放日报》特约通讯员的优势，广泛传播与推广。1966年起先后任松江县农业学校教务主任、县农业技术推广站站长、县种子公司副经理。1981年任松江县农业局副局长。1985年任松江县农业学校副校长。1987年被评为高级农艺师。曾获国家农委、科委奖1项，市级二、三等奖多项，并获中国农学会颁发的“从事农技工作逾半个世纪成绩卓著”奖牌，入编《全国农技推广名人录》。出版著作9部，其中《松江水稻》（与人合作）和《陈永康传略》《种田的哲学》《陈永康水稻高产经验》为其代表作。

黄德裕

【叶祖孚】（1928—1998）　北京文史民俗专家。松江人，家住松江城区。1941年起先后就读于上海南洋中学、松江华光中学、上海沪新中学。1947年考入燕京大学新闻系。1949—1966年，先后任北平某区入城工作组组长、中共北京市八区区委组织部干事，前门区和崇文区政协副秘书长、工商联秘书主任。“文化大革命”初下放劳动。1972年起先后担任崇文区委党校办公室主任、北京市文史研究会理事、北京史志民俗学会副会长、燕京大学《燕大文史资料》编委、《中华人民共和国地名词典·北京卷》编委。长期致力于北京史地民俗研究工作，著有《北京杂忆》《可爱的北京·名人荟萃》《北京风情杂谈》《燕都旧事》《北京琉璃厂》《叶祖孚文史散文集》和《叶祖孚讲北京》等。曾为《溥杰自传》和《侯宝林自传》等书执笔。主编北京市政协《文史资料选编》，先后参与《北京妇女运动历史资料》《驰名京华的老字号》《北平地下党斗争史料》《北京的黎明》等文史专集的编辑工作。日本放送协会(NHK)《中国语讲座》专栏将其一些作品译成日文，吸引了众多日籍人士赴京考察浏览。

叶祖孚

【吴四一】(1931—) 新闻摄影家。原用名思益，曾用名和笔名耜漪。安徽桐城人。1947年在天津读高二时因参加学生运动，被开除学籍。辗转至南京市立五中读高三，继续参加南京学联组织的学生运动。1948年夏就读于陶行知在上海创办的育才学校新闻专业。1949年5月进入中共松江地委文工团。曾任社教和土改工作队队员。接任松江县城东区团委书记。1951年起先后任江苏《新华日报》和上海《华东画报》摄影通讯员。1958年底调任《松江日报》编委、摄影记者。1962年在松江有线广播站负责编播工作。5月加入上海市摄影家协会。80年代调水利部门工作，参与《松江县水利志》《上海水利志》编写并任摄影编辑。1991年离休。摄影作品《农桥》和《昔日村姑》分获第八届上海国际艺术节“建设社会主义新农村巡回摄影创作”金银奖。2008年《人民日报》刊登介绍吴四一的通讯《60年，镜头记录时代》和其拍摄的纪实摄影作品。次年，中国文学艺术界联合会向其颁发了“从事新中国文艺工作六十年”荣誉证书和奖章。他把毕生拍摄的照片全部无偿捐给松江区档案馆。出版有作品集《往事——吴四一经典摄影作品集1949—1979》。

吴四一

【陈天昌】(1932—) 科普作家。笔名白帆。松江人。1950年4月考入开明书店，1951年2月进自然科学编辑室。1952年转至中国青年出版社自然科学编辑室。1982年转至中国少年儿童出版社自然科学编辑室。历任助理编辑、编辑，编辑室副主任、主任，出版社编审委员会委员，为中国科普记协首届理事会理事。1989—1995年任全国少年儿童知识读物编辑工作研究会副会长、会长，中国编辑学会首届少儿专业委员会主任委员，中国科普作家协会第二、三届少儿委员会委员。1955年起从事科普创作，陆续发表科学小品、科学童话、科学散文、科学图说、科普名著研究等共200多篇，撰写并出版《龙宫探奇》等科普读物16种。1984年编著的《天空奇观》，被译成蒙、藏、维、哈、朝等少数民族文字出版发行。1992年编著的《中国孩子的疑问》，1994年获中国图书奖，1996年获第三届全国优秀科普作品三等奖。在中国科普作协第三次全国代表大会上被授予“建国以来成绩突出的科普编辑家”荣誉称号。

【陆品贵】(1932—) 松江新闻工作者。笔名大陆。松江人，家住佘山。1959年参与筹办佘山公社广播站，为第一任站长，1989年起兼任佘山镇文化系统党支部书记。是广播站的多面手，承担采、写、编、播、拉线、装喇叭和维修等工作。曾在1985年、1987年、1989年连续三届获评上海市劳动模范，1992年获评上海市广播系统先进工作者。连续20多年被评为区(县)优秀通讯员。

【杨延礼】(1936—) 新华社高级记者。江苏泰州人。原在泰州中学读初三，时胞兄杨延祚在松江一中任教务主任，遂转学松江一中读至高中毕业。1955年考入复旦大学新闻系，为首届五年制毕业生。1960年进新华社上海分社任文教记者。1970年调新华社湖北分社。1974年新华社组织记者三年轮换制援藏，主动与妻同赴西藏。1980年初从西藏回新华社湖北分社。1983年底调任新华社陕西分社采编主任，翌年升任分社副社长。1991年调任新华社甘肃分社代社长、党组书记。在甘肃主持工作期间，广招人才，曾亲赴新疆面试记者。1998年初退休。获新华社好稿一等奖的新闻作品有：《我国在世界上首先人工合成牛胰岛素》(与人合作)、《永不卷刃的尖刀——记大庆1202石油钻井队》(通讯，刊《人民日报》头版头条)、《我国最大的水利枢纽工程湖北丹江口大坝建成》、《从封建农奴制到社会主义——西藏自治区成立20周年述评》和《揭开青藏高原的奥秘》。

【石镇国】(1937—) 新闻记者。笔名宋可。松江人，家住佘山陈坊桥。家境贫苦，1955年9月毕业于佘干区业余文化补习学校初中班。次月进佘山粮管所，后借调至佘山区政府任文书兼会计。1957年至1976年先后任天马乡政府秘书，乡团委团总支书记，松江县供销社文书、人事教育股干事。其间，先后参加金山县朱行乡四清运动，在上海《党的工作》《支部生活》任实习记者。1976年任松江县药材公司经理。1979年10月起在解放日报社市郊版编辑部任记者。1982年12月调松江县科委，创办《松江科技报》并任主编。1987年底调上海科技报社，历任农村工作部主任、编委会副主任。1990年被评为中国科协科普报刊先进个人。1991年被评为上海市优秀新闻工作者。与人合著《新闻写作阶梯》《学海导航》。

【徐震时】(1938—) 国画家、摄影家、出版家。松江人。系书画家程十发义子。家贫，在白龙潭小学(今岳阳小学)四年级辍学，务农三年后复读。1960年松江一中高中毕业，考入浙江美术学院(今中国美术学院)国画系，师从潘天寿、方增先。1965年9月起，历任人民美术出版社编辑、组长、主任，兼任中华文学院教授。主持出版的图书有《感动世界艺术巨匠》《世界艺魂》《世界艺术百年传世名家》《亚洲艺术风云人物》等，并为《毛泽东故居藏书画家赠品集》图版摄影。为中国美术家协会会员，享受国务院政府特殊津贴。退休后参加新华社老摄影家协会。曾任第三至第六届全国年画展评委、副主任委员兼组织者，中国出版工作者协会年画艺委会主任，中国出版工作者协会摄影艺委会副主任。1996年获评“新闻出版署直属系统优秀共产党员、先进工作者”；1998年获评“全国新闻出版系统先进工作者”；2002年获“中国当代艺术成就奖”。荣膺英国、法国、瑞典、荷兰、意大利等国皇家外籍院士。主要作品集有《徐震时画集》《徐震时速写集》等。

徐震时

【金坚范】(1942—) 翻译家、外事活动家。松江人，家住松江荷叶埭。1961年松江一中高中毕业。1965年上海外语学院(今上海外国语大学)英语系毕业，8月进中国英文新闻报纸《北京周报》。此后长期从事英语翻译和外事行政组织工作，曾在国务院外国专家局、亚非作家常设局、中国人民保卫世界和平委员会、中国人民对外友好协会、外交部驻埃塞俄比亚大使馆和中国作协任译员。1995年3月任中国作协书记处书记兼外联部主任。1998年7月起兼任《文艺报》总编辑，主张改革中求生存，创新中求活力。2000年起改革版面，调整人员。2000—2002年文艺类文章全文转载量，《文艺报》连续三年全国排名第一。批判“文化台独”，引起国家领导人重视，受到文学界好评。为中国作家协会会员，享受国务院政府特殊津贴。1993年被瑞士儿童园地基金会聘为终身评委。曾任中美文学(翻译)交流奖评委，鲁迅文学奖(翻译奖)评委会主任，世界华文文学优秀小说盘房奖评委、中国—印度名人论坛成员等。2003年参与中华文化促进会工作，任主席团咨询委员。著有《金坚范海外游记》。主编或参与主编《枫叶之国加拿大》等6部著作。译有《凋谢的花朵》《卡夫卡日记》(与人合译)

金坚范

等4部著作。

【林美芳】(1945—　)　新闻翻译家、翻译译审。女,松江人,家住松江一中附近。初中、高中均就读于松江一中,1964年高中毕业保送古巴哈瓦那大学学习西班牙语。两年半后,“文化大革命”爆发,古巴留学生被全部召回。归国后在唐山军垦农场工作,从事农业生产。1970年底进新华通讯社任记者、编辑,在参编部从事编辑,翻译境外精品报道。后入《参考消息》,翻译外语新闻。受新华社派遣,先后赴墨西哥、阿根廷、厄瓜多尔、巴拿马、委内瑞拉任驻外记者,累计20年。主要从事所在国重要新闻、资料翻译。

【张文昌】(1946—　)新闻编辑、主任编辑。松江人,家住车墩镇。1962年在松江一中肄业后回乡务农,1965年参加上海市四清工作队。1966年调入解放日报社,任华东新闻部记者。1971年任夜班编辑部国际版编辑。1978年任要闻版编辑。1986年黄浦区业余大学毕业。1992年任夜班编辑部副主任。2000年任上海市委宣传部新闻协调组成员。2002年任《解放日报》新闻研究室评报负责人。参与策划编辑的1996年4月27日《解放日报》第一版和1998年8月9日第一版版面分获中国新闻奖二等奖和三等奖;参与编辑的1989年6月7日《解放日报》第一版和1996年该报“中俄哈吉塔五国在沪签约”版面均获上海新闻奖一等奖。

张文昌

【周留树】(1946—　)中共党史专家、文献出版家,研究馆员。松江人,家住新桥丁浜村。1964年松江一中高中毕业。8月应中共中央办公厅特招,保送进中共中央办公厅机要室(后改秘书局)从事文秘工作。后调任中央档案馆从事中央档案资料和毛泽东手稿、图书的整理、保管和编研。1997年7月至2005年10月任中国档案出版社社长,兼任中央部委出版社联合体理事。主持编辑出版数十部有关党史、国史档案资料的系列丛书和毛泽东、周恩来、刘少奇、朱德、邓小平等老一辈革命家系列手迹选。编辑出版的《共和国五十年珍贵档案》《中国共产党八十年珍贵档案》《红色丰碑——中共党史专题珍藏册》《毛泽东手迹精选》《毛泽东珍藏名家画集》等,均被中宣部、国家新闻出版总署列为全国百种重点图书之一。其中《毛泽东评点二十四史》曾作为国礼,在江泽民访美期间赠送哈佛大学,《邓小平手迹选》荣膺第十四届中国图书奖特别奖,《日本侵华战犯笔供》被列为国家“十五”重点图书出版规划。1993年代表中央档案馆,参与毛泽东诞辰100周年中宣部重点大型纪录片《毛泽东》第五集《书海有路》拍摄。1999年参与中央电视台、扬州电视台策划拍摄的电视专题片《毛泽东评点二十四史》,获全国“五个一工程”奖。

周留树

【余士君】(1946—　)笔名余之。报人、作家、编辑。籍贯浙江宁波,家住上海。1966年从松江二中高中毕业。1968年入伍东海舰队,先后任宣教科员、报道组长。1974年转业上海《文汇报》,先后任要闻部编辑,《文汇月刊》编辑、编委,《中国电影时报》(后改名《文汇电影时报》)副主编,《笔会》副刊部副主任。1984年组稿编辑的黄宗英报告文学《小木屋》获中国第一届小说报告文学优秀编辑奖。2006年退休,次年被聘为《东方早报》审读。2008年被聘为上海大学《秘书》杂志编委。2010年被聘为上海伦予文化有限公司文字总监。2012年被聘为《文学报·新批评》特约编辑。从事报业40余年,曾组织夏衍《答文汇月刊记者十问》、刘晓庆《我的路》等有影响的报告文学、文章。参与组织《中国电影发展前景的讨论》和第一、二届文汇电影奖评奖活动。著有

余士君

长篇传记文学《梦幻人生——石挥传》,散文随笔《摩登上海》《面壁诗话》《岁月留情》《风吹叶子》等。

【李正华】(1947—)新闻记者。松江人,家住新浜。1965年从松江二中高中毕业,选送进新华社上海分社,从事行政秘书工作。1970年起任记者,历任工业采访室副主任、经济采访部主任、分社副总经理。其撰写的报道《上海打出“中华牌”》(合作采写)获1992年全国好新闻一等奖,《女工胡阿素生前积蓄万元全部献给国家》《上海企业被邀参加120个协会》《上海货,跌落后的奋起》分别评为1981年、1991年、1995年新华社好稿,《上海国有企业追求增强控制力》《表扬带出的问题》分获第八、十届上海新闻奖二等奖。通讯《上海在反思中奋起》(合作采写)刊登于《人民日报》,并配发评论员文章《值得赞赏的反思》。著有《回眸那一片彩云》,遴选其185篇新闻力作。

李正华

【冯亦珍】(1947—)新闻记者。女。籍贯浙江慈溪,家住上海。1966年从松江二中高中毕业。1968年进上海机修总厂当车工。1975年参加新华社上海分社工农兵通讯员学习班,次年转为新华社上海分社记者。从业30多年,采写的50多篇内参获中央领导批示,其中1977年《上海港装卸质量问题严峻》,由时任国务院副总理李先念、康世恩批示,后交通部部长叶飞带工作组到上海召开全国交通部直属企业现场会,被人称作“新华社的一篇内参,推动了全国港口的一场革命”。1979年与人合写的内参《上海出了一个“小骗子”》,被新华社评为1979年度好稿。

冯亦珍

【王伯方】(1947—)笔名方欣。新闻记者、编辑、作家。松江人。1966年从松江二中高中毕业。1967年秋回松江佘山公社务农。1970年8月作为首届“工农兵学员”,被选送到北京大学经济系。在校期间,完成论文《从〈红楼梦〉看中国封建社会的土地制度以及阶段矛盾的不可调和性》,在《北京大学学报(社科版)》发表,又被《光明日报》转载。1974年进上海少年报社,历任《少年报》新闻部、文艺部记者、编辑、编辑部主任、主编,兼《童话报》和《儿童》杂志主编。2001年1月少年报社与其他教育报刊社合并为上海教育报刊总社,其任采编总监,主持《少年日报》《好儿童画报》《童话报》业务。后聘任《小主人报》顾问。任职期间,《少年报》从周三刊改为日报;《儿童画报》从小64开改成大16开;1985年创办《童话报》。为中国作家协会会员。创作的《山谷的回声》发表于《武汉儿童》杂志,获湖北省第一届少年儿童文艺大奖;主编的《童话报》获文化部文学编辑一等奖。著有《王伯方儿童文学论文集》《啄木鸟医生》等十多部著作。

王伯方

【吴纪椿】(1947—)新闻记者、副刊编辑。祖籍江苏镇江,占籍松江。1966年从松江一中高中毕业,后到松江城北公社(今属中山街道)插队。1975年进共青团上海市委,任团刊编辑部记者。1979年《青年报》复刊后,历任副刊主编,评论部、晚班编辑部、总编办主任,副总编辑。2004年到上海市委宣传部新闻阅评督查组工作。《青年报》副刊《红花》于1979年3月刊发长篇连载《李宗仁归来》,在大陆首次披露相关内幕,突破了报告文学的题材与“禁区”。1987年于双戈在沪持枪

吴纪椿

抢劫银行大案发生后，与人合作采写《情与法的较量》《司法进步的足迹——蒋佩玲一案公开审理的前前后后》两篇长篇通讯，引起较大社会反响。曾以通讯《一个青工的坚固梦想》等三次获全国五四青年新闻一等奖。参与起草2010年上海世博会申办陈述报告和上海世博会主题演绎工作。为上海作家协会会员。著有报告文学集《看不见的手》、人物传记集《茅丽瑛》、新闻专著《笔看东方》等。

【徐琪忠】（1948— ）新闻记者。松江人，家住松江张泽（今属叶榭镇）。1965年考进松江二中高中，年底回乡务农，旋任张泽公社团委常务副书记。1966年8月调入解放日报社。1969年至1973年应征入伍，任东海舰队某部新闻报道员。1973年复员回解放日报社，先后任夜班编辑部、党群政法部编辑、记者，兼任上海市征兵办公室新闻宣传组组长，长期从事部队及政协、统战方面的新闻报道。2008年退休后，受聘于《中国医药报》上海记者站10年，兼任上海市国防教育基金会副秘书长。20世纪80年代，采写的5篇长篇通讯配发了刘华清、张廷发、洪学智等5位中央领导的署名文章，引起强烈反响。其采写的《钢铁战士刘琦右眼重见光明》获1990年上海好新闻二等奖，《风雨十载优属情》获上海市首届“双拥杯”有奖征文活动特等奖，《本市形成依法征兵机制》获1995年征兵好新闻特等奖。著有《徐琪忠军事新闻作品选》。

徐琪忠

【张致远】（1949— ）新闻记者。曾用名志远。上海人，少年时随家迁居松江。1967年从松江一中高中毕业，后到松江新浜公社插队。1973年进解放日报社，先后任农村部、工交财贸部记者。1994年起任《解放日报》国内新闻部副主任。2001年6月起任人才市场报社社长。2004年起筹建《解放日报》暨解放日报报业集团新闻研究室并任主任。1991年被评为上海市优秀新闻工作者。采写的新闻《101厂招标承包系列报道》（与人合作）和《上海火箭九年送九颗卫星上天》，分别获1988年和1989年上海市好新闻一等奖。发表论文《论报纸编辑部体制改革》《怎样报道持续发展的突发新闻》等。

张致远

【钱明光】（1949— ）新闻工作者。笔名日月光。松江人。1968年从松江一中高中毕业，后到松江县城北公社插队落户。历任城北公社（今中山街道）团委副书记、共青团松江县委副书记、塔汇乡和古松乡（今属石湖荡镇）党委书记。1995—2007年，任中共松江县（区）委宣传部副部长、松江报社总编兼县（区）外宣办主任。主抓农民政治夜校，《解放日报》曾整版报道。曾以团中央代表名义出席中宣部召开的文明建设现场会，介绍松江文明村创建经验，主推“谈乡情，看国情”教育活动，由市委宣传部等蹲点总结其经验。2000年松江报社不增加人员，由周报增期至周二报。积极与中央、上海新闻媒体沟通策划，加强松江经济社会发展重大工程宣传报道。多次主持诗歌朗诵会，参与策划松江书法城创建工作。著有散文集《一里泾挑荠菜》《我在广富林等你》，主编《松江报创刊十周年——新闻作品选》等。

钱明光

【陈良雄】（1949— ）新闻工作者。上海黄浦人。1967年从松江一中初中毕业，次年到新浜人民公社插队落户。1972年进新浜广播站，1976年调松江县人民广播站。先后任编播员、记者、编辑、编播组组长，松江人民广

陈良雄

播电台新闻部副主任、主任，松江县（区）广播电视局副局长、局长，中共松江区委宣传部副部长。先后参与1976年淀浦河水利工程、1991年太浦河松江样板段水利工程新闻报道。参加1994年上海之根松江文化旅游节、1996年全国第三届农运会筹备策划和宣传报道。在党的十五大、十六大召开前夕，通宵达旦参加全国电视节目安全播出大演练。采制的配乐通讯《玉宇飞舞松江衣》获“庆祝上海解放四十周年”郊区专题节目一等奖，撰写的《县级广播电视机构设置初探》获上海市广播电视学会优秀论文奖。

【戴元光】（1952— ） 新闻传播教育家，上海市高等教育教学名师。江苏盐城人。1967年入伍从事新闻报道。1974年由部队选送就读兰州大学文学院。1982年转业地方做编辑和翻译工作。1984年起执教兰州大学新闻系，先后任副教授、教授和研究所副所长。2001年调上海大学，任新闻系主任、影视学院副院长。2013年起先后任上海政法学院纪录片学院院长、理事长，上海政法学院校务委员。社会兼职有中国传播学会会长、全国新闻与传播学专业学位研究生教育指导委员会委员。曾主持过3项国际合作研究项目、1项国家社科重点项目、4项国家社科一般项目、16项省部级项目，主持国家社科项目和教育部重大攻关项目，获评教育部马克思主义理论研究与建设工程首席专家。发表论文及译文70余篇。曾获国家高校人文社科奖、国家普通高校优秀教材奖。出版《超越传统》《撞击下的浮躁与选择——当代中国西北人的文化价值观》《中国传播思想史》《传播学研究理论与方法》等专著及编著18部。

戴元光

【陈小红】（1953— ） 新闻记者、编辑。女。曾用名晓红、若丹。祖籍江苏松江（今属上海）人，生于上海，退休后定居松江。1969年上海市金陵中学毕业后上山下乡，后到上海市卫生局、上海市人口计生委工作。1996年复旦大学新闻系研究生毕业。曾创办《上海家庭报》，1994年起任总编辑，后改任社长、主编兼党支部书记。先后任中华全国新闻工作者协会人口分会副秘书长、全国人口家庭专业报刊研究会副主任委员、上海市记协副秘书长、上海商学院传播与经济研究所研究员、文汇新民联合报业集团文明办副主任。采写的新闻《人口增长列车依着惯性还在疾驰》（与人合作）获1989年上海好新闻一等奖，另获中国人口新闻奖二等奖2次、全国人口家庭报刊好新闻一等奖5次。著有论文、专著等约30万字。

【张咏华】（1955— ） 传播教育学者。女。松江人，家住松江城区寺基弄。1970年毕业于东风中学。次年9月入云南思茅地区蔓昔坝农场。1977年以工农兵学员身份毕业于昆明师范学院（今云南师范大学）外语系，留校任教。1983年获上海外国语学院（今上海外国语大学）英国语言文学硕士学位。2003年获复旦大学传播学博士学位。1983年起先后执教于上海外国语学院、上海大学，从事新闻传播学科的教学与科研。1997年获国务院政府特殊津贴。曾主持并参与完成一系列国家级和省部级科研项目，数次公派出国交流。著有《中外网络新闻业比较》《媒介分析传播技术神话的解读》《网络新闻业与跨文化传播》等，论文有《从新形势下对麦克卢汉媒介理论的再认识》《传播伦理概念研究的中西方视野与数字化背景》《传播伦理：互联网治理中至关重要的机制》等。为政协上海市第十一届委员。

张咏华

【张聿强】（1955— ） 新闻记者。祖籍松江，生于亭林镇（今属金山）。1972年亭林中学毕业，年底进金山县广播电台。1987年撰写的《一个女供销员的苦恼》在《解放日报》市郊版发表以后，该报开展了为期两个月的讨论，刊出解放日报社与市妇联举办的市郊部分“三八红旗手”围绕《苦恼》一文座谈会纪要。《解放日报》旋在头版刊出《苦恼》一文。曾任金山区广播电视台新闻部主任。《瓜也是外国的圆吗》新闻稿获全国农村广播节目评比三等奖、上海新闻奖三等奖、上海广播电视协会好新闻一等奖。另有两件作品获上海新闻奖。

【吴纪盛】(1956—　)新闻记者。笔名纪盛、成皿、天成。祖籍江苏镇江,生于松江,吴纪椿胞弟。1972年从松江二中初中毕业。1974年毕业于松江县医训班(后改名松江卫校),同年底分配到泖港卫生院,从事检验工作,后任副院长。1986年调松江县卫生局任办公室秘书,后任松江县初级卫生保健委员会办公室副主任。1992年10月参与组建松江报社,历任要闻版记者、编辑,新闻部主任、副总编、总编。退休后,先后任松江区新闻工作者协会主席、上海老新闻工作者协会理事。在任总编期间,曾被聘为东华大学人文学院客座教授。2000年被评为上海市劳动模范。采写的《松江顾绣薪烬火传》《五库园区用好第二资源》等新闻稿,获上海市区县报年度好新闻一等奖。参与策划的"十问松江发展"系列报道、光影变迁系列报道等,获上海市区县报新闻策划类一等奖。《松江招商日进斗金》获2003年度《解放日报》好新闻一等奖。1997年、1999年曾两度被评为《新民晚报》优秀通讯员。主编有《百姓故事》、《茸城旧闻》(与人合作)等。

吴纪盛

【陈正辉】(1957—　)传播教育者。江苏南京人。2000年毕业于南京师范大学法学(思想政治教育)研究生班。2002年8月至2003年9月以访问学者身份在德国埃森大学进修传播学。毕业后回南京师范大学新闻与传播学院任教,曾任广告系系主任。2012年起任上海外国语大学新闻传播学院教授、广告系系主任、学科带头人。主持多个学科研究和教学研究课题,其中有国家社会科学基金规划项目、教育部委托研究项目、上海市教委科研创新项目等。"广告创意与表现"课程入选为上海市教委高校精品课程、上海市教委重点课程项目。2004年获评中国广告业年度人物"中国十大优秀广告学人"。2016年获评上海外国语大学第七届"十大公选课教师"。2018年获评中国广告协会学术委员会"中国广告学术发展杰出贡献人物"。专著有《广告传播的社会责任与伦理规范》,教材有《广告伦理学》等。

陈正辉

【许平】(1960—　)新闻编辑、作家。女。祖籍山东,居上海松江。1977年松江一中高中毕业后,入职松江县图书馆。1979年服役于武汉空军,1982年转至上海警备区。次年考入上海师范学院(今上海师范大学)汉语言文学系,毕业后分配到松江博物馆。2005年借调中共松江区委宣传部,次年4月进松江报社,历任副刊编辑、专副刊主任、副总编。2018年、2019年先后任松江区新闻传媒中心、松江区融媒体中心副主任、副总编、党委委员。对版面要求"广博杂",以满足不同读者的口味。重视约稿,上海作家群中流传"先登华亭风,再载夜光杯"一说。曾获上海区县报"十佳新闻工作者",其编辑的副刊为"优秀品牌",多次获文艺副刊、专刊类一等奖。2016年获上海市"五一"劳动奖章。当选上海市作家协会理事、中国文学艺术界联合会第十次全国代表大会代表,为中国作家协会会员。曾获中国最佳散文创作奖和中国当代散文奖。著有《平儿小窗》等散文集、报告文学集7部。编辑出版《当代松江文学丛书》25种、56卷(册)。

许平

【林少文】(1960—　)　英语主播、英语记者、编辑。松江人。1976年毕业于松江三中,分配至松江县搬运社,后借调至松江县船民子弟学校执教。恢复高考后,考入上海外国语学院(今上海外国语大学)英语专业,毕业后被中国国际广播电台英语中心录用,任英语主播多年。历任该台英语中心副主任、译审、高级编辑、编委等，受派遣任该台非洲总站站长等职。1988年以英语记者身份参加汉城奥运会。1998年起任中国国际广播电台驻联合国首席记者两年半。系中国广播电视协会播音主持委员会副会长。2001年获第五届国家广播电视节目主持人最高奖——“金话筒奖”。其长期在中国对外新闻报道和宣传条线工作，享受国务院政府特殊津贴。多次担纲国家大型活动的英语主播，发表不少新闻报道，以及关于播音、主持的论文。曾采访过前国家主席江泽民、联合国前秘书长安南、英国前首相布莱尔等。

林少文

【陆忠新】(1962—) 新闻工作者。上海奉贤人。1977年奉贤道院中学毕业后，进服装厂任会计。1981年入伍东海舰队，1985年就读海军政治学院。曾在东海舰队司令部、政治部机关工作，先后任团政委、师政治部主任等职，海军大校军衔。2010年转业到松江区机关党工委，次年任区委宣传部副部长、区政府新闻办主任、区新闻发言人，负责松江新闻舆论工作十余年，常以“战时状态、战斗姿态、战士担当”，为松江的经济社会发展和长三角G60科创走廊建设上升为国家战略平台，营造了良好舆论环境。兼任松江区融媒体中心党委书记，推进区级媒体融合先行先试，被上海市委宣传部推荐为中宣部在沪唯一联系点。主导与上海外国语大学新闻传播学院共建全球传播实训基地，获评全国地方党媒融合发展创新示范项目、媒体融合优秀案例奖。研究有“把握新时代舆论引导的特点和规律——坦然回应，至诚传播”等课题，受邀在复旦大学新闻学院、上海交通大学人文学院授课。

陆忠新

【陈烈胜】(1962—) 传播教育者。江西铅山人。1978年高中毕业，次年参军，任某部队政治部放映员、美术宣传员。1983年复员后任铅山县文化局美术干事。翌年考入江西科技师范大学艺术专业，毕业后留校，先后任助教、讲师。后就读江西师范大学。2001年调入上海工程技术大学艺术设计学院任教。2015年12月获意大利米兰理工大学城市规划与建筑设计管理硕士。任上海工程技术大学艺术设计学院教授兼技术设计系系主任，上海市Ⅳ类高峰学科陈烈胜设计系统管理大师工作室主持人。长期担任包装设计、系统综合设计、毕业设计等专业核心课程教学，致力于设计学科产、学、研事业的发展。曾获上海市“教学成果”一等奖、校级“特等奖”及市政府授予的“专业技术拔尖人才”称号。设计作品在各级专业评比中获奖33项(次)并得到应用，指导学生设计作品参赛并获奖百余项，获外观设计专利授权75项。在核心期刊发表论文11篇，出版教材及作品12部(篇)。

陈烈胜

【张健】(1962—) 新闻教育名师。浙江宁波人。1980年就读上海外国语学院(今上海外国语大学)英语专业、国际新闻专业，毕业后留校任教，兼任《解放日报》旗下《上海学生英文报》记者、编辑、特约审稿人。1988—1989年，赴澳大利亚大学传播学院深造。2008年获上海外国语大学外国语言文学专业文学博士学位。多年从事外语新闻教育，先后获上海市高校优秀青年教师、宝钢教育基金优秀教师奖、首届上海外国语大学教学十佳称号和上海市高校精品课程等荣誉。著有《英语报刊阅读教程》《传媒新词英译研究》

张健

《外宣翻译导论》《新闻英语文体与范文评析》《新闻翻译教程》。

【李光安】(1963—) 传播教育者、画家,中国包装技术联合会常务理事,中国美术家协会会员。笔名洹卢翁。河南安阳人。河南师范大学美术系毕业后,入职安阳师范学院美术学院。后考入武汉大学文学院文艺学专业,2007年获文学硕士学位。2012年任上海工程技术大学艺术设计学院教授、副院长。主持教育部产学合作育人项目1项,参与完成国家级项目2项,参与并完成"艺术设计类专业'艺工并举'应用型人才培养模式的探索与实践"教学项目,获上海市教学成果一等奖。获发明专利2项,实用新型专利和外观专利多项。为中央美术学院高级访问学者,艺术设计学科平台副主席,视觉传达学科专业学术带头人。为中国包装技术联合会常务理事、中国美术家协会会员。主要从事视觉传达设计、品牌文化、文创产品及艺术衍生品、包装设计研究。设计作品入选第七届全国美展、第三届全国体育美术作品展、第七届全国水彩粉画作品展。作品被上海刘海粟美术馆、程十发艺术馆及河南省美术馆收藏。在《美术研究》《新华文摘》《世界美术》等CSSCI、EI核心期刊发表论文20余万字。出版专著2部、教材8部。

李光安

【郭可】(1963—) 新闻传播教育名师。浙江诸暨人。1984年获杭州大学(今浙江大学)英语文学专业学士学位,旋就读上海外国语学院(今上海外国语大学)国际新闻专业,1987年毕业后留校任教,曾任《上海学生英文报》记者、编辑、英文改稿人和上海电台英文台英文编辑,后任上外国际新闻教研室主任。1996年6月获美国堪萨斯大学新闻学硕士学位,2004年6月获复旦大学新闻学院传播学博士学位。任上外新闻传播学院院长、中国国际舆情研究中心(上海市重点培育智库和上海市高校一类智库)主任,《网络媒体与全球传播英文学刊》主编、全球传播与公共外交协会副会长、教育部新闻传播学类专业教学指导委员会委员、国务院新闻办对外传播学术委员会委员。策划组织1993年、1999年上外传播学国际研讨会,2006年首届中外新闻学院院长国际研讨会,2008年全球青少年媒体消费国际研讨会,会议政策性研究成果为外交部、国新办、中央级外宣媒体以及上海市委宣传部等部门借鉴。主持国家社科基金重大项目"多语种涉华国际舆情案例数据库建设研究",多年从事国际传播学、对外传播学、国际新闻和国际舆情研究。著有《国际传播学导论》《当代对外传播》《中国媒体的世界图像与民众全球观》,主编有《全球传播与中国话语》青年论丛(共5本)、《全球青少年媒介消费比较研究》。编著有《英语国家背景知识词典》《企业家实用英语》,译有《红色变色龙》《愤怒之舞》,发表学术论文近80篇,其中英语论文10余篇。

郭可

【李芃】(1963—) 传播教育者。湖北武汉人。1982年进武汉市洪山区文化馆。1986年考入苏州大学艺术学院,毕业后进湖北工业大学艺术设计学院任教。2013年5月进上海工程技术大学艺术设计学院。为全国艺术科学规划项目成果鉴定专家、《包装工程》杂志专家委员会委员、上海艺术专业学位研究生教育指导委员会委员。曾主持1项省级重点项目,参与国家级、省级纵向科研项目8项,编写教材5部,其中《包装装潢与造型设计基础》获评"十一五"国家级规划教材,《平面构成与应用(修订本)》获"第七届全国高校出版社优秀畅销书"二等奖。撰写论文50余篇,其中EI检索12篇,核心期刊登载27篇。

李芃

王蕴祥

【王蕴祥】（1964— ） 新闻工作者。祖籍山东莱州，生于山西大同。1986年山西大学中文系新闻专业毕业，7月进山西科技社当编辑。1988年9月调人民代表报社，历任总编室副主任、主任，报社编委。2002年8月调入松江报社，先后任新闻部主任、副总编、总编。2018年4月任松江区新闻传媒中心主任、党委副书记。为松江区新闻工作者协会主席。被聘为华东政法大学传播学院专业硕士业界老师，先后在华东师范大学等高校授课。擅长报纸平面设计，曾先后两次改定《松江报》版式，并确定相关版别、专栏等。曾获各类新闻奖30余项，其中全国人大好新闻奖2项、山西省新闻奖7项、山西省行业新闻奖18项、上海区县报好新闻奖3项。发表论文《华商报超常规发展对现代报业管理的启示》《谈英文报刊的词汇特色》《关于新媒体终端，受众在期待什么》等。

陈军康

【陈军康】（1964— ） 新闻工作者。松江人。1983年松江三中毕业后就读松江教师进修学校，1985年担任教师。继就读中央党校，并获上海理工大学工商管理硕士学位。1993年调松江县委宣传部，历任宣传科科长、区委宣传员、宣传部副部长，首任区政府新闻办主任、区新闻发言人。曾撰写数百篇新闻稿，每年有几十篇发表在《解放日报》《文汇报》等报纸。在分管“一报两台”期间，力主改革创新，实现《松江报》由周三刊增期至周四刊，率先实行首席记者制，引领市郊报业发展。在松江电视台开设百姓专题栏目，推出100期人物专题报道；优化外宣工作理念，成功举办“中外媒体记者看松江”采访活动。重视新媒体建设，首创“上海松江”官方微博，积极回应网民关切。其中“松江区大面积降压停水事件”处置案例，被国务院新闻办通报表扬，并编入相关教材。曾获全国“五一”劳动奖章、上海世博会社会宣传优秀个人称号。2011年调任松江区总工会党组书记、副主席。

高瞩

【高瞩】（1965— ） 传播教育名师。祖籍浙江余姚，生于上海。获南京理工大学学士和西安理工大学硕士、博士学位。1985年7月入职常州工学院，曾任团总支书记、校学生工作处副处长、艺术与设计学院党总支书记，常州工学院延陵学院党委书记、机械与车辆工程学院党委书记。后任西安理工大学设计学硕士生导师、博士生导师。2016年4月任上海工程技术大学艺术设计学院院长、校设计学科带头人、校科协副主席。为全国艺术硕士教学指导委员会专家、国家艺术基金项目主持人，上海国际设计创新研究院首席科学家，英国利物浦约翰摩尔大学、泰国宣素那他皇家大学设计学学科博士生导师。致力于智能产品可持续设计研究、设计形态学研究及其产业化及产品交互设计与虚拟仿真。曾获德国红点国际工业设计奖、中国国家设计红星奖、中国工业设计研究院创新设计大奖“十佳设计师”。获中国特种设备检验协会科学技术奖二等奖等奖项20余项，指导研究生获国内外设计大奖计78项，获批各种专利数十项。主持国家艺术基金、国家高技术研究发展计划（863计划）、国家总装“十二五”预研项目和国家安全监督总局2012年安全生产重大事故预防关键技术科技项目及省部级纵向项目等共15项。著有《工业产品造型创新设计及其评价方法》《瞩之繁星——高瞩个人作品集》《设计方法学》，并发表论文70余篇。

【曹怀明】（1965— ） 新闻教育者、编辑。山东枣庄人。1986年毕业于山东师范大学外语系英语专业。2000年毕业于扬州师院学院中文系中国现当代文学研究生班，旋入山东师范大学文学院，2004年获文学博士学位。2004—2006年进复旦大学新闻学院，从事新闻传播学博士后研究工作。研究领域为新闻实务、新闻与社会。早年曾在枣庄日报社工作，历任记者、编辑、新闻中心主任、副总编辑。2006年7月调入上海对外贸易学院（今上海对外经贸大学），任国际商务外语学院经济新闻专业主任、教授、博士生导师。2014年9月至2015年9月在东方网挂职总编室主任。长期从事新闻工作，作品刊于《人民日报》（海外版）、《光明日报》等，40余件作品获省级以上新闻奖。2001年获评“山东省优秀青年知识分子”。为中国报纸副刊研究会理事。发表论文30余篇，获中国报纸副刊研究会、中国地市报研究会学术论文一等奖、二等奖。主持完成“媒介变迁与当代文学传播”等科研课题。

曹怀明

【周样波】（1966— ）新闻记者。祖籍江西广丰（今上饶市广丰区）。1988年毕业于上饶师范专科学校历史系，进江西余江县春涛中学任教，次年任余江二中教师。1993年6月调入江西鹰潭日报社，历任采访部记者、办公室主任。2008年6月作为人才引进松江报社，先后任编辑、群工部主任、编辑部主任、采访部主任，2013年任副总编。2018年任松江区新闻传媒中心党委委员、副主任，2019年4月任松江区融媒体中心总编辑，兼任华东政法大学硕士生导师。1997年撰写的《公道人格形象》新闻稿件获第四届江西新闻评比二等奖，1998年采写的《枢纽大疏散》稿件获第九届华东地市报好作品一等奖，1999年采写的《余江县生猪成本调查指点迷津》获第十三届中国地市报好新闻二等奖，2002年撰写的《一分钱基金》通讯获第八届中国五四新闻奖三等奖。在松江报社期间，分管《松江报》微信，撰写的《阿里巴巴为何选择松江》网络阅读量逾10万人次，成为复旦大学新闻学院新媒体教材。

周样波

【范玉吉】（1969— ）新闻传播教育名师。山西黎城人。1992年山西师范大学中文系毕业，留校任《语文报》编辑。1998年获华东师范大学中文系文学硕士学位，调华东政法学院任基础部教师。2004年获复旦大学中文系文学博士学位。在华东政法学院人文学院新闻系执教期间，曾任讲师、副教授、教授，学院副书记、副院长、院长。2017年6月任华东政法大学传播学院院长，为华政法制新闻研究所所长、校学术委员会委员、学位委员会委员。为中华全国法制新闻协会常务理事、中华全国法制新闻协会法制新闻理论研究专业委员会常务副主任及上海市新闻工作者协会第六、七届理事。主要研究方向为传播伦理、传媒法制和法治新闻。主持和参与多项国家级、省部级课题。发表学术论文100多篇，著有《涉法文学散论》《传媒侵权案例评析》等。组织策划并主持编写“中国年度法制新闻视角”丛书。

范玉吉

【何锋】（1969— ）新闻记者。浙江诸暨人。1988年新疆乌鲁木齐铁路一中高中毕业后，考取陕西师范大学电化教育专业。1992年进乌鲁木齐铁路局有线电视台任记者。2001年调松江区教育局任行政办秘书。2003年进松江区广播电视台，先后任记者、副台长、常务副台长、台长。2018年任松江区新闻传媒中心副主任、台长。2019年任松江区融媒体中心主任。任台长期间，策划了沪郊第一档晚间新闻栏目《云间播报》，后改为午

何锋

间新闻。策划开播《茸城之光》栏目，在市郊首开每周播出30分钟的人物访谈专题节目。赢得上海电视台《新闻坊》颁发的5次年度金奖。曾兼职华东政法大学人文学院教授、上海广播电视协会第五届理事会常务理事。获评松江区第三、四届拔尖人才。2014年撰写的《禽流感病毒测出　松江连夜处置》(电视消息)、《微信公众平台为新闻传播助力》(论文)，先后被中国广播电视协会评为年度二等奖和年度一等奖。撰写的《区县媒体融合应遵循的三个导向》发表于《中国广播电视学刊》。著有《伴着新闻话天下》《伴着新闻走四方》。

【陆梅】(1971—　)　报人、作家。女。上海松江人。高中就读于松江一中。1992年中国纺织大学毕业，8月进上海第二纺织机械厂设计所任设计员。爱好文学创作，时有作品发表，1994年5月调文学报社，历任记者、编辑，新闻部、副刊部副主任、主任，2008年任《文学报》副主编，2015年主持工作，旋任主编。以“记录美善，传递力量，发掘作者，提灯照亮”为办报理念，所编版面和策划选题曾获上海新闻奖。编发的评论家雷达长篇评论《原创力的匮乏、焦虑和拯救》获时任中共中央政治局常委李长春的批示，中宣部因而发起“原创力匮乏”的大讨论。《文学报》连续五年策划的读书活动，入围上海读书节示范引领项目。其主持的文学报社品牌活动“新批评优秀评论奖颁奖暨主题研讨会”，连续四年成功举办，经中央及省市级媒体大篇幅聚焦报道，传播了《文学报》的口碑和影响力。曾评为上海市优秀新闻工作者。为中国作家协会会员，上海市记协第七届理事会、中国散文学会和儿童文学研究会、上海市作家协会理事。获中国出版政府提名奖、德国青少年文学奖、陈伯吹儿童文学奖、首届东吴文学奖、冰心散文奖等。作品收入《中国新文学大系·儿童文学卷(1977—2000)》等选本，入选国家新闻出版总署向青少年推荐的百种优秀图书。部分作品被评介到国外，有小说被改编成电影。著有《当着落叶纷飞》《格子的时光书》等20余部儿童文学和散文随笔作品。

陆梅

【吴晓颖】(1971—　)　音乐传播记者。女。上海松江人。1993年复旦大学中文系毕业，入《音像世界》杂志社担任编辑、记者，《音像世界STAR》执行副主编。2001年11月任《音像世界》杂志副总编，主持杂志的编辑、出版工作。致力于中文流行乐坛的报道，主持杂志的名牌栏目《随听随讲》，撰写过流行乐坛和唱片行业的大型综述报道，其中《中国唱片史》被多家报刊杂志和网站转载，《寻找中国音乐的力度》获国家广电总局颁发的中国广播电视新闻报刊通讯类一等奖。为中国音乐家协会流行音乐学会理事。曾获“中国流行歌坛十年成就奖”；受聘为第一、二届中国轻音乐学会“学会奖”评审委员会委员。

【孙晶】(1971—　)　出版家、新闻教育工作者。女。山东即墨人，生于陕西西安。1989—1999年先后就读于西北大学、复旦大学中文系。曾任复旦大学出版社常务副总编、总编辑。为上海视觉艺术学院教授、新媒体艺术学院副院长、网络文学研究中心主任。主要从事出版史、新媒体艺术、中国现当代文学、比较文学等领域的研究。为高等学校出版专业教学指导委员会委员、国家出版基金项目验收专家、中国比较文学学会常务理事、巴金研究会理事。2013年获评新闻出版广电总局“全国新闻出版行业领军人才”。著有《文化生活出版社与现代文学》《巴金与现代出版》《中国出版家吴朗西》。发表论文多篇，其中《出版的品质与出版人的文化自觉》获首届“韬奋优秀论文奖”一等奖。

孙晶

【崔莉萍】(1973—　)　传播教育工作者，教授。女。河南郑州人。先后就读于郑州大学、山东大学，2002年6月获南京艺术学院文学博士学位，8月入职南京财经大学营销与物流学院，曾任广告系教师、系主任。2004年受日本电通吉田秀雄纪念事业财团邀请，在东京进行半年学术交流，受聘为客座研究员。2011年8月至2013年7月进复旦大学新闻与传播学博士后流动站从事研究工作，任新闻传播与媒介化社会研究国家哲学社会科学创新基地学术秘书、复旦大学视觉文化研究中心副研究员。旋调任上海外国语大学新闻传播学院。为广告学系教授，广告学学科点负责人、广告学硕士点负责人。主持教育部、中国博士后基金、省部级社科课题7项，参与国家重大课题2项。著有学术专著2部，在CSSCI期刊、核心刊物上发表论文近30篇，发表绘画作品多幅。

崔莉萍

【张军芳】(1973—　)传播教育工作者。女。山东济南人。先后就读曲阜师范大学中文系、山东大学文学院，获学士和硕士学位。1999年入职山东省职业教育与成人教育研究所，2006年获复旦大学新闻学院传播学博士学位。同年进上海外国语大学新闻传播学院任教。任上外中国国际舆情研究中心研究员，曾在政治学博士后科研流动站从事博士后研究。2016年获聘博导。承担过国家社科基金及多项省部级课题，带领两届上外青年教师团队获上海外国语大学青年教师教学科研创新团队优秀团队称号。著有《报纸是“谁”——美国报纸社会史》、《国际媒体　中国声音——中国传媒国际影响力研究》、《美国传播思想史》(第二作者)，译著有《新闻业与新媒介》。学术论文大多发表在《新闻与传播研究》等核心期刊。

张军芳

【刘珂艳】(1974—　)传播教育工作者。女。湖北武汉人。1997年中央工艺美术学院毕业，进武汉纺织工学院(今武汉科技学院)任教。2002年获清华大学美术学院硕士学位，7月进上海工程技术大学艺术设计学院。在校期间曾赴法国、美国作访问学者。2014年获东华大学博士学位。为上海工程技术大学艺术设计学院教授、硕士生导师，教务处副处长。为上海工业美术协会纤维艺术方向副主任、中国工艺美术协会纤维方向理事、中国流行色协会会员、中国敦煌吐鲁番学会会员。

刘珂艳

【邢虹文】(1975—　)传播教育工作者。女。吉林长春人。先后就读山东大学社会学系、上海大学广播电视艺术学系，获学士学位和硕士学位。2001年执教上海大学影视学院，2006年在上海大学攻读传播学，2012年获文学博士学位。2017年任上海政法学院上海纪录片学院教授、副院长。为澳门科技大学电影学院博士生导师、中国高校影视学会纪录片专业委员会副主任。曾是香港中文大学、美国德州大学奥斯汀分校、澳大利亚昆士兰科技大学访问学者。主要研究方向为影视文化与传播、影视节目制作。1999年起先后担任上海电视台纪实频道《纪录片编辑室》《经典重访》，外语频道《华夏新纪录》等栏目的策划、编导、制作。曾主持国家社会科学基金项目“受众的社会分化与社会认同重建：基于电视媒介的研究”以及多项上海市级项目。曾获上海市教学成果一等奖、上海市大学生暑期社会实践活动优秀指导教师。著有《电视与社会——电视社会学引论》《电视、受众与认同》。发表论文数十篇。

邢虹文

【孙智华】(1975—　)　电视主持人、新闻教育工作者。女。山东人，生于黑龙江。2003年毕业于黑龙江大学新闻专业获文学学士。2000年12月起历任黑龙江电视台与黑龙江卫视记者、制片人、主持人。2009年7月任黑龙江卫视与新华通讯社合办《新华视点》主持人。获得中国广播影视大奖、中国新闻奖和金话筒提名奖。后调任上海视觉艺术学院教授、学科带头人，为全媒体传播研究院（筹）执行院长，东华大学硕士生导师、上海科学与艺术学会理事科艺教育专委会主任、上海科技影都协同创新中心理事影视传播专委会主任、上海市松江区影视艺术家协会副主席，以及《我和我的城》中国新一线城市大型直播节目主讲嘉宾。代表作有中国新闻名专栏新华社《新华视点》节目，大型电视直播《奥运火炬传递大直播》《新华社国庆60年天安门大阅兵全球直播》《中国影视大奖颁奖晚会》。曾任“上海进博会高峰论坛”“世界众筹大会”等近百场高峰经济论坛策划人、主持人。论文《从央视新闻频道的开播看新闻节目主持人的发展》获第七届全国广播电视主持人节目优秀论文“金笔奖”二等奖；《谈话节目主持人修养》获黑龙江省广播电视奖论文一等奖。出版教材有《实用新闻写作教程》。

孙智华

【严怡宁】（1976— ）新闻教育工作者。女。江苏南京人。1998年上海外国语大学国际新闻专业本科毕业，留校在新闻传播学院任教。2003年获上海外国语大学新闻学硕士，2008年获复旦大学传播学博士。2015年任上海外国语大学新闻传播学院副院长。曾获21世纪报杯英语报阅读课最佳教案奖、上海市教学成果一等奖等。论文《媒介事件化的中国民族问题——对〈纽约时报〉2000年以来中国民族问题报道的研究》，人大复印资料全文转载，2015年获国家民委社会科学成果二等奖；《想象的共同体身份——金砖国家主流媒体涉华话语分析》获上海外国语大学优秀学术成果一等奖；论文《美英大报关于“奶粉事件”的叙事结构》刊《国际新闻界》，人大复印资料全文转载。著有《国家利益与国际舆论——美国涉华舆论实证研究》《广播电视新闻学》。

严怡宁

【蔡盈洲】（1976— ）新闻教育工作者。江西赣县人。本科就读于赣南师范学院，稍后考入北京师范大学，2003年获硕士学位。同年任教于华南理工大学新闻与传播学院，嗣后进北京师范大学攻读博士。2008年获博士学位后任教于江西财经大学，任校党委宣传部副部长、人文学院副院长。2018年调上海外国语大学新闻传播学院。主持国家社科基金课题1项、教育部人文社科课题1项和其他省部级课题11项。著有《中国电视剧类型研究》《数字新媒体环境下突发性群体事件的谣言传播研究》，获省社科三等奖。与人合著书籍3部，参与编写教材和蓝皮书各1部。获省教学成果二等奖1次、省社科三等奖1次和省教育科学三等奖1次。在CSSCI及以上刊物上发表论文30多篇。

蔡盈洲

【吴瑛】（1977— ）传播教育工作者。女。浙江宁波人。本科就读于东北师范大学编辑学专业。2003年获浙江大学新闻学硕士学位，入上海外国语大学新闻传播学院任教。2010年获上海外国语大学国际关系博士学位。为上海外国语大学新闻传播学院教授、博导，中国国际舆情研究中心副主任。主持国家社科基金重点和一般课题3项，主持省部级课题10余项，包括上海市社科基金、上海市

吴瑛

政府决策咨询研究项目、国家民族事务委员会重大项目等。任多家国内外知名学术期刊评审，参加国际媒体与传播研究协会年会(IAMCR)、美国新闻与大众传播教育协会年会(AEJMC)等国际学术会议并宣读论文。成果被《光明日报》《中国社会科学报》《解放日报》等刊登，被《新华文摘》《人大复印资料》全文转载9篇。著有《中国声音的国际传播力研究》《中国话语权生产机制研究》《孔子学院与中国文化的国际传播》《文化对外传播：理论与战略》。在《新闻与传播研究》《世界经济与政治》等中英文期刊发表论文90余篇，其中CSSCI论文50余篇。

【相德宝】(1978—　)新闻教育工作者。山东青岛人。先后就读青岛大学、南京解放军国际关系学院。2009年获清华大学博士学位，进上海外国语大学新闻传播学院任教，任教授、博导，入选美国福布莱特访问学者，为上海市浦江人才，获中国舆论学会“舆论学研究杰出青年奖”。研究领域为新媒体、国际传播、国际舆情、计算传播。主持国家社科青年项目、一般项目，教育部留学归国人员科研基金，教育部人文社科青年项目，上海市教委科研创新等国家级、省部级项目10余项。发表论文50余篇，其中CSSCI论文20余篇。曾获国务院新闻办、教育部、中国新闻史学会、光明日报社、共青团中央颁发的奖项。著有《自媒体时代中国对外传播能力建设》等4部。

相德宝

【彭桂兵】(1980—　)新闻教育工作者。江苏宿迁人。2004年9月起先后就读南京大学、中国青年政治学院、中国传媒大学和华东政法大学，获文学学士、新闻学硕士、新闻学博士学位及法学博士后。2016年7月入职华东政法大学传播学院，先后任讲师、副教授、教授，华东政法大学法制新闻研究中心秘书长、传播法研究中心主任，兼任中山大学互联网与治理研究中心特约研究员，以及《新闻记者》《南京社会科学》等期刊的审稿人。研究方向为互联网治理、媒体版权与媒体人格权。主持并完成国家社科基金青年项目1项，司法部法治与法学理论中青年课题1项，中国博士后科学基金面上资助、特别资助各1项以及教育部课题1项、上海哲社项目1项。2017年获评华东政法大学优秀博士后，2015—2017年连续三年进入学校法学高峰“人才特区”。发表论文50余篇，其中被人大复印报刊资料转载7篇，《汉密尔顿与出版自由：新闻法制史的考察》获首届中国媒介法规与伦理学术年会“优秀学术成果奖”，《取道竞争法：我国新闻聚合平台的规则路径——欧盟〈数字版权指令〉争议条款的启示》(第一作者)获第八届“全国新闻传播学优秀论文奖”。著有《媒体伦理与道德：案例教学》《新闻采集与法》。

彭桂兵

【郭恩强】(1980—　)新闻教育工作者。吉林松原人。2003年毕业于吉林师范大学文学院，次年入职该院任新闻学教师。嗣后获上海社科院新闻研究所新闻学硕士，2012年6月获复旦大学新闻学院新闻学博士学位。次月调入华东政法大学，先后在科学研究院、人文学院、传播学院担任专职研究人员、讲师、副教授、教授。兼任复旦大学信息与传播研究中心研究员、中国新闻史学会地方新闻史研究会常务理事。研究方向为新闻传播学、媒介社会学、新闻职业与新闻生产。主持国家社科基金项目1项、教育部人文社会科学青年基金项目1项，中国博士后基金面上资助、特别资助各1项，参与其他国家级、省部级课题多项。发表论文30余篇。曾获第一、二届“华东政法大学青年科研英才奖”，第二届“全国新闻学青年学者优秀艺术成果奖”，首届“新闻传播学期刊优秀论文奖”，第五届“全国新闻传播学优秀论文奖”

郭恩强

等。著有《重构新闻社群：新记〈大公报〉与中国新闻业》，译著有《互动新闻：黑客、数据与代码》。

【宋苏伟】（1983— ）新闻记者。籍贯江苏如皋。2003年华东师范大学中文系毕业，7月分配到松江区广播电视台，历任记者、采访部主任、副台长。2015年兼职团区委副书记。2019年任松江区融媒体中心副主任。2008年底担纲组建青年突击组，再造新闻流程，让采、编、播平台“扁平化”。在组建突击组的六年间，共计在中央台播出860条新闻，在东方卫视、上海电视台播出6 200条新闻。2011年以“云间宋苏伟”实名开通个人微博，日均微博微信转发量不低于2 000次，累计转发量突破48万次，帮助数以千计的群众解决各种生活难题。曾在新浪微博评选中，名列全国媒体人与受众互动排行榜第四位。曾连续六年获上海电视台通联“十佳记者”，被评为上海市“创先争优，世博先锋行动”先进者；获评上海市“五带头”共产党员、上海市劳动模范。2008年5月，与人合作撰写拍摄的《前夫患病在床，照料六载无怨言》电视长消息，被中国广播电视协会评为二等创优奖。

宋苏伟

附表

松江重要新闻传播著作一览表

书　名	编著者	出 版 社	出版时间
文农讽刺画集	黄文农	上海光华书局	1927
编辑忆旧	赵家璧	读书·生活·新知三联书店	1984
新闻英语文体与范文评析	张健	上海外语教育出版社	1994
史量才：现代报业巨子	庞荣棣	上海教育出版社	1999
松江报创刊十周年：新闻作品选	钱明光	中国文史出版社	2002
笔看东方：吴纪椿新闻作品选	吴纪椿	上海人民出版社	2005
日寇祸松日记	雷君彦	上海书画出版社	2006
上海区县报散文选	钱明光、吴纪盛	文汇出版社	2008
报刊语言翻译	张健	高等教育出版社	2008
新闻翻译教程	张健	上海外语教育出版社	2008
广告策划与创意	姜智彬	中国建筑工业出版社	2008
广告学概论	董景寰、姜智彬	上海人民美术出版社	2008
广告心理学	姜智彬	上海人民美术出版社	2008
城市项目品牌与特大活动管理：基于FIRST品牌规划法的特大活动管理模式	姜智彬	上海书店出版社	2008
报纸是“谁”：美国报纸社会史	张军芳	中国传媒大学出版社	2008
中国纪录片：走向市场的类型化生产	王庆福	中国戏剧出版社	2008
文化对外传播：理论与战略	吴瑛	上海交通大学出版社	2009
国家利益与国际舆论：美国涉华舆论实证研究	严怡宁	中国传媒大学出版社	2009
传媒经营与管理	姜智彬	郑州大学出版社	2009
美国新闻业务导论：演进脉络与报道方式	陈沛芹	安徽大学出版社	2010

（续表）

书　　名	编著者	出 版 社	出版时间
英语新闻业务研究	张健	上海外语教育出版社	2010
从宣传到说服：中国计划生育标语口号的历史变迁	相德宝	中国广播电视出版社	2010
全球青少年媒介消费比较研究	郭可、陈沛芹	安徽大学出版社	2010
迷与迷群：媒介使用中的身份认同建构	邓惟佳	中国传媒大学出版社	2010
平儿小窗	许平	山西人民出版社	2011
广播电视新闻学	严怡宁等	化学工业出版社	2011
新闻传播专业英语	严怡宁	华中科技大学出版社	2011
电视纪录片创作	王庆福、黎小锋	重庆大学出版社	2011
广告学概论	姜智彬	化学工业出版社	2012
谁来伴我成长：媒介对农村留守儿童的社会化影响	王玲宁	学林出版社	2012
传媒新词英译研究	张健	上海外语教育出版社	2012
孔子学院与中国文化的国际传播	吴瑛	浙江大学出版社	2012
广告传播的社会责任与伦理规范	陈正辉	南京师范大学出版社	2012
新编英语报刊选读	张健	外语教学与研究出版社	2013
广告策划	姜智彬	上海人民美术出版社	2013
自媒体时代中国对外传播能力建设	相德宝	人民日报出版社	2013
战争电影与国家认同：俄罗斯二战题材电影研究	侯微	花木兰文化出版社	2013
外宣翻译导论	张健	国防工业出版社	2013
重构新闻社群：新记《大公报》与中国新闻业	郭恩强	上海人民出版社	2013
中国话语权生产机制研究	吴瑛	上海交通大学出版社	2014
纪录片创作研究	王庆福	世界图书出版公司	2014
中国网民社交媒体传播需求研究	顾明毅	世界图书出版公司	2014
基于节日视觉符号设计的国家形象传播研究	崔莉萍	世界图书出版公司	2014
中国电视市井化研究	诸廉	世界图书出版公司	2015
作为流动的职业共同体：驻华外国记者研究	钱进	上海交通大学出版社	2015
中国哲学社会科学成果对外传播：现状与发展	邓惟佳	世界图书出版公司	2015
国际媒体 中国声音：中国传媒国际影响力研究	张军芳	中国大百科全书出版社	2015
中国声音的国际传播力研究	吴瑛	上海交通大学出版社	2016
峰泖杂记：华亭风作品集	吴纪盛	山西人民出版社	2016
伴着新闻话天下	何锋	上海文艺出版社	2016

（续表）

书　　名	编著者	出 版 社	出版时间
传媒侵权案例评析	范玉吉	法律出版社	2017
传媒新词英译：问题与对策	张健	金琅学术出版社	2017
上海文化活动国际影响力报告（2017）	陈沛芹	社会科学文献出版社	2017
伴着新闻走四方	何锋	上海文艺出版社	2018
国际社交媒体中国形象与影响力研究	相德宝	暨南大学出版社	2019
母亲的风灯	张友明	山西人民出版社	2019
回眸那一片彩云	李正华	新华出版社	2020

松江新闻传播获奖论文一览表

论　文　名	作　者	发表刊物	奖　项
议程与框架：西方舆论中的我国外交话语	吴瑛	《欧洲研究》2008年第6期	上海市哲学社会科学优秀成果奖二等奖
媒介事件化的中国民主问题——对《纽约时报》2000年以来中国民族问题报道的研究	严怡宁	《外交评论（外交学院学报）》2013年第5期	国家民族事务委员会优秀社会科学研究成果二等奖
多种声音　一个世界：中国与国际媒体互引的社会网络分析	吴瑛、李莉、宋韵雅	《新闻与传播研究》2015年第9期	上海市哲学社会科学优秀成果奖二等奖
新媒体时代全球智库社交网络影响力及提升中国智库国际影响力策略研究	相德宝、张文正	/	“2017年中国智库治理暨思想理论传播高峰论坛”论文一等奖
西方人类学纪录片的中国观察	王庆福	《电影艺术》2018年第4期	中国高等院校影视学会第十二届学会奖论文奖三等奖
高校外语专业设置与中国进出口贸易现状的匹配情况分析	王挺、李君丽	/	第三十五届上海市教育技术协会外语专业委员会暨学术研讨会优秀论文奖二等奖

群众文化

一

概　述

群众文化是指人们在业余时间自我参与、自娱自乐、自我开发的社会性文化。自古以来，松江的民间文艺有戏曲、音乐、舞蹈等各种文艺形式，内容丰富多彩。民间戏曲表演有春台戏（社戏）及京昆票友组织。器乐丝竹表演有同好者组织的“小青班”，主要在民俗节庆和民间庆典中表演，增添喜庆气氛。声乐有山歌传唱，主要在农作时喊唱以消除疲劳，抒发情感。舞龙灯、打莲湘、串马灯等舞蹈表演都由各村自行组队，主要在春节及迎神赛会期间排练表演。

中华人民共和国成立后，政府文化部门专设管理群众文化的机构，群众文化工作纳入党政工作议程。20世纪50年代起，松江群众文化事业健康发展，县文化馆、工人俱乐部、少年宫等公共文化单位先后设立。各乡（公社）镇因陋就简建立文化站、文工团、文艺宣传队，配合党的中心工作，宣传党的方针政策。80年代起，松江加强各乡（公社）镇文化站、图书馆（室）、广播站、电影队、影剧院等硬件建设，建立文艺工厂，逐步形成区（县）文化馆、乡镇（街道）文化站、村（居）文化室三级工作网络。

21世纪初，各街镇文化站陆续改称“文化体育管理站”或“文化体育服务所”，建立街镇社区文化活动中心，形成市、区和街镇三级联动的公共文化服务和产品配送体系，采取“百姓点菜、政府买单、按需配送”的方式，问计于民、问需于民、问效于民。群众性公共文化活动繁荣，各街镇普遍建立歌咏、戏曲、器乐、舞蹈等业余文艺演出团队，活跃在社区舞台，在市、区组织的演出活动中屡获奖项。全区有700多个居（村）委会建有自娱自乐性质的文艺团队。松江区文联下属各专业协会开展各类培训活动，组织参加市、区举办的演出、展览等竞赛评比活动，松江涌现出一批文艺人才。

20世纪90年代后期起，松江区群众文化以“人人参与，人人享有”为目标，先后举办十七届“上海之根”文化旅游节、十三届文化科技卫生三下乡系列活动、九届“百姓明星”评选活动、十一届“我们的舞台我们唱”群文展演和七届上海市民文化节松江区系列活动。各街镇群众文化重点建设“一镇一品”特色，有岳阳街道“茸城之夏”广场文艺、中山街道艺术节、车墩镇丝网版画、泗泾镇古戏乐十锦细锣鼓、泖港镇甲骨文书法、新浜镇荷花节、石湖荡镇红花节、新桥镇江南丝竹等特色文艺项目。

“上海之根”文化旅游节开幕式(1998年)

百姓明星表彰大会(2015年)

松江区"百姓明星"总结展演(2017年)

"我们的舞台我们唱"群文展演(2015年)

上海松江荷花节开幕式(2017年)

车墩镇丝网版画体验活动(2020年)

新桥镇"非遗在社区"——江南丝竹及沪剧折子戏专场演出(2019年)

二

机构组织

【松江县民众教育馆】 文化机构。1929年元旦设于秀野桥西侧杜氏宅。设自然、图书、艺术、宣传、事务5个部门。1950年原址改设“松江县人民文化馆”。

【天马民众教育馆】 文化机构。1932年秋在天马山集镇成立。借用“名胜楼”茶馆为活动场所。三楼三底，楼上设有棋室、音乐室、雅座，楼下设卫生教育室、图书借阅室、民众教育馆。卫生教育室内布展普及卫生保健图片和模型，定期传授卫生保健知识，春夏组织消灭蚊蝇活动。民众教育馆设家庭妇女识字班，每天授课2小时，组织知识分子下乡开展扫盲工作。馆务经费主要由本地商会筹措，县财政拨补贴。1934年停办。

【泗泾镇民众教育馆】 文化机构。1934年创办于泗泾镇西市原关帝庙内。设文艺、体育、卫生3个部门。设施简陋，活动不多。1937年抗日战争全面爆发后停止活动。

【泖港民众教育馆】 文化机构。1934年3月金山县农民教育馆自朱泾镇迁泖港区，馆舍在泖港初级小学北侧，定名泖港民众教育馆。1937年馆舍被日军焚毁，教育馆停办。1942年日伪在泖港东首矮楼内设民众教育馆，内有常识挂图、图书报刊借阅等，实施奴化教育。

【松江区文化馆】 文化事业机构。松江区（县）群众文化的活动中心、辅导中心、创作中心。主要职能与业务是组织群众文化活动，培训辅导文艺创作和演出人才，组织群众文艺创作活动，扶持民间文艺，整理民间文化遗产，组织群文学术交流、展览活动，提供文化娱乐服务。1950年7月设“松江县人民文化馆”，以秀野桥西侧杜氏宅原松江民众教育馆为馆址。工作人员5名。1953年更名“松江县文化馆”，10月迁中山中路谷阳门西侧（今中百一店松江店址）。1954年迁中山西路人民路口中苏友好协会内。1958年迁醉白池公园内。1966年12月松江县文化馆、图书馆和博物馆（筹）联合成立“松江县文图博革命文化造反队”，设队委会，接掌馆务。1968年5月成立“松江县文化馆革命委员会”，统管群众文化、图书馆、博物馆（筹）工作。1969年1月

松江区文化馆

全体人员参加“松江县级机关毛泽东思想学习班”，停止日常工作。1971年12月在醉白池公园内原址恢复。1982年5月在谷阳南路24号动工建造新馆，次年8月竣工，占地4.59亩，建成L形四层大楼一座，面积1 381平方米。1992年起，先后建造鹿回头酒家、松江艺术展厅、商用门面房、小仓库、桑达宾馆。2001年在四层大楼东首贴墙新建四层办公用房。至2019年，建筑面积增至4 526平方米。2009年起停止录像、桌球、卡拉OK、舞厅、电子游戏房、商店等文化娱乐商业经营。设“顾绣工作室”“创艺工作室”“松江民间文化展示馆”等。内设办公室、创作辅导部、文艺辅导部、美影辅导部、艺术培训部、非物质文化办公室、艺术档案室以及刘兆麟、周洪声、刘勇3个工作室。2019年有职工33名，其中研究馆员2人、副研究馆员2人、馆员13人。1990年评为全国先进文化馆，2018年评为国家一级文化馆。

【松江区工人文化宫】 工会组织为职工服务的文化福利事业单位。主要职能是向职工及家属进行政治思想教育、普及科学文化与技术知识、活跃职工文化娱乐生活。1951年8月成立“松江县工人俱乐部”，位于松江中山中路364号，隶松江县工会文教部。时有一幢三层楼房和部分民房，面积1 000多平方米。1954年春更名“松江县工会联合会俱乐部”。先后组织京剧组、故事队、中国象棋队、乒乓球队。多次承办县级以上体育赛事，乒乓球队、中国象棋队在上海郊区职工比赛中多次夺魁。曾举办“建国十周年成就展览”等大型展览10余次。1966年“文化大革命”开始后活动室关闭，改办“上海工人活学活用毛泽东著作事迹展览”。次年8月被“造反派”占据，活动停止。1971年夏实行军管，改名“松江县工人文化宫”。1972年春复称“松江县工人俱乐部”。1973年5月重新开放。1976年10月后，组织职工业余剧团排演沪剧大戏，举办职工歌舞比赛，增加评弹演出、电影放映。1982年6月拆除原址北侧旧房，建四层大楼，1984年7月竣工，10月1日启用，面积1 830平方米。设图书外借、阅览、桌球、文娱、展览等活动室。1985年3月内设宣传组、文艺组、阵地组和办公室。1988年根据上海市总工会《关于工会文体事业单位深化改革的意见》，俱乐部与县总工会签订为期三年的经营承包合同，实行体制改革，3年创收340余万元。1992年成立谜语组，每月定期活动，2012年汇编出版总结20年灯谜活动经验和成果的《云间灯影》。1994年成立松江县职工集邮协会，多次举办大型邮展。职工业余京剧队每周定期排练，并参加江浙沪京剧联谊活动，举办京剧沙龙。1998年松江撤县设区，改称“松江区工人俱乐部”。2000年3月1日改今名。有15个活动场所，先后开办职大、夜大等学历教育班，计算机信息管理、计算机应用管理、办公应用软件、劳动人事上岗、行政管理、电脑美术、物流报关、产品营销、外语岗位等培训班。2003年举办松江职工九球制（美式）桌球赛，此后沿袭为主要活动项目。2002年评为上海市二级工人文化宫。

松江工人文化宫（2020年）

【泗泾镇工人俱乐部】 工会组织为职工服务的文化福利事业单位。1952年3月由泗泾镇工会创办，位于曹家花园（今松江四中）内，设图书阅览、中国象棋、康乐球、乒乓球、文艺演唱5个活动室。9月迁至私立养正小学鸳鸯厅和泗泾米业公会（在今泗泾小学）内。1957年秋迁至开江东路115号，活动项目依旧。“文化大革命”期间被“造反派”占领，活动停止，设施设备散失。1980年初在原址翻修，5月1日开放。1988年增建750平方米活动楼和810平方米溜冰场，使用面积增至1 887平方米。

【泗泾文化图书馆】 全民文化事业单位。松江东北部地区群众文化活动中心、辅导中心和创作、研究中心。1984年5月筹建，7月在泗泾镇江川路中段西侧动工兴建，次年8月竣工，占地

2 025平方米，建筑面积616平方米。定名“松江县文化馆泗泾文化图书分馆”。1988年8月为单独列编单位，改今名。1992年5月与泗泾镇文化站合署办公。1995年3月馆、站分离。2007年改由泗泾镇属地化管理。内设群众文化、图书、办公室和文化三产经营4个部门。

【岳阳街道文化体育管理站】 社区群众文化活动管理机构。1957年下半年成立民办集体性质的“城厢文化馆”。初期由松江县文化馆派员主持业务，培训文体骨干，组建业余文艺宣传队。1963年11月改称“松江城厢镇文化馆”，设于松江城厢镇机关大院内。1980年12月随镇名变更，改称“松江镇文体站”。1985年迁入茸城会堂二楼。2001年改今名，设于人乐新村小花园内。2005年迁至人民北路中山二路口西北新建的岳阳社区文化活动中心，使用面积3 007平方米。下设社区文化服务中心。每年举办社区文化指导培训班、书画美术摄影班、青年舞蹈班等。组建夕阳红艺术团、岳阳腰鼓队、社区文艺演出队、体育健身舞蹈队、书画沙龙、摄影沙龙、岳阳中心读书会等业余团队。曾举办大型活动“茸城之夏”广场文艺、岳阳社区文化艺术节、社区文艺会演、社区书画大赛、摄影美术展、家庭插花艺术展、剪纸艺术展、根雕展等。1998年评为上海市一级文化站。

【方松街道文化体育管理站】 社区群众文化活动管理机构。2001年在人民北路1111号成立。2006年迁入北翠路1077号方松社区文化活动中心，使用面积7 231平方米。2010年起先后成立了新城文友会、沪剧沙龙、新城艺术合唱团等群众业余文艺团体，已举办3届“新城文化艺术节”。

【中山街道文化体育管理站】 社区群众文化活动管理机构。1950年2月城东区五龙乡（今中山街道辖区内）创建松江县第一个农村俱乐部。1957年撤区并乡，建城北乡，成立城北乡文化站。1958年乡改人民公社，改名城北公社文化站。1980年后随行政区划调整和建置变动，先后改称五里塘公社文化站、五里塘乡文化体育管理站、中山街道文化体育管理站。1992年10月被市文化局评为三级文化站。2005年迁入茸梅路200号中山街道社区文化中心，设桌球房、健身房、排练厅、体质监测站、书画创作室、休闲广场、多媒体教室、信息苑等活动场所。2002—2016年举办8届文化艺术节。2017年起，文化艺术节与体育运动会合办，称“中山街道文体大会”，至2019年已举办2届。

【永丰街道文化体育管理站】 社区群众文化活动管理机构。1951年成立城西区农村俱乐部。1952年改称城西区文化站。1957年撤区并乡，设城西乡，改称城西乡文化站。1958年乡改人民公社，改称城西公社文化站。1971年文化站地址在仓南街24号城西公社驻地广播大楼底层，面积24平方米。1978年在原公社图书室建文娱活动室，开展乒乓、象棋、康乐球等活动。1980年后随行政区划调整和建置变动，先后改称仓桥公社文化站、仓桥乡文化站、仓桥镇文化站。1992年被市文化局评为三级文化站。1997年迁至松汇西路1188号，有办公用房2间60平方米，乒乓室、康乐球室、棋牌室、图书室、多功能活动室300多平方米。2001年1月改今名。2004年8月将中山西路1438号原仓桥农贸市场改建为永丰社区文化活动中心，2013年永丰街道文化体育管理站迁入，使用面积3 966平方米。

【车墩镇文化体育服务所】 社区群众文化活动管理机构。前身为城东公社文化站和车墩公社文化站。1951年上半年城东区各乡相继建立农村俱乐部。1953年建城东区文化站，业务受区文教部门指导。1958年改称城东公社文化站。1969年3月文化站设在华阳桥集镇东首科技办公用房内，设阅览室、乒乓室、文艺排练室、创作室、电影放映室等。1978年3月城东公社析建高桥公社，1980年分别更名为华阳桥公社、车墩公社。车墩公社文化站设在公社大院内，有图书馆、阅览室、乒乓室；华阳桥公社文化站照旧。1987—1991年华阳桥乡连续五年被评为松江县群众文化最活跃乡镇。1989年华阳桥乡文化站被评为上海市先进文化站，1992年被市文化局评为二级文化站。2001年1月车墩、华阳两镇合一，成立车墩镇文化体育管理站。2006年改今名。2008年6月评为2006—2007年度上海市老年体育先进集体。2013年迁入北松公路影维路口的车墩镇社区文化中心，使用面积6 900平方米。

【泗泾镇文化体育服务所】 社区群众文化活动管理机构。前身为泗泾镇文化站和泗联公社文化站。1952年10月成立泗泾区文化站，位于泗泾镇中东街，两层楼房520平方米（包括泗泾镇工人俱乐部用房）。组织文艺爱好者排练节目，教唱歌曲，辅导农村业余剧团及农村俱乐部开展群众性文艺活动。1957年撤区并乡后停办。1958年4月在泗泾区文化站原址成立泗泾镇民办文化馆，下设宣传鼓动、电教、文艺、版画、创作、科普、体育、书报8个组。“文化大革命”开始后停止活动。1972年恢复图书室、阅览室开放。1980年6月改称泗泾镇文化站。设成人阅览室、少儿阅览室和图书出借处。1958年建泗联公社文化站，位于泗泾镇开江东路泗联公社大院对门，与泗联公社广播站合用一幢房屋，使用面积三四十平方米。设图书借阅室，办有宣传画廊，组织创作、演出等群文活动。1990年4月泗泾镇和泗联乡合并为新的泗泾镇，原镇、乡文化站合二为一，称泗泾镇文化站。1992年被市文化局评为二级文化站。2001年改今名。2013年迁入鼓浪路588号泗泾镇社区文化活动中心内，使用面积1 007平方米。

【九亭镇文化体育服务所】　社区群众文化活动管理机构。1978年3月成立九亭人民公社，设文化站于原庄家小学校址。1980年迁九亭大街公房内，面积30平方米。1988年4月迁至九亭影剧院地下室。1990年上半年迁入九亭成人学校，有办公室2间、图书室2间。1997年6月建立九亭百乐文化娱乐中心。1998年改称九亭镇文化体育管理站。2001年5月在影剧院北侧九新公路新建500平方米房屋，文体站迁入。2006年改今名。2012年8月迁入易富路25号九亭镇社区文化活动中心，使用面积9 500平方米。

【佘山镇文化体育服务所】　社区群众文化活动管理机构。前身为天马公社文化站和佘山公社文化站。天马公社（天马乡、天马山镇）文化站成立于1959年，位于天马西街，三楼三底，建筑面积81平方米。1980年设图书室及象棋、乒乓、康乐球、桌球等活动室，兼管群众体育工作。1985年创建“沪剧爱好者协会”，会员80人。1992年被市文化局评为三级文化站。1994年评为市先进文化站。1996年3月迁址天新路22号文化广电大楼，使用面积310平方米，设图书室、报刊阅览室、室外健身苑等。曾组织迎春戏曲大奖赛等20余场大型群文活动。佘山公社（佘山乡、佘山镇）文化站成立于1965年，位于陈坊桥西霞路，面积150平方米，设乐器室、图书室等。1998年起，连续三年获评区（县）先进文化站、群众文化工作先进集体。2001年1月天马山、佘山两镇合并成立新的佘山镇，两镇文化站合并。2006年改今名，7月迁至陈坊桥集镇北首外青松公路西侧佘山镇社区文化活动中心。使用面积1 000平方米，设少儿、成人书报阅览室、文化活动室、多功能活动厅、乒乓室、艺术档案室、藏书室、东方信息苑、健身苑、篮球场、网球场等公益性文化体育设施。

【小昆山镇文化体育服务所】　社区群众文化活动管理机构。前身为昆冈公社文化站和大港公社文化站。1978年5月昆冈公社和大港公社分别建文化站。1993年、1994年分别改建为镇。2001年大港镇和小昆山镇合并建立新的小昆山镇，两镇文化站合并，设站于小昆山镇清河街164号，面积320平方米，不久迁至镇电影院底层，配有电影院、图书室、乒乓房、桌球室等。2003年6月更名小昆山镇文体站。2008年3月改今名。2010年3月小昆山镇社区文化活动中心在文翔路中德路口落成，镇文化体育服务所迁入，使用面积8 282平方米。

【石湖荡镇文化体育服务所】　社区群众文化活动管理机构。前身为古松公社文化站和塔汇公社文化站。1952年天昆区在古松乡建农村俱乐部，设书报阅览、乐器、康乐球、棋类等活动室，组织腰鼓、秧歌、打莲湘队伍，活跃农村文娱生活。1959年在石湖荡集镇老街潘家宅建立古松公社文化馆兼图书室。1964年文化馆迁至新街。1966年文化馆改称文化站。1992年文化站面积380平方米。1978年3月成立塔汇公社文化站，面积从最初28平方米增至120平方米。设图书室、美术、儿童阅览、体育图片陈列、丝网版画陈列、乒乓球等活动室。1992年被上海市文化局评为二级文化站。2001年1月李塔汇镇（原塔汇公社、塔汇乡）与石湖荡镇（原古松公社、古松乡）合并建立新的石湖荡镇，两镇文化站合并。2008年4月改今名。2020年迁入育新路333号石湖荡镇社区文化活动中心。

【新浜镇文化体育服务所】　社区群众文化活

动管理机构。1953年在新浜集镇老街建农村俱乐部，有少量图书报刊和一副康乐球。1959年在曹家宅院建立新浜公社文化站。1960年8月迁入集镇东首（今中心街1号）公社机关院内，配房屋2间40平方米。1978年评为松江县群众文化先进集体。1984年评为上海市农村文化工作先进集体。1989年起增设台球室和舞厅。1998年改称新浜镇文化体育管理站。2006年改今名。2013年迁入新颖路1031号新浜镇社区文化活动中心，使用面积3 000平方米。

【泖港镇文化体育服务所】 社区群众文化活动管理机构。前身为泖港公社文化站和新五公社文化站。1957年8月撤区并乡，分别建立泖港乡文化站、新五乡文化站。1958年改人民公社建制，两乡文化站分别改称泖港公社文化站、新五公社文化站。新五公社文化站创作排演小戏成绩突出，屡获上海市群众文艺会演中优秀创作奖、演出奖。1984年恢复乡建制，公社文化站改称乡文化站。8月，新五乡文化大楼启用，建筑面积580平方米。1992年被上海市文化局评为三级文化站。1993年泖港撤乡建镇，1994年新五撤乡建五厍镇，乡文化站改称镇文化站。2001年1月泖港镇、五厍镇合并建立新的泖港镇，两文化站合并，称泖港镇文化站，地址在泖港镇中南路原镇政府底楼，总面积120平方米。2002年7月迁至中南路35号泖港影剧场底层。是年10月，文化站与影剧场合并。2004年11月迁址新乐路58号。2006年改今名。2017年迁入新宾路300号泖港镇社区文化中心。

【叶榭镇文化体育服务所】 社区群众文化活动管理机构。前身为叶榭公社文化站和张泽公社文化站。1951年建立叶榭区农民俱乐部，1952年改称叶榭区文化站，设址于叶榭集镇咸通桥西堍老楼房。1958年改称叶榭公社文化站。1984年改称叶榭乡文化站。1994年3月改称叶榭镇文化站。1963年9月建立张泽公社文化站，设于张泽集镇娘娘庙桥南。1984年改称张泽乡文化站。1992年被上海市文化局评为三级文化站。1994年3月改称张泽镇文化站。2001年1月叶榭镇和张泽镇合并建立新的叶榭镇，两镇文化站合并，称叶榭镇文化体育管理站，原两镇的剧场由文体站管理。2006年7月改今名。2014年迁入滟东路84号叶榭镇社区文化活动中心，使用面积2 028平方米。

【洞泾镇文化体育服务所】 社区群众文化活动管理机构。1978年成立砖桥（旋改称洞泾）公社，建洞泾公社文化站于蔡家浜教堂（原砖桥大队队部）。负责协调、组织、指导洞泾公社大型文化活动，开展基层群众文化工作，选编、借阅图书资料，开展读书活动等。1998年改称洞泾镇文化体育管理站。2001年迁入长兴路466号洞泾镇文化中心。2006年改今名。2012年起在原址新建的洞泾镇社区文化活动中心办公，使用面积4 500平方米。

【新桥镇文化体育服务所】 社区群众文化活动管理机构。1958年9月成立新桥公社文化站，设于新桥公社机关大门旁一间平房内。1962年迁至新桥影剧院前的两间平房内，面积120平方米，一间作电视室和排练节目两用，另一间作图书室和办公室。1978年新桥影剧院拆除，文化站临时迁至供销社新建房内。1985年迁至新建的文化大楼。2002年4月更名新桥镇文化体育管理站，迁入中心路22号新桥镇社区文化中心。2006年改今名。

【岳阳街道社区文化活动中心】 社区群众文化活动场所。2005年4月建成启用。位于人民北路中山二路口西北角。五层大楼，建筑面积3 550平方米，公共文化服务面积2 897平方米。设图书馆、多功能剧场、排练厅、健身房、多媒体教室、电脑房、老干部活动室、社区学校、多功能大厅和东方社区信息苑等30多个功能室，可同时容纳近千人活动。建有38支社区志愿者团队。

岳阳街道社区文化活动中心

【方松街道社区文化活动中心】 社区群众文化活动场所。2005年3月8日开建，2006年9月16日启用。位于北翠路1077号，与周边的松江区图书馆、松江区青少年活动中心构成公共文化圈。三层大楼，建筑面积7 391平方米。一楼为动感类文体活动区，设市民歌舞厅、乒乓房、有氧器械房、动感单车房、桌球房、跳操房、体测站等；二楼为社区教育类活动室，设东方信息苑、少儿天地、棋牌休闲室、教室、图书阅览室、琴房、民乐房，排练、影视多功能厅、社团会馆等；三楼为展示类活动区，设家庭文明建设指导中心、老年协会、展示厅、民艺厅、书画室、影剧院等。

方松街道社区文化活动中心

【中山街道社区文化活动中心】 社区群众文化活动场所。2005年8月22日建成启用。位于茸梅路200号。建筑面积5 624平方米，公共文化服务面积2 350平方米，室外活动场地面积300平方米。设图书馆、阅览室、乒乓球房、桌球房、健身房、排练厅、演播厅、体质监测站、书画创作室、休闲广场、多媒体教室、信息苑等。

中山街道社区文化活动中心

【永丰街道社区文化活动中心】 社区群众文化活动场所。2004年10月永丰街道办事处置换中山西路1438号原仓桥农贸市场房屋改建，2005年6月建成启用。建筑面积3 550平方米，公共文化服务面积2 790平方米，小剧场面积910平方米，室外活动场地面积500平方米。设影视厅、图书室、阅览室、乒乓室、排练厅、化妆室、健身房、体能测试站等。

永丰街道社区文化活动中心

【车墩镇社区文化活动中心】 社区群众文化活动场所。1993年3月在车墩集镇虹长路中段开设镇文化娱乐中心文化娱乐场所，草棚，有台球、电子游戏机等。1995年2月迁址联营路桥南堍平房内，建筑面积240平方米，更名“车墩镇文化娱乐中心”。1997年1月迁址虹长路东首，建筑面积560平方米。2008年在北松公路影维路口兴建车墩镇社区文化活动中心和市民休闲广场，2010年5月建成启用。建筑面积

车墩镇社区文化活动中心

21 722平方米，公共文化服务面积8 974.6平方米。设图书馆、东方信息苑、健身房、排练厅、功能教室、艺术展厅、版画基地、剧场等；室外活动场所面积12 000平方米。有集会娱乐广场、篮球场、网球场、门球场、健身苑、文化长廊、绿化景观等。

【华阳桥乡农民艺术沙龙】 俗称“农民大世界”。社区群众文化活动场所，上海郊区第一个农民艺术沙龙。1986年9月23日成立，程十发题名。建筑面积1 800平方米。内设文化站、图书室、书画创作兼陈列室、舞厅、乒乓室、棋类室、电子游艺室、台球房、灯光球场、溜冰场、儿童乐园等，开展智力、体育和娱乐竞赛活动，开设文化教育、实用技术、艺术娱乐等各类培训班，《人民日报》《解放日报》《文汇报》及上海电视台等新闻媒体作专题报道。1987年4月上海科教电影制片厂受外交部、广播影视部委托，拍摄纪录片《农民艺术沙龙》，译成七国语言，在中国驻外使馆和联合国放映。1991年，举办“美在百姓家”文化博览会，2 800多人参与，内容有居室美（家具设计、居室布置、庭院美化等）、花卉美（盆景造型、插花技术、花木栽培等）、艺术美（美术、摄影、书法、器乐、古玩、雕塑、治印、工艺等）、服饰美、仪容美、言谈美、戏曲美、舞姿美、菜肴美、歌声美等。1994年6月，8名文艺骨干组团去日本佐贺县西有田町参加民族音乐、民族舞蹈“秧歌节”活动，献演舞蹈、绘画、书法等文艺节目。2001年，华阳、车墩两镇合建立为新的车墩镇后，建立丝网版画创作培育基地，在重大节日举办民间艺术优秀作品展览，开展送戏下乡等活动。

【农民大世界】 “华阳桥乡农民艺术沙龙”的俗称。

【新浜镇社区文化活动中心】 社区群众文化活动场所。2011年12月建成启用。位于新浜集镇新颖路1031号，建筑面积7 019平方米，公共文化服务面积3 980平方米，其中小剧场面积480平方米。内设影剧院、多功能排练厅、健身房、图书馆、乒乓室、东方信息苑等活动场所。有室外活动场地面积3 000平方米，有门球场、篮球场、健身苑等体育设施。辖村级农村百姓戏台4个。

新浜镇社区文化活动中心

【九亭镇社区文化活动中心】 社区群众文化活动场所。1997年6月在九亭影剧院北侧河畔建“九亭百乐文化娱乐中心”，建筑面积1 800平方米。1998年4月改名“九韵文化娱乐中心”。2012年8月在九亭镇中心区域易富路25号建成启用九亭镇社区文化活动中心，建筑面积10 449平方米，公共文化服务面积6 849平方米，小剧场面积2 000平方米，内设图书馆、阅览室、电脑房、录像室、游戏机房、弹子房、乒乓室、棋牌室、舞厅等文化活动场所。有室外活动面积1 500平方米。

九亭镇社区文化活动中心

【泗泾镇社区文化活动中心】 社区群众文化活动场所。2012年1月建成启用。位于鼓浪路588号，建筑面积10 101平方米，公共文化服务面积5 363平方米，地上二层，地下一层。有可容纳576人的大剧场和102人的小剧场。内设图书馆、东方信息苑、百姓健身房、展示厅、书画室、棋牌室等。室外有市民健身院和9 000平方米露天市民广场。

泗泾镇社区文化活动中心

【洞泾镇社区文化活动中心】 社区群众文化活动场所。2001年建成启用。位于长兴路466号，建筑面积1 924平方米。内设504座小剧场、乒乓室、健身房等。2012年11月在原址重建的活动中心正式启用，建筑面积9 139平方米，公共文化服务面积9 000平方米，小剧场面积1 270平方米，室外活动场地面积37 800平方米。其中一层设剧场、图书馆、信息苑，二层设乒乓室、排练室、棋牌室、健身房，三层设培训教室、办公室，四层设会议室，五层设多功能厅。

洞泾镇社区文化活动中心

【小昆山镇社区文化活动中心】 社区群众文化活动场所。2013年建成启用。位于小昆山集镇文翔路中德路口，占地18.5亩，建筑面积11 565平方米。内设影剧院、图书馆、多功能厅、信息苑、健身房等文化活动场所。2009年8月建成港丰村露天舞台和泰安广场，合计面积3 000多平方米。

小昆山镇社区文化活动中心

【佘山镇社区文化活动中心】 社区群众文化活动场所。2005年7月建成启用。位于外青松公路8888弄3号，建筑面积3 500平方米，公共文化服务面积1 195平方米，室外活动场地面积5 000平方米。内设影视放映、图书借阅、文艺排练、辅导培训、信息苑等。

佘山镇社区文化活动中心

【新桥镇社区文化活动中心】 社区群众文化活动场所。1985年12月新桥镇文化大楼在新中街和中心路北侧建成启用，建筑面积793平方米。1987年在文化大楼北侧辟地800平方米，建成球类和溜冰两用灯光球场。1998年位于中心路22号的新大楼建成启用，建筑面积1 052平方米。内设乒乓、健身房140平方米，排练、培训房196平方米，图书阅览室140平方米，桌球、游戏机房180平方米，办公用房60平方米，店面房12间336平方米。2002年增设歌舞厅。

新桥镇社区文化活动中心

【叶榭镇社区文化活动中心】 社区群众文化活动场所。2013年3月建成启用。位于浀东路84号,建筑面积6 060平方米。内设图书馆、东方社区信息苑、公共电子阅览室、文化展示厅、健身房、影剧院、多功能厅、草龙制作工作室、非遗传习基地、家庭教育指导服务站等。其教育网络体系覆盖镇内13个村、3个居委会。

叶榭镇社区文化活动中心

【石湖荡镇社区文化活动中心】 社区群众文化活动场所。2020年5月建成启用。位于育新路333号,建筑面积10 890平方米。内设786座大剧场、多功能厅、图书馆、培训教室、电子阅览室、少儿阅览室、市民健身房、乒乓室、创作室、未成年人活动室、地方信息苑、社区家长学校、学生社区实践指导站、小精灵中心、工青妇活动室、展示厅等20余个功能场所。室外有1 200多平方米的文化广场。

石湖荡镇社区文化活动中心

【泖港镇社区文化活动中心】 社区群众文化活动场所。2017年1月建成启用。位于新宾路300号，建筑面积8 564.91平方米。内设图书馆、成人阅览室、少儿阅览室、东方信息苑、健身房、小剧场、展示厅、排练厅及多功能厅等服务功能区。

泖港镇社区文化活动中心

【广富林街道社区文化活动中心】 社区群众文化活动场所。2019年9月5日建成启用。位于文翔路3588弄41号，使用面积1 700平方米。设综合文化服务中心、党员远程教室、上林社区服务站、社区图书馆、志愿者工作站、老年活动室、文体活动室、未成年人活动室、学生社区实践指导站、乒乓室、妇女之家等。

广富林街道社区文化活动中心

【九里亭街道社区文化活动中心】 社区群众文化活动场所。2018年8月13日对外开放。位于涞坊路408号，建筑面积5 000平方米。设影剧院、图书馆、健身房、书画室、童趣天地、戏曲室、民乐室、多媒体教室、综合活动室、多功能厅、开放展示区、东方信息苑、市民球场等服务功能区。

九里亭街道社区文化活动中心

【松江区编剧学创作基地】 上海戏剧学院编剧学学科分支机构。2015年成立，设址于中山中路829号松江区文联内，2019年迁入广富林文化遗址上海市松江区人文松江创作研究院内。由松江区戏剧协会管理。宗旨是依托上海戏剧学院的教学优势，为松江培养一批合格的青年编剧人才。开展编剧技巧讲座、剧本讨论会、观摩演出等活动。

松江区编剧学创作基地（上海市松江区人文松江创作研究院内）

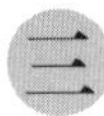

文艺创作

【群文戏剧创作】 松江群众业余戏剧创作始于20世纪50年代初。1951年3月五厍乡成立农村业余文艺宣传队伍“新声剧团”（1958年改称“新五公社业余文工团”）。剧团团员徐林祥自编自导沪剧小戏《全家夺红旗》，开松江农民创作戏剧之先河。群众性业余戏剧创作队伍在松江逐渐形成并发展。1960年松江县文化馆成立戏剧创作中心组。业余剧作者逐年增加，最多时有35名。戏剧创作中心组围绕党的中心工作，组织业余作者学习政治和戏剧创作理论，下基层采风，每年举办戏剧创作班，开展与外市县交流创作经验活动。以徐林祥为代表的业余作者群的作品在历年上海市群众文艺会演中屡获优秀创作演出奖，或在市级刊物发表。其中《开河之前》在上海人民广播电台连年播放，产生较大社会影响。《摇篮曲》获全国13省市群众文艺会演创作演出奖。松江连年创作演出大批优秀小戏作品，被誉为“小戏之乡”。20世纪80年代初至90年代中期，陆军创作的大型沪剧《追求》《瓜园曲》《桃园曲》《竹园曲》和沪剧小戏《定心丸》等在上海市群众文艺会演中屡获大奖，其中《定心丸》剧本由《解放日报》全文发表。由陆军辅导的沪剧小戏《厢房里的秘密》《分家》《母女情》《兄妹情深》《春燕》《扇子的风采》和话剧小品《捣糨糊》《马老二退赃》等数十部戏剧作品获市级以上奖项，其中《捣糨糊》在华东六省一市小品大赛中获特等奖。进入21世纪，松江群众业余戏剧创作集中抓精品力作，大型沪剧《跨世纪的村庄》、小戏《桃子熟了的时候》《草莓采摘的时节》《茶楼门前》及话剧小品《特殊一课》《杯中人生》《亲，你还在吗》《村长吃鱼》等一批作品获市级以上奖项。2019年有3部原创大戏《幸福老人村》《华亭孟姜》和《金灿灿的谷子》上演。

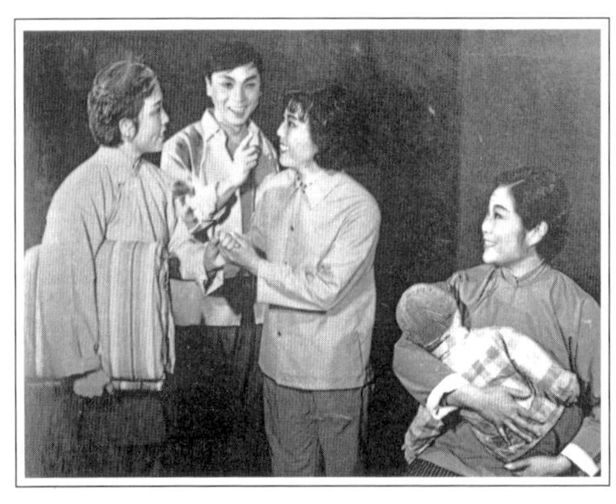

《摇篮曲》剧照

《追求》剧照

《定心丸》剧照

《捣糨糊》剧照

《幸福老人村》剧照

《厢房里的秘密》剧照

【群文曲艺创作】 松江群众业余曲艺创作始于20世纪50年代。以上海说唱、独脚戏、小锣书、评话、对口韵白、表演唱等形式见长。绝大部分业余曲艺作者兼为戏剧作者，曲艺创作队伍由松江县文化馆戏剧创作中心组兼管。60年代业余曲艺创作队伍壮大，创作水平提高。表演唱《福来》《三根电线通到农村来》《夸老头》、上海说唱《飞来凤》《种子迷》《贫协委会》、小演唱《茶馆宣传》、对口韵白《铁伯伯》等在上海市群众文艺会演、调演和第五、六届“上海之春”展演中分获奖项。其中表演唱《福来》在中央人民广播电台和上海人民广播电台播出，在上海《小舞台》发表。70年代创作的佳作有上海说唱《一张电影票》、小演唱《万年青》《爱春姑娘》等。80年代表演唱《长寿乐》获“爱我中华”全国表演唱二等奖，上海说唱《原来是个女的》《新厂长锁门》获上海市业余曲艺会演一等奖。表演唱《李小艾选对象》、上海说唱《赵大年传奇》《失踪的甲鱼》《阿九得子》、小锣书《爱司梦》《QJ协

《一张电影票》剧照

《原来是个女的》剧照

《阿侃农民哈哈笑》剧照

《长寿乐》剧照

会》、坐打唱《花姐姐》、对口韵白《三怪》、独脚戏《吉祥如意》、沪剧对唱《储蓄员》等都获市级奖项。90年代表演唱《车铃声声》《对山歌》《信得过夫妻最光荣》、上海说唱《储蓄村》《老经验失眠》《夜探》《参加三优班》《接财神》、歌唱表演《沿着社会主义大道奔前方》、独脚戏《智力竞赛》、军营锣鼓《叶挺雄风》等获市级会演等第奖。2000年后，坐打唱《阿侃农民哈哈笑》《大胖儿子》入围全国群星奖。

小锣书《爱司梦》剧照

《大胖儿子》剧照

【群文歌曲创作】 松江群众业余歌曲创作始于20世纪70年代。松江县文化馆曾组织业余作者举办歌曲创作班，宣传党的中心工作。1980年前松江歌曲创作力量薄弱，此后引进专业人才，有影响力的歌曲作品开始增多。《松江之歌》《永远在一起》《十五岁的少年》《山歌一曲幸福路》等一批歌曲获市级以上奖项。其中《永远在一起》和《十五岁的少年》获文化部中国艺术节群星奖。2007年后获“上海之春”新人新作音乐比赛新人新作奖、上海十月歌会金奖或其他高级别奖项的歌曲有《社区，我们的家》《水乡家乡》《方块字》《我是你的眼睛，我是你的手杖》《老人的茶壶》《白玉兰的邀请》《海上顾绣》《台嫁楼》《唱唱我侃农民幸福梦》《男儿泪》《慢下来》《简单生活》《摇一橹来过一浜》《筷子歌》《追梦人》等。2009年区文化馆汇编松江业余作者自改革开放以来创作的80首歌曲，由上海锦绣文章出版社出版《文化松江·歌曲集》。

【群文新故事创作】 松江群众业余新故事创作始于1958年。新故事创作活动主要由松江县文化馆戏剧创作中心组负责组织。1961年范奕中创作的《种子迷》先后刊于《故事会》《萌芽》和《人民文学》。1963年配合社会主义教育运动，开展大讲新故事活动，编创100多个新故事供故事员在集镇、书场、茶馆、文化站宣讲。60年代《说嘴媒人》《催芽》《护粮记》等一批故事在市级刊物发表。80年代起新故事创作涉及社会、法制、道德伦理、传奇、科幻等领域。范奕中创作的《带血的琴》、章均权创作的《到叔的故事》《小楼故事》等一批新故事获市级以上故事创作演讲比赛奖项。2009年区文化馆汇编松江业余作者在《故事百家》《采风月刊》《故事报》《民间故事》《楚风》《民间文学》《古今故事报》《故事林》《故事会》《传奇故事丛书》《上海故事》《世界故事》《百姓故事》《故事家》等报刊发表的78篇故事，由上海锦绣文章出版社出版《文化松江·故事集》。

2009年5月故事演讲

【群众文艺创作班】 20世纪50年代后期起，松江县文化馆不定期举办群众业余文艺创作班，每年两三次，每次办班时间三五天不等。参与者以松江县文化馆戏剧创作中心组成员为主。事先预告作者办班目的、创作主题、形式要求。办班时作者互相交流作品构思，文化馆创作辅导员作辅导。办班结束时交作品或回家修改。1978年前主要配合政治运动宣传党的中心工作、方针政策，创作小戏、曲艺、新故事等作品。1994年起由区文联戏剧分会和区文化馆联合办班，大体每年办班一次，时间3～7天，每班10～20人，内容主要有创作讲座、交流作品构思、读剧本、评议剧本、修改剧本、到外省市采风等。每期创作班大多可产生四五个成熟作品。

1980年温州故事创作加工班

1995年在安徽泾县举行故事笔会

1996年3月吴江同里小品创作加工班

2005年6月武夷山小品创作加工班

四

文艺辅导

【音乐辅导】 音乐普及工作。1979年起县文化馆举办沪剧曲调培训班、电子琴培训班、音乐知识培训班、吉他弹唱培训班、声乐专业知识讲座班和声乐基础知识培训班，至1996年共培训音乐爱好者207人。1996年起分别在县（区）青少年活动中心和县（区）文化馆举办青少年爵士鼓考级培训班，培训时间为双休日，4年为一个周期。经上海音乐学院社会艺术水平考级部门和中国民族管弦乐学会考级，至2019年，共500名学员取得三级合格证书，200名学员取得十级合格证书。2004年区文化馆在佘山武警五支队举办军乐培训班，每周五下午上课，至2008年结业。2011年起区文化馆在立达中学开设基本乐理和电声器乐训练班，每周三、六上课3小时，至2019年共培训学员2 000多名。2018年区文化馆开设乐理知识和器乐课，每周四上课2小时，学员20多人。2013—2019年，松江区青少年活动中心开办琵琶培训班49期，竹笛培训班51期，中阮培训班10期，大提琴培训班73期，小提琴培训班233期，手风琴培训班28期，二胡培训班36期，扬琴培训班25期，钢琴培训班41期，古筝培训班60期，打击乐培训班23期，共培训学员10 527人。2013—2019年，松江老年大学开办声乐培训班18期，培训学员540人，开办钢琴培训班14期，培训学员260人。

【舞蹈辅导】 舞蹈普及工作。1989年起县（区）文化馆先后举办健美操培训班、舞蹈表演培训班、舞蹈知识培训班和集体舞培训班，至2002年共培训舞蹈爱好者269人。2006年起区工人文化宫先后举办初、中级舞蹈班6期、基层工会排舞骨干培训班6期、城市休闲舞蹈班6期，共培训职工舞蹈爱好者500余人。2014—2016年，松江老年大学开办舞蹈培训班3期，培训学员90人。

【少儿舞蹈辅导】 舞蹈普及工作。2005年起区文化馆经市舞蹈专业协会授权，开办少儿舞蹈考级班，每年举办8期，每期1个月。至2016年共举办96期，1 900多名少年儿童通过培训考级获得证书。2013—2019年，松江区青少年活动中心开办舞蹈培训班150期，培训学员3 419人。

【文艺创作辅导】 文艺普及工作。1988年起松江县（区）文化馆先后举办戏剧小品创作培训班、新故事创作培训班、新故事创作技法培训班、歌词创作培训班、戏剧小品创作技法培训班、环保故事创作培训班、文艺新人创作培训班、戏剧小品创作基础知识培训班、文艺创作培训班、戏剧小品素材提炼培训班和戏剧创作培训班，至2002年培训文艺创作爱好者229人次。

2018年松江区百姓明星艺术导师讲座——“如何写好一个剧本”

【美术辅导】 美术普及工作。1979年松江县文化馆先后举办美术基础知识培训班、美术培训班、人体写生班和青少年暑期美术培训班4期，培训学员106人。1996—2019年共开办各种美术培训班19期，培训学员355人。2013—2019年，松江区青少年活动中心开办绘画培训班206期，培训学员4 041人。

【丝网版画辅导】 美术普及工作。1989年起县（区）文化馆先后举办丝网版画培训班16期，至2012年共培训丝网版画爱好者176人。

【剪纸辅导】 美术普及工作。2003年区文化馆举办民间剪纸培训班，培训剪纸爱好者26人。

【书法辅导】 书法普及工作。1988年、1992年，县文化馆分别举办书法培训班、少儿书法培训班，培训书法爱好者67人。2013—2019年，松江区青少年活动中心开办书法培训班81期，培训学员1 616人。

松江区书法家协会青年骨干国学与修养培训班暨迎接第五届草书展专题培训班（2021年）

【摄影辅导】 摄影普及工作。1988年起县（区）文化馆先后举办摄影艺术讲习班、文化站干部摄影培训班、摄影创作学习班和摄影创作培训班，至2006年共培训摄影爱好者147人。

【戏剧表演辅导】 戏曲表演普及工作。1952年起县文化馆文艺股先后开办戏剧表演培训班13次，培训文艺骨干1 153人次。2009年区文化馆设立文艺培训部，聘请专业老师和区文化馆辅导员一起到镇、街道对业余演员作专业培训。至2019年共举办培训班85期，培训团队85个、文艺骨干1 500多人次。2013—2019年，松江区青少年活动中心开办越剧演唱培训班18期，培训学员384人。

1983年县文化馆为培训班学员进行基训

1984年松江县文艺骨干培训班（叶榭片）成果测评

1999年区文化馆沪剧兴趣班开班

五

演出活动

【群众文艺会演】 亦称“群众文艺汇演”“群众文艺调演”。文化管理部门在辖区内按年度或按主题、按文艺形式举办的群众文艺演出活动。演出节目由下属文化部门推送的称“会演”“汇演”，由上级文化部门指定的称“调演”。其间开展经验交流、评奖等活动。1953年起松江县(区)组队参加江苏省松江专区、上海市群众文艺会演(调演)，至2019年共72次，获奖剧目、节目150多个(不包括市级条线会演、调演)。松江县(区)组织全县会演(调演)58次，参演剧目、节目1 745个。

【广场文艺演出】 群众文艺宣传演出的主要形式。20世纪50年代起农村业余宣传队在茶馆、街头、田间、打谷场或简易舞台演出。80年代后主要在大型广场演出。90年代起，广场文艺成为主题文化宣传的主要形式，松江先后承办过：第三届全国农运会外滩广场松江专场(1996年)、“云间之夏”广场文艺晚会(1995年在松江招商市场)，上海艺术节开幕式广场文艺(1996年在佘山欧罗巴乐园)，香港回归文艺专场(1997年在松江体育馆)，“精文杯”外滩广场文化展演松江专场、云南马关对口扶贫巡演(1998年)，“上海之根”松江文化旅游节开幕式、松江庆祝上海解放50周年广场文艺(1999年)等。2004年中共松江区委宣传部提出文化下乡“万、千、百”活动(万本图书、千场电影、百场戏剧)，广场文艺演出繁荣。区文化馆和各镇、街道每年组织演出300场，至2019年演出4 000余场，其中区文化馆沪剧沙龙队、越剧沙龙队每年参与广场文艺演出30多场。松江区结对帮扶单位云南省文山壮族苗族自治州马关县、丘北县演出队在松江区广场文艺演出13场。

2015年松江文化志愿者“庆八一”慰问部队演出

2006年松江区文化馆戏剧沙龙醉白池公园展演专场

2018年新浜镇沙龙队“送戏下乡”文艺演出

2017年松江“百姓戏台”专场演出《红楼梦》

【专题文艺演出】 单一主题的群众文艺演出。20世纪50年代有土地改革、镇压反革命、抗美援朝三大运动宣传演出，有社会主义改造和大跃进、人民公社、总路线三面红旗宣传演出。1960年有“增产节约”专题宣传，1963年有为配合社会主义教育运动开展的大讲革命故事活动，1975年有国庆群众文艺演出，1984年有“闹元宵”民间文艺活动，1986年有“法制文艺专场”巡回演出，1987年有“云间之声”群众文艺活动，1988年有“保护青少年曲艺专场”巡回演出，1991年有“田野之春”禁赌文艺专场巡回演出和宣传《中华人民共和国土地管理法》巡回演出，1992年有“四季盛开双拥花”拥军爱民专场文艺演出，1993年有“纪念毛泽东诞辰100周年”大型演唱会，1995年有“纪念抗日战争胜利50周年”歌会，1996年有“纪念中国共产党诞生75周年”歌会，1997年有“松江人民庆香港回归”大型文艺演出，1998年有“纪念党的十一届三中全会召开二十周年”歌会和“婚育新风进万家”人口与计划生育专场文艺巡回演出，1999年有“庆祝建国50周年”文艺招待会、“松江区庆祝澳门回归”文艺晚会和“清风颂”反腐倡廉专场文艺巡回演出，2001年反映农村改革巨变的大型沪剧《跨世纪的村庄》由上海市农村工作委员会推介到市郊巡回演出13场，2005年有“松江—马关、丘北两地情”文艺巡演，2008年有“纪念改革开放30周年暨松江撤县建区10周年”文艺晚会，2009年有“欢歌颂祖国”庆祝新中国成立60周年文艺晚会，2011年有“红旗颂——松江区纪念中国共产党成立90周年”歌会，等等。

【大奖赛】 群众歌舞活动。1987年松江县文化馆举办“云间之声”演唱大奖赛，每届一个主题一种形式，有歌曲、音乐、戏曲唱段、家庭演唱等，至1992年共办4届。1994年举办沪剧、越剧卡拉OK比赛。1995年举办爱我中华“文化杯”和“皇品杯”卡拉OK比赛。1998年举办“改革颂”歌咏比赛。2000年举办交谊舞比赛。2002年举办沪剧演唱大赛。2007年举办新松江人歌咏大赛。2008年举办民歌手市级选拔大赛和舞蹈市级选拔大赛。2010年举办红歌演唱比赛，参赛歌曲《我们在一起》获文化部群星奖。全区歌舞爱好者踊跃参赛，发现一批业余演唱人才。

【讲新故事】 群众文艺表演形式。始于20世纪50年代末，全县时有故事员100多名。1963—1965年，松江县开展大讲革命故事活动，鼓励故事创作，培训故事员，举办故事会。1963年全县有故事员1 187人，1965年有2 395人。1963—1965年全县讲故事8 000多场。“文化大革命”开

“迎世博”松江区市民故事大赛(2009年)

讲故事（2010年）

始后，讲故事活动停止。1988年、1990年、1994年松江县举行故事会串。1995年起先后举办“飞航杯”故事大赛、“乐都杯”故事大赛、“茸城杯”故事大赛、“飞航杯”故事大赛、松江社区故事演讲比赛、松江区故事朗诵专场、松江区庆祝建党90周年红色故事会等。

【茶馆演出】 群众文艺表演形式。1953年松江利用全县200多家茶馆作为宣传阵地，用讲新故事、说新书、小演唱等形式宣传党的总路线，其中80多家茶馆为基本阵地。此举得到江苏省文化局肯定，作为经验向全省推广。1964年配合社会主义教育运动，茶馆宣传演出再度活跃，《解放日报》《文汇报》专题报道松江茶馆宣传的情况和经验。

【节庆慰问演出】 松江区文化馆在节日期间组织的专场文艺演出。2005年起在春节、劳动节、国庆节三大节日期间，分别在方塔公园、醉白池公园等地进行3天18场演出。至2019年共演出200多场。主要由松江区文化馆沪剧沙龙、越剧沙龙和松江区戏剧协会京剧沙龙承担演出任务。

2016年劳动节方塔公园节庆慰问演出《阿必度》

【春节送戏下乡】 松江区戏剧协会承办的文艺演出活动。2008年起每年组队赴张泽镇井凌桥村、中山街道、永丰街道、小昆山镇和叶榭镇蓝色港湾敬老院等10多个单位演出。演出剧目以经典折子戏和现代沪剧为主，辅以歌舞节目。每次演出约10个节目，每年更新，参演会员30～50名。

【交流演出】 与外省文化交流活动。2000年松江区文化广播影视管理局、松江区文化馆和松江区戏剧协会推出“文化走亲”两地交流演出活动，分别与安徽省六安市，浙江省东阳市，四川省成都市锦江区，江苏省无锡市、太仓市进行交流演出。

【团拜会】 中共松江区（县）委、区（县）政府主办的庆贺活动。自20世纪80年代起，每年分别在国庆节、春节前夕举办“庆国庆迎中秋”“迎新春”两次团拜会。撤县建区后，改为每年一次。会上除领导致辞，主要是文艺演出。节目大

1996年松江县各界人士迎春联谊会演职人员留影

2020年松江区各界人士迎春团拜会

多选自当年度松江群文创作的优秀作品，安排少量专业院团节目。中共松江区委、区政府、区人大、区政协领导和全区各界人士代表参会。

【文化科技卫生三下乡系列活动】 中共松江区委宣传部、文明办主办的系列活动。2004年1月11日，首届松江区文化科技卫生三下乡系列活动在洞泾镇举办。以后分别在各镇轮流举行，至2019年已举办13届。主要内容有百姓戏台、图书配送、电影放映、文艺指导、讲演讲座、展览展示、书赠春联、剪纸表演等。

【万千百工程】 中共松江区委宣传部主办的文化惠民活动。2004年启动，一年一届，每届历时约半年，至2013年终止共举办9届。活动以万部图书、千场电影、百场文艺下农村、进社区、到工地、入军营为主题，共赠送图书28万余册，放映电影2万多场，文艺演出1万多场，文艺辅导3万多课时。2013年，此活动获文化部第二批创建国家公共文化服务体系示范项目资格。

【百姓明星评选】 艺术人才和群文积极分子评选活动。2011年起由松江区文化广播影视管理局、松江区文学艺术界联合会主办、松江区文化馆承办，至2019年已举办9届。设戏曲、器乐、声乐、舞蹈、朗诵、美术、书法、摄影、家庭厨艺、艺术插花10个门类。经海选、复赛、决赛，由评委会评选出每个门类得分最高的前10名为候选人。经《松江报》公示、群众网上投票、专家评审和组委会评议，评出每个门类"百姓明星"1名。至2019年共有2.3万余人报名参评，评出"百姓明星"90名。先后有200多万人次参加网上投票评选，其中包括国内各省市群众和在美国、英国、法国等30多个国家的华人。

2014年松江区"百姓明星"系列活动广场舞比赛

【上海朗诵艺术节】 松江区组织的诗歌创作朗诵活动。2007年创办。旨在鼓励诗歌原创，推广朗诵艺术，彰显海派文化魅力，提升城市品位。每年举办一次，至2019年已举办13届，参与者逾10万人次。中央电视台和《人民日报》《中国青年报》《中国文化报》《解放日报》《文学报》《新闻晨报》等曾作报道。

2007年上海朗诵艺术周开幕式

【我们的舞台我们唱】 群众文艺演唱活动。2011年松江区文化馆主办，每年一次，至2019年已举办9次。由各街镇文体所组团，每年选送一台节目，在指定剧场或广场展演。每台节目不少于一个半小时，原创作品不少于30%，由评委会评奖。至2019年各街镇共选送130台节目、1 200多个作品，评出等第奖300多个。

我们的舞台我们唱（2018年）

【上海市民文化节】 群众文化活动。由上海市市民文化节组委会主办。2013年松江区成立区文旅局、区妇联、区教育局、区体育局、团区委等部门组成的组委会，制订活动实施方案，召开协调会，整合资源。利用"人文松江""松江时空”“文化松江”及上海市民文化节官网开展宣传动员，在电信大楼、东方有线、宏拓传媒、平高世贸中心等户外电子屏发布信息，通过线上线下互动，扩大活动知晓率和参与率。与达丰电脑、广旭传媒、柒加剧社、地中海商业广场、上海创图等企业形成合作伙伴。开展文艺演出、百姓舞蹈、展览展示、文化讲座、电影放映等活动。至2019年全区共开展活动项目2.1万多个，举办活动2万多场次，参与群众逾270万人次。曾多次得到上海市市民文化节组委会嘉奖。

校园街舞大赛暨2015上海市市民体育大联赛

上海市民文化节华亭湖演出现场（2015年）

期刊书籍

【群众文艺演唱材料】 油印内部刊物。1953年起县文化馆每年编印的群众文艺演唱材料，为农村群众文艺演出提供脚本。1965年停刊。先后印发9万多份，刊文艺作品1 400多个。时有更名，有《农村文艺演唱材料》《革命文艺演唱材料》《文艺宣传资料》《俱乐部》《松花》《松江文艺》等。

【云间】 群众文艺内部出版刊物。松江县文化馆主办。1981年7月首发，铅印小报8开4版，不定期出版，主编郁羽祥。1983年10月改版为4开4版，主编陆军。1985年停刊。1986年复刊，由报纸改为杂志型期刊，内容从文艺演唱节目为主转向多样化的文学艺术创作，刊载小说、散文、诗歌、戏剧、曲艺等。1987年起内容偏重舞台艺术和群众文化，主要刊登话剧、戏曲、曲艺、故事、民间演唱，兼登摄影、美术作品。1989年后转为戏剧创作和戏剧理论刊物，主要栏目有“戏曲天地”“话剧花束”“剧场航标”“影视景点”“曲艺芳草”等。1993年停刊。1986—1993年共出版20期。

【松江县民间文学艺术集成】 全国民间文学艺术普查松江县普查成果汇编。1986年8月成立松江县民间文学艺术集成编辑委员会和松江县民间文学艺术集成编辑室，各乡镇成立民间文学艺术集成编辑室。开始对全县21个乡镇展开民间文学艺术作品收集工作。经过收集、筛选、整理，1989年内部出版《松江民间舞蹈集成》《中国民间器乐曲集成·上海市松江县分卷》《中国民间文学集成·上海卷·松江县故事分卷》《中国民间文学集成·上海卷·松江县歌谣分卷》《中国民间文学集成·上海卷·松江县谚语分卷》等。

【松江民间舞蹈集成】 即《中国民族民间舞蹈集成·上海市松江县分卷》。全国民间文学普查成果汇编。1989年由松江县民间文学艺术集成编辑委员会编辑，内部出版。15万字，共收录松江民间舞蹈31个。参见“松江县民间文学艺术集成”。

【中国民间器乐曲集成·上海市松江县分卷】 全国民间文学艺术普查松江县普查成果汇编。1989年由松江县民间文学艺术集成编辑委员会编辑，内部出版。11万字，共收录松江民间器乐曲73首。参见“松江县民间文学艺术集成”。

【中国民间文学集成·上海卷·松江县故事分卷】 全国民间文学艺术普查松江县普查成果汇编。1989年由松江县民间文学艺术集成编辑委员会编辑，内部出版。28万字，共收录松江民间故事165篇。参见“松江县民间文学艺术集成”。

【中国民间文学集成·上海卷·松江县歌谣分卷】 全国民间文学艺术普查松江县普查成果汇编。1989年由松江县民间文学艺术集成编辑委员会编辑，内部出版。30万字，共收录松江民间歌谣305首。参见“松江县民间文学艺术集成”。

【中国民间文学集成·上海卷·松江县谚语分卷】 全国民间文学艺术普查松江县普查成果汇编。1989年由松江县民间文学艺术集成编辑委员会编辑，内部出版。10万字，共收录松江民间谚语1 731条。参见“松江县民间文学艺术集成”。

【徐林祥小戏选】 戏剧作品集。1989年由松江县戏剧协会编辑，内部出版。收入徐林祥《红烧鸡》《新嫂嫂》《篱笆边上》《摇篮曲》《花乌鸦》5部小戏代表作。由松江县文联主席陆军作序。

【环保文艺选】 戏剧曲艺作品集。1990年由松江县环保局、松江县文化馆编辑，内部出版。收录松江业余作者以环保为主题的小戏和曲艺作品12篇。

【百花亭】 戏剧曲艺作品集。1991年由松江县个体劳动者协会、松江县文化馆编辑，内部出版。收录以个体劳动者为主题的小戏、曲艺作品11篇。

【群文交流】 松江县文化馆内部文艺刊物。1995年创刊，2001年停刊。共油印78期，发表松江县业余作者戏剧、曲艺作品800多篇。

【松江当代戏剧选】 戏剧作品集。松江区文学艺术界联合会戏剧分会编，1999年百花文艺出版社出版。收录松江县业余作者创作的大型沪剧1部、小戏曲8部、话剧小品5个，共16万字。由松江县委书记杜家毫作序。

【松江小戏小品选】 戏剧作品集。松江区文学艺术界联合会戏剧分会编，2006年中国文联出版社出版。全书收录小戏14部、小品14个，共15万字。作品均为改革开放后松江业余作者的精品力作。由上海戏剧学院教授、上海戏曲学会副会长陆军作序。

【云燕】 松江区文化馆内部文艺小报。2007年6月创办，2013年停刊。共铅印出版80期。报道区内文艺活动信息，发表戏剧、曲艺、文学、美术、书法、摄影等作品。

【文化松江系列丛书】 群众文艺作品集。松江区文化馆编，2010年上海锦绣文章出版社出版。分《故事集》《诗歌集》《歌曲集》三册。《故事集》收录松江作者在省市级以上获奖或发表的故事作品78篇，25万字，分社会故事、法制故事、道德故事、伦理故事、传奇故事、科幻故事、精短故事7个栏目；《诗歌集》收录松江区文化馆“华亭诗社”成员在省市级以上获奖或发表的优秀诗歌作品233首，25万字，分“热爱的高度等于歌唱的高度”“心灵的深度等于诗歌的深度”2辑；《歌曲集》收录松江作者自改革开放以来创作的优秀歌曲80首。

【文化视点】 松江区文化馆内部交流文艺刊物。2013年创刊。至2019年已出刊24期，发表松江作者创作的文学艺术作品2 000多篇，辟有“文化进行时”“小戏台”“艺术空间”“文学星群”等专栏。

【松江戏剧年刊】 松江区文学艺术界联合会戏剧分会内部期刊。2013年创办，每年1期，至2019年共出7期。发表当年度松江业余作者优秀大型戏剧、小戏曲、话剧小品、戏剧理论等作品。

图书馆

一

概　述

北宋元丰七年（1084年）华亭县创办县学，内设“明伦堂”，为松江地区最早的官办藏书机构。元世祖至元十五年（1278年）华亭县学升为府学，设“藏书阁”，置《十三经注疏》等书存于阁中，并备有检索目录和借阅规则。明正统五年（1440年）藏书阁更名为“尊经阁”。清嘉庆《松江府志》载，尊经阁“取圣朝所颁经籍及历代子史百氏之书置其上，又购书之未备者以益之”。

自宋代至清代，松江地区（松江府、华亭县、娄县）先后创办九峰、西湖、日新、云间、景贤、求忠、融斋等十余家书院，各书院均有数量不等的藏书。松江府内学子办妥手续后可入院阅读，也可借书回家。

1915年建“松江县教育图书博物馆”，旋改名“松江县图书馆”。藏书以原融斋书院和陈希小集的藏书为基础，以郡人遗集为主，藏有松江府、华亭县、娄县地方志书，兼收蒙童读物。每年由政府拨款添置新书。1928年在普照路建新馆，内设藏书室、儿童阅览室、普通阅览室。1930年藏书7 064种，共45 400册，并订有少量报刊。年购书经费650元。1937年馆舍藏书毁于日军战火。

1956年成立“松江县图书馆”，8月1日开馆，藏书约5 000册，至年底增至1.7万余册。每年由政府拨专项购书经费。1965年藏书7.5万余册。1966年“文化大革命”开始，大量图书被毁，县图书馆并入县文化馆。1975年5月县图书馆与县文化馆分设，迁入松江岳庙内新馆。1979年藏书10万余册，1984年增至20万余册。90年代起，阅览、少儿及I、T、G等五大类借阅书刊实行全开架。资料报刊采用“长、中、短”三种期限管理与保存方式。开设电子阅览室、多功能会展厅、录像室、休闲厅，设立长顺书店等。1996年起采用ILAS图书馆管理系统，推行“上海市区县图书馆IC卡通用借阅证”。设地方文献室，收藏史志类、本籍人士著作和艺术作品、红楼梦专题等特色文献。

1998年松江撤县建区，松江县图书馆改称“松江区图书馆”。2001年9月30日迁入松江人民北路1626号新馆。同年10月加入上海市中心图书馆，为“上海中心图书馆松江分馆”。设文献信息综合服务区，有开架图书28万册、中文报刊1 000多种，以及宽带网络阅读计算机50台；少儿借阅区；特色文献与社会教育培训区，有地方文献研究室、计算机培训室及展览厅，征集收藏松江地方文献资料，设立松江人著作文库、松江艺术文库、松江史志文库、红楼梦专题文库，有史志、非遗、松江人著作等数字资源文库；文化活动区设影视报告厅、会展厅，以动态文化、学术交流、活动导读为主要业务。采用中心图书馆Horizon管理系统，实时使用中心图书馆IPAC书目检索，统一使用中心图书馆“一卡通”借阅证，与上海图书馆处于同一个网络平台。

2019年松江区图书馆藏书83万册，年订报纸138种、期刊776种。设有松江区图书馆微信公众号，提供网上续借、移动数字阅读等服务。阅览座位508个，其中少儿阅览座位90个；计算机165台，其中电子阅览室50台。2004年7月1日起全年对外开放，每周超80.5小时。承办“市民文化服务日”“世界读书日”“图书馆服务宣传周”“暑期读书月”“上海书展”“阅读马拉松”“文明修身文化寻根”书画展览等多种阅读活动。参与“上海市民文化节”“上海童话节”“松江区百姓明星大舞台”和松江区文化科技卫生“三下乡”等大型文化活动。2004年起开设“万部图书进基层”公共文化配送项目。“小松果悦读会”“华亭讲堂”成为图书馆的品牌讲座。征集松江人写的书和写松江的书，推介139位松江人著作、手稿、信札等文献资料。1985年以来，施蛰存、赵祖康、朱雯、罗洪、赵家璧、杨纪珂等松江籍名家先后向图书馆捐赠图书和照片资料，2019年馆藏松江地方文献3.8万余册（件、幅）。2003年建成松江市民公共信息超市。2001—2016年连续八届获“上海市文明单位”称号，1994年、1998年、2005年、2009年、2013年、2018年六次获评“全国一级图书馆”。

20世纪50年代，松江县部分乡镇设立图书室。1958年成立人民公社，各公社文化站内附设图书室，部分设阅览室，设施简陋，订阅报刊数种，藏书大多仅数百册。自90年代后期起，松江区重视各街镇图书馆建设，图书馆面积普遍扩大，电子阅览等设施得到应用，阅览室座位增加，普遍建成达到国家标准的街镇图书馆。

2007年，松江区推广建设“农家书屋”。每个农家书屋原则上可供借阅的实用图书不少于1 000册，报刊不少于30种，电子音像制品不少于100种（张），有条件的可增加电子书刊等出版物。2009年松江区农家书屋工程在上海市内首先完成全区覆盖工作目标。2007—2010年共建成135个农家书屋。2016年松江区启动5个全国示范点、35个市级标准点、249个功能提升点的基层公共文化空间布局，被文化部评为全国基层综合性文化服务中心示范区，“万千百”文化实事项目通过文化部国家公共文化服务体系示范项目验收。2018年松江区推进标准化居村综合文化活动中心服务功能建设，建成346个农村图书阅览室。

2008年，由工会系统设立的职工读书设施网络“职工书屋”被纳入国家公共文化设施服务场所范围。由松江区总工会启动建设，统一命名。主要在一线职工，特别是农民工工作和居住相对集中地建立，为职工提供读书场所，满足其阅读学习与精神文化生活需求。2019年松江区总工会扶持建设职工书屋示范点有全国级14家，市级1家，区级100家。

自古以来，松江地区的文人学者、官宦达人注重私家藏书。松江籍人士列入中国历代知名藏书家的有宋卫公佐，元孙道明，明朱大韶、孙克弘、莫是龙、何良俊，清姚椿、韩应陛，现当代封文权等不下数十人。吴晗《江浙藏书家史略》记松江藏书家50余人。历代藏书家中有的重视收藏宋元旧刊，有的致力于收藏古籍佳作和名钞，有的热衷于刊刻图书，使孤本珍品得以传承。

二

社会公共图书馆

【尊经阁】 亦称“藏经阁”。元明清松江府学藏书机构。北宋元丰七年（1084年）华亭县创办县学，内设“明伦堂”，为松江地区最早的官办藏书机构。元世祖至元十五年（1278年）华亭县学升为府学，设“藏书阁”。至正二十四年（1364年）知府王立中置《十三经注疏》等书存于阁中，藏书阁初具规模，并备有检索目录和借阅规则。明正统五年（1440年）藏书阁改建于养贤堂后，更名“尊经阁”。清嘉庆《松江府志》载，尊经阁“取圣朝所颁经籍及历代子史百氏之书置其上，又购书之未备者以益之，简帙充牣”。民国起撤销。

【藏经阁】 即“尊经阁”。

【松江县图书馆】 县级图书馆。① 1915年建“松江县教育图书博物馆”，馆址在城区县议会内，旋改名“松江县图书馆”。藏书以原融斋书院和陈希小集的藏书为基础，以郡人遗集为主，藏有松江府、华亭县、娄县地方志书，兼收当时学童教科书。每年由政府拨款添置新书。1928年在普照路建新馆，内设藏书室、儿童阅览室、普通阅览室。1930年藏书7 064种，共45 400册，年购书经费650元，并订有少量报刊供读者阅览。1937年馆舍毁于日军战火，藏书、藏品悉付一炬，仅清徐璋绘《云间邦彦画像》和明董其昌书《松江府城隍神制》及五代吴越国时期铁铸涂金塔等3件图册、文物，由馆长雷君彦携往上海避难得以幸存。② 1956年成立松江县图书馆，8月1日开馆，藏书约5 000册，至年底增至1.7万余册。每年由政府拨专项购书经费。1965年藏书7.5万余册。1966年“文化大革命”开始，大量图书被毁，县图书馆并入县文化馆。1972年县文化馆图书组藏书仅1.8万册。1975年5月与县文化馆分设，县图书馆迁入在松江岳庙旧址新建的四层大楼新馆。1979年藏书10万余册，1984年增至20万余册。20世纪90年代起，阅览、少儿及I、T、G等五大类借阅书刊实行全开架。资料报刊采用“长、中、短”三种期限管理与保存方式。开设电子阅览室、多功能会展厅、录像室、休闲厅，设立长顺书店等。1996年起采用ILAS图书馆管理系统，推行“上海市区县图书馆IC卡通用借阅证”。设地方文献室，收藏史志类、本籍人士著作和艺术作品、红楼梦专题等特色文献。1994年时任图书馆馆长于慎忠获评“全国图书馆先进工作者”。1998年松江撤县建区，改称“松江区图书馆”。

【松江县教育图书博物馆】 见“松江县图书馆①”。

【江苏松江通俗教育图书馆】 1917年2月13日由传教士班德生创办。有通俗图书2 000多种供出借。巡回演讲员每年向全县24个乡市演讲两回。

【民众图书馆】 1928年9月8日开设。位于松江城区东岳庙内。

【求知书室】 中国共产党地下组织创办的图书室。1943年冬，中共地下党员韩鸣皋在新桥镇老街以开设烟杂店为掩护创办“求知书室”。传阅《西行漫记》等进步书刊，吸引进步青年，培养积极分子，发展中共党员。1945年抗日胜利后，扩改为“求知读书会”，有会员100余人。传阅《民主》《新观察》《解放区见闻》《论联合政府》等书刊。曾编辑刻印《求知半月刊》两期，介绍新四军、八路军抗日业绩。1946年1月根据上级指示，转入小范围隐蔽活动。1949年5月后撤销。

【松江县工会图书室】 1951年8月设立。位于松江中山中路364号松江县工人俱乐部内。1984年图书室面积200平方米，藏书1.85万册。

【泗泾文化图书馆】 乡镇图书馆。1987年5月1日开馆。初名“松江县文化馆泗泾文化图书分馆”，1988年8月改今名。位于泗泾镇江川北路中段西侧。图书馆建筑面积162平方米，其中阅览室50平方米，藏书8 000册。先期开放报刊阅览室，1988年2月开设图书外借室。1998年与泗联公社文化站图书室、泗泾镇文化站图书室合并组建泗泾镇图书馆。

【松江区图书馆】 区级图书馆。原称“松江县图书馆”，位于松江岳庙旧址的文化大楼，1998年松江撤县建区后改今名。2000年总藏书量418 352册，订购报纸120种、杂志532种。2001年9月30日迁入松江人民北路1626号新馆。占地19.15亩，建筑面积7 175平方米。2001年10月加入上海市中心图书馆，为“上海中心图书馆松江分馆”。无围墙建筑，三个内庭院连通新城中央公园。设文献信息综合服务区，有开架图书28万册、中文报刊1 000多种，以及宽带网络阅读计算机50台；少儿借阅区；特色文献与社会教育培训区，有地方文献研究室、计算机培训室及展览厅，征集收藏松江地方文献资料，设立松江人著作文库、松江艺术文库、松江史志文库、红楼梦专题文库，有史志、非遗、松江人著作等数字资源文库；文化活动区设影视报告厅、会展厅，以动态文化、学术交流、活动导读为主要业务；另设行政办公区。采用中心图书馆Horizon管理系统，实时使用中心图书馆IPAC书目检索，统一使用中心图书馆“一卡通”借阅证，与上海图书馆处于同一个网络平台。2019年藏书83万册，年订报纸138种、期刊776种。设有松江区图书馆微信公众号，提供网上续借、移动数字阅读等服务。阅览座位508个，其中少儿阅览座位90个；计算机165台，其中电子阅览室50台。2004年7月1日起全年对外开放，每周超80.5小时。承办“市民文化服务日”“世界读书日”“图书馆服务宣传周”“暑期读书月”“上海书展”“阅读马拉松”“文明修身文化寻根”书画展览等多种阅读活动。参与“上海市民文化节”“上海童话节”“松江区百姓明星大舞台”和松江区文化科技卫生“三下乡”等大型文化活动。2004年起开设“万部图书进基层”公共文化配送项目。“小松果悦读会”“华亭讲堂”成为图书馆的品牌讲座。征集松江人写的书和写松江的书，推介139位松江人著作、手稿、信札等文献资料。1985年以来，施蛰存、赵祖康、朱雯、罗洪、赵家璧、杨纪珂等松江籍名家先后向图书馆捐赠图书和照片资料，现馆藏松江地方文献3.8万余册(件、幅)。2003年建成松江市民公共信息超市。2001—2016年连续八届获“上海市文明单位”称号，1994年、1998年、2005年、2009年、2013年、2018年六次获评“全国一级图书馆”。馆设七部一室：技术保障部、采编部、宣传辅导部、地方文献部、读者咨询与办证部、少儿部、外借部以及办公室。

松江区图书馆

【车墩镇图书馆】 乡镇图书馆，松江区图书馆分馆。位于车墩镇影视路28弄1号车墩镇社区文化活动中心内。1978年3月城东公社拆建高桥公社，建公社文化站，在政府大院内配有图书室、阅览室。1980年改名车墩公社图书室，后称车墩乡图书室。1992年图书室面积64平方米，藏书5 500余册，订杂志42种、报纸5种，阅览座位20个。1993年改称车墩镇图书室，迁址影城路中段。1995年2月再迁至联营路桥南堍，藏书7 500册。1997年图书室经装修扩建，藏书增至9 800余册。2001年与华阳镇图书室合并为车墩镇图书室。2010年迁今址，建筑面积350平方

车墩镇图书馆读者咨询服务台

洞泾镇图书馆

米。2019年馆藏图书2.4余万册，年订阅报刊杂志近百种。设外借区、阅览区和少儿借阅区。外借阅览室（报刊阅览室）设成人座位72个、少儿座位16个。开放时间8∶30—16∶30，全年对外开放。每年在世界读书日、寒暑假及重大节庆日举办好书推荐、诗歌朗诵、读书分享等各类读者活动。2007年被上海市文广局评为上海市街道（乡镇）图书馆一级馆。

【车墩公社图书室】 见“车墩镇图书馆”。

【华阳镇图书室】 乡镇图书室。1950年春，城东区五龙乡成立全县第一个农村俱乐部，在一小间屋内放置图书、报刊、画册等，为图书室雏形。1953年建城东区文化站，1958年改为城东公社文化站。1959年12月文化站内设立图书室，藏书2 794册，每天开放6小时，日均读者100多人次。1969年3月图书室随文化站迁至华阳桥集镇东首科技站内。1980年改称华阳桥公社图书室，后称华阳桥乡图书室。1990年藏有文学类书籍5 247册，科技书籍500册，连环画2 347册，各类杂志、画报、报刊80余种，发放借书卡471张，年借阅人次近万，阅览座位24个。1994年称华阳镇图书室。2001年并入车墩镇图书室。

【华阳桥公社图书室】 见“华阳镇图书室”。

【华阳桥乡图书室】 见“华阳镇图书室”。

【洞泾镇图书馆】 乡镇图书馆，松江区图书馆分馆。位于洞泾镇长兴路466号洞泾镇社区文化活动中心内。1978年文化站办公室存放图书架兼作图书室，位于洞西路588号（原洞泾公社院内）。1992年图书室面积60平方米，藏书4 400余册，订杂志28种、报纸6种，阅览座位20个。2012年12月在今址的新馆开馆，建筑面积约300平方米。2019年馆藏图书3.23万册，订阅报刊杂志100种，入库新书2 000余册。外借阅览室（报刊阅览室）设借还图书电脑2台。设成人阅览室座位60个、少儿阅览室座位16个。开放时间8∶30—16∶30，全年对外开放。每年举行图书馆服务宣传周、全民读书月等宣传活动。2002年被评为上海市街道（乡镇）图书馆二级馆，2016年评定为达标馆。

【洞泾公社图书室】 见“洞泾镇图书馆”。

【九里亭街道图书馆】 街道图书馆，松江区图书馆分馆。位于九里亭街道涞坊路408号九里亭街道社区文化活动中心内。2018年8月13日开馆。建筑面积约400平方米。2019年藏书1.5万余册，持证读者1 231人，年流通2.3万余人次、外借1万余人次、外借书刊文献4万余册次。设成人阅览室、少儿阅览室、电子阅览室。阅览座位共50个，其中成人阅览座位40个、少儿阅览座位10个。开放时间周二至周日9∶00—17∶00，周一12∶30—17∶00。

九里亭街道图书馆

【泖港镇图书馆】 乡镇图书馆，松江区图书馆分馆。位于新宾路300号泖港镇社区文化活动中心内。1958年9月设立泖港公社图书室。1984年改称泖港乡图书室，1993年改称泖港镇图书室。1992年图书室面积33平方米，藏书8 564册，订杂志70种、报纸12种，阅览座位10个。2001年1月与五厍镇图书室合并为泖港镇文化站图书室。2006年建成达标图书室，总面积120平方米。2017年迁至今址，建筑面积增至334.38平方米。2019年馆藏图书1.6万余册，年订购报刊杂志80余种，设报架3只。设借阅区、成人阅览区和少儿阅览区，合计阅览座位88个。开放时间8：30—16：30，全年对外开放。

泖港镇图书馆

【泖港公社图书室】 见“泖港镇图书馆”。

【五厍镇图书馆】 乡镇图书馆。1958年9月设立新五公社图书室。位于五厍老街5号和7号。1984年称新五乡图书室，1994年改称五厍镇图书室。1992年图书室面积45平方米，藏书6 020册，专职图书管理员1人，年购书经费850元，阅览座位20个。2001年与泖港镇图书室合并。

【新五公社图书室】 见“五厍镇图书室”。

【佘山镇图书馆】 乡镇图书馆，松江区图书馆分馆。位于佘山镇外青松公路8888弄佘山镇社区文化活动中心内。1965年佘山公社创办图书室，位于佘山镇西霞路，面积150平方米，室藏图书2 500册，图书管理员1人。1966年“文化大革命”开始后停办。1972年恢复开馆。1986年改称佘山镇图书室。1992年图书室面积150平方米，藏书13 007册，订杂志76种、报纸11种，阅

佘山镇图书馆

览座位60个。2001年1月与天马山镇图书室合并为佘山镇图书室。2005年7月迁今址。馆室面积约330平方米。其中成人外借图书阅览150平方米、少儿外借图书阅览100平方米、藏书书库80平方米。2019年馆藏图书2.4万余册，年订购报刊杂志103种，设阅览座位64个，并设无障碍通道专用阅览室。馆内实现无线网络全覆盖。开放时间8：30—16：30，全年对外开放。

【佘山公社图书室】 见“佘山镇图书馆”。

【天马公社图书室】 乡镇图书室。1959年天马公社创办图书室，位于天马老镇西街。室藏图书6 000册，面积81平方米。1992年图书室面积68平方米，藏书7 771册，订杂志60种、报纸11种，阅览座位20个。1994年改称天马山镇图书室。2001年1月并入佘山镇图书室。

【石湖荡镇图书馆】 乡镇图书馆，松江区图书馆分馆。位于石湖荡镇育新路333号石湖荡镇文化活动中心二楼，2020年5月18日启用，馆室面积380平方米。1952年古松乡在古松路12号筹建农村俱乐部，配置图书、报刊、画册等，为图书室雏形。1959年11月古松公社在石湖荡集镇老街潘家房子建立古松公社文化馆，内设图书室。1964年图书室随文化站迁至石湖荡新街，对外出借图书。1992年古松图书室总面积44平方米，室藏图书6 395册，订杂志34份，报纸7份。设阅览座位24个。每周开放40小时。2001年与李塔汇镇图书室合并为石湖荡镇图书室，室藏图书1.54万册。2002年改今名。2019年馆藏图书约2万册，设有成人阅览区、少儿阅览区、电子阅览区、借阅区。实现无线网络全覆盖。阅览座

石湖荡镇图书馆

新浜镇图书馆

位共47个，其中成人阅览座位35个，少儿阅览座位12个。除人工借还书外，另设一台图书自助借还机，实现二维码读者证借阅功能。开放时间8:30—16:30，非工作日开放时间8:30—11:00、13:00—16:00。

【古松公社图书室】 见“石湖荡镇图书馆”。

【塔汇公社图书室】 乡镇图书室。1978年3月建塔汇公社图书室，设图书管理员1名。1984年改称塔汇乡图书室。1992年迁至乡机关大院东大门二楼，总面积60平方米，设阅览座位20个，室藏图书6 055册，每周开放56小时。1994年改称李塔汇镇图书室。2001年1月并入石湖荡镇图书室。

【新浜镇图书馆】 乡镇图书馆，松江区图书馆分馆。位于新浜镇新颖路1031号新浜社区文化活动中心内。1959年在新浜老街建新浜公社图书室，订一份报纸，有数册画报及几十册图书。1960年随公社机关迁至镇东(今中心街1号)，在公社文化站办公室放一只书橱，由文化站干部兼任图书馆管理员。1978年1月增辟一间专用图书室，藏书增至300余册，设专职图书馆管理员1人。1984年建立图书登记、分类等规章制度，固定开放时间，开展读书活动。1986年藏书4 699册，年流通量9 960册次。1987年图书馆迁至乡幼儿园内。1988年底藏书增至5 063册，年流通量11 980册次。1994年撤乡建镇后易今名。2003年10月专用图书馆面积100平方米，辟借书处和阅览处，藏书9 905册。同年底，经上海市文广局验收考评，镇图书馆被审定为市三级图书馆。2006年藏书13 053册，年流通量28 500册次。2011年迁今址，图书馆面积300平方米。2019年藏书2.5万余册。设有成人阅览室100平方米，阅览座位60个，少儿阅览室50平方米，阅览座位16个。馆内实现无线网络全覆盖。开放时间8:30—16:30，全年对外开放。2003—2006年连续4年评为松江区先进图书馆。

【新浜公社图书室】 见“新浜镇图书馆”。

【泗泾镇图书馆】 乡镇图书馆，松江区图书馆分馆。位于泗泾镇鼓浪路588号泗泾镇社区文化活动中心二楼。20世纪50年代初在泗泾镇开江东路115号开设泗泾镇图书室，由专人专编负责。1966年室藏图书8 000余册，发放借书证200余张，图书都经过编目、分类。1992年图书室面积120平方米，藏书15 640册，订杂志174种、报纸16种，阅览座位30个。1998年由泗联公社文化站图书室、泗泾镇文化站图书室与泗泾文化图书馆合并组建泗泾镇图书馆。2019年迁今址，建筑面积约500平方米，馆藏图书4万余册，

泗泾镇图书馆

年订购报刊杂志120余种。设成人阅览区、少儿阅览区、图书外借区。阅览座位共60个。开放时间8∶30—16∶30，全年开放约350天。年均借还7万多册，借还人数2万人次，居松江各镇级图书馆前茅。经常开展导读活动。2012年被评为上海市街道（乡镇）图书馆一级馆，2016年在上海市第六轮街道（乡镇）图书馆评估中被评为十大读者最满意图书馆之一。

【泗联公社图书室】 乡镇图书室。1958年4月成立泗联公社文化站图书室。位于泗泾东市桥泗联公社大礼堂。1958年室藏图书3 000余册，有马列著作、通俗读物、科技图书，另有各种报刊杂志。由专人负责。每周二、四、六开放借阅，全年图书借还6 000人次。1998年并入泗泾镇图书馆。

【新凯社区图书馆】 社区图书馆，泗泾镇图书馆分馆。位于泗泾镇城鸿路222弄。2016年1月22日开馆。建筑面积120余平方米。2019年馆藏图书1.5万余册，配备电脑10台，与中国知网联网建立联通数字阅览平台，开通手机PPT阅读浏览，为松江第一家社区“数字图书阅览室”，是上海市第一家与上海图书馆联网、具有通借通还功能的社区图书馆。

新凯社区图书馆

【泗泾新凯图书馆】 社区图书馆，泗泾镇图书馆分馆。位于泗泾镇泗凯路400号新凯文化活动中心。2020年10月26日开馆。建筑面积150平方米。现有藏书13 000余册。设综合阅览室100平方米，合计阅览座位60个。开放时间8∶30—16∶30，全年对外开放。馆内实现全Wi-Fi覆盖，阅览室座位设有插座及桌面灯光。

【小昆山镇图书馆】 乡镇图书馆，松江区图书馆分馆。位于小昆山镇文翔路6201号小昆山镇社区文化活动中心底楼。1978年5月昆冈公社文化站设图书室，首购图书1 200册，始办借阅图书业务。1980年4月藏书8 500册，配2名图书管理员。1984年起与镇内中、小学共建合作，在暑假定期开展红领巾读书读报活动，简称“红读”。1989年迁址小昆山镇清河街。1992年图书室面积24平方米，藏书1万余册，订杂志40种、报纸18种。2013年6月迁今址，馆室面积500平方米。2019年馆藏图书3.7万余册，每年订购报刊杂志100余种。馆内设成人借阅区329平方米，阅览座位40个；少儿借阅区171平方米，阅览座位16个。另有电子阅览室（东方信息苑）220平方米，位于文化活动中心二楼，设阅览座位80个。每年针对居民需求提供各类教育、学习、培训活动。开放时间8∶30—16∶30，全年对外开放。

小昆山镇图书馆

【昆冈公社图书室】 见“小昆山镇图书馆”。

【大港公社图书室】 乡镇图书室。1978年建大港公社图书室。1984年称大港乡图书室，1994年称大港镇图书室。1992年图书室面积60平方米，藏书4 710册，订杂志51种、报纸17种，阅览座位40个。2001年并入小昆山镇图书馆。

【新桥镇图书馆】 乡镇图书馆，松江区图书馆分馆。位于新桥镇新站路460号一楼。1962年在新桥公社院内设图书室。1991年与村企业联办，图书室面积100平方米，藏书11 261册，订杂志75种、报纸21种，阅览座位50个。1998年在新桥镇中心路22号建文化站，其中图书馆

新桥镇图书馆

建筑面积约200平方米。2013年1月16日迁入今址，占地400多平方米。2019年馆藏图书约4.8万册，年服务读者1.39万余人次。开放时间8:30—16:30，全年对外开放。2007年被评为上海市街道（乡镇）图书馆一级馆，2016年获评上海市优秀基层图书馆。

【新桥公社图书室】 见“新桥镇图书馆”。

【叶榭镇图书馆】 乡镇图书馆，松江区图书馆分馆。位于叶榭镇浼东路84号叶榭镇文化活动中心底楼。1952年建叶榭区图书室，地址在叶榭咸通桥西堍老楼房，1957年改称叶榭乡图书室，后停办。1978年建叶榭公社图书室。1992年图书室面积95平方米，订杂志40种、报纸18种，藏书14 015册，阅览座位25个。1994年改称叶榭镇图书室。2001年1月与张泽镇图书室合并为叶榭镇图书室，地址强恕路强恕小区门口。2006年3月迁至富成路（求仁路）1号。2013年8月叶榭镇图书馆今馆在现址开馆，建筑面积350平方米。2019年馆藏图书38 281册。设有成人阅览区90平方米，座位40个；少儿阅览区45平方米，座位32个；残障人士阅读区14平方米，座位12个。开放时间8:30—16:30，全年对外开放。馆内实现无线网络全覆盖，为读者提供外借、阅览、参考咨询、文献检索，组织阅读征文，为村级图书室提供业务指导等。

【叶榭公社图书室】 见“叶榭镇图书馆”。

【张泽公社图书室】 乡镇图书室。1963年9月建张泽公社文化站图书室，位于张泽集镇娘娘庙桥南。面积约72平方米，后该址办服装厂，图书室迁至张泽集镇原阿林茶馆。1971年12月张泽影剧院落成，图书室迁至浼东路84号影剧院横屋内，面积80平方米。1980年迁至原公社装卸站用房，面积120平方米。1990年10月搬回剧场横屋。1992年图书室面积80平方米，藏书10 662册，订杂志65种、报纸18种，阅览座位30个。1994年改称张泽镇图书室。2001年1月并入叶榭镇图书室。

【永丰街道图书馆】 街道图书馆，松江区图书馆分馆。在松汇西路1438号永丰社区文化活动中心内。1963年5月建城西公社图书室，位于中山西路362号。1974年迁仓南街24号。1992年阅览室面积60平方米，藏书6 500余册。1997年迁仓桥镇政府办公楼辅楼二楼，改称仓桥镇图书室。2004年迁今址，改今名，建筑面积120平方米。2006年扩建为350平方米。2019年馆藏图书5.9万余册。设有成人阅览室70平方米，阅览座位50个；少儿阅览室40平方米，阅览座位30个。馆内实现无线网络全覆盖。开放时间8:30—17:00，全年对外开放。2007年、2012年被上海市文广局授予上海市街道（乡镇）特级图书馆称号。

叶榭镇图书馆

永丰街道图书馆

【城西公社图书室】 见“永丰街道图书馆”。

【岳阳街道图书馆】 街道图书馆，松江区图书馆分馆。位于松江人民北路171弄30号。2005年4月开馆。面积615平方米，其中成人图书馆442平方米、电子阅览室80.1平方米、少儿阅览室92.9平方米，合计阅览座位50个；另设西新桥和太平两个社区分部，建筑面积共273平方米。2019年藏书34 213册。年订购报刊杂志137种。开放时间8∶30—17∶00，全年对外开放。2006年成立助残导读志愿者队伍，为残疾人开展一对一上门服务和集中导读，《解放日报》曾作报道。2008年全年借阅册次167 926，阅览人次44 357。开展“点亮申城情满岳阳”、迎接“世界读书日”和“你选书我买单”阅读微心愿、“读+思享”图书漂流和心得分享、“读+”岳阳文化讲堂等活动。2005年成为上海市首批与上海中心图书馆联网实行“一卡通”的服务点。2008年、2012年两次被上海市文化广播影视管理局授予上海市街道（乡镇）特级图书馆称号，2016年被评为优秀馆。

岳阳街道图书馆

【松江镇图书室】 乡镇图书室。1963年开设松江城厢镇图书室，位于松江镇马路桥口。1972年9月松江城厢镇岳阳街道办事处在中山中路307号创办图书室，面积48平方米，藏书7 509册。1980年改为松江镇图书室，入迁人民北路镇政府院内。1992年图书室面积24平方米，藏书5 632册，订报纸1种，阅览座位30个。1996年在人乐小区老年活动中心成立图书室，面积12平方米。1997年开设10平方米阅览室，藏书2 000册。1998年图书室搬至荣乐小区（今荣乐居委会二楼），面积约130平方米，藏书5 000册，实行开架借阅。2000年松江镇图书室入迁荣乐五村，藏书12 000册。2001年撤销松江镇建岳阳街道。街道投资15万元，在谷阳北路原区文化局内建岳阳街道图书馆新馆，2002年9月10日对外开放，借阅室面积100多平方米，共有图书17大类，1.5万册图书、100多种杂志，同时设有图书电子借阅，采用ILAS计算机管理系统，是松江区第一个设有电子借阅的乡镇图书馆。2002年被上海市文广局评授予上海市街道（乡镇）特级馆称号。2004年5月迁入岳阳街道社区文化活动中心五楼。

【中山街道图书馆】 街道图书馆，松江区图书馆分馆。位于茸梅路200号中山街道社区文化活动中心内。1959年建城北公社图书室，藏书400余册，设于城北公社文化站办公室内，借阅对象主要是公社机关干部和企事业单位职工。图书室由文化站干部兼管。1966年“文化大革命”开始后，公社图书室藏书被洗劫一空。1973年城北公社图书室重新建立，面积44平方米，藏书

中山街道图书馆

2 300册，订阅报刊38种，配备专职图书管理员，定期开放借阅、阅览。1984年改称五里塘乡图书室，1994年改称茸北镇图书室，2001年改今名。2005年8月位于今址的新馆开馆，馆室面积300平方米。设外借阅览室和东方社区信息苑。外借室64平方米，图书室96平方米，成人阅览室60平方米，少儿阅览室80平方米，阅览座位共104个。2019年馆藏图书2.55余册。馆内实现无线网络全覆盖，配套图书馆电子管理系统。开放时间8：30—17：00，全年对外开放。定期开展“全民阅读”系列活动。2020年疫情期间开设网上读书平台，每周推出读物一本，每月邀请专家线上授课。

【城北公社图书室】 见“中山街道图书馆”。

【方松街道图书馆】 街道图书馆，松江区图书馆分馆。位于北翠路1077号方松街道社区文化活动中心内。2006年9月开馆。建筑面积324平方米。2019年馆藏图书2.6万册，年订购报刊100余种。成人和少儿阅览座位共40个。开放时间8：00—16：00，全年对外开放。馆内实现无线网络全覆盖。定期开展新书推荐和阅读推广活动。设供读者检索的计算机2台，设读者包袋存放处以及提供老花镜、医药箱等便民服务。2015年被评为上海市街道（乡镇）图书馆二级馆。

方松街道图书馆

【广富林街道图书馆】 街道图书馆，松江区图书馆分馆。位于文翔路3588弄40号内。2019年9月5日开馆，建筑面积200平方米，藏书1万余册。设成人阅览区、少儿阅览区、电子阅览区、

广富林街道图书馆

科普教育区、自助还书区和主题活动区等。设阅览座位共36个，其中成人阅览座位20个、少儿阅览座位16个。开放时间8：30—16：30，节假日根据实际需求另行安排。图书馆围绕“绿色生态 人文富林”总体定位，结合辖区居民阅读需求，建设家门口的图书馆。以社区居民、亲子家庭、青年白领为主要服务对象，开展阅读等活动。

【九亭镇图书馆】 乡镇图书馆，松江区图书馆分馆。位于九亭镇易富路25号九亭镇社区文化活动中心内。1978年建九亭公社文化站图书室。1984年改称九亭乡图书室，1993年改称九亭镇图书室。1992年图书室面积80平方米，藏书7 441册，订杂志26种、报纸13种，阅览座位20个。2012年迁今址。馆室面积306平方米。2019年馆藏图书2.9万余册。设成人阅览室106平方米、借阅室100平方米，阅览座位40个；少儿阅览室50平方米、少儿藏书室50平方米，阅览

九亭镇图书馆

座位24个。馆内实现无线网络全覆盖。开放时间8∶30—16∶30，全年对外开放。每年举行图书馆服务宣传周、全民读书月等宣传活动。2012年被评为上海市街道（乡镇）图书馆一级馆。

【九亭公社图书室】　见“九亭镇图书馆”。

【过来·读书吧】　松江区文化馆策划创立的公共文化空间。2016年成立。有松江区文化馆（谷阳南路24号）、九曲（佘山镇天马新镇九曲村221号）和水云间（中山西路1号）三处，共藏书5 000余册。对公众免费开放。曾举办朗读会、读书会等40场公益文化活动。2019年列入松江区第一批“最美读书目的地”。

学校图书馆

【华东政法大学松江校区图书馆】 大学图书馆。建于2004年。位于龙源路555号华东政法大学松江校区图文信息大楼。建筑面积24 013平方米，图书馆使用面积21 500平方米。大楼以钟楼为标志，建筑外形端庄伟岸。2019年馆藏纸质（书刊）2 665 781册，订购中外文报刊1 211种、中外文数字资源111种，可在线阅览的中外文电子图书205万种。有阅览室15个、借阅室9个、电子阅览室2个。阅览座位2 078个，其中普通阅览座位1 770个、电子阅览座位308个，开放时间8：00—22：00。寒暑假期正常开放。2013年6月举办第三届中美法律信息与图书馆论坛（CAFLL）。

【上海对外经贸大学松江校区图书馆】 大学图书馆。为世界贸易组织（WTO）在中国大陆高校的唯一寄存图书馆，以WTO文献为特色馆藏。建于2001年。位于文翔路1900号。新馆于2019年8月建成启用。建筑面积19 000平方米，地上建筑5层，地下1层。图书馆呈独特的“L”形，环抱思源湖，是一个现代化、全开架、自助式

华东政法大学松江校区图书馆外景、内景

上海对外经贸大学松江校区图书馆外景、内景

的多功能图书馆。2019年馆藏中外文纸质图书151万册、中外文报刊千余种、电子图书近173万册、电子期刊近7万种。中外文数据库近百个，涵盖通用大型综合性数据库，财经类、法律类、语言文学类专业全文数据库等。有大开间阅览室、研讨室、点播室、电子阅览室、自修室。阅览座位2 600个，其中普通阅览座位2 200余个、电子阅览座位110个、临时阅览座位200余个。开放时间8:15—23:00。寒暑假期正常开放。图书馆实行“一门制”管理模式，实现人脸识别、自助借还、自助复印打印、空间预约、大屏展示等智能化管理，图书借阅一体化。

【上海外国语大学松江校区图书馆】 大学图书馆，全国外语院校图书馆联盟成员馆。建于2003年。位于文翔路1550号上海外国语大学松江校区图文信息大楼。建筑面积15 000平方米。2019年馆藏纸本文献117万余册，其中英、俄、德、法、日、西、阿等主要语种的原版图书资料较为丰富，另外还藏有葡、意、希腊、印尼、荷兰、瑞典、乌克兰、希伯来等语种的图书。馆藏电子图书145万册，中外文纸本报刊1 218种，电子期刊2万余种，电子资源数据库50个，自建特色数据库9个。有阅览室、借阅室、特色文献资料室、电子阅览室、咖啡吧、专题研讨室、数字学术中心等。阅览座位1 813个，其中普通阅览座位1 500个、电子阅览座位30余个、临时阅览座位300余个。开放时间7:30—22:30。寒暑假正常开放。数字学术服务平台保存和共享上海外国语大学学者发表的论文和著作等学术成果，提供数据存档、管理、发布、检索、共享、引证和统计分析等服务。在英语语言文学方面藏书丰富，享誉国内。

【上海工程技术大学松江校区图书馆】 大学图书馆。建于2003年。位于龙腾路333号。建筑面积28 000余平方米。2019年馆藏中外文纸质文献100万余册，中外文科技期刊3 000多种。可访问的电子图书166万余种，电子期刊种类约6.3万种，中外文数据库约50个。图书馆拥有7个图书借阅室、1个期刊借阅室、2个共享空间，有近2 760个阅览座位，实行借阅合一的全开架模式，实现馆内无线上网和馆外VPN远程访问。开放时间8:00—22:00。寒暑假正常开放。图书馆为读者提供OPAC目录查询、图书荐购、馆际互借、文献传递、科技查新、图书预约、图书续借、虚拟咨询、数据库检索、专题讲座等多类型、全方位、立体式服务，为全校师生提供了重要的文献信息资源支撑与服务。

上海外国语大学松江校区图书馆外景、内景

上海工程技术大学松江校区图书馆外景

【东华大学松江校区图书馆】 大学城图书馆。建于2004年11月。位于人民北路2999号东华大学松江校区图文信息中心。建筑面积25 000平方米。2019年馆藏中外文纸质图书219万余册、电子图书264万余册、当年购置中外文报刊646种、中外文数据库85个，自建数据库4个。阅览座位1 966个。正式开放的有5个书

东华大学松江校区图书馆外景

库、7个具有不同功能的阅览室，年接待读者超过百万人次。开放时间8：30—22：00。寒暑假正常开放。重点收藏纺织工程、化学纤维、纺织材料、高分子材料、染整、纺织机械和服饰等领域国内外书刊资料，是全国纺织特色高校中馆藏量最丰富、最齐全的图书馆。馆藏纺织、化纤等早期中外文书刊有些已是孤本。

【上海视觉艺术学院松江校区图书馆】 大学图书馆。建于2006年。位于文翔路2200号上海视觉艺术学院松江校区图文信息中心北侧，分上下两层。大楼建筑面积22 000平方米，图书馆使用面积6 000平方米。2019年馆藏中文图书36万册，每年新增1.6万册，其中建筑、绘画、雕塑、平面设计、服装设计、摄影、数码、电影和表演、文化产业等艺术类专业图书约占总数的60%；中文期刊385种，报纸35种，电子图书5.5万册，95个电子数据库；有原版外文艺术类专业图书6 000余册，原版外文期刊160余种。馆藏的多媒体资料包括以数字化视频节目为主要内容的视听点播系统、数字化电影资料库、超星名师讲坛

上海视觉艺术学院图书馆外景

和全国文化工程共享资源。数据库有万方论文库和万方期刊库等。阅览座位520个，其中普通阅览座位400个、电子阅览座位100个、临时阅览座位20个。开放时间8：00至22：00。寒暑假期定期开放。

【上海立信会计金融学院松江校区图书馆】 大学图书馆。建于2008年。位于文翔路2800号上海立信会计金融学院松江校区内。建筑面积18 000平方米。2019年馆藏图书99.7余万册，中文期刊1 806种，外文期刊272种，中外文电子期刊6.5余万种，电子图书103余万册，音视频7 641个小时，中外文数据库45个。有外文阅览室、年鉴阅览室、电子阅览室、特藏室、教师阅览室等10余个，另设有培训室、研讨室近10个。阅览座位1 644个，其中普通阅览座位1 504个、电子阅览座位140个。开放时间8：00—22：00。寒暑假期正常开放。图书馆已建立以会计、金融为特色，经、管、文、法、理等学科门类协调发展，结构合理的文献信息资源保障体系。

上海立信会计金融学院松江校区图书馆外景

【上海立达学院图书馆】 大学图书馆。建于2006年。位于车亭公路1788号上海立达学院内。建筑面积11 819.07万平方米。2019年馆藏纸质图书100万余册，电子图书314万余册，中文期刊143种，中文报纸17种。所属各二级学院建立专业图书阅览室，其中护理学院英语护理图书馆馆藏原版英语国际护理专业图书、期刊3 088册。阅览座位2 000多个，其中普通阅览座位1 500个，电子阅览室座位500个。开放时间周一至周四8：00—21：00，周五8：00—16：00，周末9：00—20：00。寒暑假不开放。图书馆共三层

楼,提供外借、阅览、参考咨询、信息检索、文献查阅与展务。一层是读者读书及交流的主要场所,设第一阅览室、英语角,第一、第二教师研讨室。二层是图书借阅区,设第二阅览室、综合阅览室、报纸期刊专区。三层为讲座活动场所,设报告厅、会议室、教工之家、立达剧场、播音室等。

【松江一中图书馆】 中学图书馆。位于松汇中路601号松江一中内。清光绪三十年(1904年)建校初即辟图书室。20世纪30年代初,名医夏仲芳向学校捐赠一幢大楼作图书馆,命名为“仲芳图书馆”,藏书2万余册,二楼藏书,底楼阅览,1937年毁于日军轰炸。1947年3月,为纪念前辈校长沈联璧,学校发动捐款修建“联璧图书馆”,购置各类图书,接受社会各界赠书,图书馆逐渐恢复抗日战争前旧观。1952年学校称松江县第一中学,2004年称上海市松江一中,图书馆馆舍和藏书量不断扩大。2010年图书馆面积800多平方米,电子阅览室配置电脑50台。实现借阅一体布局,3个班级可同时上阅览课。2019年图书馆面积1 080平方米。馆藏纸质书70 590册,电子书1.6万册,报刊190种。实现无线网络全覆盖。配有45个书架,电脑3台,自助借还机2台,50座电子阅览位。开放时间周一至周五8:30—18:00(除寒暑假)。每年举办中小学暑期读书活动。2003年曾获上海市示范性图书室称号;2003—2004年获评上海市中小学图书馆先进集体;2005—2006年获评松江区中小学图书馆先进集体;2009年获评上海市中小学图书馆工作先进集体;获2010年上海市中小学暑期读书系列活动优秀组织奖。

松江一中图书馆内景

【松江二中图书馆】 中学图书馆。位于松江中山东路250号松江二中内。清光绪三十年(1904年)建松江府中学堂,建有图书馆。1959年称松江县第二中学,1998年改今名,1999年8月新建图书馆大楼,2000年10月竣工。保留原建筑风貌,外墙清水红砖,人称“红楼”。图书馆匾额由校友知名音乐家桑桐题写。建筑面积5 332平方米。2019年馆藏图书近10万册,订阅报刊300多种。设有典藏室、外借室、阅览室、期刊室、外语图书阅览室,教师阅览室,电子阅览室。共有145个书架,61个杂志架。阅览座位约500个,电脑109台,其中工作机9台,电子阅览室100台。馆内实现无线网络全覆盖,馆藏文献实现载体多元化。开放时间周一至周四12:00—13:20,周五12:00—12:50,寒暑假返校日安排全天开放。图书馆开展杂志义卖、定期对学生阅读情况做社会调查、暑期学生阅读征文活动。2003年被评为上海市中小学示范性图书馆。2004年和2006年连续两次被评为上海市中小学图书馆先进集体。2009年被评为上海市中小学图书馆工作先进集体。

松江二中图书馆外景(2017年)

【松江区第四中学图书馆】 中学图书馆。1952年秋季建私立松江泗泾初级中学。1956年秋改为公立,称松江泗泾初级中学,后增设高中部,1968年学校改名松江县第四中学,1998年改名松江区第四中学。1956年始设图书室,藏书千余册。1998年在开江中路192弄11号松江区第四中学内新建三层楼图书馆一幢。底楼为书库和工作室,二楼设教师阅览室、学生阅览室,其中

松江区第四中学图书馆内景

松江区第七中学图书馆外景

教师座位30席，学生座位60席，三楼为多媒体阅览室，座位60席。藏书6万余册，各类期刊100多种。2018年进行智慧图书系统改造，2万多本图书更换电子标签，增添智能借阅机器一套，电子展示装置一台，图书漂流柜三套，1万多册电子书，实现无线网络全覆盖。全年对师生开放。

【松江区第七中学图书馆】 中学图书馆。1990年9月建成。位于谷阳北路333号松江区第七中学内。由多个集装箱改造、拼装、组合而成，称“集装箱图书馆”。2016年扩建后面积320平方米。藏书7万余册，报刊数105种，5台电脑，阅览座位60个。设教师藏书室、阅览室，学生藏书室、阅览室和借阅走廊。在集装箱拼合处，建有“阳光房”。实现无线网络全覆盖，馆藏文献载体多元化。开放时间周一至周五8:00—16:30。每年举办读书节活动。

附表

松江区教育系统各学校、幼儿园图书馆（室）基本情况表

序号	单位名称	创建年	馆（室）地址	馆（室）面积（平方米）	2019年藏书量（册）	报刊数（种）	电子设备（台）	设施设备和阅览座位等	馆（室）开放时间	特色活动和获奖情况等
1	华东师范大学松江实验高级中学图书馆	2006	江学路450号	643	31 711	86	电脑3	实现无线网络全覆盖。配有打印机、电子屏。阅览座位50个	周一至周五11∶45—12∶45	周末图书馆开展读书沙龙、微型教学讲座等；语文教研组在图书馆开展经典阅读活动
2	上海外国语大学松江外国语学校（初中、小学部）图书馆	2010	梅家浜路1701号	900	147 903	130	电脑5	实现无线网络全覆盖。106个书架，16个杂志架。设教师、学生阅览室，阅览座位230个（其中教师50，学生180）	周一至周五7∶30—16∶30（除寒暑假）	每年举办“花开松外子衿·悦读节”系列活动。2016年、2017年、2018年获上海市中小学生暑期读书活动优秀指导奖
3	上海民办包玉刚实验高中图书馆	2011	三新北路900弄1800号	810	25 465	38（2种电子期刊平台）	电脑6，iPad平板电脑3，SmartTV电视机1，相机1	实现无线网络全覆盖。80个六层书架，2个半圆形双层书架，9个六层移动柜，4个杂志架。师生阅览室，阅览座位192个	周一至周五7∶30—17∶00寒暑假8∶30—16∶00	每年举办读书周及国际图书馆月活动，内容包括讲座、书展、书籍人物装扮等，通过读书活动推动阅读馨香读书季活动
4	上师大附属外国语中学图书馆	1984	仓丰路99号	820	57 826	149	电脑4	实现无线网络全覆盖。170个书架，22个杂志架。设教师、学生阅览室，阅览座位110个（其中教师30个，学生80个）	周一至周五8∶30—16∶30（除寒暑假）	无

（续表）

序号	单位名称	创建年	馆（室）地址	馆（室）面积（平方米）	2019年藏书量（册）	报刊数（种）	电子设备（台）	设施设备和阅览座位等	馆（室）开放时间	特色活动和获奖情况等
5	上海师范大学附属外国语小学图书室	2002	谷阳北路1355号	235	66 836	117	电脑2	实现无线网络全覆盖。35个双面五层书架，65个双面六层书架，5个杂志架。师生阅览座位50个	周一至周五8：30—16：30（除寒暑假）	2005年获评市一级图书馆；2005—2006年获评市先进集体，2008年获评区先进集体
6	松民办茸一中学图书室	2004	五昆路268号	234	13 009	8	电脑3	实现无线网络全覆盖。8个书架，5个杂志架。设教师、学生阅览室	周一至周五8：30—16：30（除寒暑假）	无
7	九亭第二中学图书室	2013	涞亭南路1851弄19号	430	58 101	20	电脑11	实现无线网络全覆盖。40个书架，6个杂志架。设教师、学生、电子阅览室，阅览座位150个（其中教师50个，学生100个）	周一至周五9：00—16：00（除寒暑假）	读书沙龙、阅读节等活动
8	松江二中（集团）初级中学图书馆	2003	邱家湾20号	333	93 940	39	电脑59（其中教师2，电子阅览室53，图书主机1，自助借阅2，查阅1），消毒柜1	实现无线网络全覆盖。15个书架，4个杂志架。设教师、学生、电子阅览室，阅览座位133个（教师20个，学生113个）	周一至周五8：30—16：30（除寒暑假）	无
9	华实初中图书馆	2003	南青路100号	400	57 784	37	电脑33（其中电子阅览室30）	实现无线网络全覆盖。85个书架，11个杂志架，阅览座位60个（其中学生座位50个，教师阅览室10个）	周一至周五8：30—16：30（除寒暑假）	无

（续表）

序号	单位名称	创建年	馆（室）地址	馆（室）面积（平方米）	2019年藏书量（册）	报刊数（种）	电子设备（台）	设施设备和阅览座位等	馆（室）开放时间	特色活动和获奖情况等
10	民乐学校图书馆	1999	人民北路439号	416	81 063	87	电脑3	实现无线网络全覆盖。205个书架，7个杂志架。设教师、学生、电子阅览室，阅览座位112个（其中教师12，学生100）	周一至周五8:30—16:30（除寒暑假）	无
11	中山永丰实验学校图书馆	2002	中山西路140号	74+24	41 734	37	电脑1	实现无线网络全覆盖。11个书架，5个杂志架。电子阅览室座位18个	周一至周五8:30—16:30（除寒暑假）	开展“整本书阅读”活动，养成阅读好习惯
12	上海对外经贸大学附属松江实验学校图书馆	2016	乐都西路1829号	565	30 813（其中电子书6 000）	14	墨水屏60，电脑5	实现无线网络全覆盖。29个书架，7个杂志架。设教师、学生、电子阅览区，阅览座位106个	周一至周五（除寒暑假）	无
13	东华大学附属实验学校图书馆	2013	弘翔路300号	1 443	4 522	109	电脑3	实现无线网络全覆盖。18个书架，14个杂志架，阅览座位170个	周一至周五7:30—16:30（除寒暑假）	开展亲子绘活动。在图书馆和教学楼设有专用液晶屏幕，展示小阅读统计、宣传阅读之星、好书推荐。与社区、家委会、社会团体等开展读书活动

（续表）

序号	单位名称	创建年	馆（室）地址	馆（室）面积（平方米）	2019年藏书量（册）	报刊数（种）	电子设备（台）	设施设备和阅览座位等	馆（室）开放时间	特色活动和获奖情况等
14	松江区第二实验小学图书室	2006	龙源路100号	519	43 321	61	电脑3，漂流柜2，墨水屏44	实现无线网络全覆盖。32个书架，8个杂志架。设教师、学生阅览室，阅览座位60个	教师：周一至周五8：30—16：30（除寒暑假）学生：周一至周五12：20—12：50	每年举行读书节活动。暑期组织上海市读书活动，多年获优秀组织奖
15	岳阳小学图书室	上世纪初	百岁坊32号	160	43 914	30	电脑1	实现无线网络全覆盖。12个书架，3个杂志架。设教师、学生、电子阅览室，阅览座位45个（其中教师25个，学生20个）	周一至周五8：30—16：30（除寒暑假）	每年举办校读书节和快乐阅读、小书虫社团等
16	松江区第三实验小学图书室	2012	仓华路708号	400	51 359	60	电脑68、墨水屏70	实现无线网络全覆盖。22个双面书架，6个杂志架。设教师、学生、电子阅览室，阅览座位66个（其中教师16个，学生50个）	周一至周五8：30—16：30（除寒暑假）	每年举办2次读书节活动、暑期征文活动。曾举办书香家庭评选活动，受到家长和学生的好评
17	车墩学校图书馆	2003	新车公路60号	500	61 910	70	电脑17	实现无线网络全覆盖。19个书架，8个杂志架。设教师、学生、电子阅览室，阅览座位120个（其中教师20个，学生100个）	周一至周五8：00—16：00（除寒暑假）	2004年获上海市中小学生读书活动先进集体，2005年被评为上海市中小学一级图书馆

（续表）

序号	单位名称	创建年	馆（室）地址	馆（室）面积（平方米）	2019年藏书量（册）	报刊数（种）	电子设备（台）	设施设备和阅览座位等	馆（室）开放时间	特色活动和获奖情况等
18	新浜学校图书室	2017	新浜镇新绿路655号	731	42 962	20	电脑42	实现无线网络全覆盖。11个书架，10个杂志架。设教师、学生、电子阅览室，阅览座位260个（其中教师40个，学生220个）	周一至周五8:30—16:30（除寒暑假）	每年举办“心入册页 书香四溢”读书节活动
19	天马山学校图书室	2006	佘山镇新宅路2号	213	36 398	6	电脑4	实现无线网络全覆盖。12个书架，4个杂志架。设教师、学生、电子阅览室，阅览座位50个	周一至周五8:30—16:30（除寒暑假）	每年举“天马山学校读书节”活动
20	李塔汇学校图书室	1994	石湖荡镇塔汇路150号	430	41 658	51	电脑15	实现无线网络全覆盖。39个书架，4个杂志架。设教师、学生、电子阅览室，阅览座位50个（其中教师15个，学生35个）	周一至周五7:30—16:30（除寒暑假）	无
21	泖港学校图书馆	1999	泖港镇中兴路68号	114	46 376	20	电脑11	实现无线网络全覆盖。8个书架，5个杂志架。设教师、学生、电子阅览室，阅览座位22个（其中教师4个，学生18个）	周一至周五8:30—16:30（除寒暑假）	每年举办“读书节”主题活动及各类读书征文活动
22	张泽学校图书馆	2003	叶榭镇滟东路39号	515	41 410	130	电脑12	实现无线网络全覆盖。60个书架，7个杂志架。设教师、学生、电子阅览室，阅览座位84个（其中教师8个，学生76个）	周一至周五7:40—16:00（除寒暑假）	无

（续表）

序号	单位名称	创建年	馆（室）地址	馆（室）面积（平方米）	2019年藏书量（册）	报刊数（种）	电子设备（台）	设施设备和阅览座位等	馆（室）开放时间	特色活动和获奖情况等
23	古松学校图书馆	1997	石湖荡镇学府路201号	198	43 790	30	电脑11	实现无线网络全覆盖。34个书架，4个杂志架。设教师、学生、电子阅览室，阅览座位51个（其中教师9个，学生42个）	周一至周五8：30—16：30（除寒暑假）	每年举办读书节活动
24	九亭小学图书馆	1984	九杜路100号	350	60 000	60	电脑3	实现无线网络全覆盖。25个书架，14个杂志架。设教师、学生、阅览座位108个（师生各54个）	周一至周五7：40—16：30（除寒暑假）	开展亲子阅读，读书节活动
25	九亭中学图书室	2005	涞坊路600号	281	84 854	100	电脑5	实现无线网络全覆盖。20个书架，6个杂志架。设教师、学生阅览室，阅览座位60个（其中教师15个，学生45个）	周一至周五8：30—16：30（除寒暑假）	每年开展中学生暑期读书活动
26	九亭第三小学图书室	2012	涞坊路177号	290	37 023	25	电脑2	14套分层书架，25个矮柜，8个杂志架。阅览座位56个，桌子14张	周一至周五12：00—12：40	无
27	九亭第四小学图书室	2014	九亭镇涞寅路699号	274	53 039	26	电脑12，漂流机1	实现无线网络全覆盖。104个书架，2个杂志架。设教师、学生、电子阅览室，阅览座位78个（其中教师16个，学生52个）	周一至周五8：30—16：30（除寒暑假）	百万富翁阅读挑战赛、小小图书志愿者活动

（续表）

序号	单位名称	创建年	馆（室）地址	馆（室）面积（平方米）	2019年藏书量（册）	报刊数（种）	电子设备（台）	设施设备和阅览座位等	馆（室）开放时间	特色活动和获奖情况等
28	九亭第五小学图书馆	2016	九亭镇涞亭南路1850号	590	22 993	30	电脑4、音响、电视机和投影仪各1	实现无线网络全覆盖。358层格子、13根柱子、24层报刊杂志、14个柜子、桌子16张、沙发和椅子80张（把）。设少儿借阅区、文献阅读区、多功能报告厅以及数字阅读、影音体验、多媒体互动、学习交流室等服务区域	周一至周五11:40—12:20	全智能服务自助图书馆。周一至周四放学后开展亲子阅读活动。提供文献借阅、信息检索、参考咨询、文化体验服务
29	泗泾小学图书馆	2000	泗泾镇赵非公路75弄50号	105	58 000	36	电脑10	实现无线网络全覆盖。22个书架，2个杂志架。设教师、学生、电子阅览室，阅览座位50个（其中教师10个，学生40个）	周一至周五8:30—16:30（除寒暑假）	2003年5月获上海市中小学二级图书馆。每年举办“正·蒙”读书节
30	世泽小学	2009	九亭镇同理利路28号	156	19 800	128	0	阅览座位45个	周一至周五8:30—16:30	无
31	泗泾实验学校学校图书馆	2018	方泗公路39号	600	25 530	50	电脑2、阅读平板40	实现无线网络全覆盖。25个书架，6个杂志架。设教师、学生、电子阅览室，阅览座位80个（其中教师30个，学生50个）	周一至周五7:30—16:30（除寒暑假）	每周举办整班阅读活动，每年举办师生阅读节活动

（续表）

序号	单位名称	创建年	馆（室）地址	馆（室）面积（平方米）	2019年藏书量（册）	报刊数（种）	电子设备（台）	设施设备和阅览座位等	馆（室）开放时间	特色活动和获奖情况等
32	泗泾第二小学图书馆	2011	泗泾镇新家园路333号	433	68 689	60	电脑15	阅览座位100个	周一至周五8：30—16：30（寒暑假另行安排）	以“悦读悦慧”书香校园为指导，每年举办读书节系列活动，评选书香家庭、打造“书声琅，乐分享”小舞台等阅读氛围。2019年获上海市中小学生暑期读书系列活动优秀组织奖
33	泗泾第三小学图书馆	2017	城松路55号森书园	567	37 884	20	电脑4、电子投影一	864层柜子、35个小书架、4个报刊杂志架，桌子12张、沙发24张。设阅读区、借书区、藏书区、影音室、休闲区五个区域。教职工借阅的“园丁驿站”，有沙发和小型会议台，阅览座位50个；学生借阅的“书屋”，阅览座位100个，全开架服务	周二至周四12：15—13：00	影音室有先进的投影设备，给学生视觉上的体验。举办亲子阅读、沙龙、校社联动等活动
34	四中初级中学图书馆	2018	泗泾镇城置路29号	470	36 025	46	电脑5、打印机1、自助借还机2、墨水屏50、移动充电柜1、移动盘点车1、查询检索机1	实现无线网络全覆盖。学生阅览室配有6个大书架，阅览座位80个；教师阅览室阅览大书架5个，阅览座位48个，2个期刊架	周一至周五8：00—16：30（寒暑假除外）	一年一度“悦读节”

（续表）

序号	单位名称	创建年	馆（室）地址	馆（室）面积（平方米）	2019年藏书量（册）	报刊数（种）	电子设备（台）	设施设备和阅览座位等	馆（室）开放时间	特色活动和获奖情况等
35	上海赫贤学校一期图书馆	2016	茸北路336号一期A216	369	18 000	30	电脑5	实现无线网络全覆盖。90个书架，5个杂志架。设幼儿阅读区、中文书籍区、英文书籍区。阅读书桌6张，椅子16把，长条软凳4个。另有阅读沙发与软凳共30个	周一至周四8:00—17:00，周五8:00—16:30（寒暑假8:30—16:30）	图书馆双语阅读课程，图书捐赠与义卖。上海图书馆读者证集体办理，图书周活动等
36	佘山外国语实验学校图书馆	2019	佘山镇贡嘎山路215号	1 000	10 000	0	0	实现无线网络全覆盖。设借书处、藏书区、借阅区和演说厅等		演说厅开展体验式阅读、影视欣赏、辩论赛、演讲比赛、讲座、报告、科普活动、艺术展等活动
37	机关幼儿园图书室	2006	松乐路87号	63	2 000	0	电脑6、投影仪1	实现无线网络全覆盖。20个书架。设小、中、大班阅览区域，阅览座位24个，卡座6个	周一至周五9:30—15:40（除寒暑假）	无
38	岳阳幼儿园图书室	1931	百岁坊24号	14	408	7	0	实现无线网络全覆盖。13个书架、22把椅子、6张桌子	周一至周五8:30—15:30	举办小青蛙讲故事比赛，每学年都获得等第奖；“小喇叭广播”社团活动

（续表）

序号	单位名称	创建年	馆（室）地址	馆（室）面积（平方米）	2019年藏书量（册）	报刊数（种）	电子设备（台）	设施设备和阅览座位等	馆（室）开放时间	特色活动和获奖情况等
39	人乐幼儿园图书室	2014	思贤路2279号	61	3 500	0	0	书桌4张，椅子15把，沙发3张	周一至周五8：30—16：00（除寒暑假）	无
40	荣乐幼儿园（荣乐部）	2008	荣乐四村49号	32	265	0	电脑1	实现无线网络全覆盖。配有9个书架，6个杂志架，阅览座位50个	周一至周五（除寒暑假）	无
41	荣乐幼儿园（人乐部）	2015	人乐一村14幢45号	26	129	0	电脑1	实现无线网络全覆盖。8个书架、4个杂志架，阅览座位45个	周一至周五（除寒暑假）	无
42	荣乐幼儿园（放生池部）	2016	南期昌路889弄166号	28	248	0	电脑1	实现无线网络全覆盖。8个书架、4个杂志架，阅览座位45个	周一至周五（除寒暑假）	无
43	中山第二幼儿园图书室	2016	茸惠路699号	61	325	0	0	阅览座位30个	周一至周五8：30—16：30（除寒暑假）	无
44	谷阳幼儿园图书室	2008	荣乐中路18弄1号	21	1 800	0	0	0	周一至周五8：30—16：30（除寒暑假）	无

（续表）

序号	单位名称	创建年	馆（室）地址	馆（室）面积（平方米）	2019年藏书量（册）	报刊数（种）	电子设备（台）	设施设备和阅览座位等	馆（室）开放时间	特色活动和获奖情况等
45	泖港镇中心幼儿园图书室	2017	泖港镇新旭路180号	59	3 062	0	电视机1、电子阅读桌1、幼儿自助借书机2	实现无线网络全覆盖。配有阅读数据展示云平台、图书管理系统。3套墙壁书柜、4个双面书架、1套六面组合拼桌、2个四层架子、1个小书架、2张幼儿方桌、34把幼儿椅子	周一到周五15:00—15:30	自主阅读机，幼儿可以自己操作借阅
46	茸树幼儿园图书室	2019	茸北路212号	36	400	8	0	实现无线网络全覆盖。3个墙面书架、4个移动书架，沙发3套、桌椅5套	周一至周五8:30—16:00（除寒暑假）	无
47	文诚幼儿园图书馆	2014	文诚路2150号	144	8 800	0	0	设有亲子书吧和主题阅读室。亲子阅读书吧设自主阅读区、视听区、点读互动区、师幼交流区	主题阅读室周一至周四全天对幼儿开放，周一至周五4:00—4:30向家长开放	亦称“文诚森林书吧”。组织孩子自主阅读、阅读分享、讲故事比赛、阅读表演等活动
48	西林幼儿园图书室（总部）	2006	西林北路66号	66	1 200	2	电视1	实现无线网络全覆盖。10个书架，阅览座位40个	周一至周五15:00—16:00（除寒暑假）	每年开展绘本漂流，如亲子共画与朗读、表演等。2018年获“亲子

（续表）

序号	单位名称	创建年	馆（室）地址	馆（室）面积（平方米）	2019年藏书量（册）	报刊数（种）	电子设备（台）	设施设备和阅览座位等	馆（室）开放时间	特色活动和获奖情况等
										朗读声音档案大征集”松江区活动优秀组织奖；“亲情中华·魅力汉语”集体朗诵比赛（幼儿组）三等奖;《愚公移山》获松江区主题讲故事比赛活动（幼儿园组）一等奖
49	西林幼儿园图书室（低幼部）	2009	西林北路398号	22	800	2	0	实现无线网络全覆盖。15个书架,阅览座位35个	周一至周五15:00—16:00（除寒暑假）	无
50	洞泾镇中心幼儿园图书室（新欣部）	2000	洞泾镇长兴路245弄8号	61	352	0	0	实现无线网络全覆盖。12个书架。阅览座位30个	周一至周五8:30—16:30（除寒暑假）	无
51	洞泾镇中心幼儿园图书室（光星部）	2015	洞泾镇洞宁路655弄249号	60	381	0	0	实现无线网络全覆盖。12个书架。阅览座位30个	周一至周五8:30—16:30（除寒暑假）	无
52	洞泾镇中心幼儿园图书室（海欣部）	2018	洞泾镇育才路139号	112	314	0	0	实现无线网络全覆盖。12个书架。阅览座位30个	周一至周五8:30—16:30（除寒暑假）	无

（续表）

序号	单位名称	创建年	馆（室）地址	馆（室）面积（平方米）	2019年藏书量（册）	报刊数（种）	电子设备（台）	设施设备和阅览座位等	馆（室）开放时间	特色活动和获奖情况等
53	九亭第五幼儿园图书室（易富部）	2008	易富路55号	64	414	3	0	12个书架。设学生阅览室，阅览座位35个	周一至周五8：30—16：00（除寒暑假）	周三小广播，亲子健康绘本阅读等活动。小青蛙讲故事、幼儿看图编故事比赛
54	九亭第五幼儿园图书室（绿洲部）	2011	九亭镇莘松路1288弄1263号	173	220	3	0	16个书架。设学生阅览室，阅览座位60个	周一至周五8：30—16：00（除寒暑假）	小青蛙讲故事比赛，幼儿看图编故事比赛，周三小广播，亲子健康绘本阅读等活动
55	泗泾镇中心幼儿园图书室	2004	泗泾镇赵非公路175弄50号（三楼）	15	1 390	0	0	阅览座位4个	周一至周五8：30—16：30（除寒暑假）	无
56	泗泾第二幼儿园图书室（同润部）	2011	泗泾镇鼓楼公路656弄51—52号	47	2 500	5	0	实现无线网络全覆盖。6个书架，1个杂志架。设教师、学生阅览室，阅览座位28个（其中教师10个，学生18个）	周一至周五8：30—16：30	每年开展学校悦读嘉年华和图书漂流活动
57	泗泾第二幼儿园图书室（润江部）	2012	泗泾镇古楼公路1198弄270号	86	3 500	5	0	实现无线网络全覆盖。8个书架，1个杂志架。设教师、学生阅览室，阅览座位30个（其中教师10个，学生20个）	周一至周五8：30—16：30	每年开展学校悦读嘉年华活动、图书漂流活动

（续表）

序号	单位名称	创建年	馆（室）地址	馆（室）面积（平方米）	2019年藏书量（册）	报刊数（种）	电子设备（台）	设施设备和阅览座位等	馆（室）开放时间	特色活动和获奖情况等
58	泗泾第三幼儿园图书室	2014	泗泾镇新家园路309号	87	523	1	0	16个书柜和书架、8个书篮、13个书袋。5张桌子、18把椅子、11个软垫、10张沙发、2个帐篷	周一至周五8：30—16：30（除寒暑假）	无
59	泗泾第四幼儿园图书室	2010	泗泾镇新家园路272号	20	1 500	20	电脑1	实现无线网络全覆盖。6个书柜、3个杂志架、1个电子书柜。教师阅览座位25个	周一至周五8：30—16：30（除寒暑假）	每年举办教工幸福文化之读书活动，创设教工阅读社团，曾获松江区教育系统女教工纪念建国70周年主题诗文朗诵会比赛二等奖等
60	泗泾第八幼儿园图书室	2018	泽悦路131号	60	353	0	电脑1	实现无线网络全覆盖。17个书架，6个阅读区	周一至周五8：30—16：30（除寒暑假）	结合世界读书日开展相关活动
61	茸北中心幼儿园图书室	2016	茸龙路100号	52	885	0	电脑1	实现无线网络全覆盖。电子屏幕及投影仪。17个书架，设幼儿阅览室、幼儿藏书处，容纳35名幼儿活动	周一至周五15：15—15：50	无
62	佘山第二幼儿园图书室	2017	佘山镇桃源路1201弄61号	61	412	0	0	实现无线网络全覆盖。13个书架，幼儿座位40个	周一至周五15：00—15：40	无
63	龙翔幼儿园图书室	2017	秋柏路50号	65	2 100	4	平板电脑2	书架3个	周一至周五8：00—16：30	定期开展党员阅读日活动

说明：已列为词目的图书馆（室）不列入表内。

四

职工书屋　农家书屋

【松江区职工书屋】 由工会系统设立的职工读书设施网络，被纳入国家公共文化设施服务场所范围。2008年松江区总工会启动建设，统一命名。主要在一线职工特别是农民工工作和居住相对集中地建立，提供读书场所，满足职工阅读学习与精神文化生活需求。2019年松江区总工会扶持建设职工书屋示范点有全国级14家，市级1家，区级100家。

【松江区农家书屋】 在行政村建立的、农民自己管理的、能提供农民实用的书报刊和音像电子产品阅读视听条件的公益性文化服务设施。每个农家书屋原则上可供借阅的实用图书不少于1 000册，报刊不少于30种，电子音像制品不少于100种(张)，有条件的可增加电子书刊等出版物。2009年松江区农家书屋工程在上海市内首先完成全区覆盖工作目标。2007—2010年共建成135个农家书屋，每个书屋配7座书橱、1 500册图书、8份杂志、8份报纸。2016年松江区启动5个全国示范点，35个市级标准点，249个功能提升点的基层公共文化空间布局，建立健全"市—区—街道(镇)—村(居委)"四级公共文化配送体系，形成"百姓点单、政府购买、按需配送"模式，保障群众基本文化权益。2016年松江区被文化部评为全国基层综合性文化服务中心示范区，"万千百"文化实事项目通过文化部国家公共文化服务体系示范项目验收。2018年松江区推进标准化居村综合文化活动中心服务功能建设，建成346个农村图书阅览室。

【施乐百机电设备(上海)有限公司职工书屋】 2013年建立。位于新浜镇红牡丹路65号施乐百机电设备(上海)有限公司4号厂房2楼。面积约200平方米，藏书3 000余册，订阅报刊杂志20余种，配备电子平板阅读设备10台，无线网络覆盖。设有专职管理人员和工作台账，工作日对职工开放。每年举办员工读书活动。2018年获评全国职工书屋。

施乐百机电设备(上海)有限公司职工书屋

【达丰(上海)电脑有限公司职工书屋】 2012年建立。位于松江出口加工区三庄路58弄2号

达丰(上海)电脑有限公司职工书屋

达丰生活区内。面积约324平方米，藏13.3万余册，阅览室设有女工书籍专栏、健康书籍专栏等。职工凭工作证刷卡借阅，公司内部局域网联网管理。周一至周五上午和晚间、双休日晚间开放。2012年获评全国职工书屋。

【上海华侨城投资发展有限公司职工书屋】 2013年建立。位于林湖路888号。面积约240平方米，藏书3 300余册，报刊1 000余份(册)。特设女工书籍专栏、健康书籍专栏等。职工凭借书证刷卡借阅。每日开放6小时。2016年获评全国职工书屋。

【上海扬盛印务有限公司职工书屋】 2010年建立。位于文松路555号。面积36平方米，藏书3 100余册，有电子档案。2019年开展“学习之年、读书之年”活动，每月举办“精益思想”读书会。围绕“精益”和“智能制造”两大学习主题，引领全员读书。2017年获评全国职工书屋。

【国基电子(上海)有限公司职工书屋】 2012年建立。位于出口加工区南乐路1925号。面积约60平方米，藏书2 500余册。配备电脑、台灯、棋类等，设兼职管理员。每年组织职工代表选书采购。每日下午和晚间定时开放，定期组织职工读书活动。2014年获评全国职工书屋。

【正泰电气股份有限公司职工书屋】 2008年建立。位于思贤路3255号正泰科沁苑内。面积约260平方米，藏书5 000余册，报刊架3个，管理人员4名。设阅览室，周一至周五晚上向职工开放。2008年获评全国职工书屋。

正泰电气股份有限公司职工书屋

【上海小昆山经济发展有限公司职工书屋】 2008年建立。位于上海市松江区新松江路1234号719室。面积约50平方米，藏书2 000余册。设阅览室，有女工书籍专栏、养生健康书籍专栏、专业书籍专栏等。员工凭工作证借阅。周一至周五开放。2008年获评全国职工书屋。

【新源村农家书屋】 2007年12月底建成。位于石湖荡镇广庵路1号。松江区首家成为上海书展分会场的农家书屋。建筑面积80平方米，设书橱20个、报架1个。藏书2 784册，书目23类，订期刊、报纸各8份。电脑2台，音像读物100多盘。日均接待读者约20人次。另建有综合活动室，建筑面积224平方米，可用于培训、会议、文艺演出及影片观摩。2018年获评全国示范农家书屋。2020年获评“松江区最美读书目的地”。

附表

松江区职工书屋基本情况表

序号	单位名称	创建年	级别	书屋地址	书屋面积（平方米）	藏书量（册）	报刊数（种）	电子设备（台）	书屋开放时间	获评市级书屋年	获评全国级书屋年	运转情况
1	上海沪杭路桥有限公司	2010	区级	荣乐中路188号	40	300	3	0	周一至周五 12:00—13:00			运转正常
2	上海申田经济发展有限公司	2013	区级	荣乐中路12弄136号	20	150	70	0	周一至周五 8:30—16:00			运转良好
3	上海松江飞繁电子有限公司	2014	区级	荣乐东路729号	120	300	15	0	周一至周五 11:00—12:00			运转正常
4	上海孜诚置业有限公司	2018	区级	乐都路399号	30	2 000	5	1	周二、周四 15:00—17:00			运转正常
5	岳阳街道红领久汇站	2019	区级	人民北路151号底楼	200	2 000	0	0	周二至周六 10:00—17:00			运转正常
6	永丰街道兴日家园居委会	2018	区级	中山西路555弄36号	80	2 100	11	1	8:30—16:30			运转正常
7	上海日播实业有限公司	2010	区级	中山街道茸阳路98号	25	2 500	6	1	16:00—19:00			运转正常
8	奔腾电器（上海）有限公司	2013	区级	文翔东路99号	10	403	10	2	周五18:00—20:00，周六8:00—18:00			保存员工读后感，每月从中选取优秀作品刊登在公司报刊
9	茸北工业经济发展有限公司	2014	区级	中辰路188号5号楼	20	300		0	工作日开放			运转正常
10	上海创蓝文化传播有限公司	2019	区级	广富林东路199号4幢9层	19	2 000	10	0	9:00—18:30			专人负责管理书屋的整体运作，对书本页面定期检查，破损严重的书本，及时更换

（续表）

序号	单位名称	创建年	级别	书屋地址	书屋面积（平方米）	藏书量（册）	报刊数（种）	电子设备（台）	书屋开放时间	获评市级书屋年	获评全国级书屋年	运转情况
11	上海中联重科桩工机械有限公司	2020	区级	缤纷路297号	329	2 000	1	0	工作日12:00—13:30,17:30—20:00			运转正常
12	上海新桃源物业管理有限公司	2010	区级	思贤路1338号3148室	50	2 200	10	1	周一至周五8:00—17:00			运转良好
13	上海新森林绿化发展有限公司	2013	区级	思贤路1338号5楼	20	2 514	12	1	周一至周五8:00—17:00			运转良好
14	上海松开物业管理有限公司	2014	区级	谷阳北路1250弄89号216室	46	2 120	10	1	周一至周五8:00—17:00			运转良好
15	上海德稻集群文化创意产业（集团）有限公司	2018	区级	文汇路699号德稻上海中心大厦7楼	1 600	2 800	16	2	全天开放			运转良好
16	上海云间建设工程咨询有限公司	2018	区级	广富林路2610号	40	2 000	7	0	工作日8:30—17:00			运转良好
17	上海茂晟电站机械有限公司	2010	区级	茂联路77号	40	2 000	1	1	周一至周五8:00—16:00			运转良好，定期开展活动
18	上海强凌电子有限公司	2012	区级	泗泾镇东南路139号	15	500	50	0	周一至周五9:00—16:00			运转良好
19	上海克拉电子有限公司	2014	区级	泗泾镇陈泾路565号	30	1 200	25	1	周一至周五9:00—16:00			运转良好
20	中建材凯盛机器人（上海）有限公司	2019	区级	泗泾镇泗砖路351号6栋5楼	100	3 000	200	1	周一至周五9:00—16:00			运转良好

（续表）

序号	单位名称	创建年	级别	书屋地址	书屋面积（平方米）	藏书量（册）	报刊数（种）	电子设备（台）	书屋开放时间	获评市级书屋年	获评全国级书屋年	运转情况
21	上海泗泾大润发商贸有限公司	2020	区级	泗泾镇横港路18弄68号	60	2 000	100	1	周一至周五 9:00—16:00			运转良好
22	海欣居委会	2010	区级	洞泾镇长兴路98弄25号	20	3 530	0	0	周一至周五 8:30—17:00			运转一般
23	上海旭福电子有限公司	2011	区级	洞泾镇振业路6号	30	2 000	0	0	周一至周五 8:30—17:00			运转良好
24	上海保隆汽车科技股份有限公司	2013	区级	洞泾镇沈砖公路5500号	20	1 500	10	0	周一至周五 8:30—17:00			运转良好
25	上海九高节能技术股份有限公司	2018	区级	洞泾镇莘砖公路3366号1号楼3楼	25	2 000	0	0	周一至周五 8:30—17:00			运转一般
26	上海海欣集团股份有限公司	2011	区级	洞泾镇长兴路688号	40	5 000	0	0	周一至周五 8:30—17:00			运转正常
27	佘山镇社区工作者事务所	2018	区级	千新公路585弄218号209室	30	2 500	12	6	周一至周五 8:30—16:00			运转良好
28	上海云峰药业有限公司	2018	区级	佘山镇佘北公路3000弄258号	80	2 600	15	2	周一至周五 8:30—16:00			运转良好
29	蒂森克虏伯电梯（上海）有限公司	2018	区级	佘山镇勋业路2号	30	2 200	20	20	周一至周五 8:30—16:00			运转良好
30	上海鹏程通风设备有限公司	2014	区级	佘山镇工业区昌业路201弄2号	30	2 260	10	2	周一至周五 8:30—16:00			运转良好
31	上海安宇峰实业有限公司	2019	区级	佘山镇沈砖公路3129弄3号	40	2 200	20	2	周一至周五 8:30—16:00			运转良好

（续表）

序号	单位名称	创建年	级别	书屋地址	书屋面积（平方米）	藏书量（册）	报刊数（种）	电子设备（台）	书屋开放时间	获评市级书屋年	获评全国级书屋年	运转情况
32	贵研中希（上海）新材料科技有限公司	2020	区级	佘山镇沈砖公路3168号	20	2 000	20	0	周一至周五 8：30—16：00			运转良好
33	上海鹰峰电子科技有限公司	2012	区级	石湖荡镇唐明路158号	20	5 000	5	0	周一至周五 8：00—17：00			运转正常
34	大福（中国）物流设备有限公司	2018	区级	石湖荡镇唐明里388号	50	2 000	3	0	周一至周五 8：00—17：00			运转正常
35	松江恬润社区服务中心	2018	区级	石湖荡镇古松路69号	20	2 000	4	2	周一至周五 8：00—16：30			运转正常
36	施乐百机电设备（上海）有限公司	2013	全国	新浜镇红牡丹路65号	200	3 000	15	10	周一至周五 10：00—16：00		2018	书屋管理规范，每年举办员工读书活动
37	上海五星铜业股份有限公司	2018	区级	文工路219号	72	2 000	20	0	暂停（计划搬迁）			关停
38	汤始建华建材（上海）有限公司	2020	市级	新浜镇文超路88号	81	5 000	15	1	每日8：00—17：00	2021		有完善管理机制，对内坚持“读书活动常组织”，对外每年为员工子女提供寒暑假读书活动
39	上海双鹿电器有限公司	2010	全国	泖港镇中强路999号	20	1 000	15	1	周一至周五 8：00—17：00			运转正常
40	上海联景高分子材料有限公司	2013	区级	泖港镇新明路888号	55	200	2	0	周一至周五 8：30—17：00			运转正常

（续表）

序号	单位名称	创建年	级别	书屋地址	书屋面积（平方米）	藏书量（册）	报刊数（种）	电子设备（台）	书屋开放时间	获评市级书屋年	获评全国级书屋年	运转情况
41	上海市松江区泖港镇五库居民区	2018	区级	泖港镇五库支路1号	30	10 000	21	0	周一至周五 8:30—11:00，13:00—17:00			运转正常
42	泖港镇腰泾村村民委员会	2019	区级	腰泾公路161号	40	2 000	20	0	周一至周五 8:30—11:00，13:00—16:00			运转正常
43	上海金日冷却设备有限公司	2010	区级	车亭公路1 296号	20	2 800	3	0	周一至周五 8:00—17:00			运转正常
44	叶榭镇张泽社区居民委员会	2012	区级	叶榭镇辕门路8号	30	1 000	8	0	周一至周五 8:30—16:30			运转良好
45	叶榭镇八字桥村村民委员会	2018	区级	叶榭镇辕门路浦亭路路口	25	2 000	7	0	周一至周五 8:00—16:30			运转良好
46	上海昌强工业科技股份有限公司	2019	区级	叶榭镇华元路2号	100	2 000	8	0	周一至周五 8:00—16:30			运转良好，可供员工查阅机械领域相关知识，有助于提高技能水平
47	上海银汀创新不锈钢发展有限公司	2020	区级	叶榭镇民发路698号	50	2 000	5	0	周一至周五 8:00—17:30			运转良好，各类书籍可供员工阅读，丰富职工的精神娱乐生活

（续表）

序号	单位名称	创建年	级别	书屋地址	书屋面积（平方米）	藏书量（册）	报刊数（种）	电子设备（台）	书屋开放时间	获评市级书屋年	获评全国级书屋年	运转情况
48	比亚迪公司	2009	全国	车墩镇香泾路999号	120	8 000	2	0	工作日8:30—17:30		2009	运转正常,专人值班,方便员工借阅书籍,查找资料学习知识
49	雅泰集团公司	2010	区级	车墩镇香闵路601号	20	150	0	1	周六、周日			运作正常
50	本田摩托车研究开发有限公司	2011	区级	松江工业区赵家泾路128号	60	3 410	20	1	周五午休时间			运作正常
51	上海立新电器控制设备有限公司	2013	区级	车墩镇北松公路6955号	40	256	4	2	工作日11:00—13:00			运转良好
52	创驱（上海）新能源科技有限公司	2019	区级	车墩镇车阳路331号2栋—2楼职工之家	10	2 000	1	0	工作日全天			运转良好
53	骁马机械（上海）有限公司	2011	区级	新桥镇新界路5号	10	500	1	1	工作日11:00—16:30			运转良好，引导员工“爱读书，读好书”
54	上海申新电气有限公司	2013	区级	新桥镇九新公路2888号	100	3 000	2	1	工作日11:00—16:30			运转良好，平均每月举行1～2次集体阅读活动
55	上海申桥建设开发有限公司	2014	区级	新桥镇九新公路2688号	50	500	1	1	工作日11:00—16:30			运转良好，鼓励员工进行休闲阅读和学习
56	上海天海德坤复合气瓶有限公司	2012	区级	九亭镇涞寅路2058号	50	1 000	3	1	工作日17:00—20:00,休息日全天开放			运转良好

（续表）

序号	单位名称	创建年	级别	书屋地址	书屋面积（平方米）	藏书量（册）	报刊数（种）	电子设备（台）	书屋开放时间	获评市级书屋年	获评全国级书屋年	运转情况
57	上海大速电机有限公司	2013	区级	九亭镇同利路678号	50	1 000	3	1	工作日17:00—20:00,休息日全天开放			运转良好
58	上海财治食品有限公司	2018	全国	九亭镇寅青路299号	100	2 700	3	3	工作日17:00—20:00,休息日全天开放		2019	运转良好
59	上海来伊份股份公司	2018	区级	沪松公路1399弄68号	400	2 730	25	4	工作日17:00—20:00,休息日全天开放			运转良好
60	上海现代摩比斯汽车零部件有限公司	2019	区级	九亭镇九泾路1011号	160	2 000	8	1	工作日7:00—8:00,12:00—13:00,17:00—20:00			运转良好
61	小昆山私营经济开发区（上海小昆山经济发展有限公司）	2008	全国	新松江路1234号7楼	50	2 000	0	0	周一至周五8:30—17:00		2008	设女工书籍、养生健康书籍、专业书籍等专栏
62	上海北玻玻璃技术工业有限公司	2010	全国	小昆山镇光华路328号	65	20 000	0	2	周一至周五17:00—20:30	2019	2020	每年两次采购书籍，旨在让员工能养成利用空余时间阅读的习惯
63	上海华升富士达扶梯有限公司	2010	区级	松江工业区新飞路1002号	15	750	1	0	周一至周五11:30—12:30			运转良好，书屋借阅制度完善，按时开放

（续表）

序号	单位名称	创建年	级别	书屋地址	书屋面积（平方米）	藏书量（册）	报刊数（种）	电子设备（台）	书屋开放时间	获评市级书屋年	获评全国级书屋年	运转情况
64	富士迈精密半导体有限公司	2011	区级	松江工业区西部新区文吉路500号	30	20 000	12	0	全年开放			运转良好，员工24小时自由阅读
65	达丰（上海）电脑有限公司	2012	全国	松江出口加工区三庄路58弄2号	324	133 000	0	0	全年开放		2012	因疫情暂停，将重新装修
66	国基电子（上海）有限公司	2012	全国	松江出口加工区南乐路1925号	60	3 400	1	1	周一至周六 8：00—17：30		2012	运转良好，每年定期组织读书和阅览活动
67	上海东洋电装有限公司	2013	区级	荣乐东路1988号	60	1 156	0	1	周一至周五 8：00—17：00			运转良好，定期组织读书活动
68	上海格拉曼国际消防装备有限公司	2013	区级	申港路3332号	100	500	18	0	周一至周五 18：00—21：00 双休日全天			运转良好，书屋借阅制度完善
69	上海扬盛印务有限公司	2010	全国	文松路555号	36	3 100	3	1	周一至周五 12：00—12：30		2017	转运良好，定期开展读书会
70	富士达电梯配件（上海）有限公司	2014	区级	工业区新飞路1002号	15	750	1	0	周一至周五 11：30—12：30			运转良好，借阅制度完善
71	上海宝鸟服饰有限公司	2019	区级	工业区锦昔路631号	150	2 000	0	1	周一至周六工作时间			运转良好，书屋借阅制度完善
72	上海ABB动力传动有限公司	2020	区级	松江工业区松胜路160号	56	3 000	2	1	周一至周五 12：00—13：00			运转良好，定期升级维护，每年组织读书和阅览活动。每年收到员工捐赠的图书约30本

（续表）

序号	单位名称	创建年	级别	书屋地址	书屋面积（平方米）	藏书量（册）	报刊数（种）	电子设备（台）	书屋开放时间	获评市级书屋年	获评全国级书屋年	运转情况
73	上海江菱机电有限公司	2020	区级	申港路3633号	110	2 500	10	1	周三12:00—12:50			运转良好，借阅制度完善
74	上海美维科技有限公司	2020	区级	联阳路685号	115	2 368	10	2	周一、三、五 18:00—20:00			运转良好，定期组织读书活动
75	松江区科委	2018	区级	中山东路237号	250	21 045	89	2	周二、周日 9:00—11:00，13:00—16:00			运转良好
76	松江区人力资源和社会保障局	2020	区级	荣乐东路2378号	24	2 000	15	1	周一至周五 7:30—16:30			运转正常
77	松江区看守所	2020	区级	荣乐西路999号	350	3 000	10	2	每日13:00—16:00			运转良好
78	松江区人民检察院	2020	全国	文诚路100号119室	124	3 500	12	5	工作日8:30—16:30		2021	专人负责，各项管理制度及工作台账健全，有完善的图书借阅系统，保障了全院190余人的阅读、上网等文化需求
79	松江区人民法院	2008	区级	文诚路80号	58	3 500	6	0	周一至周五 8:30—17:00			办公用房调整，有搬迁计划
80	上海华侨城投资发展有限公司	2013	全国	佘山镇林湖路888号	200	9 000	5	0	周一至周五 9:00—17:30		2016	运转良好，员工在书屋开放时间向管理员获取钥匙，可自行在书屋内看书学习

（续表）

序号	单位名称	创建年	级别	书屋地址	书屋面积（平方米）	藏书量（册）	报刊数（种）	电子设备（台）	书屋开放时间	获评市级书屋年	获评全国级书屋年	运转情况
81	正泰电气股份有限公司	2008	全国	思贤路3255号2号楼	260	5 000	22	0	周一至周五晚18:00—21:00		2008	运转正常
82	松江区公路管理署	2008	区级	辰塔路78号	147	4 000	8	0	周一至周五11:00—13:00			运转正常，开展小组会等
83	上海净达环境卫生发展有限公司	2013	区级	沪松公路4769号	27	500	5	2	工作日9:00—16:00			运转良好，书刊涵盖哲学、政治、人文、历史、科学、艺术、地理、小说、散文、报刊等
84	上海松江国有资产投资经营管理有限公司	2018	区级	中山街道茸梅路555号	220	3 200	14	无	工作日8:30—17:00			运转正常
85	上海松江新城投资建设集团有限公司	2018	区级	三新北路900弄（泰晤士小镇）683号新城集团二楼	56	2 000	0	0	周一至周五8:30—17:00			党支部不定期在书屋开展活动
86	上海新松江置业（集团）有限公司（上海松江新城建设开发集团有限公司）	2019	区级	仓丰路1079号	62	3 000	15	1（OA系统）	工作日开放			运转良好，是员工学习充电的阅读氧吧，更是开展集团各类书香活动的最佳场所
87	上海松江交通投资运营集团有限公司	2020	区级	茸惠路558弄一楼110室	135	2 500	10	1	周一至周五11:00—13:00，16:30—18:00			运转良好

松江区各镇村居农家书屋基本情况表

序号	农家书屋名称	创办年	地址	书屋面积（平方米）	2019年藏书量	设施设备	阅览室座位（个）	开放时间	特色活动	所获荣誉
1	新源村农家书屋	2007	石湖荡镇广庵路1号	80	2 784册，书目23类，期刊报纸8份，音像读物100余盘	书橱20个，报架1个，电脑2台	24	8：30—11：00，13：00—4：30	暑期举办墨香书法班	2018年获评全国示范农家书屋，2020年获评松江区“最美读书目的地”
2	恬润新苑农家书屋	2014	石湖荡镇闵塔路1751弄395号	80	1 500册，期刊报纸8份	书橱7个，报架2个	16	7：30—10：30，12：30—3：00	无	无
3	新中村农家书屋	2005	石湖荡镇新村公路288号	54	1 700册，书目26类，期刊报纸8份	书橱9个，报架1个，电脑1台	18	8：30—11：00，13：00—4：30	无	无
4	金胜村农家书屋	2006	石湖荡镇金胜村金闸481号	25	1 600余册，书目26类，期刊报纸8份	书橱6个，报架1个	12	8：30—11：00，13：00—15：00	无	无
5	新姚村农家书屋	2007	石湖荡镇新姚村688号	60	3 000余册，书目26类，期刊报纸8份	书架4个，报架2个，电脑1台	12	8：30—11：00，13：00—4：00	无	无
6	金汇村农家书屋	2006	石湖荡镇金汇村双汇298号	45	2 100余册，书目23类，期刊报纸7份	书架4个，报架2个，电脑1台	15	8：30—11：00，13：00—4：00	无	无
7	东夏村农家书屋	2015	石湖荡镇东夏村委会东侧夏庄老年活动室内	45	1 121册，书目26类，期刊报纸8份	书架4个，报架2个，电脑1台	12	8：30—11：00，13：00—4：00	无	无
8	张庄村农家书屋	2009	石湖荡镇张庄村203号	30	2 029册，书目22类，期刊报纸7份	书橱9个	13	8：30—10：30，13：00—15：00	无	无

（续表）

序号	农家书屋名称	创办年	地址	书屋面积（平方米）	2019年藏书量	设施设备	阅览室座位（个）	开放时间	特色活动	所获荣誉
9	泖桥村农家书屋	2007	石湖荡镇泖桥村村委会南侧老年活动室西侧	40	1 317册，书目25类，期刊报纸8份	书架4个，报架2个，电脑3台	10	8:30—11:00，13:00—4:00	无	无
10	东港村农家书屋	2008	石湖荡镇辰塔路1098号（东港村委会内）	25	3 000册，书目25类，期刊报纸6份	书架1个，报架1个	12	8:30—11:00，13:00—4:00	无	无
11	泖新村农家书屋	2018	石湖荡镇泖新村401号	80	1 200余册，书目26类，期刊报纸8份	书架6个，报架1个	16	8:30—11:00，13:00—4:30	无	无
12	得胜村农家书屋	2003	车墩镇引水路666号	30	1 800余册	阅览桌4张，书架5个，报架1个，办公桌1张，电脑4台	12	9:00—11:00，13:00—15:00	无	无
13	东门村农家书屋	2004	松江区环城路204弄80号	50	2 170册	桌子2张，椅子10把，书架2个，电脑4台	10	8:00—11:00，13:00—15:00	无	无
14	香山村农家书屋	2006	车墩镇北松公路5559号	70	1 900余册	阅览桌2张，书橱3个	12	8:30—11:00，13:00—16:30	无	无
15	高桥村农家书屋	2008	车墩镇影维路6弄21号	35	1 620册	阅览桌2张，书架5个，报架1个，办公桌1张，电脑3台	8	8:30—11:00，13:00—14:30	少儿读书会	优秀组织奖

（续表）

序号	农家书屋名称	创办年	地址	书屋面积（平方米）	2C19年藏书量	设施设备	阅览室座位（个）	开放时间	特色活动	所获荣誉
16	联庄村农家书屋	2009	车墩镇联庄村601弄1号	35	5 000余册	阅览桌3张，书架4个，报架1个，办公桌1张，电脑3台	12	8:30—11:00，13:00—15:00	无	无
17	永福村农家书屋	2009	车墩镇松卫北路2099号	40	2 200余册	阅览桌1张，书橱8个，报架1个	6	8:30—11:00，13:00—16:30	无	无
18	洋泾村农家书屋	2010	车墩镇车亭公路、闵塔路西	10	1 230册	阅览桌2张，书架3个，报架1个，办公桌1张，电脑1台	8	8:30—11:00，13:00—16:00	无	无
19	新余村农家书屋	2010	车墩镇车嘉路6号	25	12 500余册	书橱7个，报架1个，电脑2台，长条阅览桌1个，椅子10把	12	周一至周六，8:00—16:00	无	无
20	长溇村农家书屋	2012	车墩镇华长路353号	30	1 100余册	阅览桌4张，书架4个，报架1个	10	8:30—11:00，13:00—16:00	无	无
21	联建村农家书屋	2013	车墩镇车亭公路618号	35	1 500余册	书橱6个，报架1个，学习桌6张，电脑4台	16	8:30—11:00，13:00—16:00	无	无

（续表）

序号	农家书屋名称	创办年	地址	书屋面积（平方米）	2019年藏书量	设施设备	阅览室座位（个）	开放时间	特色活动	所获荣誉
22	汇桥村农家书屋	2016	车墩镇汇北公路1009号	30	10 400余册	阅览桌4张，书架2个，报架1个，办公桌1张，电脑4台	12	8：30—11：00，13：00—16：00	无	无
23	北干山村农家书屋	2008	佘北公路2130号	30	1 500余册	阅读桌4张，书架3个，报架1个，办公书桌1张	15	8：30—11：00，13：00—16：00	无	无
24	刘家山村农家书屋	2007	刘家山村许家浜591号	35	1 500余册	阅读桌4张，书架2个，报架2个	15	8：30—11：00，13：00—16：00	无	无
25	天马居民区农家书屋	2004	天新路126号	10	3 000余册	阅读桌椅5张，书架7个，报架1个	12	8：30—11：00，13：00—16：00	无	无
26	陆其浜村农家书屋	2009	新陆路蔡家浜720号	30	1 300余册	阅读桌4张，书架3个，报架1个	20	8：30—11：00，13：00—16：00	无	无
27	横山村农家书屋	2008	横山村1号	16	1 500余册	阅读桌1张，书柜6个	12	8：30—11：00，13：00—16：00	无	无
28	新镇村农家书屋	2009	九江公路288号	40	1 500余册	阅读桌4张，书柜6个，报架1个	20	8：30—11：00，13：00—16：00	无	无
29	新宅村农家书屋	2009	新宅路288号	20	1 500余册	阅读桌2张大桌，书柜7个，报架1个	20	8：30—11：00，13：00—16：00	无	无

（续表）

序号	农家书屋名称	创办年	地址	书屋面积（平方米）	2019年藏书量	设施设备	阅览室座位（个）	开放时间	特色活动	所获荣誉
30	卫家埭村农家书屋	2009	青天路150号	28	1 500余册	阅读桌4张，书橱8个，报架1个	10	8:30—11:00，13:00—16:00	无	无
31	陈坊村农家书屋	2007	陈坊村819号	40	1 500余册	阅读桌2张，书橱4个，报架1个	8	8:30—11:00，13:00—16:00	无	无
32	陈堵村农家书屋	2006	新浜镇白陈公路358弄1号	60	3 000余册	书橱16个，报架4个	21	8:30—11:00，13:00—16:00	无	无
33	林建村农家书屋	2010	新浜镇叶新公路6688号	40	3 000余册	书橱7个，报架5个	16	8:30—11:00，13:00—16:00	无	无
34	新浜村农家书屋	2006	新浜镇新浜村林家埭百姓戏台	60	3 000余册	书橱4个，报架2个	20	8:30—11:00，13:00—16:00	无	无
35	胡家埭村农家书屋	2008	新浜镇胡曹公路999弄30号	78	2 500余册	书架8个，报架1个	20	8:30—11:00，13:00—16:00	无	无
36	南杨村农家书屋	2008	新浜镇许村公路739号	25	2 000余册	书橱14个，报架1个	16	8:30—11:00，13:00—16:00	无	无
37	鲁星村农家书屋	2009	新浜镇老鲁家埭路503号	32	2 600余册	书橱6个，报架2个	12	8:30—11:00，13:00—16:00	无	无
38	赵王村农家书屋	2009	新浜镇林香路1号	30	2 500余册	书橱6个，报架1个	24	8:30—11:00，13:00—16:00	无	无
39	黄家埭村农家书屋	2010	新浜镇黄家埭村西首新中浜路	40	1 100余册	书橱4个，报架2个	12	8:30—11:00，13:00—16:00	无	无
40	许家草村农家书屋	2008	新浜镇许村路37号	30	1 100余册	书橱4个，报架5个	16	8:30—11:00，13:00—16:00	无	无

（续表）

序号	农家书屋名称	创办年	地址	书屋面积（平方米）	2019年藏书量	设施设备	阅览室座位（个）	开放时间	特色活动	所获荣誉
41	文华村农家书屋	2009	新浜镇叶新公路5361弄25号	21	2 000余册	书柜6个，报架1个	20	8:30—11:00，13:00—16:00	无	无
42	香塘村农家书屋	2013	新浜镇香长公路1号	50	3 000余册	书架20个，报架1个	20	8:30—11:00，13:00—16:00	无	无
43	新建村农家书屋	2012年	泖港镇松金公路8239号	92	1 800册	阅读桌10张，书柜8个	20	8:30—11:00，13:00—16:00	无	无
44	朱定村农家书屋	2008	泖港镇朱定公路331号	40	1 208册	阅读桌2张，书柜7个，报架3个	10	9:00—11:00，13:00—16:00	无	无
45	胡光村农家书屋	2008	泖港镇胡光公路（原胡光小学）	70	2 000册	阅读桌椅4张，书架7个	16	8:30—11:00，13:00—16:00	无	无
46	兴旺村农家书屋	2009	泖港镇兴旺村109号	80	1 200本	阅读桌20张，书架3个，报架3个	20	8:00—11:00，13:00—16:00	无	无
47	新龚村农家书屋	2012	泖港镇中天路185弄内	15	1 256册	阅读桌2张，报架1个，书柜2个	12	8:30—11:00，13:00—16:30	无	无
48	茹塘村农家书屋	2007	泖港镇茹塘村383号	50	1 200余册	阅读桌4张，书柜2个，报架1个	16	8:30—11:00，13:00—16:00	无	无
49	曹家浜村农家书屋	2008	泖港镇曹家浜村788号	40	1 250册	阅读桌3张，书柜2个，报架1个	10	8:30—10:30，13:30—15:30	无	无
50	南三村农家书屋	2007	泖港镇南三村202号	28	2 500余册	阅读桌1张，书橱6个，报架1个	12	8:30—11:00，13:00—16:30	无	无

（续表）

序号	农家书屋名称	创办年	地址	书屋面积（平方米）	2019年藏书量	设施设备	阅览室座位（个）	开放时间	特色活动	所获荣誉
51	黄桥村农家书屋	2007	泖港镇黄桥村1088号	60	1 500余册	阅读桌25张，书橱10个，报架1个	50	8∶30—11∶00，13∶00—16∶30	无	无
52	田黄村农家书屋	2008	泖港镇田黄村900号	30	1 000余册	阅读桌4张大桌，书柜6个，报架6个	12	8∶30—11∶00，13∶00—16∶00	无	无
53	腰泾村农家书屋	2009	泖港镇腰泾公路161号	60	1 700余册	阅读桌1张，书架7个，报架3个	16	8∶30—11∶00，13∶00—16∶30	无	无
54	焦家村农家书屋	2009	泖港镇松金公路7936号	32	1 500余册	阅读桌2张，书柜7个，报架1个	8	8∶30—11∶00，13∶00—16∶00	无	无
55	徐厍村农家书屋	2008	泖港镇中厍路749弄15号	30	2 130册	阅读桌8张，书柜12个，报架4个	20	8∶30—11∶00，13∶00—16∶00	无	无
56	范家村农家书屋	2007	泖港镇范家村210号	50	1 820册	阅读桌5张，书架7个，报架1个	14	8∶30—11∶00，13∶00—16∶30	无	无
57	泖港村农家书屋	2009	泖港镇同涵路586号	120	1 926册	阅读长桌10张，书架7个	20	8∶30—11∶00，13∶00—16∶30	无	无
58	同建村农家书屋	2008	叶榭镇同建路1号	30	1 500余册	阅读桌4张，书架3个，报架1个，办公书桌1张	15	8∶30—11∶00，13∶00—16∶00	无	无

（续表）

序号	农家书屋名称	创办年	地址	书屋面积（平方米）	2019年藏书量	设施设备	阅览室座位（个）	开放时间	特色活动	所获荣誉
59	金家村农家书屋	2007	叶榭镇张星路2号	35	1 500余册	阅读桌4张，书架2个，报架2个	15	8:30—11:00，13:00—16:00	无	无
60	东石村农家书屋	2004	叶榭镇东石村新华队（东石路东面）	10	3 000余册	阅读桌椅5张，书架7个，报架1个	12	8:30—11:00，13:00—16:00	无	无
61	兴达村农家书屋	2009	叶榭镇兴达村长兴公路9号	30	1 300余册	阅读桌4张，书架3个，报架1个	20	8:30—11:00，13:00—16:00	无	无
62	东勤村农家书屋	2008	叶榭镇东勤村公路288号东处	16	1 500余册	阅读桌1张，书柜6个	12	8:30—11:00，13:00—16:00	无	无
63	堰泾村农家书屋	2009	叶榭镇杨典公路688号	40	1 500余册	阅读桌4张，书柜6个，报架1个	20	8:30—11:00，13:00—16:00	无	无
64	团结村农家书屋	2009	叶榭镇叶新公路268号	20	1 500余册	阅读桌2张大桌，书柜7个，报架1个	20	8:30—11:00，13:00—16:00	无	无
65	四村村农家书屋	2009	叶榭镇四村村村中路张米路交界处	28	1 500余册	阅读桌4张，书橱8个，报架1个	10	8:30—11:00，13:00—16:00	无	无
66	井凌桥村农家书屋	2007	叶榭镇井凌桥村张米路	40	1 600余册	阅读桌2张，书橱4个，报架1个	8	8:30—11:00，13:00—16:00	无	无
67	大庙村农家书屋	2008	叶榭镇大庙村山房公路210号	40	1 200余册	阅读桌2张大桌，书橱4个，报架1个	10	8:30—11:00，13:00—16:00	无	无

（续表）

序号	农家书屋名称	创办年	地址	书屋面积（平方米）	2019年藏书量	设施设备	阅览室座位（个）	开放时间	特色活动	所获荣誉
68	马桥村农家书屋	2007	叶榭镇张泽竹亭南路515号	32	1 000余册	阅读桌2张，书架8个，报架1个	8	8：30—11：00，13：00—16：00	无	无
69	八字桥村农家书屋	2009	叶榭镇辕门路浦亭路路口	30	1 500余册	阅读桌2张，书柜7个，报架1个	8	8：30—11：00，13：00—16：00	无	无
70	徐姚村农家书屋	2008	叶榭镇张泽竹亭北路900号	50	2 500余册	阅读桌4张，书柜5个	20	8：30—11：00，13：00—16：00	无	无
71	中原居民区农家书屋	2008	叶榭镇□原二村88号	40	3 000余册	阅读桌4张，书架7个，报架1个	20	8：30—11：00，13：00—16：00	无	无
72	张泽居民区农家书屋	2009	叶榭镇辕门路156弄8号	80	1 500余册	阅读桌2张，书架4个	10	8：30—11：00，13：00—16：00	无	无
73	世源居民区农家书屋	2009	叶榭镇叶校路355弄113号	30	1 500余册	阅读桌1张，书架6个，报架2个	20	8：30—11：00，13：00—16：00	无	无

五

藏书家

【孙道明】(1296—1376)　元藏书家。字明叔,号停云子,又号泗滨老人、在家道人。华亭(今上海松江)人。初居府城东,后迁居泗泾里北,构筑草堂以居。自幼刻苦读经,及壮酷爱考古、收藏,研究道家学说,对科举仕进无兴趣。藏书万卷,每每遇到秘本,必亲手抄录。曾专辟一室藏经书、志书、传记、史籍各数千卷,对簉史、医术、方技的精华和古今名贤的墨迹也广为搜觅,题名"映雪斋"。与袁凯、邵亨贞、陶宗仪等为友,映雪斋常为待茶之所。相传年过七旬仍耳聪目明,手书细字而不倦。善书,字体端劲古雅。一生抄书一千余卷。其手抄的秘卷珍本《临汉隐居诗话》一卷,入清后,曾被钱曾、季振宜、瞿氏"铁琴铜剑楼"收藏。藏印有"映雪孙明叔印""映雪斋"。《四库全书》收录扬州新刻元华亭孙道明藏书。孙道明手抄元人读书笔记《闲居录》今藏中国国家图书馆。

【夏庭芝】(约1300—1375)　元末明初藏书家、戏曲家。字伯和,一作百和,号雪蓑,别作雪蓑钓隐、雪蓑渔隐。华亭(今上海松江)人。夏氏为云间巨族,书香故家,家中藏书极富,有藏书楼名"自怡悦斋"。晚年居泗泾之北,书斋名"疑梦轩"。元至正十六年(1356年)藏书大半毁于战火,"煨尽之余,尚存残书数百卷"。与杨维桢交往甚密,杨曾于其家设馆授课。喜爱戏曲,隐居不仕,与戏曲家张鸣善、朱凯、郝经、钟嗣成等交好。有文才,好冶游,能词曲。有《青楼集》传世,另著有传奇《沉香亭》。

【陶宗仪】(1329—约1412)　元末明初藏书家、文学家、学者。字九成,号南村。黄岩(今浙江台州黄岩区)人。元末兵起,避乱于华亭泗泾(今属上海松江),筑"南村草堂"。晚年好藏书,广搜古籍,尤多精抄本,有唐虞世南《北堂书抄》174卷,宋姜夔《白石道人歌曲》6卷、别集1卷,宋张炎《山中白云词》8卷等。抄书是陶宗仪收藏典籍的重要方法之一。编《说郛》丛书,收书617种,不少图书赖此书得以流传。撰《书史会要》,卷端列引用书目108种。著有《南村辍耕录》《南村诗集》《四书备遗》《古唐类苑》《草莽私乘》《游志续编》《古刻丛抄》《元氏掖庭记》《金丹密语》《沧浪棹歌》《国风尊经》《淳化帖考》等26种,涉及多种门类。其藏书印有"陶九成"。

陶宗仪

【钱溥】(1408—1488)　明藏书家、目录学家。字原溥,号遗庵、九峰。华亭(今上海松江)人。正统四年(1439年)进士,因蔷薇露诗称旨,授检讨,历任春坊左赞善、侍读学士,曾入内阁整理国家藏书,参与编修《寰宇通志》《大明一统志》。天顺六年,奉使安南。后坐内侍王伦事,降广东顺德县知县,后起掌南京翰林院事,进南京吏部尚书,卒谥"文通"。著有《朝鲜杂志》等。其藏书中,乡土文献颇多。成化九年(1473年)出其所藏,嘱其子钱冈编纂成《云间通志》18卷。

钱溥

【徐观】(1418—1469) 明藏书家。字尚宾。华亭(今上海松江)人。正统六年(1441年)举人。入国学,才名益著。交南、朝鲜诸国使者以购得其字为荣。以兵部主事告归。其家多藏书,学人朱应祥尽皆读之,于是学益富。

【徐霖】(1462—1538) 明戏曲家、藏书家。字子仁,一字子元,号九峰道人、快园叟、髯翁等。祖籍江苏长洲(今苏州),生于华亭(今上海松江),后移居金陵(今南京),多才多艺,解音律、精书画、擅戏曲,曾奉明武宗朱厚照旨意,填作词曲,授官固辞。性爱藏书,筑"快园"以收纳,多藏宋元版书。卒后,所藏多散佚,部分精抄宋椠归于毛青城,载至四川。著作有《丽藻堂文集》《快园诗文集》《续书史会要》等。

【徐献忠】(1493—1569) 明文学家、藏书家。字伯臣,号长谷。华亭(今上海松江)人。与何良俊、张之象、董宜阳并称"云间四贤"。嘉靖四年(1525年)中举人,以铨选授奉化县令,有政绩。辞官还乡后整治旧庐,修建书斋"梅圃",藏书读书于其中。藏书甚富,据黄虞稷《千顷堂书目》,徐编撰有《华亭徐氏书目》1卷,今佚无考。

徐献忠

【王祐】(生卒年不详) 明藏书家。字宗吉,华亭(今上海松江)人。有丹桂楼,所藏法书及名画甚富。

【张之象】(1496—1577) 明文学家、藏书家。字月鹿,又字玄超,别号碧山外史,晚年号王屋山人。上海县龙华里(今上海徐汇)人。与何良俊、徐献忠、董宜阳并称"云间四贤"。嘉靖三十二年(1553年),因倭乱迁居松江辰山下,筑"细村山馆"。上代多藏书,家中藏书万卷,内容涉及学术专著、诗文集、读书笔记、文献史料等,其中张之象搜求的集部书尤富,曾据此辑成《古诗类苑》120卷、《唐诗类苑》200卷、《彤管新编》8卷等。其精于考据,剖析疑义,对明代后期流传的一些错讹书籍予以纠错纠偏。与东南藏书家、学者顾华玉、蔡九逵、文徵明、王履吉、何良俊、朱察清等交游颇多。

【何良俊】(1506—1573) 明学者、藏书家。字元朗,号柘湖居士。华亭柘林(今上海奉贤南)人。与徐献忠、张之象、董宜阳并称"云间四贤"。喜藏书,遇有异书,宁以衣食费用购书。建"清森阁""望洋楼"专藏书籍、名画、金石,家中藏书四万余卷,名画百余轴,古今名人墨帖数十本,三代鼎彝二十余种,其中有祖上遗留者,也有购买、刻印、友人交流赠送者,种类繁多,且多为稀品。自诩与庄周、王维、白居易为友,故名其书斋为"四友斋"。在南京翰林院孔目位上时,赵贞吉、王维桢相继掌院事,与之相得甚欢。良俊居久之,慨然叹曰:"吾有清森阁在海上,藏书四万卷,名画百签,古法帖彝鼎数十种,弃之不居,而仆仆牛马走乎?"遂称病归,专心著述。嘉靖四十一年(1562年)迁居松江府城,建"望洋

何良俊

楼”，收藏不倦。藏书印有“东海何元朗”“柘湖居士”“紫溪真逸”“陆沉金马门”“清森阁书画印”“两山”“桔里清赏”等。藏书大多毁于倭寇兵灾。著有《清森阁集》《柘湖集》《何氏语林》《四友斋丛说》等。

【董宜阳】（1511—1572） 明诗人、藏书家。字子元，号七休居士、紫冈山樵。华亭（今上海松江）人。与董其昌同族，与徐献忠、张之象、何良俊并称“云间四贤”。以徐献忠为师。收藏颇丰，以古书珍籍、法帖文墨、古今石刻为主。宋版书《陶靖节先生诗注》刊刻精良、版本珍贵，为存世宋版书之翘楚，卷尾有“董宜阳印”。

【李可教】（生卒年不详） 明藏书家。字受甫。华亭（今上海松江）人。为诸生。年十二能属文。其先世储书万卷，遭倭寇之乱悉散失。李可教多方访购，风抄雪写，得还十之五六，校雠点勘，丹黄烂然。晚年居笏溪草堂，享年八十而卒，葬于小昆山。

【朱大韶】（1517—1577） 明藏书家。字象元，一作象玄、号文石。华亭（今上海松江）人。吏部尚书朱恩侄孙。嘉靖二十六年（1547年）进士，授翰林院检讨。后仕途受阻，用心藏书、做学问。回乡建“文园”，收藏宋刻本《金石录》、宋刻本《后汉书》、苏轼《祭黄幾道文卷》、宋刻本《剑南诗稿》、宋刻残本《资治通鉴》、元刻本《尔雅》等珍贵文本。不少珍本今藏于国内外各大图书馆，其中宋刻本《新序》刻于南宋高宗朝，曾经朱大韶、钱谦益、季振宜、徐乾学、黄丕烈、汪士钟、杨以增、周叔弢等藏书大家递藏，印记累累，记录了此书流传过程，现藏中国国家图书馆。相

朱大韶

传，朱大韶得知吴门故家有部宋版袁宏《后汉纪》，书中有陆游、刘须溪、谢叠山等名家手笔批注，饰以古锦玉签，遂上门愿以万金美玉交换，但屡遭拒绝，便用家中美妾唐氏交换。唐氏临行题诗于壁：“无端割爱出深闺，犹胜前人换马时。他日相见莫惆怅，春风吹尽道旁枝。”朱大韶见诗伤感，不久去世。著有《横经阁收藏书籍记》。

【朱察清】（1524—1572） 明藏书家。字邦宪。华亭（今上海松江）人。父辈好收书，察清继藏达六千余种，编书目八卷，室名“慈云楼”。卒后藏书归上海李筠嘉，李氏沿其旧名，声名尤振。著有《朱邦宪集》。

【张昂之】（生卒年不详明） 明藏书家。字匪激，华亭（今上海松江）人。天启二年（1622年）进士。白龙潭畔藏书屋凡九间，分经史子集、稗官小说、佛经梵志，各置架格，装帙精严，皆手自批评，丹黄烂漫。

张昂之

【孙克弘】（1532—1611） 明书画家、藏书家。一作克宏，字允执，号雪居。华亭（今上海松江）人。礼部尚书孙承恩之子，以父恩荫，授应天府治中，拔为汉阳知府。孙克弘有别墅一栋，在松江城东门外果子弄，俞塘之北，史称其园林为“孙家园”。园内设有藏书阁“秋琳阁”等，家富藏书，有宋本数种。藏书家朱大韶去世后，其“横经阁”所藏之书散出后，大多为其所得。另

孙克弘

莫是龙

收藏有春秋战国期间的石鼓文拓片、元大德刻本《宣和画谱》等。明何三畏著《云间志略》称：孙克弘"所居有听雨轩、敦复堂、东皋雪堂、赤霞阁，一木一瓦，一榱一桶，与俗人营造迥然不同。而室中列鼎彝、金石、名画、法书，陈设位置，日异月更，种种令人可爱"。孙克弘善书画，初学徐熙、赵昌，后师法沈周、陆治。传世作品有《新枝四季花卉图》《寒山拾得图》《竹菊图》《达摩渡江图》《百花图》《罗汉》《折枝花卉图》《朱竹图》等，大多有陈继儒题字。藏书印有"汉阳太守""雪居道人""孙克弘允执雪居书画印""汉阳郡长"等。著有《古今石刻碑帖目》《备考古今石刻碑帖目》。

【莫是龙】(1537—1587)　明文学家、书画家、藏书家。字云卿，号秋水。华亭(今上海松江)人。喜藏书。其舅父杨仪家中有藏书楼"七桧山房""万卷楼"，藏书极多，且多宋元精本。杨仪去世后，"七桧山房"之藏多归于莫是龙，藏于松江"城南精舍"，并加以整理和扩充。另有藏书室名"石秀斋""飞云阁"等。黄丕烈诗："七桧山房万卷楼，杨家书籍莫家收。"莫是龙在《云卿笔座》中自叙："蓄一古书，须考核伪谬及耳目所不见者。"坚持"蓄一古书，必须考校伪谬之后，方能入库。"的原则。其收藏的宋刻本《南华真经》《妙湛和尚偈颂》等为藏家所重。藏书印有"莫生秋水""山有寿兮松有茂""莫云卿赏识印""思玄亭""碧山樵""玉关山人""云间莫氏城南精舍藏书"等。史称，每当梅花开时，莫是龙焚香点茶，开内典素书诵读。

【袁福徵】(生卒年不详)　明藏书家。字履善，号太冲。华亭(今上海松江)人。嘉靖二十三年(1544年)进士，官唐王府长史。在京师时曾与吴维岳、王世贞、李攀龙等俱在中书，有"小词林"之誉。晚年以诗文棋酒自娱，与书画家、藏书家莫是龙结交，多有诗词酬唱与藏书版本交流。明万历初，居于佘山之下，家中独辟一室，室中集历年所藏之书，有万余卷。著有《拇战谱》，收录有各种划拳令数，保存了明代猜拳行令的史料。

【吴中秀】(约1565—1645)　明名医、藏书家。字瑞所。华亭(今上海松江)人。喜贮书，工于校勘，家藏书万卷，室名"天香阁"。著有《医林统宗》《伤寒备览》。

【明万历松江府四大藏书家】　明万历年间，松江府宋懋澄，施大经、王圻、俞汝楫四家私人藏书最多，人称"四大藏书家"。宋懋澄多秘本及名人手抄本。施大经藏书量堪称当时松江府之最，石屏藏书印章曰"施氏获阁藏书"。王圻个人收藏图书甚富，曾建"梅花源"，自号"梅源居士"，以藏书、著述为事。俞汝楫究心经学，兼通经济，曾主撰《礼部志稿》百卷，收集资料极多，藏书甚丰。后世亦称"明万历上海四大藏书家"。

【董其昌】(1555—1636) 明末书画家、藏书家。字玄宰,号思白、香光居士。华亭(今上海松江)人。精书画,擅鉴别古书画,喜收藏古书籍、法帖等。藏书尤多,家有“玄赏斋”“来仲楼”“宝鼎斋”“戏鸿堂”“画禅室”“香光室”等书屋,贮法帖、名画、古书。撰有《玄赏斋书目》,不著撰人及收藏人姓氏,被疑为他人所撰,清张均衡《适园藏书志》考证为是董其昌家藏书目。藏书印有“思白”“玄宰”“太史氏”等。著有《容台集》《容台别集》《画禅室随笔》。

董其昌

【陈继儒】(1558—1639) 明末文学家、书画家、藏书家。字仲醇,号眉公,别号麋公。华亭(今上海松江)人。以书画名重一时。爱收藏,喜聚书,凡碑石、发帖、古画、印章,均有珍藏。曾得颜真卿真迹,遂名其藏书室为“宝颜堂”,又有“顽仙庐”“来仪堂”“婉娈草堂”等藏书室,收藏秘本颇多,其中尤多明以前小说杂记。广搜博采奇书逸册,或手自抄校,校抄旧籍颇丰。对经、史、诸子、术伎、稗官与释、道等书,无不研习,博闻强识。精于校雠之学,自称:“凡得古书,校过即付抄,抄后复校,校后复刻,刻后复校,校后即印,印后再复校。”“读未见书,如得良友;见已

陈继儒

读书,如逢故人。”喜用“一腐儒”藏书印。所辑《宝颜堂秘笈》收书226种、457卷。著有《陈眉公先生全集》等。

【宋懋澄】(1570—1622) 明文学家,藏书家。字幼清,号雅源,亦作稚源、自源。华亭虹桥(今上海奉贤邬桥)人。能诗善文,以富藏书而知名,与俞汝楫、王圻、施大经并称明万历年间松江府四大藏书家。藏书多秘本、手抄本及名家所校本。建有书楼“九籥楼”。所著《九籥集》《九籥别集》在清代被列为禁书,其中文言小说《负情侬传》为杜十娘故事原型。参见“明万历年间松江府四大藏书家”。

宋懋澄

【李延昰】(1628—1697) 明末清初医学家、藏书家。初名彦,字辰山,一字我生,号寒村,又号期叔。华亭(今上海松江)人。参与抗清,事败,避乱于嘉兴,后入平湖隐居为道士。精通医术,为人治病,多不取报酬。或有酬金,即以买

书，积至四五十橱。临终前将所藏书籍2 500卷及自己所著之书赠与朱彝尊。著有《南吴旧话录》《药品化义》《医药口诀》《脉诀汇辨》《痘疹全书》等。

【黄之隽】（1668—1748）　清初戏曲家、藏书家。初名兆森，字石木，号痦堂，晚号石翁、老牧。祖籍安徽休宁，迁居华亭陶宅（今属上海奉贤），再迁娄县（今上海松江）谷阳桥。康熙六十年（1721年）进士。历任提督福建学政、右春坊右中允、左春坊左中允等职。雍正年间参与重修《明史》。60岁任《江南通志》总裁。一生好蓄书，藏书屋名“痦堂”。致仕归，囊无余资，唯嗜蓄书，编《痦堂书目》，著书目者二万余卷。纵览浩博，才藻富赡，撰述甚富。撰有诗文集《香屑集》《痦堂集》和杂剧《郁轮袍》《梦扬州》《饮中仙》等。乾隆十二年（1747年）著成《冬录》，“录所忆一生梗概备家乘”，可视为黄之隽自撰的年谱。

【张照】（1691—1745）　清大臣，藏书家、书法家、戏曲家。初名默，字得天，一字长卿，号泾南，别号天瓶居士。娄县（今上海松江）人。康熙四十八年（1709年）进士，官至刑部尚书、抚定苗疆大臣等职。家富藏书，有藏书楼“天瓶斋”。乾隆九年（1744年），奉命与梁诗正等人主编《石渠宝籍目录》，共44卷，著录当时宫廷中所藏书画。依储藏之所，各分书册、画册、书画合册著录，再依书卷、画卷、书画合卷著录，最后按照书轴、画轴、书画合轴著录，共计9类，每类又分上等、次等。分别著录书画的纸绢、尺寸、款识、印记和题咏、跋尾等。后由董邦达等人续修《石渠宝籍重编》《石渠宝籍三编》，专录乾隆内府所藏书画作品。其孙张兴载，亦富藏书，有藏书印多枚。

张照

【沈绍宾】（生卒年不详）　清藏书家。字廷作。华亭（今上海松江）人。贡生，官安徽青阳训导。博学，工诗古文。藏书五万卷，皆手自评阅。性喜游览，藏书室名“月滟山房”。年七十四卒。著有《月滟山房稿》。

【沈大成】（1700—1771）　清学者、藏书家。字学子，号沃田。娄县（今上海松江）人。藏书室“学福斋”藏书万卷。研究经史，务穷根柢。以校勘负盛名，凡所藏刊本伪阙，一一标识补正。其校定之《十三经注疏》《史记》《前后汉书》《南北史》《五代史》《杜氏通典》《文献通考》《昭明文选》等，丹黄标识，五色灿烂，而《十三经注疏》尤为其一生精力所萃。

【沈恕】（？—1812）　清藏书家。字正如，一字屺云，号绮云。华亭（今上海松江）人。居城北“古倪园”。诸生，师从王芑孙。好藏书和刻书，曾收得袁廷梼的旧藏珍本异籍数十种，其中有南宋绍熙《云间志》、《唐宋大家全集》、汲古阁印本《十七史》、《欧阳文忠公集》等。藏书有“古倪园”“三宿斋”“啸园”等处，多藏古籍、法书、名画。藏书印有“沈氏屺云曾经过眼”“沈恕之印”等。

【沈慈】（1777—？）　清藏书家。字十峰。华亭（今上海松江）人。沈恕弟，居邱家湾“啸园”。喜刻书。藏书处名“沈碧楼”，所藏甚丰。藏书印有“十峰秘玩”“沈慈印记”“华亭啸园”“沈碧楼藏书记”等。

【张应时】（1751—1824）　清藏书家。字虚谷。华亭（今上海松江）人。官直隶州知州。仰慕风雅，平生好聚书，家多珍本图书，筑“书三味楼”以藏。对上海历史典故图书搜集颇用心，收有《南吴旧话录》24卷，附录1卷，记明一代松江遗事甚详。嘉庆二十年（1815年）曾刊刻其校勘本《读礼志疑》36卷，另刊刻有《陆清献集》，所辑书数百卷。编辑和刊刻《书三味楼丛书》，收书17种21卷，收杨履基著作多种，有《陆清献公（陇其）年谱原本》等。著有《云间明末殉节诸臣纪略》等。

【张兴载】（1757—1807）　清藏书家。字坤

厚，号甄山、悔堂、悔堂居士、莼菜桥西散吏、清晖阁主人，室名一松斋、绣云山房。华亭（今上海松江）人。张梦喈子，张照侄。富藏书，有藏书印多枚。其藏书中的数种善本现藏于中国国家图书馆。

【周厚堉】（生卒年不详） 清藏书家。字仲育。娄县（今上海松江）人。乾隆间诸生。家居干山下，其家历代有藏书，且多精善之本。祖父周士彬，字介文，号爱莲，有“山丹堂”藏书楼。乾隆中开四库馆，诏求民间遗书，乾隆三十九年（1774年）九月，江苏巡抚萨载《奏周厚堉呈献家藏书籍折》称周家进献图书366种。《四库全书总目》著录其家藏图书164种。得赐《佩文韵府》1部及御题石刻，又御笔题诗于所进《两汉博闻》上。周遂取诗中“来雨”二字，取名藏书楼为“来雨楼”。编有《来雨楼书目》2卷，著录藏书3 000余种。上卷为经、史、子、集4类，下卷为总选、类纂2类，类纂又分为理学、经济、博雅、技术、闲丛5个子目。周中孚论其“所分门目，大都杂乱无章”，藏书向所有人开放阅览，来阅书者，皆“款以茗饵”。工于诗文。平生拾摭干山琐事，编成竹枝词百首，极其赅博。

【梅益徵】（生卒年不详） 清藏书家。字复斋。华亭（今上海松江）人。嘉庆、道光年间与李筠嘉齐名。嗜书，购求数十年，颇多得钞本、稿本等罕见之书。遇有善本，手自校勘，室名“得益阁”。辑有《得益阁藏书志》42卷。

【姚椿】（1777—1853） 清学者、藏书家。字春木，一字子寿，号樗寮生、蹇道人、东佘老民，娄县（今上海松江）人。国子监生。家富藏书，积书数十万卷，尤多手抄本。毕生沉浸书籍，有“两脚书橱”之誉。钻研宋儒学说，对农业、水利、兵防诸方面均深研洞晓。编有《姚氏家藏书目》。

【张允垂】（1773—1836） 清藏书家。字柳泉。华亭（今上海松江）人。嘉庆六年（1801年）拔贡，官至杭州知府。性嗜藏书，购藏三万余卷，藏于“海棠吟馆”。任杭州知府时收藏曹溶编的《学海类编》20函、120册，道光十一年（1831年）在此书上作跋：“前有汲古毛氏藏书印，缮手亦工，惟此书篇帙繁富，外间绝少副册，无从考证讹舛。”为不使该书湮没，出借给六安晁氏，以活字版排印，得以行世。其藏书印有“张允垂藏书印”。著有《平定教匪纪略》《海棠吟馆诗文集》等。其子张尔耆，字伊卿，能守父书。

【韩应陛】（？—1860） 清藏书家。字绿钦、绿卿，一字对虞。娄县（今上海松江）人。道光二十四年（1844年）举人，曾任内阁中书。藏书室名“读有用书斋”“读未见书斋”，藏书富而精，不乏宋元善本，尤多旧抄精校本。有的亲手抄录，有的精加雠校。珍籍之富，称于松郡。好购求宋元版本，不计残卷片佚，荟而存之，且校刻国外科学著作。编书目多种，有《松江韩氏宋元明本书目》《读有用书斋古籍书目》《云间韩氏藏书目》等，收录宋刻本34种、宋元间及复本33种、明刻本65种以及稿本、抄本、影抄等377种，共计509种。藏书主要得自黄丕烈、汪士钟、戈载等吴中名家所藏，又有从湖州书商购得的浙中藏书。韩氏藏书多经其题识，述其购藏经过，重要的刻本、抄本撰有较长的跋语，对版本加以考订，或记述其校勘的经过。咸丰年间部分藏书毁于太平天国战火，其人病逝于逃难途中。大部分藏书散出，主要归潘宗周、周叔弢、陈清华等，今主要收藏在中国国家图书馆和上海图书馆。1934年封文权编订《韩氏读有用书斋目录》一卷。韩氏后人编有《读有用书斋藏书志》，收录部分韩氏题跋，今藏南京图书馆。书商邹百耐在经手出售韩氏藏书的过程中，编有《云间韩氏藏书题识汇录》四卷，抄录了韩氏题跋。藏书印有“韩应陛鉴藏宋元名钞名校各善本于读有用书斋印记”“读有用书斋藏善校本”“应陛”“应陛手校”“应陛手记印”“云间韩氏考藏”等。后人为其辑有《读有用书斋杂著》。

【韩载阳】（？—1898） 清末藏书家。原名伯阳，字阳生，一作扬生。娄县（今上海松江）人。韩应陛子。咸丰十年（1860年）五月，太平军攻打松江，侍父护书外逃，父病逝后其妥善保存藏书，战乱平定后护书返乡。同治元年（1862年）太平军第三次攻打松江，携家眷避难于苏北海门。战事平息后回松，收拾避乱外运的藏书，整理刊刻先人遗稿。与张文虎、杨葆光等饱学之士相交甚密。

【封文权】（1868—1943） 近现代藏书家。字衡甫，号庸盦，别号无闷老人。华亭（今上海松江）人。自幼勤勉好学，二十岁即通经史。对音韵、训诂、诸子百家及经济等皆有所涉猎，并著文阐释，钟爱朱熹性理之说。工文章、书画，楷书师颜真卿，善作擘窠大字。终生未仕，闭门绝世，与古书为伴，伏案校勘。抗日战争全面爆发后松江沦陷，命家人疏散，自留家中守护藏书，幸得保全。家中藏书历经三代，经史子集皆备，宋元版本有数十种。各府县志书、医书、印谱、棋谱、琴谱、泉谱、画谱，兼收并蓄；小说、词曲等各式俱全。自奉甚俭，爱书如命，收购书籍，毫不吝惜。除松郡旧家藏书多方搜罗外，远及苏杭。筑藏书楼“篑进斋”五楹楼房以藏书，总数不下十余万册。藏有松江及上海地方文献数百种。所藏松江姜皋撰《浦泖农咨》清道光十四年（1834年）刻本，为专门论述水稻种植及管理的存世孤本农书。辟专室库藏明清制艺时文、朱卷、闱墨等文献。手编《篑进斋书目》30卷、71册，今藏上海图书馆。1950年大部分藏书入藏上海图书馆及江苏省文物管理委员会。曾辑刻《张泽诗征》《竺城三子诗》《茹荼轩文集》《一砚斋诗集》等。又仿徐璋《邦彦画像》，遍访松郡各故家所藏影照，自清初至清末，得百余人，请名画工临摹成册，名《国朝邦彦画像》。著有《庸盦文稿》4卷、《庸盦诗稿》4卷、《庸盦日记》，编有《篑进斋金石录》《华亭、娄县续志稿·艺文志》《篑进斋书画录》等。

封文权

【高燮】（1878—1958）　近现代诗人、藏书家。字吹万，一字时若，别署志攘，号寒隐，又号黄天、葩叟等。金山人，常来往于松江，在松江有“颐园”等别业。生平喜藏书。其藏书处称“闲云山庄”（亦称“闲闲山庄”），藏书三十万卷，抗日战争期间毁于兵燹，仅剩《诗经》各种注本一千余种。所藏善本书多为朱慎初“抱经堂”故物。最喜用“骇子”“吹”两个藏书印章。著有《吹万楼诗文集》《吹万楼日记》等。中华人民共和国成立后，将劫余书籍捐献给复旦大学图书馆和上海市文物管理委员会。

高燮

【夏仲方】（1896—1968）　当代医学家、“仲方阅览室”创建者。名琦，以字行。松江人，家住起云桥堍。十七岁拜中医张友苌为师。二十岁开业应诊。医道宗法张仲景，兼采诸家之长，求治者甚多。20世纪30年代中期新建楼房一幢，准备扩充诊所。旋悉毗邻的松江县立中学缺乏校舍，乃将此新建楼房连同空地全部捐赠该校，辟为藏书楼及阅览室，命名为“仲方阅览室”，抗战中此楼被日军炸毁。

夏仲方

【施蛰存】（1905—2003）　现代文学家、翻译家、藏书家。原名德普，字蛰存，常用笔名有施青萍、安华等。浙江杭州人，八岁时随家迁居松江。博学多才，在文学创作、古典文学研究、碑帖研究、外国文学翻译方面均有成绩。喜爱藏书，早年藏书大多为西文书，以英文书为主，少量法文、德文书。其中很多是初印本，有《魏尔仑诗集》《巴黎的哲学之夜》《萨洛扬短篇小说集》以及中国最早的横排书《英文汉诂》（严复译上海商务印书馆1905年版精装本）等稀缺珍品。藏书印有篆刻家邓散木刻的“无相庵藏书章”。是民国时期最早一批使用自作藏书票的文化人，今存有“施蛰存无相庵藏书之券1945—1948”“北山楼藏书”等，均自行或委托设计，并用在自己的书册上。其中两块印制的锌版收藏于上海图书馆。20世纪90年代起开始生前散书，让朋友从其藏书中任意取走喜欢的书。

施蛰存

文化团体

一

概　述

松江的文化团体主要分为社会团体、校园团体和演艺团体三类。

元末明初，松江文人结社成为风气，意气相投者定期聚会，每社成员多者十余人，少则五六人，一般无章程制度，随兴而聚，兴尽则散，存在时间大多不长。聚会时品茗喝酒，切磋诗文，清代松江传承了这种风气。明末由夏允彝、陈子龙、徐孚远等“幾社六子”创立“幾社”，他们有明确的文学纲领和政治主张，是古代松江活动时间最长、社员人数最多的文人社团，该社的活动延续到清代初年，对当时中国社会产生重要影响。

民国时期，松江的文化团体出现多元化，有弥洒社等文学团体，有中国共产党领导下的歌咏会、读书会等政治文化团体，有京昆戏剧票房组织和摄影艺术团体等。

1989年4月，松江县文学艺术界联谊会成立，设文学、美术、书法、摄影、戏剧、音乐舞蹈6个分会。1994年改名松江县文学艺术界联合会，1998年改名松江区文学艺术界联合会。2020年下属各分会改称协会，设作家、书法家、美术家、摄影家、音乐家、舞蹈家、戏剧家、影视艺术家、民间文艺家9个协会，涵盖文学艺术各主要门类，会员1 200余人。同时，松江的影评、集邮、收藏、诗词等团体先后建立。松江文联和其他各类文化团体坚持“双百”方针，坚持为人民服务，为团结松江文化工作者、爱好者，促进松江文化事业的发展和繁荣发挥了积极作用。

20世纪80年代起，松江二中、松江一中及部分乡镇的中小学先后成立文学社等团体。进入21世纪，松江的校园文艺团体数量迅速增加，涉及文学、音乐舞蹈、美术、戏剧和民间文艺等领域。校园文艺团体为活跃校园文化，开发学生智能，培养学生素质，传承优秀传统文化诸方面发挥了积极作用。

同时，松江各街镇的居(村)委纷纷建立各种形式的文艺沙龙，呈井喷式发展，一度全区建有五六百家，尤以沪剧、越剧、舞蹈为多，成员以退休老人为主。至2019年，松江区各街镇均有一二十支队伍能坚持正常开展活动，自娱自乐为主，偶尔参加社区、街镇的节庆活动表演。

元代松江已有演艺团体，明清两代昆曲演出团队在松江演出频繁。晚清，花鼓戏（又称滩黄，后称申曲、沪剧）开始在松江流行。古代松江的演艺团体无系统资料记载。现当代资料比较完整的松江专业演出团队有20世纪30年代的“中山社”沪剧团和40年代的“老三庆”越剧团等。五六十年代，松江的专业演出团队有松江越剧团、沪剧团、曲艺团，群众业余演出团队十分活跃，其中新五公社文工团、松江城厢镇宣传队、泗泾镇宣传队等演出水平较高。至2019年，松江区无区属演艺团体，注册在松江的演艺团体均为民营或游艺园所属。各街镇均拥有业余演出团体，人员相对稳定，定期排练，完成区、街镇安排的各类演出任务。

二

社会文化团体

【六人社】 明文人社团。① 成化年间由黄明、顾清、钱福、李希颜、曹闵、顾斌共同组建。社址租用县署西侧房屋，存放儒衣冠。社员每月初一、十五日聚会，先到县学拜谒学官，然后在社中互评"月课"，事毕，沽酒尽欢，翌日各自返里。② 崇祯二年（1629年）杜麟徵、夏允彝、周立勋、徐孚远、彭宾、陈子龙结社，后改建为幾社。参见"幾社"。

【十人社】 明文人社团。嘉靖年间由林弘斋、董环亭、盛淳庵、王玉宇、钱傅岩、华绳庵、乔弦、李南涓、朱文石等10人共同组建。以文会友，互相切磋，由李南涓、朱文石评定社员所作的诗文等次。

【林太仆社】 明文人社团。万历年间创办。创办人林景旸官至太仆寺卿，故称。以其家为活动场所。社员有其子林有麟，及张鼐、郑栋、杜乔林、杜士基、姜云龙、钱大忠、李绍文等。每次举社，林景旸清晨即起，亲自检点桌椅、笔墨等用品，并亲自命题作文。到酉刻（下午5点）交稿。然后设酒席畅饮，其间评论文章优劣，谈论古今，相互激励，至夜深方散。社员中除李绍文未取得功名外，其余后来都进士及第。

【春藻堂文会】 明文人社团。隆庆、万历年间由华亭人彭汝浪创立。以彭家的堂名"春藻"命名。彭汝浪去世后，由其子彭宾继续承办。幾社成立后，成为幾社的主要活动场所之一。入清后，由彭宾的侄子彭开祐承办，与会者有王伊人、卢文子、顾见山等数十人。宜兴彭羡门曾赴会。

【幾社】 明末文人社团。崇祯二年（1629年）由华亭"幾社六子"杜麟徵、夏允彝、周立勋、徐孚远、彭宾、陈子龙6人创立，与东林清流相呼应。宗旨是复兴古学，崇扬气节，反对党争，以挽救明朝危局。文学主张受前后七子影响。杜登春《社事始末》："幾者，绝学有再兴之幾，而得知幾其神之义也。"与复社关系密切，但保持自己的独立性。讲求制艺，议论朝政，提倡经世致用。吸收社员"立于简严"，非师生子弟不准入社。成员有夏完淳（允彝之子）、杜登春（麟徵之子）、何刚、宋徵璧、宋徵舆、李雯、顾开雍、宋存标、吴骐、王沄等。崇祯五年，王元玄、李待问、邵梅芬等34人加入。崇祯九年前后最盛，社员多达百人。聚会频繁，经常举行会课，作诗课。辑有《六子会义》《幾社壬申合稿》等书7种。崇祯十一年，陈子龙、徐孚远、宋徵璧、李雯等合力编纂巨著《皇明经世文编》，共504卷。陈子龙、徐孚远合著《史记测义》。崇祯十二年，陈子龙得徐光启《农政全书》手稿，予以整理出版。陈子龙、宋徵舆、李雯三人齐名，被称为"云间三子"，崇祯十六年三人合作编印《皇明诗选》13卷。明亡后幾社分化，夏允彝、夏完淳、陈子龙、李待问等领导抗清起义，均赴死。清康熙初年幾社解体。徐孚远出走台湾，一度成立"海外幾社"。

【沧浪会】 清初诗文社。顺治初年苏州、松江两府士人在苏州沧浪亭发起创立，故名。长洲宋实颖、华亭杜登春、昆山徐乾学和徐元文兄弟等为发起者。社员中许多是明末幾社社员。因社内意见纷争，清顺治六年（1649年）冬终止活动，拆分为"慎交社"和"同声社"。

【慎交社】 见"沧浪会""十郡大社"。

【同声社】 见“沧浪会”“十郡大社”。

【十郡大社】 亦称“七郡大社”“九郡大社”。清初诗文社。顺治六年(1649年)冬,沧浪会内部意见纷争,拆分为“同声”“慎交”两社,彼此势同水火。吴伟业与“慎交社”彭珑、宋实颖、尤侗等人为消除两社矛盾,联合苏州、松江两府及附近诸府士人,共建“十郡大社”。顺治十年春,苏州、松江等七府士人,包括“慎交”“同声”两社成员,借春禊社饮之机,聚会苏州虎丘,与会者500多人,奉吴伟业为宗主。协定“慎交”“同声”两社轮流主持社务,两社间矛盾一度缓解。后“大社”于浙江嘉兴鸳湖集会,与会名流有吴伟业、宋实颖、沈世英、彭珑、尤侗、徐孚远、计东、黄永、邹祇谟、顾宸、徐乾学、朱彝尊、曹尔堪、章金牧、章金范、陆圻、骆复丹、姜承烈、徐允定,以及章在兹、赵炳、沈世奕、钱仲谐、王长发、王昊、郁禾、周肇、侯涵等。吴伟业奉诏入都后,“大社”解散,“同声”“慎交”两社争斗又起。清康熙年间两社停止活动。

【七郡大社】 即“十郡大社”。

【九郡大社】 即“十郡大社”。

【原社】 清初文人社团。① 顺治十一年(1654年)由杜登春、顾开雍、陶岑、张渊懿、王釪等人组建。杜登春《社事始末》记其事。② 康熙四十九年(1710年)华亭李定宜、张砚铭、施吕授、林武宣、朱彦则、李定远等人从“同声社”中分离出来,另建“原社”,欲与吴中诸社团相抗衡。辑有《原社初集》《原社二集》。

【棠溪诗会】 亦称“恒社”。清初文人社团。顺治十三年(1656),由陶冰修、王阶右、金天石、吴日千、吴六益等30余人组建成立。与会者皆名士,以明朝遗民自诩,宣泄反清情绪,聚会咏吟,以遣情怀。规定仕清者不得与会。刻印《棠溪诗选》一集。

【恒社】 即“棠溪诗会”。

【泖东诗社】 亦称“泖东莲社”。清文人社团。嘉庆十七年(1812年)苏州王芑孙在松江主持云间书院时创立。入会者有梅春、钦善、改琦、高崇瑚、姜皋、沈慈、冯承辉等24人。聚会地在松江府城西白龙潭之莲花庵。辑有《泖东诗课》一卷。王芑孙撰有《泖东莲社图记》。

【泖东莲社】 即“泖东诗社”。

【自怡文会】 清文人社团。道光年间叶珪(字桐君)家有自怡园,常延请黄仁、张鸣章、雷约轩、蔡鹏飞、顾夔、沈曰富等在园中聚会,吟诗填词,故名。传世有叶珪手辑文友聚会时的词作《自怡园锦屏词集》二卷。沈曰富所撰《自怡园饯饮记》被收入《中国近代文学大系》。

明清松江文人社团情况表

社 名	创办时间	成 员	备 注
拂水山房社	明万历年间	范文若、冯明玠、许士柔、孙朝肃、王焕如	以范文若为首领
求社	明崇祯十五年(1642年)	谈璘、唐镕等	命题设课,社稿由王光承、王光烈评定
雅似堂社	明崇祯十五年(1642年)	周茂源、陆冰修、蒋驭闳、蔡山铭、吴昕、计子山等	
赠言社	明崇祯十五年(1642年)	彭宾、王广心、卢元昌、顾大申等	
得朋会	明崇祯十五年(1642年)	杜同春、杜登春、夏完淳、许度辽、王后张、许瓒曾、沈荃等	亦称“西南得朋会”,以徐孚远为师
丽秋堂文会	清顺治年后期	李雯、盛诚斋、宋荔裳等	社址在横云山下丽秋堂
周声社	清顺治六年(1649年)	王胜时、卢文子、徐丽冲、杜登春等	“沧浪会”分化后的余脉,以明朝遗民自诩,宣泄反清情绪

（续表）

社　名	创办时间	成　员	备　注
惊隐诗社	清顺治七年（1650年）	华亭文人，具体人名不详	主旨为纪念屈原和陶渊明
须友堂文会	清顺治十一年（1654年）	张安茂、彭师度、许瓒曾等	社址在南门陆家桥张安茂家，其家堂名“须友”，故名
振雅堂文会	清顺治十一年（1654年）	张梅岩等	社址在白龙潭张梅岩家，刻印《振雅堂诗集》二集
振幾社	清康熙年间	宋应远等	亦称“振雄社”，旨在重振幾社雄风
大雅堂社	清康熙十六年（1677年）	庄永言、戴有祺、陶尔燧、姜遴等数十人	相约为日课诗，旨在重振幾社遗风，社址在秀野桥畔
消夏诗社	清康熙年间	张琳、张志京、张天授、诸初晴、朱子儒等	
东皋尚齿会	清康熙二十年（1681年）	唐昌世、林子卿、沈麟、董含、王原等	王原著有《东皋尚齿会记》
东皋诗社	清代初期	王光承、王光烈、金是瀛、吴骐等	主旨为纪念陶渊明
小兰亭社	清代初期	曹谿、曹勛、曹炯、曹诗、曹燕、曹尔埏、曹重等12人（一说16人）	成员均为华亭曹氏同宗，后由曹元曦续办
七子会	清代初期	叶永年、叶楠、王未央、彭世瑞、钱金甫、路鹤徵、彭开祐	由上海、华亭、娄县七位诗人结社，故称
西郊吟社	清嘉庆年间	徐启冕、陈枚、朱镇、季骏等	
祈雪社	清嘉庆年间	钦善、高崇瑚、鞠澹如等	社址在东阳道院
嬉春词社	清道光年间	黄仁创办，人数不详	追随者多有成就
莲花社	清道光年间	黄仁、张祥河、顾夔等	社址在莲花寺，故名
龙门词社	清光绪初年	杨葆光、沈祥龙为首	旨在继承嬉春社诗风
钧诗馆吟社	清光绪初年	杨葆光、沈祥龙、蒋迁石、章次柯、贾芝房等	旨在继承莲花社诗风

说明：已列为词目的明清文人社团不列入表内。

【南社在松江】 清宣统元年（1909年）柳亚子等发起成立“南社”，鼓吹民族民主革命，反对清王朝专制统治。后期南社中松江籍社员有32人，其中姚鹓雏、朱鸳雏、费龙丁、朱念慈、朱叔建、孙雪泥、曹剑光等为知名文人，姚鹓雏、朱鸳雏被誉为“松江两雏”。民国初，高吹万、姚石子舅甥两人与姚鹓雏等发起成立“国学商兑会”，为南社的支柱之一，杨了公、朱叔建等是主要成员。编印刊物《国学丛选》，共18集，内容分通论、经类、史类、子类、文类、通信录（讨论学术）六类。民国初，姚鹓雏、陈匪石等社员别组“七襄社”，常作文酒之会，编印《七襄》文学期刊，刊登南社社员作品。费龙丁与李息霜组织“乐石社”，治金石之学。为唐宋诗之争，柳亚子等与胡先辅、闻野鹤、成舍我在《民国日报》笔战。朱鸳雏站在胡、闻、成的宋诗派一边，同柳亚子对垒。故柳亚子于1917年登载南社紧急布告，将朱鸳雏开除出南社，酿成南社的分化。1921年朱鸳雏病逝。1935年柳亚子撰文《我与朱鸳雏的公案》坦陈真相，表达追悔之情。

【国学商兑会】 见“南社在松江”。

【七襄社】 见“南社在松江”。

【乐石社】 见“南社在松江”。

【松风诗社】 近代松江诗社。1917年由耿伯齐、吴遇春、杨了公、姚鹓雏等人倡议结社。主要成员有朱运新、张永、张尔鼎、胡毓台、杨锡章、顾保圻、杜炎、顾嘉玉、唐彦、许麒祥、张尔泰、王廷栋、张端寅、张端瀛、谢钧葆等，大部分是松江人，部分是苏南、浙江籍人士。诗社以继承明末幾社之风流为宗旨，思想比较守旧，对新文化运动有抵触情绪。活动持续约20年。曾辑印《松风草堂诗集》。

【弥洒社】 现代新文学团体。1923年初，由客寓松江任教的江阴人胡山源和松江人赵祖康、钱江春在上海创办。弥洒取英文Muse的译音，意为“文艺女神”。主张超脱文坛的笔墨之争，致力于文学创作，提倡“为文学的文学”，“无目的、无艺术观”，只发表“顺灵感所创造的文艺作品”。成员有杭州“之江大学”的学生等。创办《弥洒月刊》，共出版6期。钱江春与人合著《弥洒社创作集》。1927年下半年，因主要成员工作变动，弥洒社解散。

【华亭摄影学会】 亦称“华亭摄影研究会”。松江第一个民间摄影团体。1928年5月由王士熊、雷凤威、雷书常、杨秉文等发起成立，以“研究提高摄影艺术技巧、陶冶性情，精求学理，力争上游”为宗旨。会址在杨秉文家。会员20余人，杨秉文、雷炳扬先后任会长。每月分别组织人物、静物、风景等专题摄影观摩和评比。曾三次在松江西门外塔桥东首“竞适园”(杨秉文私家花园)举办摄影展览会，每次展出会员作品四五十幅，拍摄和冲印水平在当时被誉为国内一流。作品《夜深了》《子陵遗风》《夏之心》等有社会影响。1934年6月雷炳扬出任驻外使馆领事，学会乏人主持，部分会员离松谋职。学会渐失活力，约于1936年无形解散。

【华亭摄影研究会】 即“华亭摄影学会”。

【若钟集票房】 京剧票友团体，松江第一个学习研究京剧的票友组织。1930年在松江城区塔桥关帝庙成立。发起人有费伯超、费仲逸、杜贻清、杨秉文、潘古一等。曾演出《捉放曹》《白门楼》等剧目。一年后解散。

【大同票房】 京剧票友团体。1931年在松汇路成立。主要成员有顾慈光、颜小鲁、徐星辰、瞿指凉、章振淦、沈季新、沈达兼等，后有女票友参加。阵容整齐，演出剧目较多，平时大多在松江大戏院演出，也受邀到外地参演。曾举行赈灾、为救火会筹款等义演。1937年抗日战争全面爆发后解散。

【茸光国艺社】 京剧票友团体。1946年在松江城区马路桥银都饭店三楼成立。社员基本上是原大同票房的票友，同时吸收画家程十发夫妇等数名新成员。演出剧目有《失空斩》《春秋配》《玉堂春》《黄鹤楼》等。1949年解散。

【松江县农民书改进协会】 农民书艺人组织。1951年秋成立上海沪书改进协会松江分会，会员17人。1952年改名松江县农民书改进协会，会员增至67人。1958年8月改建为松江县曲艺艺人联合会，会员120多人。主要职能是组织艺人学习，管理、协调演出市场。“文化大革命”开始后，无形中消散。

【松江美术摄影小组】 中华人民共和国成立后松江成立的首个业余摄影组织。1959年由松江县文化馆建立，旨在培养业余摄影创作队伍。曾举办职工摄影技术培训班，辅导群众摄影创作活动。1959年选送20余幅摄影作品参加“松江、金山、青浦三县摄影展”，《收谷似收金》《工业的礼花》《修圩岸》《戏水》等参展作品获好评。

【松江县张泽乡书法协会】 当代书法社团。1983年成立张泽书法学社，1991年改称松江县张泽乡书法协会。旨在推进书法艺术学习交流，丰富农村业余文化生活，提高书法技艺和水平。会址在张泽乡人民政府内。会员30人。会长徐雨明。1989年举办“张泽杯”毛笔字书法比赛，全县100多家单位126人参赛。1993年12月与张泽乡团委、八樱制衣有限公司联合举办“毛泽东诞生100周年硬笔书法大赛”，参赛者40余人。5位小学生书法作品参加“六省一市中小学生毛笔字书法评比大奖赛”活动，并应日本《每日新闻》邀请，参加“日本全国中小学生书法展览”作品征选。张用诚作品曾获市文化宫书法擂台赛三等奖。1996年活动不正常，协会注销。

张泽书法学社成立一周年合影（1984年）

【松江区文学艺术界联合会】 当代文学艺术社团。1989年4月成立松江县文学艺术界联谊会，1994年改名松江县文学艺术界联合会，1998年改今名。业务主管单位为中共松江区委宣传部，业务指导单位为上海市文联。宗旨是："坚持为社会主义服务、为人民服务，坚持百花齐放、百家争鸣方针，团结文学艺术工作者和爱好者，组织开展文学艺术创作和交流活动，促进松江文学艺术的繁荣发展。"初期设文学、美术、书法、摄影、戏剧、音乐舞蹈6个分会，会员240余人。会址初设于松江镇谷阳北路46号松江县文化局，后迁谷阳南路24号松江县文化馆，2010年迁人民北路1626号松江区图书馆，2014年5月迁中山中路829号、931号，2019年迁广富林路3088弄广富林文化遗址7号23栋。2020年下属各分会改称协会，设作家、书法家、美术家、摄影家、音乐家、舞蹈家、戏剧家、影视艺术家、民间文艺家9个协会，会员1 200余人。历届主席为姜云生、陆军、刘晓辉、王勉、陆军。文联主席团行使日常管理职能，每年召开会员代表大会和理事会。组织指导下属各分会（协会）配合党的中心工作开展各类创作、演出、交流、展示活动，主办、承办重大节庆文化活动和主题宣传活动。2005年主办"纪念抗日战争胜利60周年美术摄影书法展"。2007年、2012年分别主办"纪念毛泽东《在延安文艺座谈会上的讲话》发表65周年美术摄影书法展""纪念毛泽东《在延安文艺座谈会上的讲话》发表70周年美术摄影书法展"。2008年承办"上海国际摄影展"。2012年举办"云间文学奖评选"，承办松江"中国书法城申报验收"。2013年承办"第二届'平复帖杯'国际书法大赛"，开展"松江赋"征集活动。2018年举办"祖帖故里 云间墨韵——上海松江书法晋京展"。2019年举办、承办"不忘初心，牢记使命——2019年松江区文联庆祝中华人民共和国成立70周年演歌会""庆祝中华人民共和国成立70周年——长三角九城市书画邀请展""第三届'平复帖杯'国际书法篆刻大赛""第十二届全国书法篆刻展培训班"，开展松江区摄影协会、松江大学城高校结对共建暨"印·迹"摄影作品区校联展。2020年开展"云间·影沪苏浙皖G60科创走廊摄影大擂台""云间·影G60科创走廊摄影作品展"。2021年举办"'云间墨'——第二届全国中青年国画名家邀请展"。打造"戏剧之乡"文化品牌，成立"松江区儿童青少年戏剧家协会"，承办"中国小剧场戏剧创演人才培训班""首届长三角电影编剧高级研修班剧本创投""长三角G60九城市民营院团优秀戏曲剧目展演"。松江区音乐家协会教师合唱团

上海市松江区第五届文学艺术界联合会换届选举大会（2018年）

"祖帖故里 云间墨韵——上海松江书法晋京展"开幕式合影（2018年）

上海市松江区文学艺术界联合会第二次代表大会

松江区作家协会年会(2018年)

参加“2019中国青岛(即墨)国际合唱大会”,亮相中央电视台2021年《合唱春晚》。承办“上海市民文化节首届大学生街舞大赛展演”“首届长三角地区青年舞蹈编导培训班”。举办“锦绣云间——松江缂丝顾绣艺术精品展”。开展松江区“百姓明星”评选活动。初期出版《华亭风》(月报),《松江报》创刊后,改为其副刊。2005年起,出版会刊《云间文艺》(季刊)。2010年起各分会(协会)出版年刊。2013年被中国文联评为全国优秀基层文联。

【松江县文学艺术界联谊会】 见“松江区文学艺术界联合会”。

【松江区作家协会】 当代文学社团。1989年4月成立松江县文学艺术界联谊会文学分会,2020年改今名。会址初设于松江中山东路233号松江博物馆内,后随区文联机关几经迁址。初期会员56人,其中中国作家协会会员4人、上海作家协会会员12人。2019年有会员110人,其中中国作协会员10人、上海作协会员29人。历届会长为方崇智、姜云生、方崇智、许平。配合党和政府重大政治活动和节庆活动,创作文学作品,举办专题研讨会。开展到基层采风、中秋笔会、中秋诗会、艺术沙龙等活动。联合区内部分乡镇、行业条线、企业开展接地气,传新风,扬正气创作活动。2010年起每年出版文学作品集《云间笔会》,至2019年计出版10期。2015—2017年编选出版《当代松江文学丛书》三辑,第一辑选编6位中国作家协会会员的作品,其中小说1本、散文3本、诗歌1本、寓言童话1本,共6本;第二辑选编16位上海市作家协会会员的作品,其中小说1本、散文2本、诗歌4本、杂文及文学评论1本,共8本;第三辑选编区文学协会67位会员的660篇作品,由小说、散文、诗词三卷组成,每卷分上下册,共6本。

【松江区美术家协会】 当代美术社团。1989年4月成立松江县文学艺术界联谊会美术分会,2020年改今名。会址在松江镇谷阳南路24号松江文化馆内。初期会员49人,2020年206人,其中中国美术家协会会员8人、上海美术家协会会员34人。周洪声、唐西林、张耀中、杜海军先后任会长。名誉会长程十发。下设中国画、油画、版画、水彩、综合材料5个艺术委员会。举办展览、美术讲座、学术交流,提高会员素养。组织会员写生、创作,参加各类美展。一批作品获中国文联、中国美协和省市级以上画展等第奖项。

安徽滁州·上海松江油画交流展(2011年)

【松江区书法家协会】 当代书法社团。1984年6月24日成立松江县书法协会。1989年4月成立松江县文学艺术界联谊会(后改称松江县文学艺术界联合会),归属县文联,称松江文联书法分会。1998年改称松江区文联书法分会,2020

年改今名。以坚持文艺发展的“为社会主义服务”“为人民服务”方向和“百花齐放”“百家争鸣”方针，巩固松江“中国书法城”创建成果，打造“祖帖故里”和“云间书派”书法文化名片，团结松江地区书法家及书法爱好者开展书法创作、学术研究、内外交流，促进松江书法事业的全面繁荣和可持续发展为宗旨。会址初设于松江镇谷阳南路24号松江县文化馆，后迁至普照路商业大楼。初期会员29人，2019年252人，其中中国书法家协会会员34人、上海市书法家协会会员112人（含中书协会员）。刘兆麟、何磊、盛庆庆、彭烨峰先后任会长。组织会员从事书法创作、交流、展览、观摩、教育等活动。曾邀请韩天衡、周慧珺、刘小晴、刘洪彪、王冬龄、丁申阳、张锡庚等书法名家到松江作书法讲座20多次，举办“祖帖故里·云间墨韵——上海松江书法晋京展”“云间书法十人作品展”“翰墨同行——松江区青年书法篆刻系列展”等大型书法篆刻展览30多次，举办与苏浙沪县市、湖南永州、辽宁大连、台湾彰化等两地交流展20多次。每年组织会员到敬老院、军营、校园、社区、乡镇赠送春联、普及书法。2019年下设篆隶、楷书、行书、草书、学术和教育6个专业委员会。曾6次获“中国书法进万家活动”全国先进集体，6次被上海市书法家协会评为年度先进集体。

松江区书法家协会活动

【松江区摄影家协会】 当代摄影社团。1988年成立松江县摄影协会。名誉会长陈士杰，顾问吴四一，会长任建新。1989年4月松江县文学艺术界联谊会（后改称松江县文学艺术界联合会）成立，归属县文联，称摄影分会。1998年改称松江区文联摄影分会，2020年改今名。会址初设于松江镇谷阳北路46号松江县文化局内，后随区（县）文联办公地搬迁。成立初有会员37人，2019年212人，其中中国摄影家协会会员18人、上海摄影家协会会员51人。任建新、张金贵、徐桂林、陈永根（代理）、马凌云、陈巳、韦海（代理）先后任会长。开展摄影创作、交流、展览、研讨等活动。曾举办《今日松江》《五四影展》《水乡风情》等10多个摄影作品汇展及个人摄影展。编印《松江摄影》内部小报。曾与上海市部分区县摄影协会开展交流展览和研讨活动。组织会员赴外省市采风。曾与台湾摄影家开展联谊、交流展出活动。举办各类摄影艺术创作培训班培养新人。1990年3月与日本岐阜、中津川地区的摄影团体成立上海第一个跨国民间摄影友好团体“松阜中日摄影家连带协会”。一批会员的作品在省市级以上展览获奖，入选国家级展览。

松江区摄影协会年会（2019年）

【松阜中日摄影家连带协会】 松江首家民间国际性摄影团体。由日本摄影家大西良匡倡议，于1990年3月成立。双方会员112人，上海摄影家协会主席黄绍芬、日本大西良匡任顾问，松江方由任建新任会长，日本岐阜方由新井纯一、大西良匡先后任会长。至1998年双方进行5次互访交流，同时举办摄影展览。协会的活动在国内的《解放日报》《文汇报》《人民摄影》、日本的《朝日新闻》《日中新闻》《岐阜新闻》等报刊多次进行报道和评述。2007年春大西良匡逝世后，活动基本停止。

【松江区戏剧家协会】 当代戏剧社团。1989年10月成立松江县文学艺术界联谊会戏剧分会。会址在谷阳南路24号松江县文化馆。1998年改松江区文联戏剧分会，2020年改今名。以繁荣和发展戏剧和曲艺事业，推动松江群众戏曲活动，促进编、导、演、音、美之间的团结合作和经验交流，提高会员的思想素质、理论水平和艺术修养，鼓励会员创作优秀作品为宗旨。初期会员43人，2019年151人，其中中国剧协会员1人、上海剧协会员10人。2010年吸纳“京剧沙龙”为团体会员。陆军、沈玉亮、杨峰、谢德均任历届会长。每年组织会员开展创作、采风、演出活动，举办戏剧、曲艺创作笔会，协办区级各类大中型文艺活动。2011年起，每年组织会员在春节期间送戏下乡演出，与外省市戏剧家协会、文化馆开展交流演出活动。设立上海戏剧学院编剧学松江基地。首届协会编印内部交流期刊《戏剧角》，出版《徐林样小戏选》《陆军获奖剧作选》。2013年起每年编印一册《松江戏剧年刊》。至2019年出版个人剧作和戏剧理论书籍50多部，创作戏剧、曲艺作品900多部，获省市级以上奖项、在省市级以上刊物发表作品100多部。

松江区戏剧协会年会（2019年）

【松江县音乐舞蹈分会】 当代音乐舞蹈社团。1989年4月成立，为松江县文学艺术界联谊会下属团体。旨在促进和繁荣松江县群众业余音乐舞蹈事业的发展。会址在松江镇谷阳南路24号松江县文化馆。会员50人。徐广明、王之展、周良企、赵婷先后任会长。开展群众音乐舞蹈活动的辅导，举办歌曲创作学习班、民歌民乐大赛。协助筹建教工艺术团，举办声乐讲座。排演音乐舞蹈节目为群众和驻松部队表演。2020年分建为松江区音乐家协会、松江区舞蹈家协会。

【松江区音乐家协会】 当代音乐社团。2020年5月松江区文联音舞分会分建为松江区音乐家协会和松江区舞蹈家协会。音乐家协会以汇集松江地区音乐爱好者，组织策划音乐活动，组织会员参加各类公益演出，推新人、推新作，推送会员参加各项社会专业比赛，丰富松江人民群众的音乐文化生活为工作目标。有会员136人，赵婷任主席。下设演艺部、培训部、创作部，有松江区教师合唱团、陶笛乐团、老兵合唱团、萨克斯乐团4个沙龙。

松江区音乐家协会成立大会（2020年）

【松江区舞蹈家协会】 当代舞蹈社团。2020年5月松江区文联音舞分会分建为松江区音乐家协会和松江区舞蹈家协会。舞蹈家协会旨在牢固树立质量意识、精品意识、标杆意识，积极打造松江原创舞蹈作品。有会员60人，其中中国舞蹈家协会会员5人、上海舞蹈家协会会员16人。顾风庆任主席。开展舞蹈创作、专题研讨、群文辅导等工作。联合少儿教育单位、教工队伍、部队、企事业单位、街道社区等开展形式多样的舞蹈艺术活动，引领松江区舞蹈艺术的创新和发展，打造“松江舞蹈品牌”。

松江区舞蹈家协会成立暨第一届第一次代表大会（2020年）

【松江区集邮协会】 当代集邮社团，上海市集邮协会团体会员单位。1985年1月成立松江县集邮协会，1998年改今名。宗旨是“为集邮爱好者服务，弘扬先进文化，增加集邮知识，提升文化素养，丰富集邮收藏”。实行自我教育、自我管理、自我服务、自我培养、自我发展模式。注册地址在松江人民南路65号112室，办公地址在松江普照路107号。团体会员33个，个人会员935人。2019年分别为33个、763人。潘纪宽、刘宪民、姚建聪、潘鹄、康国忠先后任会长，佘厚芳、杜家毫、金杏兴先后任名誉会长。设会员代表大会、理事会、监事会。秘书组为办事机构，设专职人员2名，负责协会组织、宣传、外联、项目运作等工作，下设组织、宣传、活动3个小组，学术委员会、邮展工作委员会、青少年工作委员会3个专门委员会，原地封片、极限集邮、邮集进阶、生肖集邮4个专题小组。中国邮政松江区分公司为业务指导单位，设党建指导员一人，由邮政松江分公司党委委员兼任。秘书组成员中的党员参加社团联合活动型党组织，隶属于松江文化馆党支部。每周六下午为邮友开放日，为邮友处理相关事务，提供学习交流平台。2014年起，每年9月、10月举办松江区集邮展览。连续三年与区教育局合作，送邮展进学校。开设“便邮超市”，举行“走出松江开眼界”等特色活动，与区老干部局联合组建集邮兴趣组。从2016年全国举办“集邮周”活动起，协会每年组织多个主题日活动，多次选送会员编组的邮集参加全国及上海市邮协组织的邮展活动，2017—2019年每年获奖率均为100%。1992年、2016年两次被全国集邮联合会评为全国集邮先进单位。

【云间诗社】 当代诗社。1988年2月由松江县“政协之友社”创建。旨在继承和发扬松江地区古典诗歌创作优良传统。成员主要为松江县政协委员、“政协之友社”社员及老年诗词爱好者，先后有社员60余名。办社刊《云间诗社吟草》，至2011年共刊印16集，选用诗词作品6 700余首。2001年，为纪念松江建县1 250周年，编辑《松江吟》诗词特刊，选录诗词作品1 000余首。2013年后活动式微。

【松江县电影评论协会】 当代影评社团。1988年6月成立松江县影评联谊会，1991年改称松江县电影评论协会。旨在团结影视爱好者，坚持为人民服务，为社会主义服务，提高群众的影视鉴赏水平，推进两个文明建设。会址在松江中山中路150号松江县电影放映发行管理站。团体会员64个，个人会员568人。张保生、范士云先后任会长，陈良保任名誉会长。曾邀请导演谢晋、赵焕章、黄蜀芹、史蜀君、于杰，演员毛阿敏，影评家梅朵等到松江与影评爱好者座谈，作影视讲座。举办“影视征文比赛”“影视歌曲大赛”。参加“上海首届农民电影节”点评、演讲、征文活动。组织会员参观上海电影制片厂、上海美术电影制片厂，与驻松部队开展影评联谊活动。理事会每月召开一次会议、观摩一次中外影视作品。出版《松江影谭》(月报)。1990—1992年在全国省市级报刊发表影评文章30余篇。1992年获上海群众影评先进集体一等奖，新桥乡农民影评协会获全国影评先进三等奖。《松江影谭》获全国影评专刊荣誉奖和优秀奖。20世纪90年代中期起，电影市场滑坡，活动逐渐停止。

【松江版画院】 当代美术社团。1988年12月成立松江县丝网版画研究会。旨在团结会员，培育新人，开拓松江特有画种，推动农民丝网版画创作和发展。会址在松江谷阳南路24号松江文化馆。会员83人。张保生、周洪声先后任会长。1995年7月，华阳桥女子丝网版画创作班制作10米长卷《江南农家女》赠给第四次世界妇女大会。数百幅会员创作的作品在省市、全国及国际画展展出或获奖。2012年改建为松江版画院。周洪声、陆永清先后任院长。下设周洪声创新工作室、车墩文体中心创作基地，车墩、三新、

松江区丝网版画研究院(2010年)

仓桥、九亭4所学校教学点以及与区残联合作设立的天马创作基地。

【松江县丝网版画研究会】 见“松江版画院”。

【上海云间中国画院】 当代中国画、书法篆刻艺术社团。1995年10月成立。旨在弘扬传统书画艺术，在山水、人物、花鸟、工笔、写意等画种和书法、篆刻方面传承与探索创新，营造良好的创作与研究环境。2019年有注册画师39人。叶良玉、王鹤泉、吴立强先后任院长。程十发为名誉院长，胡振郎、吴玉梅、徐震时、张雷平等为顾问。组织接地采风创作，为社区书画班义务作艺术讲座，送书画作品、春联到基层，进部队开展文化交流等活动。2012年起，配合松江区创建“中国书法名城”，打造“江南书画之城”，开展各种主题活动，举办“上海云间中国画院书画创作展”等书画展20余次，出版作品集多本。与苏浙沪皖的画院单位及艺术学术机构建立交流、合作机制。先后举办“和谐江南——2009长三角书画名家邀请展”“海峡两岸书画交流邀请展”“安徽黄山书画院—上海云间中国画院交流展”等展览。30余位画师作品入选全国和省市级书展、美展，一批作品获大奖；20余位画师的书画作品在美国、捷克、比利时、日本、韩国、新加坡等国和中国香港、台湾等地区展出。向市残疾人基金会、上海市老年基金会捐赠作品。2014年画院画师38幅书画精品参加慈善拍卖，筹得善款20万余元捐松江区慈善基金会用于帮困助学项目。2014—2018年连年评为松江区优秀文化团体。

【松江区红楼梦学会】 当代红学研究社团，上海市红楼梦学会、松江区文联团体会员。1986年成立松江县红楼梦学会。旨在团结和组织《红楼梦》爱好者开展《红楼梦》研究和学术交流，发掘松江县内有关《红楼梦》的历史资料，推动和普及红学研究。会址在松江谷阳北路46号。会员19人，2019年近60人，其中教师占多数，部分成员为上海红楼梦艺术收藏者。唐顺贤、柯益烈任历届会长，2002年起黄中敏为法人代表。下辖岳阳地区“红楼沙龙”。指导“茸花”“耕耘”两个学生红学社。不定期开展学术活动，出版《红谭简报》106期、《松江红谭》4期、《松江红学》(电子版)3期，在新浪网建立“红学”博客圈。出版论文集《红学起始莼鲈

红楼梦漫谈系列活动合影

乡》。岳阳“红楼沙龙”编辑《岳阳红楼》22期。会员的多篇作品发表于红学刊物《红楼研究》《红学研究》及各大红学网站。2019年学会注销。

【松江县天马乡沪剧爱好者协会】 当代戏曲团体。1989年成立。旨在繁荣天马地区的群众文化。会址在天马乡文化站内。会员50人。会长张志峰。利用业余时间排练剧目，主要在天马地区表演。20世纪后期活动式微，团体无形中消散。

【松江区收藏家协会】 当代收藏社团。1996年松江县20多名收藏爱好者发起组织“收藏沙龙”，每月18日在松江文化馆举行活动，交流信息，聘请名家讲课。协办松江各类民间收藏展。1997年4月成立收藏协会筹委会，张耀中、成大林先后任会长。下设会务、瓷器、钱币等5部。刊印《云间集藏》(月刊)。2001年12月正式成立松江区收藏协会。以“以藏会友，以藏增知，以藏养德，以藏明志”为宗旨。会址在谷阳南路24号松江文化馆内。会员124人，2019年190人，李权辉、赵文龙先后任会长。张如皋、张浦生、姚云峰先后任名誉会长。2014年11月成立泗泾分会。每年举行年会、文化考察、免费鉴宝等活动，在松江博物馆举办一次展览。开展收藏知识竞赛，进社区授课、鉴赏服务等活动。先后承办或协办“庆祝松江建县1 250周年民间收藏精品展”“纪念毛泽东同志诞辰110周年藏品展”“民间收藏精品展”“松江新城首届艺术节民间收藏展”“历史的话语——江南明清家具暨松江藏协十年成果展”“松江老城厢——民间收藏展”“松江区市民收藏大展”“大美云间——松江市民文房雅趣收藏展”“铁血云间——松江抗战记忆图片展”“松江区百姓明星十大藏家展”“我

的祖国我的家——庆祝中华人民共和国成立七十周年松江区民间收藏展”等。2003年会刊《云间集藏》改名《松江收藏》(半年刊)。2018年定名松江区收藏家协会。会刊改名《松江收藏家》。2013年在上海市民文化节中,赵文龙等6人评为“上海百名市民收藏家”,松江区获优秀组织奖。2015年获评3A级社会组织。

【松江创作沙龙】 当代文艺创作团体。1998年成立,成员保持15～20人。由松江区文化馆负责管理。每季度活动一次。活动内容有题材发布会、创作讨论会、片区联谊会、观摩演出等。

【松江新城油画院】 当代油画艺术团体。2002年2月由殷永耀倡议,经松江区文广局批准成立,院址在江学路575号。院长殷永耀,顾问黄阿忠、张万凌。成员37人均为画家和艺术评论家,大多为全国、上海市美协会员,有博士、研究生学历。组织开展采风写生、创作展览、学术交流等活动。每年举办大型油画作品年展,每次展出作品100余幅。曾举办“江海——松江·海南美术作品联展”“上海·浙江当代美术作品精品展”“上海市教师美术作品大展”“松江区教师美术作品大展”等。2012年创办“松江新城油画院艺术馆”,为画家举办个人画展。一大批作品在全国美术展览展出,在国家级美术刊物发表,并获各类奖项。侯伟的水彩画作品《岁月》、徐乔健的油画作品《十月》分获全国美展银奖、铜奖,张万凌的作品多次在全国美展获奖,李煜明、何振浩参加全国重大题材作品创作,解文金的油画作品《都市生活系列理发店》获上海市美术作品大展白玉兰奖。油画院下设松江组、大学组、新松江人组,每年出版画册刊物。

松江新城油画院

【松江沪剧沙龙】 当代戏剧团体。2002年10月成立,成员保持25人左右。设有艺委会,由区文化馆负责管理。每月集中活动四五次,活动以身段训练、唱腔培训、新剧目排练为主。2010年起,在区文化馆民间文化展示馆开设每月一次“沪剧大家唱”。2012年在松江剧场举办庆祝沙龙成立十周年专场演出。至2019年已排练大戏2部、小戏和传统折子戏70多出,参加“百姓戏台”送戏下乡800多场。沪剧小戏《嫂嫂的情怀》、山歌表演《山歌一曲幸福梦》《摇一橹过一浜》获上海市新人新作展评展演金奖,《摇一橹过一浜》获长三角地区田山歌邀请赛金奖。沪剧小戏《玫瑰的约定》《点亮光明》获上海市新人新作展评展演银奖。在上海市“乡音和曲”戏曲演唱大赛中,沙龙队员马灵获一金一银,张雪虎、吴银方获铜奖,张文华获传唱奖。马灵、杨建国、张菊华、马彩霞、张文华获评“松江区百姓明星”。

【松江区收藏文化研究会】 当代收藏社团,松江区文联团体会员。业务指导单位为上海综合开发研究院收藏文化研究所。2008年6月成立。旨在提升会员收藏赏析内功,在历代文物沿革、制作工艺等领域进行探讨和研究,推动地区收藏文化的普及和发展。会址在松江中山中路58号,会员26人,2019年增至63人。会长任建新。理事会下设鉴定、外联、内务、编辑4部。组织开展藏品鉴赏、收藏知识讲座和学术交流等活动。2008年,承办“实瓷求鉴,上海民间古陶瓷精品展”,上海收藏鉴赏家协会、部分区的收藏家协会及江苏、浙江省古陶瓷研究会等30多家单位参展,展出藏品189件,其中松江藏品46件。2011年编辑出版《纪念松江建县1 260周年松江民间收藏》大型画册。2017年参与“百姓名星”评选活动。开展“借你一双慧眼,启开文化之门”讲座、文物鉴定等民间文化系列活动。部分会员藏品进入“佳士德”“瀚海”等拍卖市场,或从海外拍回藏品。理事会五分之四的成员参加苏州新文化学校三年至五年的考古专业培训班。每年组织会员外出考察,与江西、山东、湖南、浙江等地收藏组织互访,建立交流机制。2009年起,出版内部会刊《松江收藏》(年刊),设有重要活动、松江名人轶事、会员藏品、收藏随笔、年度人物五大板块,已出版12期。

上海松江收藏文化研究会年会(2019年)

【松江越剧沙龙】 当代戏剧团体。2004年7月成立,成员保持20人左右,其中女性占九成以上。由区文化馆负责管理。每周集中活动一次。已排练《五女拜寿》《碧玉簪》大戏2部,《董其昌学书》《一缕麻》《何文秀》《珍珠塔》《红楼梦》《打金枝》《沙漠王子》《九斤姑娘》《家·两地同房》《杨开慧》《啼笑因缘》《玉卿嫂》《孟丽君》等折子戏30多出。到福利院、工地、学校、公园和下乡演出700多场。曾连续三年获松江区优秀团队第一名。在区青少年活动中心、车墩社区学校、新浜社区学校等地举办少儿和成人越剧班,培育越剧新苗。有三位队员获评"松江区百姓明星",三位队员分获上海市"乡音和曲"演唱大赛银奖、铜奖。

【上海楹联学会松江分会】 当代楹联社团,上海楹联学会团体会员。2004年9月成立,会员22人,2010年61人。柯益烈、曹云岐先后任会长,名誉会长徐锋。先后收集历代帝王联40余副、古代松江名人佳联400余副,会员创作楹联1 000余副。开展讲座100余次,指导成立岳阳、黄桥、泗泾楹联沙龙3家。编印会刊《云间联话》,至2009年刊印26期。2009年3月编辑出版《松江楹联选》。每年组织联展活动,送联下乡。联展"纪念抗战胜利60周年""迎奥运,舒豪情""庆祝松江解放60周年楹联书法展""庆泖港黄桥楹联沙龙成立"等有较大影响。25名会员作品入选《2008对联中国》。2010年3月改建为"松江区诗词与楹联学会"。

【松江区诗词与楹联学会】 当代诗词楹联社团,2010年3月由上海楹联学会松江分会改建成立。会员85人,下设岳阳、泗泾、永丰3个分会,黄桥村、松江一中2个沙龙及人乐小区、荣乐小区、文翔小区、方塔小学4个诗联社。2017年会员200人,其中中国楹联学会会员6人、上海市楹联学会会员37人。下设7个分会(增设方松、洞泾、中山、诗词分会)、5个诗联社(增设黄家埭诗联社)。徐锋、侯建萍先后任会长。曾主办"迎世博楹联书法展""龙腾盛世迎新楹联书法展""松江建县1 260周年诗联书法展""诗联会成立五周年书画展"等展览和"上海楹联第一村"揭牌仪式等。参加在松江红楼宾馆举办的中国楹联探源学术讨论会。与松江区有关部门先后联合主办"人文松江"诗词、楹联征稿活动以及法治楹联书法展、全国普法宣传周书法笔会、家风家训诗词楹联书法创作等。连年开展送春联进农户活动。邀请专家作"艺术与灵魂""法治楹联创作"等专题讲座。组织会员采风、联谊,与苏州沧浪诗社互动雅集10余次。会员百余副作品入选《对联中国》,占上海市入选作品80%。会员作品在《中华诗词》《上海诗词》《上海楹联界》《中国楹联报》和中华诗词网等发表。编印《呦呦鹿鸣——人文松江诗词楹联选》以及《云间诗联通讯》23期、学会年刊2期、学会成立五周年作品选《云间诗联》等。学会设有公众号。

松江区诗词与楹联学会年会(2019年)

【华亭诗社】 全称"上海市松江区华亭诗社"。当代诗社。2008年3月创建,社址在谷阳南路24号松江区文化馆内。2009年11月在第三届上海朗诵艺术节开幕式上正式挂牌。诗人贺敬之题写社名。会员50余人,其中中国作协会员5人、上海作协会员14人。白尘、徐俊国、漫尘任历届社长。2009年9月《诗刊》开辟专栏,发

表26位社员作品，引起诗歌界关注。《中国文化报》称“华亭诗社是上海乃至长三角地区重要的诗歌团体之一”。《诗刊》称华亭诗社为“群众文化百花园中一朵淡雅芬芳的水仙花”。《人民日报》称华亭诗社是“诗人们的家”。中央电视台、东方卫视、上海电视台及《解放日报》《文汇报》等新闻媒体曾对诗社或诗人作报道。先后获上海国际诗歌节“最佳诗社”、上海市民文化节“最美诗社”奖。参与策划组织“江南文化”“海派文化”“人文松江”等文化建设活动，以“大美云间”接地创作为平台，深入基层，讴歌真善美，创作出一批展现松江地域之美和文化之魅的诗歌作品。出版《华亭诗选》《华亭诗丛》，编辑《诗手册》《遇见诗》等诗歌读本。社员出版诗集40部。徐俊国的作品5次被《新华文摘》转载。

华亭诗社十周年庆典（2018年）

“在江南听松江”名家面对面诗歌分享会（2019年）

【润峰艺文社】 当代文艺团体。2014年春由润峰苑社区居委会创办，并提供部分活动经费。社址在居委会阅览室。旨在凝聚智慧、传播文化、创建品牌、服务社区。成员48人。社长包剑钢。文学顾问王舒漫。每周二晚上轮流组织诗歌、绘画、国学、书法等活动。不定期开展历史、红学、摄影讲座及采风活动。出版《润峰艺文》（月刊），已出版46期，同时推出微信版。获评2019年松江区市民修身行动“十佳特色项目”。

润峰艺文社诗歌朗诵会（2019年）

【韵文研究中心】 全称“上海市松江区韵文研究中心”。当代文学团体。以诗词曲赋等韵文类艺术为主要研究和创作方向的社会组织。2018年1月开始筹备，先后称“新幾社”“云间诗社”“云间韵文社”“松江区韵文学会”。2019年12月定今名。会址在谷阳南路28弄9号907室。会员50余人，其中中华诗词学会会员10人、上海市诗词学会理事4人。理事长徐航。经常在区图书馆、区文化馆、洞泾镇、新桥镇、中山街道、东华大学等处开课讲授，传播诗词曲赋等韵文格律知识及创作方法和技巧。组织会员参与“人文松江”“海派文化”“江南文化”建设，用韵文创作和研究的方式繁荣松江文化。邀请长三

上海市松江区韵文研究中心第一次理事会会议（2020年）

角韵文名家到松江采风创作，组织会员参与全国韵文界各项活动。会员创作诗词曲赋2 000余篇（首），其中《松江十二景》专题、《广富林》专题、《醉白池》专题、新浜“荷花节”专题、抗疫专题等较有影响。不少作品发表在《诗刊》《中华诗词学会通讯》等期刊。获评上海市文广局“2018年度上海市优秀传统文化创新品牌项目”。

【华亭文社】 全称“上海市松江区华亭文社”。当代民间非营利文化社团。2015年5月成立。以“发文字以永年，状诗心以万憙”为宗旨。社址在松江东外街119号。创始理事共16人，会长陈鹏举。社员主要来自松江区，部分来自外地。2019年有社员85人。定期举办讲座、论坛等雅集，有“华亭文社成立仪式暨首届华亭雅集”“碧潭秋月　玉露法华——玉佛禅寺戊戌中秋诗词雅集”“黑老虎金石拓片雅集”等。创办华亭诗会，由陈鹏举主持，开展采风、写作等活动。有30余名社员先后加入上海诗词学会。编撰《华亭文库》（一至三卷分别为《鲈乡笔记》《华亭诗稿》《云间南社人物志》）、《华亭诗圃》（近20卷）。举办各种文化展示，主办和策划“歌以咏志——百年文人诗翰展”“澹简斋藏近现代文化名人手迹展”“景云生研——海上文玩雅集”等活动。

【松江区硬笔书法协会】 当代书法社团。2016年6月成立。以“团结硬笔书法爱好者，弘扬大书法精神，提升会员创作和教育水平”为宗旨。主管单位为松江区文化和旅游局。会址在三新北路900弄632号。2019年会员53人，会长张叶峰。参与区内各中小学硬笔书法教学工作。2018年3月参加中国硬笔书法家协会“党在我心中、红色百千万”大书法进基层活动，组织会员赴井冈山接受革命教育，进行专题创作。2020年3月参加中国硬笔书法家协会主办的“众志成城·战胜疫情”大书法作品网络展，同时开展“万众一心战胜疫情——松江区硬笔书法作品网络展览”和捐款活动。

【松江区华亭雅风印社】 当代书法社团。松江区首家民间非营利篆刻社团。2018年5月筹办，2019年7月举行揭牌仪式。社址在荣乐西路1058弄颐景园小区名人堂。旨在弘扬传统文化，研究篆刻理论，摸索篆刻技法，壮大篆刻队伍，开展创作交流，中兴松江印坛，打造文化品牌。社员32人，社长王英鹏。以培训教育为抓手，掌握篆刻理论和技法，练好内功，增强动手能力。举办各种“沙龙”创作、作品展览活动。印社成立一周年之际，在网络平台举办“踔厉奋发，踵事增华”主题展览，同时在《松江报》以专刊发表。岁末年初，组织社员为社区居民写春联。2019年9月为松江区争创全国双拥模范城成果展，创作20方篆刻作品。2020年春，先后举办“万众一心，共克时艰”“白衣执甲，逆行英雄”抗疫主题创作展。2018年7月编辑出版印集《铁笔抒乡愁》。

松江区民间非营利文化组织情况表

单位名称	法人	所属街镇	地址	成立时间
上海钱月芳顾绣工作室	钱月芳	岳阳街道	联阳路365号	2010
上海松江圣大艺术中心	刘芳	方松街道	翔峰路367号	2013
上海松江区浦江源文化发展中心	朱德波	岳阳街道	松乐路9号	2013
上海松江区佘山镇圆梦艺术团	姚正兴	佘山镇	外青松公路8986号	2014
上海松江区艺树文化发展中心	张早	中山街道	洞泾路321号	2014
上海松江区吴松古琴社	施永清	岳阳街道	中山二路619号	2014
上海松江区阳光戏曲社	陈芳	岳阳街道	中山中路218弄91号	2014
上海松江区天意天缘文化艺术中心	付剑锋	方松街道	滨湖路34号206室	2016
上海松江区云辰文化艺术交流中心	戴晓昕	岳阳街道	景德路40号	2016
上海松江区国匠美术馆	周皓	泗泾镇	泗陈公路3388弄3号	2017
上海松江斑驳艺术中心	孔晶海	佘山镇	佘北公路158号	2018
上海市松江区闻闾文化推广中心	阮经和	泗泾镇	开江西路740号	2019

说明：表格内容由松江区文旅局提供，时间截至2019年。已设词条的组织不列入表内。

校园文艺团体

【江上文学社】 中学生文学团体。1983年10月由松江二中方崇智老师在高二(5)班倡议建立。以诗句“江上数峰青”取名,“江”指“松江”,“上”指“上海”,寓意“立足松江,走向上海”。出版社刊《江上》,引起校内反响。经校方引导,由班级组织转为校文学社团。以“独立之精神,自由之思想”为宗旨。方崇智后,先后由邱剑云、高胤、赵宇波、司保峰、王建瑶、王召强、朱桂娟、王健、李潇和刘和安等任指导老师。组织暑期夏令营等活动,每周定期集中90分钟,开展讲座、指导、互评互议等活动。社员形成循环机制,入社要求严格,语文老师推荐每班一二名学生参加选拔考试,最后选定24名入社。1999年纪念建校95周年,出版学生作品集《思叙淙淙》,2004年100周年校庆出版《永远的树人院》。2009年105周年校庆出版《山阴道上》。2011年社刊《江上》获上海市校园文学展一等奖。获评上海市中学生明星社团。部分社员的作品发表在《新民晚报》《中文自修》《新读写》和《文汇报》等市级及以上主流报刊。第一届社长金希就读北京大学法语系时翻译长篇小说两部。1990届社长郁雨君成为儿童文学女作家。1999届社员韩寒成为作家。2005届社员凌超为上海市高考文科最高分、语文作文满分者。

【小鹿文学社】 小学生文学团体。上海地区第一个小学文学团体。1985年7月由松江区中山小学唐剑锋老师创建。学生社员10余人,2019年有50余人。后由黄抒绮、吴安等接任指导老师。开展特色教学和作文竞赛、文学讲座、网络交流等活动。组织学生参加区、市和国家级各类作文竞赛,获全国作文竞赛等第奖500余人次。在《新民晚报》《魅力汉语》《起步作文》《小星星》《小作家》等报刊发表作品。汇集学生散文、小说、故事、童话、诗歌、寓言、读后感等优秀习作,先后刊印《晨鹿》《小鹿的梦》《小鹿十岁》《小鹿星辰》《二十八载小鹿情》等数十本学生作品集。数名学生刊印个人作品集。

【松江区小昆山学校剪纸社】 小学生剪纸艺术团体。1988年由松江区小昆山学校陆永清老师创建(时称“西泾港完全小学剪纸社”),以“弘扬传统文化,传承民间技艺”为宗旨,学生社员100人,陆永清、王育芳、张志芳先后任指导老师。一至三年级每周设剪纸课普及推广剪纸艺术。设提高班在每周双休日及寒暑假集中培训。2002年4月英国乡村教师考察团到校考察剪纸教学。2003年11月在醉白池公园举办首届师生剪纸作品展,至2019年已举办4届。2006年6月举办松江区中小学特色教育剪纸艺术教育专场展示活动,同时挂牌“上海民间文艺家协会剪纸委员会小昆山学校剪纸分会”。2016年9月获评第二批“上海市非遗进校园优秀传习基地”。2018年1月获评教育部办公厅“全国中小学中华优秀文化艺术传承学校”。2005年获“上海市第四届学生艺术节百花奖”。2014年7月代表松江区参加上海市“枫林韵”中小学生剪纸大赛,获6个金奖、11个优胜奖。2015年起先后有15名学生作品入围历届上海市民美术大展系列展之“大师从这里起步——少年儿童美术大赛”,10余幅作品分获一等奖、二等奖、优秀奖等奖项。2019年3月获上海市教育委员会举办的全国第

2017年在宝山非遗主题月展示剪纸艺术

“家国故事”小昆山学校师生剪纸作品展闭幕式团队合影

六届中小学生艺术展演上海市活动学生艺术实践工作坊项目奖，2015年、2019年先后出版作品集《小昆山学校少儿剪纸作品选》《家国故事》。

【小荷文学社】 小学生文学团体。1989年由松江区新浜学校钟吉林、朱明等老师在新浜乡香塘村小学创建。以“普及与提高相结合，在学生中播撒热爱写作的种子，让有潜质的学生发挥写作才华”为宗旨。不定期出油印刊物《小荷》，选登学生优秀习作和采集的民间故事、歌谣等。《小作家》特辟专版陆续发表学生民间采风作品。后，改为新浜中心校文学社团，全乡各村小学设分社，各设指导老师一二名。最多时学生社员有300多人。指导老师带领学生走出校门，采访工人、农民、个体经营者；请老党员、老干部进校园作讲座。举办暑期夏令营。每年5月组织作文竞赛。社员的习作在市级以上刊物发表。社员王敏连续获《小学生学习周报》片段作文优秀奖，方英的《水》获1994年上海市小学生作文竞赛一等奖。1994年由上海科学技术文献出版社出版《六月荷花》，选辑社员佳作97篇。1995年后活动式微，进入21世纪停办。

【云影剧社】 中学生戏剧团体。1998年松江二中成立戏剧社，2015年定今名。郁晓琼、张婷、尤健强、陈浙豫先后任指导教师，社员20人。2002年纳入学校“探索之星”研究型课程。2004年创作短剧《碧血秦淮》，以松江二中校友侯绍裘烈士为原型，向建校100周年献礼。2005年改编鲁迅小说《药》为同名短剧，获第一届上海市中学生课本剧交流赛一等奖，后经修改提高，2011年获一等奖。2006年改编老舍话剧《茶馆》为同名短剧，获上海市中学生艺术节二等奖。2007年获评上海市中学生明星社团。改编自鲁迅小说《祝福》的同名短剧、原创短剧《铁屋子中的呐喊》等在历届上海市“鲁迅杯”课本剧大赛中获等第奖。2015年松江二中被列为上海市戏剧教育特色学校。

【红领巾面塑社】 小学生艺术团体。1998年松江区泗泾第二小学组建。社员20人。聘面塑艺人马金城为指导老师。赵强、顾云其、曹一秋、张旭婷、李卉、张洁、王欢欢为辅导老师。培养了多批面塑骨干学生，掌握了面塑技法，能熟练运用工具，具有综合塑型能力。2006年师生共同创作面塑作品“阳光伙伴”，赠给上海市学生体育大联赛组委会。创作“迎世博，树新风”系列作品，参加2009年上海市教育博览会。2009年、2010年参加泗泾镇面塑作品义卖活动。2007年起连续三次参加上海市少代会场外社团展示。2006年参加在日本静冈县桐阳高等学校举行的中日学生艺术交流。

【上海师范大学附属外国语小学书法社】 小学生书法团体。2002年建立，彭烨峰、陈侃峰先后任指导老师。成员保持在20人左右，由书法老师选招。定期开展教学活动和书法作品比赛。社团成员代表学校参加各级书法比赛，作品多次获区级以上比赛等第奖，教师获优秀指导奖。

【云律啦啦操队】 中学生艺术体育团体。2004年由松江二中柳楠老师创建并任指导教师。队员28人。多次代表松江区和学校参加比赛、表演。曾获国家级、市级比赛表演一等奖、特等奖等奖项20次。获评上海市中学生明星社团。

2014年评为首批上海市三星级学生体育社团。

【一览文学社】　中学生文学团体。2005年由松江一中王志成老师创建。以“发掘兴趣，培养爱好，提高能力，陶冶情操”为宗旨。每周集中60分钟安排文学作品赏析、讨论活动。组织征集诗歌作品，参加征文大赛，采访社区，外出参观等活动。社员周詹妮获“恒源祥文学之星”中国中学生作文大赛（2009—2010）上海赛区“新课标·新知杯”作文竞赛一等奖，社员马沉雁、陆梵楚分别获2009学年上海市中学生作文竞赛二等奖、三等奖。

【小百灵合唱团】　小学生音乐团体。2008年9月松江区泗泾小学创建。旨在弘扬高雅艺术，以演绎经典曲目为己任。共培养了近百名热爱音乐的孩子，积累了多部中国合唱作品。队员为三至五年级学生，共45名，其中男生20名、女生25名，指导教师陈璟。每周一、五下午定期训练。有合唱、表演唱、独唱等形式。2011年获“和谐中国——第五届全国青少年文化艺术展评活动”（全国）金奖。2015年获松江区中小学生合唱比赛一等奖。2016年获松江区“红领巾心向党”小合唱比赛二等奖、全国第五届中小学生艺术展演上海赛区声乐类小学组二等奖、上海市学生艺术单项比赛小学组声乐银奖。2019年获松江区合唱比赛二等奖。

泗泾小学小百灵合唱团

【云声合唱团】　中学生音乐团体。2009年松江二中崔侠老师创立并担任指导教师及指挥。以“演绎经典曲目，弘扬高雅艺术”为宗旨。队员为高一、高二学生，每届人数六七十人。每周固定排练一次。能够演绎不同风格的合唱曲目，多次参加市、区举办的各类比赛和演出活动。曾获2010年上海市“美年达百校风采擂台赛”表演金奖、2012年“第四届全国中小学生艺术展演松江赛区”一等奖、2015年上海市“纪念世界反法西斯战争胜利70周年”优秀展演奖、第32届“上海之春国际音乐节少儿音乐精品专场”铜奖、2015年“上海市民文化节百支优秀市民合唱团”、2016年“上海市中学生明星社团”和“上海市学生音乐节校歌展示高中组”一等奖、2018年“上海市庆祝改革开放40周年影视展评活动”金奖。2016年1月参加“上海市学生新年音乐会”，2019年参加“上海市纪念五四运动100周年大型歌会”。

松江二中云声合唱团

【小企鹅文学社】　小学生文学团队。2009年12月松江区第二实验小学陆冬梅老师倡议成立。宗旨为“让文学浸润孩子的生命，助他们在文字中放飞心灵”，遴选三到五年级学生中有写作潜质者为社员，会员300多人。开展“走近名家”“中秋诗会”“校园采风”等系列读书写作活

松江区第二实验小学小企鹅文学社（2017年）

动，挖掘社员诵读、写作潜能。参与学校的各项文化活动，营造书香校园，助力儿童成长。2010年创办校刊《小企鹅》(半年刊)，已出版19期，选登学生优秀习作、诗歌、童话等作品，开展推选“校园小作家”活动。部分学生的作品在市、区级报刊发表，在各类征文比赛中获奖，在市级朗诵演讲比赛中多次获奖。

【花篮马灯舞社团】 中小学生艺术团队。2011年9月松江区新浜学校创建。旨在提高学生对非物质文化遗产的认知，培育学生对优秀传统文化的情感，传承新浜地区非物质文化遗产。李艳老师负责社团成员的选拔、训练，团员40人，以六、七年级学生为主。聘请马灯舞老演员钮秋珍任指导老师。学校设花篮马灯舞训练场地，建造花篮马灯陈列室，购置或自制服装、道具。每周两次定期训练。有马、人物、灯女、伞女等角色组：马角色有8人，人物有白娘子、小青、许仙、法海、红牡丹、孙悟空、猪八戒、唐僧、沙僧、白骨精等若干人，灯女有6人，伞女有6人，队伍庞大。演出场地要求有较大面积。2013年获松江区中小学“青少年民族文化培训”项目一等奖。2015年获评松江区“优秀社团”。2018年受邀到上海大世界大舞台展演。2018年获得上海市“我是非遗传习人”传统演艺类团体组铜奖。2019年出版《花篮马灯》。

松江区新浜学校花篮马灯舞社团(2018年)

【睿齐健美操队】 中学生体育舞蹈团体。2011年9月松江区立达中学创建。以健美操、啦啦操结合现代舞、民族舞进行训练为主。分初中队、高中队，队员共30名。吴雪琼、顾红丽、郭方乐任指导老师和领队。2013年获“农行杯”全国健身操大赛(青岛赛)初中组一等奖。2019年获“上海市校园健身操大赛”“第八届全国全民健身操大赛(上海分站赛)”“上海市学生健身操舞大赛”等赛初中组自选动作一等奖，获“上海市健美操锦标赛”第四名、“上海市学生阳光体育大联赛”中初中组健身操二等奖。

【清悦弦音古筝社团】 小学生音乐团体。2012年松江区第二实验小学创建。旨在弘扬传统艺术，使古筝艺术得到传承和发展，配合学校搞好素质教育，丰富学生课余文化生活，激发学生学习音乐兴趣，培养学生音乐审美能力、艺术修养及表现能力，促进学生个性发展。团员30人。由张嫣、陈慧老师和有古筝特长的家长进行技艺指导。经常表演《渔舟唱晚》《红星照我去战斗》《边疆的泉水》等多部乐曲，其中《渔舟唱晚》为保留节目。曾在各类赛事中获奖。

松江区第二实验小学清悦弦音古筝社团

【铿锵少年中国鼓】 小学生民乐团体。2012年松江区第二实验小学创建，队员36人，指导老师姚丽、陈若男。聘请山西绛州鼓乐团专业老师指导教学，学校音乐老师进行日常管理。设基础班和提高班，每周开展一次教学活动。代表学校多次参加市、区级比赛和演出，获诸多好成绩。2015年11月代表松江区参加全国第五届中小学生艺术展演上海市活动民乐专场，表演改编版《秦王点兵》。2016年受邀参加上海市“一校一品”节目展演活动。2017年、2018年获全国青少年打击乐比赛上海赛区选拔赛混合年级组银奖。2017年参加上海市音乐协会教育年会演出。

松江区第二实验小学铿锵少年中国鼓社团在表演

【梨园雅社京剧团】 小学生戏剧团队。2012年松江区第二实验小学创立。由21个女学生组成，以花旦表演及相关知识为重点学习内容，指导老师武艳霞、杨亚男。聘上海京剧院国家一级演员杨亚男为艺术指导，辅导学生和学校艺术组老师。可以表演《梨花颂》《卖水》《穆桂英挂帅》《红灯记》等片段。经常参加各类比赛，曾受邀在上海市教育博览会演出，在京剧表演艺术家王珮瑜的京剧大讲堂舞台表演。2020年团队活动被上海教育电视台录入“一起快乐成长”节目。

松江区第二实验小学梨园雅社京剧团《卖水》剧照

【新闵歌舞团】 小学生艺术团体。2015年松江区新闵学校黄琳老师创建。开展歌唱、舞蹈、戏剧表演综合训练。旨在以“声乐、形体双专业同步教学，全面塑造学生舞台艺术表现力”。团员16人。每周五下午训练发声技巧、舞蹈基础、形体塑造、舞蹈动作等，培养团员的形体气质。编排《上学了》《魔法少女》《爸爸给我讲故事》《快乐的节日》等歌舞节目，在校内外各类节庆舞台表演。2016年获松江区学生舞蹈节表演舞一等奖、集体舞三等奖。2020年3月抗疫“云舞蹈”视频《平凡天使》被中国舞蹈网公众号推送。第一届社长刘铭轩连续两年代表学校参加松江区舞蹈单项比赛，分别获银、铜奖；社员刘素含获“桃李杯”2020年舞蹈艺术展演上海站三等奖。

【陶艺小筑社】 小学生手工艺团体。2016年东华大学附属实验学校创建，为区级创新实验室陶艺工作坊。旨在培养学生动手动脑能力、团队协作能力、三维立体感知能力、提高艺术修养。社员55人，以四至六年级学生为主，指导老师魏楠。将中小学劳技课程、美术课程、传统文化、松江地域文化融于一体教学。将历史故事贯穿于课程，开设“孔子塑像”“孔融开樽”“朝冠礼饰”“夏商礼乐”“鼎纹绘刻”“瑞兽画像砖”等陶艺课程，增强学生对不同时代陶艺文化、历史文化的理解。设有陶艺专用教室、炼泥拉坯设备、制陶工具等基础设施。师生的陶艺作品曾在松江区美术馆展出。社员李思远的作品获2019年松江区学生艺术单项比赛陶艺比赛小学组金奖。

【经纬舞团】 中小学生舞蹈团体。2016年东华大学附属实验学校创建，松江区舞蹈联盟九年一贯制学校盟主。“经”寓意学习我国南北民族民间舞蹈，不忘过去；“纬”寓意了解东西方舞蹈文化，展望未来。团员53人，指导老师杨萌。曾多次参加市级、区级展示活动，获松江区学生舞蹈节、艺术单项比赛等活动金奖3次、银奖3次。

东华大学附属实验学校经纬舞团参加校园集体舞比赛合影

【布艺天地】 中小学生手工艺团队。2016年东华大学附属实验学校创建区级创新实验室服装设计创意工作坊，依托实验室建设，开设布艺系列课程，建立团队。旨在培养学生动手能力、审美能力和创新能力，促进学生全面发展。团员68人，指导老师杨煜。东华大学服装与艺术设计学院于晓坤副教授为布艺课程提供专业技术指导及师资培训。根据各年级学生的实际动手能力，开设布艺系列课程：一年级“布料巧绘”、二年级“创意布贴画”、三年级“创意小饰品”、四年级“我为娃娃换新衣”、五年级“旧衣巧利用”、六年级“半身裙设计制作”、七年级“连衣裙设计制作”等。布艺系列课程列入学校经纬课程体系，课程配套的校本读本由本校教师编写。

【小荷舞蹈社】 小学生舞蹈团体。2016年9月松江区九亭第五小学何倩倩老师创办。社员18人。以“五彩童年，活力校园”为教育理念，旨在以五彩艺术课程教育引领学生焕发光彩。坚持课余排练，承担学校各大活动演出。2019年加入松江区舞蹈联盟，参加各类文艺演出。

松江区九亭第五小学小荷舞蹈社参加上海学生舞蹈联盟5周年精品展演合影

【DM插画社】 中学生美术团队。2016年松江区第四中学创建。旨在研究插画艺术，发挥学生美术特长，助力学生发散性思维，提升审美能力。社员20余人，指导教师陈美玲、谢青青。2020年新冠疫情发生后，社员们以插画宣传抗疫，多幅作品被“学习强国”等官方网络平台转载。

【光影公社】 中学生影视摄制团体。2016年松江区第四中学创建。社员20余人，顾昊嵩、周星光、冯光先后担任指导教师。指导学生用影像记录生活中的精彩瞬间，用自己的视角诠释生活。组织学生观摩优秀电影，提高电影欣赏能力，指导学生创作微电影。2020年新冠疫情期间，社员杨子恒制作的微视频《认真洗手的重要性》获上海市微视频制作大赛二等奖。

【葫芦雕刻社】 中学生手工艺团体。2016年松江区第四中学创建。旨在让学生认识美、发现美、追求美和创造美，丰富学生课余生活，传承传统民间手工艺术。葫芦雕刻是在葫芦上进行雕刻的艺术，2008年6月被列入第二批国家级非物质文化遗产名录。学校开设葫芦雕刻课程，由民间葫芦雕刻艺人和学校美术教师负责指导。团队的活动和成果曾在湖南卫视《我的纪录片》节目播出。

【电声乐队】 小学生艺术团体。2016年9月上海师范大学附属外国语小学创建。旨在让学生掌握现代电声乐器的基本演奏方法。队员约10人，刘欣喆、赵梦君等先后任指导老师，每周一集中60分钟由指导老师安排教学训练。练习曲谱均由指导老师编排。经常在校内和社区街道演出。

【金手指club手工社】 中学生手工艺团体。2016年松江区立达中学创建。队员20名，指导老师代晓玲。以传统剪纸艺术为基础，作立体剪纸、2.5D纸浮雕、立体纸蕾丝、衍纸画等技术创新。引入布艺教学，开设丝带花、丝网花、布胡画、不织布系列等课程。

松江区立达中学金手指club手工社合影

【文涛吉他社】 小学生音乐团体。2016年由中国吉他学会艺术顾问黄文涛在上海师范大学附属外国语小学创办。为上海音乐家协会吉他专业委员会授权的松江区吉他考级点。以“传播西方乐器文化，弘扬古典音乐，让更多的国人体会古典音乐的美”为宗旨。社员约百人，指导教师薛荣耀、王睿之。训练时间固定，采用欧洲教学体系，全程五线谱授课。2016年在泰晤士小镇举办“西班牙之夜”音乐晚会。2017年与松江美术馆、上海音乐家协会吉他专业委员会、西班牙驻上海总领事馆共同举办“音·色——西班牙吉他名琴展”，与上海音乐家协会吉他专业委员会共同承办“明日之星”全国吉他邀请赛。2019年参加上海“东宫杯”吉他大赛，获一至三等奖多个奖项。

【倾扬舞蹈队】 小学生舞蹈团体，松江区舞蹈联盟单位。2017年9月由松江区泗泾镇第三小学余姜老师创建。队员26名，均为一、二年级学生。初期，在每周二、四“快乐30分”时训练。排练民族舞蹈，学习蒙古、维吾尔、苗等少数民族知识，了解少数民族服装、生活习惯、民俗民风，观看民族舞蹈录像，了解民族舞蹈动作特点，丰富舞蹈语汇。指导学生作擦地练习、肢体活动、基本舞步等舞蹈基本功训练。2017学年20名学生获上海市中小学生古诗词综合艺术展演优胜奖。2018年两位学生获区舞蹈艺术单项比赛铜奖。2019年15名学生参加区级古诗文经典诵读比赛，作品《春之韵》获二等奖。

松江区泗泾镇第三小学倾扬舞蹈队在表演

【泖田山歌社】 中小学生声乐团体。2017年松江区泖港学校创建。队员20人，指导老师孙永华。旨在传承和弘扬民间传统文化。“泖田山歌”是非物质文化遗产，无伴奏合唱，使用泖港方言。邀请非遗传承人进校园普及山歌文化，请当地农民教授农具使用方法，带学生感受田野作业，在市、区各类平台展演。2018年参加松江区中华优秀传统文化展示交流活动。2019年在松江区少先队建队70周年庆祝活动、松江区田园艺术节上参加表演。创作的歌曲《垃圾分类真重要》被多家媒体报道。参加全国油画艺术展暨央视数字频道传统文化进校园展演活动。2019年获评“上海市非遗进校园优秀传习基地”。

松江区泖港学校泖田山歌社在表演

【立达沙画】 中学生美术团体。2017年松江区立达中学创建。旨在通过沙画学习提高学生的创新能力和艺术欣赏能力，释放精神压抑，宣泄情绪，维护心理健康。学生成员200多人，指导老师代晓玲。动态沙画结合社会热点和学生常规活动设计教学；固彩沙画结合校园文化，以丰子恺漫画题材进行创作；沙瓶画结合民族文化和地方文化特色，传承民族文化。2018年创作40幅以丰子恺漫画为题材的固彩沙画。沙画版《丰子恺漫画》受到外国友人和丰子恺后人及各界好评。2019年在上海市中小学艺术单项比赛中，沙瓶画《丝绸之路之古道驼铃焕新生》获松江区金奖、上海市银奖。2020年创作的抗疫沙画《坚信爱会赢》被市、区多家主流媒体报道。

【悦享陶笛】 小学生器乐团体。2017年由松江区泗泾镇第三小学毛丽老师创建。以“‘趣吹陶笛’，培养学生音乐审美和陶笛演奏能力，拓展学生学习兴趣”为宗旨。队员24人，每周安排两次课程进行练习或欣赏表演。乐团参与六一儿童节、小红星艺术节、"泗泾镇古镇戏台"、"家校共建——社区邻里节"等专场演出。

【萌芽童声合唱团】 以合唱为主的音乐团队。2017年松江区泗泾镇第三小学筹建，2018年正式成团。队员40名，指导教师聂文婷。旨在提高学生的声乐演唱技巧、音乐素养、舞台表演等技能，培养团队合作精神，促进学生的全面发展。每周二、五下午进行教学，训练学生演唱音质、音准、合唱声部和谐能力、声部间平衡和配合、音色调配等技巧，分析学习优秀经典合唱作品，学习合唱发展史、音乐理论知识。参加校内外各种演出、比赛，曾获松江区2019年"童心向党"童声合唱比赛三等奖。

松江区泗泾镇第三小学萌芽童声合唱团合影

【非洲鼓乐队】 小学生器乐团体。2018年上海师范大学附属外国语小学创建。旨在普及音乐教育、提升音乐素养、强化音乐基础。初期招收二年级生40名，持续有新生班学员加入，形成学员循环机制。指导老师贺国勋、蔡思豪。每周固定训练时间，学习基础打击，配合不同器乐伴奏。

【葫芦丝民乐社】 全称"芦声音韵葫芦丝民乐社"。小学生器乐团体。2018年5月由松江区泖港学校乌洪栋老师创建。社员20人，以三、四年级学生为主。以"拓展学生艺术课程，培养学生艺术兴趣，丰富学生艺术实践"为宗旨。注重团队建设的可持续性发展，队伍始终保持稳定。为学校节庆活动中艺术表演的主力，经常在社区艺术活动中参加表演。

松江区泖港学校葫芦丝民乐社参加校园庆祝活动

【晨曦舞蹈团】 小学生舞蹈团体。松江区舞蹈联盟单位。2018年9月松江区泗泾小学创建。旨在用优美的舞姿开启学生的艺术之旅。队员为一至四年级学生，共20人。指导老师林育璐。每周五下午定期训练。2019年在学校展演中首次登台表演。

松江区泗泾小学晨曦舞蹈团合影

【十锦细锣鼓民乐团】 小学生器乐团体。2018年9月松江区泗泾实验学校创建。旨在丰

松江区泗泾实验学校十锦细锣鼓民乐团在表演

富学生的艺术修养，宣传、普及、传承本地非物质文化遗产。队员38人，指导老师张洪生、唐君毅、汪定彦、戴丽阳、王一斐、冀玉琪、张晟泽。每周定期进行训练，队员已初步掌握演奏技巧。

【羽羿男生舞蹈团】 小学生舞蹈团体，松江区舞蹈联盟单位。2018年10月松江区中山第二小学涂薛菲老师组建。团员36人。旨在"以艺育德，以艺启智"，通过中国舞训练，提升学生对传统文化的理解，培养传承民族文化的情怀和文化自信。编排特色风格作品，多次参加市、区级各类艺术比赛和展演。首演节目《悯农》获2019年松江区古诗词展演特等奖、上海市古诗词展演二等奖。同年5月，男女生合演的集体舞《快乐少年》代表松江区参加2019上海市校园集体舞展示。

松江区中山第二小学羽羿男生舞蹈团在表演

【五小合唱团】 全称"松江区九亭第五小学合唱团"。小学生声乐团体。2018年10月松江区九亭第五小学安雨婷老师创办，团员36人。旨在发掘学生的音乐天赋，活跃校园文化。曾多次获松江区级歌咏比赛一等奖，代表松江区红十字会参加上海市"唱响心中的红十字"青少年合唱比赛，获最佳表演奖。演出的经典曲目有《唱支山歌给党听》等。

【舞动精灵舞蹈团】 小学生舞蹈团体。2018年10月松江区佘山外国语实验学校创建。指导老师于宝涓。以"童样精彩　舞动未来"为宗旨，通过舞蹈学习，全面培养学生的视觉能力、听觉能力、动作协调能力、形体表达能力。有舞蹈保留节目6个，《大梦想家》《生长吧》《一年级》《在灿烂的阳光下》等多次在校内外节庆活动中参演。

舞动精灵舞蹈团

【太阳剧社】 中学生戏剧团体。2018年松江区立达中学创建。社团理念为"Play is playing"。社员15人，指导教师余丽铮。每周五下午定期活动。以戏剧游戏、课本剧排演为基础，培养社员基本演艺素质。参与各类竞演、展演活动。2019年原创剧本《意外》在上海市64所学校和机构提交的作品中入选决赛竞演单元，获"第一届上海市中小学生戏剧节"优秀演出团队奖。

【炫舞飞扬啦啦操社】 职校学生舞蹈团体。2018年由上海市城市科技学校吴芳芳、许万里等老师创建，学生社员30名。旨在充分发挥学生的活动能力和自主创造性，培养学生的团队精神。曾参加市、区、学校各项啦啦操比赛活动。2019年6月1日，在上海市中等职业学校"身心健康专项"系列活动中获金奖，同年11月，在上海市学生阳光体育大联赛中获一等奖。

【二陆篆刻社】 中小学生篆刻团体。2019年初松江区小昆山学校创建。以小昆山"云间二陆"陆机、陆云命名。旨在培养学生对篆刻艺术的兴趣爱好。指导老师陈萍、董磊，学生社员50人。先后开设初中、小学篆刻班和篆刻少年宫。学习篆刻知识、篆刻技能，挖掘学生篆刻潜能。师生的篆刻作品曾获省市级以上奖项。

【雅乐古笙民乐社】 全称"泖田欢响雅乐古笙民乐社"。小学生器乐团体。2019年2月松江区泖港学校创建。社员15人，指导老师乌洪栋。集音乐教育、礼仪教育和历史文化教育于一体。旨在挖掘笙以及笙文化教育，引导学生在笙乐器的学习中感受与笙文化紧密相连的传统礼仪和历史文化的熏陶。开设提升学生演奏技巧的专家指导课、学生日常练习训练课、舞台实践课等配套课程。曾参与中央电视台国学进校园“海上生明月——全国油画名家学术邀请展”开幕式演出。参与媒体举办的“长江三角洲摄影大赛”泖港镇腰泾村活动、传承泖田非遗文化表演等拍摄。

【诗花朵朵童诗社】 中小学生文学团体。2019年4月松江区佘山外国语实验学校创建。旨在通过学习童诗、尝试童诗创作，开启孩子们的想象力，培养发散性思维与感知生活的能力。夏飞云、张梦艳、王晨悦任指导老师。学生的多篇作品在《农村孩子报·作文大王》、《唐小诗》儿童诗报、《每周小诗星》上发表。

【墨芽文学社】 小学生文学团体。2019年9月由松江区九亭第五小学梁恬老师创办。旨在展现学生风采，促进校园文化创建。社员30人。收集学生的优秀习作编印成册，在校刊《墨芽》上开设“小作家”微信专栏。

四

演出团体

业余演出团体

【松江曲社】 松江昆曲演艺团体。成立于民国初年。由张石泉主持。张石泉与浙江海宁"永言社"王欣甫、江苏苏州"道和社"张紫东等联合发起，每年中秋节在松江西施庙古戏台举办江浙昆曲名流大会唱。参加者有浙江的陆蔼堂、徐怡声、沈叔英、丁祥，江苏的汪鼎丞、王怡然、徐镜清、徐菊生，上海的徐凌云、殷震贤、张某良、张玉笙、陈少岩，沪郊青浦的"讴青社"和奉贤的"南歌""听真""和声"等曲社曲友。俞粟庐也常来助兴。清客会串极一时之盛，为苏浙沪曲家交流切磋艺术的重要活动。通常为一至两天，自上午始至深夜，轮流上台演唱各自的拿手唱段。松江镇西施庙遂为苏浙沪昆曲活动的一个中心。20世纪30年代初张石泉去世后，活动停止。

【松江群文演出团体】 自娱性或参加公演的演艺团体。1949年前农村有自发组织的戏班，主要有花鼓戏、滩簧（沪剧）、皮影戏，逢年过节搭台演出。歌舞有小青班、串马灯、打唱班等。城镇知识阶层中有昆曲、京剧等票友社团。1949年秋，全县建立业余剧团、剧组12个，1956年发展到92个。1958年公社化后，有9个公社建立文工团，大多是脱产排练、演出。1959年除新五公社外，其余公社文工团解体。1963年，各公社建立生产大队文艺宣传队，1965年全县有宣传队321支，队员4 000余人，是年举行"松江县生产大队文艺宣传队创作节目交流会演"，96个自创节目分5场演出。新五公社新中大队（今兴旺村）文艺宣传队参加1966年春节"上海市农村群众文艺创作节目观摩专场"演出，部分节目由上海人民广播电台录音播出。"文化大革命"中，各公社、镇成立"毛泽东思想文艺宣传队"，农闲时期排练、演出。1977年8月，泖港公社首创文艺工厂，员工以有文艺特长者为主，建立演出团队，务工和排练演出相结合，实行"以工补文"。1985年，全县各乡均办文艺工厂，另有县办1家。1987年起，文艺工厂陆续关停并转，至20世纪后期全部解散。进入21世纪，文艺爱好者自发组织表演队、文艺沙龙等，自娱自乐为主，也参加交流演出。2019年，全区17个街镇有各类文艺表演队伍672支，其中街镇级134支、村居级538支。

【新五公社业余文工团】 群众文化演出团体。1949年10月，新五库镇成立"新五库镇青年筹备委员会"，下设由12人组成的文娱组。1950年2月，文娱组改建为"枫泾区新声业余剧团"。1957年改"新五乡新声业余剧团"。1958年9月称"新五公社业余文工团"。自创的沪剧小戏《全家夺红旗》曾受邀到上海人民大舞台演出。20世纪五六十年代，沪剧小戏《篱笆边上》《红烧鸡》等有影响。1959年9月，文工团副团长干永春赴北京参加全国首次农村文化工作会议，在天安门观礼台参加国庆十周年观礼。1962年2月12日，《解放日报》头版发表《新五公社业余文工团，坚持业余活动十年如一日》的报道，并配发社论《业余文工团的一个榜样》。是年3月，中共新五公社党委副书记吴雪亭参加在山西省太原市召开的全国农村文化工作会议，带去由上海人民出版社出版的《业余文工团的一个榜样——

新五文工团录音节目《红烧鸡》

介绍新五公社文工团》作为提交大会的书面材料。5月，文工团被评为“上海市群众文艺工作先进单位”。6月被评为“全国群众文艺工作先进单位”，获总理周恩来颁发的奖状。“文化大革命”期间，文工团易名“新五公社毛泽东思想宣传团”，自编自演的沪剧小戏《开河之前》等有影响。1981年春，文工团改建为新五文艺印刷厂，80年代末解散。

【松江镇文艺宣传队】 群众文化演出团体。20世纪50年代初期成立松江城区业余文工团，与松江县工会联合排练演出。1963年11月改称松江城厢镇文艺宣传队。1964年春节，宣传队送戏下乡，表演唱《三根电线通到农村来》等节目有影响。“文化大革命”期间宣传队一度解体，1978年恢复。1979年排演话剧《于无声处》、沪剧《碧落黄泉》、越剧《梁祝》选场等。宣传队成员平时在各自单位工作，业余时间排练，到茶馆、工厂、街道、近郊农村演出。1983年创作38个节目，内容涉及提倡文明礼貌、计划生育、法制教育、爱国卫生等，演出68场，观众5.4万人次。1984年排演宣传法制的沪剧《家庭公案》，获好评。2001年松江镇撤销，宣传队解散。

【泗泾镇业余文工团】 群众文化演出团体。1952年成立。由泗泾镇“小青班”成员及工商企业和街道文艺积极分子组成，团员24人。逢星期二、四、六晚上在镇文化站集中活动，排练说唱及沪剧，配合政治任务演出。先后排练过《白毛女》《红军的女儿》《算盘记》《一把镰刀》《第一炉铁水》《狮子舞》《歌颂丰收》等21个节目。1958年歌舞《狮子舞》《喜庆丰收》和沪剧《货郎担》参加县、市业余文艺会演。1959年自创舞蹈《公社的早晨》获上海市群众文艺会演优秀创作奖、优秀演出奖，排演大型沪剧《英雄虎胆》并公演。1960年文工团解散。

专业演出团体

【中山社】 沪剧剧团。1934年6月成立。松江最早的申曲（沪剧）表演剧团。当时申曲表演团体都称“社”，中山社与常在松江演出的“新新社”“花月社”并称三大社。社长陈鹤轩，演职人员30多人，知名演员有杨美梅、解洪元、汪秀英、陈鹤轩等，被同行誉为申曲界“擂台”。自办15吨木船两艘，自制服装、布景道具，自办伙食，还组有一个球队。每年有一半时间在松江各剧场演出，松汇小筑为演出基地，其余时间在青浦城厢、朱家角、嘉善、嘉兴、金山等地巡回演出。演出剧目有《珍珠塔》《李三娘》《阮玲玉》《十三妹》《江湖侠才》《大红袍》《枪毙阎瑞生》等。1936年把京剧机关布景戏《劈山救母》移植至申曲，首次在松汇小筑演出，引起轰动。1937年春夏之交，排练机关布景戏《火烧红莲寺》，在新开张的息园大戏院首演，陈鹤轩擅长魔术，在戏中增加魔术技巧，连演20天，天天爆满。1937年抗日战争全面爆发，松汇小筑被日机炸毁，中山社解散，大部分演员去上海谋生，部分留在松江卖唱，陈鹤轩只身去香港，后病死他乡。

【松江县沪剧改进协会】 沪剧演出团体。1952年由在茶坊酒肆卖唱滩簧的西帮沪剧艺人自发组建，得到县政府文化主管部门的认可和指导。自筹资金，借岳庙东厅为演出场所，对外称“群力沪剧团”。演出剧目有《庵堂相会》《蜜蜂计》《珍珠塔》《文武香球》等传统戏。1955年全国民间职业剧团登记时，因成员年龄偏老等因素，未能按职业剧团性质登记。1957年部分成员进职业沪剧团，部分转至农村和外地演出，部分改行。1958年协会解散。

【群力沪剧团】 即“松江县沪剧改进协会”。

【红旗沪剧团】 沪剧剧团。1950年初，松江县叶榭地区姚士良、孟俊泉、陶震明三人共同组建“青年沪剧团”，生意清淡。遂选吴瑜为团长，改名“红旗沪剧团”。完善管理制度，建成正规的演出剧团。常演剧目有《白毛女》《刘胡兰》等。1952年起，常年在无锡、杭州等地巡演。1956年，与“新乐沪剧团”合并成“无锡市沪剧团”。

【沪风沪剧团】 沪剧剧团。1952年由王中玉在上海曹家渡三民剧场创办。1955年4月起常年在松江演出。1956年5月在松江注册登记，改名“松江县沪剧团”。

【红星沪剧团】 沪剧剧团。1951年1月，王飞鸿在松江明星大剧院创建“少壮沪剧团”，旋改名“红星沪剧团”，孙玉峰任团长，王飞鸿任副团长。1955年在太仓登记注册，改名“太仓县沪剧团”。

【松江县沪剧团】 沪剧剧团。1956年8月由“上青”“东方红”“沪风”三个民间职业沪剧团合并组成，演职员45人，团长王中玉。上海市总工会沪剧分会下属民间职业剧团，业务由松江县文化部门管理。主要在县内各集镇和农村巡回演出现代戏，剧目有配合肃反工作的《东海最前线》《后方的前线》，配合合作化运动的《两兄弟》《走上新路》等。根据同名电影改编的沪剧《渡江侦察记》，参加1956年松江专区专业剧团文艺会演，获创作奖、导演奖、演出奖、音乐奖。1957年，演出剧目有《白毛女》《罗汉钱》《王贵与李香香》《小二黑结婚》《赵一曼》《碧落黄泉》《杨乃武与小白菜》《大雷雨》等。1958年农村人民公社成立，各公社成立文工团，沪剧团分成四组到城东、新桥、亭新、山阳公社辅导群众文艺。1960年3月，下乡人员重新集中，恢复营业性演出。李国良任团长，苏恒荣、周为先后任剧团指导员。1964年全团演出805场，其中在农村演出513场，全年观众32.6万人。1962年起，演出剧目有《星星之火》《芦荡火种》《霓虹灯下的哨兵》《南海长城》《丰收之后》《亮眼哥》《姜喜喜》《夺印》《红色家谱》等。“文化大革命”开始后，剧团停演。1971年7月剧团解散，演职员绝大部分分配到商业系统。

【老三庆越剧团】 越剧剧团。20世纪四五十年代主要在松江一带演出的越剧班子。演员以浙江籍艺人为主，也有松江籍女艺徒。班主许玉成，其妹许秀英为台柱。后剧团内部不睦一分为二，许玉成带了一批女艺徒成立新戏班，名“新生组”。因学员艺术还不成熟，于1952年10月聘用一批客师助演。客师离组后，排练几个小戏在松江枫泾剧场演出，后一路沿乡村小集镇卖艺，或参加庙会演出，其时知名度不高，经营困难。后许秀英、赵世祥等艺人加盟，实力壮大，演艺日趋成熟，声望日高。1955年8月全国民间职业剧团实行归口登记，“新生组”归松江县政府文化科管理；9月，经登记批准，转为县属剧团，改名“松江县三新越剧团”。参见“松江县越剧团”。

【新生组】 见“老三庆越剧团”。

【松江县三新越剧团】 见“老三庆越剧团”。

【松江县越剧团】 越剧演出剧团。1955年9月成立。初名“松江县三新越剧团”。演职员30余人，1965年有80余人。团长许玉成。主要演员有赵世祥、刘春芬、宋云高、张羽钦、袁哈哈等。1956年在松江专区文艺会演中，《十五贯》获演出奖。1959年8月改名“松江县越剧团”。编演近代历史剧和革命现代剧，组成小分队，下农村配合中心工作演出，有欢送新兵入伍的《木兰从军》，配合社教运动的《刘介梅》等剧目。1965年参加上海市现代戏会演，自编现代剧《枫泾暴动》获演出奖。“文化大革命”开始后停止演出。1971年7月剧团解散，演职员大部分转入商业系统。1978年12月重新成立，地址在普照路2号。为县属大集体单位，编制50人。演员来自原越剧团成员、群众文艺骨干、经专业考试选用的应届毕业生和农村青年。赵世祥任团长，陈纪康任指导员。1979年1月在松江剧场公演，先后上演《梁祝》《三看御妹》《三请樊梨花》《孔雀东南飞》《盘妻索妻》等剧目。至1980年3月共演出238场，观众25.2万人次。1981年9月剧团迁至松江镇谷阳北路46号，有新建的三层楼演员宿舍及排演厅。1982年8月招收18名新学员，组建青年演出队，队长陈也乐，顾问赵世祥。1982年起，戏剧演出行业滑坡，收不抵支，难以为继。1985年12月，剧团解散，人员分流。

【松江花桥越剧团】 上海市郊第一家民间村办厂剧团。1992年1月由洞泾乡花桥村松江工业搪瓷厂出资创办，聘赵世祥任团长。到浙江诸暨市招收一批16～20岁的学员，聘上海越剧团等剧团的名师授业。同年12月起，在上海松江、金山、奉贤和浙江等地演出《梁祝》《血罗衫》《三笑姻缘》等剧目。1993年9月《化蝶》在上海美琪大戏院参加上海越剧改革50周年展演。2009年松江工业搪瓷厂面临倒闭，剧团解散。

【松江县曲艺团】 曲艺演出团体。1959年1月成立，县属集体性质。艺人9名，1966年演职员31名，团长石耀亮。团址在醉白池公园内，1962年迁莫家弄底。1964年3月韩夫荣任指导员。在上海市郊区、市区小型书场及与苏浙毗邻集镇演出农民书。传统书目有《英烈》《三国》《杨家将》《水浒》《西汉》《岳传》《隋唐》《孟丽君》等20余部。改编创作现代书目有《烈火金刚》《智取威虎山》《渡江侦察记》《吕梁英雄传》《平原枪声》《兵临城下》《敌后武工队》等30部。60年代起，除书场演出外，组队下农村巡回演出。1965年，全团演出7 207场次，观众49.64万人次。“文化大革命”开始后，演出停止。1971年7月曲艺团解散。1980年1月重建，有演职人员11名。团址在松江镇九曲弄7号，另在勾月弄新建办公楼。改编创作新书目《一个女友的变化》《赌棍的下场》《琴岛激浪》等10多部。1980—1982年演出1 000多场次，观众30多万人次。1983年11月27日《解放日报》刊文赞誉松江县曲艺团事迹。先后聘用四档评弹和沪书演员，艺人增加到16人。80年代中期，为扭转演出市场滑坡困境，改单一农民书为多形式的曲艺表演，改单一茶馆书场演出为送艺进学校、进工厂，改双档演出为群体演出。1989年10月吸收7名男女青年学员。全团分3个小分队，每队四五人，自主联系业务，在松江和上海市区、郊县乡镇演出。2006年曲艺团撤销。

【中共松江地委文工团】 简称“地委文工团”。文艺演出团体。1949年5月成立。前身是“苏中区九地委文工团”。1948年8月至1949年1月，在地下党员叶昌源（后改名赵沅）策动下，上海实验戏剧学校近50名学生分五批陆续从上海乘船到苏北参加苏中区九地委文工团。1949年2月5日南通解放后，改编为“南通市军管会文工团”。3月13日解放军渡江前夕，改属松江工委领导，改称“松江工委文工团”。渡江后，吸收苏州社会教育学院戏剧系部分学生。5月9日进驻松江前，改称“中共松江地委文工团”，团长叶林，政治指导员赵沅。5月15日全团随地委机关进驻松江。上海解放后，吸收上海戏剧学校和育才学校学生入文工团。1950年参加松江、南汇、嘉定、川沙等县的土改运动，创作许多土改题材的歌曲，其中《啥人养活仔啥人》在江南地区广为流传。土改结束后，编演大型舞剧《江南农民大翻身》，在上海、无锡、山东等地演出，由出版社改编成同名连环画。自创活报剧、街头剧、秧歌剧、舞蹈、京剧、话剧、花鼓等在工厂、农村、部队、街头演出，也在松江明华大戏院卖票公演。同年10月苏南行政公署组建“苏南文工团”，地委文工团大部分人员加入该团。1952年2月地委文工团建制撤销。

【松江县文工团】 文艺演艺团体。1960年3月15日由松江县文化科、文化馆筹建成立，属全民性质。演职员48名，1962年增至52名。演员主要从中学、企业中招录，有少量农村文艺人才，平均年龄20岁。团长倪振雄，政治教员凌华。全团分戏剧、歌舞、音乐3个演出队。节目以现代题材为主，形式有歌舞、话剧、沪剧、越剧、说唱、表演唱、小合唱、独唱、器乐合奏等。自创沪剧《稻香万里》《红旗队长》、舞蹈《公社的早晨》、表演唱《松江好》等节目，其中舞蹈《公社的早晨》入选1961年“上海之春”文艺会演，作为招待外宾演出节目，剧组受到市委书记陈丕显的接见。1961年排演大型歌舞剧《刘三姐》《白毛女》、沪剧《洪湖赤卫队》《荷珠歌》等。最初文工团经费由地方财政拨款，不对外售票。1960年底起实行自负盈亏，对外售票，不足部分由财政补贴。1962年7月文工团解散，成员大部分安置在县文化系统。1978年1月重建松江县文工团，演职员55名。排演沪剧《祥林嫂》，创作演出《献给敬爱的周总理》《一件珍贵的衣服》等节目。在集镇、农村、水利工地、茶馆宣传演出，辅导乡镇业余演出队伍。同年6月，根据中共上海市委“关于一县建一个戏曲团体”的精神，文工团解散，成员返回原单位。

【汤炳生法制文艺工作室】 经工商登记注册的民办演出团体。上海市唯一冠名“法制”的个体文艺工作室。2006年4月由汤炳生开设。创作宣传法治的小品、独脚戏、上海说唱、哑剧、双簧、故事等各种形式的节目，内容涉及青少年保护、计划生育、婚姻法、消防、生产安全、交通安全、环保市政、禁毒、禁赌、打假、食品药品安全、反邪教、科普、涉残、涉老、民防等，组织艺人创作排练节目13台，演出911场。部分节目和宣传演出活动被《解放日报》《新民晚报》《上海法制报》等媒体报道。2014年10月工作室注销。

【九亭鸿绪堂皮影戏班】 皮影戏剧团。20世纪40年代由朱国明创建。戏班由6人组成，主要在泗泾、洞泾、九里亭一带演出。节目为传统连台本戏，音乐采用民间歌调、曲子，用本地方言说白，配以文人诗词，俚语时出，令人发噱。唱腔类似于苏滩、昆曲，曲调有基本调、哭调、病梦调、大探子调等多种。剧目均为历史剧，有《三国》《隋唐》《岳传》《封神榜》《西游记》《七侠五义》等。每年秋季农闲巡回演出两个月。50年代初风行，1958年停演，后复演，"文化大革命"期间遭禁演。"文革"结束后，朱国明联络失散老艺人，重组皮影戏班。80年代初重新演出。1993年朱国明病故，戏班解体。

松江区表演团体情况表

单位名称	经营范围	注册地址	负责人	成立时间
上海杰冉文化发展有限公司	越剧表演	邱家湾44号15幢3楼-2-1283室	许　杰	2017
上海娱涵魔术杂技团	魔术、杂技	北翠路1111号	范美娜	2012
上海王勤沪剧团	沪剧表演	新松江路1800弄3号6层6366室	王　勤	2015
上海豫苑文化传播有限公司	豫剧表演	文汇路1128号	单红玲	2017
上海华水越剧艺术传播有限公司	越剧表演	梅家浜路1567弄14号3层	林喆毅	2016
上海聆舞话剧演出剧团	话剧表演	松汇西路1483号	林剑民	2009
上海勤怡沪剧团	沪剧表演	泗泾镇开江北路141号	陈益民	2006
上海金枫沪剧团	沪剧表演	泗泾镇沪松公路2751号512室	王金妹	2018
上海佳韵文化艺术传播有限公司	沪剧表演	泗泾镇沪松公路2288弄1、2号1202室	程文俊	2019
上海松江璐艺沪剧团	沪剧表演	新桥镇新南街250弄87号	王翠英	2015
上海华侨城投资发展有限公司华侨城欢乐谷艺术团	歌舞、杂技	佘山镇林湖路888号	胡梦蝶	2009
佘山镇兰艺沪剧团	沪剧表演	佘山镇天新路560号	严明兰	2015
上海振兴戏剧学院有限公司	京剧表演	小昆山镇中心路599号1幢A座101、107室	周晓忠	2015
上海市松江区九亭镇九瀚沪剧团	沪剧表演	九亭镇中心路525号	范雨忠	2018
上海市松江区璟芸沪剧团	沪剧表演	洞泾镇同乐路387号2幢2楼203室	陆　芸	2018
上海秀煌文化传媒有限公司	越剧表演	仓汇路535弄27号202室	王爱丽	2018
上海云间沪剧中心	沪剧表演	富永路425弄212号2楼3537室	沈乐乐	2019
新桥镇凤漪沪剧团	沪剧表演	新桥镇九新公路2388号1幢4楼401室	陆　华	2018

（续表）

单位名称	经营范围	注册地址	负责人	成立时间
上海市松江区群瑛沪剧团	沪剧表演	新桥镇新庙三路7号	邹群英	2019
上海隽德文化传播有限公司	黄梅戏	新浜镇许村路15号-50	胡倩	2018
上海佳睦文化传播有限公司	黄梅戏	思贤路1336、1338号4层107室	杨舒星	2018

说明：表格内容由松江区文旅局提供；时间截至2019年；已设词条的剧团不列入表内。

政治文化团体

【新松江社】 政治文化团体。1923年由侯绍裘、朱季恂、沈联璧、钱江春等人发起成立。以"激浊扬清、弃旧图新"为宗旨。初，社员40余人。中共党员侯绍裘为中坚力量代表，经常邀请共产党人和进步人士恽代英、萧楚女、邓中夏、邵力子、沈雁冰、陈望道等到松江作演讲会，宣传革命。在重大节日或发生政治事件时，组织群众集会游行。创办《新松江评论》，抨击时弊，宣传社会主义。1924年下半年，军阀齐燮元和卢永祥混战，仅少数社员留在松江，活动停顿。1932年初，沈联璧、雷君彦、张琢成、高君藩、侯砚圃、孙宗坤、陈贵三、侯运良等重建"新松江社"，成员200多人，分"永久社员"、"赞助社员"（赞助经费者）和"普通社员"三种。成立理事会、监事会。三年间建成一栋中西合璧两层楼房为主体的新社址（今松江一中宿舍区内），设阅览室、弹子房、茶座以及旅社、浴室、礼堂等设施，邀请进步人士演讲，设书籍报刊借阅室，开展文艺活动，暑期为学生举办补习班、英语演讲会等。1937年松江沦陷后，社址被日军占领，社务结束。

【抗日救亡歌咏团】 抗日战争时期进步青年文艺宣传团体。1936年秋，由上海"职业界救国会"理事袁青伟、"上海民众歌咏会"成员蔡炳良策划组织，仿照"上海民众歌咏会"组织形式在松江城区乐恩堂建立。团员主要是松江县金融界青年，有罗椰波、项志润、汤相伊、宋铁能等20多名。蔡炳良任歌咏指挥，每周活动一次，学唱《义勇军进行曲》《前进歌》《打回老家去》《牺牲已到最后关头》等抗日歌曲，到街头闹市宣传演唱。1936年10月鲁迅逝世消息传到松江后，歌咏团在松江体育场礼堂举行追悼会，演唱《哀悼鲁迅先生》和抗日救亡歌曲。1937年八一三事变后，歌咏团到街头、学校、伤兵医院等处宣传和慰问演出，10月停止活动。部分团员奔赴延安或参加当地抗日斗争。

【妇女读书会】 抗日战争时期政治文化组织。1941年8月由中共地下党员黄竞之在叶榭地区组建。以"广交朋友，宣传抗日"为目的。会址在沈萍书家。会员不局限于妇女，有徐浩、马秋芳、顾芬云、沈萍书、陈炎培、徐锦昌、孙彬国等。由中共地下党员蒋梯云等秘密递送《大众哲学》《世界知识》《从一个人看新世界》《钢铁是怎样炼成的》《上海周报》《新浙东报》等书刊。教育启发各类青年，发展恶霸蒋步青女儿蒋凤梧、伪镇长张金林女儿张文官、伪区长朱世坤为会友。1944年春秘密处决恶霸蒋步青。通过朱世坤掌握的敌伪"清乡"情报，使叶榭党组织免遭损失。1945年起大部分会员调往泗宝、亭林等地，或北撤苏北抗日根据地，活动停止。

【求知书室】 抗日战争时期政治文化组织。1943年由中共地下党员韩鸣皋在新桥镇以开小店为名秘密组建，是中共地下联络点。内藏《时代》《时代日报》《常识半月刊》《中国周报》等各种进步报刊和鲁迅、茅盾、高尔基、斯诺的著作以及党内秘密刊物。根据不同读者，借给不同内容的书刊。读者孙根宝、邹辉、符达人等先后加入中国共产党，并成为骨干力量。在新桥镇上张贴抗日标语和浙东解放区编印的《浙东战讯》《新四军快报》，在伪警察署的门口张贴《关于淞沪支队袭击诸翟敌伪警察厅的经过和对伪警人员的警告》。1945年抗战胜利后，改名"求知读书会”。编印《求知半月刊》,共两期。1949年4月组织群众开展护路、护厂、护仓、护校斗争。5月新桥解放时,工厂不停工,商店不停业,学校不停课,社会井然有序。

【学习图书馆歌咏团】 解放战争时期政治文化组织。1947年暑假,由赵宁渌、丁冠平创立。团址在松江城区基督教乐恩堂内。宗旨为“迎接解放、迎接新中国的诞生而战斗”。以歌咏、舞蹈、读书等革命文化活动团结、教育、组织松江青年学生。丁冠平与中共地下党组织有单线联系。藏书1 000余册,有鲁迅、臧克家、郭沫若、老舍等作品,有解放区出版的书籍,以及苏联作家高尔基、奥斯特洛夫斯基等作品。教唱革命歌曲《解放区的天是明朗的天》《你是灯塔》《团结就是力量》《黄河大合唱》等。组织学习毛泽东《新民主主义论》。1949年初,秘密发展松江县第一批新民主主义青年团团员。同年5月13日人民解放军进入松江,歌咏团立即上街演唱。此后组织群众学唱,革命歌曲迅速在松江传唱。当年秋季新学期开学,松江城区各中学民主选举的学生会领导大多是“学习图书馆”成员。

【城西小组】 解放战争时期政治文化组织。1948年下半年由中共地下党组织成立,成员主要是松江城区莫家弄、白龙潭、塔桥一带进步青年,成员有十二三人。以集中、分散和自学相结合方法学习时事,学习毛泽东《论联合政府》《目前形势和我们的任务》。开展迎接解放的工作。油印《新民主主义论》有关章节和《城市政策》,编印《告人民书》和解放区歌曲,在城西一带张贴、散发。搜集火车站、新南门等地敌人情报。1949年5月13日松江解放,许多组员参加中国人民解放军。

文化相关团体

【松江区历史文化研究会】 人文学术团体。2009年5月成立。旨在联络各界对松江历史文化有研究者,开展学术交流和研究,推进松江历史文化研究与利用。会址在松江人民北路1426号区图书馆行政楼,2014年5月迁中山中路829号、831号。会员60人,设理事20人,会长何惠明。丁锡满、李伦新、熊月之、邹逸麟、钱谷融等13位学者为顾问。与上海海派文化研究中心合作,研究自华亭建县以来的上海历史。挖掘、整理、注释、编辑有关松江的历史资料,承办有关松江历史研究的专题学术讨论会,举办普及松江历史文化的专题学术讲座,编辑年度学术会刊《松江历史文化研究》。配合区委宣传部,承办“平复帖杯全国书法大赛”“平复帖与二陆文化学术讨论会”“看世博全国征联大赛”等活动,编辑出版《平复帖与二陆文化学术讨论会论文集》《广富林历史文化丛书》《水育松江》《张照书风与清代云间书派论文集》等。2019年7月4日注销。

【上海老新闻工作者协会松江分会】 新闻工作者团体。2007年3月成立。会员为松江区广播电视系统、《松江日报》和《松江报》退休新闻工作者和定居松江的上海市新闻单位离退休人员。旨在关心老新闻工作者晚年生活。成立初会员24人,2019年近80人,谭俊升、盛如松、陈良雄、王一平、吴纪盛先后任会长。开展思想文化交流,举办祝寿、参观等活动。

【松江区观赏石协会】 赏石文化团体。2014年6月成立。以弘扬中华赏石文化,开发观赏石资源,引导和推动观赏石收藏、鉴赏、展示、研究,丰富人们的业余文化生活为宗旨。会址在广富林郊野公园内。会长章瑞明,会员50多人。为会员提供服务,维护会员的合法权益,协助政府部门加强对行业的管理,促进地区间、国际的交流与合作。组织会员参加上海“万春园”举办的历届奇石文化交流活动、各种赏石文化旅游节、精品奇石展销会、海派赏石文化交流。举办赏石文化进社区、学校、商圈活动。以广富林奇石馆为活动基地,不定期举办赏石讲座。出版《文化松江·云间赏石》。

【松江区文化娱乐行业协会】 文化娱乐行业团体。2004年7月成立。会址在新松江路1800弄3号406室。会员为松江区内有营业执照的从事经营性舞厅、卡拉OK歌厅、音乐茶座、音乐餐厅、游艺游戏场所等的文化娱乐企业。成立初有会员65家,2019年有185家。唐伟国、张顺泉先后任会长。加强行业自律,建立行业规范,维护会员权益,开展业务培训、市场调查、信息交流等活动。组织娱乐场所规范管理评先活动,此做法被市行业协会借鉴并推广。在全市第一家制定行业规范细则，促进行业自律。配合行政执法部门开展不定期检查，惩处违反规定屡教不改者，此做法被市行业协会推介。每两年组织一次从业人员K歌大赛。遵循“自主办会”原则，工作自主，人员自聘，经费自筹。编印会刊《文化娱乐简讯》（季刊）。

【松江区印刷行业协会】 印刷行业团体，中国印刷技术协会、上海市印刷行业协会团体会员。2008年10月成立。会址在乐都路275号。业务受上海市印刷行业协会指导，行政由区文广局主管。宗旨是加强企业之间、企业与政府之间相互联系，为企业服务，维护会员合法权益，保障行业公平竞争，促进企业提高行业整体素质，健康发展。会员为依法取得上海市印刷经营许可证从事出版物、包装装潢印刷品和其他印刷品，具有印刷活动经营权的企业单位和行政分管部门及热心印刷事业的个人。有理事单位15家，会员单位92家，2019年分别为61家、290家。徐权、杨志训先后任会长（理事长）。开展专业培训、业务交流、参展参评、业务指导、公益慈善等活动。编印会刊《松江印刷》（年刊）。2010年起连续六年组织参加“上海印刷大奖”（国家级）评奖，共获全场大奖1个、金奖16个、银奖25个、铜奖52个。连续十年开展“松江印刷奖”评选活动。每年组织帮困助学结对捐款，开展慈善捐物捐款活动。2013年被评为中国社会组织规范化建设3A级单位、上海市印制行业诚信创建活动“优秀组织单位”和“松江区十大优秀社会团体”。13家会员单位获评上海市新闻出版行业文明单位。杨志训获全国第十二届“毕昇印刷优秀新人奖”“上海市五一劳动奖章”“上海印刷人奖”。

附表

松江区各街道、镇、村（居）委会文化团队情况表

岳阳街道

序号	名　　称	成立时间	人数	地　　址	备注
1	舞蹈队	2005	26	岳阳社区文化活动中心	街镇
2	排舞队	2005	25	岳阳社区文化活动中心	街镇
3	时装队	2008	18	岳阳社区文化活动中心	街镇
4	秧歌队	2006	15	岳阳社区文化活动中心	街镇
5	合唱队	2003	60	岳阳社区文化活动中心	街镇
6	街舞队	2005	12	岳阳社区文化活动中心	街镇
7	文艺团队	2010	15	岳阳社区文化活动中心	街镇
8	沪剧沙龙	2001	16	岳阳社区文化活动中心	街镇
9	戏曲沙龙	2001	16	岳阳社区文化活动中心	街镇
10	创作小组	2005	5	岳阳社区文化活动中心	街镇
11	读书会	2002	60	岳阳社区文化活动中心	街镇
12	助残导读队	2008	35	岳阳社区文化活动中心	街镇
13	楹联沙龙	2008	38	岳阳社区文化活动中心	街镇
14	手工艺	2010	6	岳阳社区文化活动中心	街镇
15	剪纸沙龙	2006	25	岳阳社区文化活动中心	街镇
16	红楼沙龙	2008	18	岳阳社区文化活动中心	街镇
17	摄影沙龙	2010	25	岳阳社区文化活动中心	街镇
18	书法沙龙	2006	20	岳阳社区文化活动中心	街镇
19	集邮沙龙	2006	45	岳阳社区文化活动中心	街镇

（续表）

序号	名　　称	成立时间	人数	地　　址	备注
20	萨克斯队	2017	10	岳阳社区文化活动中心	街镇
21	黄梅戏沙龙	2017	15	岳阳社区文化活动中心	街镇
22	方舟舞蹈队	2012	14	方舟园居委会	村居
23	方舟读书会	2005	20	方舟园居委会	村居
24	夕阳红舞蹈队	2010	15	西林塔居委会	村居
25	青松读书会	2009	33	西林塔居委会	村居
26	佛字桥读书班	2003	32	佛字桥居委会	村居
27	佛字桥舞蹈队	2001	9	佛字桥居委会	村居
28	龙艺舞蹈队	2000	12	龙潭居委会	村居
29	龙潭书友会	2012	23	龙潭居委会	村居
30	龙潭戏曲团队	2012	12	龙潭居委会	村居
31	龙潭合唱队	2011	18	龙潭居委会	村居
32	龙潭编织班	2017	12	龙潭居委会	村居
33	高乐读书会	2004	18	高乐居委会	村居
34	高乐健身操队	2003	12	高乐居委会	村居
35	高乐戏曲队	2012	10	高乐居委会	村居
36	高乐合唱队	2010	20	高乐居委会	村居
37	戴家浜文体团队	2005	12	戴家浜居委会	村居
38	戴家浜读书会	2006	25	戴家浜居委会	村居
39	戴家浜剪纸班	2015	8	戴家浜居委会	村居
40	太平读书班	2006	20	太平居委会	村居
41	太平排舞队	2006	18	太平居委会	村居
42	龙之梦舞蹈队	2012	24	龙兴居委会	村居
43	荣乐舞蹈队	2008	12	荣乐居委会	村居
44	荣欣合唱队	2008	28	荣乐居委会	村居
45	荣乐读书班	2008	27	荣乐居委会	村居
46	荣乐拳操队	2008	9	荣乐居委会	村居
47	楹联诗社组	2008	28	荣乐居委会	村居
48	夕阳红腰鼓队	2004	12	荣乐居委会	村居
49	理论读书班	2000	15	景德路居委会	村居
50	文化团队	2000	10	景德路居委会	村居
51	蒋泾读书班	2007	23	蒋泾居委会	村居
52	蒋泾阳光健身舞蹈队	2008	9	蒋泾居委会	村居
53	“扬新风”读书班	2003	22	长桥居委会	村居
54	娘家人戏曲沙龙队	2015	21	长桥居委会	村居
55	长桥舞蹈队	2003	10	长桥居委会	村居
56	通波读书班团队	2009	55	通波居委会	村居
57	通波民间手工艺团队	2007	12	通波居委会	村居

（续表）

序号	名　称	成立时间	人数	地　址	备注
58	通波文化宣传团队	2009	12	通波居委会	村居
59	黑鱼弄鱼跃读书会	2003	30	黑鱼弄居委会	村居
60	凤凰读书班	2008	25	凤凰居委会	村居
61	凤凰书法班	2011	6	凤凰居委会	村居
62	九峰读书班	2003	24	九峰居委会	村居
63	戏曲沙龙	2008	6	九峰居委会	村居
64	书香沙龙	2004	8	九峰居委会	村居
65	菜花泾舞蹈队	2006	15	菜花泾居委会	村居
66	菜花泾扁鼓队	2006	15	菜花泾居委会	村居
67	人乐舞蹈队	2005	16	人乐居委会	村居
68	人乐戏曲队	2005	6	人乐居委会	村居
69	人乐居得乐读书班	2004	27	人乐居委会	村居
70	太阳花舞蹈队	2006	14	人民桥居委会	村居
71	读书班	2005	20	人民桥居委会	村居
72	夕阳书乐	2009	19	金沙滩居委会	村居
73	民乐夕阳红读书班	2005	15	民乐居委会	村居
74	民乐戏曲队	2007	20	民乐居委会	村居
75	民乐舞蹈队	2007	15	民乐居委会	村居
76	民乐合唱队	2008	25	民乐居委会	村居
77	文艺团队	2005	16	马路桥居委会	村居
78	荣景下午茶	2016	20	马路桥居委会	村居
79	“细心瞧”健康自管小组	2004	64	西新桥居委会	村居
80	白洋乐龄读书班	2004	16	白洋居委会	村居
81	乐龄茶座活动团队	2012	12	白洋居委会	村居
82	松乐苑读书会	2008	35	松乐苑居委会	村居
83	醉白池读书班	2005	20	醉白池居委会	村居
84	舞蹈团队	2013	15	醉白池居委会	村居
85	“爱心妈妈”编织班	2008	20	醉白池居委会	村居

永丰街道

序号	名　称	成立时间	人数	地　址	备注
1	立韵沪剧队	2006	31	松汇西路1438号	街镇
2	艺韵舞蹈队	2007	20	松汇西路1438号	街镇
3	馨韵戏曲队	2007	27	松汇西路1438号	街镇
4	清韵江南丝竹队	2014	16	松汇西路1438号	街镇
5	韵风诗联社	2016	36	松汇西路1438号	街镇
6	知韵读书会	2016	35	松汇西路1438号	街镇

（续表）

序号	名　　称	成立时间	人数	地　　址	备注
7	韵友剪纸队	2016	22	松汇西路1438号	街镇
8	百合喜乐队	2013	10	乐都西路1629弄	村居
9	百合排舞队	2016	9	乐都西路1629弄	村居
10	华亭荣园俏阿姨舞蹈队	2012	10	华亭荣园居委会	村居
11	夕阳红	2009	30	富永路425弄113号	村居
12	秀南俏夕阳舞蹈队	2008	10	松汇西路1466号	村居
13	秀南沪剧沙龙团队	2012	18	松汇西路1466号	村居
14	秀南读书会	2001	70	松汇西路1466号	村居
15	仓城读书会	2014	15	仓城居委会	村居
16	仓城舞蹈团队	2014	12	仓城居委会	村居
17	仓城戏曲沙龙	2014	10	仓城居委会	村居
18	金地快乐舞蹈队	2016	10	金地艺境居民区	村居
19	金地爱心妈妈编织队	2017	10	金地艺境居民区	村居
20	轻舞飞扬舞蹈队	2016	11	玉龙苑	村居
21	玉树剪纸队	2014	15	玉树南苑	村居
22	手工编织队	2014	15	玉树南苑	村居
23	玉树南苑舞蹈队	2014	12	玉树南苑	村居
24	周星戏曲沙龙团队	2013	21	草场浜路30弄21号	村居
25	薛家五姐妹	2003	24	薛家居委会	村居
26	潘阿姨工作坊	2012	25	仓汇路401弄36号	村居
27	花样手拍鼓	2013	20	仓汇路401弄36号	村居
28	橡筋操	2014	20	仓汇路401弄36号	村居
29	仓桥风韵戏曲沙龙队	2015	20	仓桥居委会	村居
30	中阮十二乐坊	2013	12	三星苑	村居
31	八音打击乐	2014	14	三星苑	村居
32	夕阳合唱队	2017	14	三星苑	村居
33	姐妹花舞蹈队	2008	20	三星苑	村居
34	清风木兰扇	2008	20	三星苑	村居
35	家庭养花	2013	20	三星苑	村居
36	五丰苑舞蹈队	2016	10	五丰苑	村居
37	五丰苑剪纸队	2016	10	五丰苑	村居
38	五丰苑编织队	2018	10	五丰苑	村居
39	飞舞舞蹈团队	2013	11	兴日家园	村居
40	“清源社”读书会	2017	35	三辰苑	村居
41	新理想星期舞舞蹈队	2014	15	新理想	村居
42	银杏苑读书汇	2015	15	银杏苑	村居
43	“夕阳红”戏曲队	2015	23	银杏苑	村居
44	“巧阿姨”剪纸队	2014	13	银杏苑	村居

（续表）

序号	名　称	成立时间	人数	地　址	备注
45	知心姐妹舞蹈队	2015	10	仓吉居委会	村居
46	金色华亭腰鼓队	2016	20	金色华亭居委会	村居
47	沪韵草根园沙龙队	2015	15	玉荣居委会	村居

方松街道

序号	名　称	成立时间	人数	地　址	备注
1	方松越艺社	2006	20	北翠路1077号	街镇
2	方松沪剧沙龙	2006	20	北翠路1077号	街镇
3	方松话剧社	2014	10	北翠路1077号	街镇
4	方松集邮协会	2006	60	北翠路1077号	街镇
5	方松舞蹈队	2006	20	北翠路1077号	街镇
6	方松诗联分会	2006	30	北翠路1077号	街镇
7	方松摄影沙龙	2006	20	北翠路1077号	街镇
8	方松旗袍队	2006	20	北翠路1077号	街镇
9	方松合唱队	2006	60	北翠路1077号	街镇
10	上泰舞蹈队	2017	15	弘翔路58弄	村居
11	上泰旗袍队	2017	15	弘翔路58弄	村居
12	上泰太极队	2017	5	弘翔路58弄	村居
13	海德太极拳社团	2012	10	玉树北路455弄居委会	村居
14	海德戏剧社团	2012	6	玉树北路455弄居委会	村居
15	华亭舞蹈队	2014	10	文诚路2000弄6号楼2楼	村居
16	华亭晨歌合唱队	2014	10	文诚路2000弄6号楼2楼	村居
17	昌鑫老年舞蹈队	2010	20	思贤路1855弄80号	村居
18	月亮河沪剧沙龙	2015	20	弘翔路51弄碧园北门	村居
19	月亮河民乐队	2017	13	弘翔路51弄碧园北门	村居
20	天乐旗袍队	2010	10	谷阳北路900弄123号	村居
21	东鼎音乐茶座	2017	20	滨湖路310弄4号楼	村居
22	鼎信中国梦舞蹈队	2010	12	谷阳北路1251弄46号	村居
23	鼎信信舞飞扬舞蹈队	2010	10	谷阳北路1251弄46号	村居
24	鼎信梦之队舞蹈队	2010	300	谷阳北路1251弄46号	村居

中山街道

序号	团队名称	成立时间	人数	地　址	备注
1	万谷江南丝竹社	2006	20	街道文体中心	街镇
2	海之星舞蹈队	2011	23	街道文体中心	街镇
3	蓝天一村沪剧沙龙队	2007	22	街道文体中心	街镇

（续表）

序号	团队名称	成立时间	人数	地　　址	备注
4	莱之声合唱队	2015	28	街道文体中心	街镇
5	妙手连珠团队	2012	12	街道文体中心	街镇
6	巧手DIY团队	2015	20	街道文体中心	街镇
7	海纳小品团队	2014	10	街道文体中心	街镇
8	拾夕读书小组	2012	17	街道文体中心	街镇
9	书香之家团队	2014	8	街道文体中心	街镇
10	馨乐时装队	2011	22	街道文体中心	街镇
11	姐妹舞蹈队	2011	16	白云小区开心坊	村居
12	吟心戏曲沙龙队	2012	20	白云小区开心坊	村居
13	北门舞蹈队	2012	15	沪松路5弄20号	村居
14	东外轻舞飞扬	2010	24	环城新村78号	村居
15	东外银发学习小组	2003	18	环城新村78号	村居
16	晚秋合唱班	2005	50	方东居委会	村居
17	夕阳红读书小组	2003	13	方东居委会	村居
18	舞动青春培训班	2015	12	方东居委会	村居
19	读书小组	2011	15	方西居委会	村居
20	太极拳	2004	12	方西居委会	村居
21	老年戏曲队	2011	11	方西居委会	村居
22	梦花桥舞蹈团队	2011	12	茸惠路1100弄	村居
23	花之声合唱团队	2016	12	茸惠路1100弄	村居
24	花之韵沪剧团队	2011	15	茸惠路1100弄	村居
25	花之乐健身团队	2014	12	茸惠路1100弄	村居
26	巧手编织团队	2013	12	茸惠路1100弄	村居
27	绿萝舞蹈队	2017	12	黄渡浜居委会	村居
28	笑夕阳太极拳队	2017	12	黄渡浜居委会	村居
29	姐妹花手工艺队	2017	8	黄渡浜居委会	村居
30	莱之韵舞蹈队	2010	14	莱顿小城	村居
31	老来乐腰鼓队	2012	16	莱顿小城	村居
32	馨乐时装队	2011	22	莱顿小城	村居
33	朝霞拳操队	2009	11	莱顿小城	村居
34	蓝天一村书香之家	2012	8	蓝天一村居委会	村居
35	豆蔻银华	2014	8	蓝天二村338号	村居
36	夕阳红腰鼓队	2010	8	蓝天二村338号	村居
37	舞之梦舞蹈队	2015	8	松东路愉光新村22号	村居
38	女子舞蹈俱乐部	2007	13	荣乐东路1763弄60号	村居
39	健身气功队	2012	19	荣乐东路1763弄60号	村居
40	夕阳戏曲队	2007	20	荣乐东路1763弄60号	村居
41	妙手连珠	2013	10	松汇东路149弄16号	村居

（续表）

序号	团队名称	成立时间	人数	地　　址	备注
42	戏临门	2005	14	松汇东路149弄16号	村居
43	梦缘舞蹈	2017	12	松汇东路291弄	村居
44	南门书法	2005	8	松汇东路149弄16号	村居
45	快乐之家舞蹈队	2014	12	中山东路70弄1号楼	村居
46	太极神韵队	1999	9	中山东路70弄1号楼	村居
47	戏曲沙龙	2014	10	中山东路70弄1号楼	村居
48	梦飞扬舞蹈队	2015	14	茸梅路200号天虹四村	村居
49	夕阳红戏曲队	2008	8	茸梅路200号天虹四村	村居
50	梦韵合唱队	2015	15	茸梅路200号天虹四村	村居
51	月华舞蹈队	2016	12	环城路886弄31号	村居
52	彩梦戏曲队	2012	3	茸平路288弄48号	村居
53	“舞之友”健身舞	2014	20	茸惠路758弄34号	村居
54	巧手DIY	2015	20	茸惠路758弄34号	村居

广富林街道

序号	名　　称	成立时间	人数	地　　址	备注
1	快乐舞步健身操队	2013	1 500	九峰源广场	街镇
2	老年合唱团	2017	46	广富林路1188弄80号	街镇
3	戏曲社	2017	30	谷水湾小区	街镇

九里亭街道

序号	名　　称	成立时间	人数	地　　址	备注
1	手工艺团队	2016	43	南奥园居委会	街镇
2	追梦人合唱团	2017	90	绿庭尚城居委会	街镇
3	沪剧沙龙队	2017	21	朗庭居委会	街镇
4	民乐队	2015	24	亭汇居委会	街镇
5	时装走秀队	2017	28	九城湖滨居委会	街镇
6	舞蹈队	2015	24	亭谊居委会	街镇
7	北奥园合唱团	2011	16	涞寅路106弄	村居
8	北奥园钢琴班	2014	15	涞寅路106弄	村居
9	北奥园交谊舞	2014	22	涞寅路106弄	村居
10	北奥园排舞队	2014	29	涞寅路106弄	村居
11	北奥园小乐队	2017	8	涞寅路106弄	村居
12	北奥园秧歌队	2014	25	涞寅路106弄	村居
13	绿庭齐之韵健身操队	2013	30	绿庭尚城	村居
14	绿萝舞蹈队	2012	30	绿庭尚城	村居

（续表）

序号	名　　称	成立时间	人数	地　　址	备注
15	绿庭合唱队	2016	33	绿庭尚城	村居
16	绿庭手工艺班	2017	21	绿庭尚城	村居
17	贝尚湾舞蹈队	2014	25	贝尚湾	村居
18	贝乐坊	2014	30	贝尚湾	村居
19	小贝交谊舞	2017	12	贝尚湾	村居
20	贝尚湾太极拳队	2014	18	贝尚湾	村居
21	涞寅舞蹈队	2009	12	涞寅路1200弄	村居
22	涞寅编织班	2009	13	涞寅路1200弄	村居
23	涞寅合唱团	2016	21	涞寅路1200弄	村居
24	涞寅戏曲班	2011	14	涞寅路1200弄	村居
25	合唱队	2005	45	南奥园活动室	村居
26	民族舞队	2005	28	南奥园活动室	村居
27	民乐队	2005	12	南奥园活动室	村居
28	艺术沙龙	2005	7	南奥园活动室	村居
29	依云郡舞蹈队	2015	12	依云郡	村居
30	亭北舞蹈队	2012	12	金丰蓝庭	村居
31	亭北合唱队	2008	45	金丰蓝庭	村居
32	书法组	2009	14	金丰蓝庭	村居
33	编织组	2008	10	金丰蓝庭	村居
34	太极拳	2010	8	金丰广场	村居
35	书法绘画班	2012	5	亭汇老年活动室	村居
36	民乐队	2010	10	亭汇老年活动室	村居
37	合唱团	2006	20	亭汇老年活动室	村居
38	合唱队	2014	40	摩卡小城	村居
39	排舞队	2013	30	摩卡小城	村居
40	太极拳队	2014	15	摩卡小城	村居
41	舞蹈队	2014	18	摩卡小城	村居
42	腰鼓队	2014	22	摩卡小城	村居
43	民乐队	2014	8	英伦风尚	村居
44	知雅汇舞蹈班	2017	36	知雅汇居委会	村居
45	知雅汇排舞队	2014	12	知雅汇居委会	村居
46	知雅汇民族舞队	2015	12	知雅汇居委会	村居
47	知雅汇民乐队	2017	5	知雅汇居委会	村居
48	知雅汇交谊舞队	2017	16	知雅汇居委会	村居
49	知雅汇合唱班	2013	40	知雅汇居委会	村居
50	知雅汇广场舞队	2010	30	知雅汇居委会	村居
51	五洲合唱队	2017	30	涞坊路599弄	村居
52	中大编织班	2016	7	中大社区	村居

（续表）

序号	名　　称	成立时间	人数	地　　址	备注
53	中大摄影班	2015	8	中大社区	村居
54	中大手工班	2016	10	中大社区	村居
55	中大舞蹈班	2015	13	中大社区	村居
56	中大沪语班	2015	10	中大社区	村居
57	中大英语班	2016	10	中大社区	村居
58	中大合唱班	2015	29	中大社区	村居
59	中大书法班	2015	8	中大社区	村居
60	首府交谊舞队	2017	58	九杜路909弄	村居
61	首府军鼓队	2017	22	九杜路909弄	村居
62	首府歌咏队	2017	18	九杜路909弄	村居
63	百丽苑舞蹈队	2017	20	九杜路909弄	村居

车墩镇

序号	名　　称	成立时间	人数	地　　址	备注
1	百花戏曲沪剧团队	2012	20	镇文体活动中心	街镇
2	老上海风情时装团队	2013	12	镇文体活动中心	街镇
3	越承文化越剧团队	2013	12	镇文体活动中心	街镇
4	丝网版画团队	2010	12	丝网版画基地	街镇
5	海派剪纸团队	2010	10	丝网版画基地	街镇
6	雅书依阁书画团队	2014	20	镇文体活动中心	街镇
7	朝阳说唱团	2015	10	车亭公路617号	村居
8	青舞飞扬舞蹈队	2013	12	车亭公路617号	村居
9	夕阳红舞蹈队	2012	8	李高路255号	村居
10	红日读书小组	2013	15	环阳路28号	村居
11	老年红歌舞文体团队	2011	35	环阳路28号	村居
12	俏夕阳沪剧沙龙	2007	18	车峰路199弄	村居
13	老来乐舞蹈队	2008	11	新余村村委会	村居
14	我来唱戏曲社	2016	4	新余村村委会	村居
15	老姐妹舞蹈队	2016	12	东门村活动室	村居
16	汇桥村舞蹈队	2009	12	汇北公路199号	村居
17	心音社	2016	4	永福村村委会	村居
18	长溇村文艺沙龙队	2006	15	华长路353号	村居
19	夕阳红文艺团队	2008	12	西洋泾村村委会	村居
20	同润舞蹈队	2017	10	影佳路123弄	村居
21	联庄村舞蹈队	2013	30	联庄村	村居
22	南门村老年读书沙龙	2013	20	联络路460号	村居
23	荷塘树下读书沙龙	2017	8	松卫北路1999号	村居
24	戏曲小组	2009	6	得胜村	村居

新桥镇

序号	名　　称	成立时间	人数	地　　址	备注
1	时装队	2014	24	镇文体活动中心	街镇
2	江南丝竹	2012	13	镇文体活动中心	街镇
3	剪纸沙龙	2015	10	镇文体活动中心	街镇
4	麦秆画沙龙	2016	10	镇文体活动中心	街镇
5	舞蹈队	2010	12	镇文体活动中心	街镇
6	白马舞之友排舞队	2012	31	白马花园	村居
7	白马五彩云霞舞蹈队	2007	23	白马花园	村居
8	白马兰蝴蝶交谊舞队	2014	14	白马花园	村居
9	白马海尚韵鑫时装队	2014	26	白马花园	村居
10	春之友舞蹈队	2014	16	春九居委会	村居
11	春九合唱队	2015	30	春九居委会	村居
12	春九雅集书画摄影	2017	14	春九居委会	村居
13	江南丝竹	2001	22	新镇街388号	村居
14	民益舞蹈队	2008	14	新镇街388号	村居
15	乐乐舞蹈队	2008	8	聚丰苑	村居
16	阳光舞蹈队	2008	9	场西路300弄	村居
17	爱晚亭沪剧沙龙队	2008	8	聚丰苑	村居
18	温馨沪剧沙龙队	2013	18	晨星居委会二楼	村居
19	夕阳红读书会	2008	23	晨星居委会二楼	村居
20	达安广场舞	2015	25	明中路1177弄278号	村居
21	达安交谊舞队	2015	20	明中路1177弄278号	村居
22	达安时装队	2016	15	明中路1177弄278号	村居
23	达安书法班	2016	25	明中路1177弄278号	村居
24	达安合唱班	2017	20	明中路1177弄278号	村居
25	健康之友读书会	2016	15	新南路555弄132号	村居
26	潘家浜走秀队	2014	12	陈春公路851弄1号	村居
27	新馨艺术团队	2015	100	陈春公路851弄1号	村居
28	场东书画联谊会	2013	7	场东路68号305室	村居
29	侨星乐乐艺术团	2006	26	莘松路999弄	村居
30	马汤舞蹈队	2013	10	马汤新凯路528号	村居
31	老伙伴读书会	2012	8	马汤老年活动室	村居
32	乐乐舞蹈队	2005	10	新中街20号	村居
33	场中朗诵沙龙	2016	12	莘松路1155弄	村居
34	雅仕轩京剧队	2014	18	莘松路1155弄	村居
35	场中老年时装队	2005	30	莘松路1155弄	村居
36	雅仕轩合唱队	2005	22	莘松路1155弄	村居
37	华亭常青沙龙（书画组）	2005	14	丽水华庭	村居
38	华亭常青沙龙（舞蹈组）	2005	15	丽水华庭	村居

（续表）

序号	名　　称	成立时间	人数	地　　址	备注
39	明中沪剧沙龙队	2014	15	九新公路2335弄8号	村居
40	明中舞蹈队	2011	12	九新公路2335弄8号	村居
41	新东苑新声戏曲沙龙队	2006	20	陈春公路951弄418号	村居
42	新东苑读书会	2016	30	陈春公路951弄418号	村居
43	新弘书友会	2016	24	月台路611弄3号楼	村居
44	新弘合唱班	2015	26	月台路611弄3号楼	村居
45	新弘梦之队	2015	16	月台路611弄3号楼	村居
46	馨庭巧手绘绣编织组	2016	14	馨庭居委会	村居
47	馨庭媚态飞燕旗袍组	2017	15	馨庭居委会	村居
48	馨庭书画组	2016	6	馨庭居委会	村居
49	姐妹舞蹈队	2015	15	馨庭居委会	村居
50	舞之乐舞蹈队	2017	12	馨庭居委会	村居
51	朗诵组	2017	8	明中路275弄2号	村居
52	轻舞飞扬舞蹈队	2015	14	明中路275弄2号	村居
53	书法组	2015	4	明中路275弄2号	村居
54	读书会	2015	17	新南街299弄7号	村居
55	莘松莘韵舞蹈队	2008	18	莘松路1458弄	村居

洞泾镇

序号	名　　称	成立时间	人数	地　　址	备注
1	沪剧沙龙队	2009	24	长兴路466号	街镇
2	旭福舞蹈队	2011	20	长兴路466号	街镇
3	文体所时装队	2007	20	长兴路466号	街镇
4	文体所剪纸沙龙	2013	20	长兴路466号	街镇
5	洞泾江南丝竹	2010	15	长兴路466号	街镇
6	洞泾书法沙龙	2012	12	长兴路466号	街镇
7	洞泾踢踏舞	2013	10	洞泾政府	街镇
8	荣欣居委舞蹈队	2014	19	莘砖公路3118弄1号	村居
9	长欣居委老年大学	2006	60	长兴路539号	村居
10	长欣居委长乐老年合唱队	2017	20	长兴路539号	村居
11	长欣居委老年沪剧沙龙	2013	20	长兴路539号	村居
12	长欣居委舞蹈队	2006	12	长兴路539号	村居
13	同欢沪剧沙龙队	2016	21	长兴路75弄	村居
14	平阳金蓓沪剧沙龙队	2016	16	平阳居委会	村居
15	光星姐妹花舞蹈团	2016	25	洞宁路655弄649号	村居
16	新荷艺术舞蹈队	2006	15	海欣居民区	村居
17	舞华气功队	2009	22	海欣居民区	村居

（续表）

序号	名　　称	成立时间	人数	地　　址	备注
18	紫悠木兰拳队	2010	16	海欣居民区	村居
19	海欣气排球队	2014	20	海欣居民区	村居
20	七彩美丽时装队	2017	16	海欣居民区	村居
21	海欣太极拳队	2016	25	海欣居民区	村居
22	海欣声乐合唱队	2008	25	海欣居民区	村居

九亭镇

序号	名　　称	成立时间	人数	地　　址	备注
1	九亭镇舞蹈队	2011	26	易富路25号	街镇
2	九亭沪剧队	2011	25	易富路25号	街镇
3	九亭时装队	2005	28	易富路25号	街镇
4	九亭镇民乐队	2002	21	易富路25号	街镇
5	九亭镇合唱团	2007	58	易富路25号	街镇
6	九亭镇春风朗诵艺术沙龙	2012	11	易富路25号	街镇
7	九亭镇综艺表演队	2013	8	易富路25号	街镇
8	九亭镇书法沙龙	2004	20	易富路25号	街镇
9	九亭镇摄友之家沙龙	2013	32	易富路25号	街镇
10	华亭书法雅集	2013	200	易富路25号	街镇
11	“春满梨园”戏曲社	2017	15	易富路25号	街镇
12	北场文艺演出队	2016	21	北场第一会所	村居
13	嘉禾唱响夕阳声乐班	2014	36	嘉禾综合活动室	村居
14	嘉禾快乐的跳吧舞蹈队	2014	21	嘉禾综合活动室	村居
15	嘉禾美滋滋模特队	2014	12	嘉禾综合活动室	村居
16	嘉禾山河美摄影沙龙	2014	10	嘉禾综合活动室	村居
17	涞亭二胡队	2016	15	九亭广场	村居
18	亭东编织队	2014	21	沪亭路246号3楼306室	村居
19	亭东合唱队	2014	46	沪亭路246号3楼306室	村居
20	亭东舞蹈队	2007	14	沪亭路246号3楼306室	村居
21	亭南歌唱队	2015	40	亭南居委会	村居
22	亭南国画班	2015	11	亭南居委会	村居
23	亭南沪剧队	2015	2	亭南居委会	村居
24	亭南排舞队	2015	20	亭南居委会	村居
25	亭南摄影队	2015	11	亭南居委会	村居
26	亭南时装队	2015	10	亭南居委会	村居
27	亭南书法班	2015	6	亭南居委会	村居
28	亭南阳光舞队	2015	43	亭南居委会	村居
29	亭南腰鼓队	2015	13	亭南居委会	村居

（续表）

序号	名　　称	成立时间	人数	地　　址	备注
30	亭源合唱队	2015	23	亭源居委会	村居
31	亭源交谊舞队	2015	12	亭源居委会	村居
32	亭源军鼓队	2013	16	亭源居委会	村居
33	象屿都城时装队	2016	8	象屿都城居委会	村居
34	象屿品城合唱队	2017	25	象屿品城居委会	村居
35	象屿品城舞蹈队	2016	12	象屿品城小区中心花园	村居
36	象屿品城秧歌队	2017	8	象屿品城小区中心花园	村居
37	象屿品城养花班	2017	10	象屿品城小区中心花园	村居
38	小寅舞蹈队	2009	12	小寅居委会广场	村居
39	兴联读书小组	2017	10	涞亭南路105号	村居
40	云润舞蹈队	2015	12	云润居委会老年活动室	村居
41	朱龙舞蹈队	2011	12	龙悦小区	村居
42	朱龙业余沪剧沙龙队	2007	12	龙悦小区	村居
43	庄家齐乐沪剧团	2009	11	庄家老年活动室	村居
44	紫金编织小组	2014	20	紫金居委活动室	村居
45	紫金歌唱队	2016	34	紫金居委活动室	村居

泗泾镇

序号	名　　称	成立时间	人数	地　　址	备注
1	十锦古乐队	2003	16	泗泾非遗基地	街镇
2	松江皮影戏表演队	2006	14	泗泾非遗基地	街镇
3	十锦泗小传承队	2009	20	泗泾小学	街镇
4	成校舞蹈班	2012	30	泗泾成校	街镇
5	成校民乐班	2012	39	泗泾成校	街镇
6	泗水之音合唱团	2009	60	鼓浪路588号	街镇
7	成校走秀班	2012	30	泗泾成校	街镇
8	成校水兵舞舞蹈队	2017	15	鼓浪路588号	街镇
9	残联舞蹈队	2008	40	鼓浪路588号	街镇
10	戏迷俱乐部	2009	20	鼓浪路588号	街镇
11	知音沪剧团	2001	10	鼓浪路588号	街镇
12	古镇沪剧团	2012	12	鼓浪路588号	街镇
13	金枫沪剧团	2013	10	鼓浪路588号	街镇
14	云间沪剧队	2016	8	鼓浪路588号	街镇
15	越剧班	2017	32	鼓浪路588号	街镇
16	紫檀舞蹈队	2010	35	鼓浪路588号	街镇
17	独唱班	2017	30	鼓浪路588号	街镇
18	楹联沙龙队	2006	10	鼓浪路588号	街镇

（续表）

序号	名　　称	成立时间	人数	地　　址	备注
19	楼之韵舞蹈队	2016	19	鼓浪路588号	街镇
20	兰馨苑合唱队	2017	12	泗凯路875弄内	村居
21	兰馨苑广场舞队	2017	16	泗凯路875弄内	村居
22	枫景苑舞蹈队	2015	8	泗凯路875弄内	村居
23	枫景苑越剧队	2015	12	泗凯路875弄内	村居
24	枫景苑合唱队	2016	14	泗凯路875弄内	村居
25	创艺巧心思	2015	25	泗凯路415弄11号	村居
26	玉秀健身舞队	2015	16	泗凯路415弄11号	村居
27	映山红舞蹈队	2015	16	泗凯路415弄11号	村居
28	常青电子琴	2015	30	泗凯路415弄11号	村居
29	俏阳阳红合唱班	2015	30	泗凯路415弄11号	村居
30	新凯四村远程教育	2015	30	泗凯路415弄11号	村居
31	新凯四村书法班	2017	35	泗凯路415弄11号	村居
32	新凯四村书画班	2017	25	泗凯路415弄11号	村居
33	新凯四村越剧班	2017	30	泗凯路415弄11号	村居
34	新凯四村读书会	2017	15	泗凯路415弄11号	村居
35	银杏苑编织队	2015	12	城鸿路222弄	村居
36	银杏苑烘焙队	2015	15	城鸿路222弄	村居
37	银杏苑剪纸队	2016	22	城鸿路222弄	村居
38	凯杏文艺队	2017	20	城鸿路222弄	村居
39	景园书画班	2013	20	赵非公路579号	村居
40	景园时装队	2015	18	赵非公路579号	村居
41	景园太极拳队	2015	12	赵非公路579号	村居
42	景园常青合唱队	2016	16	赵非公路579号	村居
43	舞之韵舞蹈队	2016	19	赵非公路579号	村居
44	开卷有益读书会	2016	18	赵非公路579号	村居
45	景园排舞队	2013	11	赵非公路579号	村居
46	诗书画篆刻印章装裱沙龙	2015	15	润江居委活动室	村居
47	润江舞蹈队	2008	16	润江居委会	村居
48	新南敬老志愿者文艺小队	2015	15	新南居委会	村居
49	健康自我管理小组	2011	25	新南居委会	村居
50	乐韵唱歌队	2017	18	泽悦路326弄17号	村居
51	舞韵舞蹈队	2017	25	泽悦路326弄17号	村居
52	韵意二村编织队	2018	8	泽悦路326弄17号	村居
53	凯翔舞蹈队	2016	12	泽悦路211弄13号	村居
54	韵意三村合唱队	2017	15	泽悦路211弄13号	村居
55	雅韵时装队	2017	8	泽悦路211弄13号	村居
56	和韵形操队	2016	8	泽悦路211弄13号	村居

（续表）

序号	名　　称	成立时间	人数	地　　址	备注
57	德韵舞蹈队	2017	20	韵意五村居委会	村居
58	德韵歌咏队	2017	18	韵意五村居委会	村居
59	晚晴茶会	2013	12	江达北路85号	村居
60	中西书法团队	2015	6	江达北路85号	村居
61	中西竹木微模	2013	4	开江中路354号	村居
62	古镇自娱自乐舞蹈队	2013	12	江达北路85号	村居
63	中西读书读报团队	2016	20	江达北路85号	村居
64	常青沪剧歌剧学唱队	2016	15	江达北路85号	村居
65	家的美味厨艺班	2017	30	江达北路85号	村居
66	泗水伊人创意手工坊	2017	20	陈泾路269弄73号	村居
67	张施社区戏曲沙龙	2015	15	陈泾路269弄73号	村居
68	巧手绘生活手工社	2017	20	陈泾路269弄73号	村居
69	轻舞飞扬舞蹈队	2010	11	方泗路241弄1号	村居
70	锦绣霓裳舞蹈队	2006	18	江川居委会	村居
71	常青合唱队	2006	36	江川一村活动室	村居
72	知识女性服务队	2005	10	江川居委会	村居
73	空中老年大学	2009	52	江川居委会	村居
74	江川戏曲队	2008	34	江川一村活动室	村居
75	快乐健身队	2014	11	江川南二村	村居
76	面塑工作室	2013	12	江川居委会	村居
77	康乐健身队	2005	22	江川一村活动室	村居
78	健康自我管理小组	2005	18	江川居委会	村居
79	桑榆乐读书会	2010	21	江川居委会	村居
80	劲松读书会	2012	31	润和苑居委	村居
81	夕阳红书画沙龙	2012	23	润和苑居委	村居
82	常青收视班	2008	40	润和苑居委	村居
83	金润绿叶舞蹈队	2011	15	润和苑居委	村居
84	欢乐健身文艺队	2013	24	润和苑居委	村居
85	舞之韵舞蹈队	2012	20	同润小区1198弄	村居
86	同心舞蹈队	2013	18	同润小区1198弄	村居
87	同润之音	2016	20	同润小区1198弄	村居
88	劲松合唱乐队	2017	30	同润小区1198弄	村居
89	同润戏曲班	2013	17	同润小区1198弄	村居
90	凤凰交谊舞队	2017	20	同润小区1198弄	村居
91	同润俏夕阳	2016	18	同润小区1198弄	村居
92	同润荷叶舞蹈队	2018	20	同润小区1198弄	村居
93	荷风欢乐摄影群	2017	21	同润小区1198弄	村居
94	同润悦读会	2016	28	同润小区1198弄	村居

（续表）

序号	名　称	成立时间	人数	地　址	备注
95	阳光舞蹈队	2009	46	新家园路205号	村居
96	开心舞蹈队	2010	16	新家园路205号	村居
97	夕阳红交谊舞队	2011	42	新家园路205号	村居
98	新凯民乐队	2013	20	新家园路205号	村居
99	墨香泽阅览队	2013	10	新家园路203号	村居
100	相约星期三读书会	不详	30	安乐街176号	村居
101	相约老年大学收视点	不详	30	安乐街176号	村居
102	相约健身舞蹈队	不详	8	张泾多功能厅	村居
103	相约快乐戏曲一队	不详	12	会波苑活动室	村居
104	相约快乐戏曲二队	不详	8	张泾多功能厅	村居
105	相约银发剪纸队	不详	10	张泾多功能厅	村居
106	相约孝德互帮互助队	不详	10	安乐街176号	村居
107	夕阳红越剧沙龙队	不详	10	张泾多功能厅	村居
108	和音说唱队	2011	20	新凯二村步行街53号	村居
109	新艺腰鼓队	2011	20	新凯二村步行街53号	村居
110	韵之美舞蹈队	2016	12	新凯二村步行街53号	村居

佘山镇

序号	名　称	成立时间	人数	地　址	备注
1	江南丝竹	2012	19	镇文体中心	街镇
2	牡丹画院	2012	26	镇文体中心	街镇
3	镇戏曲沙龙队	2012	21	镇文体中心	街镇
4	霞之韵舞蹈队	2012	23	镇文体中心	街镇
5	佳木斯	2012	40	天马居委会	村居
6	文体舞蹈队	2012	20	天马居委会	村居
7	芬芳广场舞	2012	19	天马居委会	村居
8	大众广场舞	2012	19	天马居委会	村居
9	沪剧沙龙	2012	15	天马居委会	村居
10	太极拳	2012	13	天马居委会	村居
11	秋韵器乐小组	2012	13	江秋新苑居委会	村居
12	秋霞舞蹈队	2012	12	江秋新苑居委会	村居
13	秋实文体队	2012	7	江秋新苑居委会	村居
14	秋叶声乐小组	2012	26	江秋新苑居委会	村居
15	秋宏舞蹈队	2012	12	江秋新苑居委会	村居
16	秋禾拳操队	2012	10	江秋新苑居委会	村居
17	秋玥戏曲小组	2012	8	江秋新苑居委会	村居
18	晨乐拳操队	2012	60	陈坊居委会	村居

（续表）

序号	名　称	成立时间	人数	地　址	备注
19	坊之韵合唱队	2012	60	陈坊居委会	村居
20	枫桦腰鼓队	2012	33	陈坊居委会	村居
21	峰之声沪剧队	2012	10	陈坊居委会	村居
22	和谐表演队	2012	14	陈坊居委会	村居
23	赖音空竹队	2012	12	陈坊居委会	村居
24	新娱排舞队	2012	21	陈坊居委会	村居
25	广场舞队	2012	23	陈坊居委会	村居
26	悦动舞蹈队	2012	17	陈坊居委会	村居
27	爱鑫舞蹈队	2012	10	翠鑫苑居委会	村居
28	园知乐舞蹈队	2012	7	佘山家园居委会	村居
29	园知雅健身气功队	2012	13	佘山家园居委会	村居
30	“园知梦”戏曲队	2012	5	佘山家园居委会	村居
31	“园知舞”腰鼓健身队	2012	16	佘山家园居委会	村居
32	“园知悦”健身队	2012	11	佘山家园居委会	村居
33	“园知影”太极拳队	2012	13	佘山家园居委会	村居
34	园知韵小乐队	2012	10	佘山家园居委会	村居
35	戏曲舞蹈队	2012	9	北干山村	村居
36	心怡艺术团队	2012	10	北干山村	村居
37	干山舞蹈队	2012	10	北干山村	村居
38	高星舞蹈队	2012	10	高家村	村居
39	欢乐舞蹈队	2012	13	陈坊新苑	村居
40	戏曲乐乐队	2012	8	江秋村	村居
41	秋露舞蹈队	2012	12	江秋新苑居委会	村居
42	秋苑书画队	2012	12	江秋新苑居委会	村居
43	爱鑫戏曲队	2012	11	翠鑫苑居委会	村居
44	爱鑫合唱队	2012	10	翠鑫苑居委会	村居
45	爱鑫时装队	2012	15	翠鑫苑居委会	村居
46	高家戏曲沙龙队	2015	18	高家居委会	村居
47	高家太极拳团队	2016	8	高家居委会	村居
48	高家舞蹈文体团队	2012	12	高家居委会	村居
49	月湖凤之春舞蹈队	2017	9	月湖社区居委会	村居
50	月湖韵之乐戏曲队	2017	13	月湖社区居委会	村居

小昆山镇

序号	名　称	成立时间	人数	地　址	备注
1	炫灵舞蹈队	2008	30	文翔路6201号	街镇
2	二陆书院	2015	20	文翔路6201号	街镇

（续表）

序号	名　　称	成立时间	人数	地　　址	备注
3	由由读书会	2009	20	文翔路6201号	街镇
4	花样年华时装队	2017	18	文翔路6201号	街镇
5	峰泖民乐队	2013	9	文翔路6201号	街镇
6	传统竹编队	2012	25	玉昆路280弄117号	街镇
7	群文艺术团戏曲演出队	2008	22	文翔路6201号	街镇
8	红鼓队	2016	16	文晋苑居委会	街镇
9	群文艺术团合唱队	2009	48	文翔路6201号	街镇
10	翔昆苑太极拳团队	2017	14	翔昆苑	村居
11	快乐舞蹈队	2012	20	玉昆一村居委会	村居
12	火红年代戏曲沙龙队	2011	25	玉昆一村居委会	村居
13	玉昆一村二陆书画社	2012	16	玉昆一村老年活动室	村居
14	玉昆一村读书会	2012	26	玉昆一村居委会	村居
15	玉昆一村巧妇手工坊	2017	6	玉昆一村居委会	村居
16	玉昆二村文艺沙龙队	2009	22	玉昆路280弄117号	村居
17	玉昆二村廉政漫画班	2016	30	玉昆路280弄117号	村居
18	玉昆二村气功站	2009	18	玉昆路280弄117号	村居
19	玉昆二村读书会	2012	20	玉昆路280弄117号	村居
20	玉昆二村竹编队	2012	25	玉昆路280弄117号	村居
21	梅灵舞蹈队	2009	15	平原街236号	村居
22	华之韵合唱队	2009	40	成校音乐室	村居
23	昆秀舞蹈队	2016	20	平原街236号	村居
24	平原沪剧演出队	2017	23	平原街236号	村居
25	大港秋之韵舞蹈队	2009	16	大昆苑活动室	村居
26	大港居委会秧歌队	2009	16	大昆苑活动室	村居
27	大港居委会戏曲队	2009	16	大昆苑活动室	村居
28	夕阳红舞蹈队	2012	12	文翔路5041号	村居
29	昆西排舞队	2009	16	昆西居委会	村居
30	丝网花串珠工作室	2009	20	昆西居委会	村居

石湖荡镇

序号	名　　称	成立时间	人数	地　　址	备注
1	常青藤沪剧沙龙队	2006	23	育新路699号	街镇
2	石湖荡镇社区舞蹈队	2013	22	闵塔路1751弄395号	街镇
3	广场舞沙龙队	2009	20	新源村	村居
4	书法沙龙队	2011	8	新源村	村居
5	拳操沙龙队	2009	12	新源村	村居
6	红歌沙龙队	2010	12	新源村	村居

（续表）

序号	名　称	成立时间	人数	地　址	备注
7	读报小组	2010	8	新源村	村居
8	泖新村乡音戏曲沙龙队	2018	23	泖新村委会	村居
9	新中村舞蹈队	2014	12	新中村288号	村居

新浜镇

序号	名　称	成立时间	人数	地　址	备注
1	新浜镇沪剧沙龙队	2008	20	新浜镇	街镇
2	迷你沪剧	2007	5	陈堵村	村居
3	方家哈秋枫戏曲沙龙	2014	23	方家哈居委会	村居
4	胡家埭村百灵鸟文艺队	2007	29	胡家埭村委会	村居
5	黄家埭村排舞队	2015	10	黄家埭村委会	村居
6	林建健身舞蹈团队	2016	10	叶新公路6688号	村居
7	林建博弈茶香文化团队	2014	9	叶新公路6688号	村居
8	荷韵诗歌社	2012	9	鲁星村委会	村居
9	南杨村打莲湘舞蹈队	2015	10	南杨村委会	村居
10	青风文体团队	2011	18	桃园居委会	村居
11	文华村腰鼓队	2017	20	文华村村委会	村居
12	党员读书团队	2010	20	香塘村村委会	村居
13	新浜村新欣文艺队	2009	25	共青路885号	村居
14	许家草排舞队	2016	20	许家草村委会	村居

泖港镇

序号	名　称	成立时间	人数	地　址	备注
1	泖港沪剧沙龙队	2005	20	新宾路300号	街镇
2	泖港楹联队	2008	26	黄桥陆庄152号	街镇
3	泖港剪纸队	2013	20	新宾路300号	街镇
4	泖港舞蹈队	2012	20	新宾路300号	街镇
5	泖港创作队	2014	8	徐库村	街镇
6	泖港摄影队	2014	10	徐库村	街镇
7	我爱我家文艺宣传队	2010	26	曹家浜村	街镇
8	甲骨文书法队	2005	12	新宾路300号	街镇
9	泖港中老年健身队	2008	16	新乐路66号	街镇
10	英姿沪剧沙龙队	2017	18	新乐路66号	街镇
11	兴旺村文艺沙龙队	2012	18	兴旺村109号	村居
12	徐库村文体团队	2010	12	徐库村	村居
13	五居舞蹈健身团队	2012	16	五库支路1号	村居

（续表）

序号	名　　称	成立时间	人数	地　　址	备注
14	手拉手姐妹花团队	2014	23	茹塘村383号	村居
15	新建村健身舞蹈队	2013	12	松金公路8239号	村居
16	田黄村舞蹈队	2010	12	田黄村委会	村居
17	朱定村老年广场舞团队	2015	12	朱定村委会	村居
18	朱定村细抿书香读书社	2017	6	朱定村图书室	村居
19	腰泾村健身团队	2010	13	腰泾村委会	村居
20	腰泾村白鹭诗社	2016	8	腰泾村委会	村居
21	焦家文化队	2012	11	松金公路7936号	村居
22	范家村梦之队舞蹈队	2012	12	范家村210号	村居
23	新龚村读书会	2015	10	中天路127号	村居
24	曙光村暖阳舞蹈队	2010	20	曙光村委会	村居
25	南三剪纸队	2012	14	南三村202号	村居

叶榭镇

序号	名　　称	成立时间	人数	地　　址	备注
1	叶榭镇戏曲文艺沙龙队	2007	18	浥东路84号	街镇
2	叶榭镇华艺舞蹈队	2009	16	浥东路84号	街镇
3	叶榭镇银杏书画社	2013	20	浥东路84号	街镇
4	马桥村沪剧沙龙队	2014	16	村委会活动室	村居
5	团结村文艺宣传队	2013	20	村委会活动室	村居
6	晚霞沙龙队	2013	14	居委会活动室	村居
7	东石村沪剧沙龙队	2016	20	东石村委会	村居
8	张泽居委会文艺沙龙队	2017	24	张泽居委会	村居
9	金鹰排舞队	2011	130	张泽文化活动广场	村居
10	中原腰鼓队	1998	26	张泽文化活动广场	村居
11	张泽秧歌舞蹈队	2012	30	张泽文化活动广场	村居
12	健身柔力球队	2013	30	张泽文化活动广场	村居
13	老来青素描班	2011	38	世强居委会	村居
14	奇思妙剪队	2013	14	世强居委会	村居
15	夕阳红读书会	2008	12	世强居委会	村居

说明：表格内容由松江区文旅局提供，时间截至2019年。

文化场馆

一

概　述

松江在元代已有杂剧演出场所，称勾栏。明代少数富绅在豪宅中设私家戏台，规模较大的庙宇一般建有娱神的戏台。现知松江最早的经营性戏院是开设于1916年的东施庙戏馆，此后新舞台、长春社、昶园戏院、云间第一社等竞相开设，成为民国时期松江最早的一批文化场馆。这些戏院均利用旧宅改造，规模不大，设备简陋，经营时间不长。

20世纪30年代，松江大戏院、松汇游艺园等现代影剧院先后兴建，松江演出、电影放映市场一度繁荣。松江的影剧院1937年大多毁于日军轰炸，残存的影剧场经营困难。直至1949年，松江的影剧院依然数量少，设施破败。

民国时期松江城区的书场年均大体保有七八家，农村集镇以茶馆书场为主，“城乡茶馆不下数百家”，“茶馆十有其五设有书场”。茶馆书场观众席多则过百，少则数十座，是农民主要的娱乐场所。

20世纪70年代前后，松江县各人民公社建礼堂，绝大部分是会议、演出、电影放映兼用。90年代前后，各乡镇对旧有礼堂进行改造，同时新建影剧院，至2019年，松江区各街道、镇文化体育中心都建有剧场。

2006年12月16日，“开元地中海影城”在松江新城区开业，为上海郊区首家五星级电影院。此后各类电影院在松江迅速增加，在文化市场中竞争发展，此起彼落，至2019年松江区保有专业电影院30余家。

20世纪80年代前，松江很少开设固定的长期展馆。80年代起，松江科技馆、松江烈士陵园、陈子龙纪念馆、朱舜水纪念堂、枫泾暴动纪念馆等先后开设。此后各类展馆在松江区内猛增，展馆主题内容涉及科普、艺术、美术、植物、历史、考古、城市规划、工业、交通、建材、民间文化、水文化、酒文化、医药、法律、会计、留学生、语言、松江历代名人等众多领域。2019年松江区内设有各类展馆约50家。

二

影剧院

【东施庙戏馆】 民国时期松江开设的第一家经营性剧场。1916年开设于松江镇秀水浜畔东施庙。以原酬神戏台作舞台，庙堂作观众厅，可容二三百人，搁长条木板作座位。先演京剧，后演文明戏。1922年花鼓戏(沪剧)在该戏馆演出，开花鼓戏进剧场演出之先河。停业时间无考。

【西施相公庙戏院】 1925年开设，地址在松江镇西塔弄西施相公庙内(20世纪50年代起曾为松江县人民医院仓库)。先演京戏、文明戏，后演花鼓戏(沪剧)。停业时间无考。

【和记快乐剧社】 戏院。1928年开设，地址在松江镇秀野桥西韩林宅楠木厅。先演皮影戏、文明戏，后唱花鼓戏(沪剧)。1937年被汉奸朱姓翻译拆除，楠木被盗卖。

【民众剧院】 影剧院。1930年开设，地址在松江镇莫家弄口。由茶馆改建，200座，演戏、放映电影兼营。1931年10月9日，房屋租赁期满，迁松江镇马路桥西继续营业。是年12月，股东变更，改称"民众合记大戏院"。1933年1月重新开业。停业时间无考。

【民众合记大戏院】 见"民众剧院"。

【松江大戏院】 综合性演艺场馆。1931年开设，地址在松江镇长桥街西侧。内设哈哈厅，专演滑稽戏，300座；京剧场，竹架芦席棚，1 000座；滩簧(沪剧)场，1 000座；电影院，设池座800席，楼座100席，铁脚木质翻板座位，是松江县第一所专业电影院，设施上乘。1935年老板易人，更名"云间大戏院"。1937年毁于日机轰炸。

【云间大戏院】 见"松江大戏院""明华电影院"。

【中央大戏院】 影剧院。1932年开设，地址在松江镇普照寺桥南堍。以放映电影为主，每天3场。票价大洋3角。停业时间无考。

【松汇游艺园】 亦称"松汇小筑"。综合性演艺场馆。1934年建，地址在松江镇松汇路南侧长桥南街西侧，与松江大戏院隔路相望。内设申曲场、电影场、杂锦戏场(又称群芳会唱，专演各类南方曲艺和魔术)。1935年更名"松汇游艺园"。1937年毁于日机轰炸。

【松汇小筑】 即"松汇游艺园"。

【息园大戏院】 1936年农历六月开设，地址在松江镇菜花泾。门面为茶馆，后面为剧场，800座。1937年毁于日机轰炸。

【松风阁戏院】 兼营书场的剧场。1937年开设，地址在松江镇长桥南堍。门面为茶馆，后面为剧场，300座，演申曲为主，兼营说书。地处闹市，观众量大。因无票观众经常多达三分之一，演戏亏损，1946年停止演戏，专营说书。一年后，书场停业。

【泗泾大戏院】 1940年开设，地址在泗泾镇杨家弄口，700座。演出京剧、沪剧、越剧等。1945年抗日战争胜利后拆除。

【明华电影院】 1942年日商冈本在松江镇莫家弄口开设"云间大戏院"，大草棚，600座，演出申曲等。抗日战争胜利后作为敌产被国民政府接管，放映电影，称"大光明电影院"。约于1947年更名"民众剧场"。1948年秦慎之向政府购买产权，拆除草棚，建砖木结构、油毡屋面观众厅，800座，易名"明华大戏院"，专映电影。50年代初改称“明华电影院”。1960年7月被鉴定为危房，停映。1961年12月拆除。

【金门大戏院】 影剧院。1948年在松江镇阔街开设“乐群”露天电影院。是年冬，加盖草棚，800座，改称“金门大戏院”，仍映电影。1949年11月电影停映，专演戏剧，改称“金门剧场”，有职工9人。1950年经营亏损，老板离去，工会组织职工自救。1953年房屋倒塌，停演。1954年7月与祥泰裕烛店合并，在黑鱼弄口祥泰裕烛店店址新建砖木结构油毡屋面剧场。是年冬恢复营业，1 274座。1956年实行公私合营。1961年观众厅墙体倾斜，停业翻建。1962年恢复营业，改称“人民剧场”。参见“人民剧场”。

【金门剧场】 见“金门大戏院”“人民剧场”。

民国时期松江剧场情况表

名　称	开设时间	地点	备注
新舞台	1916—1917年		
长春社	1916年至1917年3月		
昶园戏院	1917年前后		后改名三秀社
三秀社	1917年前后		原名昶园戏院
云间第一社	1916—1917年	松江镇百岁坊内	
松江大舞台	1920年	松江镇莫家弄底	停业时间无考
汪家厅剧场	1931—1937年	泗泾镇汪家大厅	毁于日机轰炸

说明：已列为词目的剧场不再列入表内。

【人民剧场】 影剧院。1962年金门剧场经翻建恢复营业，改称“人民剧场”。观众厅设木质翻板椅1 100座。舞台宽18米、深10米、高11米，台口宽11米、高6.5米。后台有两层，底层为化妆、服装室三大间，楼上作演员宿舍，能容50人住宿。门厅为两层建筑，二楼为电影放映间，底楼为原金门剧场观众进厅。1973年拆除门厅，新建为四层楼房。后因观众厅与新建大楼衔接处楼基下沉出现严重裂缝，被鉴定为危房停止使用。1977年重建两层观众厅和舞台，次年冬竣工，建筑面积2 110平方米，观众厅池座1 200席，楼座500席，铁脚七合板翻板椅。舞台宽29米、深14米、高17米，台口宽14米、高7.6米。安装48万大卡冷气设备。1979年春节启用，兼映电影。1987年12月观众座席改为软座，列为一等一级影院。1993年12月停业。1994年2月成立“金门娱乐总汇”，观众大厅及舞台分割成上下两层，上层为电影放映厅，名“人民电影院一号厅”。面积602平方米，沙发软席座位750席，墙体、顶棚为软体。放映设备采用35毫米、6声道立体声环绕音响，12米×5.3米宽银幕。1995年5月开业。下层改建为大型商场。1996年7月在电影院东侧扩建一幢6层综合楼，面积1 987平方米，与原电影院南立面办公楼贯通，一楼为电影院1号大厅进厅，二楼开设饭店，三楼则设电影放映小厅，名“好莱坞影视厅”，座位65席。1999年10月金门娱乐总汇因消防安全隐患停业整改。2001年重新对外开放，2014年5月停业。参见“金门大戏院”。

人民剧场（20世纪60年代初）

【人民电影院】 见“人民剧场”。

人民电影院(21世纪初)

【明星剧场】 影剧院。1950年8月始建于松江镇中山中路北侧马路桥东。1956年1月实行公私合营。1957年秋江苏省文化局拨款4万元在中山西路599号新建砖木结构剧场，1958年春迁入启用。舞台宽17米、高11米、深10米，台口宽10米。后台有演员宿舍6间及化妆间、服装间、伙房等附属用房。初演戏剧，1963年起兼映电影，使用35毫米提包机。1966年“文化大革命”开始后改名“红星剧场”。1974年安装放映座机。1988年鉴定为危旧房屋，停业。一度租赁给商业部门作仓库用房。1993年维修后总面积1 187平方米，设迷你电影厅，面积240平方米，座位149席，当年6月启用。其余辟为“新明星歌舞厅”，面积300平方米；“明星卡拉OK歌厅”，面积60平方米。沿街开设电子游艺房和桌球房、影像出租等商用门面。2001年5月在中山中路扩建中拆除。

明星剧场

【红星剧场】 见“明星剧场”。

【张泽剧场】 影剧院。1952年由私人开设于张泽镇东街，大草棚，600座，专演戏剧。1957年草棚失火焚毁，当年由私人合股在原地建砖木结构剧场。1976年由张泽公社投资36万元，拆除重建，砖木结构，1977年建成，1 100座，影剧兼营，更名“张泽影剧院”，使用16毫米电影放映。1992年使用35毫米电影放映，2007年改数字放映。

【张泽影剧院】 见“张泽剧场”。

【松江剧场】 影剧院。1953年春由私人合股开设，利用松江镇岳庙东房圣帝殿作观众厅，殿后搭建约50平方米舞台，约500座。为松江县沪剧改进协会演出基地。1959年10月拆除，在北侧新建钢木结构剧场，建筑面积888平方米，938座，木质翻板椅。舞台高11米、宽17米、深10米，台口宽10米、高5.30米。并建化妆间、服装间及8间演员宿舍等辅助用房。1960年国庆节启用，影剧兼营。“文化大革命”期间停业。1976年末恢复电影放映。1977年恢复戏剧演出，电影停映。1983年改建舞台，1985年3月完工。1987年2月改建观众厅及辅助用房，1988年国庆节启用。为钢混结构全封闭式剧场，总建筑面积2 753平方米，观众厅1 904平方米，设池座和跌落式厢座、楼座，计1 034座，其中正厅644座，楼厅390座。装置冷气设备。舞台宽24米、深12米、高14.5米、台口高6.15米。1981年被评为“上海市农村文化艺术工作先进集体”，1982年被评为上海市剧场影院“五讲四美”“五比五好”先进单位。连续被评为1989年、1990年、1991—1992年度上海市剧场评比先进单位。1990年起

拆除前的松江剧场(2002年)

由区府礼堂改成的松江剧场(2011年)

增设300英寸大屏幕录像放映。1992年在二楼开设“春江歌舞厅”,并经营电子游戏、桌球等娱乐活动。2001年被拆迁,以区府礼堂作为过渡性演出场所。2002年1月区府礼堂改今名。

【泗泾大众剧场】 影剧院。1954年由私人合资开设于泗泾镇道院弄(今文化弄)西,利用原孙同和南货店门面、住宅大厅作门厅和观众厅,厅后加盖竹架草棚,可容纳观众800人,专演戏剧。“文化大革命”开始后改映电影。1974年被鉴定为危房,停业。

【大仓桥剧场】 亦称“仓桥电影院”。影剧院。1963年松江城厢镇利用大仓桥原永丰五金厂仓库投资改建,地址在松江中山西路248号。砖木结构,700座,主要放映电影,也作文艺演出场所和会场。1976年8月被工厂收回,停业。

大仓桥剧场遗址(2018年)

【仓桥电影院】 即“大仓桥剧场”。

【华阳桥影剧院】 1970年建,为城东公社礼堂。1990年10月改建为影剧院,1 006座,影剧兼营。使用16毫米电影放映。1992年使用35毫米电影放映,2007年改数字放映。

【泖港影剧院】 1975年10月建于泖港公社办公楼西侧,1 087座。舞台高11米、深11米、宽19米,台口宽11米,影剧兼营。使用16毫米电影放映。1992年使用35毫米电影放映。2007年改数字放映。

【梦想剧场】 松江区青少年活动中心剧场,主要用于松江区学生的文艺演出、艺术展演活动。2001年9月建,位于松江人民北路1625号松江区青少年活动中心内。总建筑面积5 684平方米,一楼为6间教室,二楼为剧场,396座。

【叶榭影剧院】 1981年始建,位于叶榭乡镇河西新街。混合结构,建筑面积1 880平方米,988座,影剧兼营。1987年5月重建,960座。使用16毫米电影放映。1992年使用35毫米电影放映。2007年改数字放映。

叶榭影剧院内景

【新桥影剧院】 1982年12月始建,1983年10月建成,位于新桥乡政府西侧、松新路北侧。占

新桥影剧院(1983年)

地10余亩，建筑面积1 702平方米，钢筋混凝土结构，1 021座。舞台高17.5米、深11.5米、宽24米，台口宽14米。影剧兼营。使用16毫米电影放映。1992年使用35毫米电影放映。1996年重新改建，827座。2007年改用数字放映。

【佘山影剧院】 1982年3月始建，1984年10月建成，位于佘山镇陈坊桥东市梢。钢筋混凝土结构，1 221座。舞台高15米、深12米、宽26米，台口宽14米。影剧兼营。使用16毫米电影放映。1992年使用35毫米电影放映。1996年改建，827座。2007年改数字放映。

【九亭影剧院】 1983年始建，1984年10月建成，位于九亭镇易富路25号。建筑面积1 600平方米，996座。舞台高17米、深12米、宽28米，台口宽14米、高7米。影剧兼营。使用16毫米电影放映。1992年使用35毫米电影放映。1997年改建，967座。2007年改数字放映。

九亭影剧院

【天马影剧院】 1984年10月建成，799座。使用16毫米电影放映。1992年使用35毫米电影放映。2007年改数字放映。

【昆冈影剧院】 1984年始建，1987年1月建成，位于小昆山镇鹤溪街。钢砼结构，建筑面积2 800平方米，923座。影剧兼营。使用16毫米电影放映。1992年使用35毫米电影放映。2007年改数字放映。

【车墩影剧院】 1988年8月建成，400座。使用16毫米电影放映。1992年使用35毫米电影放映。2007年改数字放映。

【塔汇影剧院】 1989年5月建成，500座。使用16毫米电影放映。1992年使用35毫米电影放映。2007年改数字放映。

【泗泾电影院】 1987年4月始建，1990年10月建成，位于泗泾镇江川路。占地6.8亩，建筑面积1 500平方米，框架结构全封闭式，966座。松江县第一家安装冷气设备的乡镇影剧院。2000年8月停映改造，新建一幢三层大楼，面积1 000平方米，400座。2003年1月建成开放，配有数字电影放映设备。

【东华大学松江校区影剧场】 建于2005年10月，位于松江人民北路2999号东华大学松江校区学生活动中心内。占地800平方米，500个座位，配有数字电影放映设备。

【大眼睛剧场】 校园剧场。2006年4月28日建成，位于文翔路2200号上海视觉艺术学院图文信息中心大楼内。因建筑外形酷似人眼，故称。剧场分上下两层看台，能容纳近1 000人。舞台设有灯光升降式设备、专业灯光音响设备，配2间化妆间、2架大型多媒体投影、2架射灯及中央空调等。剧场外有1 000平方米展厅。可举办各类大型会议及演出。

大眼睛剧场

【红凯星影院】 曾名“开元地中海影城”。2006年12月16日开业，位于新松江路927弄4042号开元地中海商业广场4楼。上海郊区首家五星级电影院。设5个标准影厅，总座位1 058席。2010年增厅改造，建筑面积4 600平方米，设9个影厅，总座位1 385席，使用2K数字化放映，其中7个影厅安装3D放映系统。

【开元地中海影城】 见“红凯星影院”。

【欢乐谷亚瑟宫剧场】 集舞台表演、主题活动于一体的综合性专业剧场。主要用于表演音乐舞蹈类剧目。2009年开业，位于林湖路888号。面积2 000平方米，可容纳1 000名观众。设有舞台机械双向旋转台，LED大屏幕、数字水帘、45道吊杆等。曾举办舞蹈服饰秀《欢乐之旅》《奇幻之门》、佘山欢乐谷夏季狂欢节开幕式、松江区总工会文化艺术节、多媒体音舞诗画《紫色魔都》等。

【上海华侨城大剧院】 大型室内剧场。主要上演杂技高空节目的舞台。2009年开业，位于上海欢乐谷金矿镇主题文化区南端，紧靠林叶路。面积4 000平方米，可容纳3 700名观众。全景半圆形马戏式舞台，包括升降台、行走舞台、水池、吊点等多种舞台机械。开业后创编杂技舞蹈多媒体服饰综合秀《欢乐奇缘》，2011年修改为《欢乐魔方》。2009—2010年，上海东方卫视和中央电视台在大剧院里录制《曲苑杂坛》《欢乐中国行》等大型专题节目。

上海华侨城大剧院

【星空剧场】 中型影剧院。2009年5月启用，位于泰晤士小镇松江城市规划展示馆内。面积350平方米，240座，演艺舞台58平方米。配置灯光、音响系统、钢琴，数字电影放映设备，适合举行话剧、舞蹈、音乐会、文化讲坛、电影沙龙等活动。

星空剧场

【星美乐莫影院】 2009年5月由上海星美乐莫影院管理公司开设，位于环城路555号乐莫玩库广场3楼。建筑面积4 000平方米，设5个专业电影放映厅，共836座，全部采用超宽超大的座位。安装DTS-ES、DTS、SRD、SR高保真数字音响还原系统，其中1号厅有15米超大银幕。

【左岸风影电影院】 2011年3月开业，位于庙前街商业中心沃尔玛4楼。设8个数字化影厅，其中4个为3D影厅。1 270座，全部采用航空座椅。采用2K数字放映机、7.1数字环音系统、三色激光设备、Harkness高增数字银幕，银幕宽16米，全视角无遮挡设计。

【万达影院】 原名“世茂影院”。2011年12月13日开业，位于文诚路238弄1号卜蜂莲花超市2楼。由上海世茂影院管理有限公司松江分公司开设。占地2 165平方米，内设放映厅7个，总座位805席。2016年3月改今名，由上海万达有限公司开设。2019年底关闭。

【世茂影院】 见“万达影院”。

【中环电影院】 2012年7月2日开业，位于叶榭镇叶政路487号三层2区。由上海今典世纪中环电影院有限公司松江分公司开设。内设放映厅7个，总座位825席。2017年停业。改设“QCC激光影城”。

【佰迦乐大光明新南影城】 2012年12月24日开业，位于新桥镇新南路1号绿地金御广场4楼。由上海佰迦乐影院投资管理有限公司全资设立。设5个标准放映厅，609座。采用进口高亮度金属银幕和高保真还音系统。

【星逸国际影城松江店】 原名“大地影院”。2013年3月7日开业，位于玉树路2575号飞航广场二楼。由广东大地影院建设有限公司上海分公司开设。2019年8月3日改由上海星督文化传播有限公司经营，改今名，设放映厅5个，其中五号厅为激光影厅，总座位734席。全部采用巴克进口放映机。加盟上海联合院线。

【大地影院】 见“星逸国际影城松江店”。

【星濠电影院】 全称“上海星濠电影院松江店”。2013年开业，位于古楼路1886号二楼影城。占地面积2 030平方米，设5个数字化3D影厅，652座。采用2K数字放映机，7.1数字环音系统。全视角无遮挡设计。

【茸城万达电影城】 原名“迈辉影院”。2013年9月17日开业，位于中山中路71号。由上海迈辉影院管理有限公司开设。设放映厅6个，总座位767席。2018年改今名，由上海万达有限公司经营。

【迈辉影院】 见“茸城万达电影城”。

【万厅电影院】 原名“星濠影城荣乐店”。2013年12月开业，位于荣乐中路8号卜峰莲花超市二楼。2019年12月改今名。设5个数字化影厅，其中3个3D影厅，838座。采用2K数字放映机、三色激光设备、Harkness高增数字银幕，银幕宽8米，全视角无遮挡设计。

【星濠影城荣乐店】 见“万厅电影院”。

【万达电影城】 全称“上海松江万达电影城”。2013年12月4日开业，位于广富林路658弄692号上海松江万达广场4楼。由上海万达有限公司设立。设12个放映厅，其中IMAX影厅在松江仅此一家。共1 984座。

万达电影城

【太平洋影城】 2014年1月23日开业，位于文诚路500弄1号塞纳左岸广场四层。建筑面积3 500平方米，设9个专业3D数字影厅，893座。是由四川省电影公司、四川太平洋电影院线全额投资在上海打造的第一座标准3D数字化连锁影院。

【青少年活动中心剧场】 亦称“梦想剧场”。原为露台剧场，2001年建成开业，位于松江人民北路1625号松江区青少年活动中心内。总建筑面积5 684平方米。2014年在原址建造梦想剧场，建筑面积2 048平方米，一楼为6间教室，二楼为剧场，396座。主要用于松江区学生的文艺演出、艺术展演活动。

青少年活动中心剧场

【梦想剧场】 见“青少年活动中心剧场”。

【博纳锦鸿国际影城松江店】 集观影、休闲、娱乐于一体的影城。2015年开业，位于荣乐西路860号新理想广场四楼由博纳锦鸿影业（上海）有限公司开设。设5个放映厅，其中一个为杜比全景声影厅。金属银幕，采用数字3D放映设备和JBL高保真音响还原系统，配备立体环绕音响。共544座，座椅豪华宽敞。

【榕木影院】 校园影院。2016年8月4日开业，位于龙腾路333号上海工程技术大学师生活动中心二楼。面积240平方米，146座。使用35毫米电影放映。由上海榕木影院管理有限公司经营。以低票价提供与商业影院同步片源的放映服务。

榕木影院

【珠影GCC影城】　全称“珠影GCC影城松江莘松路店”。2016年7月2日开业，位于莘松路1266号东区楼。由上海城钲影院有限公司经营。设6个数字放映影厅，911座，其中有4K杜比全景声影厅。2017年起为中老年人在上午设票价较低的早场特惠场。

【星轶IMAX影城】　亦称“九亭U天地旗舰店”。2016年12月开业，位于蒲汇路178弄九亭U天地二楼。由上海星轶影院管理有限公司经营。设包括IMAX与DBOX的影厅7个，1 100余座。

【九亭U天地旗舰店】　即“星轶IMAX影城”。

【太禾影城】　2017年开业，位于岳阳街道九峰路118号“平高广场”四楼。由上海太禾影视文化有限公司经营。设7个影厅，863座，其中3号厅为观摩厅。采用SONY数字放映机、4K放映系统、7.1多声道环绕立体声、SR.D数字立体声全套高保真还原系统。

【JIA嘉莱影城九亭店】　2017年2月开业，位于沪松公路1399弄159号地下一层。由上海松影文化传媒有限公司经营。设7个数字放映厅，598座。加盟上海大光明院线，为全国艺术联盟放映机构。

【木青校园影院】　校园影院。2017年6月21日开业，位于外青松公路7989号上海政法大学6幢底层。面积532平方米，390座。使用35毫米电影放映。以低票价特色为师生及周边居民提供与商业影院同步片源的影视放映服务。

【DFC影城松江五龙店】　2017年8月底开业，位于光星路1399号五龙广场三楼。由上海希合文化传播有限公司经营。设9个数字化影厅，900余座。设双VIP厅配置，座椅可调节升降。采用三色激光放映机。2017年10月加入全国艺术电影放映联盟。为红色电影指定观影地点。

【珠影沪亚国际影城】　2017年8月1日开业，位于南乐路456号乐尚天地四楼。由上海沪亚南乐影业有限公司经营。设7个数字化影厅，968座。

【华夏影城九亭贝尚坊店】　2017年11月开业，位于沪亭北路350弄3号楼三楼。由上海展慕影院管理有限公司经营。设6个厅，461座，其中6号厅为激光沙发厅，其他为普通厅，另有12个包厢可容纳2～9人。6号厅和包厢座椅为芝华仕沙发。包厢设置哈曼卡顿音响和4K高清投影。

【QCC激光影城】　2017年11月27日开业，位于叶榭镇叶政路487号双高商业广场三楼。由中环电影院改设而成。由上海龙奕影院有限公司经营。设4个3D数字激光放映厅，380座。采用激光放映设备，金属银幕，5.1声道环绕立体声系统。

【保利国际影城上海泗泾店】　2018年5月26日试营业，9月22日正式开业，位于泗泾镇保利悦活荟五楼。由保利置业集团(上海)投资有限公司开发经营。建筑面积3 326平方米，设7个数字全3D影厅，其中1个POLYMAX巨幕厅、2个双机厅，共1 275座。

【大光明影城恒都广场店】　2018年9月30日开业，位于茸梅路600弄5幢2号二楼。由上海日今影院管理有限公司经营。设7个影厅，其中杜比全景声厅1个、临境音厅1个，共1 126座。

大光明影城(恒都广场)2号厅内景

全部采用科视RGB激光放映设备。加盟上海大光明院线。

【馨乔环球国际影院】 2018年10月开业，位于新桥镇明中路1885号明中广场三楼。由上海馨乔影院有限公司经营。设6个数字化影厅，近800座，其中1号厅为杜比全景声影厅。

【DFC影城东鼎店】 2019年1月开业，位于新松江路1277号77食尚广场四楼。由上海希赫文化传播公司经营。设10个数字化影厅，800余座，有VIP厅配置。

【聚聚影城车墩店】 2019年2月5日开业，位于车墩镇李高路58弄14号俞塘码头地下一楼。由上海聚聚影视文化发展有限公司经营。设6个数字化影厅，近500座。有VIP厅配置，三色激光放映。支持会议或文艺演出。

【广线影业佘山店】 亦称“中影国线巨幕影城佘山店”。2019年2月5日开业，位于桃源路188弄32号佘山新天地商业广场三楼。面积1 976平方米，影厅净空7米。设2个贵宾厅，292座，沙发座椅；6个多功能3D数字影厅，822座，靠枕式豪华座椅，视觉无遮挡。配置环绕立体声音响系统、超大整壁式高增益银幕、全激光放映。

【中影国线巨幕影城佘山店】 见“广线影业佘山店”。

【SFC上影国际影城松江店】 2019年4月18日开业，位于云间新天地159号四楼。由上海万烨影院管理有限公司经营。设4个数字3D影厅、2个MAX双巨幕影厅，共1 178座，沙发座席。配置杜比全景声、巴克4K激光放映机、高清金属银幕、同轴环绕立体音响等。

【大光明红叶影城】 2019年5月7日试营业，位于玉树路2559号飞航广场1号楼三楼。由上海浩桦影视管理公司经营。设7个厅，837座，其中有1个巨幕厅，杜比声效，激光放映。

【CGV影城九亭金地广场店】 2019年9月21日开业，位于沪亭北路99弄金地广场三楼。由希杰希界维(上海)企业管理有限公司经营。设6个数字放映影厅，908座，其中有SPHEREX巨幕厅、SKYBOX厅。

中影国线巨幕影城佘山店

CGV影城九亭金地广场店

2019年松江区街镇文化活动中心剧场(放映厅)情况表

街道、镇	地　址	建筑面积(平方米)	舞台面积(平方米)	乐池面积(平方米)	观众座位(席)
岳阳街道	人民北路171弄30号	460.5			250
方松街道	北翠路1077号	501.97	75	42	470
永丰街道	松汇西路1438号	750			202
九里亭街道	涞坊路408号	645	30		402

（续表）

街道、镇	地 址	建筑面积（平方米）	舞台面积（平方米）	乐池面积（平方米）	观众座位（席）
车墩镇	影视路28弄	550	60		350
洞泾镇	长兴路466号	1 600	118		544
九亭镇	易富路25号	2 000	280		580
泗泾镇	鼓浪路588号	2 330	180	30	581
新浜镇	新颖路1031号	600	50	25	296
小昆山镇	文翔路6201号	1 500	50		450
新桥镇	新站路460号	1 300	278	42	668
叶榭镇	张泽滟东路84号	2 315	120		646
泖港镇	新宾路300号	840	84		359
石湖荡镇	育新路333号	1 920	308		786
佘山镇	贡嘎山路200号	550	66		301
广富林街道					
中山街道					

岳阳街道社区文化活动中心剧场

方松街道社区文化活动中心剧场

永丰街道社区文化活动中心剧场

九里亭街道社区文化活动中心剧场

车墩镇社区文化活动中心剧场

洞泾镇社区文化活动中心剧场

九亭镇社区文化活动中心剧场

泗泾镇社区文化活动中心剧场

新浜镇社区文化活动中心剧场

小昆山镇社区文化活动中心剧场

新桥镇社区文化活动中心剧场

叶榭镇社区文化活动中心剧场

泖港镇社区文化活动中心剧场

石湖荡镇社区文化活动中心剧场

佘山镇社区文化活动中心剧场

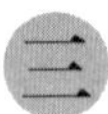

书　场

【松江城区书场】 1916年松江城区有长乐社、得意园、百岁坊书场，不久开设三秀园、春申园、琴乐、松风阁等书场。1920年在佛字桥堍开设三山泾书场。1924年在秀野桥堍开设三野园书场，兼唱滩簧，是松江第一家坐唱滩簧书场。1930—1939年相继开设春申园书场(在岳庙口)、普照寺书场(在普照路)、亦乐书场、金门书场(在黑鱼弄口)、琴乐书场(在妙严寺口)、松风阁书场(在长桥南堍)、听雨楼书场(在徐泾桥堍)，其中"春申园"地处闹市，设备最好，兼唱滩簧。1938年开设新市场书场(在庙前路，以唱农民书场为主)。1942年城区有书场8家。1941—1946年城区开设永安书场(在高家弄)、鹤来书场(在莫家弄)、银都书场(在马路桥南堍)、永兴书场(在大仓桥南堍)、公兴书场(在大仓桥北堍)、清风楼书场(在跨塘桥北堍)、第一书场(在百岁坊)、社会书场(在莫家弄口)、鸿运楼书场(在庙前路)，书场大多既演唱评弹，又说沪书(即农民书、钹子书)。1949年松江解放前夕，城区仅有永安书场维持营业。1952年开设慎记书场(在大仓桥南堍)。1955年开设新光书场(在包家桥西)。新市场、鸿运楼书场恢复营业。1966年"文化大革命"开始后书场全部停业。1979年新建三秀书场，450座(在秀野桥东堍，1985年停业)，松江县工人俱乐部开设书场(1982年撤销)。1980年新建也是园书场，500座(在岳庙也是园茶馆二楼，1990年停业改设舞厅)。1985—1986年松江县文化馆开设文化书场。80年代后期书场业务萧条，多数停业。2002年松江区工人文化宫设书场，不定期演出。2005年永丰街道开设玉乐书场。2013年中山街道开设东方书场和茸梅书场。

【泗泾镇书场】 民国初年泗泾镇有杨家厅书场、汪家厅书场、石小弟茶馆农民书场。1927年前后有新泗社、群乐书场，听月楼、松鹤楼茶馆书场、兴乐茶馆农民书场。1949年泗泾镇有4家书场，1956年对私改造后保留泗泾书场、中心书场(专说农民书)2家。1966年"文化大革命"开始后书场停业。1978年5月恢复营业。1984年8月泗泾书场迁至原泗泾人民饭店，300座。2008年程忠茶艺馆设书场，120座，每天下午一场，2012年4月因亏损停办。2013年开设润红书场，地址在泗泾古楼公路656弄。

【松江乡镇书场】 松江乡村集镇历来无专业书场，书场与茶馆连档，称"茶馆书场"。民国时期松江"城乡茶馆不下数百家"，"茶馆十有其五设有书场"，县内乡村集镇遍设茶馆书场。靠墙设说书台，桌凳环台而列。观众席依茶馆规模大小，多则过百，少则数十座。以说唱农民书为主，偶有评弹演出。1966年"文化大革命"开始后茶馆停止说书业务，1980年后恢复，松江县供销社系统登记发证的公社(乡镇)茶馆书场20家。1985年全县登记发证的茶馆书场23家，其中县供销社下属17家、乡办1家、村办5家。1993年全县仅有1家。2019年后永丰、九亭、洞泾等部分街镇下属少数村(居)委会办有书场，大部分时开时关。

四

礼　堂

【县府礼堂】 亦称“松江人民大礼堂”。1954年建于松江中山中路37号。1956年8月毁于台风，同年9月重建。会议、演出兼用。1975年安装座机，为县电影站固定放映点。1981年5月动工改建，1983年底竣工，恢复电影放映。2001年重新改造，主体建筑不变，翻修屋面，粉刷墙体，舞台铺设木地板，观众厅改为沙发软席。面积1 200平方米，825座。以戏剧演出为主兼学生公益电影放映。2001年松江剧场迁入，2002年改称“松江剧场”。

松江人民大礼堂（20世纪60年代）

【松江人民大礼堂】 即“县府礼堂”。

【工人俱乐部礼堂】 亦称“工人俱乐部剧场”。1958年建，位于松江中山中路364号。会议、演出、放映电影兼用，628座。70年代后期设为书场。1981年7月起由县电影站租用作为固定放映点。1982年1月扩建放映间，安装“井冈山”座机。1985年1月起电影停映，改放录像。1996年拆除。

工人俱乐部礼堂大门（1958年）

【工人俱乐部剧场】 即“工人俱乐部礼堂”

【塔汇礼堂】 1975年2月建于塔汇路663号。曾为塔汇公社礼堂。会议、演出、放映电影兼用，650座。1988年改为35毫米提包机固定放映点。现已关闭。

【泗泾镇礼堂】 1977年建于泗泾镇政府内。为泗泾镇政府礼堂，会议、演出、放映电影兼用，700座。

【车墩礼堂】 1978年10月建于北松公路4688号车墩乡政府内。会议、演出、放映电影兼用。1984年改建为小剧场。1988年加围墙，辟通道，扩建放映间，改造为35毫米提包机固定放映点，400座。2004年拆除。

【天马礼堂】 1985年5月建于天马乡政府内。

1986年扩建，799座，会议、演出、放映电影兼用。2001年天马山镇与佘山镇合并为新的佘山镇，镇政府驻佘山镇，礼堂关闭。

【茸城会堂】 1985年9月建于松江人民北路6号。松江镇政府礼堂。钢混结构，总面积1 095平方米，软座646座。是年，县电影公司与松江镇签订15年租赁合同，作为专业电影院，安装冷气设备，于当年10月6日开始公映。1986年定为一等一级电影院。1992年7月起，县电影站租借给农业银行作松江证券营业部，电影停映。

茸城会堂

五

展馆

【松江烈士陵园纪念馆】 位于车墩镇南门村联络公路753号。前身是坐落在县苗圃桃园内的侯绍裘、姜辉麟烈士纪念碑。1986年5月经松江县人民政府批准定名为“松江烈士陵园”。为了适应祭扫、纪念和参观的需要，1990年县民政局向县政府呈交了易地兴建烈士陵园的报告。松江区第十届第二次人民代表大会审议并通过了扩建松江烈士陵园的提案。1993年12月22日举行落成揭牌仪式。2011年起，历时两年完成整体改建，占地30.17亩，建筑面积2 399平方米。纪念碑高20米，由四片呈下垂状的红旗组成。祭奠广场2 000平方米。纪念馆面积1 652平方米，重点介绍松江各革命时期代表性烈士22位。墓区面积约900平方米，安葬172位烈士。侯绍裘、姜辉麟、顾桂龙烈士纪念碑是区级保护文物。1999年松江烈士陵园被命名为“上海市革命烈士纪念建筑物保护单位”，2010年被评为“上海市全民国防教育先进单位”，2012年被评为“上海市爱国主义教育基地”。

松江烈士陵园纪念馆

松江烈士陵园纪念馆内景

【陈子龙纪念馆】 建于1987年11月。位于广富林文化遗址内，陈子龙墓地南侧。陈子龙，明末清初松江文学家。二进建筑，大门前有陈子龙立像。主厅澡雪堂，后厅安雅堂。“澡雪堂”由周谷城题匾额，由刘海粟题“云水襟怀”门额，堂内额“坚贞自操”为孙中山题，立柱对联“苟利国家生死以，岂因祸福避趋之”摘自清林则徐诗。“安雅堂”陈列版面，介绍陈子龙生平，创办复社、幾社，反清复明活动等事迹。

陈子龙纪念馆

【松江科技馆】 1987年5月建成。馆址在中山东路237号。1988年2月时任中共上海市委书记江泽民题写馆名。1988年4月开馆。占地2 872平方米，建筑面积2 043平方米，展厅面积140平方米。举办各类科技活动、科技展览。编制科普画廊，展示松江科技成果、地区风貌、特色产品等。组织各类技术培训班，收藏各类科技书刊、报纸杂志。2009年5月15日起扩大展厅面积，按照功能分为基础馆、魔法学院、临展区、低碳生活展区、生命探秘展区、3D影院、动手动脑游戏区等。新建展区以专题馆为主，建成“G60科创走廊展示馆”等主题馆，集中展示专题领域的科普知识，强调互动，普及科学技术。

松江科技馆

【明朱舜水纪念堂】 1990年12月8日开馆。位于松江区中山东路235号方塔园兰瑞堂。朱舜水，浙江余姚人，寄籍松江，明末参与抗清，兵败后流亡日本22年，讲学授徒，传授中国传统文化，被日本朝野尊为“胜国宾师”。纪念堂以“余姚故里”“寄籍松江”“中日文化交流的先驱”“遗物遗墨”“舜水遗著、中日学者纪念舜水著作”等板块，以资料、图片和实物介绍其生平事迹。

明朱舜水纪念堂

【枫泾暴动纪念馆】 1993年开馆。位于松江区新浜镇赵王村香长公路南侧大方庵内。区级文物保护单位。坐北面南，由前殿、正殿及和两厢房构成四合院落。1927年中共中央八七会议后，10月陈云受中共江苏省委派，到大方庵召集秘密会议，传达贯彻党的八七会议精神，发动农民秋收起义。11月中共枫泾独立支部在大方庵改建为中共枫泾区委，成立农民革命军，大方庵成为枫泾农民暴动指挥所。1928年1月枫泾暴动因力量悬殊而失败。1993年7月1日松江县委组织部、宣传部、党史办和县文化局联合筹建的“枫泾暴动革命史料展”在东厢房及前殿东南间布展完成并对外开放。2002年在大方庵西侧辟地新建“枫泾暴动史料展”陈列室，2003年12月3日开展。陈列室展出分三个部分，分别为暴动前夕的宣传发动、暴动打响时的浴血奋战和暴动受挫后的前仆后继，配图片40余幅。1961年1月22日枫泾暴动指挥所旧址公布为松江县文物保

枫泾暴动纪念馆

护单位。1991年后殿失火烧毁，松江县人民政府拨款抢修，1992年底竣工。2010年公布为松江区爱国主义教育基地。

【松江农业科普展示馆】 专业科普场馆。2008年12月开馆。位于松江区西库路1号，松江现代农业园区五库示范区内。建筑面积3 000平方米，展厅面积2 500平方米。以动态性、参与性为特色，以江南农业为展示对象，设序馆、综合馆、农具馆、棉纺馆、种子馆、水稻馆6个展馆和多功能报告厅。展馆通过实物、图片、多媒体技术等展示松江农业发展历史和松江现代农业。

松江农业科普展示馆

【上海地震科普馆】 专业科普场馆。2002年开馆。位于松江西佘山南侧上海市地震局佘山地震基准台内。展览面积550平方米，分设序厅、地震科普厅、弧幕影视厅、灾害走廊和百年风采厅。保存有国内最全最古老的历史地震仪器和历史地磁、地震资料，其中有我国仅存的一台有上百年历史的维歇尔地震观测仪。向参观者宣传防震减灾科普知识。为国家野外科学观测研究站、全国中小学生研究实践教育基地、国家防震减灾科普教育基地、上海市科普教育基地、松江区科普教育基地、松江区未成年人社会实践基地、松江区志愿者服务基地、松江区文物保护单位。佘山地震基准台前身为法国天主教会建立的徐家汇观象台，1874年开始地磁观测，1904年开始地震观测。今为馆台合一，观测、科研、科普、文博四位一体的综合性单位。

上海地震科普馆

【上海天文博物馆】 专业科普场馆。2004年11月16日开馆。位于松江西佘山山顶。由上

上海天文博物馆

海天文台佘山工作站建立管理。设“百年天文台”“聚焦望远镜”“时间与人类”三大展区，分别展现近代天文学在中国发展历程，天文望远镜诞生400年来引领天文学发展历程，以及时间与人类社会和生活的关系。另设“星空之旅”互动式球幕电影厅、太阳观测中心和科普天文台，配置一台35厘米天文望远镜。展品中有40厘米双筒折射望远镜建成于1900年，曾是亚洲最大的天文望远镜。有历史上使用过的各种天文望远镜、大量珍贵的老照片、100多年前的天文钟、航海钟、计算筒等科学文物。该馆兼具历史展陈和科普教育功能，经常组织各种天文科普活动，为全国天文科普教育基地、上海市爱国主义教育基地。佘山天文台建于1900年，是中国近代天文学重要发源地之一。

【旺家根雕艺术馆】 民营艺术展示馆。集根艺、书法绘画、紫砂、龙泉青瓷、宝剑、太极拳院、红木古家具、奇石、古玩等于一体的艺术展馆。2005年始建。位于洞泾镇沪松公路3388号A栋，占地1万多平方米。由民间根雕艺术家、收藏家廖浩鑫创办。重要作品有根据故宫铜像藏品等比例复制的“龙头龟身”，缅甸黄金樟材质，重20多吨。31米长的巨型根雕“万里长城”，用一棵2 000多年树龄的香樟雕刻成。“清明上河图”以北宋画家张择端画作为蓝本，由35名艺术家和工匠历时5年完成，高2.56米、宽2.1米、长18米，上海世博会期间在河南馆展出。还有《红楼梦》《水浒传》《三国演义》等主题系列作品。作品先后获国家级大奖50余次。2012年“一帆风顺”“万里长城”获中国工艺美术特别金奖。东南卫视、上海电视台及《解放日报》《人民日报》《福建日报》《上海收藏报》等媒体曾对该馆作报道。上海世博会、海南博鳌论坛、香港凤凰卫视及诸多单位机构收藏旺家根雕作品。

【松江美术馆】 集美术作品收藏、展示、学术交流、普及审美等功能的公益性社会场所。2006年12月9日开馆。位于三新北路900弄泰晤士小镇601号。建筑面积4 332平方米，其中地上部分3 640平方米、地下部分692平方米，展线长500米。其地下一层为备用房和库房。地上一层布置报告厅、书店、网吧及咖啡屋，其中报告厅面积437平方米，可容纳250人。二层布置3个常设展厅。三层为移动展厅、雕塑庭园、艺术家工作室等空间。曾多次举办大型艺术展览，2006年12月“精神与品格·中国当代写实油画研究展”、2008年7月“第九届国际摄影艺术展”、2009年5月“中国书画名家作品展”、2013年10月“第二届平复帖杯全国书法篆刻大展”、2018年11月“‘云间墨’首届全国中青年国画名家邀请展”、2019年8月“城市影像作品展”等有影响。

松江美术馆

【珍奇植物馆】 2007年3月31日开馆。位于辰花路3888号上海辰山植物园内。面积2 767平方米，室内最高16米，展示区域包括食虫植物区、雨林植物区、凤梨区、兰花墙、蕨类谷、苏铁区。种植奇特植物1 400多种，有独木成林、树包石、食虫植物、苏铁类、蕨类、兰花和凤梨类等。

珍奇植物馆

【沙生植物馆】 2007年3月31日开馆。位于辰花路3888号上海辰山植物园内。面积4 320平方米，室内最高19米。集中展示美洲、澳洲和非洲等地多肉植物1 000余种。展示主题是“智慧用水”，展示植物在干旱环境中如何吸收和储存水分。

【松江区气象科普馆】 松江区气象科普教育基地。2007年开馆。位于南青路8号。分综合气象观测点、气象展示馆两部分。综合气象观测点展示基本气象要素观测的仪器设备，有百叶箱、风向风速、地温、卫星接收、雨量筒、自动能见度等。展示馆设4个展区：气象知识区（气候、天气、服务等），模拟区（风云一号、风云二号、长征运载火箭、城市雷击等），互动区（风力测试、风力车、多媒体等），天气预报制作区。

松江区气象科普馆

上海广富林文化遗址展示馆

【上海广富林文化遗址展示馆】 亦称“广富林文化展示馆”。2008年开馆。位于广富林遗址核心区。展馆建于人工湖中，以文化展示馆、文化演艺中心、文化交流中心的三组建筑形成南北向主轴线，由纵轴线贯穿，形成连续的空间序列。外部形象为三组漂浮在水面上的两坡大屋顶，是遗址的中心景观。山墙由玻璃构成，解决了采光和通风问题。室内空间采用传统的木结构建筑形制。展馆分水上和水下两个区域，以“上海之根，海派之源”为主题，以时间为序，展示上海从原始村落，到广富林古镇、华亭县、松江府，直至上海大都市的历史变迁。

【广富林文化展示馆】 即“上海广富林文化遗址展示馆”。

【程十发艺术馆】 纪念海派艺术大帅程十发的公共文化艺术服务场所。2009年4月10日开馆。位于中山中路466—470号。由搬迁重建的明清建筑瞿继康宅、王冶山宅东跨院、袁昶宅和杜氏厅组合而成，占地2 541平方米。设展示区、真迹展品区、生活场景区、公共汇展区、嘉宾接待室和行政办公楼等6个职能区。内设陈列设计部、创作研究部、藏品保管部、活动联络部和办公室。馆内藏有程十发捐赠的67件80幅作品。艺术馆正门南部为艺术馆广场，占地825平方米。

程十发艺术馆

松江城市规划展示馆

东墙砖刻“程十发艺术馆”，由时任中共中央政治局常委、全国人大常委会委员长吴邦国题写。以收藏、展示、推广、研究优秀书画作品，联系各省市文化优秀人才，培养和提高书画爱好者鉴赏能力为职能。为中国书画名家馆联会成员。不定期举办艺术讲座、美术摄影展览，开展学术交流。与松江区各所高中结对，为高中生群体设立社会实践岗位。开展青少年美术辅导等活动。每周开放六天，免票参观。

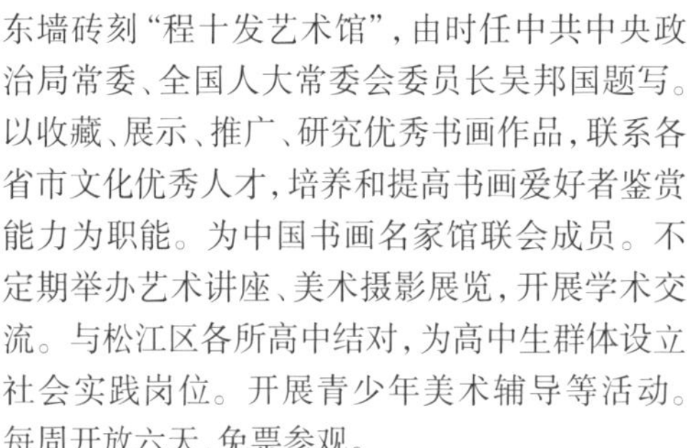

【松江城市规划展示馆】 2009年5月13日开馆。位于三新北路900弄泰晤士小镇626号。建筑面积1.4万平方米，展区面积约4 000平方米。大楼四层，地下一层为松江工业展示馆，地上一层至三层依次为松江城市规划展示馆、会务区和办公区。一层大厅内最吸引人的应该是以浓缩的松江全貌为内容的沙盘模型大展盘，观者多驻足俯瞰，沉思遐想。展示馆以史实为经，以文化为魂，以光电为凭借，以时代为场景，融知识性、趣味性和启迪性于一体。城市规划展示馆分五大板块：城市记忆走廊、城市足迹走廊、总体规划展区、和谐规划走廊和180度弧幕3D影院。内容涵盖松江历史、科技、文化、教育、卫生、农业、旅游以及现代工业等。城市记忆走廊概括松江自新石器时代以来的大事，展示松江自西晋至当代的名人名作。宽10米的动画长卷由5台投影屏幕无缝拼接组成，再现明清时期松江十里长街的繁华景象。3D电影《松江——上海之根》片长14分钟，记录松江历史变迁和文化积淀。

【松江工业展示馆】 2009年5月13日开馆。位于三新北路900弄泰晤士小镇626号。松江城市规划展示馆地下一层。面积4 000平方米，设松江工业史、五大支柱产业、食品制造业、现代服务业、军事工业、汽车工业、电信馆、生活家居馆和七大企业馆9个展区。展示松江古今工业发展史，重点介绍20世纪80年代后改革开放以来松江最具行业代表性和技术领先水平的企业100余家，以及各个历史时期不同行业的最先进产品。

【梨文化博物馆】 上海市科普教育基地。2009年6月开馆。位于松江区永丰街道富永路2000号仓桥水晶梨基地内。免费对外开放。面积500多平方米，其中展示大厅300平方米、培训室200平方米。展示大厅分隔为5间展室，设双

梨文化博物馆

面展板18块。展示梨的起源、梨的产业概况、梨的品种介绍、梨的栽培技术及管理、梨的文化记载以及水晶梨获得荣誉、梨营养与保健、梨农事二十四节气歌、有关梨的诗词等内容。3月中旬至4月初梨花盛开时，以“千年美仓桥，一品水晶梨”为宣传口号，举办仓桥水晶梨科技文化游园节、水晶梨梨花节、水晶梨摄影比赛等活动，已举办10余届。

【松江民间文化展示馆】　2009年12月8日开馆。位于松江区文化馆内。由原“玫瑰园舞厅”改建，面积约300平方米。同时挂牌同济大学建筑与城市规划学院松江民间艺术实习基地，以及周洪声、刘兆麟、刘勇三位艺术家的工作室。展示馆不定期举办民间艺术展示和展演活动。

松江民间文化展示馆

【毛泽东像章纪念馆】　2010年对外开放。位于新浜镇南杨村。老党员吴仁杰多年收藏、自筹设备，在自家居屋建立，占地面积约500平方米。4个展室收集毛泽东在各个历史时期的图照700余幅、毛泽东像章300多枚及大量毛泽东著作。

毛泽东像章纪念馆

【热带花果馆】　2011年1月23日开馆。位于辰花路3888号上海辰山植物园内。面积5 521平方米，最高21米。设风情花园、棕榈广场和经济植物区。种植植物600多种，其中花卉100多种。展览温室采用弧形大跨度铝合金单层网壳结构，三角形分块夹胶玻璃覆盖，轻盈通透。采用自动气候控制系统，创造适宜世界各种植物的生长环境。

热带花果馆

【中国留学生博物馆】　中国第一家留学生博物馆。由部分归国中国留学生创建的公益性民办非企业法人单位。占地面积896平方米，建筑面积687平方米。2004年9月28日在徐汇区华山路905弄12号“桐欣阁”开馆。2011年春迁松江区茸梅路1177弄7号“桐欣里”。以“寻根、报

中国留学生博物馆

恩、中国人”为宗旨，以知名人物为重点，记录中国150余年留学史。整理、收集、保存、研究及陈列展出中国留学生的历史事迹的图片、实物及其他相关资料，开展国内外交流活动，创作和撰写留学生群体的文艺作品以及其他宣传资料，提供咨询服务、会展场地服务。设“留学生宗祠”“留学生书院”和“留学生创库”，为留学生提供服务平台，新华社称其为“桐欣模式”。

【中国会计博物馆】 2013年11月28日开馆。位于文翔路2800号上海立信会计学院松江校区内。建筑面积4 500平方米，展陈面积2 800平方米。旨在进行会计历史文化遗存的抢救性收藏和保护，弘扬会计历史文化，促进会计教学与学术研究。设中国展厅、国际展厅、会计名人堂、临时展厅、视听室、展具储藏室、藏品库等展览和储藏场所。馆藏有中国历代相关会计实物。

【水文化展示馆】 松江区“四史”学习教育基地、松江区科普教育基地。2013年建成，位于

“浦江之首”水文化展示馆

石湖荡镇“浦江之首”(黄浦江零公里处)三角洲，展厅约300平方米。展示有关水文化的相关资料与展品。设4个主题展示区。陈列复原的汉代水井、唐代圩田、宋代古船、元代水闸与城景模型，通过影音展示上海因水而兴的历史，讲述浦江水资源、水变迁、水历史、水文化。

【松江道桥文化展示馆】 松江区科普教育基地。以道路、桥梁行业为主题的展示馆。2015年8月开馆。位于辰塔路78号。建筑面积590平方米，展厅面积350平方米。展厅设序厅、文化厅、现代厅，分“人行松江”“路桥技术”“千年官街”“路通八方”4个板块。通过实物展示和多媒体手段，介绍松江从古至今经济、社会、人文、民俗、道路、桥梁的变迁，市民出行变化，公路行业管理的规范与发展，展示路桥施工技术的优化完善、未来发展的方向。

松江道桥文化展示馆

【上海国际酒文化博物馆】 2015年11月15日建成。位于上海辰山植物园内。由国际酒文化博物馆管理有限公司经营。陈列区约6 000平方米，陈列逾5 000件展品，依照从葡萄种植、酿造、饮用顺序展示。陈列有法国波尔多左岸400多年历史的古老酒庄的全部种植、酿造设施以及工具。以哥德芬命名的酒窖是馆内私人区域，由模型间、品鉴区、窖藏区三部分组成。洞穴部分在辰山山体内，曾是战备地堡，面积2.6万平方米，长约2千米，可储藏2 400万支标准瓶葡萄酒。开馆至今，已经举办多次大型文化活动。

上海国际酒文化博物馆

【小宝爱学陶艺美术馆】　2015年成立。位于新桥镇莘松公路1396号歆翱创新园A9-3号。从事儿童创意画、油画、素描、漫画、国画、软笔书法、硬笔书法、陶艺等儿童艺术类培训。

小宝爱学陶艺美术馆

【上海元亨汉医药博物馆】　以“中兽医药、动物、科技”为主题的博物馆。2015年开馆。位于叶榭镇叶荣路18号。建筑面积约1 080平方米，陈列展出面积约688平方米。展馆主体由饲料工业文史馆、中草药应用馆和朝翔腾飞馆组成。

上海元亨汉医药博物馆

其中，中草药应用馆内含药王殿、百草堂、养心阁、中兽医鼻祖堂、食品药膳一条街等小展区。

【上海生态建材博物馆】　2016年开馆。位于叶榭镇车亭公路2058号。室内展示面积约1 600平方米，室外展示面积约3 000平方米。旨在普及环保知识、介绍生态建材特点和应用、倡导节能环保。分设“探索前行”“生态建材”和“互动体验”三大板块。展示生态建材演变史，陈列人造建材产品，介绍未来绿色建材发展方向。

【雷圭元纪念馆】　2016年建成开馆。位于松江中山西路思鲈园“雷补同旧宅”内(区中心医院南侧)，占地面积约120平方米。雷圭元是松江籍中国现代图案学专家。2016年是雷圭元110周年诞辰，松江区人民政府与清华大学美术学院联合主办“纪念工艺美术教育家、设计家雷圭元先生诞辰110周年”系列纪念活动。展厅陈列雷圭元不同时期的作品。《圭元图案集》手稿今存39幅，多为瓷盘、瓷壶设计，另有封面设计、蜡染图案各1幅，灯具设计2幅。

雷圭元纪念馆

【松江鲈科技文化馆】 以名贵珍稀濒危物种松江鲈鱼的保护为主题的特色馆。2016年建成开馆。位于富永路1082号“四鳃鲈园”内。占地103亩，建有科技文化展示区、模拟生态体验区、中国四大淡水名鱼认知区和科学试验实践区。

【大彩少儿创意美术馆】 2016年10月建成开馆。位于明兴路628号绿地铂骊酒店3楼325室，面积约50平方米。以“艺术影响孩子，创造力改变未来”为宗旨。进行儿童想象画、陶艺、油画、素描、书法、国画等启蒙辅导。周末，为家长营造和孩子亲子活动。

【立达中学丰子恺艺术馆】 2016年由立达中学艺术馆改扩建而成。位于松汇西路教师进修学院附属立达中学“子恺楼”四楼东侧，面积400平方米。设“丰子恺在立达”“丰子恺的艺术讲义”“丰子恺的立达漫画”和“丰子恺的艺术教育思想”（立达校徽立达漫画解读）等展厅，展示丰子恺在立达的教育、漫画创作以及学者对丰子恺的研究成果。丰子恺后人及亲属为展馆提供了资料和指导意见。

立达中学丰子恺艺术馆

【立达科创馆】 2017年开馆。位于松汇西路松江教师进修学院附属松江立达中学。设Thas（赛思）课程及智能机器人、3D打印。总面积450平方米，以科技实验和模型展示为主，由科普实验区、模型区和智能机器人3个展区组成。科普实验区结合学生文化课程，提供声、光、电等实验设备，引进磨床、铣床、钻床等微型车床。模型区展示大型车模，建造赛车跑道，提供演练区，引入多种航模及飞行航拍器，培养学生操作能力。智能机器人展区展示各种类型机器人，通过编程学习，培养学生逻辑思维能力。

立达科创馆

【松江民防科普馆】 集宣传、教育、培训于一体的人民防空和防灾减灾科普馆。2017年9月18日开馆。位于松江中山西路753号，总面积约1 300平方米。设序厅区、人民防空展区、灾害防护展区和综合宣教区共四个专题区域。展馆运用三维模拟电子沙盘展示松江民防掩蔽工程覆盖状况。该系统可通过搜索查看各小区周边民防掩蔽工程的数量、最近距离和工程信息，通过GPS导航，指导民众战时快速进入最近的民防

松江民防科普馆

工程掩蔽。展馆展示“空袭历史”“现代作战兵器”“现代空袭特点”等内容，介绍人民防空有关知识和技能，以及应对现代化空袭的各种有效方法和途径。介绍台风、雷电、内涝、火灾等灾害事故的成因、危害和防护措施。设有火灾避险、电梯乘坐安全、轨道交通乘坐安全等互动游戏设备。每周一至周五向学校、社会团体等预约开放。

【李昌钰法庭科学博物馆】 2017年11月4日开馆。位于华东政法大学松江校区。主展区占地245平方米。分博物馆主展区和占地两千多平方米的实验区两部分。博物馆主展区设4个展区，A展区展示各种破案神器及颅骨、人体皮肤组织等法医物证；B展区展示李昌钰的职业经历及经典案件；C展区展示李昌钰个人物品，所获的奖章、警服、马克杯、藏书、笔记、有关报道等；D展区展示凶案现场的原始物证。博物馆发挥收藏、展示、教育、研究、交流等功能，促进中外法庭科学研究的交流合作。接受李昌钰捐赠展品共计163箱，其中书籍1 171本、奖章121个。

李昌钰法庭科学博物馆陈列的李昌钰肖像

李昌钰法庭科学博物馆陈列的李昌钰学习笔记

【水景艺术馆】 民营艺术展示馆。2018年6月开馆。位于泖港镇腰泾村。馆主朱福财利用民房改建，占地660多平方米，建筑面积300多平方米。分室内和庭院两部分，组合树木、山石、绿植设计布局，展现微缩的自然景观。藏有古瓷器、铜器、字画、竹木牙雕、土布等。

水景艺术馆

【长三角G60科创走廊规划展示馆】 2018年10月建成开馆。位于临港松江科技城。展示馆涵盖G60九城市(上海松江,浙江嘉兴、杭州、金华、湖州,江苏苏州,安徽宣城、芜湖、合肥)大数据云图、产业集群等内容。展陈面积逾1 400平方米,设“发展历程”“科技创新”“制度创新”“党建引领”4个展厅,展示人工智能、集成电路、生物医药、高端装备、新能源、新材料、新能源汽车七大先进制造业,其中有脑智基地非人灵长类克隆技术、植物逆生长技术、阿里云城市大脑、科大讯飞语音识别机器人、涡轮螺旋桨发动机等前沿科技和关键技术。

长三角G60科创走廊规划展示馆

【新桥美术馆】 民营艺术展示馆。2018年10月开馆。位于泗砖南路255弄193号。旨在追求与展示以“雅”为宗旨的艺术创作成果,以“小窗雅记”为题展览集结“书、画、琴、花”四大雅事,追寻闲情逸致和悠然自得的诗意生活。展览分“幽玄侘寂·日本南画展”“高雅朴素·陶艺器皿展”“丝桐清音·古琴展”三部分。

新桥美术馆

【木艺传承展示馆】 亦称“木雕展示馆”。民营艺术展示馆。2018年开馆。位于广富林文化遗址内。展馆面积821平方米。徽式建筑。主要收藏、陈列明清徽州古民居工艺木雕作品,有梁桁、牛脚、额枋、门窗以及古典家具等300多件。

木艺传承展示馆

【木雕展示馆】 即“木艺传承展示馆”。

【国匠美术馆】 当代美术博物馆。民营艺术展示馆。不以营利为目的,向公众免费开放,是泗泾镇首个美术作品交流展览平台。2017年成立,2018年开馆。位于松江区泗陈公路3388弄3号。建筑面积2 800平方米,分6个展厅,集美术作品收藏、展示、学术交流、普及美学等功能于一体。

国匠美术馆

【洞泾乡镇企业历史陈列馆】 2018年12月27日开馆。位于洞泾镇海欣大楼，展览面积454平方米。由松江区洞泾镇政府创办。以洞泾乡镇企业40年发展史为主题，向改革开放40周年献礼。设"泾通达海，开创新时代""时代强音，致敬改革开放40年""巨变洞泾，壮阔奋进新时代""峥嵘岁月，领航新时代"和"创新驱动，打造G60科创走廊人工智能产业基地"5个展厅。有视频、图像、展板等展示形式。

洞泾乡镇企业历史陈列馆

【董其昌书画艺术博物馆】 以整理、研究、宣传董其昌书画艺术成就为主，利用数据平台传承松江古代书画艺术的专题博物馆。2015年开建，2018年12月25日开馆。位于人民南路64号醉白池公园内。总投资4 000余万元，建筑面积1 500平方米，其中利用老建筑面积300平方米。功能布局分主展厅、交流展厅、办公区3个区域。展出各类展品90余件(套)，其中有董其昌和松江书派、松江画派作品真迹30件(套)。

董其昌书画艺术博物馆

【古陶艺术馆】 2019年1月开馆。位于广富林文化遗址内、富林塔地下空间。展览面积2 300平方米。分六大展区，展品包括大汶口文化、良渚文化、马家窑文化、龙山文化、辛店文化和夏商周、春秋战国、秦汉、魏晋、唐宋等不同时期的古陶代表作品。时间跨度从公元前5000年至公元907年。陈列有广富林出土的陶器。展示的500多件古陶器，由上海市收藏家协会所属夏禹古陶珍藏馆提供。

古陶艺术馆

【墨宁国乐展示馆】 2019年5月23日开馆。位于广富林文化遗址内。展览面积370.37平方米。以中国传统乐器中的乐鼓为主题，展出200余只鼓，其中有古代出土的鼓，也有全国各地民间流行的鼓。门口的大鼓直径2米，用整张牛皮制成。

墨宁国乐展示馆

【仓城张氏米行展示馆】 2019年6月开馆。位于松江中山西路71号。占地面积约160平方米。民国时期张氏米行前店后碾米厂，南为临河楼，仓房式，重檐顶。经修缮改建为展馆，陈列旧时米业工具和稻米饮食器具升、斗、秤、米桶、算盘、甑子、糕模、筷笼，以及计划经济时期使用的证票等，另有稻作生产工具展示。为松江区文物保护单位。

仓城张氏米行展示馆

【余天成中医药文化展示馆】 2019年6月开馆。位于普照路8号5楼。面积1 500平方米。分五大展厅，第一展厅主要介绍中医药发展史，第二至第五展厅介绍余天成堂的“前世今生”。展馆用大量的图文资料，系统梳理了中药发展史、余天成公司发展历程，讲述了中医药文化发展背景下余天成的故事。百年老字号药店“余天成堂”始创于清乾隆四十七年(1782年)。堂名取创始人余游园之姓，并蕴含“天禄同寿，成德长生”的美好寓意，距今已有200余年的历史，是上海地区现存最早的老字号药房。杭州胡庆余堂的创建，得益于余天成堂第三代余修初的鼎力相助。馆内展示的“四堂簿”(《丸散全集》三本和《丸散膏丹全集》一本)为镇馆之宝，含488种组方，其中有“十全大补膏”“百补全鹿丸”等

余天成中医药文化展示馆(2019年)

流行的滋补膏方，有祛瘴辟瘟、助力左宗棠收复新疆的“行军散”“辟瘟丹”“石斛夜光丸”等。“堂簿”虽成书于20世纪30年代，但却是历经几代余天成人自研和收集的集大成之作。

【上外世界语言博物馆】 以“世界语言多样性”为主题的学术型博物馆。2019年12月开馆。位于文翔路1550号上海外国语大学松江校区。时值联合国“国际本土语言年”和上外建校70周年。以秉持“语汇世界、言聚全球”立馆理念，以推动构建全球语言知识体系、促进中外文明交流互鉴，展陈世界语言多元面貌，展望人类命运共同体未来为宗旨。总展陈面积2 000平方米，设三大展区——“说”，沟通世界；“记”，书写世界；“译”，诠释世界。串联“语言的诞生”“语言的家族”“语言的要素”“语言与文字”“语言与文化”“语言与社会”“语言与教育”“语言与未来”八个篇章。通过多模态展陈方式，讲述世界语言文字故事，展示从语言要素到书写系统，再到文化文明的关系，贯通语言文字的历史、结构与演化趋势。打造“语之魅、文之韵、道之源”等户外专题展区，创设语言科普和智慧学习空间。

上外世界语言博物馆

建成收集、存储和展陈全球语言知识的多模态资源数据库。

【有明堂·张明艺术馆】 2019年10月开放。位于松江中山西路169号。由中国美术家协会会员、国家一级美术师张明创建。建筑面积495平方米，四进三院。设3个主展厅、创作室、公共活动空间（书吧）、茶室、办公区域、库房等。展陈面积约150平方米。开馆展览为乡愁系列中国画及丝巾、瓷器、扇面等艺术衍生品。常年陈列艺术衍生品和其他生活艺术品，举行学术讲座、学术研赏会、书画培训等活动。

有明堂·张明艺术馆

【贤禾美术馆】 2019年10月开馆。位于泗泾镇鼓浪路150号。面积800平方米，120个展位。由艺术家王海霞及团队创办。不少艺术家的工作室设于此。2020年1月举办“太行魂”摄影展，展出上海摄影家赴太行山创作的作品。2月举办“抗击新冠肺炎病毒”为主题的艺术作品展，展出85位艺术家近百幅美术作品。

贤禾美术馆

【广富林考古遗址展示馆】 亦称“广富林考古遗址博物馆”。2019年底开馆。位于广富林文化遗址核心保护区北侧。建筑外形设计灵感来自于考古发掘时陶罐半埋在泥土中的样子，由3个罐体和5片陶片构成，外表采用新型材料和工艺。建筑面积1.23万平方米，内部展示空间2 960平方米。设正厅和“文明之源”“城市之光”“历史之脉”3个独立展厅。展品遴选了广富林考古发现的具有代表性的159组文物珍品，其中3件是具有明显的楚文化特征的青铜尊。展示有广富林考古发现过程的视频。

广富林考古遗址展示馆

【广富林考古遗址博物馆】 即“广富林考古遗址展示馆”。

【啤酒博物馆】 2019年开馆。位于松金公路10053号云间粮仓文创园。由老粮仓改建。面积1 200平方米，陈列6万多瓶世界各地啤酒，种类1万余种。内设吧台、用餐区。以精酿啤酒的酿造过程、发展演变，包括啤酒原料、酿酒设备、灌装设备、包装、精酿啤酒、啤酒衍生品等展示啤酒文化。

啤酒博物馆

【上海广富林奇石馆】 海派奇石文化主题博物馆。2019年开馆，位于广富林郊野公园内。展厅面积2 500平方米，设7个主题展区。恢宏区

上海广富林奇石馆

陈列大型奇石；典藏区讲述经典奇石背后的故事；沙漠探宝区以沙漠石头为主题；矿石区科普矿石知识的内容；科普区举办科普活动，提供以石会友场所；互动影院放映有关石头的3D电影；石头宴以酷似各类食材的石头拼成一桌“满汉全席”。馆藏松江历代奇石藏品102件。为松江区科普教育基地。

【上海国稷美术馆】 上海市级美术馆。2019年开馆。位于泗陈公路3388弄。占地面积6 000平方米，展厅面积约3 000平方米，共设两层：一层为中国工艺美术展区，涵盖玉雕、石雕、木雕、景泰蓝、紫砂、陶瓷、古典家具等艺术门类，系统展示中国工艺美术大师及具有一流影响力的当代艺术家的扛鼎之作；二层为中国书画艺术展区，涵盖书法、国画、油画、唐卡、白描等艺术门类，收藏展示中国各地域、各流派具有代表性的艺术家的典藏之作，构建了近现代、当代美术和手工艺、民间非遗传承为一体的收藏系统，以中国传统文化立意，传承、弘扬、创新，打开中华民族辉煌灿烂的艺术画卷。

上海国稷美术馆

【上海艺术百代美术馆】 上海市级美术馆。成立于2019年。位于王家厍路885弄，面积约1 600平方米。该馆致力于红色文化、江南文化、海派文化的传承与传播，开创了“让美术馆破圈”的市场化、大众化运营新模式。为促进红色文化、江南文化、海派文化与公众的交流，以及推动现代语境下的主题创新形式和多元对话，持续开展展览、研究与公共教育项目，拓展传播边界和影响力，在呈现本土文化艺术的发展传承中，为公众提供具有多元性、互动性与创造力的艺术新体验。

文化产业

一

概　述

20世纪70年代末，松江出现“文艺工厂”，是由县文化馆和各公社（乡）文化站创办的文化与工业相结合的集体所有制企业。“文艺工厂”既是工业加工企业，又类似农村业余剧团，曾在促进地方公共文艺活动，丰富农村群众文化生活等方面发挥积极作用。80年代后期起，松江县内的文艺工厂生产经营困难，逐渐关闭，至1996年全部停办。文艺工厂培养的一批表演、音乐人才，则继续活跃在群众文艺舞台，成为各乡镇、街道文艺演出团体的主力。

松江机器印刷始于20世纪二三十年代，均为小作坊，印刷设备简陋，主要承印各类小报、簿册、广告传单之类。1949年6月松江建立地方国营松江印刷厂（时名“松江专署印刷厂”），此后县内印刷企业先后并入该厂，至1978年，该厂是松江唯一一家印刷厂，主要经营铅字排印的黑白单色印刷品。改革开放后，局办、乡办、村办印刷企业迅速增加，优胜劣汰。1991年松江印刷行业形成出版物印刷、包装印刷、零件印刷、打印复印等四大类企业。1992年三资印刷企业开始落户松江区，松江印刷市场形成国有企业、集体企业、三资企业、股份合作企业、民营企业等并存的多元化格局。松江印刷业企业规模、年产值、年利润均居上海市第三。2008年12月上海市松江区印刷协会成立。松江印刷业加快由传统印刷向绿色印刷、数字印刷、高端印刷、国际印刷转型。

2000年起，松江区文化广播影视管理局开始编制有关文化产业规划，加强对文化产业的日常管理和服务，推荐、扶持重点文化产业项目。2010年起，松江区为文化产业发展设专项扶持资金，支持创新性强、产业化前景好的文化产业项目。2010年10月，松江区人民政府设立“松江区文化产业发展专项资金”，制定出台《松江区文化产业发展专项资金使用管理暂行办法》，加大对文化产业园区及优质文化企业的资助和奖励力度，鼓励产业集聚、总部经济和品牌创建。2012年，在原暂行办法的基础上制定了《松江区文化产业发展专项资金使用管理办法》。至2019年，松江区已形成以影视业为代表的媒体业、以工业产品设计为代表的工业设计业，以及艺术业、建筑设计业、互联网和相关服务业、软件与信息技术服务业、咨询服务业、广告与会展服务业、休闲娱乐业、文化创意相关产业类等10个文化创意产业门类。2019年全区文化产业产值418.30亿元，其中媒体业产值66.51亿元、工业设计业产值73.79亿元。松江区被认定为上海市级文化创意园区的有上海仓城影视文化园区、叁零·SHANGHAI文化创意产业园、上海影视乐园、创异工坊等文创园区。

二

文艺工厂

【文艺工厂】 兼具工业生产和演出任务的企业。20世纪70年代江苏省沙洲县(今张家港市)创办全国首个文艺工厂,以“公社办,文化站管,亦工亦艺、以工补文、以文为主”为办厂原则,承担物质生产和文艺宣传双重任务,丰富当地农村的群众生活。沙洲县文艺工厂经验得到中宣部、文化部肯定。1977年松江县创办上海市第一家文艺工厂,后县内各人民公社仿照办厂。主要从事印刷加工包装业、简单的代客加工业。员工大部分有文艺编、导、演才能,利用工余时间或按需要突击编、排、演文艺节目,“以工补艺”,弥补宣传经费不足。70年代中期至80年代中期是松江文艺工厂活跃期。1983年松江县承办由上海市文化局组织召开的“上海市农村文艺工厂经验、节目、产品交流大会”。1985年松江县建有文艺工厂20家。1978—1987年,全县文艺工厂演出共计1 453场,观众103万人次,创工业产值约1 060万元,净利润约62万元。1987年后,松江各人民公社文艺工厂在竞争中先后关停并转,至1993年全县尚存5家,1996年无存。

【泖港文艺玩具厂】 社办企业。1977年8月,泖港人民公社文化站学习江苏省沙洲县乡镇文艺工厂经验,建立上海市第一家文艺工厂。吸收本公社文艺骨干,从事塑料玩具生产之余,排练文艺节目。职工最初13人,最多时29人。1980年原创沪剧小戏《领证》,获松江县春节文艺会演二等奖。1982年排演《大雷雨》《母子岭》《雷雨》等大型沪剧,自编说唱《二十只鸡蛋》《减产》在县国庆文艺会演中分别获得二等奖、三等奖。说唱《文明村》在上海人民广播电台播出。1985年转业文艺印刷厂,1996年歇业。

泖港文艺工厂演出沪剧小戏《领证》(1982年)

泖港文艺工厂演出沪剧小戏《姑嫂心》(1986年)

【车墩文艺体育用品厂】 社办企业。1979年6月由车墩人民公社文化站创建,主营生产溜冰鞋、仪表车床加工,初期工业生产和文艺演出均较稳定。1986年有职工35人,其中文艺宣传队员30人,年产值7.04万元,净利润1.45万元,演出25场,观众1.1万人次。1987年因经营亏损,停办。

车墩文艺工厂演出沪剧小戏《追环记》(1982年)

车墩文艺工厂参加松江县群众文艺创作节目会演(1982年)

九亭文艺工厂器乐队排练(1983年)

九亭文艺工厂演出沪剧小戏《交代之前》(1982年)

【仓桥文艺工厂】 乡办企业。1979年城西人民公社筹建文艺工厂,吸收文艺人才22人,其中17人安排在社办丝织厂,5人从事文艺厂裱画业务。1983年文艺厂撤销,人员分流。1985年12月由县文化局与仓桥乡文化站合办仓桥文艺工厂,主营刀具加工。1986年有职工27人,文艺宣传队员15人。三年后由仓桥乡文化站单独创办文艺电器厂。因生产经营困难,1993年解散。

【九亭折椅座垫厂】 社办企业。1980年3月,由九亭人民公社沈玉亮、金志华、陈伯顺3人筹建。公开招录文艺宣传队员18名。1982年有正式职工32人,临时工21人。主要业务是为上海泰兴折椅厂加工折椅软垫,后增加铁床架生产。1980年产值10.8万元,利润1.98万元。先后聘请上海沪剧琴师曹辅良、沪剧演员陆敬业和刘正道来厂培训队员,分批安排队员参加松江县文化馆文艺培训班。1982年自创小戏10部,排练小戏15部,演出20场。《百日梦》《福气人》分获松江县创作会演二等奖、三等奖。1984年3月改制为民政部门福利工厂。

【新五文艺印刷厂】 社办企业。1980年9月由新五人民公社文化站创建,主营印刷业务。通过招考、培训,招录文艺骨干20余人、生产工人10人。1982年,原创沪剧小戏《得奖之后》在县国庆群众文艺创作节目会演中获一等奖,沪剧小戏《归农门》获三等奖。1986年沪剧小戏《得救》获松江县法制文艺会演创作奖,后改名《井台泪》,在松江县法制文艺专场巡回演出23场。1986年与松江印刷厂联营,演出10场。1993年解散。

新五文艺工厂演出现场（1983年）

【上海松江万通电器厂】 社办企业。1980年12月由昆冈人民公社文化站创建，主营生产稳压电器。生产由昆冈人民公社工业公司管理。从各单位抽调文艺骨干到文艺工厂，工资福利由所在原单位发放。有职工50名，文艺宣传队员平均年龄30岁。编演《古墓迷雾》《望春花》《九斤县长》《大雷雨》等大型沪剧，其中《九斤县长》获松江县文艺会演二等奖，《大雷雨》获上海市农村文艺会演一等奖。至1986年10月共演出68场次。1987年起生产经营困难，不久停办。

【五里塘文艺工厂】 社办企业。1981年6月由五里塘人民公社文化站创建，主营生产酚醛碎胶布。1986年有职工43名，其中文艺宣传队员19名，曾排演《姐妹新风》《小村新风》《老夫妻跳舞》等剧目，下乡巡回演出。1988年起生产经营困难，不久解散。

五里塘文艺工厂演出沪剧小戏《朝阳春浓》（1982年）

【洞泾文艺工厂】 社办企业。1982年4月由洞泾人民公社文化站创建，生产微型电机。招录文艺骨干22名，次年再招录8名。借用砖桥大队12队民房作为生产和排练节目场所。1981年底自筹资金，在沪松公路长远泾桥东堍建造四楼四底新厂房，1982年8月入驻。1983年底，厂址再迁洞西路南端新厂房。1982年，县文化馆辅导员、上海人民沪剧院演员和退休乐师对文艺队员

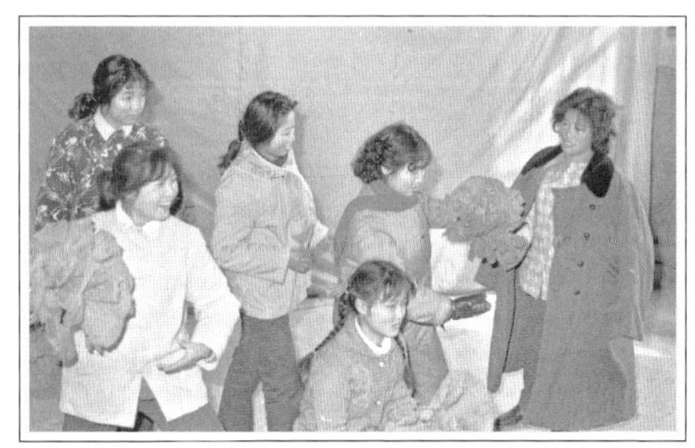

洞泾文艺工厂宣传员（1983年）

洞泾文艺工厂演出沪剧小戏《卖鸭》（1984年）

作辅导培训，排练大型沪剧《六斤县长》。1983年排演大型沪剧《庵堂相会》和1台小戏。曾到新桥、新五、新浜、佘山及上海县莘庄，青浦县徐泾、大盈等地作巡回演出，共演出83场，观众4.15万余人次。曾举办沪剧演唱会、歌咏比赛等活动。1985年起转业印刷，业务不振，不久解体。

【新桥文艺工厂】 曾称“新桥沪剧团”。社办企业。1982年9月由新桥人民公社文化站创建，加工塑料袋、盒。通过考试招录18名文艺骨干。以本公社新界大队（西茜蒲村）全县首个万元户，养兔状元杨四海创业事迹创作上海说唱《唱唱致富带头人》，由周春芳演唱，参加县1982年群众文艺汇演，获创作演出一等奖。此后县广播站多次播放。1983年排演由范奕中等移植改编的大型沪剧《庵堂枪声》在新桥影院公演，场场爆满。1984年4月1日冠名“新桥沪剧团”，排演大型沪剧《戆大姻缘》，赴泖港、新五及金山县朱行、新农、廊下、吕行、徐行、金卫，奉贤县胡桥等地演出，多次票房爆满，观众要求加演。1985年演职员38名，在本公社内巡回演出40余场，到张泽、叶榭、泗泾、九亭等地交流演出，并参加县文艺汇演，节目有沪剧、说唱、歌舞等。工业收入25万元，净利润2万元。被评为上海市文化系统先进集体。此后多次转手承包，在20世纪90年代初企业改制中解体。

【叶榭文艺工厂】 社办企业。1983年1月由叶榭人民公社文化站创建，主营五金加工。1986年有职工33人，其中文艺宣传队员23人，平均年龄23岁，全年演出13场。1987年起生产经营困难，不久解散。

新桥文艺工厂村头演出《分家》(1983年)

新桥文艺工厂器乐队在排练(1983年)

叶榭文艺工厂演出沪剧大戏《冒尖户招亲》(1984年)

叶榭文艺工厂演出沪剧小戏《鸳鸯锁》(1986年)

【华阳文艺装潢印刷厂】 社办企业。1983年3月由华阳桥人民公社文化站创建，主营生产包装印刷品。1989—1991年，自编自演节目，在人民公社内巡回演出96场次。1989年排演大型沪剧《竹园曲》，巡回演出30余场，获1989年上海文化艺术节优秀成果奖（最高奖）。1991年排演禁赌节目，形式有沪剧、相声、说唱等，到24个村（厂）巡回演出。排演上海市第一部定向宣传《中华人民共和国土地法》的沪剧大戏《风吹杨柳》，在全县公演41场，场场爆满，创松江群众文艺演出纪录。《解放日报》以《情节曲折感人，乡土气息浓烈——沪剧"风吹杨柳"轰动松江城乡》为题作了专题报道，《新民晚报》《郊区报》和上海电视台相继作专题报道。1991年排演小戏《兰竹吟》，获松江县文艺会演中"最佳演出奖""最佳组织奖"。1994年6月，陆婉芳等8名文艺工厂骨干作为"上海市友好交流代表团"成员，受邀赴日本佐贺县西有田町参加"第八届亚洲秧歌节"。1995年开展"法制在农家"活动，下乡巡演24场。同年解体。

【天马文艺工厂】 社办企业。1983年9月天马人民公社文化站以原天马人民公社文艺宣传队为基础创建，主营小五金加工。1986年有职工28人，其中文艺宣传队员18名，演出10场。1987年起产品、原材料积压，投资无法收回，不久解散。

【塔汇人民公社文艺工厂】 社办企业。1983年由塔汇人民公社文化站创建，主营五金加工。人民公社文化站组织文化艺术考试，从300多名报名者中招录15名。每周安排1～2天排练节目。排演沪剧小戏《生存曲》《将计就计》《钱哪里去了》等，在公社重大活动中演出。1987年停办。

【新浜新艺彩印厂】 社办企业。1983年由新浜人民公社文化站创建，主营生产手工编织、塑料包装袋生产、小五金。1985年有职工46名，

华阳桥文艺工厂演出小品《情网》（1989年）

新浜文艺工厂演出沪剧小戏《母女情》（1984年）

华阳桥文艺工厂演出大型沪剧《风吹杨柳》（1990年）

新浜文艺工厂演出沪剧小戏《心灵深处》（1983年）

其中文艺宣传队员32名。1983—1986年排演大型沪剧《阿必大》、民间舞蹈《串马灯》《提花篮》《打佃发》以及沪剧小戏《母女情》等作品，获县群众文艺会演调演创作演出一、二、三等奖。曾到28个基层单位演出。1986年5月停办。

【佘山文艺工厂】 乡办企业。1984年1月由佘山乡文化站创建，主营生产小手工艺，生产发夹等。1985年有职工25名，其中文艺宣传队员12名，开展上街下村宣传演出。1985年解散。

【上海泗联塑料制品厂】 社办企业。1984年1月由泗联人民公社文化站创建，主营生产生化培养器。1984年员工42人。曾排演沪剧小戏《赶不走的媳妇》《借黄糠》《摇篮曲》《子孙万原》《庵堂相会》(折子戏)等，自编曲艺节目《十唱泗联风光好》《夸丈夫》《五姑娘》等，在各村巡回演出15场，到外地商业演出29场。1988年起生产不稳定，年内解散。

【张泽文艺纸张厂】 社办企业。1984年8月由张泽人民公社文化站创建，主营生产切纸、针织物品。1986年有职工53名，其中文艺宣传队员25名。创办业余文艺夜校培训演员、乐手，曾配合第四次全国人口普查编演5个节目，组织宣传队上街头宣传。1990年后停办。

【大港文艺工厂】 乡办企业。1984年12月由大港乡文化站创建，主营生产小五金加工。1986年有职工27名，其中文艺宣传队员16名，开展文艺演出2场。1987年起生产经营困难，不久解散。

【上海文汇电子仪表厂】 县办企业。1984年12月由松江县文化局与松江县文化馆合作创办，由县文化馆管理，主营生产汽车发动机测试仪和锅炉清灰剂。有职工23人，其中文艺宣传队员12人。1986年演出5场。1988年改由松江县文化馆独立经营，改名“松江文艺电器厂”，每年参加县文化局举办的文艺会演。1993年歇业。

【古松文艺工厂】 乡办企业。1985年3月由古松人民公社文化站创建，主营加工纸盒。1986年有职工23名，其中文艺宣传队员20名。创作节目2个，演出3场。1987年起生产经营困难，不久解散。

三

文创产业

【松江文化创意产业】 起步于20世纪80年代后期，21世纪起进入快速发展期，至2019年已形成以影视业为代表的媒体业、以工业产品设计为代表的工业设计业，以及艺术业、建筑设计业、互联网和相关服务业、软件与信息技术服务业、咨询服务业、广告与会展服务业、休闲娱乐业、文化创意相关产业类等10个文化创意产业门类，2019年产值418.30亿元，其中媒体业产值66.51亿元、工业设计业产值73.79亿元。松江区被认定为上海市级文化创意园区，有上海仓城影视文化园区、叁零·SHANGHAI文化创意产业园、上海影视乐园、创异工坊等文创园区。

【金鹤文化发展公司】 文创企业。20世纪80年代后期由松江县文化局创办。实行"以副补文"，从事文化创意产品开发。生产"其昌砚台""水晶唐经幢""镀金方塔""四鳃鲈鱼果盆"等有松江历史文化特色的旅游纪念品。2001年松江区文化局与广播影视管理局合并，公司解散。

【"1＋3＋X"影视产业发展格局】 上海市关于影视产业的发展布局与规划。2017年12月上海市政府公布《关于加快上海文化创意产业创新发展的若干意见》(简称"上海文创50条")，提出上海要打造"1＋3＋X"发展格局，其中"1"是建设松江大型高科技影视基地；"3"指人才培养和孵化类功能集聚区、影视制作投资功能集聚区、影视取景拍摄功能集聚区三类有特色的影视摄制服务功能集聚区，其中包括在松江区内的车墩影视基地、胜强影视基地、盐仓影视基地等。探索加强影视取景拍摄与区域旅游的融合发展，组织设计影视主题游线，提升影视旅游发展能级；"X"是指统筹分布在徐汇、闵行、普陀、宝山、嘉定、崇明等地的拍摄和制作工作室资源，加强沟通联动，形成互补、协调发展的整体格局。

【上海文创50条】 见"'1＋3＋X'影视产业发展格局"。

【上海科技影都】 原名"松江科技影都"。2018年建立。大型高科技影视基地。2019年6月改今名。松江区贯彻落实"上海文创50条"构建现代电影工业体系打造的全球影视创制中心。位于松江区南部新城，总面积60.58平方千米。以长三角G60科创走廊战略为引领，以"科创芯、世界窗"异质双核发展理念，形成"双核驱动、四片联动、八点带动"发展格局。其中双核驱动指"科创芯""世界窗"的异质双核发展理念；四片联动指上海科技影都主要分为四大片区，即华阳湖片区、松江枢纽片区、车墩片区、仓城片区；八点带动指借助各类影视产业要素和影视特色资源集聚地，形成若干影视特色功能点，有九科绿洲影视智造区、松江老城影视文化风貌区、佘山影视旅游功能区等。至2019年，松江区共有4个市级文创园区、12个专业影视拍摄基地和专业影棚、19个市级影视拍摄取景地，集聚影视企业6 900多家，占全国影视企业总量的三分之一，覆盖影视创作、影视拍摄、影视培训、影视宣发等产业链各个环节，基本实现影视全产业链发展。其中知名企业有华策长三角国际影视中心、松江星空综艺影视制作研发基地、1905国际数娱影视产业园、上海(车墩)高科技影视基地、中视儒意影视基地、昊浦影视基地等。科技影都规划展示厅建成开馆。中国经济信息社《中国影都竞争力指数报告(2021)》:“长三角影视产业发展程度领先,正在全力推进上海科技影都建设的松江区位列第二。”

【松江科技影都】 即“上海科技影都”。

【上海科技影都规划展示厅】 上海科技影都交流平台和宣传窗口。2020年3月正式对外开放。位于玉树路1569号11幢2楼。总面积800平方米,共分序厅、源起篇、硕果篇、鸿图篇、未来篇和党建篇6个展区。汇集影都规划建设的资料和成果,展示影都发展历程、发展成就和发展规划等。为党建学习阵地,设有誓词教育墙、多功能电子屏、书报架等,有红色电影放映、党建动态分享、誓词教育、学习园地、活动阵地等功能。被列为松江区“四史”学习现场教育基地。

上海科技影都规划展示厅

上海科技影都内景

【上海仓城影视文化产业园】 上海首家市级影视文化创意产业园区。2008年7月创建,位于永丰街道玉树路以东、金玉路以南、富永路以西、玉朝路以北区域,占地99.6万平方米。以影视拍摄、影视制发、影视教育为主要承载内容。2008年3月永丰街道以上海胜强影视基地为产业基础,结合仓城历史文化风貌区保护性开发,创办上海仓城胜强影视文化产业集聚区。7月15日成立上海仓城文化创意产业发展有限公司,注册资本500万元,建立“上海仓城影视文化产业园”,开始对外招商。当年引进广告、影视及建筑设计类项目29个,注册资本1 800余万元。2009年1月在玉阳路699弄1号建上海仓城胜强影视文化产业集聚区办公大楼,为入驻园区的文化创意类企业提供办公和经营场地。3月17日被认定为上海市级影视文化产业园区。年底入驻企业201家,2010年900家,影视企业占比超过80%,营业收入超过5 000万元的影视文化企业30多家。2012年搭建公共服务平台。2013年搭建影视产业投融资平台,获上海市文创资金扶持。2014年成立松江版权服务工作站。2019年产值130亿,税收16.55亿。2020年12月入驻园区的影视类企业近5 000家,其中有华视、中视儒意、柠檬、华策、耀客、骋亚、禾和、星空传媒等影视文化领军企业,以及张艺谋、章子怡、李冰冰、刘烨、黄渤、赵丽颖、徐铮等国内著名导演、编剧、艺人工作室。园区的电影年产值、电视剧年产值、名人工作室年产值均占全国三分之一。园区以“影视+”为特色,有“影视+高端制造”“影视+配套产业”“影视+制作发布”“影视+特色街区”“影视+高端商务”“影视+教育科研”“影视+生态”七大发展板块。形成集结剧本、版权、投资、制作等交易的纯影视产业基地。纯影视类企业数量、产值和税收总额均居全国影视产业园区第一。

【叁零·SHANGHAI文化创意产业园】 影视产业园区。2009年创建,位于车墩镇北松公路4915号,东起车峰路,西至车亭公路,南起影佳路,北到北松公路。经营影视拍摄制作、影视科技装备、影视培训、影视交易、影视节庆、影视旅游、文创金融等。2011年12月获批上海市市级文化产业园区。2014年获得“中国文化创意产业最受关注的十大园区”,同年4月加入上海市广播影视制作业行业协会成为理事单位。2016年5月升级为市级文化创意产业园。2019年园

叁零·SHANGHAI文化创意产业园

上海影视乐园

区累计引进影视文创企业2 500多家，年产值30亿元。形成以上海影视乐园、昊浦影视高科技拍摄基地、启名综艺高科技拍摄基地、星希0202梦工厂、转转客影视衍生创作开发基地等一批核心项目为代表的影视科技拍摄、后期制作、孵化培育、演员选角、影视器材装备、影视衍生设计的产业集群。园区打造“跨界融合、转型提升”服务平台，2018年7月成立松江区首个影视文创产业集群党委，建立松江首家影视文创产业“商标品牌指导站”，同年10月上海股权托管交易中心叁零·SHANGHAI文化创意产业园企业孵化基地在园区挂牌成立。2020年7月成立“上海科技影都影视协同创新中心”，扩大了服务功能和辐射范围，统筹整合上海科技影都拍摄制作服务资源，进一步打通影视产业“政—产—资—媒—研”闭环。

【上海影视乐园】 专业影视拍摄基地。国家AAAA级旅游景点。位于车墩镇北松公路4915号，西临车亭公路，北傍影视路，东靠影维路，南至影佳路。1993年6月上海电影制片厂投资建设“车墩外景基地”，1999年10月第一期工程竣工，对外开放，定今名。上海电影（集团）有限公司投资建设。规划用地615亩，总投资逾15亿元，首期工程占地440亩。以影视拍摄服务为主，兼具观光旅游、文化娱乐、休闲度假等功能。建成全布景式“南方街道”和实景式场地，有20世纪二三十年代老上海南京路、民居石库门里弄、和平广场、教堂、苏州河码头、港区及闸北区街景，有中世纪英、法、德、西班牙、挪威等国高档别墅和欧式庭院。园内有6个大、小摄影棚，其中4个为电影摄影棚，2个为电视摄影棚。摄影棚附有化妆间、服装间、道具间、群众演员休息室等。存有21万件古今中外款式各异的影视服装、30万种不同历史年代工作生活道具和90多部老式道具车。内设上影服道选粹展馆，展出从服装与道具中选出的精粹以及30多尊著名表演艺术家的蜡像，采集老照片对中国电影拓荒者作粗略介绍。提供景点场地租赁、影视剧布景制作和展馆设计、影视器材设备租借、服装道具租借、烟火武器租赁、车辆出租、婚纱拍摄等服务。《风月》《功夫》《霍元甲》《色·戒》《天堂口》《建国大业》《建党伟业》《建军大业》等影片在此拍摄。2019年8月1日上海（车墩）高科技影视基地暨上海影视乐园二期开工，功能定位为展现“老上海拍摄地、高科技制作地、大文旅目的地”。分为三大功能片区，即影视IP娱乐体验区、老上海主题高科技片场区和影视工业旅游及一站式影视云制作区。为剧组提供从前期筹备、拍摄到后期制作的一站式服务以及生活配套，为游客提供以影视IP为内容的互动式、沉浸式体验。曾获“全国十大影视基地”“最具都市情怀影视基地”“全国工业旅游示范点”称号。

【上海胜强影视基地】 专业影视拍摄基地。1999年建立。位于长谷路18号。占地面积25.73公顷。拥有完全独立的外景区、摄影棚和宾馆住宿区。景区场景系用各地收集来的民间古建筑材料和真迹构建，以明清建筑群为主。主要经营项目为出租影视拍摄场所、道具与服装制作销售、场景布置及拍摄器材出租、影视设备技术咨询、文化活动策划与中介咨询。基地实行全封闭式影视拍摄管理模式，不对游客开放。1999年5月，台商范雷震等与仓桥经济联合总公司签订创办“上海胜强影视基地有限公司”项目建议书。项目总投资210万美元，成立沪台合作企业。2000年6月，范雷震等台商股东的股权全额转让给维京群岛F&F投资股份有限公司。2001年2月，公司投资总额增至710万美元。经是年3月、2005年3月两次增资，总投资增至2 970万美元。基地经营由上海胜强影视有限公司运作，影视剧投资制作由上海胜强传媒广告有限公司、上海雍硕影业有限公司、上海雍顺影业有限公司运作，后期制作由上海美胜设备有限公司（音效公司）、上海升动数码科技有限公司（剪接公司）、梦工厂动画特效制作公司（3D特效公司）运作，发行由北京发行分公司（业务范围为华北地区）、上海发行分公司（业务范围为华东地区）运作，海外业务发行销售分别由美国纽约分公司、洛杉矶分公司和上海之星国际影视传播有限公司运作。2006年6月29日，上海胜强传媒广告有限公司与台湾八大电视股份有限公司（GTV）以及韩国SBS影视制作有限公司签约，在上海正式成立合资企业“上海寰视文化传播有限公司”，从事在中国大陆发行GTV制作的中国台湾电视剧、SBS电视台制作的韩剧以及共同投资的剧集的制作拍摄。基地配有4个专业摄影棚，棚内置调光器（硅箱）、灯光控制盘、隔音设备、大型化妆室及海绵垫、弹床、轨道、升降机、高台、大炮等场务器材。设有两个道具仓库，道具总量1万余件，有古董家具、仿古制品、纱幔飘带、武器刀剑、书轴字匾等。服装库备有仿宋元明清及现当代服装，尤以清代服饰最为齐全。基地设两大景区。第一景区于1999年奠基，2000年末，茅屋区、酒楼区、北方客栈区、河街区、生活区、摄影棚等建成启用。建筑以仿明清为主，呈现江南水乡之韵。2001年建成庙区、将军府区、上海老街区、衙门区。至2006年陆续建成北方四合院区、道具加工区、欧式别墅区、河街二路、城南街、戏台街、东酒区、码头区、皇宫区和天津街区等15个景观区。常年驻有国内外影视摄制组，建有固定的群众演员队伍。第二景区位于石湖荡镇，2005年建成，占地1 400亩，为大型生态绿化基地，遍植梨、樱花、桃、香樟、红枫等20余万株，提供大型生态绿化拍摄场景。在基地取景拍摄的知名影视作品有《白屋之恋》《女人何苦为难女人》《色・戒》《霍元甲》《投名状》《建国大业》《听风者》《老中医》等。

上海胜强影视基地（2011年）

【图工水下摄影基地】 影视拍摄基地。位于永丰街道。由老厂房改建，2016年正式投入使用。占地3 800多平方米，配有水下摄影棚、配套工作室、服装间、停车场等。水下拍摄棚长12米、宽8米、深4.5米，水容量486吨。设有2个主拍窗、3个辅拍窗，可兼容灯光辅助，池体由钢结构建成，拥有国家外观设计专利证书，钢结构池体的设计为更换拍摄背景提供最快捷的方式。水池中设有水下置景升降台与拍摄机位升降台，为调节拍摄机位和水下置景提供便利。安置水恒温系统，采用水循环系统以净化水质。配有一台可承重3吨的悬臂吊，以配合大型水下置景。《洛神水赋》《那片星空那片海》《老男孩》《狄仁杰之惊天奇案》等曾在此拍摄。

【昊浦影视基地】 专业影视拍摄基地。由叁零・SHANGHAI文化创意产业园招商引进，车墩镇首家影视特效拍摄基地。位于北松公路4915号，占地4.66万平方米，建筑面积8.8万平方米。总投资6亿元。2016年6月开工建设，2021年6月揭牌启用。有4个特效摄影棚和1个水下数字摄影棚。特效摄影棚中的5 000平方米同期摄录棚科技含量高、设备全；2 000平方米摄影棚是可全方位完成模拟动作捕捉，特别是高空动作捕捉及虚拟场景合成的摄影棚；1 000平方米摄影棚为激光镭射全息投影棚，采用索尼最新投影技术，清晰度达到4K以上；500平方米摄影棚是

昊浦影视基地

专业广告棚。水下数字摄影棚为占地500平方米的深水摄影棚，棚内建有一座长18米、宽8米、深6米的影视特效水池，水池采用德国进口过滤技术，可使水质达到饮用水标准，且保证水下拍摄空间的恒温恒湿。所有影棚均配套大面积附属楼及基础拍摄所需设施，提供包含剧组设备租赁、片场穿插、演员及工作人员休息、后期制作在内的一条龙服务。产业园区有影视生态园、培训中心；影人之家有会议中心、餐饮、住宿等配套设施。

【长三角国际影视中心】 影视拍摄基地。由华策影视母公司大策集团和中国南山集团旗下公司宝湾产城联合组建。位于永丰街道玉树路长谷路西南侧。项目分阶段建设，一期用地规模77亩，2020年6月10日开工建设。建设项目有五大高科技摄影棚以及影视拍摄配套、产业平台中心、影视科技中心、服务中心等，建筑面积近8万平方米。集聚长三角区域影视资源，实现从前期的剧本研发，到制作的服、化、道、置景、美术、器材，到后期的声效视效的整体联动，形成"带着剧本来、拿着完片走"的一站式影视生态体系。

长三角国际影视中心

【星空综艺影视制作研发基地】 影视拍摄基地。位于永丰街道24-02地块。总规划用地150亩，投资运营方为星空华文传媒电影有限公司和上海灿星文化传媒股份有限公司。规划一期投资11.43亿元，占地96亩，总建筑面积约16万平方米。建设"四大四小"8个高科技摄影棚、后期多媒体生产制作基地、电商直播基地、影视综艺总部、配套服务等设施。形成综艺节目录制、设备设施租赁管理、后期制作服务、内容生产整合制作、综艺人才培训、电商直播、拍摄观摩、衍生品开发等综合性服务运营园区。

【1905国际数娱影视产业园】 影视产业园区。以金融为核心的影视产业一体化服务平台。位于车墩镇车嘉路180号。经营影视金融、影视科技、IP孵化、IP衍生品等业务。影视金融面向全球征集优秀影视作品及影视导演，提供金融服务保障体系。影视科技以后期制作、动特效制作、人工智能等科技领域产品，推动影视行业科技水平发展。IP孵化以中国元素、中国故事、中国人物为核心，以影视剧作品、影视文创产业园为载体，打造中国超级IP。IP衍生品以中国故事、特色文化为依托，讲好中国故事，传播中国文化。

【上海聚鹰堂影视传媒有限公司】 舞美制景企业、影视拍摄基地。上海舞台美术学会常任理事单位。主体厂区位于申港路2599号。前身为上海聚英堂片场，1999年起为影视行业及舞美行业提供场景搭建和影棚等服务。规模先后扩建6次。2019年在上海共有9组大型摄影棚及舞美制作搭建场地，占地共计4万平方米，其中在松江区内有2 300平方米摄影棚2个、1 440平方米摄影棚2个、实景棚60组，配有专业置景团队。累计完成影视广告类场景搭建2 000多场，舞美及会展场景搭建400多组。在基地取景和拍摄的电影有《欧洲攻略》《摆渡人》《最长一枪》等。

【上海济众影视基地】 亦称"杨佩佩影视基地"。影视拍摄基地。2004年建。位于叶榭镇济众路59号。建筑面积7 000平方米，有两座1 000平方米的专业影棚。有明清风格建筑街

上海济众影视基地

区、民国风格建筑街区。有影视道具库、影视服装库、影视灯光器材库和梳化妆间。有住宿、餐饮等配套设施。影视剧《美味奇缘》《无心法师》《镇魂街》《夏至未至》等曾在此取景拍摄。基地与叶榭镇政府联合推广孝文化,拍摄作品《子路借米》《孝看中华》《文帝尽孝》等。

【杨佩佩影视基地】 即"上海济众影视基地"。

【吴越片场】 影视拍摄基地。1997年建。位于新桥镇新庙三路566号。共有6个摄影棚,面积6 600平方米,提供摄影棚出租、影视灯光器材租赁、布景制作、舞台搭建、制景装潢,拍摄背景布置制作等摄制服务。

吴越片场

【动静文创园】 影视拍摄基地。2019年建。位于洞泾路39号。总面积4万余平方米,有专业影视摄影棚5个,最大的3 000平方米,最小的400平方米,均配备配套化妆间、休息室、卫生间等。

动静文创园

【鑫谷内景影视基地】 影视拍摄基地。2016年建。位于泗砖南路1108号7幢。有摄影棚3 000平方米。主要为综艺节目提供场地和技术支持,曾为《中国式相亲》《诗书中华》《喝彩中华》《高能少年团》等综艺节目提供场地和技术支持。

【老三片场】 影视拍摄基地。2000年建。位于新桥镇新镇街128号。有5 000平方米摄影棚3个,可提供布景制作等相关配套服务。棚内搭有医院大厅、医院门口、病房、重症监护室、休息区护士站等区域景别。二楼有廊桥方便剧组连续拍摄转场。

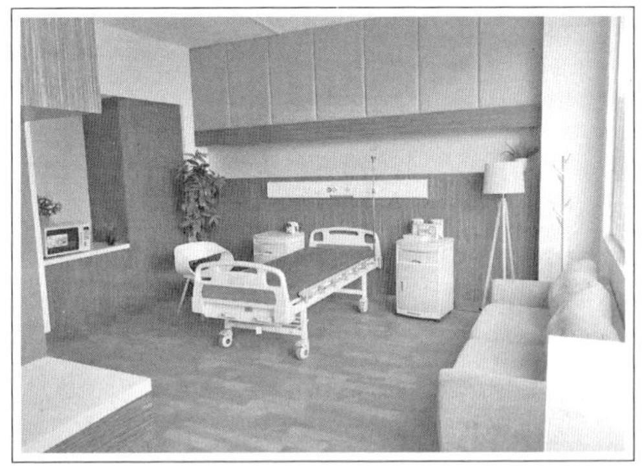
老三片场

【上海灿锦摄影棚】 影视拍摄基地。2018年建。位于车墩镇香闵路80号6幢。占地1 500平方米。有专业汽车360度专业刻度转盘、360度升降旋转转台、专业汽车拍摄蛋棚、书房实景、客厅实景5个特色影棚。提供影视剧拍摄、汽车广告、视频直播、平面拍摄等服务。

【松江文化创意园(泰晤士小镇文化产业园)】 市级文化创意产业园区。位于三新北路900弄。总面积73.89万平方米,商业配套服务设施面积34 190.43平方米。园区主要文化产业有广播、电视、电影服务、文化艺术服务、网络文化服务、文化休闲娱乐服务、文化用品、设备、文化传播类、艺术设计等,将居、旅、文相结合,并规划4个商业业态功能区,即婚庆产业区、时尚艺术区、度假休闲区和餐饮会所区,另设特色商品区和文化展示街。2011年被列入第二批授牌的上海市文化产业园区和上海市文化创意产业集聚区。

【创异工房】 市级文化创意产业园区。位于洞泾镇沈砖公路6000号。地处国家全力打造的G60科创走廊核心区,分一期、二期工程建设,总占地10万平方米,建筑面积7万余平方米。2019年入驻企业79家。园区产值8亿元,税收3 500万元。获评"上海市知名品牌创建示范区""上海市文化创意产业示范园区""松江区优秀产业园区""松江区小型微型创业示范基地""松江区服务业创新发展示范基地"。

【临港松江科技城】 市级文化创意产业园区。上海市首个"区区合作,品牌联动"示范基地。1995年始建。承担开发区域内的规划建设、招商引资、产业投资及管理运行,是临港集团品牌与功能在松江区的辐射与延伸。开发范围覆盖新桥、九亭、中山、佘山、洞泾等街镇。2019年已集聚联泰科技、普利生机电等20余家3D打印相关企业,初步形成材料研发、设备制造、虚拟仿真、平台运营以及行业应用等领域产业链上下游企业的集聚发展。曾获"国家知识产权试点园区""上海市工业互联网产业基地""上海市3D打印产业基地""上海市产业园区转型升级试点园区""上海市创业孵化示范基地"等荣誉。

临港松江科技城

【时尚谷创意园】 市级文化创意产业园区。位于鼎源路618弄。分一期、二期工程建设,2011年底建成。占地近20万平方米。与中国纺织信息中心、国家纺织产品开发中心、中国流行色协会、中国纺织工业协会检测中心等机构合作,主营纺织服装、创意设计。设专业服务平台,为品牌企业提供服务。2019年产值9.13亿元。入驻企业近300家。其中有山东鲁泰集团、青岛即发集团、浙江达利丝绸、浙江雅莹、湖南华升、上海鼎天时尚科技等8家上市公司,形成纺织服装和时尚设计产业集群。2018年被认定为"上海市高技术服务产业重点培育园区"上海市孵化挂牌基地。

【轻客众创空间】 创业示范空间。2015年7月成立。位于松江大学城双创集聚区。主营文化创意、新科技、TMT、移动互联网等业务。定位是以文化创意为主的互联网领域软件应用开发、新媒体、物联网等轻资产的初创团队或公司,聚焦创业早期群体,孵化培育文创领域创新创业种子,并提供政策落地、项目培育、市场推广、投融资、人才培训、资源对接等综合性服务。2019年产值1 400万元,税收200万元。

【昰仓影视拍摄基地】 亦称"苗棚"。专业影视拍摄基地。2012年建立。位于永丰街道金玉路2号。总占地近60亩,影视业务包括拍摄场景租赁、专用场景定制以及影视道具租赁、特型道具设计、制作等。建有涵盖老洋房、欧式别墅、车站、医院、监狱等在内的实景内景影棚15个。内景布置以民国时期老上海风格为主;外景拍摄地规模80余亩。道具库占地近7万平方米。年均接待影视剧组50个左右。在基地取景和拍摄的电视剧有《伪装者》《风筝》《麻雀》《胭脂》《那年花开月正圆》《剃刀边缘》《翡翠恋人》《吉鸿昌》《河神》《无心法师2》《红蔷薇》等;国产电影《建军大业》《密战》《叶问3》等;韩国电影《密探》《暗杀》等。

【上海左袋文化传播有限公司】 原创型动画实体型企业。2012年6月成立。位于永丰街道玉秀路19号。主营开发与创作动画,涵盖动画系列片、动画电影、艺术短片、绘本、漫画以及后续的发行和衍生授权。公司与法国、英国、西班牙、马来西亚开展业务合作，与迪士尼、CN、万达、优酷、腾讯等大型公司保持长期合作。在西班牙、马来西亚设有海外分部。作品《艾米咕噜》获2014年法国戛纳电视节全球选秀冠军，是中国首次获得该奖项的原创动画作品，入选国家广电总局“年度优秀国产电视动画”。作品《超迷你战士》入选2017年3月法国戛纳春季电视节Digital Short Form Series Pitch环节的全球六强，为亚洲唯一入选作品。

【上海淘米动画有限公司】 动漫企业。2010年成立。注册于漕河泾开发区松江高科技园莘砖公路518号，办公场地在徐汇区。经营动画片制作出品、发行。作品有《赛尔号》《小花仙》等系列动画片和动画电影等。

四

娱乐业　印刷业　书店

【松江卡拉OK行业】 娱乐行业的一种。1991年4月上海有色金属研究所春申公司在松江中山中路364号建立松江县首家卡拉OK厅"上海春申卡拉OK厅"。11月，县文化馆开设"声云卡拉OK厅"。此后卡拉OK厅数量逐年增加，至1998年达到峰值，全区开设卡拉OK厅约200家，2010年回落到79家。2020年全区共有卡拉OK企业94家，其中上海市阳光娱乐示范点16家，主要分布于松江新城区、老城区和九亭、泗泾、新桥镇。行业总营业面积约15万平方米，其中1 000平方米以上的中大型场所约40家。业态结构分量贩和商务两大类型，其中量贩卡拉OK企业42家、商务卡拉OK企业52家。大、小包房数共计3 000余间，可同时接待6万人次以上文化娱乐消费。松江区卡拉OK行业已由初期单一唱歌娱乐逐步转型升级为集休闲、餐饮、游艺、唱歌等一体的综合性娱乐消费模式，大部分卡拉OK场所已融合了电影、直播、赛事、社交、时尚、购物等功能属性。

【松江经营性舞厅】 娱乐行业的一种。1987年8月1日松江县文化局创办云间娱乐厅，在松江谷阳北路46号开业，是松江县首家经营性舞厅。1990年在该舞厅举办松江首届"金秋交谊舞大赛"，盛况空前。此后松江舞厅数量增加较快，装潢趋向豪华，设施趋向高档，1993年全县城区和各集镇开设经营性舞厅37家，1997年有56家。1998年起经营性舞厅数量逐年减少，2010年有25家，2013年有17家，2019年不满10家。

【上海网鱼网络发展公司】 为电竞玩家提供娱乐体验和休闲服务的网咖连锁品牌企业。前身为上海封雨计算机有限公司，2001年在松江庙前街开业。2004年改今名。2007年获民营网吧连锁经营资质和经营许可证。2008年、2009年先后获"网鱼网络""网鱼网咖"注册商标。2012年企业向长三角地区发展，2013年向全国发展，在北京、哈尔滨、青岛、长沙、成都、重庆、南昌、深圳、合肥等32个城市，开设91家门店。注册会员197万，服务顾客1 016万人次，规模居全国行业第一。2013年9月全国网吧行业转型升级论坛在松江举办，网鱼公司代表作主旨演讲。2014年公司连锁店增至220家，其中两家分别在澳大利亚和加拿大。2019年松江区内设有网鱼网咖门店22家。

【松江印刷企业】 从事出版物、包装装潢印刷品和其他印刷制品业务的印刷经营企业。2019年松江区应参加年度工作报告的印刷企业469家。按企业类别统计，出版物印刷企业8家、包装装潢印刷企业391家、其他印刷品印刷110家；按企业注册类型统计，国有企业1家、集体企业1家、三资企业28家、股份合作1家、股份有限公司1家、其他有限责任公司395家、私营企业16家。2020年印刷企业资产总额167.88亿元，营业收入171.55亿元，工业总产值119.07亿元，利润总额7.92亿元。印刷企业逐步引进科技含量高、生产效能高、绿色环保印刷设备，添置高科技数码印刷和定制数码打印设备，推动印刷设备升级，技术工艺改造，发展"互联网+印刷"的数字印刷产业。

【松江印刷厂】 印刷企业。1949年6月人民解放军松江军分区新闻大队为印刷《松江电讯报》，奉命接管位于小塔前的原松江大光明报社，建立松江第一家国营工厂松江专署印刷厂，厂房仅100平方米。不久，成章印刷所、松江茸报馆转入，厂址迁松江城区中南路23号，厂房增加到700平方米。1952年改名地方国营松江印刷厂。此后松江县内各印刷工场、所、社先后并入该厂，一度是松江县内唯一的一家印刷厂。1979年添置彩印设备，开始承接彩印业务。1997年9月改制为股份合作制企业。

【上海新洲包装印刷有限公司】 印刷企业。1995年成立。位于中山街道荣乐东路1550号。主营包装彩盒等高档精美彩色包装印刷业务。获BRC/IOP包装及包装材料全球标准、HJ-2503中国环境标志产品绿色印刷等认证。2019年获"高新技术企业"称号。2018—2020年营业收入年均增长约10%。印刷品多次获国际印刷班尼奖。

【上海凡宏实业有限公司】 印刷企业。1997年成立。位于洞泾镇洞舟路619号。主营包装类、彩箱印刷、瓦楞纸箱等产品专业生产加工业务。推行清洁生产审核，使用的各种原辅材料、节能减排达标，达到国家绿色环保印刷标准。2017—2019年年生产销售总额超1亿元。

【上海扬盛印务有限公司】 印刷包装企业。1998年成立。位于文松路555号。公司总投资4.3亿元，年生产能力10亿元。占地70亩，建筑面积46 667平方米，由企业总部、研发中心、生产基地、员工发展中心等7幢单体组成。公司主要为国内外医药、食品和化妆品品牌企业提供一站式包装解决方案。获发明类、外观设计类、实用新型类等74项专利及8项计算机软件著作权。获中国环境标志产品、FAC、GMI等国内外认证及多家国际企业优秀供应商称号，获中国印刷最高奖项"毕昇奖"，被评为高新技术企业；获"上海市著名商标企业""上海名牌企业""上海市小巨人企业""上海市专精特新企业"等称号；创新设计产品多次获国际印刷班尼奖。

【上海天臣微纳米科技股份有限公司】 印刷企业。1999年成立。位于小昆山镇光华路509号，总部位于上海。主营高科技防伪溯源和新材料领域研发、应用与服务等业务，累计有国内外专利200余项，研发成果有裸眼3D云膜、全印膜、全印纸三大高科技包装产品。是公安部和贵州茅台，四川五粮液、剑南春，广西中烟，以及法国轩尼诗、圣罗兰，美国UGG等40多个国内外机构和品牌的长期合作伙伴。

【上海海顺新型药用包装材料股份有限公司】 印刷企业。2005年成立。位于洞泾镇蔡家浜路18号。主营药品、医疗器械、健康护理、食品包装业务，主要产品有药用铝箔、冷铝、热带铝、复合硬片、复合膜袋等。获国家高新技术企业、科技小巨人培育企业、省名牌商标、省著名商标、省企业技术中心等称号。2016年在创业板上市。累计取得发明专利19项、实用新型专利90项、外观设计专利4项，拥有61个国家药审中心颁发的药包材登记号、9个美国FDA颁发的DMF备案号。

【上海塑圣塑胶制品有限公司】 印刷企业。2007年1月成立。位于小昆山镇港业路558号B3栋。主营PVC、PP、PET、PE等塑料片材生产，金银卡纸UV胶印，包装装潢印刷等。获迪士尼、FSC等22项专利认证以及安全生产标准化认证。年销售额3 500万元。印刷品获国际印刷班尼奖。

【上海久诚包装有限公司】 印刷企业。2007年成立。位于松江区新浜镇浩海路168号6—8幢。注册资金4 000万元，专业从事塑料软包装印刷的高新技术企业。主营化妆品、洗护类以及食品和宠物食品包装。在塑料软包装行业的化妆品包装细分领域中，获专利40多项。曾获"国家级高新技术企业""上海市专精特新企业""上海市诚信单位"等称号。

【上海卓昕瑞供应链管理有限公司】 印刷企业。2011年成立。位于石湖荡镇唐明路277号。上海市高新技术企业，松江区重点扶持企业。拥有上海市著名商标。注册资金1 000万元。主营业务为供应链管理、物料生产周转与库存管理、平台经济下的大数据分析管理等。有仓储物流设施近9万平方米，年吞吐量约105万吨。研发团队核心人员于2018年被认定为G60科创人才。2020年被评为上海市供应链创新与应用示范企业。

【松江新华书店】 特色书店。1949年5月21日开设新华书店华东总店苏南分店松江支店，地址在松江城区西门吊桥堍，营业面积约20平方米，职工8人。1951年迁至中山中路242号，营业面积40平方米，职工18人，负责松江、金山两县图书发行。1953年迁至中山中路222号，营业面积80平方米。1956年新华书店县级店人、财、物管理下放归县。1957年全县17个乡供销社建立图书供应点。1961年松江新华书店下设图书供应点15个。1980年1月上海市人民政府发文，规定县级店实行市、县双重领导体制。1986年9月在中山中路216—228号（莫家弄口）建成占地面积近2 000平方米、营业面积1 000余平方米的五层大楼，经营范围为图书营销、音像制品、录音带、录像带等有声读物及玩具、文教用品等。1994年初，中心门市部实行开架售书，开全市郊区店之先河。2006年，改制为上海新华传媒连锁有限公司新华书店松江店，负责松江地区的图书零售业务。2019年松江店有大学城店、平高世贸店、地中海店3家直属门店。松江店曾获区级文明单位、区级安全合格单位、区诚信企业、巾帼文明岗等荣誉称号。

松江新华书店平高世贸店（2017年）

【上海钟书实业有限公司】 图书经营公司。1995年5月创立，位于松江区茸兴路388号，占地面积5 000余平方米。主营图书批发和零售。2019年在上海地区开设连锁店9家，在外省市有26家，员工600余人。2013年被评为上海市文明单位、五星级诚信创建企业。2015—2019年连续五年获民营书业“最具魅力书店”和“最具影响力机构”，曾连续两年被评为上海市新闻出版系统文明单位、松江区文明单位、全国文明店堂，2017年5月获“第四届中国出版政府奖先进出版单位奖”。2017年命名为“全国工人先锋号”，2018年公司获“上海市五一劳动奖章”。钟书阁泰晤士店成为上海的文化地标之一。

钟书阁泰晤士店

【大众书局·上海松江店】 特色书店。2015年开业。位于永丰街道荣乐西路860号新理想广场四楼。建筑面积约800平方米，图书库存约200万册，涵盖文学、少儿、经管、艺术、历史、哲学等全类别。每月开展新书推荐会、读书会、亲子手工和绘本类、签售会等活动。2018年获上海书刊发行行业协会“上海书展优秀分会场”称号，2019年入选松江区“最美读书目的地”。

【山脚下的书店】 特色书店。由上海漕河泾开发区佘山科技成长发展有限公司投资运营。总店位于佘山镇佛山路58号，定位为“一家好看的书店”，2017年6月开业。观堂店位于外青松公路8228弄168号，定位为“一家好吃的书店”2020年12月开张。定期举办文化讲座、影片赏析、手工匠人体验、美食制作等各类文化消费体验及活动。为上海市影视拍摄取景地、松江茸城姐妹“快乐e家”、松江区科普教育基地、松江区青年中心、佘山镇首批新时代文明实践点，《解放日报》《文汇报》《新闻晨报》和澎湃新闻等媒体对书店进行过报道。2019年入选松江区“最美读书目的地”。

山脚下的书店佘山店(2018年)

朵云书院广富林店

【朵云书院广富林店】 新型实体书店。2018年6月26日开业。位于松江广富林遗址内。是松江区与上海世纪出版集团共同打造的集阅读分享、会议展览、讲座培训、社交休闲等功能于一体的新型阅读文化空间。书店建筑为具有浓郁徽派风格的"明代高房"建筑,备有文史社科、书画艺术、生活休闲各类图书6 000余种,特设松江历史文献专柜。定期举办"云间读书会",入选上海"市民修身行动"特色项目。曾获"跨界文化空间设计奖""年度最美书店"等奖项,2019年入选松江区"最美读书目的地"。

【贝页书店】 特色书店。2019年4月17日开业。位于文汇路258号2楼。围绕"图书阅读、文创生活、院校社团服务、会员专享、共享空间、资讯知识分享、移动阅读服务",打造具有松江大学城和高校特色的深度体验的文化场域。定期举办“贝页读书会”“贝页文创体验服务”“贝页文创下午茶”“贝页社团之夜”“贝页移动阅读服务”“贝页书单”“贝页荐读”等服务品牌和产品。2019年入选松江区“最美读书目的地”。

贝页书店

档案

一

概　述

南宋绍定元年（1228年）华亭县衙设“田围文籍库”，存放官府文书，开创上海地区官方档案管理工作。元延祐四年（1317年）松江府建“架阁库”，专门存放案牍、版籍，管理官府文书，同时制定档案管理制度，对档案实行有序管理。

1959年5月10日成立松江县档案馆。1987年3月13日建立松江县档案局。县档案馆主要履行档案和资料的接收、征集、安全保管、鉴定开放和提供利用等职能。县档案局主管本行政区域内的档案事业，对机关、团体、企事业单位和其他组织的档案工作实施监督与指导。松江档案工作逐步实现规范化、制度化、信息化。2019年松江设有区档案局、区档案馆和17个街镇机关档案室、69个区级机关档案室。

由于战乱及自然灾害，自唐代建华亭县至清代的官府档案几乎散失殆尽。民国时期的松江档案也不完整、不系统，为数不多的民国档案今被分散存放在松江区档案馆、中国第二历史档案馆、上海市档案馆、江苏省档案馆等处。

松江县档案馆成立后，特别是松江县档案局成立后，加强了档案收集、征集与管理工作。20世纪90年代松江县档案馆建立了义务征集员队伍，向乡镇、机关、企事业单位档案室征集照片、录音、录像等音像档案。通过向社会征集和收集，一批清代经济档案、民国时期重大社会事件档案和中国共产党领导松江人民进行革命斗争的红色档案被发现和征集，其中1949年10月13日毛泽东亲拟的《转发松江县召开各界人民代表会议经验的电报》特别珍贵，丰富了区档案馆收藏的档案。

进入21世纪，松江档案工作不断提高为人民服务的意识，凡涉及民生类的档案，如婚姻、独生子女、再生育、农民建房、农村承包地确权、知青上山下乡、知青返城、知青子女入户、入伍、复员退伍军人、人才引进、学籍、工伤认定、三峡移民等14类档案数据已接入上海市民生档案服务平台，“全市通办”覆盖松江区17个街镇，方便市民查阅。

松江区档案馆设有专题、专业、专门档案，有“古树名木档案”，松江区“国际花园城市创建档案”，“上海之根——松江文化旅游节档案”，1998—2005年松江区与相邻青浦、闵行、奉贤、金山等区在勘界工作中形成的“勘界档案”，1991—1998年的“公证档案”以及清代松江府地图、1937年大上海新地图、1947年松江县平面图等地图档案等。

馆藏特色档案、实物与资料有：清代张祥河书画，郭友松、沈銛等书札，当代程十发书画，陈佩秋、沈鹏、周慧珺等书法，施蛰存、朱雯、嵇汝运等书札和自传；松江徐氏、张氏、顾氏、陆氏等族谱；记录余天成堂膏丸秘方的手抄堂簿；清改琦撰、其孙改再芗手抄的《玉壶山房词选》，记录明末结社事件及缘起的《复社始末记》等。另藏有1872—1949年的《申报》和民国时期零星的《松江新报》《新松江报》《松江日报》等。

二

机构组织

【田围文籍库】 古代官府存放文书资料的场所。南宋绍定元年(1228年),华亭县人口增加,经济发展,华亭成为“浙右壮邑”。华亭县衙在县厅之东建屋四间,建立“田围文籍库”,保管已形成的地籍和赋税档案,是为上海地区最早的档案存放与保管机构。

【架阁库】 古代专门存放公文案卷和人口、土地、赋役状况册籍的场所。元延祐四年(1317年),松江府知府李仕彦、提控魏彬、提领蒋葵等,虑及府衙公文案卷日益增多,散放不安全,自认捐献薪俸若干,在府衙西侧建造正屋五间和偏屋两间为“架阁库”。委派典史徐元珍、王珪分别负责管理案牍(公文)和版籍(记载人口、土地、赋役状况的册籍)。案牍与版籍按朝廷规定的全国统一的档案编排方法,以《千字文》“天地玄黄,宇宙洪荒,日月盈昃,辰宿列张”一直到“孤陋寡闻,愚蒙等诮,谓语助者,焉哉乎也”为顺序编号,使档案管理规范统一。“以案牍、版籍标类,次序顿放,颜之曰架阁库,粲然可稽”,形成松江,也是上海地区最早的档案管理制度。

【档案室】 存储政府文件的部门。民国时期松江县政府设立,但县政府下属机构并无专门的档案保管机关,也无保存记录。因战乱等原因,民国时期松江档案既不完整,也无系统性,许多档案被分解、分散存放,今松江区档案馆、中国第二历史档案馆、上海市档案馆和江苏省档案馆等有零星收藏。

【秘书室】 亦称“秘书处”。负责松江县档案工作的部门。1949年5月17日中共松江县委、松江县人民政府成立,县委、县政府档案工作由县委下设的秘书室负责,其他机关的档案由各机关自行保管。1956年5月,中共松江县委召开首次党代会,秘书室改称“办公室”,县委系统各机关档案工作由县委办公室负责管理与指导。

【松江区档案馆】 履行接收松江行政区域内直属机关等单位档案的集中统一保管、鉴定和提供利用等职能的机构。1959年5月10日以中共松江县委和松江县人民委员会机关档案室为基础合并成立松江县档案馆。馆址在松江县人民委员会内(松汇中路371号,即南院子),面积仅30平方米,馆内仅设1名专职人员。县委办公室、县政府办公室保存的档案,以及松江公安局保存的旧政权档案移交档案馆永久保存。1961年馆址迁至县委办公楼的四、五楼,建筑面积约300平方米,四楼作接待、查档用房,五楼为库房。1979年迁至中山中路38号松江县革命委员会(今松江区第二行政中心)大院内,新建的档案馆建筑面积740平方米(含地下室132平方米),馆库面积400平方米。1987年松江县档案局建立,与松江县档案馆合署办公。松江县档案馆不再承担档案行政管理职能,主要履行档案和资料接收、征集、安全保管、鉴定开放和提供利用等职能。1995年12月,县档案局综合办公楼在中山中路38号松江县人民政府大院内竣工验收,建筑面积800平方米,为局(馆)办公用房,彻底改变了办公与库房保管、查档利用合用一栋楼的状况。1998年6月对档案馆底楼库房进行改造,安装120立方米的25列档案密集架。同年改称松江区档案馆。2006年底,松江区档案馆新馆竣工。局(馆)建筑面积5 058平方米,其中库房面积1 590平方米、展览厅面积599平方米、查档接待与阅览室面积104平方米、培训教室(多功能厅)220平方米、办公用房491平方米、其他专业用房2 026平方米。1991年10月被评为上海市三级先进区县档案馆。1994年12月升级为上海市二级先进区县档案馆。2007年1月被认定为上海市一级先进档案馆。2009年8月晋升为国家综合档案馆二级馆。2018年11月通过国家档案局测评,成为国家级数字档案馆。2019年松江区档案馆在岗人员总数达23名。金玉堂、李榕炽、鞠德均、黄成音、范田华、陆金明、徐青、陈永文先后任馆长。

【松江县档案馆】 参见“松江区档案馆”。

【松江区档案局】 主管松江行政区域内的档案事业,对机关、团体、企事业单位和其他组织的档案工作监督和指导的机构。1987年3月13日建立松江县档案局,与松江县档案馆“两块牌子、一套班子”合署办公。1997年归口县政府办公室管理,部门职级不变。1998年改今名。2002年局(馆)人员总编制20人。2009年起区档案局改由区委办公室管理。2019年机构改革,区档案局设置为区委工作部门。1989年7月内设办公室、业务指导股、档案管理股。1999年2月调整为办公室、督导科、法制科。2002年4月,由原来的1室2科调整为1室4科,为办公室、业务指导科、档案管理科、宣教法制科、信息科技科。屈红、朱再文、郑鸥、董华炎、范田华、陆金明、徐青、陈永文先后任局长。

【松江县档案局】 见“松江区档案局”。

【松江区档案学会】 学术研究社会团体。1991年9月成立松江县档案学会。21日召开第一次会员大会,有团体会员48个、个人会员132人。1998年改今名。2011年有团体会员244个、个人会员230人。学会理事会下设秘书组、宣教组和学术研究组。秘书组负责学会日常工作,宣教组负责县档案局委托的培训工作,学术组负责开展档案学术研究。李金生任第一届理事会名誉会长,屈红、朱再文、郑鸥、董华炎、范田华先后任会长。2018年10月注销。

【松江县档案学会】 见“松江区档案学会”。

【松江区级机关档案室】 松江区级机关内部对本机关形成的文件材料等实行管理的部门。一般从属于机关办公室。1956年根据国务院《关于加强国家档案工作的决定》,中共松江县委办公室和松江县人民政府办公室内设档案室,负责本机关档案工作,同时对县内各下属机关档案工作进行业务指导与监督。1959年其职能由松江县档案馆承担,形成以部门为主体的机关、企事业和社会组织、团体档案工作管理体制,各部门公务活动中形成的档案,由各机关、企事业单位和社会组织、团体档案室实行集中、统一保管。80年代初,逐步完善档案工作,建立了机关档案室。档案室对已保存满10年的属于永久、长期和30年保管的文书档案及数字化副本,逐年移交区档案馆。2019年底松江区级机关档案室共有69个。

【松江区街道、镇机关档案室】 松江行政区域内各街道、镇机关内部对本机关形成的文件材料等实行管理的部门。一般从属于机关办公室。1958年起,松江县内各人民公社逐步展开并完善档案工作。1983年,根据上海市农业委员会、上海市档案局《关于在人民公社体制改革中做好档案工作的意见》,体制改革后的新建乡(镇)党委、乡(镇)人民政府和人民公社逐步建立文件收发、登记、催办、运转、立卷和归档制度。1987年后,各乡镇配备专(兼)职档案人员。1997年松江县内19个镇全部建立镇级机关档案室。档案室对已保存满10年的属于永久、长期和30年保管的文书档案,逐年移交区档案馆。历经撤并,2019年松江区共有街道、镇机关档案室17个。

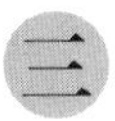

档案门类

民生档案

【民生档案数据共享】 松江区档案馆把与民生相关的部分馆藏资料，通过数据接入可以提供共享平台的档案。有婚姻、独生子女、再生育、农民建房、农村承包地确权、知青上山下乡、知青返城、知青子女入户、入伍、复员退伍军人、人才引进、学籍、工伤认定、三峡移民等14类档案数据已接入上海市民生档案服务平台，“全市通办”覆盖松江区17个街道、镇。市民可以通过全市各档案馆及各区社区事务受理服务中心或移动端App “随申办” 进行线下或线上申请利用。松江区档案馆已实现长三角地区试点民生档案跨省异地查询服务。市民只需持身份证就近前往各街镇社区事务受理服务中心或各区档案馆，即可查阅涉及本人的相关档案。

【婚姻档案】 公民在婚姻登记时形成，并经过整理、归档的资料。包括结婚、离婚、复婚申请书及婚姻状况或协议等，其中在法院调解或判决离婚的档案保存在松江区法院档案室。1950年5月1日《中华人民共和国婚姻法》颁发实施后，至1986年形成的各乡镇婚姻档案均被松江区档案馆接收，共计1 521卷。松江区档案馆将信息摘录形成检索卡片，方便市民查阅。1987年起，松江县婚姻登记处形成的婚姻档案隔年移交县（区）档案馆永久保存。2019年区档案馆保存的婚姻档案扫描信息有299 537条。

松江区档案馆婚姻档案情况表

序号	单　位	起始年份	备　　注
1	松江镇（岳阳街道）	1951	可提供利用的档案内容有结婚、离婚登记表及相关材料。法院判决离婚的相关材料在松江区法院档案室
2	泗泾镇	1958	
3	仓桥镇（永丰街道）	1973	
4	茸北镇（中山街道）	1957	
5	华阳桥镇	1959	
6	新桥镇	1958	
7	泗联乡	1958	
8	佘山镇	1957	
9	天马镇	1960	
10	石湖荡镇	1960	
11	新浜镇	1957	
12	五厍镇	1956	
13	泖港镇	1958	
14	张泽镇	1957	
15	叶榭镇	1957	
16	民政局	1987	
17	小昆山镇	1978	
18	大港镇	1978	
19	九亭镇	1978	
20	洞泾镇	1978	
21	李塔汇镇	1978	
22	车墩镇	1978	

民国时期婚牒

1950年结婚证书

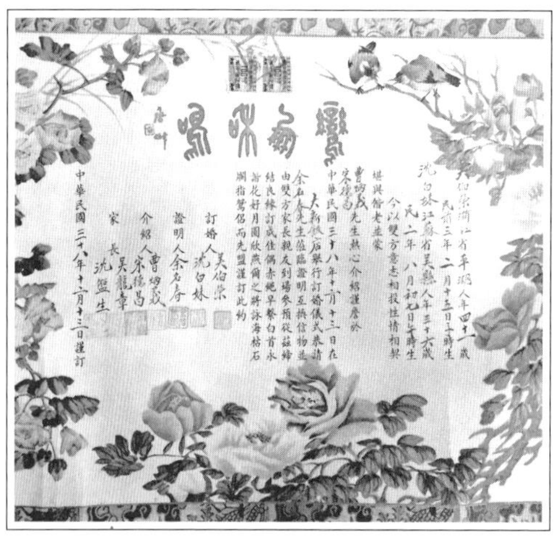

民国时期订婚证书

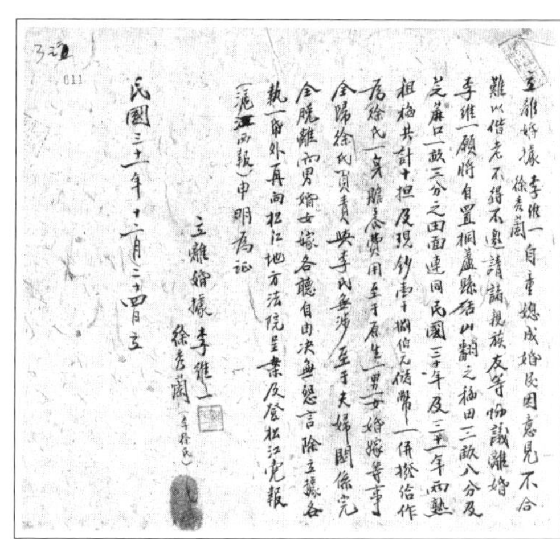

民国三十一年（1942年）离婚证

【独生子女档案】 在审核发放独生子女证时形成，并经过整理、归档的资料。包括独生子女审批表、申领表等，始于1979年。2019年松江区档案馆保存的1979—2008年独生子女档案扫描信息有102 989条。保存在各级机关档案室的独生子女档案，满10年后分批移交区档案馆保存。可提供利用的档案内容有独生子女证审批表、光荣证申领表、独生子女证发放登记表、花名册等。

【再生育档案】 各级政府对病残儿和有意愿生二胎的群体进行审核时形成，并经过整理、归档的资料。包括审批表、告知书、申请表、通知书等。2019年松江区档案馆保存的1980—2013年再生育档案扫描信息有10 626条。保存在各级机关档案室的再生育档案，满10年后分批移交区档案馆保存。可提供利用的档案内容有生育第二胎申请表、申请审批表、通知书等。

【知青上山下乡档案】 松江区有关部门在办理对本地知识青年上山下乡工作中形成，并经过整理、归档的资料。包括支援新疆、安徽、青海、云南、黑龙江等知青花名册。2019年松江区档案馆保存的1963—1982年知青上山下乡档案有4 801条。

【知青返城档案】 松江区有关部门在办理本地知青返城工作中形成，并经过整理、归档的资料。包括花名册、病退回沪等。2019年松江区档案馆保存的1968—1995年知青返城档案扫描信

松江区档案馆知青上山下乡档案情况表

序号	形成单位	年 份	可提供利用的档案内容
1	区委办	1963、1966	支援新疆、安徽知青登记表
2	松江镇(岳阳街道)	1963—1964、1966、1969—1971	支援新疆、安徽、青海、云南、黑龙江知青名单
3	泗泾镇	1963	支援新疆生产建设兵团名单等
4	茸北镇(中山街道)	1977	插队知青名单
5	佘山镇	1972—1979	插队知青名单
6	天马镇	1969—1974、1976—1978	插队知青名单
7	劳动局	1968—1982	赴黑龙江、安徽、云南思茅、内蒙古知青名单,本县插队知青名单
8	车墩镇	1978—1979	插队知青名单

松江区档案馆知青返城档案情况表

序号	形成单位	年 份	可提供利用的档案内容
1	区委办	1976	知青病退回沪
2	水务局	1978—1981	知青招工分配
3	供销社(商业公司)	1974—1976、1979	知青招工名册
4	教育局	1976、1979	知青招工分配
5	松江镇(岳阳街道)	1968、1973—1974	知青招工分配
6	泗泾镇	1978—1979	知青病退回沪
7	佘山镇	1976—1979	知青上调名册
8	天马镇	1974、1976—1980	知青招工分配
9	张泽镇	1978、1981	病退回沪、知青招工
10	劳动局	1977—1981、1994—1995	病退回沪、招考、统筹知青
11	车墩镇	1980	统筹知青
12	科委	1979	统筹知青、报考全民单位

息有4 030条。

【知青子女入户档案】 松江区有关部门在办理上山下乡知识青年子女来松江入户中形成,并经过整理、归档的资料。包括审批表等。2019年松江区档案馆保存的1985—2002年知青子女入户档案扫描信息有1 638条。

【入伍档案】 有关部门在办理本地应征公民入伍时形成,并经过整理、归档的资料。包括入伍批准书、审查表、通知书、花名册以及其他相关证明材料。2019年松江区档案馆保存的1956—2006年入伍名册档案扫描信息有9 125条。保存在各级机关档案室的入伍名册档案,满10年后分批移交区档案馆保存。

【复员退伍军人档案】 有关部门在接收复员退伍军人时形成,并经过整理、归档的资料。包括入伍、退伍时间,部队编号、职务、家庭住址等。2019年松江区档案馆保存的1950—2005年复员退伍军人档案扫描信息有5 527条。保存在各级机关档案室的复员退伍军人档案,满10年后分批移交区档案馆保存。

松江区档案馆知青子女入户档案情况表

序号	形成单位	年　　份	可提供利用的档案内容
1	泗泾镇	1986、1989、1990	知青子女入户审批表
2	新桥镇	1987、1989	
3	天马镇	1985、1986、1988	
4	石湖荡镇	1985—1987	
5	新浜镇	1985—1986	
6	五厍镇	1985、1987—1988	
7	泖港镇	1985—1986	
8	张泽镇	1985	
9	叶榭镇	1985—1987	
10	劳动局	1988—2002	
11	小昆山镇	1985—1987	
12	大港镇	1985—1986	
13	九亭镇	1986	
14	李塔汇镇	1985—1987	
15	洞泾镇	1986	知青子女随迁审批表
16	车墩镇	1985	

松江区档案馆入伍档案情况表

序号	形成单位	年　　份	备　　注
1	供销社	1991	可提供利用的档案内容有入伍名册、入伍通知书
2	武装部	1956—1985	
3	岳阳街道	1961—2005	
4	泗泾镇	1974—2005	
5	永丰街道	1981—2005	
6	中山街道	1982—2005	
7	华阳桥镇	1959—2000	
8	新桥镇	1980—2005	
9	泗联公社	1982—1990	
10	佘山镇	1969—2003	
11	天马山镇	1962—2000	
12	石湖荡镇	1982—2005	
13	新浜镇	1970—2005	
14	五厍镇	1981—2000	
15	泖港镇	1978—2005	
16	张泽镇	1981—2000	
17	叶榭镇	1971—2005	
18	小昆山镇	1981—2005	

（续表）

序号	形成单位	年份	备注
19	大港镇	1981—2005	
20	九亭镇	1979—2005	
21	洞泾镇	1991—2005	
22	李塔汇镇	1982—2000	
23	车墩镇	1986—2005	
24	工业区	1998—1999	
25	五厍农业园区	2003—2006	

松江区档案馆复退军人档案情况表

序号	形成单位	年份	备注
1	卫生局	1950—1970	可提供利用的档案内容有退伍军人花名册、登记表及介绍信
2	泗泾镇	1991—2002	
3	永丰街道	1956、1958、1968—2003	
4	中山街道	1951—1999	
5	新桥镇	1996	
6	泗联公社	1981—1983、1989—1990	
7	佘山镇	1969、1980—1983、2002—2003	
8	天马山镇	1951、1955—1975、1977—1983、1994、1997、1999	
9	石湖荡镇	1982	
10	新浜镇	2000—2001	
11	五厍镇	1995、1999	
12	泖港镇	1990—1991	
13	张泽镇	1968—1969、1979、1985—1987、1989—1993、1995	
14	叶榭镇	1981	
15	小昆山镇	1982	
16	大港镇	1981	
17	九亭镇	1951—1978、2001	
18	洞泾镇	1999—2002、2005	
19	李塔汇镇	1982—1986、1994	
20	邮电局	1957、1958、1960、1961、1965、1966、1968—1971	
21	佘山度假区	2000	

【人才引进档案】 松江县人事局在人才引进中形成的干部商调函、个人信息等,并经过整理、归档的资料。形成时间为1986—1988年、1993年、1998—1999年、2004—2009年。2019年松江区档案馆保存的人才引进档案扫描信息有916条。保存在形成机关档案室的人才引进档案,满10年后分批移交区档案馆保存。

【农民建房档案】 有关部门对农民建房申请进行审批时形成,并经过整理、归档的资料。包括批复、登记表、明细表等。2019年松江区档案馆保存的1965—2005年农民建房档案扫描信息有96 302条。保存在各级机关档案室的农民建房档案,满10年后分批移交区档案馆保存。1991年农民宅基地登记档案分别保存在各街镇土地管理所,未移交区档案馆。

【承包地确权登记档案】 松江区农村经济经营管理指导站对农户土地承包经营权确权登记时形成,并经过整理、归档的资料。包括申请、地块位置图、身份信息、权属变更登记材料等。2019年松江区档案馆保存的2013—2017年承包地确权登记档案扫描信息有211 535条。

【农村土地延包档案】 松江区各镇对农村第一轮土地承包时间到期后进行第二轮新的承包时形成,并经过整理、归档的资料。档案分布在

松江区档案馆农民建房档案情况表

序号	形成单位	年　份	备　注
1	中共松江县委	1973—1977	可提供利用的档案内容有农民建房用地批复、登记表、明细表
2	松江县人民政府	1978—1988	
3	松江镇(岳阳街道)	1985—1999	
4	泗泾镇	1986—2004	
5	仓桥镇(永丰街道)	1969、1981—2001	
6	茸北镇(中山街道)	1981—2001	
7	华阳桥镇	1970、1971、1973—2001	
8	新桥镇	1970、1971、1973—1996	
9	泗联乡	1970—1971、1973—1974、1976—1991	
10	佘山镇	1970—2002	
11	天马山镇	1969—1973、1977—2000	
12	石湖荡镇	1981—1992、1994、1995、2002—2004	
13	新浜镇	1970—1971、1979—2005	
14	五厍镇	1970—1994、1997—2000、2005	
15	泖港镇	1965、1967—1971、1973—1978、1981—1998、2002—2005	
16	张泽镇	1969—1997	
17	叶榭镇	1969—1976、1978—1998、2002—2004、2005	
18	小昆山镇	1978—1992、1999、2002	
19	大港镇	1979—2000	
20	九亭镇	1976—1994、1997	
21	洞泾镇	1978—1999、2001—2004	
22	李塔汇镇	1973—1996	
23	车墩镇	1980—1986、1989、1991—1992、2001—2004	

泗泾、仓桥、茸北、华阳、新桥、佘山、天马山、石湖荡、新浜、五厍、泖港、张泽、叶榭、小昆山、大港、九亭、洞泾、李塔汇、车墩等19镇。2019年松江区档案馆保存的1998年农村土地延包档案扫描信息有2 448卷78 836件。

【农村土地退包档案】 松江区各镇对农民农村土地退出承包所形成，并经过整理、归档的资料。包括承诺书等。档案分布在泗泾、新桥、佘山、石湖荡、泖港、叶榭、小昆山、洞泾、车墩等9镇和佘山度假区管委会。2019年松江区档案馆保存的2004年农村土地退包档案扫描信息有314卷14 142件。

【学籍档案】 江苏省师范学校、松江师范专科学校与上海市松江师范学校经过整理、归档的学生在校期间的学习成绩单、服兵役名单等资料，包括获奖情况、速成、病休等。2019年松江区档案馆保存的1951—1958年江苏省师范学校、1962—1963年松江师范专科学校和1987—1998年松江师范学校学籍档案扫描信息有5 568条。

【收养档案】 松江区民政局等部门对领养人提出领养申请材料进行审核时所形成，并经过整理、归档的资料。包括收养人相关信息、旁证材料、申请书、告知书等。2006年起松江区档案馆接收松江区民政局移交的收养档案，以后逐年移交与接收。2019年区档案馆保存的1999—2018年收养档案扫描信息有208卷1 043条。

【三峡移民档案】 松江区三峡移民办公室经过整理、归档的三峡移民户口迁入上海市的审批表等资料。包括安置登记表、户口审批表、建房分配合同等。2019年松江区档案馆保存2002年、2004年三峡移民档案243卷，扫描信息6 819条。

【工伤认定档案】 松江区劳动局等在对劳动者因公受伤认定过程中形成，并经过整理、归档的资料。包括劳动能力鉴定表、法律文书、工伤调查询问笔录和工伤认定决定书等。2019年松江区档案馆保存的2004—2008年工伤认定档案扫描信息有15 483条。

【劳动能力鉴定档案】 松江区劳动局等在对劳动者因工或非因工负伤以及患病后丧失劳动能力程度进行综合评定中形成，并经过整理、归档的资料。包括鉴定结论书、申请表、医疗检查材料、工作认定书等。2019年松江区档案馆保存的1997—2018年劳动能力鉴定档案扫描信息有7 379条。

【病残儿童档案】 松江区卫生和计划生育行政管理部门在对病残儿童申请鉴定过程中形成，并经过整理、归档的资料。包括病残儿童鉴定书等。2019年松江区档案馆保存的1989—2003年病残儿童档案有24卷。

文书档案

【清时期档案】 清代形成的有关松江的资料。由松江县档案馆进行整理和装订，分别编入馆藏编号3-1-1394、73-2-1等，有清乾隆十五年（1750年）的“遵宪给业方单”和清道光、同治、光绪、咸丰、宣统年间部分凭据、公文，如“执业田单”“漕粮版串”“下忙执照”“塘工捐照”等。

【民国档案】 民国时期除革命历史档案之外的归国家所有的有关松江的档案。区档案馆共藏8 040卷，1982年由松江县公安局移交。有松江县商会为参加1915年旧金山万国博览会组织松江各界参展的88件展品目录、参展获奖和展品事后处置情况，有时任松江县知事李恩露奏江苏巡按使公函，有抗日战争期间松江县抵制日货，日军轰炸松江、焚烧房屋等史料，有日伪时期和1948年松江主要街道中山路拓宽改造的文件、图纸和信函等。档案不完整，无系统性，大多被分解、分散存放。除区档案馆所藏外，还有保存在中国第二历史档案馆的115卷，上海市档案馆3 478卷，江苏省档案馆20 000余卷。

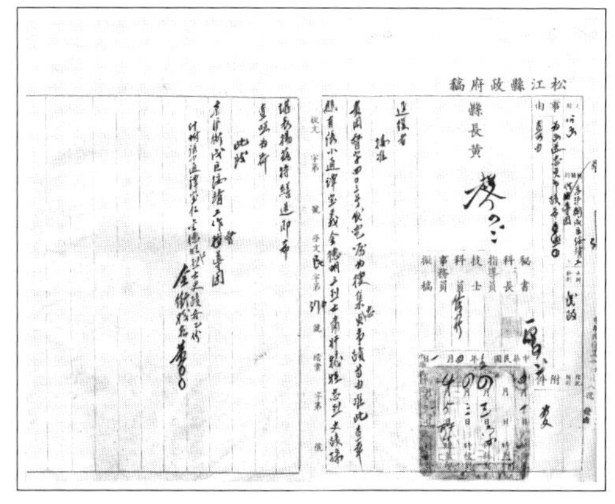
松江縣政府稿
縣長 黄

抗战烈士调查卷

【革命历史档案】 亦称“革命政权档案”。1949年10月1日前由中国共产党及其领导下的人民政权、机构、军队、团体以及党政领导人在革命活动中形成的各类档案。区档案馆现存26卷，有中共江苏省委对松江地区开展革命斗争的指示，中共松江县委、中共淞浦特委等地下组织向江苏省委的报告、情况调查、向上级党组织的汇报等。有《江苏省委给松江县委的指示信》、中共松江县委祝国音《关于松江1926年12月份党员情形及工作概况的报告》，以及1949年3月中共地下党员缪鹏为迎接渡江作战、解放上海和松江，经过调查和制作的《SK县情况的初步调查》(SK县即松江)等。

【1949年后档案】 1949年5月以后松江县级机关等一级立档单位在公务活动中形成的永久、长期和30年保管的档案在单位保存10年后，分批移交松江区档案馆保管，称“1949年后档案”。1959年起，县级机关档案实行集中统一管理，中共松江县委、松江县人民委员会等档案室保管的文书档案逐步移交松江县档案馆。1966年6月“文化大革命”开始，大量档案流失或被销毁。至1969年8月仅接收了中共松江县委办公室、监委、统战部、宣传部、组织部和松江县人委办公室、民政科、教育局、人事科、宗教科、商业局、农机水利局以及团委、妇联等单位1957—1964年部分年度的文书档案。1969年12月松江县革命委员会按上海市革命委员会“清理文物办公室”要求，将“核心档案”1 059卷，装18箱上交。1970年2月将长期档案7 392卷，装136箱随时准备转移。同月，由县档案馆保管的中共松江县委、县人委、松革会等23个单位在1949年以来保存的全部文书案卷，经过鉴定、整理，确定拟销毁档案2 586卷，占全部案卷5 803卷的44.56%。1970年4月松江县革委会档案清理鉴定小组对县档案馆的12 744卷档案进行重新鉴定，划分为核心、长期和销毁类档案，其中属于销毁类的已立卷档案(包括会计凭证、县报小样和稿件暂存)共计3 691卷，实际销毁原属永久的159卷，原属长期的758卷，原属定期的2 774卷。1987年县档案馆保存全宗76个，馆藏档案47 073卷，资料近1万册。1998年有100个全宗5万余卷，资料1.6万册。2010年有124 873卷，一文一卷18 630件，资料22 136册。2019年区档案馆有馆藏169个全宗258 918卷(件)档案，其中案卷级档案183 318卷、一文一件75 600件、底图31 960张、照片5万余幅。松江区档案馆馆藏文件级机读目录总量2 798 300条(包括案卷下的卷内文件目录条数和以件整理的文件目录条数)，馆藏数字化档案全文有13 421 688幅(仅文书和照片档案)，数字化档案约占馆藏档案总量的93%。经鉴定，已向社会开放档案2.15万卷。

专题、专业和专门档案

【古树名木档案】 专题档案名。83全宗205卷。松江区绿化和市容管理局所属的园林管理中心对松江行政区域内百年以上的古树名木建立档案，内容包括古树名木生长所在地、照片、树龄等。1990年移交区档案馆后按照一树一卷标准重新整理。

古树古木档案

【国际花园城市创建档案】 专题档案名。130全宗4目录33卷。2005年11月松江区获第九届全球国际花园城市C组金奖第一名的创建资料。有获奖证书、介绍松江的视频资料、中外媒体报道、照片、画册、景德镇瓷盘、京剧脸谱等。此次大赛，在参赛的22个国家36座城市中，根据人口数量松江区被划分到C组，与来自英国、美国、波兰、挪威等10个国家的12座城市一争高下，成为上海市首个国际花园城市。

【“双拥”模范城创建档案】 专题档案名。158全宗1目录693卷、2目录876卷和4目录958

卷。为2006年、2010年、2015年松江区获全国“双拥”模范城等创建资料。

【上海市文明城区创建档案】　专题档案名。26全宗321卷和资料66册。2005年12月松江区通过创建上海市文明城区考核形成的资料。包括文件、图标、照片、视频资料等。

【第三届全国农民运动会档案】　专题档案名。103全宗1目录35卷。1996年10月12—18日松江县作为第三届全国农民运动会上海市主赛场形成的资料。当年移交区档案馆，有资金募集、竞赛组织、安全保卫、交通组织等资料。

【印章档案】　专题档案名。26全宗7目录44卷。1998年7月松江撤县建区，原松江县级领导机构、县级机关、各部、委、办、局、镇、街道和松江县直属单位印章移交区档案馆，包含478枚废止印章和印鉴。

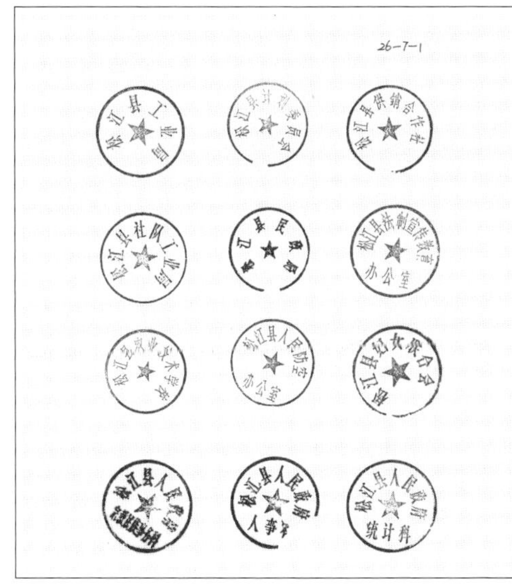

印章档案

【上海之根——松江文化旅游节档案】　专题档案名。99全宗69卷（册）。1994年松江县举办第一届上海之根——松江文化旅游节，以及1998年、2001年举办第二、三届所形成的资料。

【全国科普示范区创建档案】　专题档案名。26全宗10目录259卷。2007年松江区获中国科学技术协会命名的全国科普示范区的创建资料，包括公民科学素质建设、科普工作主题等。

【经济普查档案】　专题档案名。57全宗2目录88卷。松江区在2004—2006年、2008—2010年、2013—2015年全国第一至三次经济普查中形成的资料，包括普查实施方案、普查数据处理方案实施细则、工作总结等。

【水利普查档案】　专题档案名。16全宗4目录171卷。松江区在2010—2013年全国第一次水利普查中形成的资料，包括成立水利普查领导小组等。

【人口普查档案】　专题档案名。62全宗225卷。松江区在1981—1982年、1989—1992年、2000—2001年、2010—2011年全国第三至六次人口普查中形成的资料，包括照片2卷等。

【农业普查档案】　专题档案名。107全宗94卷。松江区在1995—1999年和2005—2008年全国第一、二次农业普查中形成的资料。

【工业普查档案】　专题档案名。79全宗68卷。松江区在1984—1988年全国第二次工业普查中形成的资料。

【勘界档案】　专业档案名。160全宗15卷。松江区与相邻青浦、闵行、奉贤、金山等区在勘界工作中所形成的资料。松江区勘界工作领导小组办公室移交区档案馆的永久保存档案，分别为1998年9卷、1999年2卷、2001年1卷、2003年1卷、2005年2卷。此次埋设界桩27个，勘定行政界线共计209.497千米（其中松青线93.88千米、松金线67.99千米、松闵线37.98千米、松奉线9.647千米）。

【公证档案】　专业档案名。97全宗6 249卷。松江区公证处根据当事人的申请，依法证明法律行为、有法律意义的文书，并经过整理、归档形成的资料。1991年至1994年6月形成的档案分国内民事和国内经济，1994年7月新增涉外民事和涉外经济，1997年又新增涉港民事、涉港经济、涉澳民事、涉澳经济、涉台民事、涉台经济。后又增加提存、执行证书、法律服务、保管、补正和登记等，共16类。移交区档案馆档案至1998年。

【会计档案】　专业档案名。财务报表分别在15全宗3目录、17全宗3目录、28全宗3目录、35全宗5目录、159全宗C目录等。松江区区级机关在公务活动中形成的会计凭证、会计账簿和财务报告等会计核算专业资料，在单位保管一定期限，或在单位撤并后，有保存价值的移交松江区档案馆。主要有上海大江（集团）股份有限公司、县交通局、畜牧水产局、土地局，以及大港乡等单位资料。

【基建档案】 专业档案名。96全宗4目录和115全宗8目录。松江区一级立档单位为建设单位形成的以竣工图为主体，由工程前期文件、设计文件、施工文件、监理文件、竣工验收文件等构成的资料。在单位保管一定期限后移交松江区档案馆。主要有县土地局新建业务办公房、上海五丰屠宰中心施工图等。

【城建档案】 专业档案名。松江区城建档案室收集和管理的本地区在城市建设中形成的图表、文字等材料。1987年底建立城建档案室。1988年8月，松江县编制委员会批复，成为独立行使管理职能的机构。档案室建立后，对1965年起形成的施工图、测绘图、竣工图等资料进行整理归档。2019年，保管城市建设档案共有十大类65 697个项目202 980卷，当年为2 937人次提供利用档案9 131卷次。档案不移交区档案馆。

【干部档案】 专业档案名。松江区委组织部在区管干部中形成的干部履历、自传、鉴定、考核、政审、党团、奖惩、任免等材料。组织部干部档案室仅整理和保管区管干部的人事档案。各街镇、区属党政机关、企业、事业单位的干部档案由区委组织部干部档案室统一指导，档案由各单位的组织部门或办公室管理。21世纪起全面开展干部人事档案目标管理达标工作。中山街道、九亭镇、松江科技园区、洞泾镇、新桥镇、区人事局等5家单位达到一级管理标准。2019年，中共松江区委组织部干部档案室保管的区管干部档案有1 000份，对在职区管干部档案进行了数字化加工。区管干部死亡后的人事档案逐步移交松江区档案馆保存。

【气象档案】 专业档案名。松江气象局气象观测、气象预报等形成的材料。1953年8月1日建立江苏省松江专区农场测候站，由办公室兼管档案管理工作，站址设在松江南门外大校场（今车墩镇联明村）。后建制与站址多变。1998年定今名。2017年迁至松江气象路323号。气象档案不对社会开放，主要为政府部门重大活动提供气象分析、预报服务等。保存1953—2019年的气象档案5 130册、433盒及资料59册。档案不移交区档案馆。

【地名档案】 专业档案名。松江区地名办公室整理和保管的有关市政道路、居住区等地名材料。地名办公室隶属松江区规划和自然资源局。1979年10月成立松江县地名普查办公室（临时机构），对松江县各公社、大队、生产队，满30户以上的自然村，城镇居民委员会、居民新村，社镇以上的公路、道路，市、县级河流，主要的桥梁、水闸，文物古迹、革命历史纪念地的地名作全面普查。1981年12月根据普查结果汇编《上海市松江县地名录》。1988年3月成立松江县地名管理委员会办公室。1991年开始建立城乡市政道路地名档案。1993年建立建筑物、城镇居民居住区地名档案。1998年12月和2019年12月分别汇编《上海市松江区地名录》。保存1991—2019年的市政道路地名档案194卷，建筑物（商业、商务大楼，大厦、广场）、居民居住区地名档案404卷。档案不移交区档案馆。

【地图档案】 专门档案名。分别在82、83等全宗。松江区在大地测量和地图绘制活动中形成并归档的资料。包括平面图、区划图、示意图、分布图等。分别在82全宗1至3目录和84全宗1目录。如泗泾镇详图（馆藏编号82-2-11）、古松乡丰产片试验田分布图（馆藏编号82-2-23）、1950年8月绘制的松江县城东区五龙乡全图（馆藏编号83-2-9）、1984年上海市潜水资源系列图等，共计98卷（件）。其中1949年前形成的有清光绪三十三年（1907年）松江府属水道全图（馆

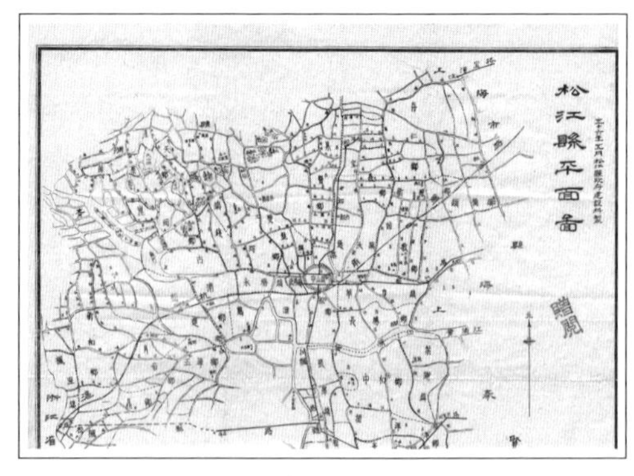

松江县平面图（1947年）

藏编号D-5-3)、清宣统元年(1909年)松江府属全图(馆藏编号D-5-2)、1937年大上海新地图(馆藏编号Z-67)、1943年最新大上海地图(馆藏编号Z-269,亦君捐)、1947年松江县平面图(馆藏编号82-1-2)等。

【照片档案】　专门档案名。分别在5、6等全宗。松江区域内直接形成,以摄影影像为反映方式,涉及松江政治、经济、文化等有存史价值的记录。分别在5全宗301目录、6全宗15目录、26全宗3目录和11至20目录、163全宗2目录、171全宗1目录等。馆藏编号26-3-15为1912年12月26日孙中山到松江视察清华女校时与师生的合影。当天,学校召开了欢迎大会,孙中山在会上作了演说。他肯定“女界”“有功”,希望“男女两界均应协力同心,以全副精神,组成一伟大之中华民国”,期望“多办学校”,“力事推广”清华的“女子教育”,清华女校应当成为“中国女学之模范”。演说如下:“民国未成立时,贵校对于革命事业,极有关系,因松部党员,常借贵校为交通机关。兄弟今日到此,躬逢盛会,且见贵校发达情形,心甚喜悦。此次革命,女界亦与有功……”另有1951年1月松江中学报名参加军干校(抗美援朝)同学合影及姓名,1952年松江一中、二中

1912年12月26日孙中山(二排中)访问松江清华女校时与师生的合影

1951年1月松江中学报名参加军干校同学合影

1948年松江县中医师公会城厢施医局合影

1948年财政部江苏区直接税局松江分局全体同人合影

部分同学参军一周年纪念留影,1991年松江县战胜龙卷风洪水照片,建国35周年科技成果展览会,以及城市建设、工农业建设、松江大学城、松江老街、古建筑等。柯德琼、吴四一、唐西林、任建新、张金贵等捐的有关松江的摄影作品,部分已编辑出版了作品集。

【视频档案】　专门档案名。分别在26全宗4目录和159全宗3目录。松江区在政治、经济、科学文化等活动中形成,以画面、声音进行拍摄与录制,以录像带形式保存的资料。松江区档案馆征集后,通过专业设备进行转换,把老式录像带里的模拟信号转为数字信号,形成了一套可以在电脑上提供利用的视频资料。有历史的脚印(1990年)、松江91.8.7特大暴雨、龙卷风、抗灾救灾情况、三届农运会松江新闻(1996年10月)、松江城区现貌(1998年6月)、松江在西班牙拉肯洛尼亚申报国际花园城市陈述和答辩现场(2005年11月)、大江公司的系列报道等。

【音频档案】　亦称“声音档案”。专门档案名。分别在96全宗2目录和159全宗4目录。松

江区在举办各类讲习班或大会领导讲话时形成的录音带，经过数字化后可以直接利用的音频资料。有正大饲料设备维修讲习班授课、全国土地管理信访工作暨先进单位工作者表彰大会发言、大江饲料厂开工典礼上杜述古和谢国民的讲话等。

【荣誉档案】 专门档案名。分别在6全宗301目录、109全宗2目录和130全宗2目录等。松江区在重大政治、经济、科学文化等活动中所获国家级、市级以上荣誉的证书、奖旗、奖状、奖杯、奖牌等，在单位保存一定期限后移交松江区档案馆。馆藏编号Z-76为1958年江苏省松江县东风人民公社第一大队获先进单位的国务院奖状；馆藏编号Z-75为1979年松江县新桥公社所获国务院嘉奖令；馆藏编号6-301-0019为2000年度农业优胜奖；馆藏编号130-2-1为2003年“全国绿化模范城市”奖牌；馆藏编号6-301-29、6-301-30为2019年松江区政府“打造长三角更高质量一体化发展的重要引擎松江区开展G60科创走廊建设”案例荣获上海市第九届优秀公关案例评先活动特别奖，所获奖杯一座、奖状一张等。

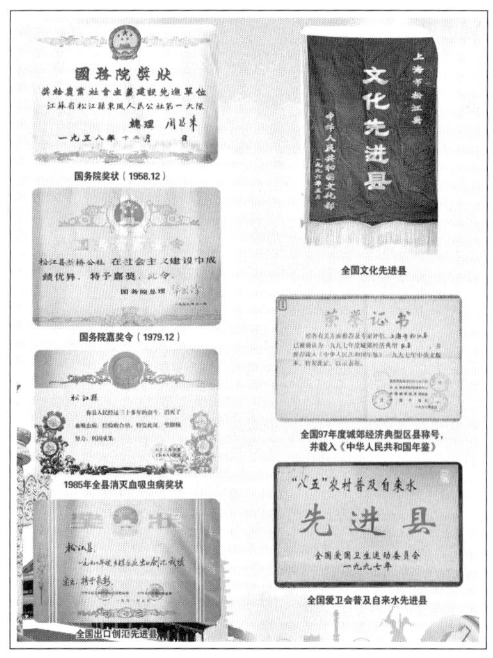

松江县（区）获得的部分荣誉

【公安档案】 专门档案名。上海市公安局松江分局整理和保管的治安保卫、户籍管理和案件侦破、行政处罚、事故等材料。1949年，松江县公安局建立档案室。1968年1月至1974年1月，公安局、检察院、法院三机关实行合并办公，形成的档案存于公安局档案室；人口户籍档案由各派出所档案室保管。2006年起，分局档案室实行文书档案“一文一卷”归档方式。2019年，公安松江分局库藏档案150 573卷、资料1 028册（种），其中文书档案65 347卷（件）、会计档案7 026卷、专业档案75 512卷、照片档案2 368张、音像档案156盘、科技档案164卷。专业档案占全部库藏档案数50.15%。全年为9 870人次提供查阅档案17 880卷次。档案不移交区档案馆。

【诉讼档案等】 专门档案名。松江区人民法院在审理各种案件中形成的文字、音像等材料。1949年6月4日，松江县人民政府接收国民党松江地方法院，建立司法科。1950年10月25日建立松江县人民法院，司法科业务并入人民法院，建立档案制度。1968年1月至1974年1月，公安局、检察院、法院三机关实行军管制，1974年1月公检法军管组撤销，恢复松江县人民法院建制，诉讼档案管理正常开展。1974年前法院的刑事诉讼档案依旧保存在松江县公安局档案室。2019年，松江区人民法院档案室库藏档案266 109卷，其中1950—2019年的文书档案12 586卷、1975—2019年的会计档案4 310卷、1950—2019年的专业档案249 213卷。另有照片档案8 184张、音频档案71盘、视频档案1 632盘。专业档案占全部库藏档案数的93.65%。2019年松江区法院档案室为69 656人次提供查阅档案30 834卷次。档案不移交区档案馆。

【检察档案】 专门档案名。松江区人民检察院承担的刑事、法纪、经济检察、监所监督和控告、申诉检察，结合办案发出司法建议，以及直接受理立案侦查刑事案卷、控告申诉案卷和民事行政案卷等材料。1950年8月松江县人民政府建立人民检察署，1955年1月改称为松江县人民检察院。1968年，检察院实行军管，1975年1月撤销，所存档案全部转移至松江县公安局。1979年1月，松江县人民检察院恢复。1983年3月，由松江县公安局保管的1951—1968年的检察院档案移交回检察院,“文化大革命”期间的诉讼档案仍存放于松江县公安局。1979年起,所有诉讼档案作为专业档案,由检察院保管,只对律师提供利用,不对外开放。2019年保存1951—1967年、1979—2019年的文书档案5 951卷,1979—2019年会计档案1 938册,1979—2019年案件档案41 932卷,1985—2019年照片3 210张,2000—2006年音像档案17盘。档案不移交区档案馆。

【纪检监察档案】 专门档案名。松江区纪律检查委员会、松江区监察局在加强党政干部廉洁自律教育,对区管党政干部违反纪律的行为进行监察检查,对违反党纪的干部进行立案审查中形成的材料。1950年成立中共松江县纪律检查委员会,1952年8月松江县人民政府建立人民监察委员会,1957年10月改为人民检察室,1962年撤销。1993年建立监察局,与松江县纪律检查委员会合署办公,改名松江县监察委员会。1990年11月县纪检委发文要求做好归档工作,其中案件材料以案件为单位组卷,审理工作材料按人组卷。2003年6月,区纪委监察档案室建立。2019年保存2009—2018年信访档案100卷、2007—2019年案件档案366卷、2008—2018年文书档案1 836件、2000—2018年会计档案229册。2019年区纪委监察档案室为146人次提供查阅档案183卷次。部分档案移交区档案馆。

【工商档案】 专门档案名。松江区工商行政管理局在区内工商企业登记注册及经营过程中形成的信息、文件等材料。1949年8月建立松江县工商局。此后机构撤并多变。1978年10月恢复松江县工商行政管理局建制。1991年6月改为直接隶上海市工商行政管理局,改名上海市工商行政管理局松江分局,机关职能与档案室工作性质未变。原松江县工商行政管理局的文书档案移交松江县档案馆,内容有机构设置、干部任免、市场建设等。专业档案(企业登记、案件办理)仍由分局档案室保管。2015年并入新成立的松江区市场监督管理局,文书档案移交区档案馆,专业档案移交市场监督管理局。2019年共有工商登记档案1 603 037卷(户),全年提供查阅档案33 132户次。

【税务档案】 专门档案名。松江区税务局在本行政区域内区管企事业单位、其他经授权企事业单位及个体工商户的税收征收、管理、稽核、稽查等职能中形成的材料。1991年财税机构分拆为松江县财政局和松江县税务局后开始独立建档。原档案室归档的税务档案,有20世纪60年代开始的税收会计档案、1990年开始的行政会计档案和1991年开始的文书档案,由松江县税务局档案室保存。1994年9月成立上海市松江县国家税务局,2001年3月成立上海市地方税务局松江分局,两局合署办公,档案全宗名为“上海市松江区国家税务局”。档案室业务受上海国家税务局和松江区档案局双重指导。“户管档案”按年度分户整理装箱,供区局、市局稽查及相关部门查询;“稽查档案”按一案一卷向国家税务局档案室移交,供内部查询;“减免税档案”按“事”装订成卷,供内部查询。2018年7月,松江区国家税务局、上海市地方税务局松江分局合并为上海市松江区税务局。1991年保存1991—2019年的文书档案1 461卷、19 747件,1990—2019年的行政会计档案5 188卷、科技档案233卷、音像档案1 118件、荣誉档案151件;1990—2010年的税收会计档案45 694卷,2001—2019年的稽查档案9 584卷、减免税档案723卷,2002—2019年的户管资料51 216箱。2019年为112人次提供查阅档案340卷次。档案不移交区档案馆。

【房屋档案】 专门档案名。松江区房屋档案室整理和保管的区内房屋土地产权证和住宅信息等材料。2001年7月成立松江区房地产档案

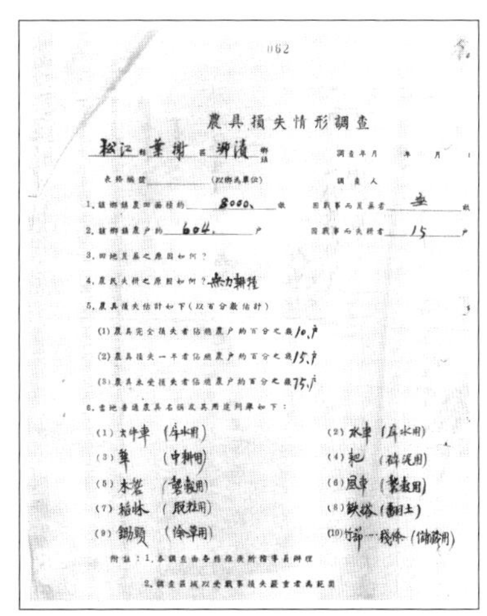

062

農具損失情形調查

松江县 葉榭 区 泖濱 乡镇

1. 該鄉鎮農田面積約 8000、畝
2. 該鄉鎮農戶約 604、户
3. 田地荒蕪之原因如何?
4. 農民失耕之原因如何? 無力耕種
5. 農具損失估計如下(以百分數估計)

(1) 農具完全損失者佔總農戶的百分之幾 10、户

(2) 農具損失一半者佔總農戶的百分之幾 15、户

(3) 農具未受損失者佔總農戶的百分之幾 75、户

6. 當地普通農具名稱及其用途列舉如下:

(1) 大牛車 (戽水用)　(2) 水車 (戽水用)

(3) 犁 (中耕用)　(4) 耙 (碎泥用)

(5) 木砻　(6) 風車

(9) 鋤頭 (除草用)

调查抗战时房屋损失卷

室，2010年12月更名松江区房屋档案室。与松江区住房保障和房屋管理局机关档案室平行。先后隶属于松江县房屋土地管理局、松江区房产土地管理局、松江区住房保障和房屋管理局。2019年11月划入松江区规划和自然资源局，松江区房屋档案室注销。保存1960—2019年的房地产权证档案730 728卷、2002—2019年的商品住宅维修基金档案821卷、2002—2019年的商品住宅预售许可证档案3 980卷。2019年为40人次提供查阅档案60卷次。档案不移交区档案馆。

四

馆藏特色档案、实物与资料

书（信）札、题诗（匾或书名）与手稿

【张祥河书札】 清代张祥河墨迹。馆藏编号Z-99。纸本。长23厘米，宽12.5厘米。书于红色信笺。为七律诗："夜气封条万树春，丛铃醉佩晓光新。葭霜诗里都无色，蕉雪图中别有神。白羽扇迎仙客驾，水晶帘隐美人身。冲寒且当淇花赏，谁泼冰壶为写真。"落款"兄祥河呈稿"。此书笺是作者在冬天写就。"君复仁弟大人正和"，交代书呈对象。张祥河（1785—1862），原名公璠，号诗舲。娄县人。嘉庆二十五年（1820年）进士。官至工部尚书。博学，尤精于诗。书法临摹其从祖父张照。著有《小重山房全集》《四铜斋论画》《诗舲诗录》《会典简明录》《关陇舆中偶忆编》等。

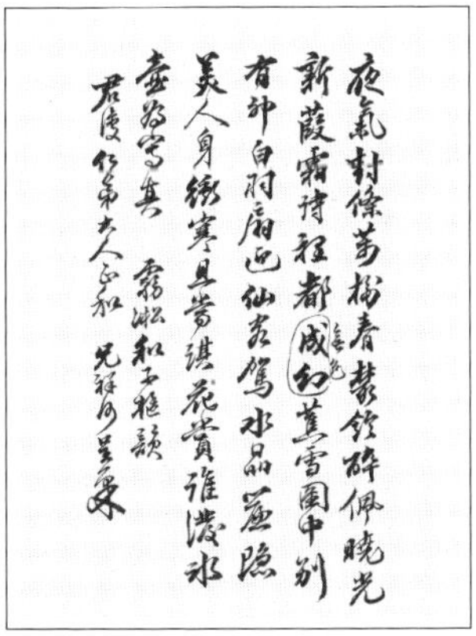

张祥河书札

【郭友松书札】 清代郭友松墨迹。馆藏编号Z-101。纸本。长12.5厘米，宽23厘米。书"由黄雪轩处得见周先生啜漓图，名作如林，就中袁漱六观察长歌，尤酷似两当轩及瓶水斋，为之神王，一时兴至，亦成一章。写寄曼仙贤友，转呈诸吟坛一哂……娄村郭福衡学吟草。"郭友松（1820—1887），或作友嵩，名福衡，以字行。娄县人，家住方塔东。13岁中秀才，称"神童"。才思敏捷，落笔成章。所作画，下款署"娄村老福"。所著诗文仅存《了然吟草》和用松江方言写成的小说《玄空经》。朱德天捐。

郭友松书札

【韩半池书札】 清末民初韩半池墨迹。馆藏编号Z-36。纸本。长23厘米，宽13.5厘米。韩为俞氏乡绅开具的药方。书于有"杞菊延年"图案的米色笺上。日期为"杏月十八"，在仲春之月。钤"韩氏半池"。韩半池（1856—1929），名文衡，以字行，自署随安子。娄县人。15岁至同寿康药店当学徒。后随青浦名医陈莲舫习医。学成后，返松行医，声誉日起，求诊者多，往往至半夜方归，有"韩半夜"之称。1922年被推为松

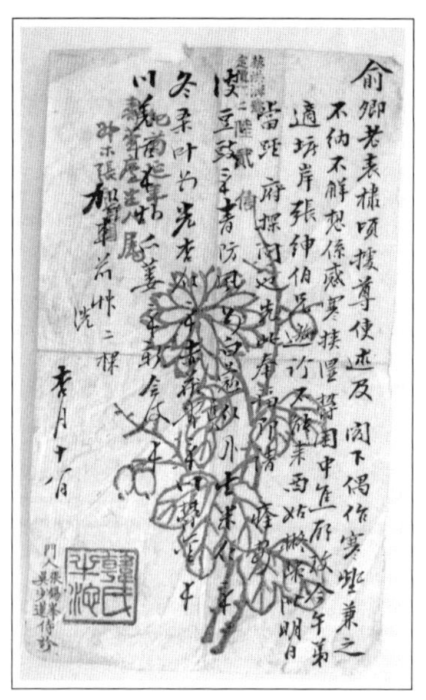

韩半池书札

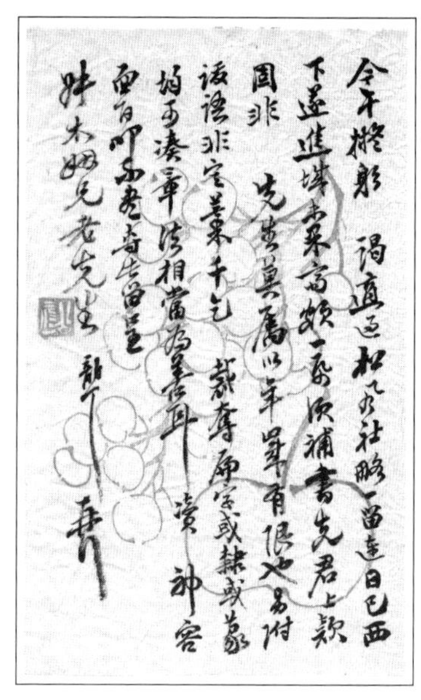

费龙丁书札

江县医学卫生协会会长。著有《随安医案》《临诊摘要》《外科摘要》等。

【沈銛书札】 清代沈銛墨迹。馆藏编号Z-288。纸本。长76厘米，宽20厘米。诗分三部分：诗兴，衰病，绘画一事。诗前有小序，叙述原委。落款“戊寅夏孟，元咸弟銛草于小织画馆”。沈銛（1829—？），早年名际昌，字伯诚，后改字元咸，号诚斋。娄县人。禀贡。清光绪初流寓上海。精汉隶，工山水，似胡横云而尤得天真烂漫之趣。刻印亦然。著《阿兰那馆印草》。朱德天捐。

【费龙丁书札】 清末民初费龙丁墨迹。馆藏编号Z-100。纸本。长22厘米，宽14.5厘米。是一封记载当年作者与“姻兄”书画往来的信件。书于米黄色信笺，上有红色线条勾勒的果实图案，左侧中间有一方制笺者留印章“公侯”。款署“龙丁再拜”。费龙丁（1880—1937），字剑石。松江人。晚年信佛，别署“佛耶居士”。书法工行楷，篆摹石鼓，精于刻印。早年加入南社，曾与社友李息霜于杭州创建金石组织“乐石社”。还曾加入西泠印社。清光绪二十四年（1898年）留学日本。回国后拜吴昌硕为师，艺益精进。

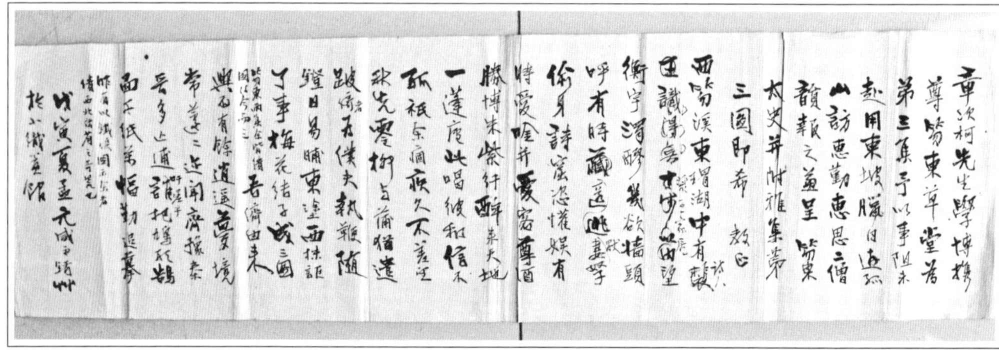

沈銛书札

【费龙丁、李华书诗卷】　清末民初费龙丁、李华书墨迹。馆藏编号Z-301。绢本。长290厘米，宽23厘米。有《愁春》《春愁》《春怨》《怨春》《愁秋》《秋愁》《秋怨》《怨秋》等24首。费龙丁自作七绝诗8首，夫人李华书和姑侄各唱和8首。卷前费龙丁为《春愁秋怨词》作序，书于1915年春西泠之吴山愁对之居。李华书诗前有“和龙丁外子春愁秋怨词原韵，时偕明卿侄女游西湖净慈寺灵隐烟霞洞诸胜”。姑侄诗前也有“敬和龙丁姑丈春愁秋怨诗元均八章录呈郢政”。1914年上元节前一日，费龙丁与李华书在沪北扆红园举行婚礼。李华书名钟瑶，为沪上名绅李平书胞妹，曾留学日本，工吟咏，精书画，尤善刺绣。朱德天捐。

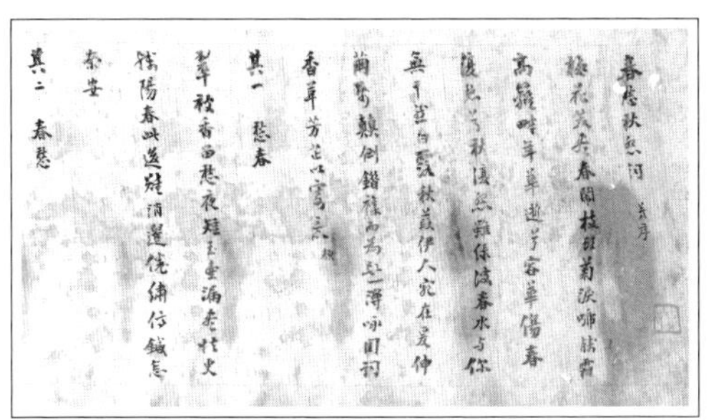

费龙丁、李华书诗卷

【郑逸梅书札】　现代郑逸梅墨迹。馆藏编号Z-35。报告纸。写给松江张寿甫的书信。书“南社丛谈所列松江方面人士颇多，奈无从录奉……”落款“弟逸梅病腕”。郑逸梅（1895—1992），本姓鞠，名愿宗，父早殁，依苏州外祖父为生，改姓郑，谱名际云，号逸梅，笔名冷香。32岁入上海影戏公司。南社社员。以“报刊补白大王”闻名。著《人物品藻录》《淞云闲话》《逸梅小品》《南社丛谈》等。

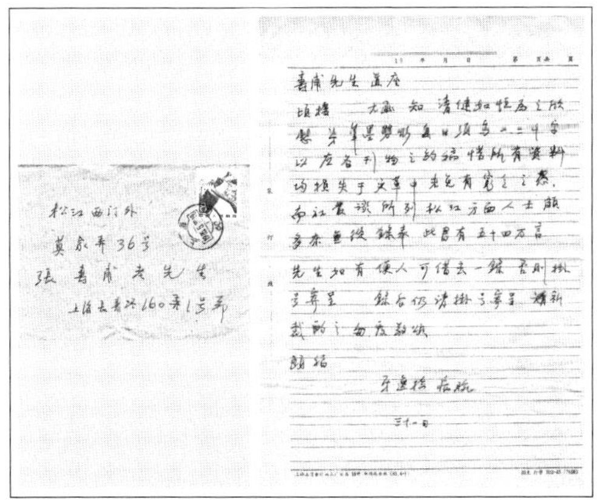

郑逸梅给张寿甫的信件及信封（1985年5月30日）

【侯绍裘书札】　现代侯绍裘墨迹。馆藏编号E-2-24。纸本。长25厘米，宽16厘米。写给唐鸣时的书信。要求唐鸣时用非党员口气，写一篇揭露汉口事件真相的英文稿投稿到《字林西报》。侯绍裘（1896—1927），字墨樵，曾用名少秋、何少秋、苏绍裘。松江人。松江最早的中共党员。1927年4月11日凌晨被国民党反动派秘密杀害。其长孙侯进捐。

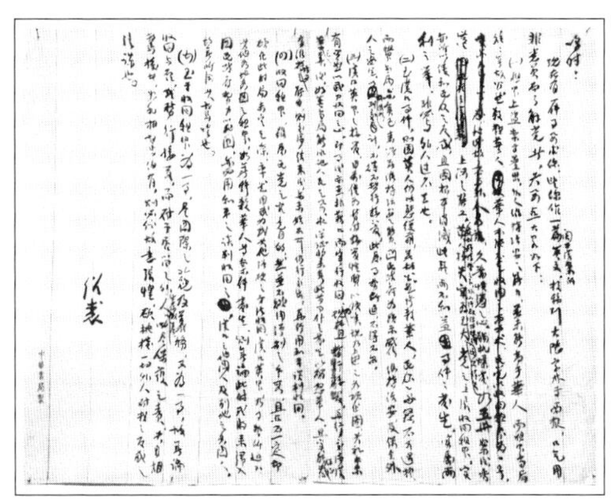

侯绍裘书札

【施蛰存书札】　当代施蛰存墨迹。馆藏编号Z-33、34。报告纸。写给松江张寿甫的两封信。内容为感谢张为其探听何定方女士住址及

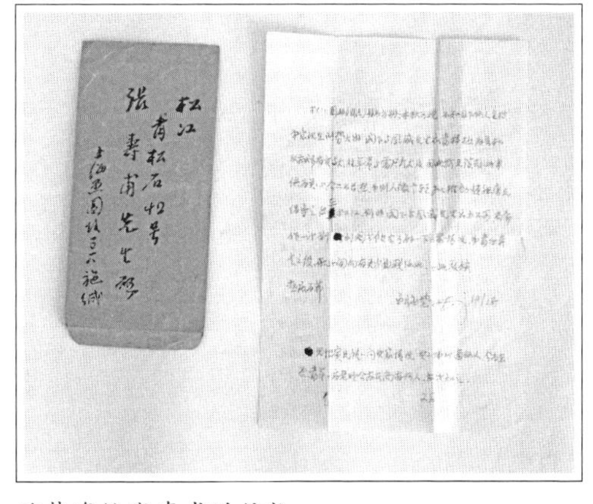

施蛰存给张寿甫的信札

家常问候等。写于1980年10月9日。施蛰存(1905—2003),名舍,学名德普,字蛰存,号北山。生于杭州,1912年全家迁居松江,以松江人自居。现当代学者、作家、翻译家。

【罗洪书札】 当代罗洪墨迹。馆藏编号E-7-109-110、Z-226。报告纸。一为罗洪与吴春荣的通信以及罗洪散文《沃土育人才》《记参观松江图书馆》两篇。19封信的时间跨度是1989年10月至2007年2月,内容主要是约稿和她对松江的关心等。二为罗洪给王永顺著《雄冠华夏》所作的序,共2页。罗洪(1910—2017),原名姚自珍。松江人。作家。吴春荣、王永顺捐。

《沃土育人才》《记参观松江图书馆》手稿

【朱雯自传】 当代朱雯墨迹。馆藏编号E-7-124。报告纸。包括6页自传,写于1968年6月17日,其中写道:1917年秋,进入松江县小昆山乡立初等学校读书,1920年暑期毕业……1932年,进入江苏省松江中学,任语文教员,一面教书,一面从事写作和翻译等。2页"交代材料",写于1968年8月7日;2页"补充交代",写于1969年2月15日。分别交代个人思想、工作等情况。朱雯(1911—1994),原名朱皇闻,笔名王坟、蒙夫。松江人。教授、作家、翻译家。

【嵇汝运书札及手稿】 当代稽汝运墨迹。馆藏编号E-7-120-122。报告纸。写给松江吴春荣的两封信、小传和《我爱松江》文。两封信是松江拟出版《松江当代散文选》向其约稿后的回信。时间分别是1999年4月13日和5月26日。稽汝运(1918—2010),松江人。药物化学家,中

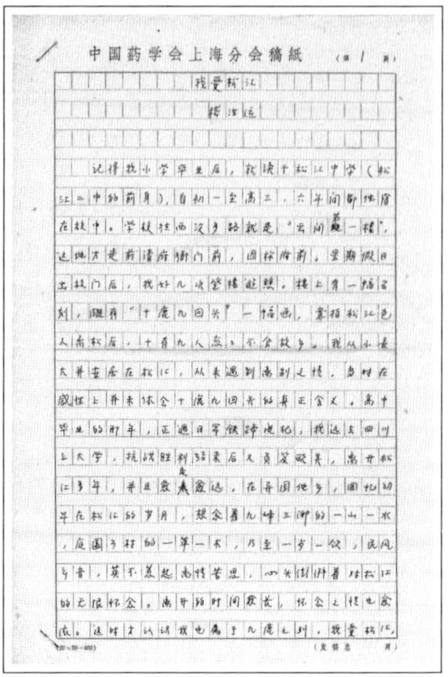

中国药学会上海分会稿紙 （第 1 页）

我爱松江

嵇汝运

记得我小学毕业后，就读于松江中学（松江二中的前身），自初一至高三，六年间都住宿在校中。学校往西没多路就是"云间第一楼"，这地方是前清府衙门前，因称府前。星期假日出校门后，我好几次登楼游憩。楼上有一幅石刻，雕有"十鹿九回头"一幅画，意指松江邑人离松后，十有九人恋恋不舍故乡。我从小长大并安居在松江，从未遇到离别之情，当时在感性上并未体会十鹿九回头的真正含义。高中毕业的那年，正遇日军铁蹄进犯，我远去四川上大学，抗战胜利结束后又负笈欧美，离开松江多年，并且愈走愈远，在异国他乡，回忆幼年在松江的岁月，想念着九峰三泖的一山一水，庭园乡村的一草一木，乃至一步一饮，民风乡音，莫不激起离情苦思，心头渐聚着对松江的无限怀念。离开的时间愈长，怀念之情也愈浓。这时才认识我也属于九鹿之列，我爱松江，

嵇汝运《我爱松江》手稿

国科学院院士、上海市新药审评委员会委员、卫生部药典委员会委员。吴春荣捐。

【程十发书札】 当代程十发墨迹。馆藏编号Z-32。报告纸。写给松江张寿甫的信。日期是1983年7月9日。程十发(1921—2007),原名潼,小名美孙。祖居枫泾,生于松江县城莫家弄。画家。曾任上海美术家协会副主席、上海中国画院院长、西泠印社副社长、吴昌硕艺术研究会会长、上海交通大学教授等。

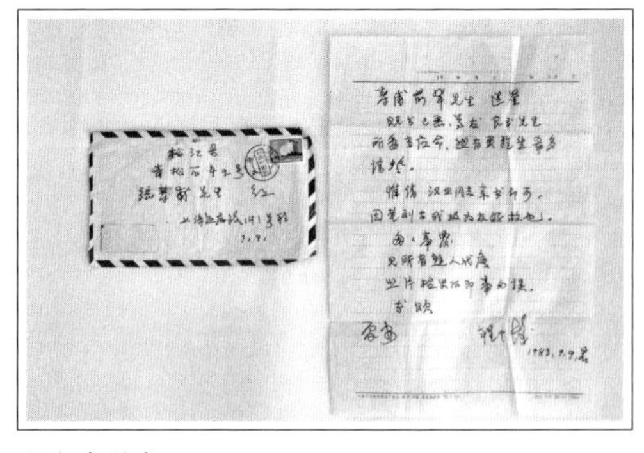

程十发信札

【罗章龙题诗】 现代罗章龙《松江三人行》墨迹。馆藏编E-3-5。纸本。长133厘米,宽54厘米。1923年冬,作者偕恽代英、侯绍裘到松江

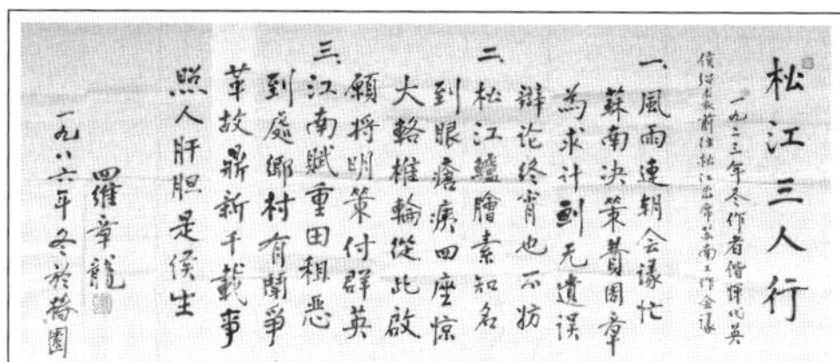

罗章龙为当年与恽代英、侯绍裘来松而作《松江三人行》

出席苏南工作会议时作的诗。1986年罗将诗重抄后赠送给中共松江县委党史研究室。其一：风雨连朝会议忙，苏南决策费周章。为求计划无遗误，辩论终宵也不妨。其二：松江鲈脍素知名，到眼疮痍四座惊。大辂椎轮从此启，愿将明策付群英。其三：江南赋重田租恶，到处乡村有斗争。革故鼎新千载事，照人肝胆是侯生。罗章龙（1896—1995），原名璈阶，湖南浏阳人。中共早期领导人之一。

【施蛰存题写书名】　当代施蛰存墨迹。馆藏编号Z-242。纸本。长21厘米，宽17.5厘米。2002年施蛰存为唐西林作品集题写“松江神韵”四字，时年97岁。唐西林捐。

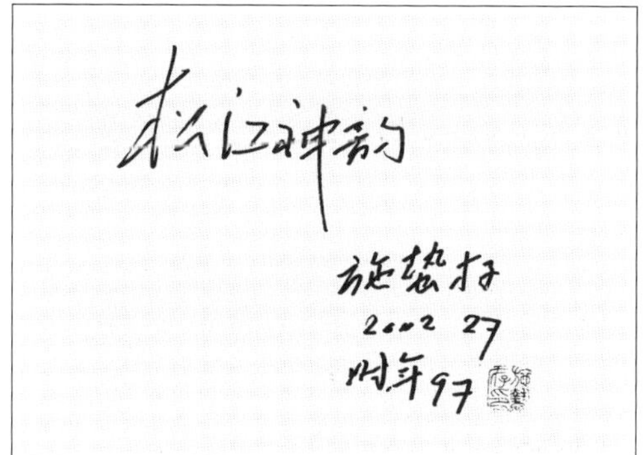

施蛰存手书题词

【杨纪珂题匾】　当代杨纪珂墨迹。馆藏编号E-3-82。纸本。长29厘米，宽21厘米。2002年为小昆山“二陆草堂”书写的“文苑先声”牌匾。杨纪珂（1921—2015），松江人。有“杂家”“通才”之誉，著有《农业现代化的起步策略》《数量遗传基础知识》《生物数学概论》《应用数理统计》等。王正捐。

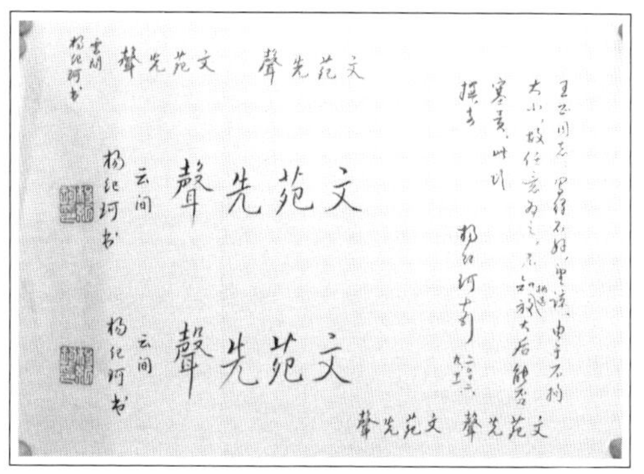

杨纪珂书写的“文苑先声”

【吴春荣手稿】　当代吴春荣手稿。馆藏编号E-7-17、E-7-78-86、E-7-103-105、E-7-118。吴春荣著作的部分手稿和校样稿。有《中国才女》手稿复制本、《南冠草》校样稿、《星期六的课本》手稿、《起航》校样稿、《梦回校园》手稿、《夏完淳》校样稿、《崇高的岗位》编辑稿、《松竹梅诗词选读》手稿、《虎刺》校样稿、《云间柳如是》手稿与校样稿、《黄道婆》手稿（一、二）和校样稿、《江南一枝梅》校样稿、《唐人100名句赏析》部分手稿。吴春荣（1937—　），松江人。特级教师。1988--1996年被聘为上海市中学语文教材专职编撰。中国作家协会会员。吴春荣捐。

【陆增祺手稿】　当代陆增祺手稿。馆藏编号E-7-117。《足迹——我的七十年》手稿，有我的家庭、少年求学、军校熏陶、事业起步、进京初考、有为人生、任重道远、外事掠影、享受人生等篇章。2011年由人民军医出版社出版。陆增祺（1941—　），松江人。曾任中国人民解放军海

少将陆增祺著作和手稿

军军医大学(即第二军医大学)校长、中国人民解放军总后勤部卫生部部长、总后勤部部长助理等。出版《墨缘:陆增祺书法集》《陆增祺卫生工作生涯》《陆增祺卫生工作讲话文章》等。陆增祺捐。

【毛福民手稿】 当代毛福民手稿。馆藏编Z-163。有文稿《档案工作发展趋势浅谈》、诗稿《我读幸福》。毛福民(1946—),天津市人。曾任中央档案馆馆长、国家档案局局长。

毛福民手稿

书画作品

【张祥河扇面书法】 清代张祥河墨迹。馆藏编号Z-37。纸本。长52厘米,宽23厘米。内容为书于淡黄色扇面的一首七言古风:“淡黄月子照澄潭,偃架牵牛花两三。嘈杂胡琴腔自度,商声绝不类江南。郎与银河订远行,传闻米价贵江

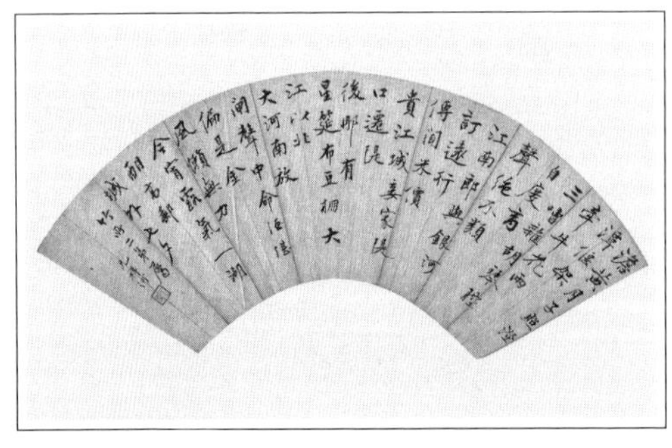

张祥河扇面书法

城。妾家堤口迁堤后,那有星筵布豆棚。大江以北大河南,放闸声中命酒堪。偏是金风懒无力,今宵露气一湖酣。”落款为“高邮城外七夕,竹所二弟属,兄祥河”,后有一枚红色篆章。诗以一歌女的身份,写与情人相离之苦,表达作者与亲人相聚共同生活的愿望。

【杨葆光书法】 清代杨葆光墨迹。馆藏编号Z-126。纸本。长146厘米,宽34厘米。内容为“水竹在怀清同与可,山林寄远趣抱天随”。落款为“献臣贤二姨甥雅属,七十五叟杨葆光”。杨葆光(1830—1912),字古醖,娄县人。诸生。官景宁知县。幼承母教,工诗古文辞。同治间客居保定,住莲池书院,参与修《畿辅通志》。所著《苏盦文诗词集》,湛然以清,夷然以和,淡逸高深。何新春捐。

杨葆光书法

【沈銛书法】 清末沈銛墨迹。馆藏编号Z-196。纸本。长109厘米,宽22.5厘米。“钝盦”匾额,自题作于“乙酉”,即1885年。款署“沈銛识于阿兰那室”,钤“元缄”等三方朱印。朱德天捐。

沈銛书法

程十发题词

【戚扬书法】 清代戚扬墨迹。馆藏编号Z-284。纸本。四条幅。长146厘米，宽38.5厘米。内容为选录唐代诗人王勃的《滕王阁序》“天高地迥，觉宇宙之无穷……酌贪泉而觉爽，处涸辙以犹欢”。抄录中把“君子见机”改为“君子安贫”。上款“立斋”无考。光绪三十二年（1906年）在松江知府任上所书。戚扬（1857—1945），字升淮，山阴（今绍兴）人。光绪十四年中举，次年中进士入庶常馆，光绪三十年任松江府知府。朱震捐。

戚扬书法

【杨了公书法】 清末民初杨了公墨迹。馆藏编号Z-195、Z-230。纸本。一是“浣云窝”匾额，长104厘米，宽34厘米。自题作于“丙寅”（1926年）。二是对联“泉通自来水，心定值维灯”，长130厘米，宽33厘米。自题“云间杨了公”。杨了公（1864—1929），名锡章，字子文，号了公，松江人。秀才。早期南社社员。书法家，尤擅行草。朱德天捐。

杨了公对联

【程十发书法】 当代程十发墨迹。馆藏编号Z-225、E-3-35、E-3-79、Z-98、Z-31。纸本。一是2002年为小昆山“二陆草堂”书牌匾，长69.5厘米，宽30厘米。二是《松江当代书画集》书名，长38.5厘米，宽13厘米。三是《雄冠华夏——松江的中国之最》书名，长92.5厘米，宽34厘米。王永顺捐。四是录陆游《山行》诗句“水浅游鱼浑可数，山深药草半无名”，长131厘米，宽30厘米。其长子程助捐。五是1954年10月在陶延龄日记本上的赠言：“多学习中外古今的美术作品，吸取其优点；多学习美术业务基本科学知识；多学习生活发掘真实生活中的题材。与延龄同志共勉。”陶榕捐。

【陈佩秋书法】 当代陈佩秋墨迹。馆藏编号E-3-72。纸本。长102厘米，宽19.5厘米。2002年夏为小昆山“二陆草堂”布展，录陆机《文赋》“观古今于须臾，抚四海于一瞬”句。陈佩秋（1923—2020），字健碧，河南南阳人。中国美术家协会会员、上海中国画院画师。

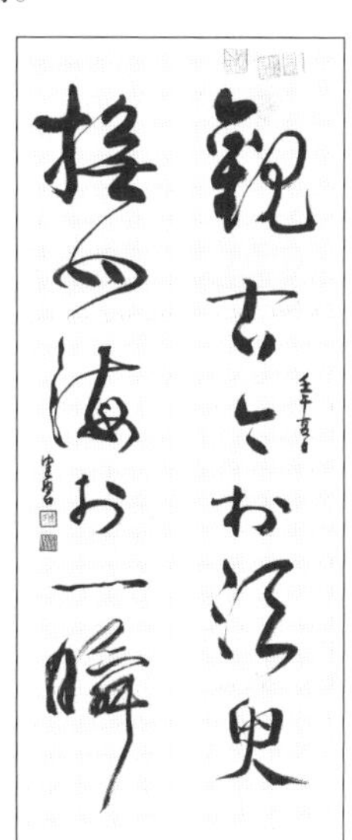

陈佩秋书法

【沈鹏书法】 当代沈鹏墨迹。馆藏编号E-3-77。纸本。长130厘米，宽33厘米。2002年秋为小昆山“二陆草堂”书牌匾“太康之英”。沈鹏（1931— ），江苏江阴人。书法家、美术评论家、诗人、编辑出版家。曾为全国政协委员、中国书法家协会主席。

【方增先书法】 当代方增先墨迹。馆藏编号Z-271。纸本。长80厘米，宽34厘米。2003年

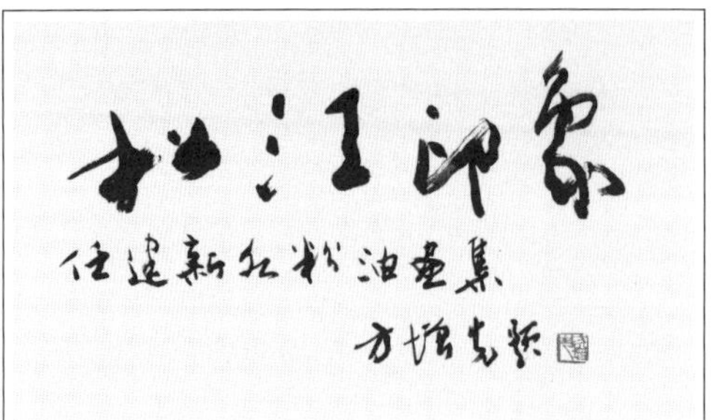

方增先书法

为任建新画册《松江印象》所题书名。方增先（1931—2019），曾任上海美术馆馆长、上海市美术家协会主席、中国国家画院中国画院院长。任建新捐。

【周慧珺书法】 当代周慧珺墨迹。馆藏编号E-3-37。纸本。长178.5厘米，宽37厘米。2002年夏为小昆山“二陆草堂”布展，书王尚德撰联“谷水潺湲绿野无边迎丽日，草堂肃穆文坛双曜照华亭”。周慧珺（1939—2021），浙江镇海人。国家一级美术师。曾任上海市书法家协会第四、第五届主席、中国书法家协会副主席、上海市文联副主席。

【张桂铭书法】 当代张桂铭墨迹。馆藏编号E-3-81。纸本。长74厘米，宽29厘米。2002年为小昆山“二陆草堂”书牌匾“清河堂”。张桂铭（1939—2014），浙江绍兴人。国家一级美术师。曾任上海中国画院副院长、刘海粟美术馆执行馆长。

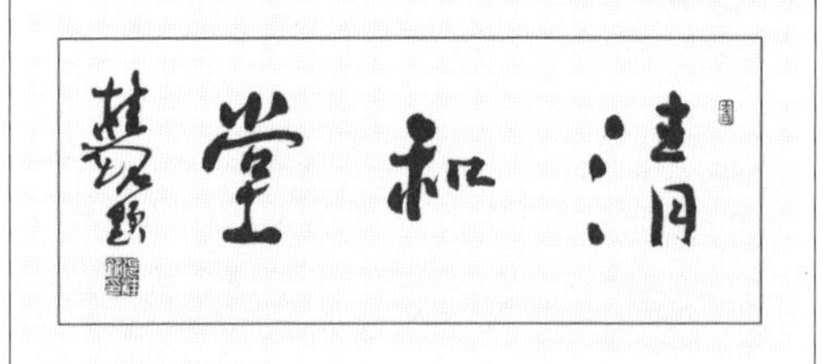
张桂铭书法

【洪丕谟书法】 当代洪丕谟墨迹。馆藏编号E-3-74。纸本。长181.5厘米，宽26.5厘米。2002年夏为小昆山“二陆草堂”布展，录陆云《陆清河集》“崇文德于缉熙，济武功而保定”句。洪丕谟（1940—2005），祖籍宁波，生于上海。华东政法学院古籍整理研究所教授，曾任上海市书法家协会副主席。

洪丕谟书法

【钱茂生书法】 当代钱茂生墨迹。馆藏编号E-3-78。纸本。长117厘米，宽33厘米。2002年为小昆山“二陆草堂”书牌匾“谷风厅”。钱茂生（1940— ），江苏无锡人。上海中国画院一级美术师。上海书法家协会理事。

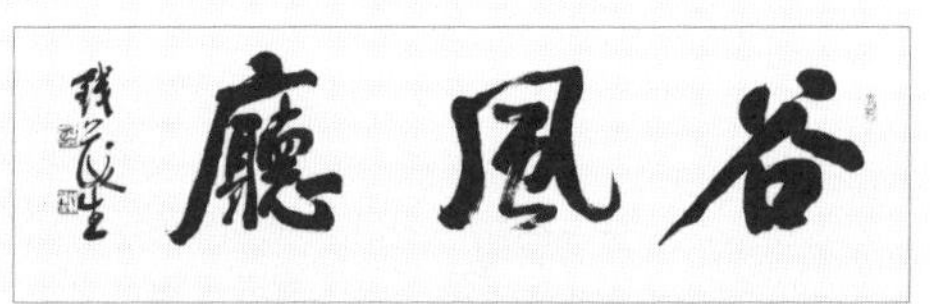

钱茂生书法

【张森书法】 当代张森墨迹。馆藏编号E-3-76。纸本。长114.5厘米，宽29.5厘米。2002年秋为小昆山“二陆草堂”布展，录陆机《文赋》“笼天地于形内，控万物于笔端”句。张森（1942— ），江苏泰县（今泰州）人。上海中国画院一级美术师。中国书法家协会理事，上海书法家协会副主席，上海美术家协会副主席。

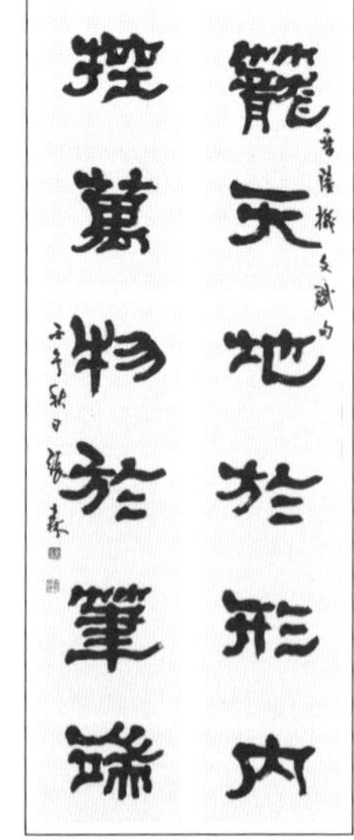

张森书法

【刘小晴书法】 当代刘小晴墨迹。馆藏编号E-3-80。纸本。长88厘米，宽33厘米。2002年夏为小昆山“二陆草

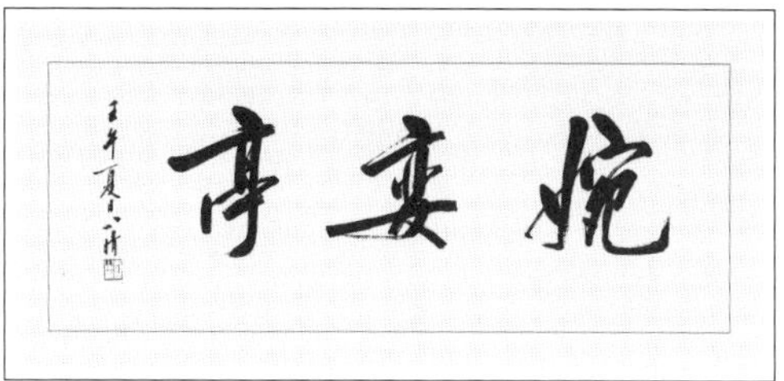

刘小晴书法

堂”书牌匾“婉娈亭”。刘小晴(1942—),上海崇明人。曾任中国书法家协会学术委员会会员、上海沪东书院院长、上海书法家协会副主席。

【毛国伦书法】 当代毛国伦墨迹。馆藏编号E-3-75。纸本。长130厘米,宽27厘米。2002年为小昆山“二陆草堂”布展,书郑云梯撰联“二陆文章雄万代,草堂灵气贯千秋”。毛国伦(1944—),浙江奉化人。一级美术师。中国美术家协会会员,上海市美术家协会理事,上海市书法家协会理事,上海中国画院创作研究室主任。

【王尚德书法】 当代王尚德墨迹。馆藏编号Z-198-207、Z-218。作品共10幅。其中《颂书协二十年》为七律诗。纸本。长133厘米,宽67厘米。内容为“荏苒光阴二十年,欣看成绩正斐然。几番翰墨惊人展,一贯精神创业篇。学海无涯勤泳最,书山有路勇攀先。中华文字渊源古,我赶你超快着鞭。松江书协成立二十年,云间王尚德作诗书贺”。王尚德(1917—2012),松江人。松江三中教师。松江区首届“百姓明星”,曾任松江区书协顾问。其子王正捐。

王尚德书法《颂书协二十年》

【沈元吉书法】 当代沈元吉墨迹。馆藏编号Z-208-217。纸本。作品共10幅。其中《登大仓桥》为篆书,长136厘米,宽66厘米。沈元吉(1924—2011),松江三中教师。上海诗词学会会员,松江政协云间诗社副社长。其子王正捐。

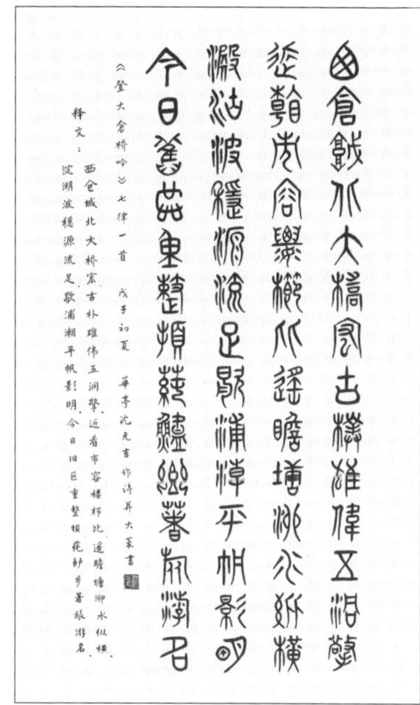

沈元吉书法《登大仓桥》

【刘兆麟书法】 当代刘兆麟墨迹。馆藏编号Z-289-291、298-299。“心源清净”,长136厘米,宽35厘米。“能舍有得”,长150厘米,宽41厘米。楷书范仲淹《岳阳楼记》12张,每张长68厘米,宽33厘米。行书2幅,小草千字文一册18页,每页长45厘米,宽25厘米。书法视频U盘一个等。另有其夫人袁斐萍楷书,《心经》一卷、楷书(黑底金粉)两幅,长50厘米,宽50厘米,馆藏编号Z-300。刘兆麟(1941—),松江人。中国书

刘兆麟书法“能舍有得”

法家协会会员，中国书法家研究院艺术委员会会员，上海市书法家协会会员，松江书法协会顾问。刘兆麟、袁斐萍捐。

【两院院士书法】 当代刘建康、徐匡迪等墨迹。馆藏编号D-4-96。共计88位院士书画作品125幅（其中4幅画）。2019年接收进馆。同时接收由上海书画出版社出版、费滨海编《相望共星河——中国两院院士书画作品集》。费滨海捐。

【沈銛山水画】 清末沈銛绘。馆藏编号Z-102。长134厘米，宽36.5厘米。四条屏，纸本，设色。画分别仿王翚、王原祁、高克恭和蓝瑛。四条屏均有款识，其一“故人家在桃花岸，直到门前溪水流。沈伯诚写耕烟散人意，时在乙丑闰端阳前二日”。前两句出自唐代诗人常建的《三日寻李九庄》。钤白文“际昌”、朱文“銛”二方朱印。其二“麓台司农抚大痴老人本，金阊门下见之，忽忽七年矣，尚能忆其一二。伯诚抚于有万熹斋……”等语。作于同治四年（1865年）。

【沈銛与夫人遗像】 清代沈銛和夫人画像。Z-223。长141厘米，宽86厘米。纸本，设色。后人书“元咸沈公暨德配邬孺人遗象”，题作于“癸卯九秋”，即道光二十三年（1843年）。画像神情端庄自然，衣纹用笔细劲流利，配饰精致，色泽鲜丽。朱德天捐。

沈銛与夫人遗像

【张叔通扇面画】 现代张叔通绘。馆藏编号Z-38。长49.5厘米，宽23.5厘米。纸本，设色。图绘远山近树，古刹草亭。滨水芦苇丛生，小船隐约依傍。扇面右上款识“远近皆僧刹，西乡八九家。得鱼无处卖，沽酒入芦花”，出自北宋诗人郭祥正的《西村》。题作于“乙亥春日”（1959年春）。款署“叔通”。另有二方朱印。张叔通（1877—1967），原名蕴芳，又名葆良，别号九峰樵子。松江人。清末秀才。《申报》总主笔张蕴和之弟。工书法，晚年学画水墨山水。

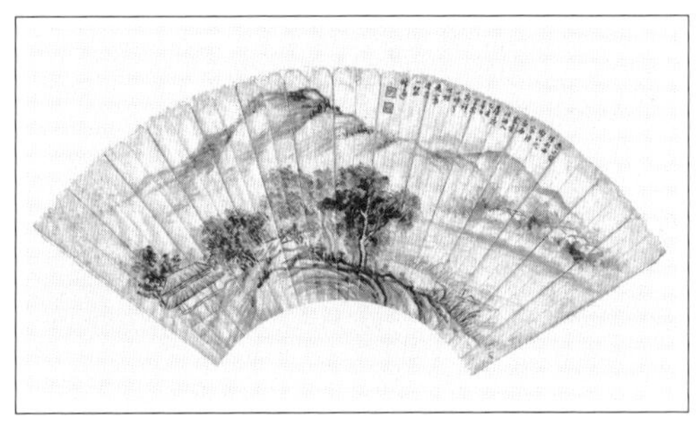

张叔通扇面画

【杜启平松鹤图等】 当代杜启平绘。馆藏编号Z-182、183、228。两幅画分别长67厘米、宽65.5厘米和长69厘米、宽34厘米。纸本，设色。一为松鹤，一为葡萄。彩绘葫芦一只，高44厘米，直径23厘米，作于2013年。杜启平（1923—2016），又名杜石琴。松江人。1948年去台湾，曾在中国台湾以及菲律宾、美国洛杉矶等地举行画展。1991年定居美国。其子杜南虹捐。

【韩熙云松巢词意山水图】 当代韩熙绘。馆藏编号Z-194。纸本，设色。画册共18张，长26.5厘米，宽19.5厘米。根据宋词意境而作。画大多作于1952年和1954年寓居上海时。韩熙，生卒年不详，字价藩，号致轩。松江人。松江名门世家韩应陛一脉后人，其父韩子谷为民国初期松江名士。韩熙上海寓所斋名乃朱孔阳题签书名中的“云松巢”，寓闲云野鹤。朱德天捐。

韩熙《云松巢词意山水》画册内图

【程十发钟馗郊游图等】 当代程十发绘。馆藏编号Z-26、Z-27、Z-270。长28厘米，宽20厘米。纸本。1992年的两幅连环画习作。长16厘米，宽67.5厘米。纸本，设色。1988年程十发赠与云间许云琴的画作。汪大文、毛国伦、程多多对画作的鉴定语：《钟馗郊游图》是程十发先生常画的题材，此人物画造型生动，线条流畅，是典型的程家样。许云琴、陶榕捐。

程十发《钟馗郊游图》

【程十发、曹简楼、吴青霞合作鱼乐图】 当代程十发、曹简楼、吴青霞绘。馆藏编号Z-24。长179厘米，宽94.5厘米。纸本，设色。作于松江美术馆，1992年元宵节。由程十发开笔，在左下

程十发、吴青霞、曹简楼合作《鱼乐图》

角画两条鲫鱼，后吴青霞画鲑鱼，曹简楼补景，吴青霞款署“鱼乐图，壬申元宵节为松江美协惠存，程十发、曹简楼、吴青霞合作并题”。松江美协捐。

【杨正新、张桂铭、吴玉梅、张迪平、唐逸览、施大畏等合作百花闹元宵图】 当代杨正新、张桂铭、吴玉梅、张迪平、唐逸览、施大畏等绘。馆藏编号Z-25。长179厘米，宽94.5厘米。纸本，设色。作于松江美术馆，1992年元宵节。由杨正新开笔出枝，张桂铭画白玉兰，吴玉梅画苍兰，张迪平画水仙，唐逸览画竹，施大畏最后画右下方，并用笔染底色。杨正新左笔款署“林学夫、郁文华、邱受成、吴玉梅、唐逸览、张桂铭、张迪平、梁洪涛、毛国伦、施大畏、杨正新合画于松江”。松江美协捐。

杨正新、张桂铭等合作《百花闹元宵》

【叶良玉为云间二陆造像】 当代叶良玉绘。馆藏编号Z-294。长45厘米，宽53厘米。画作于2016年，作者时年86岁。叶良玉（1930—2019），名瑗，号阿良，别署茸城跛翁。松江人。上海市美术家协会会员，松江文联美协顾问，原上海云间中国画院院长。叶良玉捐。

叶良玉绘画《云间二陆造像》

【朱荫能乡愁图】 当代朱荫能绘。馆藏编号Z-286。长75厘米，宽50厘米。纸本，设色。版画《乡愁》入选“中国精神·中国梦”全国农民画创作展。朱荫能（1935—2021），祖籍南京。被联合国教科文组织授予“中国民间工艺美术家”称号。上海美术家协会、上海市民间文艺家协会会员，松江版画院名誉院长。朱荫能捐。

朱荫能《乡愁》

【吴玉梅玉兰图等】 当代吴玉梅绘。馆藏编号Z-15、16。长96厘米，宽61厘米。绢本，设色。《玉兰图》是以吴玉梅画作为蓝本的一幅顾绣作品。右侧落款“云间吴玉梅作，松江工艺品厂制”。作品右下为奇石、兰和竹，上方遒劲枝干上有绽放的粉红和白色玉兰花，三只麻雀姿态各异，生动有趣。国画《春》，长120厘米，宽69.5厘米。纸本，设色。有翠竹、新笋、花草和双燕。馆藏编号Z-30为其铅笔画习作。吴玉梅（1940—2011），松江人。师从唐云。为上海中国画院画师、国家一级美术师、中国美术家协会会员、上海文史研究馆馆员、中央文史研究馆书画院书画研究员。吴玉梅捐。

吴玉梅《春》

【周洪声廊连阡陌图】 当代周洪声绘。馆藏编号Z-287。长和宽75厘米。纸本，设色。版画《廊连阡陌》入选“中国精神·中国梦”全国农民画创作展。周洪声（1940—　），松江人。版画家。

周洪声《廊连阡陌》

【唐西林新作“邦彦”人物像】 当代唐西林绘。馆藏编号Z-181。长175厘米，宽44.5厘米。纸本，设色。《新作“邦彦”人物像》是2002年唐西林为新桥春申村建“春申君祠”而为五位古人所作的画像，五位古人为张南垣、顾清、朱舜水、徐璋和袁凯。2013年由档案馆保存。唐西林（1949—　），松江人。中国摄影家协会会员，上海摄影家协会会员，上海美术家协会会员，上海民间艺术家协会会员。唐西林捐。

唐西林《新作“邦彦”人物像》

【钱炳荣农家忙种图】 当代钱炳荣绘。馆藏编号Z-229。长75厘米，宽73厘米。纸本，设色。钱炳荣（1951— ），笔名云间农夫。松江人。上海市民间艺术研究会会员，中国民间工艺美术家。1984年8月在华阳桥举办“农民之家画展”。钱炳荣捐。

钱炳荣《农家忙种》

【杨杰吉祥图】 当代杨杰绘。馆藏编号Z-241。长49.5厘米，宽49.5厘米。纸本，设色。杨杰（1971—2019），松江人。画家，瑞士国际口与足艺术家协会会员。

杨杰《吉祥图》

名人档案

【赵祖康档案】 赵祖康遗物等。馆藏编号ZZK-1-10、16。2015年、2017年三次收入其相关实物20件。有赵祖康石膏胸像、印章一枚、皮箱一只、百利金钢笔一支（1957年德国产）、捐款收据三张、1993年工资单一张、访日本大阪纪念钥匙一枚、赵祖康主编的《英汉道路工程词汇》一本、赵氏宝训复印件一份、1991年其给孙女出国的题书、赵祖康母亲（姚儒娟，松江人）手炉一只等。赵祖康（1900—1995），松江人。中国公路建设泰斗。其子赵国通捐。

赵祖康遗物及资料

【戴明教档案】 戴明教顾绣传承人等资料。馆藏编号81-3-3。2005年收入其相关资料33件。有杰出传承候选人基本情况、工艺美术师资格证书、荣誉证书、绣品目录、口述资料，以及刊登于报刊的作品与介绍文章（复印件）等资料。戴明教（1922—2018），上海人。国家级非物质文化遗产项目“顾绣”传人，工艺美术师。一生共创作40多幅作品，作品被选为外交礼品，被世界各地美术馆、博物馆收藏。代表作有《红蓼水禽》《群鱼戏藻图》等。开创“顾绣”双面绣先河。口述

戴明教

“顾绣针法”，由其子整理成《顾绣针法初探》。

【徐亚君档案】　徐亚君专著等资料。馆藏编号E-7-27-38、E-7-77。2005年收入其著作6本、自传手稿1份和期刊5本。有《云间动物古今谈》《松江鲈鱼漫思曲》《蹄痕》《黄山动物趣语》等专著，以及《云间动物古今谈》手稿和刊载其论文的5本学术期刊。徐亚君（1931—2019），松江人。1956年上海华东师范大学生物系毕业后分配至安徽，从事高校动物学教学和科研工作，发表科研论文90余篇。首批享受国务院政府特殊津贴。1998年起，其发现的蜘蛛新种三次分别以其姓氏命名，分别为“徐氏球蛛”“徐氏弱蛛”和“徐氏弱斑蛛”。徐亚君捐。

2000年10月，徐亚君在松江住所进行《云间动物古今谈》三校

徐亚君著作

【徐震时档案】　徐震时画册等资料。馆藏编号D-11-130、321。2014年收入其相关资料10件。有《中华名人》第4期（2010年）、《时代潮》第10期（2005年）、《中国美术家》第3期（2007年）、《新时代艺术名家》第2期（2010年）、《当代十家书法名家扇面艺术作品展》一册、《徐震时中国画选》一册、国画经典第6期（2010年）、《人民艺术》第1期（2013年）、《〈邓小平同志像〉出版记实》（文一篇）、《贴近时代生活的宣传画——年画》（文一篇），另有给《图书松江》题字的两幅书法作品，分别长57厘米、宽33厘米和长70厘米、宽20厘米，以及为《松江档案》杂志题刊名两幅。徐震时（1938—　），松江人。1965年毕业于浙江美术学院国画系（今中国美术学院）。历任人民美术出版社编辑、组长、主任、编审，中华文学院教授、中国美协年画艺委会常务副主任、中国扇子艺术学会常务副会长、中国出版工作者协会年画艺委会主任、中国出版工作者协会摄影艺委会副主任等，连续三届全国年画展筹备者。全国新闻出版系统先进工作者，享受国务院政府特殊津贴。徐震时捐。

【周洪声档案】　周洪声专著等资料。馆藏编号81-3-4。2014年收入其相关资料51件。有手稿《我的艺术人生》、全国级获奖情况与证书（复印件）、1960年6月上海美术学校录取通知书、发表于报刊的文章和画作（复印件）、《中国美术家协会——美术家会员图册》和《周洪声山水画——课徒稿》等。版画《廊连阡陌》，馆藏编号Z-287。长75厘米，宽75厘米，入选“中国精神·中国梦”全国农民画创作展。周洪声（1940—　），又名周洪生，号华亭老舟。松江人。中国美术家协会会员、中国版画家协会会员、上海美术家协会会员、上海民间文艺家协会会员。曾任松江美术协会会长、首届松江版画院院长，副研究馆员。《三阳开泰》获“全国画乡作品展”一等奖。作品多次入选全国和上海市美术展。2007年获“第十四届全国群星奖”。周洪声捐。

【金坚范档案】　金坚范小传等资料。馆藏编号Z-7-112。2014年收入其相关资料14件。有中华人民共和国文化部对其表扬的文件、享受国务院政府特殊津贴证书、小传以及文章《漫话诺贝尔文学奖》《与井上靖先生交往的一段往事》《不可忘却的记忆》《从零开始》《金坚范=自审+自信》等。另捐复印件3份，为《丰子恺年谱》中有关松江的资料，馆藏编号E-7-113。2016年捐《怀念》一书，馆藏编号D-11-345。金坚范（1942— ），松江人。曾任中国作协党组成员、书记处书记，兼任外联部主任、《文艺报》总编辑，又为瑞士儿童园地基金会终身评委、鲁迅文学奖（翻译奖）评委会主任、中国—印度名人论坛成员、中华文化促进会副主席等。金坚范捐。

【陆军档案】 陆军文学艺术、荣誉等资料。81全宗1目录282卷。2009年为其建立名人档案。2009年2月，松江区举办了“田野上的歌：上海农民30年心灵档案——陆军农村题材剧作30年成果展”，展后资料归入档案馆。有获市级以上先进光荣册、证书，加入中国作协、中国戏剧家协会等入会申请表，发表在市级以上报刊的文章、剧作（复印件）等。另馆藏编号E-6-1-3为《陆军获奖剧作选》《陆军电视剧作选》《编剧理论与艺术》，E-7-20-26为《陆军文集》。陆军（1955— ），原名陆关生，笔名阿庐。松江人。二级教授，博士生导师，博士生后合作导师，上海戏剧学院学术委员会主任、编剧学研究中心主任，上海校园戏剧文本孵化中心主任。创建编剧学，列入上海市高峰学科建设规划；创立“百·千·万字剧”编剧工作坊。为上海戏剧学院编剧学学科带头人，国家社科基金艺术学重大项目首席专家，国家级教学成果奖获得者。先后获上海市级教学成果奖特等奖、国家级教学成果奖二等奖等省市级以上教育教学类奖励13项。兼任中国戏剧文学学会副会长、上海戏曲学会会长、上海戏剧文学学会会长、美国哥伦比亚大学编剧专业艺术硕士研究生中方导师。曾获“全国文化系统劳动模范”“上海市劳动模范”“上海市科教系统优秀共产党员”“宝钢优秀教师奖”等荣誉，为“文化部优秀专家”。已创作公演话剧、越剧、沪剧等剧种的大型剧作35部，2002年有6部大戏同时在全国上演，获“中国话剧金狮奖编剧奖”等省市级以上文艺奖项50余次。著述逾500万字，专著有《编剧理论与技法》《编剧学论稿》《陆军文集》（8卷）等13种，创办《编剧学刊》（集刊），主编《中国现当代编剧学史料长编》《上海戏剧学院编剧学教材丛书》《上戏新剧本丛编》（全50卷）等20余种。陆军捐。

東方人物

貧窮的富翁

——記全國文化系統勞動模範、青年劇作家陸軍

贫穷的富翁——记全国文化系统劳动模范、青年剧作家陆军

田野上的歌：上海农民30年心灵档案——陆军农村题材剧作30年成果展

《定心丸》初稿

【张欣档案】 张欣遗物等。馆藏编号E-8-1-9。2019年收入其相关资料28件。有张欣家书2封、授予全国公安二级英模照片1张、出席60周年观礼的两位一级英模合影1张、其与公安部等领导合影2张。受邀赴西藏提供技术支援函1份、中国共产党党员登记表1份、出席中国刑事科学技术协会通知1份、《新时代铁警楷模》以及其书画作品6幅。张欣（1960—2018），松江人，从警30多年，经手案件约11 000多起，通过画像破案超过1 000起。先后荣获“全国优秀人民警察”“全国公安系统一级英雄模范”等称号，被誉为“警坛神笔”“罪犯克星”。其父张席民捐。

族谱、年谱与碑拓

【徐氏宗谱】 族谱名。馆藏编号B-3-1。记载徐氏世系和重要人物事迹的谱书。上下2册，补充1册，手书。每册用纸当绳固定，3册以两木板合成1册。长37.5厘米，宽27厘米。上卷有族谱叙、宗谱自序、凡例、合族墓考计十四章、谱系总图计一十二章、世序代统计十三章、清风堂本记等。开篇即始祖画像，计六尊。分别有十五世孙、十二世孙、九世孙、六世孙、五世孙等注。下卷有世裔录、屠赤水先生寿张夫人七秩诗、冯采城剑川先生传、俞氏节孝古风一首、于伯孝子传、自题小像赋等。记载时间最早为明万历十年（1582年）屠赤水诗。补充卷整理时间为1920年，张泽乡民第十九世裔孙纯熙识。有始祖至楚恒公直系表、楚恒公支系表、始祖彦一公家传等。

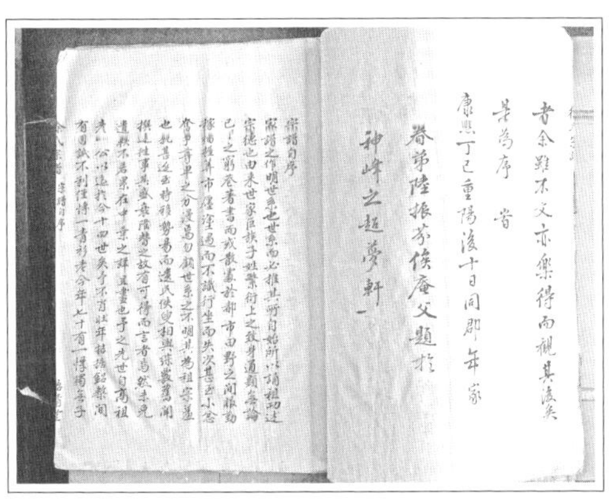

徐氏宗谱

【云间张氏族谱】 族谱名。馆藏编号B-1-8-13。记载张氏世系和重要人物事迹谱书。手抄5册和1册画像。族谱长29.5厘米，宽21厘米。2019年张照第九世孙捐张氏族谱和张氏祖先画像24幅。张氏族谱为清同治十三年（1874年）重辑，蔬香别墅藏。B-1-8为云间张氏族谱卷首宗支图、卷一为世系一自始祖心塘公至曼园公五世、世系二，卷二为世系三，卷三为世系四、世系五，卷四为世系六、世系七、世系八、世系九、世系十，续卷。B-1-9为宸翰，即帝王赐诗画，有清康熙二十五年（1686年）四月赐都察院左佥都御史臣张集，御书七绝一首“小雪晴沙不作泥，疏帘红日弄朝晖。年华已伴梅梢晚，春色先从草际归”。另有清乾隆七年（1742年）十月赐刑部尚书臣张照御笔《梅花水仙双清图》一卷，以及康熙、雍正、嘉庆、道光帝的各类颁旨嘉奖等。B-1-12为张氏族谱续卷，为九世孙汝璇编辑，十世孙谦、十一世孙延柱、世瑛重辑，十三世孙宗祐补辑。B-1-13为张氏祖先画像，设色。张光欣捐。

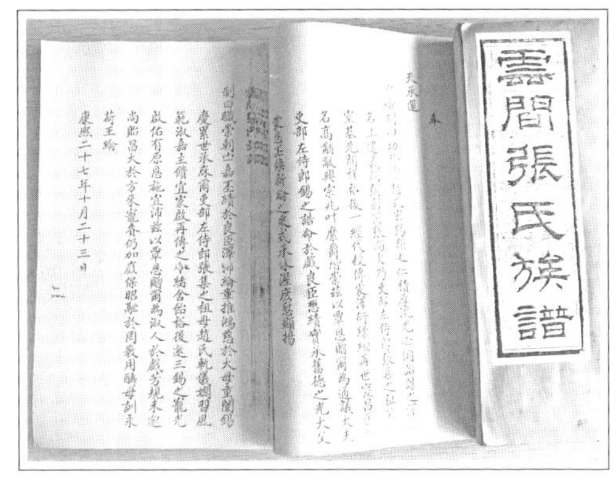

云间张氏族谱

【华亭顾氏宗谱】 宗谱名。馆藏编号B-2-1-2。记载顾氏世系和重要人物事迹的谱书。2册，复印本。长28厘米，宽20.2厘米。清光绪二十年（1894年）仲冬月开印。上册首有谕旨、诰命，卷一是宗支图，卷二世系，卷三纪年表，卷四墓宅表。下册卷五为墓图，卷六传铭表、卷七义庄规条家塾课程，卷八义祭墓田，卷末备考。墓图后记墓在松江郡城东门外，泖泾西，宋管桥之南，主茔并列者六穴，壬山丙向。卷六录赠通奉大夫柳溪顾公传，沈祥龙撰。

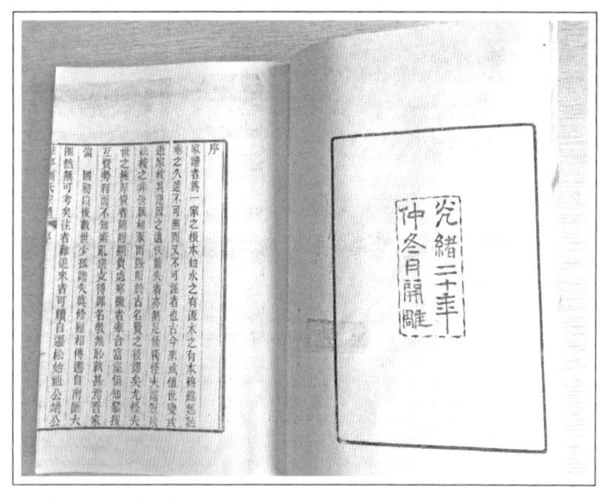

华亭顾氏宗谱

【云间陆氏家乘】 家谱名。馆藏编号B-2-3。记载陆氏世系和重要人物事迹的谱书。1册，复印本。长29.7厘米，宽21厘米。有平原陆氏重修家谱序、四十九支旧谱原序、陆氏宗谱序、陆氏家谱序、陆氏家乘序等。陆氏家乘目录，有卷首新序、原序八篇、续修自序、修谱纪略、华亭陆氏传、例言、总目、历代纂修考、陆氏姓系考；卷一为本支图、遗像、总世系图；卷二为总世表、分谱数；卷三为分支图、遗像、本支世系图；卷四为本支世表、分谱数、修谱各条款。四十九支旧谱原序："我家自汉初受封，徙居吴地，乃文乃武，惟孝惟忠，一千余年，轩冕无坠，自三吴建国，两晋垂衣，四丞相用德匡君，十将军推忠定乱，昆山三凤，谷水二龙……唐天祐二年乙丑正月二十八日丁亥太尉枝鸾台相国元孙甚夷谨书。"

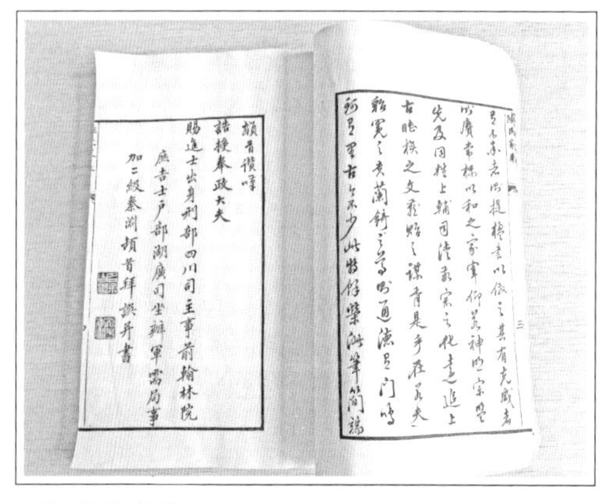

云间陆氏家乘

【竹冈李氏族谱】 谱书名。馆藏编号B-6-1。记载竹冈李氏续谱等内容的谱书。1册。长30厘米，宽22厘米。第一部分收入祖先遗像、古序八篇、续谱序两篇、家族渊源、祖先显扬录、祖先传等。第二部分为后代续谱人显扬录、续谱档案、后代简传、图片等。内有十世昭祥公于明嘉靖四十二年（1563年）所撰之序、陈廷庆序，有珍藏于北京中国人民大学图书馆和南京图书馆的1921版《竹冈李氏族谱》图，有十三世祖忠节公李待问画像。李待问（1602—1645），进士、中书科中书舍人，明亡统率义师，镇守松江府城，清乾隆四十年（1775年）特恩赐谥忠节，封为松江府城隍。李林松、李充子、李雪坤捐。

竹冈李氏族谱

【华亭浦南封氏家谱】 谱书名。馆藏编号B-1-6。记载华亭浦南封氏香浦公光照一支家谱等内容的谱书。1册。长29厘米，宽21厘米。有五部分：一为序言，二为宗支图表，三为世系简表，四为附录，五为世系详表。其中世系详表有九世祖、十世祖、十一世祖。内有第十世祖庸盦公文权像与书法、十一世孙章炜与之妻张菜画像、十一世孙章炬和章焕之书法等。华亭封公墓

华亭浦南封氏家谱

志铭："公姓封氏，讳文权，字秉衡，号衡甫，一字庸盦。先世由汴梁随宋高宗南渡至黄歇浦南，今张泽镇之八图家焉，遂世为江苏华亭县人。"上海严昌堉撰。附庸盦诗抄，章炟抄本；云烟过眼，庸盦老人手笔。封履宁捐。

【娄县俞氏家谱】 谱书名。馆藏编号B-7-1。记载娄县俞氏家谱重修等内容的谱书。1册。长29厘米，宽21.5厘米。有重修《古娄俞氏家谱》说明、序和世系，《古娄俞氏家谱》传承与变迁简介、简表、考证记要、东西两派间互嗣互支系表，以及族人传略、印谱等。俞远威（1902—1993），古娄俞氏第十一世孙，字振飞，别号箴非。系宗海粟庐公之子，被誉为"昆剧泰斗"。松江《堂加十级》残碑拓片字注，有俞氏募置民房始建经过等。

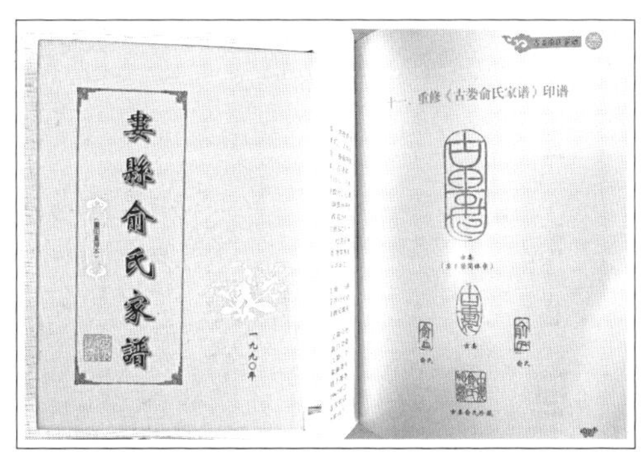

娄县古娄俞氏家谱

【张祥河年谱】 传记名。馆藏编号Z-116、117。2册。第一册有《太子太保原任工部尚书张祥河碑文》《祭文》《先温和公年谱》等。第二册是《关陇舆中偶忆编》。张祥河，张照从孙，官至工部尚书。朱德天捐。

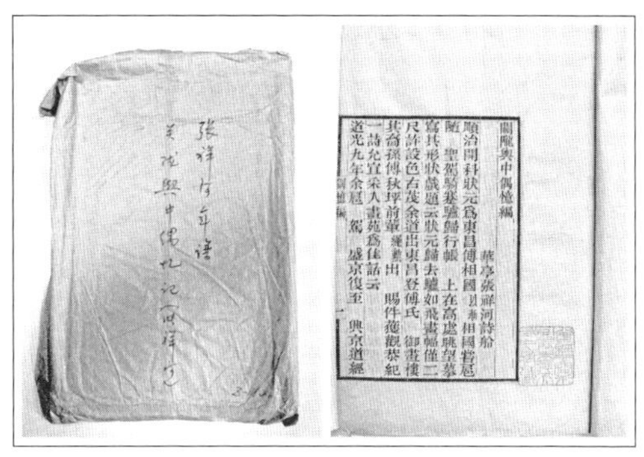

张祥河年谱

【小重山房年谱】 传记名。馆藏编号B-4-1。1册。记张祥河年谱等内容。复印本。长27厘米，宽17.5厘米。有《工部尚书、太子太保张祥河祭文》《张祥河碑文》《先温和公年谱》等。《先温和公年谱》记张氏世居上海浦东，明嘉靖间避倭寇，由滨海徙居三林塘，高祖珠岩公为清康熙四十一年（1702年）举人，始迁居郡城西门外塔射园（今松江城内西林寺东侧），遂入娄县籍。另附张祥河研究文章三篇。

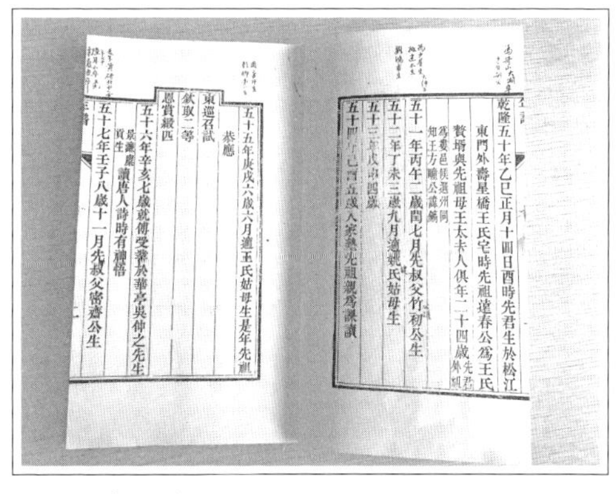
小重山房年谱

【勤敏先生沈君墓志铭】 拓片名。馆藏编号Z-193。长55厘米，宽55厘米。墓主为清末民国松江史学家和社会活动家沈惟贤，墓志为金兆蕃撰，陈陶遗书。内容为：“华亭沈君思齐，余畏友也。君英特沈敏，遇繁剧若行所无事。余迟钝不逮君远甚，君顾不余弃，始终甚相得。君与余年相若，余今乃铭君墓，是可悲已。君讳惟贤，一字师徐，晚号逋居士。世居河南。明季，浙江左布政应龙第三子国英官江南参将，就养松江，遂定居著籍。君祖讳霦，陕西同知。考讳福祉，浙江仁和场盐课大使。君幼聪，嗜读史，金元氏族、西北疆域尤所究心。年十五入学为诸生。苏州学古堂檄选高材生，县以君应。博闻疆识，超出侪辈，平湖朱竹石布政尤重君。光绪十七年，以第五人举于乡。十八年，应礼部试，桐庐袁忠节公得君卷，深赏之，为力荐，未售，遂契君申之以昏姻……垂老丹黄不辍，辑宗谱，修县志……”沈惟贤有诗词集《逋居士集》传世。朱德天捐。

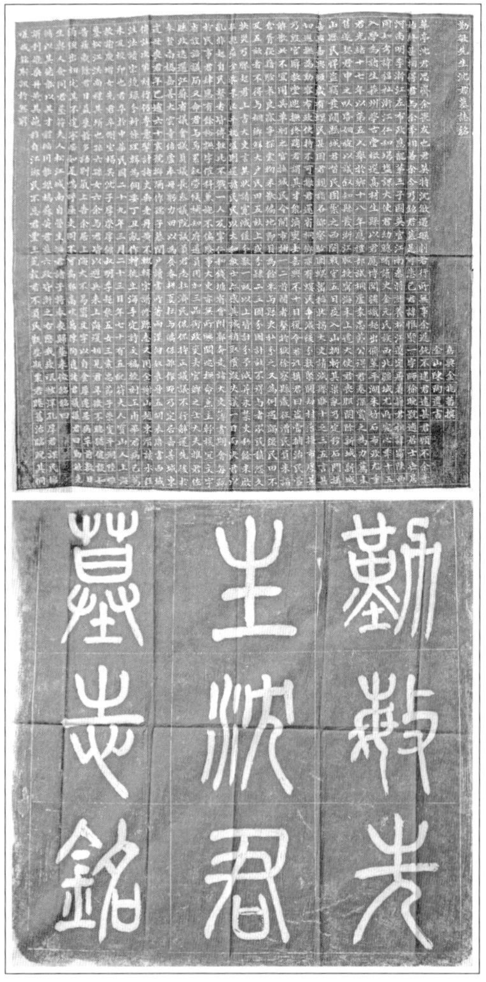

勤敏先生沈君墓志铭

【仕儒墓志铭】 拓片名。馆藏编号B-4-2。复印件。长31.5厘米，宽21.5厘米。纸右侧和下方，有今人辨识文。记有：“府君讳仕儒，吴兴人也。祖宝、父叙，皆高尚不仕，府君即叙之长子也，袭庆惟长，禀灵斯哲，加以中年，悟道深契。玄门虽处嚣尘，而嚣尘不染，可谓方外之士也……终于吴郡华亭县集贤乡私第，春秋四十九岁，其年十一月十二日，葬于县西修竹乡丘塔村之原建茔，礼也……”该碑铭出土于原白龙潭南侧。

【重建中山路钱泾桥记】 拓片名。馆藏编号Z-197。长56厘米，宽31厘米。记录重建中山路钱泾桥的原委。清末秀才陆规亮撰，王绍文书。内容为：“本桥自改建木质以来，业经数载。位居交通要冲，行旅往来，运货汽车络绎不绝，且有载重车辆加速疾驰，致屡坏屡修，旋修旋坏，途人戒心，金钱浪掷……中华民国三十六年十二月二十六日……”今钱泾桥桥栏和碑记原石均已无存。王正捐。

《重建中山路钱泾桥记》拓片

实物与堂簿

【松江丝棉袍】 元末明初丝棉袍。馆藏编号Z-1。2000年8月出土于松江区华阳桥墓葬群，为墓主身上所穿系的松江丝棉袍。经清洗保管，2006年4月捐松江区档案馆。

【白釉弦纹罐】 宋代白釉弦纹罐。馆藏编号Z-19。腹径10厘米，高8厘米。平口，鼓腹。腹边沿划刻弦纹。釉色白中微泛黄，釉面光洁莹润，器型端庄稳重。朱椿捐。

【关帝庙香炉】 松江仓城关帝庙香炉。馆藏编号Z-23。高22.3厘米，直径18厘米，壁厚1.5厘米。口沿饰一周回纹，下饰双龙海水锦幛纹。锦幛纹内竖书三行，中为"关圣帝君座前"，右为"光绪五年蒲月吉日旦"，左为"信士弟子胪名于侧"，旁有横长形框。香炉绘工精到，青花发色鲜明雅丽，釉层较厚。王正捐。

【红木打击乐器】 清代红木打击乐器。馆藏编号Z-192。长47厘米，上宽14.5厘米，下宽24厘米。共有11块红木组成，两旁用线串联固定。取其他木棒轻击时，音色轻而清脆。王正捐。

【沈銛印章】 沈銛两面印章。馆藏编号Z-224。印面长1厘米，宽1厘米，高4.2厘米。阴刻"沈銛书画"，阳刻"元咸"。朱德天捐。

【古砖、瓦】 松江老城区发现的刻有印记的古砖瓦。共计263块(片)，有城砖等181块、横道砖26块、"福禄寿"砖32块、方砖18块、瓦6片。城砖刻"宝应""万历拾贰年分""松江城砖""名货京砖"，有3块松江城砖的侧面刻有"道光丙申松江城砖""壬申年造松江城砖""同治壬申松江府制"，分别长35.7厘米、宽18厘米、高7.5厘米、重9千克，长32厘米、宽19厘米、高6.5厘米、重7千克和长32厘米、宽17厘米、高6.5厘米、重6千克。横道砖图案丰富，均为吉祥语或佛教八宝图案，有长指盘发、宝瓶、定胜、方胜、蝴蝶等，大者长27厘米、宽7厘米、高4厘米，小者长16.5厘米、宽8.5厘米、高3.5厘米。"福禄寿"砖刻有寿、福寿、福禄寿，有的"寿"字中刻有人物、动物和花草，砖块尺寸基本相似，长37.5厘米、宽19厘米、高8厘米、重11.5千克。瓦片大小不一，分别刻有"天""蝴蝶""自由""青天白日"等字样图案。舒品元捐。

【余天成堂堂簿】 记录余天成堂膏丸秘方手抄堂簿。馆藏编号Z-11-14。共4卷，包括《丸散全集》上、中、下3卷，《松江余天成堂丸散膏

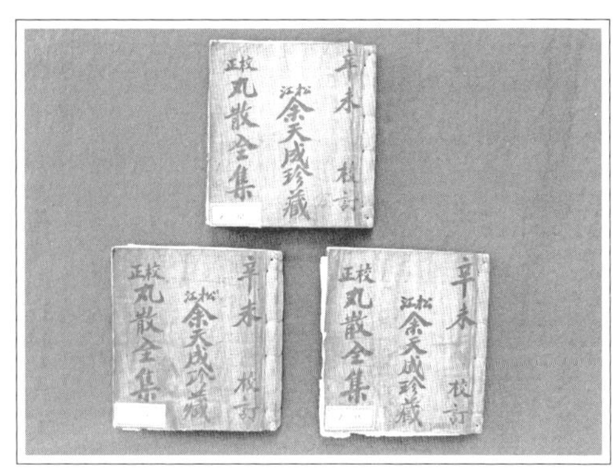

余天成堂堂簿

城砖

丹全集》1卷。用毛笔抄写。记录余天成堂自制的内用秘方，有丸、散、膏、丹等。《松江余天成堂丸散膏丹全集》收录488个中药处方。余天成堂创建于清乾隆四十七年（1782年），1992年被国家贸易部命名为“中华老字号”。2007年6月30日，松江余天成堂举行225周年庆典活动时把“堂簿”移交区档案馆保存。

【梅荫堂喜事簿】 华亭梅荫堂史。馆藏编号Z-8。长20.5厘米，宽14厘米。喜事簿为民国廿五年（1936年）十二月廿一日续弦喜用暂计。记有预办喜事用物“付求字帖大洋壹角、新衬绒旗袍九元四角伍分、铺床团子大洋贰角……共结大洋陆佰元另五角捌分”；记有迎娶费用“付平金彩轿一顶十二元，礼服一套十元，吹手贰元半，大轿抬轿贰拾柒元，喜客叁元伍角”等。

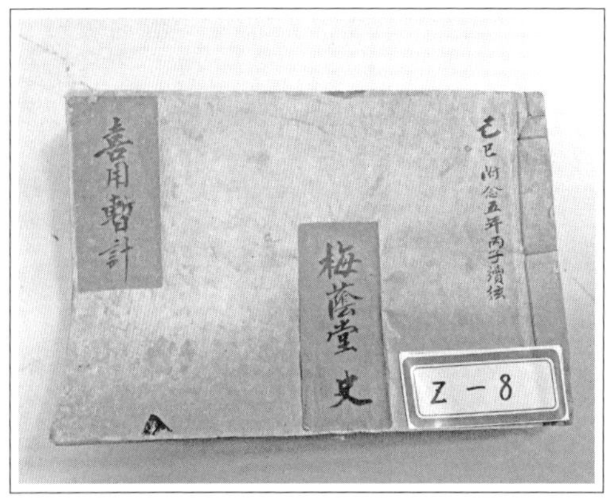

梅荫堂喜事簿

【超度牒】 实物名。馆藏编号Z-9-10。两块，为枣木超度牒，寺庙专用。是佛教、道教为亡灵得以脱离地狱诸苦难而专门制版，用于印制后通神。一块长19厘米，高11.5厘米，双面刻字，外有边框。有“清净奉。佛修因孝。右泊孝眷人等。即日仗士修建……功勋，早登上品。太岁，年、月吉日具”。另一面有“清净奉。修因。是日虔具，香馐宝炬，进钱云驭，珍财凡仪……”另一块长27厘米，高17厘米。单面刻字，无边框。有“是日竭诚至敬奉。佛修因超度，魂状投。冥京进贡孝信，即日哀叩，圣慈拔度故……虚心救苦彩笔生春赦放之人脱仕超，升下情，上叩谨状以……”朱寿椿捐。

超度牒

【云间雷氏百龄寿辰纪念碗】 寿辰定烧碗。馆藏编号Z-268。瓷碗两只。为雷君彦、雷君粹为母亲百岁寿辰纪念而定制。碗上口直径12厘米，下口直径4厘米，高5.5厘米。碗底内外有“同登寿域”和“云间雷氏”红色字。碗外一面有穿枣红色衣服的老太，坐在仙鹤上，慈眉善目，左手执凤头拐杖，右手托粉色寿桃。另一面是红色文字，中间“萱荫长寿”，两旁“家母孙太夫人百龄寿辰纪念”和“庚寅孟冬雷君彦雷君粹谨

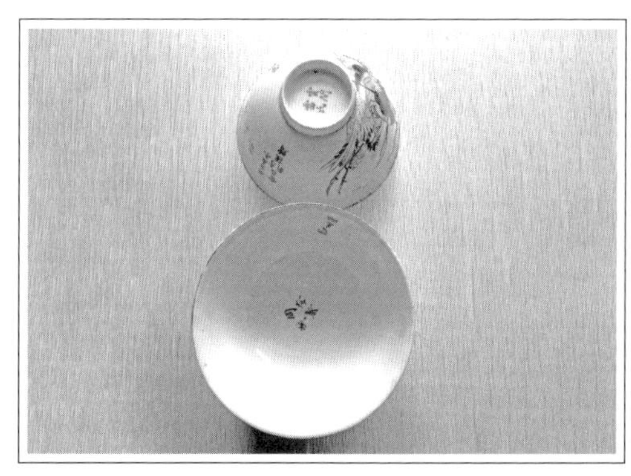

云间雷氏百龄寿辰纪念碗

赠”。雷君彦（1882—1964），民国时期松江县图书馆馆长。1930年在其母八十寿辰纪念时曾定制一瓷盆。据说其母把亲戚朋友祝寿礼换成现金建人寿年丰桥。

【王尚德、沈元吉用印】 王尚德、沈元吉印章。馆藏编号Z-218。共12枚。有方形、长方形和椭圆形数种闲章，刻有“天生我材必有用”“又度辰龙”“太原”等。王正捐。

王尚德、沈吉元印章12枚

书籍和报刊

【玉壶山房词选】 书名。馆藏编号Z-231。手抄本。两卷。长25厘米，宽15厘米。清改琦撰，其孙改再芗手抄。收录改琦创作的词83阕，另有词引、诔辞、词跋、像等。由朱伯凤题签，顾隽模画像，沈梓、张文虎等题跋。改琦擅长填词，被画名所掩。改琦（1773—1828），字七芗，

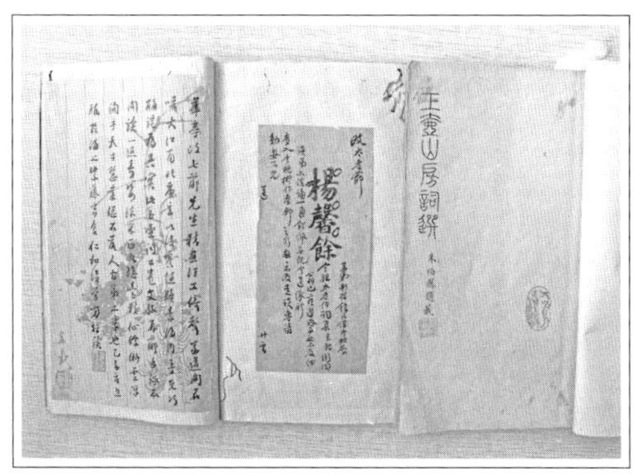

玉壶山房词选

华亭（今上海松江）人。善画，工人物、佛像、仕女，笔姿秀逸，设色妍雅，人称“改派”。其词风闲澹疏秀，词中有画。朱德九、朱德天、朱德星捐。

【职官表】 书名。馆藏编号Z-106。手抄本。介绍清代职官品级总略与筹饷则条。盖“曾经云间朱孔阳朱德天二代珍藏”等藏书章三方。朱德天捐。

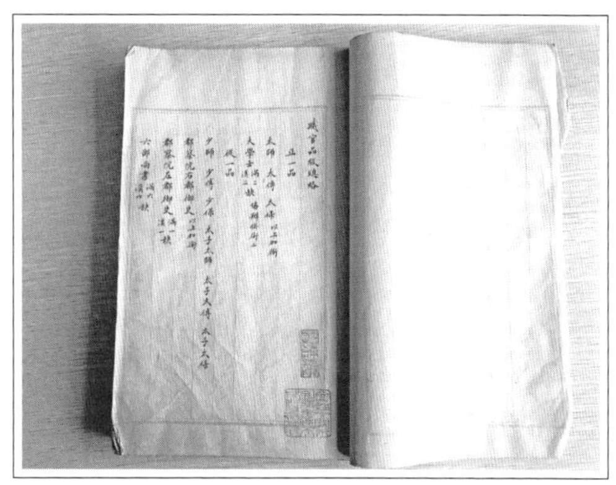

职官表

【上海寇变纪略及上海风谣】 书名。馆藏编号Z-108。第一部分记录婚嫁、丧葬、服侍、宴会、师巫、庙宇等礼仪、规矩和告诫。特示时间为清道光二十年（1840年）四月。第二部分是《上海寇变纪略》，附南汇及川沙，严秋卿撰。第三部分是作品集。有沈镜珊、吴冶云等作品。第四部分是清嘉庆二十五年（1820年）的《上海风谣》，有竹枝词六首等。朱德天捐。

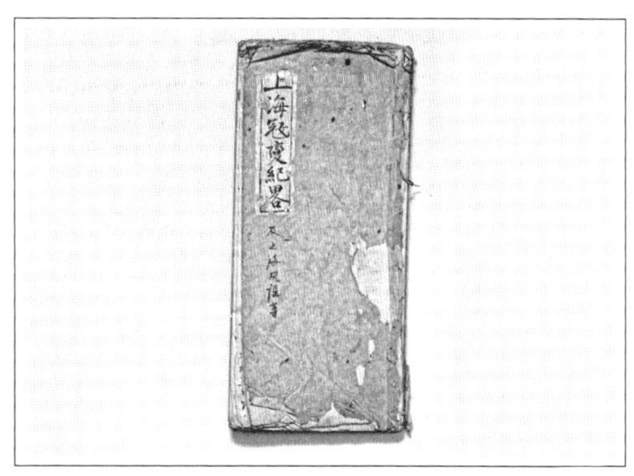

上海寇变纪略及上海风谣

【吴提督谋叛始末】 书名。馆藏编号Z-109。记述清初吴胜兆降清后又反正抗清遇害的事略。南明太湖义师克吴江县城，吴胜兆带兵清剿，麾下军队在县城内外抢掠，遭到闽浙总督上疏参劾，吴胜兆被罚俸六月，“心甚怏怏，每怀异念”。吴在扫荡太湖抗清武装时，招降不少义军领袖，驻守苏州的江宁巡抚与他素有嫌隙，借此密报上峰，说吴招降纳叛，意有所图。苏松常镇提督吴胜兆被削权，仅提督松江一府，有“我亦有功于清朝，清廷缘何负我”之叹。清顺治四年(1647年)四月经陈子龙策反，吴胜兆反正起事，因行事不密被缚伏诛。朱德天捐。

吴提督谋叛始末

【复社始末记】 书名。馆藏编号Z-110。记载明末结社事件及缘起，作者杜登春。其史料屡屡被学者引用。杜登春(1629—1705)，字九高，号让水，一号姜翁，世籍青浦，一作华亭，家江苏太仓。朱德天捐。

复社始末记

【社事始末】 书名。馆藏编号Z-111。作者杜登春。记幾社命名：“幾者，绝学有再兴之幾也，而得知幾其神之义也。”记幾社倡立元老“幾社六子”杜麟徵、夏允彝、周立勋、徐孚远、彭宾、陈子龙。记幾社钻研制艺、举行雅集、讨论诗词文章、评论时事、饮酒听笙等活动。朱德天捐。

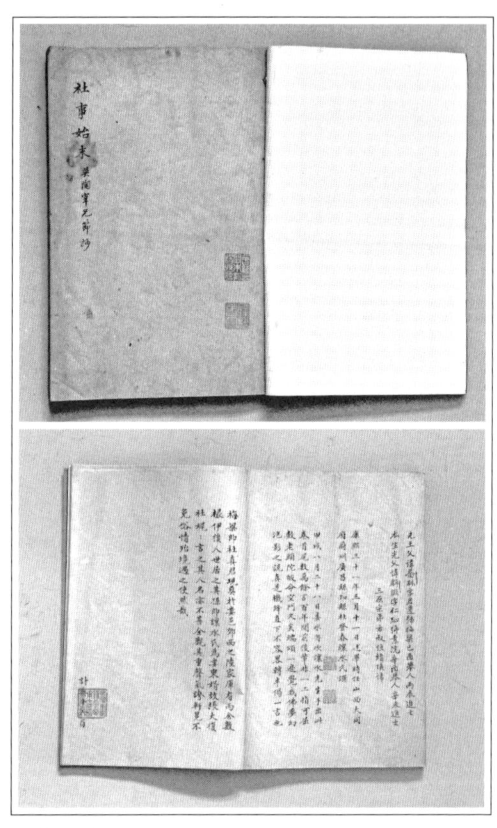

社事始末

【吴骐日千文集】 书名。馆藏编号Z-112。清雍正三年(1725年)四月吴骐编著。收录《龚高士传》《王建昌先生传》《颜延表先生传》《沈莲台传》等传记，《王玠右诗集序》《钱武子青鹤堂集序》《白云乡遗稿序》等序文，《春晚》《夜坐》《秋兴》等词作。吴骐(1620—1695)，字日千，号铠龙、铁崖、九峰遗黎、培桂桂斋主。华亭(今上海松江)人，明崇祯诸生。能诗善书，以诗文受知于陈子龙、夏允彝。清初杜登春《社事本末》：“幾、复两社翘楚，而终身高隐者二十余人，吾邑吴日千先生与焉。”朱德天捐。

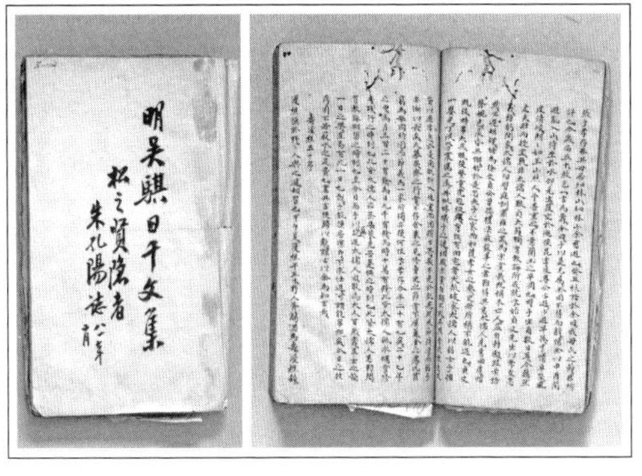

吴骐日千文集

【花影集】 书名。馆藏编号Z-113。华亭吴尔硕南田氏手抄。一册二卷。其中卷一《春游述怀》有序跋及《赋月》《惜花》《梦花词》等作品。卷二《送春》有跋及《旅怀》《七夕》《清明》等作品。钤印“尔硕”“南田”以及藏书章“曾经云间朱孔阳收藏”等。朱德天捐。

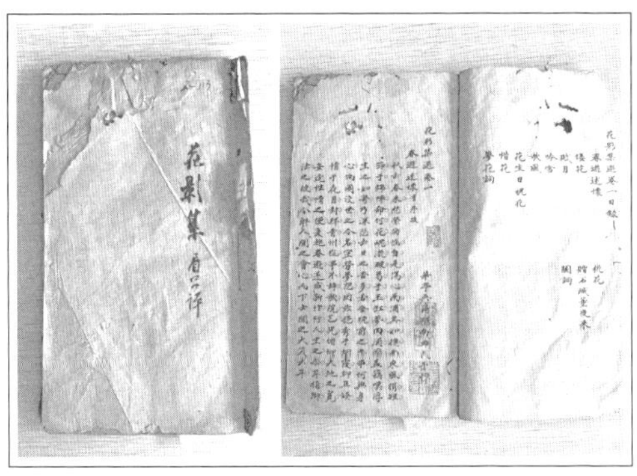

花影集

【王庆麟文集】 书名。馆藏编号Z-115。作者手书原稿。第一部分类似日记、读书笔记，有《驳姜宸英楚子文论》《然明欲毁乡校》《王安石苏洵》《看山读画楼铭》等文。还有记女儿三三死亡经过，表达怜爱之情的文字。第二部分是序文，有《徐氏阴寿诗序》《小题文雅序》。第三部分有《访孤山》《月夜艳情》《题改琦画晓寒图》等诗文。书后有“上岩石追逐云月，近文章砥砺廉隅”句。印章有“澹缘”“看看看斋”“王澹公”“樗寮”等。王庆麟，字治祥，号希仲，一号澹渊，华亭人。清嘉庆十二年（1807年）举人。曾与许乃济同撰《左氏蒙求注》，另有《洞庭诗文

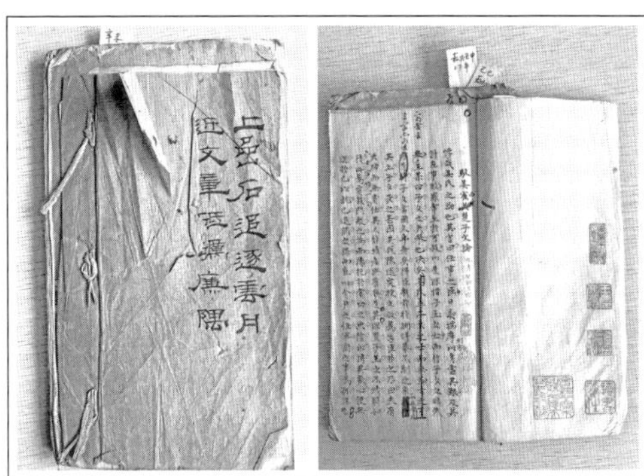

王庆麟文集

集》。朱德天捐。

【传心会要全录】 医书名。馆藏编号Z-118。云间黄郁文谦父纂辑。内容有诊脉、病症、病因、用药等。有《脉诀提纲论》《用药专心诀》《十二经歌》《验证舌法》《少阳经症》以及把脉、中药等。藏书印有“上海图书馆藏”“云间朱孔阳云裳鉴藏”等。朱德天捐。

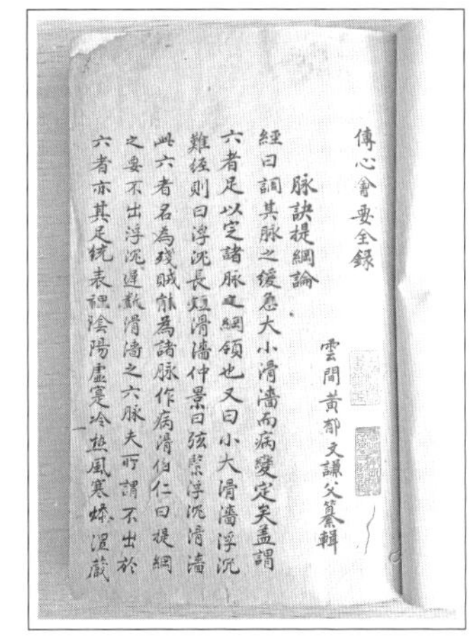

传心会要全录

【松郡世科考】 书名。馆藏编号E-7-92。仅有介绍松江部分氏族史料的下册。书中有侯、孟、盛、宋、夏、施、叶、周、袁、吴、金、曹、莫、董、刘、陶、奚、彭、林、谈、瞿、黄、姚、龚、陆、郁、徐、潘、石、冯、包、范、许、翁、华、杜、赵、吕、蔡、艾、乔、殷、聂、庄、章、邱、郑、雷、胡、单、程、焦、闵、路、廖、斐、凌、毕、汪氏等族的介绍。其中松城侯氏一族、萧塘及虹桥宋家、上海城陆家、松江城内

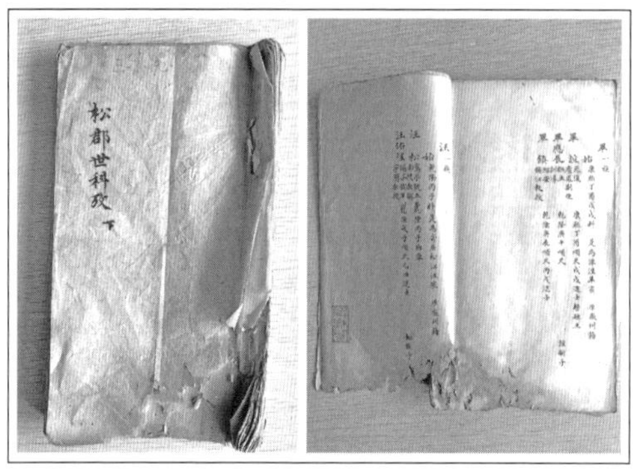

松郡世科考

望仙桥陆家、沙家桥陆家等史料较珍贵。藏书印有“联铢阁”、“学佛人张悔堂”(张照侄)以及“云间朱孔阳云裳鉴藏”“曾经云间朱孔阳收藏”等。朱德天捐。

【华亭债事记略】 书名。馆藏编号Z-107。明佚名氏撰,仲鱼孝廉抄录。记明万历四十四年(1616年)民抄董宦一事。细述当时情形:“时值西北风微,火势尚缓,自茶厅延至大厅,风渐大,火愈炽,烈火冲天,且有抢其台桌物件,投火中,以助其势者。”董宅相邻宅氏,“东边杨宅王宅,西边坐化庵唐宅,俱大书,此系某姓屋,又将灯笼高揭树,立于屋旁,以为界限”。也有作诗在残墙者:“一老翁题诗于上曰:福有胎兮祸有基,谁人识得此中机。酒酣吴地花颜谢,梦断松江草色迷。敌国富来犹未足,全家破后不知非。东风惟有门前柳,依旧双双燕子飞。”后有清代丁蓝叔文印章,书有:“华亭债事纪略一篇,不知何人所作,仲鱼孝廉从吴中抄得,予读之,不禁骇叹。盖文敏一代人物,即有过当,应不至是,良由后嗣之不贤,致累乃公之清怀,可不惜哉!”书中钤印十方,有“沈氏藏书”“丁蓝叔”“云间朱孔阳云裳鉴藏”等。朱德天捐。

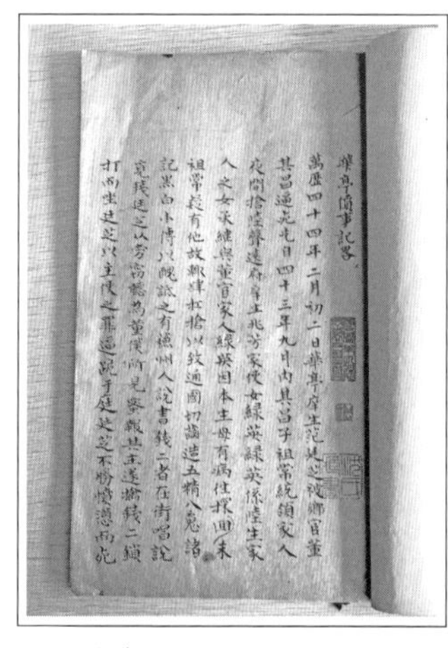

华亭债事记略

【蜩笑偶言】 书名。馆藏编号Z-267。闽南郑瑗撰,陈继儒、李高承埏校。由《蜩笑偶言》《长松茹退》《虎荟》《罗湖野录》等组成,内容多论古之语,间或有考证。纵论古今人物,涉及文王、侠客、孔明、唐明皇等。书背有“赵氏乐天楼藏”“宝颜堂秘笈”等藏书章。

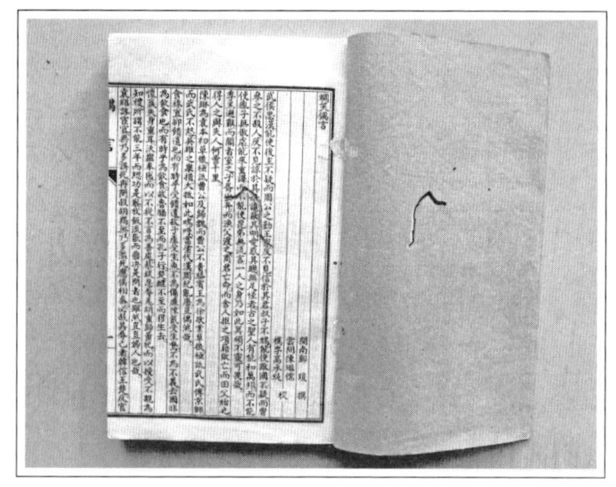

蜩笑偶言

【云间据目抄】 书名。馆藏编号Z-266。明范濂著。上海进步书局印行,共五卷。记松江掌故,分人物、风俗、祥异、赋役、土木五类,各为一卷。记录松江府手工业、商业之繁荣,较多反映

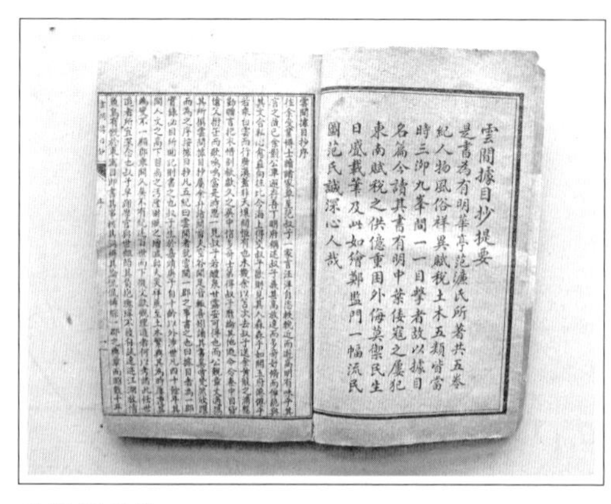

云间据目抄

松江市民生活，对地方官吏，乡绅之恶行劣迹，尤加痛诋。附适园记、观濠堂、屠隆诗和冯梦祯等诗作。范濂（1540—？），初名廷启，字叔子，华亭人。另著《文机十论》《空明子》等。

【云间杂识】 书名。馆藏编号D-2-5。明李绍文著。上海黄氏有家藏旧本，1936年上海瑞华印务局印行。共三卷。所记皆明万历以前松江轶事，涉及政治、经济、文化及社会生活诸方面。李绍文，字节之，华亭人。另著有《明世说新语》《云间人物志》《云间著述考》等。

【谭东杂识】 书名。馆藏编号D-4-88。清沈祥龙著。为其晚年随笔，记峰泖间名胜迁变、轶事遗闻、掌故等。1914年刊于《文艺杂志》第十期而得以保存。第一部分记录园林、寺庙，有沈氏两园、秀家园、白龙潭胜迹等32则。第二部分随笔15则，记丁娘子布尤翔实。第三部分介绍云间清道光、咸丰以来画师21则。第四部分是万清轩论学书等25则。编者曰："沈约斋先生祥龙，晚年自号乐志叟，吾乡耆宿也。博雅能文，有声当世。清同治丙寅年，应敏斋方伯创建龙门书院于上海，遴试各省高材生肄业其间，先生卷第一。"张兰森捐。

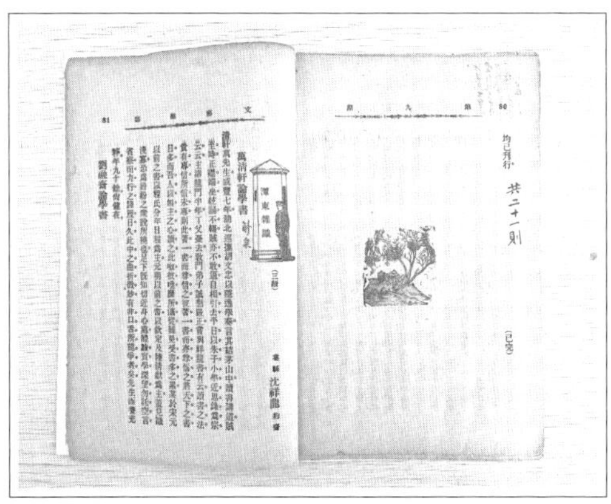

谭东杂识

【松属采芹录】 书名。馆藏编号D-2-3、4。两册。编者阙名。铅印复制本。由上海国光印书局承印。详录松江府属各县自清顺治二年（1645年）至光绪三十一年（1905年）科举中式名录及各科殿试状元、榜眼、探花、传胪等人名录。

【导游丛书之二：松江】 书名。馆藏编号D-2-6。1934年由京沪、沪杭甬铁路管理局编辑，雨露营业所、上海北站问讯处等发售。介绍松江的旅游景点、茶室、土特产，以及旅馆、交通费用等。有松江城厢图及说明、松江水陆交通图、松江至各处汽船时刻及价目表、天马山鸟瞰和天马山镇等景点插图与介绍文字。

【中支之展望】 影集名。馆藏编号D-20-9。1938年8月侵华日军编，用日语配文说明。摄影地点分别在上海、苏州、南京、芜湖、杭州、嘉兴和松江等地。其中被炸毁的松江市街和松江县政府附近的房屋，被日军称为"战迹"。影集中有日军设立的松江神社以及松江市河和西林禅寺照片，有浓烟滚滚的闸北，配文"壮烈爆破的光景"，有战前战后的上海市政府大楼、上海北停车场废墟、上海商务印书馆被炸大楼、大场镇被炸房屋、日军架设的吴淞炮台、日军把守的苏州城平门和苏州市街城外被炸大楼、日军入南京城、被炸的南京夫子庙和太平路房屋、被炸的安徽芜湖市街以及由日军把守的嘉兴火车站等。影集中还有名胜古迹与风俗照片。王永堂捐。

中支之展望

【四库全书总目】 书名。馆藏编号X。1987年上海古籍出版社出版。清代纪昀等编纂的大型解题书目，共200卷，分经、史、子、集四大类。

【容台集】 别集名。馆藏编号A-15-1-20。明董其昌撰。二十卷。复印本。1968年台北“中央图书馆”编印。集前目录占一卷，有陈继儒书法作序。文集九卷：卷一至卷三以序为主，卷四是记和引，卷五为馆课，卷六为传，卷七为疏和赞，卷八为墓志铭，卷九为墓表等。诗集四卷：卷一为五言、七言古风和五言排律，卷二为五言律诗和五言绝句，卷三、四为七言律诗和七言绝句。别集六卷：卷一为题画册，卷二为跋，卷三为随笔和禅悦，卷四为杂纪和书品，卷五为书品，卷六为题书和训。

容台集

【画禅室随笔】 书名。馆藏编号D-3-1-3。明董其昌著。三卷。明末清初画家杨补编辑董其昌未收入《容台集》的零篇散帙而成书。卷一包括《论用笔》《评法书》《跋自书》《评古帖》。在论述书道的同时对历代书家和法书名帖有所点评。卷二包括《画诀》《画源》《题自画》《评旧画》。此卷是本书的重点，董其昌的重要绘画理论和美学思想都在这一卷中得到了充分的展示。卷三包括《评诗》《评文》《纪事》《纪游》；卷四包括《杂言上》《杂言下》《楚中随笔》《禅说》。这两卷除了记述奇风异俗、轶事怪物之外，亦不乏重要的观点和思想。

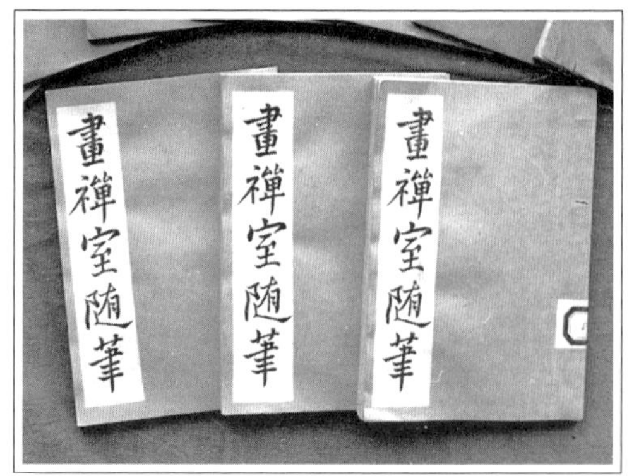

画禅室随笔

【南吴旧话录】 又名《云间旧话录》。馆藏编号C-3-1-6。华亭蒋烈编印。六册二十四卷。仿《世说新语》本，记述明代松江一郡人物之轶事遗闻。如华亭冯氏，小家女也，颇知天文。崇祯十六年（1643年）癸未，秀野桥雨血，邻人咸来诘问，冯皆不答。顾伟南特往讯其夫，冯书于纸云：“京房曰天雨血，兹谓不亲民有怨心，不出三年无其宗。今主上殷忧启圣，吾江南之人，输将恐后，何怨之有？”伟南退而告人曰：“贤哉冯也！援古验今而语归忠厚，顾诸士流，当有愧色。”

南吴旧话录

【五茸志逸】 书名。馆藏编号A-14-18-21。明吴履震撰。四册八卷。上海市文物保管委员会复印本。记松江一郡轶事，累年而成随笔八卷。所记内容为府志、县志所未载。吴履震，字长公，别号退庵道人，华亭人，诸生。

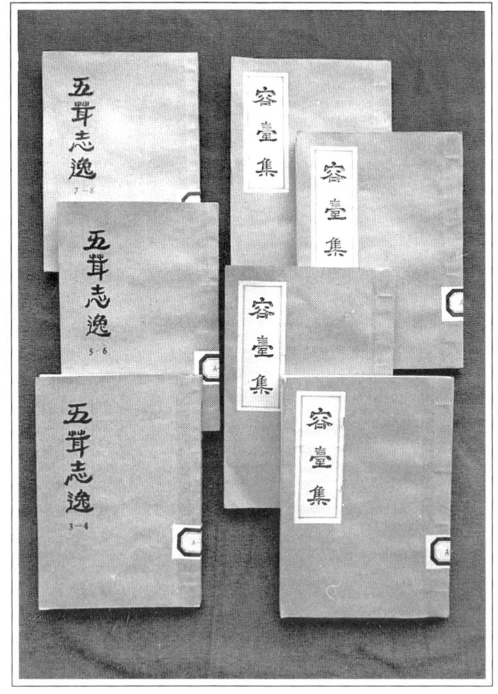

《五茸志逸》

【味隐诗稿】 书名。馆藏编号C-4-1。线装。雷补同亲书于旧日记簿杂文及联语等，录成副本。有五绝7首、五律11首、七绝106首、七律85首、五排1首、七排1首、五古13首、七古16首、九言诗1首、词4阕、恭题慈禧皇太后御书七绝288首、楹帖庆挽联72则。王同愈题签，印章“栩缘八十后作”；扉页王清穆署，印章“臣清穆印”；吴湖帆谨题“味隐老人遗象，丁丑七月”，印章“醜移”。雷补同（1861—1930），字谱桐，华亭（今上海松江）人。清光绪十五年（1889年）进士。光绪三十三年擢右丞，旋任出使奥国大臣。宣统二年（1910年）任满回国，旋辞官回乡。

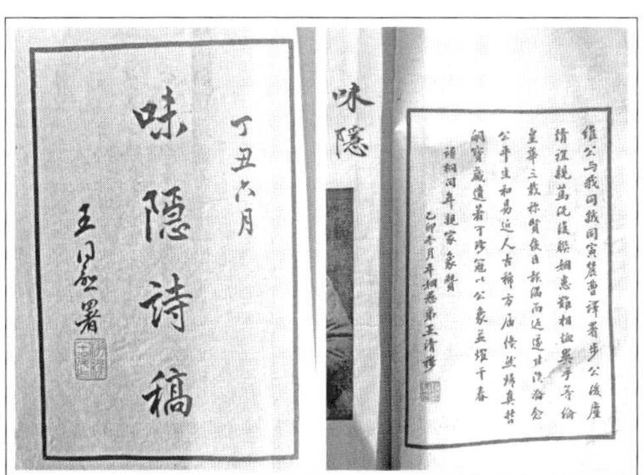

味隐诗稿

【续华亭百咏】 书名。馆藏编号C-4-2。清唐天泰撰。沈祥龙题签。清光绪四年（1878年）仲春谷堂刻本，有道光十年庚寅（1830年）仲冬自序。对华亭山水楼亭等景点以百首诗记之歌咏。南宋许尚有《华亭百咏》，故名《续华亭百咏》。唐天泰“屡试乡闱，不售。家居教授，数十年。性高雅，课徒之暇，惟事著作，所著有诗、古文，时文稿若干卷，续华亭百咏其一也。”

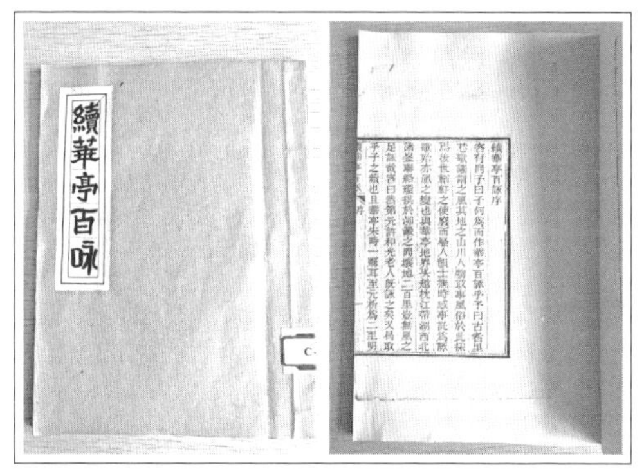

《续华亭百咏》

【恬养簃诗】 书名。馆藏编号C-5-1-2。姚鹓雏著。二册五卷。平湖金锡琳缮写。上册有姚鹓雏自题造象、施蛰存拜序、卷一至卷三，时间跨度为1910—1936年。有《感秋》《杂诗》《答柳亚子》等。下册卷四至卷五，时间跨度为1946—1949年。有《题沈天鹤残灰集》《读诗社》《题张大千画杏花蜀笺即似仲少楣》《题沈约斋（祥龙）

恬养簃诗

手书诗稿》等。姚鹓雏(1892—1954),名锡钧,字雄伯,以号行。祖籍浙江吴兴,清初始迁至松江,家住西门外祭江亭西。南社诗人,近代文学家。姚明华、姚玉华捐。

【松风余韵】 书名。馆藏编号C-2-1-7。清姚弘绪辑。七册二十六卷。复印本。收集松郡自魏晋以来先达及隐士的简介与诗文。第一册为卷一至卷十四,收陈懿德、陈继儒、陈子龙、袁凯、袁宗等诗。第二册为卷十五、十六,收孙怡、孙承德、潘恩、钱复亨、钱溥等诗。第三册为卷十七、十八,收钱福、钱师、全思诚、姚民、姚道元等诗。第四册为十九、二十,收姚篚、姚士龙、乔时敏、陶永淳、包节等诗。第五册为卷二十一、二十二,二十三,收曹安、曹琛、高震、高秉蕖、何良俊等诗。第六册为卷二十四、二十五,收杨珙、杨忠裕、章瑾、张迪、张浩等诗。第七册为卷二十六,收张弼、张弘至、张以诚、张悦、张肯堂诗。姚弘绪,字起陶,娄县人。康熙三十年(1691年)进士,改庶吉士,授编修,充任《明史》纂修官。

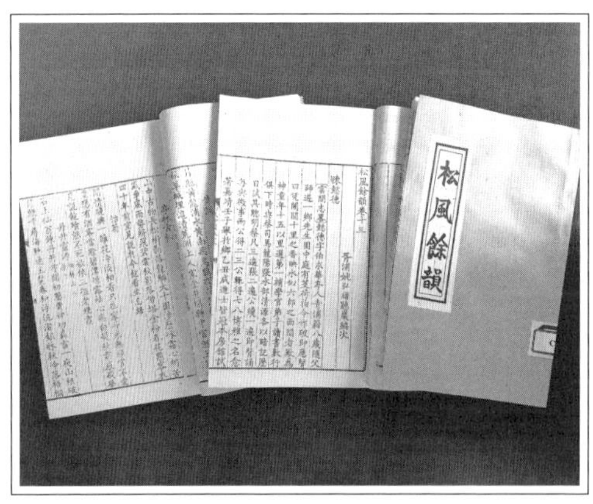

松风遗韵

【国朝松江诗钞】 又名《松江诗钞》。书名。馆藏编号C-1-1-11。清姜兆翀编。十一册六十四卷。复印本。收入清顺治至嘉庆初年松江府千余人遗作,对每位诗人生平均有详略不等记载。诗人中有官宦、士子,亦有隐者、名媛、方外、遗民等。姜兆翀(1740—1811),字孺山,华亭人。著有《孟子篇叙》七卷,晚年专注本郡文献,著有《松江明末忠节录》二卷。

国朝松江诗钞

【神庙留中奏疏汇要】 书名。馆藏编号D-1-1-14。明董其昌编。十四册十四卷。复印本。1937年燕京大学图书馆据馆藏抄本印行。明天启年间,董其昌等人搜集明万历朝奏疏和遗事,编《万历事实纂要》三百卷,从中简选,将国本、藩封、人材、风俗、河渠、食货、吏治、边防等留中之疏汇集成《神庙留中奏疏汇要》。董其昌仿史赞文例,为每篇奏疏题以笔断,对朝廷命官的政绩加以评判。因书中多处称女真为"东夷",犯清廷忌讳,遭禁毁,隐没三百多年,民国后得以面世。

神庙留中奏疏汇要

【释常度遗诗集】 书名。馆藏编号C-6-1。沈元吉手抄,1991年王尚德题签。复印本。诗集由前言、小传、挽诗和释常度诗组成。释常度(1907—1990),重庆人。成都昭觉寺受戒,为该寺方丈圣钦法师侍者。抗战期间,转至松江新浜乡赵王村净土庵为住持。1987年始来西林禅寺。王正捐。

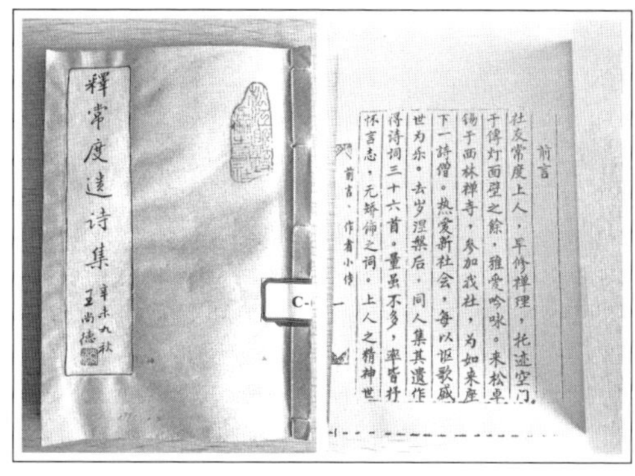

释常度遗诗集

【松江区档案馆馆藏报刊】 松江区档案馆馆藏报刊。有《民国日报》99册，时间为1916—1947年，馆藏编号Q-23-1。《苏南日报》37册，时间为1949年3月—1952年12月，馆藏编号Q-19-1-36。《新华日报》157册，时间为1953年1月—1987年12月，馆藏编号Q-19-37-187。《解放日报》(含缩印本)667册，时间为1949年5月—2005年12月，馆藏编号Q-8-1-667。《文汇报》651册，时间为1953年1月—2019年12月，馆藏编号Q-13-1-649。《人民日报索引》697册，时间为1948年6月(创刊号)—2018年12月，馆藏编号Q-1-1-75。《人民日报》(含缩印本)1 099册，时间为1950年1月—2020年12月，馆藏编号Q-20-1-753。《解放日报索引》418册，时间为1956年4月—1991年11月，馆藏编号Q-2-1-36。《文汇报索引》313册，时间为1960年1月—1986年6月，馆藏编号Q-3-1-27。《新华半月刊》120册，时间为1956—1960年，馆藏编号Q-5-1-120。《新华月刊总目录》《新华月刊》305册，时间为1951—1987年，馆藏编号Q-6-1-305。《新华月刊》(文摘版)、《新华文摘》386册，时间为1979年1月—2013年12月，馆藏编号Q-7-1-386。《解放军报》(合订本)373册，时间为1960年1月—1992年12月，馆藏编号Q-21-1-373。

【申报】 报纸名。馆藏编号Q-24-1-5。400册，时间为1872—1949年。另有申报介绍、年份一览表、索引试编本各1册；申报索引3册，时间为1919—1924年、1925—1926年、1927—1928年各1册。

【松江新报】 报纸名。馆藏编号Q-22-23。报头题字裘元明。4开4版。两日刊，逢双日出版。1942年5月8日为第750号。设本县新闻、要闻等栏目。第4版为副刊峰泖剪景，有随便谈谈、随笔等栏目。不成套。

【新松江报】 报纸名。馆藏编号Q-22-23。报头题字张受之。松江县公署教育科主办。4开4版。1939年5月4日为71期。三日刊，逢一、四、七日出版。1940年7月16日为第350期，改两日刊，逢双日出版。有公报栏、社论、专载等栏目。曾出《防疫特刊》等。不成套。

【松江民众】 报纸名。馆藏编号Q-22-23。报头题字陈立夫。4开4版。1936年1月6日为第1064号。以启事、文艺和广告为主。文艺版设文学什锦、青年修养、青年创作等栏目。不成套。

【松江民报】 报纸名。馆藏编号Q-22-23。报头题字吴国桢。4开4版。1947年4月22日为第102号。同年9月29日为第221号。第四版为副刊。不成套。

【松江日报】 报纸名。馆藏编号Q-22-23。报头题字于右任。4开4版。逢星期三出版。1933年5月10日为第101号。不成套。

【大松江】 报纸名。馆藏编号Q-22-23。4开4版。日报。以新闻、广告为主，也有见闻随笔与连载等。1936年6月10日为第1939号。不成套。

【松江商报】 报纸名。馆藏编号Q-22-23。对开。1948年12月31日为第368号。发行人朱怡庵，松江县商会联合会、松江商报出版委员会主办。不成套。

【松江论坛】 报纸名。馆藏编号Q-22-23。4开4版，半月刊。以研究、批评、贡献、讨论、建设为主。1936年12月15日为第3期。不成套。

【前锋报】 报纸名。馆藏编号Q-22-23。发行人张达诚，江苏省政府准先发行。4开4版。以时政与评论为主。1948年2月29日为第97号。不成套。

【松报】 报纸名。馆藏编号Q-22-23。4开4版。逢星期一出版。1933年5月8日为第498号。不成套。

【铁报】 报纸名。馆藏编号Q-22-24。1册，时间为1946年8月9日—1947年12月26日。4开4版。1946年1月17日为复刊第58号。

【青年日报】 报纸名。馆藏编号Q-22-10-22。13册。报头题字吴绍澍,发行人盛朗奎。对开。1945年8月25日创刊。1948年3月1日为第818号。

【茸报】 报纸名。馆藏编号Q-22-3-9,7册。对开和4开4版。1936年12月2日为第1166号。第四版为副刊。1947年9月1日为复刊第686号。

【松江报】 曾名《松江县报》《松江日报》。报纸名。馆藏编号Q-18-1-9。对开。《松江县报》于1956年4月1日创刊。五天出一期。版面数量不定。头版以农业新闻为主。1958年1月1日为第205号。1958年7月1日更名《松江报》。1959年1月1日更名《松江日报》,为第349号,4开4版。1959年6月30日停刊。1993年1月21日《松江报》创刊。

【松江县报】 见"松江报"。

【松江画报】 画报名。馆藏编号Q-17-1。为丰收特辑。1958年出版,28页。封面图片为全国水稻丰产科学技术交流会领导参观松江县城东人民公社水稻长势。其中松江风光栏,有江南第一松、九峰、醉白池等图。

松江画报

【松江通讯】 期刊。内部刊物。馆藏编号Q-17-2-3。2册。中共松江县委《松江通讯》

松江通讯
新生生产队掀起春季生产高潮
认清大好形势 大鼓生产干劲
松江通讯
决不能让一亩"三类苗"过多

松江通讯

编辑室编。1959年12月23日第1期为试刊,两版。第2期始为四版。至1960年6月18日,共60期。

史料

【遵宪给业、执业方单】 史料名。馆藏编号3-1-1394、D-5-6,遵宪给业方单是清乾隆十五年(1750年)由松江府华亭县出具的地契。长27厘米,宽21.5厘米。有遇买卖需"赴县投税","此单无故遗失,不准补给。如遇水火禀名查给"字样。遵宪清田执业方单是同治八年(1869年)由松江府娄县出具的地契。长26.5厘米,宽23.5厘米。有"民间买卖,即以此单为凭,田随单转,单随现业,成交之后,遵照"字样。

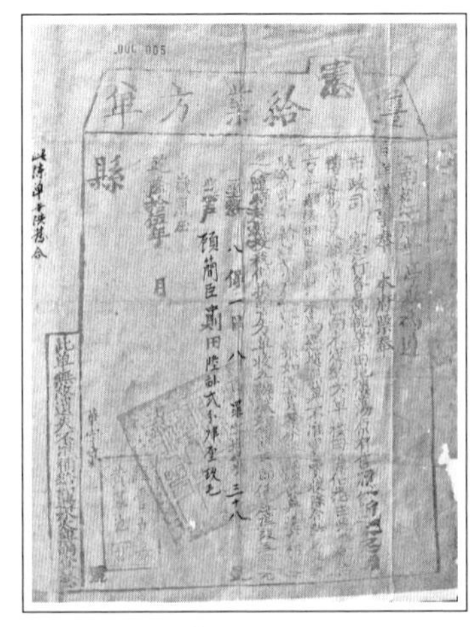

遵宪给业方单

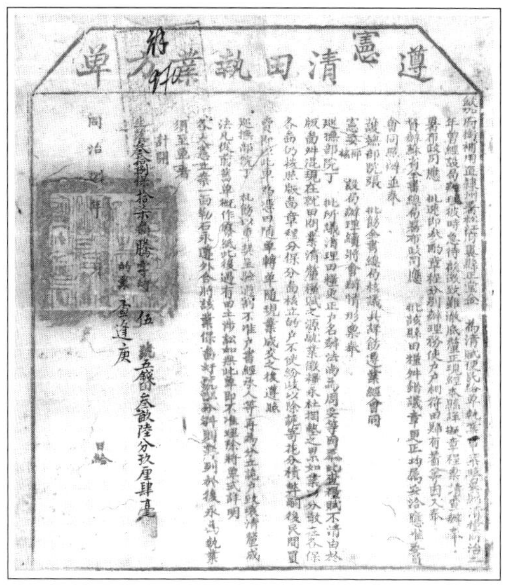

遵宪清田执业方单

【塘工捐照、下忙执照】 史料名。馆藏编号73-2-1。清光绪十七年至十八年(1891—1892)由娄县官府出具的因修理危险海塘征收捐款的收据。长25厘米,宽7.5厘米。征收捐款是以被捐者拥有田亩为基数摊派分担。收据有捐者姓名、每亩田分摊的税金以及捐者拥有的田亩和所在区域等。下忙执照是光绪十八年由娄县官府出具的征收漕粮(田赋)的收据,内容与塘工捐照相似。

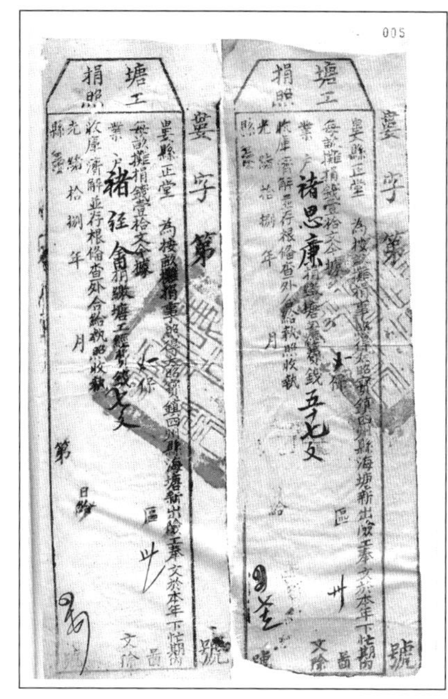

塘工捐照

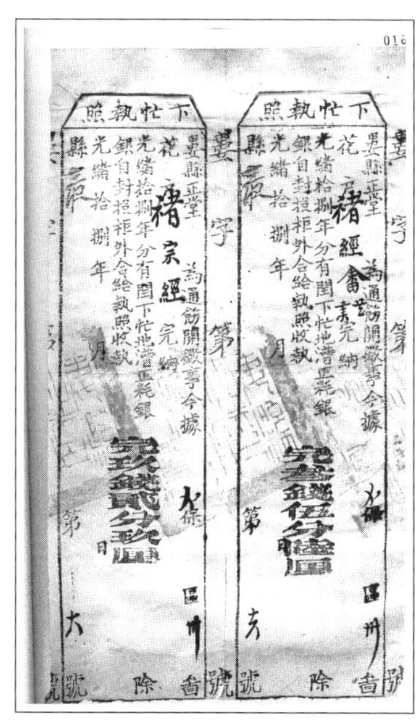

下忙执照

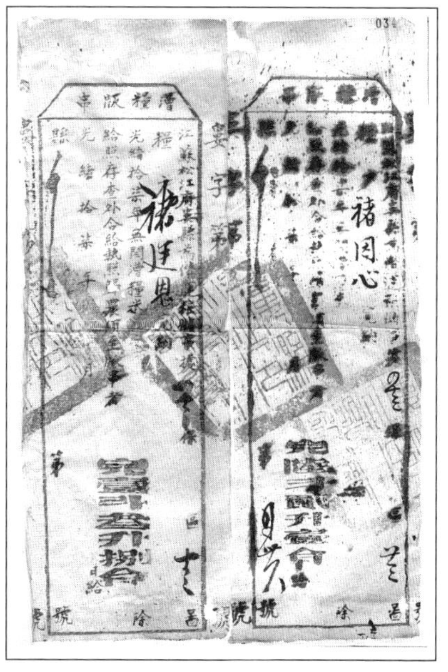

漕粮版串

【参加旧金山万国博览会史料】 史料名。馆藏编号3-1-2562。20世纪初松江县政府和松江县商会发动松江市民提供展品，参加旧金山万国博览会（即巴拿马博览会）的材料。有1915年中国北洋政府通令全国各地组织展品参展旧金山万国博览会时，松江县政府和松江县商会的公函、复函和清单，有1914年8月松江县知事周仲庠致松江县公署参加博览会公函、1915年2月松江县各部门参赛物品清单、1917年3月松江县知事李恩露致松江县商会参加博览会松江赛品得奖办理公函等。

【钱家草惨案史料】 史料名。馆藏编号3-1-1628。松江县政府枫泾区署1946年7月调查松江县枫泾区北陈乡第五保钱家草惨案受敌虐杀者死亡姓名及焚掠房屋稻畜等损害清册。1938年3月3日（农历二月初二）为南方的“二月二”春社日，钱家草村民邀集亲友至茶寮之际，数名地下抗日游击勇士也在该村李志琴家参加小组讨论活动。枫泾镇伪维持会会长周清怀等汉奸密报敌寇小泉部队。下午二时，驻枫泾铁路警备队中尉队长今井达弥率队包围，实行屠杀，并焚掠全村，对所掳全部绑缚，皆活埋于泥坑以稻草浇油焚烧，当场死69人。另有在乡间和镇上被害的，共计死亡86人。文稿后附钱家草惨案受敌虐杀者死亡姓名及焚掠房屋稻畜等损害清册。

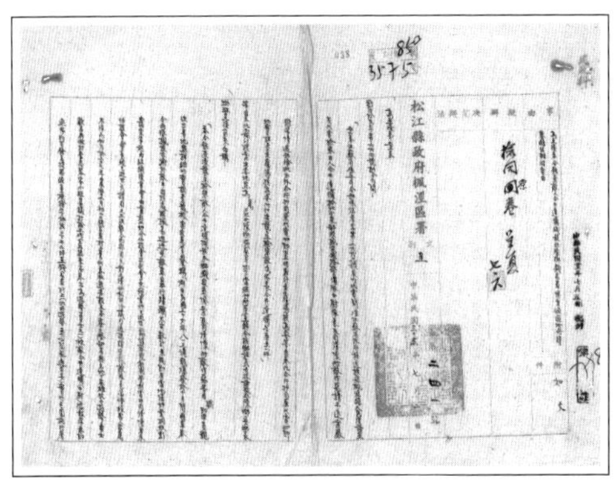

钱家草惨案史料

【新四军安民布告】 史料名。馆藏编号2-3-202。1945年10月新四军途经松江时张贴的安民布告。布告内容：“抗战八年多，人民痛苦

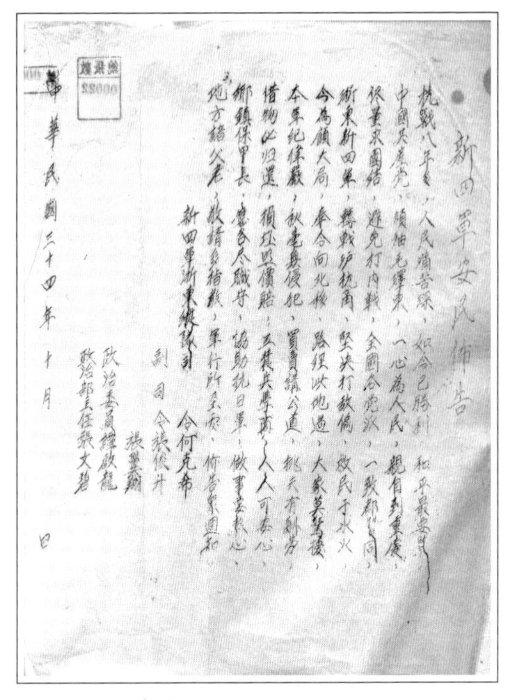

新四军安民布告

深，如今已胜利，和平最要紧……今为顾大局，奉命向北移，路经此地过，大家莫惊扰……借物必归还，损坏照价赔，工农兵学商，人人可安心，乡镇保甲长，应各尽职守，协助抗日军，做事要热心，地方诸父老，敬请多指教，军行所至处，布告众周知。新四军浙东纵队司令何克希，副司令张俊升、张冀翔，政治委员谭启龙，政治部主任张文碧。”藏品附有一份当时江苏省第三期行政督察专员兼保安司令阮某呈报新四军安民布告的情况，报告称：1945年10月23日，漕泾区区长金述谦报称，奉命撤退途中的“身穿灰色制服、枪械完全”的新四军……经张堰、山阳、漕泾北街向柘林而去，并在上述各处散发宣传品及张贴布告。

【SK县情况初步调查报告】 史料名。馆藏编号73-1-17。中共地下党搜集松江国民党组织机构、驻军、上层人物和松江政治、经济、文教、卫生、交通等情报资料。1949年4月，中共青松金工委委员缪鹏在松江丁冠平、赵宁渌两名中共地下党员的帮助下，打入松江国民党中统外围组织办的《力行日报》，当了一个多星期的外勤记

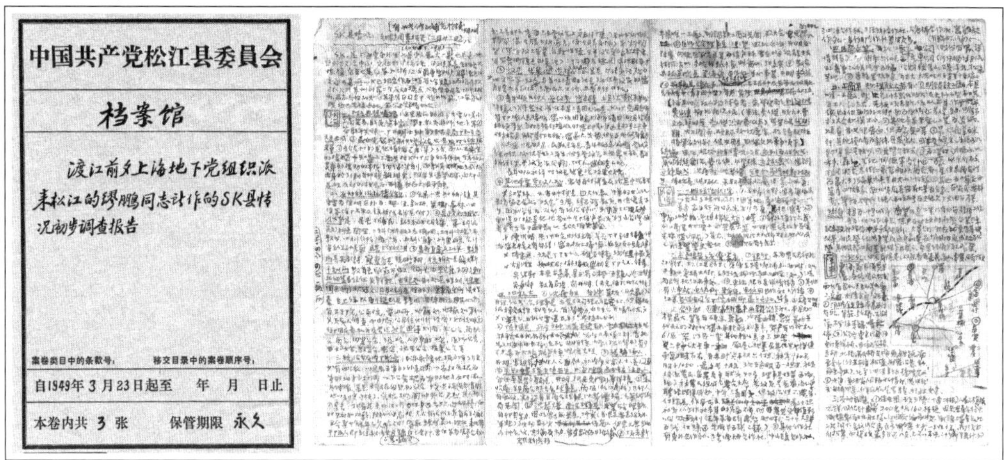

中国共产党松江县委员会

档案馆

渡江前夕上海地下党组织派来松江的缪鹏同志所作的SK县情况初步调查报告

案卷类目中的条款号：　移交目录中的案卷顺序号：

自1949年3月23日起至　年　月　日止

本卷内共 3 张　保管期限 永久

渡江前夕上海地下党组织派来松江的缪鹏同志所作的SK县情况初步调查报告

者，搜集情报后写成该调查报告，报送党的上级组织，对松江解放后的接管工作起了作用。

【松江概况】 史料名。馆藏编号F-2-2。1949年3月中共华中工委会为松江解放而编写的机密文件，共24页。为迎接解放和配合接管松江，中共华中工委会调研室发动松江地下党组织和地下党员开展社会调查，对松江地区国民党党政机关、工厂、企业、商店、学校以及国民党驻军等情况，进行全面调查。内容有松江县史概况、政权调查、军事概况、经济概况、松江地区股匪分布情况、官员职务表以及松江城厢图等。其中松江城厢图，对松江城区街道名称、城内重要机构、学校、医院、车站、桥、城墙及城外民居等都有记录。王龙宝捐。

【毛泽东对松江县召开各界人民代表会议报告的批示】 史料名。馆藏编号5-1-5。1949年9月30日至10月4日，松江县各界人民代表会议在邱家湾天主教堂召开。10月13日，毛泽东亲拟《转发松江县召开各界人民代表会议经验的电报》，要求各中央局负责同志："你们看了松江的经验后，请即通令所属，一律仿照办理。这是一件大事。如果一千几百个县都能开起全县代表大会来，并能开得好，那就会对于我党联系数万万人民的工作，对于使党内外广大干部获得教育，都是极重要的。务望仿照办理，抓紧去做。并请你们选择一个县，亲自出席，取得经验，指导所属。"并复电中共华东局第一书记饶漱石，电文说："松江会议成功，极为欣慰"，"我已将你的

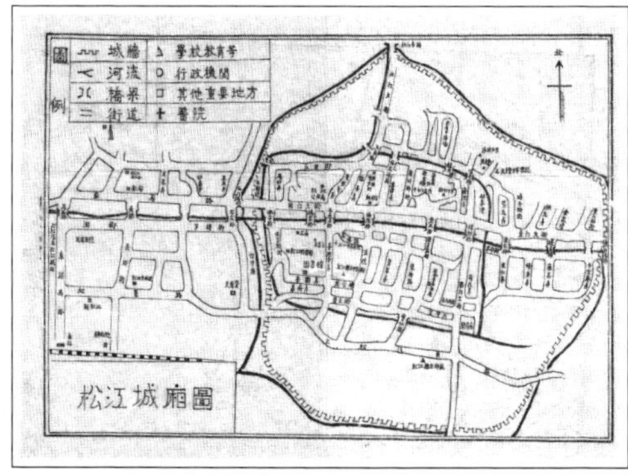

松江城厢图

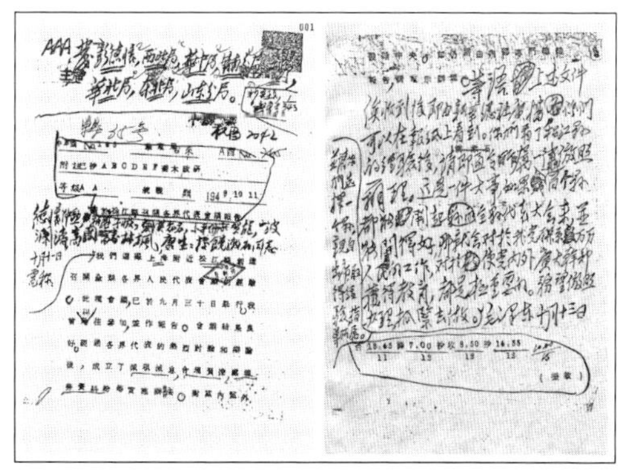

1949年10月毛泽东对《关于松江县召开各界人民代表会议报告》一文的批示

来电转发各中央局负责同志，请他们通令所属，一律依照办理。华东局所属则请你通令办理，这是一件大事。请你抓住松江经验，要华东各地省委、区党委、地委负责同志，亲自出席若干县，取得经验，以利推广”。

【新松江社会员录】 史料名。馆藏编号74-1-3。内容为民国廿一年(1932年)永久社员题名、单位或住址，有张琢成、赵祖康、朱叔建、姚鹓雏等155人，社员工作单位有南京外交部、上海申报馆、上海市教育局、上海徐家汇交通大学，以及叶榭、亭林、泗泾小学等。

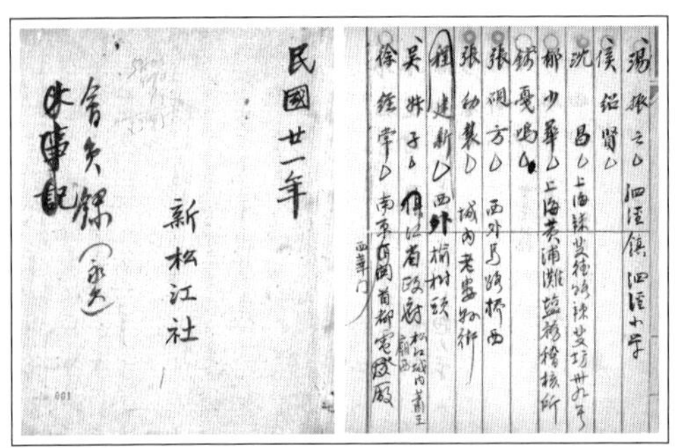

新松江社会员名录

【松江女中校刊】 史料名。馆藏编号3-1-3104。为校刊第六十期，中华民国二十三年(1934年)六月十五日出版，共16页。丰子恺题刊名。校刊设大事记、校务消息、教导部消息、讲演、研究和文艺等栏目。另有成绩、寝室整洁和各级学生疾病等统计表。

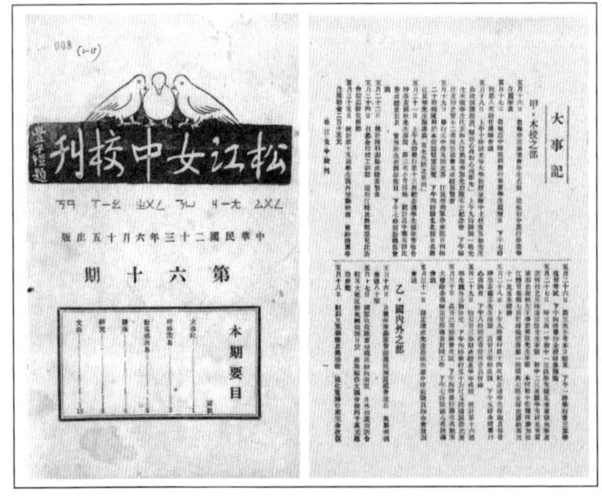

松江女中校刊

【仓城米业等与电信局来往文书】 史料名。馆藏编号D-4-92。1920—1949年松江仓城米业等单位与松江电信局的来往文书，共99页。有的单位在印有厂名、地址和电话号码的笺上书写，如位于松江东门外西果子弄底的松江源润米行、位于松江西门外跨塘桥滩的松江顺丰麸饼麻袋号要求安装电话的函。松江市电话局使用的是“苏南松江行政专员公署用笺”。黄天生捐。

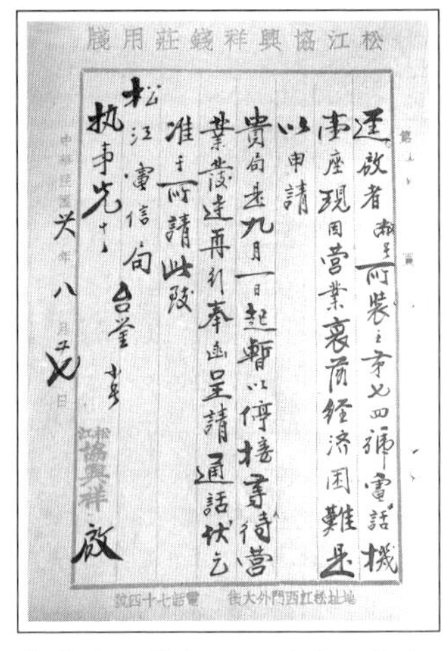

仓城米业等与电信局来往文书

【松江摄影协会与日本摄影家交流资料】 史料名。馆藏编号D-22-1-7。松江摄影协会与日本岛根县写真作家协会等活动照片与纪念品。有1990—2007年活动照片50张、松阜中日摄影家友好连带协会成立议定书一册、日中友好交流访中纪念瓷罐1只、中日友好访问纪念牌1块、中国·日本友好写真展纪念牌1块、中日友好纪念牌1块、中日松江交流写真展纪念牌1块、全日本写真联盟赠蓝色旗1面、松阜日中摄影家连带协会赠红色旗1面。任建新捐。

【松江府续志】 书名。馆藏编号A-4-24-46。二十三册。清光绪年间成书，共四十卷。卷一至五为疆域志、卷六至七为山川志、卷八至十为建置志、卷十一至十六为田赋志、卷十七为学校志、卷十八至十九为武备志、卷二十为职官表、卷二十一为名宦传、卷二十二至二十三为选举表、卷二十四至二十五为古今人物传、卷二十六为艺术传、卷二十七为寓贤传、卷二十八为方外传、卷二十九至三十六为列女传、卷三十七为艺文志、卷三十八为名迹志、卷三十九为祥异志、卷四十为拾遗志。何新春捐。

附表

松江区档案馆藏史料情况表

序号	馆藏编号	内　容
		土地证
1	3-1-1394	乾隆十五年(1751年)给业方单
2	Z-42	道光九年(1829年)地契
3	Z-48	咸丰七年(1857年)地契
4	D-5-6	同治八年(1869年)清田执业方单
5	74-1-5-1	1933年财政部执照
6	D-5-5	1936年松江土地局通知
7	73-2-2	1942年田赋征收命令书
8	Z-66	1947年土地所有权状
9	Z-65	1948年土地所有权状
10	D-5-29	1951年土地房产所有证(杨庄明捐)
		令和布告
11	3-1-3077	1930年江苏省政府委任状(代理县长)
12	3-1-3077	1931年江苏省政府委任状(教育局局长)
13	3-1-3077	1932年荐任状(县长)
14	73-1-24	1945年委令
15	2-2-108	1946年国民政府军事委员会任职令
16	6-1-1	1949年华东军区松江市警备司令部布告
17	6-1-1	1949年松江行政区专员署、松江市军事管制委员会联合布告
18	6-1-1-4	1949年松江市军管会布告拟稿
19	48-3-219	1951年苏南松江县人民政府聘书
		名录和证书
20	74-1-3	1923年新松江社会员录
21	Z-61	江苏省松江县立师范一览(张文起捐)
22	Z-279	1914年上海医院医学校修业证明(吴惠珍捐)
23	Z-280	1915年上海医院医学校第五年第一学期成绩单(吴惠珍捐)
24	2-1-650	1929年松江县公立第二小学毕业证书
25	2-1-650-1	1934年税警官佐教练所毕业证书
26	2-1-650-2	1938年军官教育团证书
27	2-2-108	1942年特种警察训练班毕业证书
28	Z-281	1943年松江县卫生事务所医师执照(吴惠珍捐)
29	Z-282	1943年松江县医师会员证书(吴惠珍捐)
30	3-1-3077	1945年奉贤县理教聚心堂劝戒烟酒公所礼教证书
31	111-1	昭和14年(1939年)日本特务机关本部通行许可证

（续表）

序号	馆藏编号	内　　容
32	111-2	1943年居住证
33	D-5-4	1949年松江市人民政府员工外出证
34	E-292	1949年中华民国国民身份证（江苏省松江县人）
35	Z-293	1950年松江县城区人民政府通行证
36	Z-277	1950年华东军区海军学校毕业证书（吴惠珍捐）
37	4-2-700	1942年离婚据、司法状纸
38	Z-78	1949年订婚证书
39	Z-79	1950年结婚证书

松江区档案馆藏府志情况表

序号	馆藏编号	府　　志
1	A-13-1-4	《绍熙云间志》旧版影印本4册，上、中、下两套
2	A-9-1-9	正德《松江府志》旧版影印本9册，32卷
3	A-9-10-11	正德《松江府志》旧版影印本，上、下两卷（天一阁藏明代方志选刊续编）
4	A-10-1-3	正德《华亭县志》旧版影印本3册，16卷
5	A-2-1-16	崇祯《松江府志》旧版影印本16册，58卷
6	A-5-1-9	崇祯《松江府志》旧版影印照片9册，58卷
7	A-1-1-21	康熙《松江府志》旧版影印本21册，21卷
8	A-11-1-6	乾隆《娄县志》旧版影印本6册，30卷
9	A-7-1-6	嘉庆《松江府志》旧版影印本6册，43卷
10	A-7-1-2	嘉庆《松江府志》旧版影印本40册，84卷
11	A-3-1-40	嘉庆《松江府志》旧版影印本2册，14卷
12	A-12-1-5	光绪《娄县续志》旧版影印本5册，20卷
13	A-12-5	《娄县续志》旧版影印本6册，20卷
14	A-8-1	光绪《松江府续志》旧影印本1册，7卷
15	A-4-1-23	《松江府续志》旧版影印本23册
16	A-6-1-10	《重修华亭县志》旧版影印本10册，24卷
17	A-14-1-3	《干山志》旧版影印本3册，16卷（附干山图）
18	A-14-4-8	《松江天文略》《学校》《佘山小志》《人物志》《方外志》旧版影印本5册
19	A-14-9-15	《海城志》《祠祀志》《艺文志》《金石志》旧版影印本5册

五

档案信息化

【馆藏档案数字化】 对馆藏档案实施全文数字化的工作。2006年9月松江区档案馆对馆藏档案首次进行数字化加工，至2019年已实现条目全覆盖，包含文书档案案卷级目录153 990条，文件级目录2 241 464条，全文数字化档案11 116 546页，全文数字化率92.39%。数字化档案涵盖了文书、基建、会计、专题、声像等档案，其中馆藏照片档案13 427张、音频档案44盘、视频档案282盘，全部实现数字化。

【档案信息化管理】 对松江区一级机关、企事业单位等档案实施信息化管理的工作。1998年，在部分机关档案室试点应用档案管理计算机辅助立卷系统的基础上，逐步在全区各机关单位全面应用计算机辅助立卷，录入计算机的数字化目录也随年度档案立卷检查工作移交松江区档案馆，并转入档案馆目录数据库。2004年把构建“二网二库一站”(局域网、政务外网、档案目录数据库、声像资料库、档案网站)，配备电子政务建设，实施电子档案工程，作为松江区档案信息化建设的基本框架，实现档案管理从现阶段的计算机辅助管理逐步走向电子档案管理。2009年底政务网集中式档案室系统上线，90家一级立档单位开始使用该系统，实现了全区范围内的政务网在线条目著录、检索、打印等功能的信息化。2014年5月集中式档案室完成功能升级改造，并延伸至政务网上的109家村级档案室。2018年10月集中式档案室升级为数字档案馆室一体化平台，增加了数据自行挂接和全文检索功能，同时实现了与区OA平台的数据对接功能。至2019年，该平台文书档案一文一件条目310 610条，全文挂接208 287条，科研、基建、会计、照片等其他类型的档案案卷级条目37 320条，文件级条目52 980条。

档案成果

【上海之根档案史料馆】 永久专题展馆。2009年6月18日开馆。位于中山中路38号区档案馆4号楼一楼。展馆分四部分，第一部分“峰泖育先民”，展示松江先民在峰泖荒原上的艰难开拓；第二部分“华亭历沧桑”，介绍华亭县的形成、设置和发展；第三部分“经济创辉煌”，展示明代松江“衣被天下”的繁荣经济状况；第四部分“文化结硕果”，展示松江古代文化源流和历代艺术大家。其中“文化结硕果”由松江绘画扬海外、云间书派源远长、松江诗词影响深、古琴戏剧开流派、明代进士数第一、文学小说相争艳、缂丝顾绣进宫廷七个栏目组成。2010年6月被松江区人民政府授予“松江区爱国主义教育基地”。

上海之根档案史料馆

【陆军农村题材剧作30年成果展】 全称“田野上的歌：上海农民30年心灵档案——陆军农村题材剧作30年成果展”。专题展览。政协上海市松江区委员会、上海戏曲学会主办，松江区档案局(馆)承办。2009年2月9日在松江区档案馆展览大厅开展。展示陆军以改革开放为时代背景创作的农村题材剧作及其个人艺术资料，有剧照、剧本影印件、创作札记、著作文集、获奖证书、媒体评论等资料。展期结束后，成果展资料作为松江名人档案收藏。

陆军农村题材剧作30年成果展

【千年中山路档案史料展】 专题展览。2004年5月25日在中山路王冶山宅揭幕。以新旧照片对照形式，展示了中山路前身“官街”的形成、民国时期中山路商号林立和1949年后中山路新貌。有松江商界抵制日货的告示，1939年、1948年中山路两次拓宽的文件与施工图等。展期结束后进学校巡展。

千年中山路档案史料展

【崛起的松江】 专题展览。2004年9月30在松江区图书馆展览大厅开展。以39块展板400余幅图片，展示松江1949年至2004年的发展历程和历史巨变。以“三个集中”展现现代化新郊区：工业向园区集中、土地向集约化经营集中、农民居住向城镇集中。另有“三年行动计划”“三次产业发展”“三个代表”等反映松江新城、人居环境、群众文艺等建设。

崛起的松江

【腾飞的松江】 亦称“纪念改革开放三十周年暨松江撤县建区十周年图片展”。专题展览。松江区委宣传部与松江区档案局联合举办。2008年12月10日在松江区图书馆展览大厅开展。以7大板块528幅图片，展示松江撤县建区10周年以来经济建设、城市建设与管理、改革开放、社会主义民主法制建设、社会事业和精神文明建设、城乡人民生活和党的建设等方面发生的重大事件、出台的重要改革措施、重大建设项目，以及取得的发展成果。

“腾飞的松江——纪念改革开放三十周年暨松江撤县建区十周年图片展”在松江区图书馆开展

【见证松江60年图片展】 专题展览。中共松江区委宣传部、区文广局、区史志办、区档案局主办。2009年9月23日在松江博物馆开幕。以386幅图片分两大部分展示。一为中华人民共和国成立后至中共十一届三中全会松江的发展历程，二为改革开放以来松江的巨变。

【建党九十周年图片展】 全称“辉煌岁月——松江区纪念中国共产党成立九十周年大型图片展”。专题展览。中共松江区委、新华社上海分社联合主办，松江区档案局（馆）协办。2011年6月30日在松江区图书馆展览大厅开展。以170幅图片，横跨新民主主义革命、改革开放和社会主义现代化建设各个历史时期，展现中国共产党为中华民族伟大复兴而不懈努力的各历史瞬间，展示松江90年来在中国共产党领导下取得的丰硕成果。其中100幅图片选自新华社中国照片档案馆，70幅图片由松江区档案馆提供。

【档案里的红色记忆】 专题展览。2011年6月30日在岳阳街道龙兴居委会首展，展期结束后到区内街镇社区文化活动中心巡展。以22块展板141幅图片，反映1921—2011年中国共产党在松江的革命、建设、改革的历史和成就，以及在党的历史上松江有影响力的人物和重大事件。

【松江新印象·档案见证】 专题展览。2012年6月15日在岳阳街道社区文化中心开幕。展期结束后到学校、社区、农村巡展。以300余幅图片和《松江报》影像资料，从政治、经济、文化、社会、生态文明和党的建设六个方面，反映松江2007—2012年间与时代同行的发展轨迹。

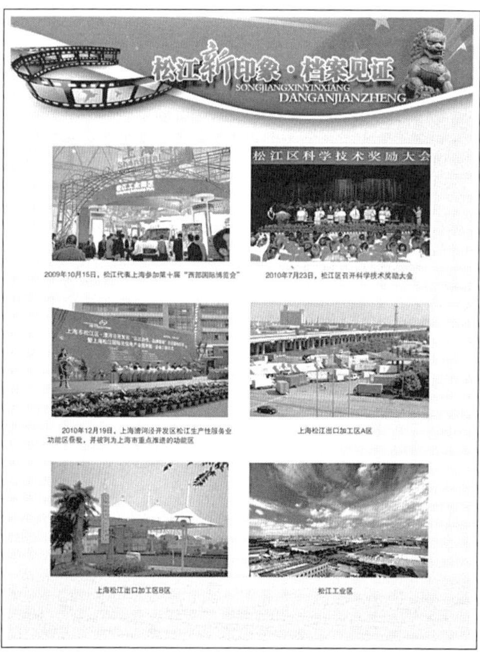

松江新印象·档案见证图片展

【激扬梦想——百姓眼中的新松江】 专题展览。中共松江区委宣传部主办，松江区档案局（馆）协办。2013年7月1日在松江区图书馆展览大厅开展。以300多幅照片和档案资料，从创新举措、改革制度、实事项目、居民就业、社会保障、医疗教育、衣食住行等方面，展示松江撤县建区15周年以来的经济和社会发展、城乡建设成就。同时介绍松江20位践行社会主义核心价值观的代表人物。

【牢记历史·勿忘国耻】 专题展览。松江区档案局与上海淞沪抗战纪念馆联合举办。2014年8月13日在松江区岳阳街道社区文化活动中心开展。以300余幅图片与文件资料，展览八一三淞沪抗战历史。分事变迭起、血雨腥风，日军肆虐、丧心病狂，抗日救亡、同仇敌忾，浩然之气、永存天地等板块。松江区档案馆提供的照片从不同的角度展示1937年日军侵占松江后的惨状。

【铁血云间：松江抗战记忆】 专题展览。松江区档案局和松江区委党史研究室联合主办。2015年8月28日在松江区博物馆开幕。以文字、图片、实物，分日寇侵华全民愤起、云间遭难国耻难忘、碧血丹心松江抗战、唤醒国魂维护和平等4个篇章，展示中华民族艰难曲折的抗日战争史，发生在松江大地上的抗战事件，抗战时期松江不同社会阶层的抗日斗争，彰显松江人民百折不挠、前仆后继的抗战精神。其中35份档案史料为首次公布。"铁血云间"四字由韩德彩中将题词。展览获2015年上海市档案学会优秀编研成果奖。

【永远跟党走图片展】 专题展览。松江区委组织部、宣传部、党史研究室和松江区档案局联合举办。2016年7月1日在松江区图书馆展览大厅开幕。通过95块展板400余幅图片和档案史料，反映中国共产党成立95年来松江人民在党的领导下进行革命斗争、经济建设的历程。分党的创立和大革命时期、土地革命时期、抗日战争时期、解放战争时期、开始全面建设社会主义时期、进入社会主义改革开放和现代化建设新阶段、全面建设小康社会等板块。

【改革开放40年·档案见证】 专题展览。2018年6月8日在岳阳街道市民广场展示。通过百余幅图片和文件资料，从基础建设、存史留档、征集编研、依法行政、监管指导和服务社会等方面反映档案工作融入松江区改革开放进程。

改革开放40年·档案见证

【见证松江60年】 书名。松江区档案局(馆)、松江区地方史志办公室等编。2009年上海辞书出版社出版。记述1949—2009年松江在政治、经济、文化、社会各领域发生的巨变，突出改革开放以来松江人民所取得的成就。

【往事】 影集名。松江区档案局(馆)编，吴四一摄影。2011年上海人民美术出版社出版。作品时间跨度为1949—1979年。设社会政治、经济生产、科技教育、文化宣传和补遗等五部分。其中有松江各界集会庆祝中华人民共和国成立大会，1950年土地改革中贫农蔡月珍收回被地主强占的田契与盘剥借据，1950年松江县人民法庭举行审判反革命分子公审大会，1956年松江县首台履带式拖拉机试耕，1958年人民公社社员吃"大食堂"、城乡"大炼钢铁"、女民兵练习射击、农村安装电话，1959年城厢镇手工业合作社生产小电器，1976年庆祝黄浦江上第一桥建成通车等照片。

【华亭掠影】 影集名。松江区档案局(馆)编，张金贵摄影。2011年上海人民美术出版社出版。作品时间跨度为1980—2011年。设古城改造、新城建设、工业园区、区域农业、大学城府、特色旅游、社会生活和文明传承八部分。展示松江改革开放后松江的变化与发展。

【中国共产党松江历史图志】 书名。图文形式的松江地方党史读本。中共松江区委党史研究室、松江区档案局合编，2011年上海辞书出版社出版。分综述、见证与文献、大事年表，记录中国共产党在松江的发展历史，展示松江的沧桑巨变。由中共松江区委党史研究室撰稿，松江区档案馆提供180余张图片。

【图说松江】 书名。松江区档案局(馆)编，王永顺编著。徐震时题书名。2011年香港儒商出版社出版。10余万文字，458张图片，以图文形式介绍上海之根松江的历史。分峰泖育先民、华亭历沧桑、经济创辉煌和文化结硕果四个篇章。

【雄冠华夏】 书名。松江区档案局(馆)编，王永顺编著。程十发题书名，罗洪作序。2013年妙韵出版社出版。内容分三部分：一为至今保持的中国之最，有夷陵之战、太康之英、松江体操传习所等；二为当时(或今天暂时保持)的中国之最，有《富春山居图》、南北宗论、佘山世茂深坑酒店等；三为特别记载，分文魁天下(古代状元)、院士风采、国家级文物保护单位和国家级非物质文化遗产名录等。2015年获评第二批上海市优秀档案文化传播项目。

【松江档案志】 书名。松江档案志编纂委员会编。2014年上海古籍出版社出版。全书有300余幅照片，分综述、大事记和11章，记述松江地区档案事业形成、发展、变化的历史与现状。附录有松江府架阁库记、中国第二历史档案馆保存的松江档案目录、1944年松江地检署各项移交清册等。

【柯德琼影像档案】 影集名。松江区档案局(馆)编。2016年同济大学出版社出版。影集从松江县原副县长、县政协原副主席柯德琼家属所捐的照片中撷取500幅编录而成。影像有柯德琼分管文教卫生体育的工作记录、亲友间的交往和城乡风貌。影集分两部分：第一部分收录20世纪五六十年代柯德琼拍摄的松江卫生体育重大活动及市政、水利建设情景；第二部分是柯德琼与朋友、家人的留影，包括与赵祖康、陆维钊、顾达珍等的合影。

【档案里的小故事】 书名。松江区档案局(馆)编,2016年刊印。收录60篇档案利用中发生的小故事,内容涵盖档案为编史修志、工作查考、宣传教育、解决纠纷提供服务等方面的实例,配有漫画插图。多篇小故事被市档案局评为档案利用实例优秀作品。

【馆藏撷英】 书名。松江区档案局(馆)编,2017年刊印。介绍松江区档案馆馆藏的部分档案与藏品。分视察题词、信札、书画、实物史料四部分。有明代棉袍实物照片、清乾隆十五年(1750年)给业方单、清同治四年(1865年)的执业方单、孙中山视察松江清华女校的照片、侯绍裘书信遗物和文集史料、1915年松江商会组织参加美国旧金山万国博览会资料、抗日战争时期的钱家草惨案史料、新四军安民告示、国家领导人及著名人士的手迹和作品、宋庆龄等视察松江工农业建设的照片以及反映改革开放后松江区划变化的档案等。

【笏东草堂人日雅集图咏】 书名。松江区档案局(馆)编。2018年刊印。收录清光绪四年(1878年)松江的一次文人雅集所留下的诗、文、书、画。迭经杜镐、封尊五、张寿甫、张光欣的整理与收藏,增多了册页。整册为折叠装,依次是张氏的封面题签、严昌堉隶书册名及题识、沈祥龙图序、张文虎诗序、郭福衡画、蒋确画、沈銛画、仇炳台诗、杜诗庭杂记、郭福衡诗、蒋确诗、何瑾诗、沈銛诗、沈祥龙诗、杨葆光诗、杜镐题识、杜诗庭录沈祥龙诗。三人画风,郭率意独特,蒋严谨稳重,沈细腻多姿,各具韵味,宛然云间派遗风。其绘画、诗歌、诗注、题识等所包含的史料,展示出晚清松江文化的韧度和人物的本色及生活状态。

【代有才人】 书名。对松江籍知名人物的专访文集。松江区档案局(馆)编,侯建萍著。2018年中国中福会出版社出版。口述者有作家罗洪、金坚范、吴春荣,画家朱怀新、吴玉梅、叶良玉,院士赵国屏和其兄赵国通(赵祖康之子),科学家徐亚君、李文埮,以及朱德天(收藏家朱孔阳之子)等。专访记录了他们的人生经历和成果,以及其工作、生活、情感等内容。

【回影无声】 影集名。松江区档案局(馆)编,唐西林摄影。2019年上海人民美术出版社出版。作品时间跨度为1978—2019年。设云间九峰、古城名迹、傍水而居、街巷民居、茸城风情、水陆交通和寺庙教堂七个板块,展现松江自然风光、文物古迹、知名建筑、传统民宅、市井生活、风土人情、社会经济、文化活动,其中的一些建筑和场景已经消失。

【长三角G60科创走廊大事记】 书名。松江区档案局(馆)编。2018年编,2020年印发。记录2016年5月至2020年12月,1.0版上海松江G60科创走廊、2.0版沪嘉杭G60科创走廊发展为3.0版"一廊一核九城"的大事记。内容分三部分:一是"春风化雨,润物布泽——领导关怀篇",有中央领导和各省市领导来G60上海松江科创走廊调研的照片;二是"唯实唯干,克难奋进——大事纪要篇",分制度创新驱动、科技创新驱动和九城联动辐射等;三是"春华秋实,锦绣满廊——媒体集锦篇",收录《人民日报》《解放日报》《松江报》等刊登G60科创走廊的报道。

【松江档案】 内部刊物。松江区档案局(馆)编。2010年下半年创刊,年内刊发两期。是上海市区县创办的第一份档案杂志。2011年改为季刊,每期64页,至2019年共出34期。开设栏目不固定,有档案工作、特稿、云间星河、钩沉、风物、收藏、专访、研究、交流、往事、我读松江、档案人沙龙、档案文艺等。2011年第1期为纪念松江建县1 260周年特刊,2015年第3期为纪念抗战胜利70周年专辑,2018年第2期重点纪念松江G60科创走廊建设两周年,2019年第1期为纪念中华人民共和国成立70周年专辑。

词目笔画索引

说　明

一、本索引收录本书中的全部词目，词目右边的数字表示该词目所在正文的页码。

二、本索引按词目第一个字的笔画排列，首字画数相同的，按第一、二笔的笔形及字形结构（左右、上下、包围、整体）排列；同首字的，按词目字数多少排列；同字数的，按第二字的笔画笔顺分先后，第二字相同的，依第三字，余类推。

三、一、丨、丿、丶、乛以外的笔形作如下处理：提（㇀）归入横（一），捺（㇏）归入点（丶），笔形带钩或曲折的（如亅㇆㇜乙⺄乚）等都归入折（乛）。

三画

五画

七画

八画

九画

十画

十四画

十五画

十六画

十七画

十九画

二十画

二十四画